监狱精神病学

主　编　吕成荣
副主编　那爱国　陶旭东
　　　　赵　山　李广武

东南大学出版社
SOUTHEAST UNIVERSITY PRESS
·南京·

图书在版编目(CIP)数据

监狱精神病学 / 吕成荣主编. —— 南京：东南大学出版社，2018.8(2019.1重印)

ISBN 978-7-5641-7702-7

Ⅰ.①监… Ⅱ.①吕… Ⅲ.①监狱-精神病学-研究 Ⅳ.①D916.7②R749

中国版本图书馆 CIP 数据核字(2018)第 065104 号

监狱精神病学

出版发行	东南大学出版社
出 版 人	江建中
社　　址	南京市四牌楼 2 号
邮　　编	210096
网　　址	http://www.seupress.com
经　　销	新华书店
印　　刷	虎彩印艺股份有限公司
开　　本	787 mm×1092 mm　1/16
印　　张	28
字　　数	776 千字
版　　次	2018 年 8 月第 1 版
印　　次	2019 年 1 月第 2 次印刷
书　　号	ISBN 978-7-5641-7702-7
定　　价	128.00 元

* 本社图书若有印装质量问题，请直接与营销部联系，电话：025-83791830。

《监狱精神病学》编委会

主　任　　倪文溧
副主任　　曹殿亿　刘　晨　吕成荣
编　者　　吕成荣　那爱国　陶旭东　赵　山
　　　　　李广武　王克威　张　宁　袁勇贵
　　　　　韩臣柏　华　晔　储井山　孔德志
　　　　　余亚文

序

　　监狱医疗工作直接关系着监狱行刑效能和监管场所的安全稳定。满足罪犯基本医疗服务需求，提升罪犯生命健康权益保障能力，是统筹推进监狱工作五大改造新格局、切实强化监狱职能履行的客观要求。按照党的十九大提出的实施健康中国战略要求，在监狱这一特殊监管条件下的医疗服务保障，同样也要顺应时代发展的步伐，在立足监狱医疗机制改革发展的同时，深入研究监狱罪犯疾病发病成因及诊断、治疗、康复方法，剖析与监管条件的联系，探索监狱医疗工作内涵，挖掘监狱医疗工作本质，为党的监狱事业发展再添动力。

　　罪犯精神疾病医疗作为监狱医疗工作的重要组成部分，服务对象是监管条件下的特殊患病人群。与社会人群一样，精神障碍在罪犯群体中，同样具有高患病率、高发病率、高增长率的特点。因受监禁条件的影响，监狱罪犯人群中的精神障碍患者一旦病情恶化，极易引发具有严重执法后果的影响监管安全和秩序的事件。如何科学认识罪犯精神疾病，系统规范治疗患病罪犯，消除疾病因素对监狱安全的危害，就成为中国监狱工作者面临的一个严峻课题。

　　在长期的监狱工作实践中，江苏监狱精神卫生事业以六十余年发展变革的厚重积淀，不断探索具有鲜明现代监狱特色的罪犯精神疾病医疗发展路径，从疾病筛查、诊疗方式到治疗方法、康复途径等方面，形成了初具特色的理论体系。基于此，深耕监狱精神卫生工作30余年的吕成荣主任医师等一批同志以此为立足点编著了《监狱精神病学》一书，不但系统分析了狱内精神疾病致病成因，详细列举了常见症状与诊断标准，对各类型精神障碍的治疗方法与预后进行了详细的阐述，更结合监管条件下的辅助治疗、康复、管理、防治与护理方法进行了完整的介绍，具有较强的针对性和实用性。

　　监狱精神病学是建立在精神医学和法学两大基础上的交叉学科，是精神医学与监狱法及相关法律的有机结合，是在监管医学实践与监管改造实践中逐渐形成的，是我国监所医学中的一门分支学科。监狱精神病学的建立是监狱发展的必然结果，是符合中国监狱实际需求而逐步成长起来的应用型学科。它是如何治疗罪犯精神疾病、提高罪犯精神健康水平乃至如何在精神科学方面保障监管安全的深刻思考和智慧结晶。《监狱精神病学》一书的付梓出版，既得益于江苏监狱多年来医疗执法实践积累的丰富经验，也充分体现了吕成荣医师及其所带领的团队数十年的实践经验和研究成果，促使在监狱理论研究方面首次有了从事狱内罪犯精神疾病治疗康复研究的专著，将监狱学、精神病学、法学等学科进行了有机整合，不失为对监狱医务工作者、心理矫治工作者和普通民警很有价值的参考工具书。

不积跬步，无以至千里。在现代监狱视野下，监狱精神卫生防治工作有了好开头，《监狱精神病学》也将鼓励和吸引更多有志者投身到监狱医学理论研究的前沿阵地，不断丰富和发展监狱理论研究，为更好地推动监狱事业快速协调发展作出新的更大作为。借此期待，这一领域会有更多的科学严谨而富有价值的著作问世。

是以感言，欣以为序。

刘保民

（江苏省监狱管理局政委）

2018年7月于南京

前　言

　　启动撰写《监狱精神病学》的念头，应该是十年前的事了，当时的想法是，自己作为监狱精神科医生已二十余年了，也有了一些工作体会和经验，国内还没有类似的专著，试着在监狱精神卫生方面做些探索。当时提出设想以后，时任医院院长的倪文溧同志十分支持，协调了南京脑科医院的多位主任一起构思书的架构和内容，并约请几位专家组稿，作为主编，自己牵头并协调了相关作者进行内容的撰写，半年之内就将当时设想的内容收稿了。不过，初稿形成以后，马上就发现一些问题，如理论性篇幅较多，实践部分相对较少；重点不突出，架构不科学等。主要还是没有解决好出版这本书的目标是什么、要达到什么样的目的。既然自己不满意，那就再沉淀几年，思考一下。一放，就是十余年。一方面觉得时间过得好快，医院已从溧阳、金坛、句容交界的丫髻山下迁建至国家级开发新区的南京江北新区，医院也成为南京市二级甲等精神病医院，精神科成为南京市医学重点专科；另一方面，医院及本人又经过十多年的实践，也已积累了更多的经验、开展了一些裨益的探索，特别是近年来，各省监狱系统来我院交流考察监狱精神疾病的防治及精神疾病罪犯的管理、康复工作的同道日益增多，多重因素催生了本书的修改与出版。

　　促进罪犯精神健康、提高监狱精神疾病管治水平、服务监狱安全稳定，是监狱精神卫生工作的主要内容。编写本书的主要目的，一是希望编制一本适合监狱范围内使用的精神疾病防治工作的工具书；二是具有监狱特点的符合精神病学规律的参考书，即具有理论探索与实践操作两个特性。《监狱精神病学》共分为四个部分，第一部分为绪论，着重介绍精神病学的基础知识，这也是后来删减最多的部分。第二部分为各论，介绍了常见的精神疾病的诊断、治疗，这是精神病学的重点内容之一。编写原则是，力争说得透彻但尽力精减纯理论，增加与监管特点有关的部分，特别是每一章节的最后都增加了与监管安全的相关讨论。第三部分为治疗、护理、康复部分，这也是专业工作者不可或缺的技能，尽可能增加可操作性。这也是将来各省监狱系统建立专科医院或专科病房应该注重的方面，即稳定控制病情只是管控的一部分，更多的则是康复。康复是持续的、全程的和全方面的。第四部分是监狱精神疾病的管理、防治,是本书最有特色的部分,一是体现我们几十年来所做的监狱精神疾病防治管理的探索;二是提炼我们在实际工作中的内容;三是自己在实践基础上所做的一些理论探索和思考,尽量贴近监狱实际情况,着重介绍监内精神病人可能存在的问题,如住院、管理、防治,如何评估与防范精神罪犯的自杀、冲动攻击、影响监管秩序等行为。

本书的出版,是我和我的同事们、朋友们共同努力的结果,在此特别感谢各级领导、各位同仁,他们一直关心支持本书的进程、出版。南京医科大学附属南京脑科医院、东南大学附属中大医院的有关专家张宁、韩臣柏、袁勇贵等热情地参与了本书的编写。也要感谢东南大学出版社周荣虎等编辑对本书出版的大力支持!

书不尽意,木已成舟,作为国内罪犯精神卫生和精神疾病探索性研究专著,定有许多不妥之处。希望本书能成为狱内从事精神疾病治疗、康复、管理的技术支撑类工具书,也希望能成为司法领域、狱政管理、监狱医务工作者、心理矫治工作者及监狱民警有用的参考书,更希望抛砖引玉,引起国内有关专家的重视,开展深入研究,形成具有中国特色的监狱精神病学体系,为促进罪犯精神健康、维护监狱安全稳定、服务社会平安作出更大的贡献!

吕成荣

2018 年 4 月于南京

目　录

第一篇　总　论

第一章　绪论 ... 3
- 第一节　概述 ... 3
- 第二节　国外监狱罪犯精神卫生 ... 8
- 第三节　精神障碍的神经学基础 ... 12
- 第四节　精神障碍的心理学基础 ... 15
- 第五节　精神障碍的分类 ... 21

第二章　精神疾病的病因学 ... 27
- 第一节　概述 ... 27
- 第二节　生物因素 ... 28
- 第三节　心理因素 ... 30
- 第四节　社会因素 ... 30
- 第五节　监狱精神疾病病因学研究的意义和内容 ... 32

第三章　精神疾病症状学 ... 36
- 第一节　概述 ... 36
- 第二节　常见的精神症状 ... 37
- 第三节　常见的精神疾病综合征 ... 52
- 第四节　监狱精神疾病症状学的特点 ... 55

第四章　监狱精神疾病的检查与诊断 ... 57
- 第一节　概述 ... 57
- 第二节　采集病史 ... 60
- 第三节　精神状态检查 ... 62
- 第四节　体格检查及实验室检查 ... 64
- 第五节　临床资料的分析 ... 65
- 第六节　精神疾病的诊断思路 ... 66
- 第七节　监狱精神疾病的发病规律及特点 ... 72
- 第八节　监狱精神疾病的早期表现与识别 ... 73
- 第九节　监狱精神疾病的诊断步骤 ... 75

第二篇 各 论

第五章 器质性精神障碍 ... 79
第一节 脑器质性精神障碍 ... 79
第二节 躯体疾病所致精神障碍 ... 86
第三节 器质性精神障碍与监管安全 ... 90

第六章 精神活性物质所致精神障碍 ... 91
第一节 概述 ... 91
第二节 酒精所致的精神障碍 ... 92
第三节 阿片类物质所致精神障碍 ... 97
第四节 其他精神活性物质所致的精神障碍 ... 99
第五节 精神活性物质所致精神障碍与监管安全 ... 100

第七章 精神分裂症 ... 101
第一节 概述 ... 101
第二节 病因与发病机制 ... 101
第三节 临床表现 ... 103
第四节 诊断和鉴别诊断 ... 108
第五节 治疗 ... 111
第六节 精神分裂症与监管安全 ... 117

第八章 情感性精神障碍 ... 119
第一节 概述 ... 119
第二节 病因与发病机制 ... 119
第三节 临床表现 ... 121
第四节 诊断和鉴别诊断 ... 124
第五节 病程和预后 ... 130
第六节 治疗 ... 131
第七节 情感性精神障碍与监管安全 ... 145

第九章 其他精神病性精神障碍 ... 146
第一节 偏执性精神障碍 ... 146
第二节 分裂情感性精神病 ... 147
第三节 其他精神病性障碍 ... 149
第四节 其他精神病性障碍与监管安全 ... 151

第十章 神经症 ………………………………………………………… 152
第一节 概述 ………………………………………………………… 152
第二节 焦虑症 ……………………………………………………… 156
第三节 恐惧症 ……………………………………………………… 161
第四节 强迫症 ……………………………………………………… 167
第五节 躯体形式障碍 ……………………………………………… 171
第六节 神经衰弱 …………………………………………………… 178
第七节 神经症与监管安全 ………………………………………… 182

第十一章 癔症 …………………………………………………………… 184
第一节 概述 ………………………………………………………… 184
第二节 病因与发病机制 …………………………………………… 184
第三节 临床表现 …………………………………………………… 185
第四节 诊断与鉴别诊断 …………………………………………… 187
第五节 病程和预后 ………………………………………………… 189
第六节 治疗 ………………………………………………………… 189
第七节 癔症与监管安全 …………………………………………… 191

第十二章 应激相关障碍 ……………………………………………… 192
第一节 概述 ………………………………………………………… 192
第二节 急性应激障碍 ……………………………………………… 193
第三节 创伤后应激障碍 …………………………………………… 196
第四节 适应障碍 …………………………………………………… 198
第五节 应激相关障碍与监管安全 ………………………………… 202

第十三章 人格障碍 …………………………………………………… 203
第一节 概述 ………………………………………………………… 203
第二节 病因与病理机制 …………………………………………… 204
第三节 分类与诊断 ………………………………………………… 205
第四节 鉴别诊断 …………………………………………………… 212
第五节 治疗与干预 ………………………………………………… 214
第六节 病程和预后 ………………………………………………… 219
第七节 人格障碍与监管安全 ……………………………………… 219

第十四章 性心理障碍 ………………………………………………… 221
第一节 概述 ………………………………………………………… 221
第二节 病因 ………………………………………………………… 221

第三节　临床表现 222
　　第四节　治疗 224
　　第五节　性心理障碍与监管安全 224

第十五章　精神发育迟滞 225
　　第一节　概述 225
　　第二节　病因与发病机制 225
　　第三节　临床表现 227
　　第四节　诊断 229
　　第五节　治疗 231
　　第六节　精神发育迟滞与监管安全 231

第十六章　精神疾病的躯体治疗 232
　　第一节　药物治疗概述 232
　　第二节　抗精神病药物 233
　　第三节　抗抑郁药物 240
　　第四节　心境稳定剂 244
　　第五节　抗焦虑药物 246
　　第六节　无抽搐电休克治疗 248
　　第七节　其他非药物治疗 249

第十七章　心理治疗 252
　　第一节　概述 252
　　第二节　心理治疗的对象 253
　　第三节　心理治疗的种类 256
　　第四节　心理治疗的操作 256

第十八章　罪犯心理矫治 274
　　第一节　概述 274
　　第二节　罪犯常见不良心理的表现 274
　　第三节　罪犯不良心理产生的原因 275
　　第四节　罪犯心理咨询和心理治疗 276
　　第五节　监狱心理矫治工作中的几个问题 278

第十九章　精神疾病的护理 283
　　第一节　概述 283
　　第二节　精神科基础护理 284
　　第三节　精神科特殊护理 286
　　第四节　临床观察与记录 287

第五节　病房管理 ………………………………………………… 289

第二十章　监狱精神疾病的康复　292
　　　第一节　精神障碍的康复 ………………………………………… 292
　　　第二节　精神疾病康复程序与步骤 ……………………………… 294
　　　第三节　监狱精神疾病的康复模式 ……………………………… 299
　　　第四节　康复训练方法 …………………………………………… 301
　　　第五节　精神病犯的康复与改造 ………………………………… 306

第二十一章　司法精神疾病鉴定　309
　　　第一节　司法精神病学概述 ……………………………………… 309
　　　第二节　精神疾病与法律关系 …………………………………… 309
　　　第三节　司法精神病鉴定 ………………………………………… 316
　　　第四节　精神分裂症的司法鉴定 ………………………………… 319
　　　第五节　情感性精神障碍的司法鉴定 …………………………… 321
　　　第六节　心因性精神障碍的司法鉴定 …………………………… 324
　　　第七节　精神发育迟滞的司法鉴定 ……………………………… 325
　　　第八节　人格障碍的司法鉴定 …………………………………… 326

第二十二章　攻击暴力行为与危机干预　328
　　　第一节　概述 ……………………………………………………… 328
　　　第二节　攻击暴力行为的影响因素 ……………………………… 329
　　　第三节　精神科冲动暴力行为 …………………………………… 330
　　　第四节　攻击暴力行为的预测 …………………………………… 332
　　　第五节　攻击暴力行为的预防与处理 …………………………… 332

第二十三章　自杀与预防　335
　　　第一节　概述 ……………………………………………………… 335
　　　第二节　自杀的生物心理社会 …………………………………… 335
　　　第三节　自杀的危险性评估 ……………………………………… 337
　　　第四节　精神疾病与自杀 ………………………………………… 339
　　　第五节　监狱内自杀的预防 ……………………………………… 343

第二十四章　女性精神病犯的特点　347
　　　第一节　女性的心理特点 ………………………………………… 347
　　　第二节　女性罪犯的心理问题 …………………………………… 348
　　　第三节　女性罪犯中常见的精神病特点 ………………………… 349
　　　第四节　精神病女犯的治疗与康复管理 ………………………… 351

第二十五章　狱中伪装精神病的甄别 ... 353
第一节　基本概念 ... 353
第二节　伪病罪犯的常见心理状态 ... 354
第三节　诈病表现的基本特点 ... 354
第四节　诈病者伪装精神病性症状特点 ... 356
第五节　狱中伪装精神病鉴别指南 ... 357

第二十六章　监狱综合性医院中的精神卫生服务 ... 364
第一节　概述 ... 364
第二节　心身疾病简介 ... 365
第三节　综合医院精神障碍的识别 ... 368
第四节　临床诊治中病人心理问题的处理方法 ... 370
第五节　监狱医院常见与精神心理因素有关的表现及处置 ... 371

第二十七章　监狱精神病人住院安全管理 ... 373
第一节　精神病犯住院一般安全管理 ... 373
第二节　住院精神病犯危险等级评估 ... 375
第三节　精神病犯住院安全防范管理 ... 380
第四节　精神病犯异常行为监控管理 ... 384

第二十八章　监狱精神疾病的防治与管控 ... 387
第一节　监所精神卫生概述 ... 387
第二节　国内监狱精神疾病防控工作现状 ... 388
第三节　监狱精神疾病防控工作管理对策 ... 389
第四节　监狱精神疾病远程会诊系统建设 ... 391
第五节　精神疾病防治工作的"监狱模式" ... 395

附　录 ... 398
附录一　保护精神病患者和改善精神保健的原则 ... 398
附录二　关于医务人员、特别是医生，在保护被监禁和拘留的人不受酷刑和其他残忍、不人道或有辱人格的待遇或处罚方面的任务的医疗道德原则 ... 406
附录三　马德里宣言 ... 407
附录四　夏威夷宣言 ... 411
附录五　中华人民共和国精神卫生法 ... 413

主要参考文献 ... 423

第一篇 总论

한글

第一章 绪 论

第一节 概 述

精神活动是人脑的功能,是人脑在反映客观事物的过程中,所进行的一系列复杂的功能活动。由于客观事物是不停地变化、运动着的,因此反映客观事物的精神活动也是在不断变化和运动着的。精神活动包括认识活动(由感知觉、注意、记忆和思维等组成)、情感活动、行为活动。这些活动过程相互联系、精密协调,维持着精神活动的统一与完整。因此,存在决定意识,人的精神活动是在社会实践中形成和完善的。

精神障碍指精神活动显著偏离正常,以精神病性症状、社会功能下降和(或)本人感到精神痛苦为特征的一种情况。精神障碍包括传统概念中的精神病、神经症、人格障碍与精神发育迟滞,分为精神病性精神障碍和非精神病性精神障碍。

精神疾病通常被简称为精神病,是指在各种因素的作用下(包括各种生物学因素、社会心理因素等)造成大脑功能失调,而出现感知、思维、情感、行为、意志以及智力等精神运动方面的异常,需要运用医学方法进行治疗的一类疾病。精神病主要表现为感知、记忆、思维能力受损,情绪反应与行为不适当,常出现各种幻觉、妄想等精神病理症状,与此同时,现实检验能力严重下降,社会功能明显低下,自知力缺乏。

精神病学是研究各种精神疾病的病因、发病机制、临床表现、疾病的发展规律、治疗、预防以及康复的一门临床医学。

一、监狱精神病学概念

狭义的监狱精神病学是指研究监狱罪犯中精神疾病的病因、发病机理、临床表现、疾病的发展规律,对精神病犯管理、治疗、康复、预防以及监管、心理社会因素对罪犯精神作用和影响的一门科学。广义的监狱精神病学,不仅研究监狱各类精神疾病的防治,同时还探讨保障监狱罪犯的心理健康,减少和预防各种心理和行为问题的发生,促进其人格的成长,从而提高他们的精神健康水平及学习、劳动和改造效率。

监狱精神病学是建立在精神医学和法学两大基础上的交叉科学,是精神医学与监狱法及相关法律的有机结合,是在监管医学实践与监管改造实践中逐渐形成的,是我国监所医学中的一门分支学科。

监狱精神病学是适应中国监狱实际状况而逐步成长起来的一门学科,是现代监狱发展的必然结果。因此如何治疗罪犯中的精神疾病,提高罪犯精神健康水平,乃至如何在精神学科方面来保障、监管安全已具有非常重要的现实意义,成为现代监狱发展的实践需要。随着监管安全长效机制的建立、公正文明执法的加强以及监管队伍的法制化、科学化、社会化的进程,监狱管理的文明度、职业化及科学性需要相应的学科及途径来支撑,如相关法律法规的不断完善、狱政管理的不断创新、心理科学的不断充实,唯有更多的学科和途径支持才能更好地推动监狱工作的全面发展。

二、监狱精神病学的历史和现状

监狱精神病学在国外有着较长的历史,但在国内还是处于起步和初期发展阶段。1911年 Nitsche 和 Willimanns 所著的《拘禁性精神病的历史》一书,描述了监禁条件下发生的精神疾病症状,提出罪犯中精神病和自杀的发生率较高,并认为这是由于监狱条件下所发生的精神疾病的特点,同时对监狱内外的精神病作了比较研究。以后陆续有专家以新的科学方法对监狱精神病学作了进一步的研究。近年来,国外学者发现监狱中罪犯的自杀率为 57.5/10 万。Roth、Gunn、Rosner 等认为在监狱条件下有增强精神疾病发生的可能性。

监狱中精神疾病的患病率虽然各国学者有过调查,但结果差异较大。美国对监狱罪犯的调查显示,提出有精神疾病症状的为 15%～20%(Monaham 和 Steadaman,1983; Roth,1971)。根据 Gunn 在 1991 年的调查,英国监狱精神病患者高达 34%,其中酒精依赖占 8.6%、药物依赖占 10.1%。我国的资料较少,据吕成荣等人于 2000 年对某监狱 3 142 名罪犯的调查,罪犯中各类精神障碍的患病率为 10.93%。其中人格障碍患病率为 7.97%,神经症为 1.00%,精神发育迟滞为 0.59%,精神分裂症为 0.44%,情感性精神障碍为 0.26%。调查发现监狱中精神疾病罪犯受教育程度相对较低,以慢性起病、暴力型罪犯为主,刑期在 1～10 年居多。精神病犯的常见表现为①乱语、自笑;②睡眠异常,无故不参加劳动;③生活自理差,不与人交往;④行为冲动、自伤。

目前我国有数百所监狱,统计发现,精神病犯是影响监狱监管安全和教育改造质量的重要因素之一,各省目前尚无系统的统一的管治模式和方法,因而不同管治模式和方法所起的影响和作用也不尽相同。有的集中收治,如某省监狱系统设立了某省监狱管理局精神病院,主要集中收治和管理在押罪犯中的重症精神病人;有的省份则是半集中式;还有的则分散管理。采取半集中和分散管理的原因,主要是缺乏相应的专科医生,遇到疑难病例,则需请监外精神科医生进行会诊或送到社会精神病专科医院诊断,以明确是否保外治疗或就地治疗,我国绝大部分省份和地区采用这种方式,这种管治的效果当然不容乐观,因为缺乏经过系统培训的专科医生,其诊治结果和管理效果不会达到最优化,一定程度上也会影响监管秩序,特别是对于一些早期及非典型的病例难以及时诊治,给监管安全带来极大的隐患。

国内监狱精神病学的起步相对较晚。某省是较早成立罪犯精神病集中收治管理机构的省份。1965 年,设立了"精神病犯看守所",收押精神病犯,当时只有几名医生负责诊治;1982 正式成立"某省劳改局精神病院",1996 年更名为"某省监狱管理局精神病院",2000 年随着监狱在押犯中的精神病犯逐渐增多,实行相对集中收治、管理康复。正式成立专科医院以来,某省监狱管理局精神病院不仅承担系统内精神病犯的集中收治任务,还负责全省监狱系统在押罪犯的精神疾病防治、宣传和康复管理指导工作。近 10 年来共鉴定精神病犯 3 000 余例,收治重症精神病犯数千余人次。近 20 年来,医院开展临床研究、鉴定分析、康复训练和防治模式的探讨,积累了较为丰富的管理、治疗精神病犯的经验。

由于狱内罪犯生活、劳动场所相对集中,人群密集程度较高,监狱中精神疾病对监管安全的影响极大。开展监狱精神疾病研究具有很重要的现实意义,既是维护罪犯精神健康的需要,也是为科学行刑提供依据,最终目的是维护监狱安全稳定。

三、监狱精神病学研究的对象和内容

监狱精神病学是一门特殊的医学学科,是精神医学、法学相交叉的边缘学科,有其特定的研究对象,其内容主要有以下几点:

(一)开展监狱中的精神障碍流行病学调查

精神疾病系指由于机体内、外各种有害因素,如躯体因素、精神刺激、社会环境因素等作用于个体,引起人的高级神经活动失调,导致认知、情感、意志和行为等精神活动出现不同程度障碍为临床表现的疾病。共同特点是心理异常,表现为心理活动的紊乱,心理活动能力的削弱,心理机能发育不良或个性的病态发展,因而他们辨认和控制能力不同程度地受到损害。监狱是一个罪犯集中的刑罚执行场所,生活、劳动、学习、训练等活动集中组织,人群密集程度高,所以一旦出现了精神异常的罪犯,对整个监所罪犯的影响是显而易见的。掌握狱中精神疾病患者的分布及发病规律,准确筛查、鉴别出罪犯中的精神疾病患者,是宏观把控、科学行刑、文明管理罪犯的重要前提。

(二)研究监狱精神疾病的防治规律

精神疾病是一组由生物、心理、社会因素所致的疾病,其病因及发病机理至今尚未完全明了,加之精神病的病程长,复发率高,容易形成精神残疾,目前尚缺乏根治精神病的有效药物,且没有全国统一的防治模式,在不同省份和地区给监管安全造成的影响程度也不尽相同。因此如何管理好监狱中的精神病犯,合理地处置、治疗、康复精神病犯需要进行系统的调查和研究。如研究设置各省监狱系统精神病专科医院的可能性、必要性;探讨设立局级专科医院—监狱级专科病房—监区级防治站的防治模式等。做到对监狱中的精神病犯早发现、早诊断、早治疗、早康复,尽早地构建中国监狱特色的精神疾病防治体系,才能更有效地提高监管安全系数,为科学改造罪犯提供依据。

(三)探讨监狱精神卫生机构的设置与管理

全国监狱系统治疗、处置精神病犯的方法各不相同,如何科学、合理、实用地管理、治疗精神病犯是科学行刑、监管实践的问题之一。当前有的省份集中收治,有的省份则分散处置,或保外就医。某省监狱系统在处置管理精神病犯的问题上,已形成了一些行之有效的模式,设立收治全省监狱系统精神病犯的专科医院,成立监狱系统精神疾病诊治中心、预防控制中心及宣传指导中心,开展精神疾病的调研、鉴定、集中收治、康复训练、培训教育等,同时定期举办监狱民警精神疾病防治培训,有效地提高了对精神疾病的认识和筛查能力,较好地解决了早期发现、早期治疗的问题。而有的省份则采取化整为零,分散收治和管理,与集中收治的整体效应和管理水平相比较,自然会有一定的差距。部分省份的监狱系统缺少相应的专科治疗机构,对精神疾病的早期发现与治疗都显得滞后,更有甚者,影响了监管安全工作。

监狱专科防治机构的设置不仅要符合精神病犯治疗的需要,而且还必须符合监管改造的要求,只有将两者有机地结合起来,才能真正做到专科医疗和刑罚执行相融合,确保监狱改造秩序的安全稳定。这也是目前监狱精神病学研究的又一重要内容。

(四)研讨监狱精神病学的原则与方法

监管医疗应当严格遵循人道主义原则,这是毫无疑问的。同时监狱又是国家的刑罚执行机关,医疗工作必须在行刑和执法的框架和原则下进行,其本身具有执法的性质,所以医疗行为不能有悖于现行法律、法规,而只能在惩罚与教育改造的前提下实施人道主义的医疗,只有将两者有机地结合起来,才能正确体现监管医疗原则。监狱精神病学作为一门学科,有其自身的特点、要求和条件,精神病犯一方面是服刑罪犯,一方面他们的辨认能力、控制能力、服刑能力不同程度受到病情影响,所以两者之间存在着动态的、转化的过程。如何处理好罪犯疾病与服刑、治疗与改造的问题,也是需要我们来研究和探讨的。同时罪犯中的精神疾病鉴定问题也是一项严肃的、科学的、认真的执法和学术问题,只有深入地实践、求真务实,开阔视野,吸收学科进展,不断实践和努力,才会逐步构筑适合我国特点的监狱精神病学体系。

四、监狱精神病学创立的意义和任务

监狱精神病学是监狱执法工作的客观需要,同时也是医疗工作为监管改造提供服务的需要。在严格执法、科学执法和法制化、科学化的今天,监狱精神病学有责任肩负起理论与实践的双重任务。

(一) 丰富和补充我国的精神医学内涵

精神病学研究的是一般人群中精神疾病的发生、发展规律。监狱精神病学则是研究监狱罪犯中精神疾病的发生、治疗、管理以及与服刑之间的关系,它包含了一般精神医学的内容,同时它又有自身的特点,涉及监狱法、刑法和其他内容,正是由于特殊的环境、条件、对象以及表现出来的特殊医学问题,构成了监狱精神病学的独特性和区别于一般精神医学的不同点,这一学科的创立是对整个精神医学领域的丰富和完善。对服刑罪犯这一特殊人群的精神疾病研究,深入地探讨精神病人犯罪、人格、诈病、心理社会因素的成因及防治措施空白,将成为精神医学重要的研究基地和领域,填补我国精神疾病研究领域的不足。

(二) 维护刑罚执行和罪犯的精神健康

为服刑罪犯提供医疗卫生服务是《监狱法》赋予监狱的重要职责,精神卫生是医疗卫生中的重要内容,维护罪犯的精神健康是监狱工作不可或缺的一部分。监狱精神病学的产生,进一步充实了监狱医疗卫生工作的功能和内容,如早期发现、早期治疗、提高罪犯的心理健康水平等等。同时也为罪犯心理矫治矫正教育提供了更为科学的学科基础和平台。

监狱精神病学的发展不但是为了更好地提高监狱医疗水平,服务于罪犯的精神健康,更是为了维护和保障监狱行使其职能。监狱是集中关押罪犯的场所,如果某个监区或监房出现了精神异常的病人,那么所在监房和监区的生活、学习、劳动和改造秩序一定会受到不同程度的影响。特别是患了精神分裂症等的重症精神病犯,由于其辨认和控制能力受损,他们的生活能力、劳动能力和学习能力也都会受到严重影响,必然会影响其他集体生活的犯人的服刑和改造。所以及时发现和治疗这些病犯是监管改造秩序稳定的有力保证。

(三) 创新监狱精神疾病的防治体系

监狱精神病学是一门新兴的、系统的专科医学,它的内容涉及众多的科学领域,除了精神医学外,还包括教育改造学、犯罪心理学、狱政管理学、监狱法学等众多学科的相关内容。监狱精神病学的建立和发展，应该遵循实事求是的科学规律，采取严肃认真的态度，借鉴现代医学和相关学科的理论、进展、经验，充实和发展自己的理论体系，并且通过不断地探索和实践，逐步丰富和深化，还要结合我国监狱的实际情况和条件，在现有的法律法规框架内建立起有中国特色的监狱精神病学，更好地为监狱事业的发展服务，为丰富我国的精神医学事业助力。

五、监狱精神病学与相关学科的关系

监狱精神病学是精神医学与法学、心理学、管理学等众多学科相交叉的一门应用科学，是运用精神医学的一般理论和原理，通过在监狱领域中的实践，建立起来的一整套全新的科学理论体系，它既有学科本身的特殊性，又有与其他学科密切联系的共同性。

（一）与精神医学的关系

监狱精神病学具备普通精神医学的特点。精神医学是监狱精神病学的基础，两者的关系是一般与特殊的关系。由于监狱精神病学所研究人群的身份和生活环境的特殊性，研究对象的临床表现往往和正常社会人群有些差异，因而在对疑似精神病犯进行诊疗鉴定时，还需要收集相关的服刑资料，更要循证被鉴定人的真实性表现。所以既要掌握精神医学的相关知识、理论和技能，也要熟悉监狱相关法规、条例，这样才能科学地鉴别、治疗和管理精神病罪犯。

（二）与医学心理学的关系

医学心理学是心理学与医学相结合的一门新学科。医学心理学的主要任务是研究医学中的心理问题，研究心理因素在人体健康与疾病及相互之间转化过程中所起的作用及其规律，它把心理学系统知识（理论、技术、方法及研究成果）应用到医学的各个领域，其中必然包括相关精神病学内容，阐明心理社会因素对健康和疾病的作用及其作用机理。因此医学心理学不仅是医学基础理论的一个重要组成部分，也是应用于临床的一门重要学科。监狱精神病学是在了解、掌握正常心理的基础上，对疑似精神病犯通过多角度调查和甄别，最终达到防范、鉴定和治疗的目的。也就是说，掌握正常心理状态是专科医生必备的基础和前提。

（三）与神经科学的关系

神经科学是研究脑、脊髓的神经解剖、神经生理、神经生化等为特点的学科，神经是人的精神活动的基础，若要进一步了解精神病学的本质，尤其是精神疾病的物质基础时，就与神经科学的发展水平密切相关。当前，神经科学发展迅速，在中枢传导通路、神经递质、神经电生理等方面的研究，都有助于人们进一步了解神经系统的功能。

（四）与其他学科的关系

医学社会学和医学人类学，分别是社会学和人类学在医学中的分支。前者是用社会学的理论和方法（如社会流行病学所运用的现代调查统计技术），从群体角度去研究社会结构和社会过程有关的健康和疾病问题。它在精神病学领域中是研究与疾病有关的心理社会因素。后者是以文化人类学的理论和方法来研究医学问题的。人们的言行表现，均与特定的文化背景密切相关，正常的和异常的精神活动均是如此。

监狱精神病学除了研究个体的精神异常外，更为重要的是探讨罪犯这一群体发生精神疾病的规律和特点，因而社会学与流行病学的研究也是和监狱精神病学相关的重要内容。

上述的一些学科，与精神病学的关系十分密切，它们有的属于自然科学，有的属于社会科学。因此精神病学是医学中与社会科学最密切相关的一门学科。要学习精神病学，也要尽可能学习上述的一些学科内容。据此，监狱精神病学与社会学科的关系是密不可分的。

六、监狱精神病学与狱政管理

《监狱法》明确规定："监狱是国家的刑罚执行机关。依照刑法和刑事诉讼法的规定，被判处死刑缓期二年执行、无期徒刑、有期徒刑的罪犯，在监狱内执行刑罚。"狱政管理是监狱工作的重要组成部分，是监狱为实现行刑目的，保证依法执行刑罚，惩罚和改造罪犯，根据国家有关法律和监管法规的规定，对罪犯实施惩罚和改造的行政管理活动。狱政管理贯穿于惩罚和改造的全过程。在对罪犯执行刑罚的过程中，监狱通过严格的管理制度，科学文明的管理方法，严密的组织形式，对罪犯实施监督和控制。

监狱精神病学不仅仅是单纯地研究监狱精神病犯的诊治、管理，更要研究狱内罪犯的心理发展规律，减少和预防各种心理和行为问题的发生，从而保障监狱罪犯的心理健康，提高他们的精神健康水平，提高其学习、劳动和改造效率，促进其人格的健康成长。

在监狱中开展精神医学的研究和实践，是监管安全的需要，也是维护监狱正常教育改造和劳动改造秩序的需要。根据初步研究，罪犯中精神障碍的患病率在10.93%，严重精神障碍的发生率在大约在1‰~2‰，他们有的存在感知障碍，如幻觉；有的出现思维障碍，如妄想；有的情绪严重障碍，如抑郁；有的行为明显异常，如冲动、自杀等等。他们有的在病态意念的支配下，出现伤害同犯，甚至攻击警察的行为，给监管安全造成严重影响；有的可能在消极意念的影响下，出现自伤、自残，甚至自杀。这部分特殊的罪犯是影响监管安全的定时炸弹，更是影响教育改造的重要因素，如不科学地处置，将会给监狱的安全带来重大的隐患。另一方面，如果不能及时识别这些精神病犯，而认为是装疯卖傻或思想问题，并给予相应的惩罚和处理，就会导致病情的加剧和恶化，并出现执法中的一些问题。

所以在监狱系统开展精神医学的研究和实践，是监管工作规范化、科学化的反映，是适应国际行刑发展的需要，促进罪犯精神健康，同时，是保证监管安全的有效和重要的途径和方法之一，是建立现代监狱的重要组成部分。

（吕成荣）

第二节　国外监狱罪犯精神卫生

精神障碍是生物、社会、心理因素综合作用的结果。罪犯作为一个特殊群体，较常人面临更多的心理应激，为精神障碍高发人群。全球范围内，约有900万名罪犯在监狱服刑,《美国公共卫生杂志》曾指出监狱中有 6%～15% 的罪犯患有严重的精神疾病,据此推算,监狱中有一庞大的精神病犯群,关注、研究这一群体显得尤为迫切和重要。

一、监狱罪犯精神疾病患病情况

美国监狱按管辖范围可分为三种：联邦监狱、州监狱和地方看守所。1987 年 Neighbors 系统随机抽样了 1 070 名联邦监狱罪犯,发现精神分裂症占 2.8%,严重的抑郁症占 5.1%,双相障碍为 3.8%。1990 年 Teplin 采用结构化的精神检查,检查了芝加哥的库克县看守所 728 名罪犯,结果 6.4% 符合精神分裂症、躁狂症或严重抑郁症的诊断标准。2002 年,Ogloff 等研究显示 6% 至 15% 的罪犯有严重的精神疾病,包括精神分裂症和严重的情感障碍。2006 年在美国司法部资助下的一项调查显示超过一半的罪犯有明显的精神健康问题,其中州监狱为 56%,联邦监狱为 45%,看守所为 64%。

2005 年,White 等调查了澳大利亚监狱中的 25353 名罪犯,其中精神病性障碍(精神分裂症等)占 5.1%～9.6%,非精神病性障碍(抑郁症、焦虑障碍以及应激相关障碍等)在 25%～50% 之间。

在欧洲,罪犯中精神障碍的调查包括物质相关障碍和人格障碍,所以其患病率更高。在英格兰和威尔士时点患病率为 37%;爱尔兰时点患病率为 54%;新泽西终生患病率为 78%,时点患病率为 54%;另一篇报道新泽西终生患病率为 89%,时点患病率为 80%;芬兰的时点患病率为 56%;苏格兰的终生患病率为 73%。总之,大约 5% 符合精神病性障碍的诊断标准,25% 患有情感障碍或焦虑障碍,40% 患有药物相关障碍,63% 的罪犯符合精神障碍的诊断标准。

各国所报道的患病率差异很大,原因有很多方面。他们调查时所采取的调查工具、诊断标准不一致,所包含的疾病病种不同;有的患病率为时点患病率,有的为年患病率,有的则为终生患病率等。

2002 年《柳叶刀》的一篇文章荟萃分析了 12 个西方国家的 62 项研究指出,监狱男性罪犯中 3.7% 患有精神病性疾病,10% 为严重抑郁症,65% 患人格障碍,其中 47% 为反社会性人格障碍;女性罪犯中 4.0% 患有精神病性障碍,12% 患有严重抑郁症,42% 患有人格障碍,21% 为反社会性人格障碍。

二、监狱罪犯精神疾病高发的原因

(一)"去机构化"运动

随着 20 世纪 50 年代抗精神病药物应用于临床,许多精神疾病的预后大为改善。伴随着更加善待精神病人的呼声,许多国家在 60 年代左右掀起了"去机构化"运动,即将精神病人从医院中"解放"出来,短期住院后重返社区,期间消减了大量精神病院的床位。1955 年美国人口为 1.65 亿,住院治疗的精神病人 55.9 万人。随着 60 年代"去机构化"运动的开展,20 世纪 90 年代美国人口已超过 2.5 亿,而住院治疗的精神病人仅为 7.2 万。美国的精神病床位从 339/10 万下降为 29/10 万。去机构化使许多精神病人从医院来到了监狱。二者呈现"此消彼长"的关系。

同样的情况发生在澳大利亚,精神病院的去监禁化使澳大利亚的公立和私人精神病院的床位数从 1960 年代的 3.0 万张下降为 2006 年的 8 000 张。2005 年澳大利亚监狱中有25 353名罪犯,其中精神病性障碍(精神分裂症等)在5.1%至9.6%之间,非精神病性障碍(抑郁症,焦虑障碍以及应激相关障碍等)在25%至50%之间。现在澳大利亚的监狱中关押的精神病患者通常超过普通精神病院。

(二)监狱环境所致

监狱对任何罪犯均存在压力,如与家庭成员的隔离,缺少社会支持,缺少隐私,不能自治,过分拥挤,担心受到攻击以及对监狱生活的厌倦等,上述压力在精神病犯上加剧。作为逮捕和拘留的一个结果,偏执会更严重。同时,隔离状态可加剧听幻觉的出现。

三、精神病犯的危害

(一)监禁成本的提高

患有精神疾病的罪犯被判的刑期更长,Jame等指出,在判决时患有精神疾病的罪犯比不患有精神疾病的罪犯的刑期平均长五个月。

精神病犯重新犯罪率高,他们在监狱待的时间更长,监禁精神病犯耗费的成本更高。例如在佛罗里达州奥兰治县,罪犯平均在看守所的时间为26天,而患有精神疾病的罪犯平均时间为51天。在洛杉矶县监狱,90%的精神病犯是重新犯罪的。Jame等指出在监狱有精神疾病的罪犯中25%是犯罪三次或以上,而一般罪犯则为19%。加利福尼亚监狱监禁一名普通罪犯一年的成本为30 929美元,而监禁一名精神病犯的成本则为50 000美元。在宾夕法尼亚州,监禁和治疗一名精神病犯的日常成本是普通罪犯的两倍。

(二)违规行为的发生

精神病犯在监狱中更容易违规,后果更严重。精神病罪犯由于他们的疾病,不能理解规则和遵守秩序。例如"等待开饭时不知排队,不能保持安静"。1992年Torrey调查显示40%的拘留所警官说精神病罪犯被其他罪犯辱骂虐待。在洛杉矶监狱精神病罪犯穿一种不同颜色的囚服,被认为"疯子"。"对于精神病罪犯所有的事情都可能发生,一些同犯能容忍,一些则不,特别是精神病罪犯大声说话或骂人的时候"。James报道在监狱中19%的精神病犯有严重的违规,不患有精神疾病的罪犯则为9%;9%的精神病犯在打架中受过伤,不患有精神疾病的罪犯则为3%。

(三)自杀问题

在美国监狱中自杀是仅次于自然原因死亡和艾滋病死亡的第三大死亡原因。导致自杀的首要危险因素就是精神疾病,其他还有药物滥用,长期监禁带来的慢性应激,以及不良事件的急性应激等。

纽约州收集了1977至1982年的数据,显示在自杀罪犯中一半的人曾经因某一种精神疾病住院治疗过。萨克拉门托(美国加州首府)的研究显示,超过一半的企图自杀者有幻觉或妄想,超过75%曾接受过精神疾病治疗。文献研究发现罪犯自杀与下列危险因素有关:精神疾病,药物滥用,曾经有自杀史,监禁带来的慢性应激(家庭成员的隔离、单独监禁、恐吓),急性精神刺激(假释挫折、配偶死亡、被强奸)以及监管人员的错误。

四、问题的解决

(一)政府层面

政府应重视监狱罪犯的精神健康,许多问题的解决需要政府的支持,如增加社区中精神病院的床位数,避免监狱成为精神病人不得不去的归宿等。政府需要提供更高标准的精神服务,更高标准的医疗服务不仅有利于精神病本身,而且对周围他犯及管教人员都有益处,同时也为他们更好地回归社区做好准备。

(二)成立精神病特别法庭

1997年,佛罗里达州成立了第一个精神病特别法庭,在这个特别法庭上,只审理有关精神病患者的案件,法官、书记员以及其他法院工作人员都接受过精神疾病知识的培训。

(三)对罪犯入监后立即进行精神健康评估

对新入监罪犯要尽早进行精神状况评估。对于不同的精神问题及时采取不同的解决措施。

(四)设立足够多的精神病犯床位

为严重精神疾病患者准备必要的医疗设施。在欧洲,Brooke认为至少30%的罪犯需要得到精神卫生机构的帮助,监狱需按罪犯总人数的9%来设立床位,以备需要住院的精神病犯的治疗,Blaauw则认为这数字在6%至12%之间。

(五)对监管人员进行培训

Reed报道在监狱护士中不到1/4的人接受过精神卫生知识的培训,监狱医护人员所提供的服务不能符合国民健康保险制度的要求。看守只接受过看管的训练,而不是精神科护士,他们不能正确评估罪犯的精神需求,更不能有效干预精神障碍。曾有看守如此评估自杀,"如果罪犯割腕的伤口深度低于拇指甲的一般通常是伪装的"。另外护理人员存在着严重的角色冲突,即在从事健康服务的护士角色和从事管理工作的管教人员角色间形成冲突。

(六)与地方卫生组织的联合

对于精神病的治疗处理,传统上,监狱等矫正机构雇佣自己的员工,建有自己的医院,直接为罪犯提供医疗等服务。由于不断增长的医疗费用、员工的开支和监狱缺少精神病专业的相关人员,越来越多的监狱将医疗服务私有化。在美国首先是1973年的赖克斯岛监狱,现在有25家监狱与私人供应商签订合同提供精神医疗服务。俄克拉荷马州、康涅狄格、德克萨斯州主要用医疗学校;佐治亚州则在运用医疗学校的同时与一个大的私人医疗机构签订合同。在监狱精神病罪犯中,只有1/6~1/3的人得到过某一形式的精神卫生治疗。与地方卫生组织及医学学校的联合可能是一个好的办法。

(赵 山)

第三节　精神障碍的神经学基础

一、意识

意识作为神经科学的一个学术名词,它代表了人或动物对外界环境状态的反应性:昏迷或有反应,睡着或唤醒,清醒或警觉。就人类而言,意识是指人们对环境的反应和判断状况。正常人意识清醒,它对环境具有认识、理解、判断和反应。中枢神经系统特定部位的结构完整与否与人的意识状况直接相关。不同部位和不同程度、不同类型的病变可引起不同的意识障碍。

意识是精神活动的基础和先决条件,只有在清醒的意识状态下才有认知、记忆、思维等高级神经活动。另一方面,意识状况又与一定的解剖结构密切相关。意识的解剖基础包括网状结构与大脑皮层两大部分。

(一)网状结构

网状结构是指位于脑干中轴,散在地分布于经典的传导通路和各神经核之间、交织成网状的灰质结构。网状结构分布于中枢神经系统的各个水平,下自脊髓,上至中脑、丘脑,并以脑桥、中脑的网状结构最重要。

网状结构按部位、细胞结构和生理功能又可分为下列数个主要核群:①网状小脑前核群:由网状外侧核、正中旁核和脑桥网状被盖核组成,它接受大脑皮质、小脑、前庭神经核、红核和脊髓的传入,并发出纤维至小脑。②缝际核:位于脑干中线,呈连续柱状,不同脑干水平有不同名称,其中以中缝核了解最多,它发出纤维至边缘系统、网状结构,并发出纤维至大脑、中脑和脊髓,这些神经元多数为5-羟色胺能神经元。③中央核群和外侧核群:位于中线两侧的称中央核群,包括延髓网状腹核、脑桥网状尾核、端核。外侧核群包括延髓、脑桥的网状小细胞核,网状巨细胞外侧核、延髓外侧区和中脑楔状核等。它主要为接受运动皮质、顶叶及脊髓的神经冲动。④蓝斑:位于菱形窝的顶端,脑桥网状端核的背外侧,为最重要的去甲肾上腺素能神经元集中地。

网状结构的生理功能十分复杂,就与意识相关功能来说,它直接与觉醒和睡眠有关。动物的生理实验说明,维持动物的觉醒状态与上行网状激活系统有关。该系统由网状结构的中央核群的四个核、网状小细胞核和其他一些儿茶酚胺神经核组成。即躯体和内脏感觉经脊髓网状束进入脑干网状结构,然后进入ARAS,并从延髓、经脑桥、中脑被盖、丘脑底和下丘脑背部上行,一部分终止于丘脑内板核群和网状核,继而影响额、顶叶的皮质;另一部分穿过间脑、直接经内囊,弥散地投射到大脑皮质的广泛区域,这种投射对感觉刺激的定性、定位很不清楚,故称为弥散投射系统。ARAS、弥散投射系统或非特异投射系统均属同义词。ARAS为多突触的传递接替系统,一部分神经元递质为乙酰胆碱,一部分神经元的递质为去甲肾上腺素。ARAS功能的完善和正常,主要是维持机体的觉醒(清醒)、睡眠—觉醒周期,意识和注意等生理机能。

电生理研究提示，人在安静时，脑电活动以 α 节律为主，当警觉和高度注意时，α 波变为低电压并被 β 波所取代；从清醒转入睡眠脑电则由去同步化的电活动转为同步化，电活动变慢，波幅增高。目前证明，机体周身的感觉刺激传入大脑皮质的闸门开或关，以及丘脑大脑皮质回路闸门的开与关，在很大程度上均受网状结构调节。动物实验中，在延髓尾端下部横切制作的孤立脑，脑电出现周期性的觉醒—睡眠波；在中脑上下丘之间横切，动物出现与睡眠相同的高电压慢活动，动物瞳孔亦收缩，几乎与睡眠相似。在脑桥中段，三叉神经根之前横切脑干，动物行为和脑电呈清醒表现，不出现睡眠—觉醒周期，当经脑桥首段横切时，动物则出现睡眠表现。脑桥损害而意识清醒的病人，脑电图检查可能为弥漫性高电压慢波改变；但是脑桥中下段损害而出现昏迷的病人，脑电图可能以 α 节律为主，此时称为 α 型昏迷。这种类型的昏迷对外界刺激无反应，但由于没有影响经典的传导束，因而皮层诱发电位仍可引出。

脑干网状结构的兴奋传递很大程度上由不同神经元的兴奋递质调节完成，这些递质传递的异常可引起机体的精神、行为和认知功能障碍。上行递质传递，主要有三大单胺能神经元，即去甲肾上腺素（NA）能系统、5-羟色胺（5-HT）能系统和多巴胺能神经元系统。

（二）间脑

间脑由丘脑、丘脑底部、上丘脑和下丘脑四个部分所组成。丘脑中的网状核、板内核群和内侧核群，均与记忆、认知功能有关，特别是板内核群被认为是脑干网状结构的最高部位，所有脑干上行网状系统的信息均由此弥散地投射到大脑皮质各区域，它的损害即可出现意识障碍，这也是丘脑肿瘤常有意识障碍的主要原因。下丘脑是间脑中很小的部位，其中乳头体与睡眠和意识密切相关，凡影响到乳头体者会持续深睡，直至昏迷。

（三）隔部与胼胝体部

这两个部位均属于边缘脑系统的一部分。临床上，丘脑肿瘤累及隔部者意识深沉、呼吸规则，累及胼胝体前 1/3 者有明显意识障碍和较深的昏迷。

二、感觉

感觉是人脑对直接作用于感觉器官的客观事物（即刺激物）的个别属性的反映。从刺激物对人的感觉器官发生作用到感觉的形成，是神经系统对外界刺激进行信息加工的过程。感受器、传入神经和大脑皮层中枢是负责对感觉信息进行加工并产生感觉的生理结构。

心理学上一般把感觉分为外部感觉（刺激来自于机体外部）和内部感觉（刺激来自于机体内部）。外部感觉包括视觉、听觉、嗅觉、味觉和触觉，内部感觉包括运动觉、平衡觉和机体觉。在心理学的研究中，最受重视的是视觉与听觉，其次是嗅觉、味觉、触觉，合称为五大感觉。

客观刺激作用于感受器官，经过大脑的信息加工活动所产生的对客观事物个别属性的反映。感觉作为认知过程的初级阶段，它为知觉和其他复杂认知过程提供了最基本的原始材料。在人们认识世界的过程中，担负着对复杂事物的简单要素进行分析的任务。各种感觉过程的实现是由相应的感觉器官承担的，感觉器官包括三个组成部分：①感觉器官：直接接受体内、体外刺激的作用。感觉器官中的感受器，如眼睛中的视锥细胞，舌上的味蕾是负责接受并转换能量的核心装置。②传入神经：负责将能量（或信息）传向高级中枢(主要是大脑)。③大脑皮下和皮层下中枢：接受信息并负责解释，产生相应的感觉。

感觉的种类很多，由于视觉和听觉在人们日常生活中占有相当重要的位置，所以感觉心理学的研究多集中在这两个方面。

三、知觉

知觉是人对直接作用于感觉器官的客观事物的整体反映。若用信息加工观点来看，也可以说知觉是把感觉获得的信息转化为一种有组织的、有意义的整体的过程。知觉的产生是以脑中各种感觉信息的存在为前提，但并不是各种感觉的简单总和。在知觉的过程中，各种感觉信息按事物的联系和关系被整合成为一个完整的映象。例如，我们根据面前水果的颜色、香味等感觉信息，借助过去的经验，在头脑中形成了"橘子"的完整映象，这就是知觉。

知觉是由多种感官联合活动的结果。根据其中起主导作用的器官的活动，可以把感觉分为视知觉、听知觉、味知觉、嗅知觉、触知觉等。根据知觉对象的不同分为物体知觉和社会知觉。

知觉是人对客观环境和主体状态的感觉和解释过程。这个过程不仅是同某种感觉相联系，而且往往是视觉、听觉、肤觉和动觉等协同活动的结果，是对客观事物和身体状态整体属性的反映。

认知心理学认为知觉是一个多层次的信息加工过程，是由当前存在的刺激和知觉者的某些内部过程相互作用的结果，即人的内部需要、动机以及在记忆系统中已经储存的信息，都在一定程度上影响到知觉的过程和结果。知觉是主动的和有选择的。

四、记忆

记忆指信息或经验贮存于脑内，以后又能在意识中再现的功能，是大脑对过去经验的保持和提取。凡是人们感知过的事物、思考过的问题、体验过的情感、操练过的动作等，都可以以某种形式保留在大脑中，在必要时刻又可以重现出来的过程就是记忆。

人们对过去经验的反映，是经历一定的过程的，这一过程包括识记、保持、回忆三个基本环节。识记是识别和记住事物，从而积累经验的过程；保持是储存和巩固已获得的经验的过程；回忆是恢复过去经验的过程。

在临床上，记忆分为三种：即时记忆，指对事物仅能保持不到一分钟的记忆；近事记忆，指对几分钟到几天内新生事物的记忆；远事记忆则是指对时隔很久事物的记忆。

与记忆有关的脑部结构，主要包括丘脑、额叶、颞叶内侧面和边缘系统。临床上，弥漫性丘脑病变或肿瘤，第三脑室内囊肿等均可引起记忆障碍，均与丘脑背内侧核的破坏有关。有研究者试图发现与不同种类不同形式的记忆以及不同的记忆过程相应的神经生理解剖学位置。虽然研究者们对边缘系统包括海马结构在记忆中的关键作用达成了共识，然而对其他一些脑区在记忆过程中的作用仍有争论。

（袁勇贵　王克威）

第四节 精神障碍的心理学基础

一、概述

纵观精神病学的发展历史,心理学曾经对其产生过深远而广泛的影响。无论是从精神分析到行为主义、人本主义,还是从普通心理学到人格心理学、社会心理学、心理测量学、临床心理学等等,心理学的许多理论流派和分支领域,他们所从事的研究、产生的各种理论、观点和建立的某些检查技术和治疗方法,都曾经极大地促进了精神病学的发展。近三十年来,随着认知科学和神经科学的进展,尤其是这两门科学相结合所孕育的新生儿认知神经科学的兴起,人类加快了探索认知活动的脑机制的步伐,这使得精神病学和心理学的关系更为密切起来。

在对精神障碍成因的了解及疾病的防治过程中,心理和行为的作用更是显而易见的。但这并不等于说,重视心理和行为因素的作用,就可以替代对生物、社会及其他因素的探讨。精神障碍的形成有其复杂的机理和原因,对它的了解需要多学科的综合研究,而其防治更是医疗机构、个人、社会、环境的协同努力。从这个角度来看,心理学只是从一个侧面提供若干材料与观点,丰富了我们对精神障碍的了解,并增进了我们防治精神障碍的知识和能力。然而这又是一个不可或缺的重要方面。

各种精神障碍都呈现出异常的心理现象和行为表现,虽然其发生发展遵循自己特殊的规律,但终归是在正常心理现象和行为表现的普遍规律下进行的。因此,要理解这些异常的心理现象和行为表现,必须首先了解有关正常心理现象和行为表现的知识。

二、正常精神活动与异常精神活动的关系

(一)如何区别正常与异常心理现象

心理活动正常与异常的判定,要比躯体疾病的诊断复杂得多,也不像躯体疾病那样过多依赖实验室检查。心理活动的正常和异常具有相对性的特征,要参照多方面的因素,如性别、年龄、民族、风俗习惯、宗教信仰,不同国家和地区,具体的时间、地点,当时所处的环境,过去和现在,一贯与偶然等。同样的心理现象在男性认为正常,而出现在女性身上就可能认为发生了偏离。在汽车上,模仿驾驶员的开车动作,可看作是儿童天真活泼聪明的表现。对青年而言,成了幼稚可笑甚至退化的表现,其他症状也类似。因此,心理正常没有一个固定不变的、到处适用的绝对标准,心理正常和异常的界限随时代的变迁与社会文化的差异而变动,是不能绝对确定的。

换言之,这种界限是相对的,是相比较而言的。要判断一个人的心理是否正常,只有把他的心理状态和行为表现放到当时的客观环境、社会文化背景中加以考虑,通过和社会认可的行为常模比较,并和其本人一贯的心理状态和人格特征加以比较,才能判断他有无心理异常以及心理异常的程度如何。如果一个人能够按社会认为适宜的方式行动,

其心理状态和行为方式能为常人所理解,即使他有时出现轻度情绪焦虑或抑郁现象,也不能认为他的心理已超出正常范围。换而言之,心理正常是一个常态范围,在这个范围内还允许不同程度的差异存在。

(二)正常人可出现的心理异常现象

精神(心理)正常并不意味着没有一点问题,关键是这些症状的产生背景、持续时间、严重程度以及对个体和环境的不良影响如何。正常人也可能出现短暂的心理异常现象。

1. 疲劳感　通常有相应的原因,持续时间较短,不伴有明显的睡眠和情绪改变,经过良好的休息和适当的娱乐即可消除。

2. 焦虑反应　焦虑反应是人们适应某种特定环境的一种反应方式。但正常的焦虑反应常有其现实原因(现实性焦虑)如面临高考,并随着事过境迁而很快缓解。

3. 类似歇斯底里现象　多见于妇女和儿童。有些女性和丈夫吵架尽情发泄、大喊大叫、撕衣毁物、痛打小孩,甚至威胁自杀。儿童可有白日梦、幻想性谎言表现,把自己幻想的内容当成现实。这是由于中枢神经系统发育不充分、不成熟所致。

4. 强迫现象　有些脑力劳动者,特别是办事认真的人反复思考一些自己都意识到没有必要的事,如是不是得罪了某个人,反复检查门是否锁好了等。但持续时间不长,不影响生活和工作。

5. 恐怖和对立　我们站在很高但很安全的地方时仍会出现恐怖感,有时也想到会不会往下跳,甚至于想到跳下去是什么情景。这种想法如果很快得到纠正不再继续思考,属正常现象。

6. 疑病现象　很多人都将轻微的不适现象看成严重疾病,反复多次检查,特别是当亲友、邻居、同事因某病英年早逝和意外死亡后容易出现。但检查如排除相关疾病后能接受医生的劝告,属正常现象。

7. 偏执和自我牵连　任何人都有自我牵连倾向,即假设外界事物对自己影射着某种意义,特别是对自己有不利影响,如走进办公室时,人们停止谈话,这时往往会怀疑人们在议论自己。这种现象通常是一次性的,而且经过片刻的疑虑之后就会省悟过来,其性质和内容与当时的处境联系紧密。

8. 自笑、自言自语　有些人在独处时自言自语甚至边说边笑,但有客观原因,能选择场合,能自我控制,属正常现象。

9. 错觉　正常人在光线暗淡,恐惧紧张及期待等心理状态下可出现错觉,但经重复验证后可迅速纠正。成语"草木皆兵"、"杯弓蛇影"等均是典型的例子。

10. 幻觉　正常人在迫切期待的情况下,可听到"叩门声"、"呼唤声"。经过确认后,自己意识到是幻觉现象,医学上称之为心因性幻觉。正常人在睡前和醒前偶有幻觉体验,不能视为病态。

(三)心理异常的常用辨别标准

判别正常心理和异常心理很难有统一的和简单的标准,心理异常的常用辨别标准主要有如下几种:

1. 以经验为标准　研究者如精神科医师常常根据自己的理论知识和丰富的临床经

验,并基于对自身的了解和体验,以此为参照点,去详细了解他人心理活动的特点和规律,核实每一个症状和细节,从而判定他人的心理活动是否属于正常抑或异常。在大多数情况下,具有丰富精神科临床知识的医师可以作出正确和一致的判定。对于少数困难的临界状态,经过集体分析研究也能作出正确的诊断。这一判定方法的不足是受到研究者本身经验、个性特征、知识水平、观察角度的影响。因此,在个别情况下有一定的主观性和局限性。

2. 社会常态标准　在这里正常或异常是以社会常态来比较的。凡是符合社会规范、道德标准和价值观念的行为,亦即为社会一般人所认可和接受的行为,即为正常,否则即为异常。这种标准最符合常识,但它却有明显的缺陷。第一,它有时间限制,也就是说很多标准常可能随时间的流逝而变化。如同性恋,以前视之为犯罪,后视之为变态,现在美国精神病学会已把它从诊断分类中抽掉,有的地方已在法律上视同性恋为正常。第二,它有地域限制。如某些落后的部落社会,男女两性的角色与文明社会恰恰相反,许多我们视为的正常心理和异常心理也就完全颠倒了。第三,它受人的思想觉悟限制。如那些思维超前,具有反传统精神的人,最早常被人误解,视为异常。其实,即使在同一时间和空间,也会因人们的地位或身份等,所持有的道德准则和价值观念本身便有差异,也就难有统一的标准。

3. 社会适应性的标准　全面审视被检查者是否具有良好的社会适应能力,在人际交往中是否奉行社会伦理、道德规范、遵守行为准则,重视信约和法律观念。对于违背上述原则的言行是否作出合理的解释,在作具体分析时应以被检查者所处的社会环境及文化背景为基准。因为不同的国家、地区、民族,有不同的文化传统、习惯和信仰标准,允许个人合理发挥的程度各不相同。

4. 主观经验标准　病人或心理障碍者本人的主观经验常常是一个极有参考价值的标准。当他们感到忧郁、不愉快,或不能控制自己的某种情绪或行为时,能主动寻找心理医生的帮助,或在心理医生的帮助下能明了自己确实存在问题,便属于心理障碍者。其特点是有主观的"自知之明"。但也有病人已失去正常生活的能力,却坚决否认自己"不正常"。这种主观经验也恰恰说明其心理异常。这种情况经常发生在严重心理障碍亦即精神病人身上。

5. 病因和症状是否存在的标准　比较对照被检查者当前和过去的一贯表现,精神状态和心理活动是否发生了转折或突变,是否出现了病理心理症状,如感知障碍错觉、幻觉、思维联系过程和思维内容的障碍,牵连观念、妄想等,情绪、意志、行为障碍以及变态人格等,同时又有相应的躯体或精神方面的原因,则要考虑是异常。譬如额叶外伤的患者,渐渐变得不拘小节,高谈阔论,过分幽默诙谐,开玩笑过头,做事虎头蛇尾,和原来比较,判若两人,显然发生了心理变态。长期使用激素治疗的患者逐渐变得兴奋话多,激动烦躁,夜不能眠,夸耀自己的才能和财富,好管闲事,和用药前相比,发生了明显的转折,也是一种心理变态。即使没有任何诱因,逐渐变得意志衰退、情感淡漠、思维贫乏、孤僻离群,如单纯型精神分裂症,也属于心理变态。

6. 统计学标准　采用测量的手段、统计学的方法,进行广泛的调查和测量,从而确定人群中常态和变态人数的比例,勾画出人类行为和心理活动的常态分配曲线。大多数人在常态分配的范围以内,少数人则在常态分配的范围之外,则谓之变态,凡心理疾病患者均属于变态心理的范畴。反之,变态心理不一定都有心理障碍。以智能为例,低智商者有心理疾患,而高智商者并无心理障碍,还应指出在常态和变态之间划一条分界线,有一定的人为性,划得"严"与"宽",决定变态比例的多少。

7. 心理测验标准　设计科学、测试严格的某些测验手段,有固定的实施程序,标准化指导语,统一的答案和记分法,能较客观地反映出被检者的真实面貌。将测验结果与大样本的常模对照,从而判别是否偏离常态及其程度。使用各种心理测验,如记忆测验、智力测验、人格测验等,来判断记忆是否有障碍,智力水平如何以及构成人格各维度或因素的情况变化,它所提供的数据较为客观,又因为是一种标准化的测验,所以经常作为一种规范的测验标准。心理测验虽然也是一种统计学的方法,但它并不是把受测者置于常态分布的某一位置便了事,而有它自身的限定和说明。如智力测验,当受测者的位置位于是常态以上时即是超长或优秀,在常态以下即是低常或异常或变态。但是心理测验往往只能告诉我们"有什么",我们却不能依此推出"是什么",更难以探明"为什么"。因为它不能向人们提供与异常心理相联系的那些变量的作用。

异常难以判别,主要是正常难以确定,所以难免见仁见智。我们可以肯定世上有"心理异常者",但却不敢肯定有"标准常态人",这也常是多种原因引起的,判别的标准也就应该是多维的、综合的。我国著名精神病学专家伍正谊教授关于精神状态正常与异常的判定标准共有8条:

①自知力水平　自知力是对自身所处状态的识别和判断能力。自知力常作为临床疗效的判断指标,提示疾病的转归、加重或缓解.也是病人掌握自身疾病程度的尺度,还与疾病的预防、复发有关。

②心理过程完整性和统一性的程度。
③对环境适应性和灵活反应的程度。
④心理活动的稳定性和持久性。
⑤分析综合推理判断过程是否具有逻辑性。
⑥自觉性与自制性。即自我控制和自我调节的能力。
⑦现实性。是否面对现实,以幻想代替现实。
⑧个性的完整性。病后是否保持人格完整。

三、个性与个性异常

(一) 个性的概念

个性,不只是心理学研究的对象,而且也是哲学、社会学、历史学、文学、人类学和遗传学等学科的研究对象。在心理学中,关于个性问题正像心理实质的问题一样,各种学派都有自己的看法,而这些看法都是从他们对心理实质的看法中衍生出来的。通常把个人(即个体或主体)的整个精神面貌称为个性,把个性当做是一个具体的人在各种场合下所表现出的相对稳定的心理反映,即对人对事经常表现出的一定倾向性和习惯的行为方式。个性是一个人固有的行为模式及在日常活动中待人处事的习惯方式,是全部心理特征的综合。

（二）个性结构

一般认为，个性结构主要由个性倾向、个性特征和自我意识三部分构成。个性倾向是决定着个人对客观事物采取何种态度和行为的动力系统，是个性结构中最活跃的因素，是个性的潜在力量，是人们进行活动的基本动力。它主要包括需要、动机、兴趣、价值观等成分。在这些成分中，需要是基础，对其他成分起调节支配作用。价值观居最高层次，决定着一个人总的思想倾向。

个性特征是个人身上经常表现出来的本质的、稳定的心理特征系统，包括气质、性格、能力、智力等成分。在个性结构中，它是比较稳定的成分，表明一个人的典型心理活动和行为。

自我意识则是个性结构中的自我调节系统，它能使每个人在与周围世界打交道的过程中对自己有认识、有体验、有控制。自我意识是随着人的社会化过程，逐渐地把自己这个主体从客体中分出来的，并且从主客体的相互关系中，认识自己的行为表现、心理活动及个性心理品质等而形成发展起来的。

以上个性结构的三个因素是互相联系、互相制约、协调进行活动的。人总是凭着他最稳定而强有力的个性特征去实现一定的目的、需要，而人在这个变革现实、实现预期目的的过程中，自我意识调节作用是不可缺少的。有时调节自己的需要，以符合社会的需要；有时需要调整自己的行为，以适应目的需要。

（三）个性的基本特征

每个人的个性都具有如下特征：

1. **个性稳定性** 个性不是指一时表现的心理现象，而是指人在较长时间的社会实践中，由于适应或改变客观世界而经常表现出来的个性心理，因而是比较稳定的。但这种稳定又是相对的，在一定的社会影响和教育下，具有一定的可塑性。

2. **独特性** 由于人的个性是在复杂的社会环境和教育条件下形成的，因而人的个性面貌总是千差万别，独具风格。

3. **整体性** 个性是个统一的整体，个性倾向、个性特征和自我意识是有机地联系在一起的。

4. **社会制约性** 人既包括自然的生物特征，也包括社会的本质特性，而后者是主要的。因而人的一切个性的形成与发展具有明显的社会制约性。

（四）影响个性形成和发展的因素

影响个性形成和发展的因素，主要有生物因素、环境因素、实践活动和自我教育等因素共同决定的。

1. **生物因素** 个性的形成和发展无不受生物因素的影响。首先，遗传基因影响个性。通常所说的子肖其父（不仅指相貌，而且指个性），其中就有遗传因素的作用，但遗传因素对个性各部分的作用不完全相同，如智力受其影响大些，价值观受其影响小些。其次，神经系统和内分泌系统影响个性。神经系统的特性不同，高级神经活动的类型不同，内分泌系统分泌激素的水平不同，会使人们个性的形成和发展显示出不同的特点。此外，人的体态、体质和容貌，也是影响个性形成和发展的生物因素。虽然这种影响是间接的，但它确实存在。

2. 环境因素　环境是影响个性形成和发展的另一个重要因素。这里所说的社会环境,首先是家庭影响,主要包括家庭情绪气氛、子女出生顺序、父母的教养方式和言行榜样所造成的影响。其中最重要的是父母对子女的教养方式。例如独生子女未必自私、未必懒惰,关键在于父母如何教育他们。环境因素的另一个方面,是学校的影响。人的一生有相当长的时间是在学校度过的。课堂教学的内容、班级集体的气氛、师生之间的关系和教师的管教方式,对人的个性形成和发展有着深刻的影响。除了家庭和学校的影响之外,社会文化环境也是影响个性形成和发展的一个重要环境因素。像电视、电影和文艺读物等的潜移默化的影响是十分明显的。

3. 实践活动　在谈到个性形成和发展问题时,遗传决定论和环境决定论都是不对的,个人从事的实践活动,是制约个性形成和发展的一大要素。登山活动锻炼人的顽强性,救护活动锻炼人的机敏性;常年在田里劳作,使人懂得勤俭;某一特定的实践活动,要求人反复地扮演某种与这一活动相适应的角色,久而久之,便形成和发展了这一活动所必需的个性特点。不同的实践活动要求不同的个性特点,同时又造就和发展了相应的个性特点。

4. 自我教育　人在实践活动中,在接受环境影响的同时,个人的主观能动性也在起着积极的作用。在这方面,自我教育这一因素特别重要。人是一个自我调节的系统,环境因素、一切外来的影响,都必须通过个体的自我调节才能起作用。一个人在个性的形成过程中,从环境中接受什么、拒绝什么,他希望成为什么样的人、不希望成为什么样的人,是有一定的自主权的,这取决于他对自己进行什么样的自我教育。所以,从这个意义上说,个性也是自己塑造的。

(五) 人格障碍

在病态心理学和精神病学中,有一类疾病称为人格障碍,这类人既不疯狂也无智力缺陷,然而他们失却了应有的情感和一切伦理观念,表现出违反社会道德标准的极端不正常行为。大多数人在青少年期(有的甚至从幼儿开始)就表现出异常行为,其中不少违反社会法律和道德标准发生犯罪行为,受到舆论谴责和法律制裁。他们与其他精神病的不同之点是,既没有明显的精神病症状,也没有明显的疾病过程,一般的药物治疗没有太大的效果,因此,这种人被认为是个性(或人格)的病态,即人格障碍。

人格障碍指人格特征明显地偏离正常,使患者形成了一贯性的异常行为模式。这种模式显著偏离特定的文化背景和一般认知方式(尤其在待人接物方面),明显影响了患者的社会与职业功能,造成社会适应不良,患者为此感到痛苦,并已具有临床意义。人格障碍在人群当中有较高的患病率(2%~10%),与其他精神疾病伴发或共患的机会也较多(10%~20%)。人格障碍通常开始于童年、青少年或成年早期,并一直持续到成年乃至终生。部分人格障碍患者在成年后有所缓和。形成原因仍不清楚,可能是生物学、心理学以及社会文化学多方面因素综合起作用的结果。

我们很难划出一条清晰的界线以区别正常人格和异常人格。目前我们采用两种方法:一种是统计学的方法,像划分智力一样,找出界限,区分正常与异常人格,这种方法的假设是人格为一连续谱,正常与异常人格只有量的区别,这种方法主要用于研究方面。另一种方法则是在临床上,我们常常假设正常与异常人格有质的区别,但何者为正常、何者为异常主要以社会标准及所处的文化背景为依据。正常人格变异是指公认的正常人格范围内的变异,是人格中某些品质的过多或不足,远未达到害人害己的程度。

人格障碍可能是精神疾病发生的素质因素之一。在临床上可见某种类型的人格障碍与某种精神疾病关系较为密切，如精神分裂症患者很多在病前就有分裂性人格的表现，偏执性人格容易发展成为偏执性精神障碍。

人格障碍与人格改变也不能混为一谈。人格改变是获得性的，是指一个人原本人格正常，而在严重或持久的应激、严重的精神障碍及脑部疾病或损伤之后发生的改变；随着疾病痊愈和境遇改善，有可能恢复或部分恢复。人格障碍没有明确的起病时间，始于童年或青少年且持续终生。人格改变的参照物是病前人格；而人格障碍主要的评判标准来自于社会的一般准则。

人格障碍重在预防。因为一旦形成，很难矫正。但人格即使在基本定型之后仍具有一定的可塑性，随着年龄增长，人格的异常特征可能会逐渐褪色，一般到45岁以后情况会有所好转。反社会性人格障碍一旦形成后呈持续性进程，在少年后期达高峰，一般到成年后期违纪行为趋向减少，人格特征趋向缓和。这类人通常自21岁起，年龄每增长1岁，反社会性人格障碍缓解2%。尽管后来他们破坏社会的行为趋向减少，但发生疑病症和抑郁症的倾向增加。

（袁勇贵　王克威）

第五节　精神障碍的分类

一、中国精神障碍分类与诊断标准

在我国精神病学领域的临床与科研中，主要使用3种分类系统，即中国精神疾病分类方案与诊断标准（Chinese classification and diagnostic criteria of mental disorders，CCMD系统），最新版本为第3版，简称CCMD-3；国际疾病分类，精神与行为障碍分类（international classification of diseases, classification of mental and behavioral disorders，ICD系统），目前为第10版（ICD-10）；美国的精神障碍诊断和统计手册（diagnostic and statistical manual of mental disorders，DSM系统），目前为第5版（DSM-V）。因篇幅关系，仅对我国分类系统的历史沿革和主要特点做一简单介绍。

新中国成立以前，我国精神疾病没有自己的分类系统，我国一些正规医院的病案管理，直接引进与使用国外的分类编码。1958年6月卫生部在南京市召开了第1次精神病防治工作会议，提出了一个精神病分类草案，但未予正式公布，此分类方案将精神疾病分为14类，反映了前苏联与欧洲大陆的分类学方向。1978年7月中华医学会在南京召开了第2届全国神经精神科学术会议，对1958年的分类草案进行修订，修订稿经各地代表及专家讨论后，在中华神经精神科期刊上正式公布，命名为"精神疾病分类（试行草案）"。

1981年在苏州召开的"中华医学会精神分裂症专题学术会议"上，又对上述草案重新修订，作为我国正式的分类，命名为"中华医学会精神病分类—1981"，在草案的基础上增加了中毒所致精神障碍、偏执性精神病与心身疾病3类。这一分类后被追称为"中国精神疾病分类第1版(CCMD-1)"。在1981年至1985年间,又建立了精神分裂症、情感性精神障碍和神经症的临床工作诊断标准。

1986年6月中华医学会第3届神经精神科学术会议上,决定成立以杨德森教授为首的精神疾病诊断标准工作委员会,制订出全部精神疾病的诊断标准。经过充分的准备,对分类与诊断标准草案进行了现场测试。方案于1989年在中华神经精神科学会精神科常务委员会扩大会议上通过,命名为"中国精神疾病分类方案与诊断标准第2版(CCMD-2)"。以后,中华医学会精神科分会于1994年5月正式出版了《中国精神疾病分类方案与诊断标准第2版修订版(CCMD-2-R)》。

在应用CCMD上两版,特别是CCMD-2-R使用过程中存在的一些争议以及与国际接轨的需要,中国精神障碍分类与诊断标准第3版工作组在1996—2000年期间,对17种成人精神障碍及部分儿童有关精神障碍的分类与诊断标准,开展现场测试与前瞻性随访观察,完成了CCMD-3编制。CCMD-3于2001年3月正式出版。CCMD-3兼用症状分类和病因病理分类方向,例如器质性精神障碍、精神活性物质和非成瘾物质所致精神障碍、应激相关障碍中的某些精神障碍按病因病理分类,而"功能性精神障碍"则采用症状学的分类。

(一)CCMD-3主要分类类别

1. 器质性精神障碍。
2. 精神活性物质与非成瘾物质所致精神障碍。
3. 精神分裂症和其他精神病性障碍。
4. 心境障碍(情感性精神障碍)。
5. 癔症、严重应激障碍和适应障碍、神经症。
6. 心理因素相关的生理障碍。
7. 人格障碍、习惯和冲动控制障碍、性心理障碍。
8. 精神发育迟滞与童年和少年期心理发育障碍。
9. 童年和少年期多动障碍、品行障碍、情绪障碍。
10. 其他精神障碍及心理卫生情况。

(二)CCMD-3的特点

1. 以前瞻性现场测试结果为依据。CCMD-3的制定主要以前瞻性现场调试结果为依据,同时也参考以前的CCMD版本和ICD-10、DSM-IV。例如,通过对51例同性恋完成了现场测试和至少1年的随访观察,本组同性恋者在个体成长过程中,均存在不和谐同性恋阶段,部分同性恋者需要医学帮助。ICD-10将非和谐性同性恋归属性指向障碍,CCMD-3也作了相似处理。
2. 分类进一步向ICD-10靠拢。
3. 保留某些精神障碍或亚型,如神经症、反复发作躁狂症、同性恋等。
4. 根据我国的社会文化特点和传统,对某些精神障碍暂不纳入CCMD-3,如ICD-10的F52.7性欲亢进、F64.2童年性身份障碍、F66与性发育和性取向有关的心理及行为障碍的某些亚型、F68.0出于心理原因渲染躯体症状、F93.3同胞竞争障碍等。
5. CCMD-3编写时,注意了文字表达和写作格式的规范,要求条目分明与规范,以增强可操作性。

应该承认，人类面对自然，无知的东西很多，这就产生了分类学；现把知之甚少的东西根据某种规则分门别类，进行研究和探索。应该看到，正确的分类（如门捷列夫元素周期表）会大大促进科学的发展，但如基于错误假设的分类（如 Galen 的体液学说）则可妨碍科学的进步。对于精神疾病的分类一方面要相对稳定，以免人们无所适从，另一方面要反映现代进展；一方面要尽可能包括更多的信息，另一方面要简单适用；一个好的分类系统不但要有良好的信度（reliability），更重要的是有良好的效度（validity），我们现行的分类系统离这些目标还差得很远。

二、《疾病及有关健康问题的国际分类》

WHO 公布的《疾病及有关健康问题的国际分类（International Statistical Classification of Diseases and Related Health Problems, ICD）》，简称国际疾病分类，最早为法国的 Bertillon 提出的疾病死亡原因统计分类为 ICD-1 的雏形。先后共出版了五版。1948 年由 WHO 接手更名为《国际疾病、外伤与死亡统计分类》第六版，首次在第五章介绍了精神病。以后每十年修改一次，目前已出版到第 10 版（1992 年），简称 ICD-10，包括各科疾病，第 5 章是关于精神障碍的分类，为欧亚多数国家采用。

ICD-10 第 5 章主要分类类别如下：
F00-F09 器质性（包括症状性）精神障碍
F10-F19 使用精神活性物质所致的精神及行为障碍
F20-F29 精神分裂症、分裂型及妄想性障碍
F30-F39 心境（情感性）障碍
F40-F49 神经症性、应激性及躯体形式障碍
F50-F59 伴有生理障碍及躯体因素的行为综合征
F60-F69 成人的人格与行为障碍
F70-F79 精神发育迟缓
F80-F89 心理发育障碍
F90-F98 通常发生于儿童及少年期的行为及精神障碍
F99 待分类的精神障碍

三、美国精神障碍分类系统

《美国的精神障碍诊断与统计手册》（The diagnostic and statistical manual of mental disorders, DSM）自颁布以来，一直都受到国际的广泛关注，影响面很大。2000 年 DSM-IV-TR 颁布后，美国精神医学协会就开始收集、整理并启动 DSM-5 的修订工作。历时 14 年，吸收了近 60 年的相关研究，尤其是基因和神经影像方面的研究结果，DSM-5 在多个方面发生了重大的变化。

（一）分类与分型

由于精神障碍的病因不明，基于现象学原则，DSM-5 仍采用描述性分类，但分类由 DSM-IV-TR 的 17 类变成了 DSM-5 的 22 类，分别为：神经发育障碍、精神分裂症谱系障碍与其他精神病性障碍、双相障碍与其他相关障碍、抑郁障碍、焦虑障碍、强迫障碍与其他相关障碍、创伤和应激相关障碍、分离性障碍、躯体症状障碍及相关障碍、喂养和进食

障碍、排泄障碍、睡眠—觉醒障碍、性功能障碍、性别焦虑、破坏性、冲动—控制和品行障碍、物质相关障碍与成瘾障碍、认知神经障碍、人格障碍、性欲倒错障碍、其他精神障碍、药物所致的运动障碍及其他药物的不良反应;另外包括其他可能成为临床关注焦点的问题。在分类与分型中与临床关系密切且较为重要的变化如下。

1. 双相障碍与抑郁障碍　DSM-5将DSM-Ⅳ-TR中"心境障碍"拆分为"双相障碍与其他相关障碍"和"抑郁障碍"两个独立章节,并对"抑郁障碍"进行了扩充,加入了新的抑郁障碍类型,如破坏性情绪失调障碍、月经前期烦闷障碍(存在于DSM-Ⅳ-TR的附录B中)、持续性抑郁障碍(包括慢性抑郁症和恶劣心境)等。

2. 焦虑障碍、强迫障碍与创伤和应激相关障碍　DSM-5将DSM-Ⅳ-TR的"焦虑障碍"拆分、重组为"焦虑障碍"、"强迫障碍与其他相关障碍"和"创伤和应激相关障碍"。DSM-5的"焦虑障碍"一章不再包括强迫症(归入在强迫障碍和相关障碍章节中)和创伤后应激障碍、急性应激障碍(归入在创伤相关和应激相关障碍中)。

DSM-5的"焦虑障碍"一章除包括社交焦虑障碍(社交恐惧)、惊恐发作、广泛焦虑障碍、广场恐惧等障碍外,还纳入了分离性焦虑障碍和选择性缄默症等新的类型。由于相当一部分广场恐惧的患者并未伴有惊恐症状,因此将"惊恐障碍伴广场恐惧、惊恐障碍不伴广场恐惧、广场恐惧不伴惊恐障碍史"等诊断,更改为"独立的惊恐障碍和广场恐惧"两类,并允许共病。DSM-5将DSM-Ⅳ-TR中描述惊恐发作不同亚型的复杂术语(如情境相关的、情境诱发的、不可预期的等)更改为"不可预期的惊恐障碍"和"可预期的惊恐障碍"。

"强迫障碍与其他相关障碍"一章不仅包括DSM-Ⅳ-TR中的强迫障碍,还包括躯体变形障碍、囤积症、撕皮症等,拔毛癖也从DSM-Ⅳ-TR的"未列入其他分类的冲动控制障碍"一章中移入"强迫障碍和其他相关障碍"一类中。

"创伤和应激相关障碍"一章不仅包括DSM-Ⅳ-TR中"焦虑障碍"一章中的急性应激障碍和创伤后应激障碍以及DSM-Ⅳ-TR的"适应障碍"一章中的适应障碍,还列入了新的诊断——反应性依恋障碍、去抑制型社交障碍等。

3. 精神分裂症　取消了DSM-Ⅳ-TR关于精神分裂症亚型的划分。

4. 其他　DSM-5的"躯体症状障碍及相关障碍"由"躯体形式障碍"更名而来,减少了分类以避免重叠,不再包括躯体化障碍、疑病症、疼痛障碍、未分化的躯体形式障碍等,保留了转换性障碍,新增了疾病焦虑障碍,并将做作性障碍(DSM-Ⅳ-TR中独立的一章)移入;强迫障碍、躯体变形障碍的亚型中包括了具有精神病性症状或不具有自知力的情况,不再将它们归于精神病性障碍;喂养和进食障碍中增加及明确了暴食症;

性功能障碍中增加了性别相关的性功能障碍,对于女性,性欲望障碍和性兴奋障碍被合并为一种障碍——女性性兴趣/兴奋障碍,亚型仅为终身型和后天型、广泛型和情境型,取消了心理因素引起的和复合因素引起的。特别要提及的是为了避免过多的未特定的障碍,将次亚型分为:其他特定的障碍及未特定的障碍。DSM-5不要求像DSM-Ⅳ-TR一样列出5轴诊断,而将轴Ⅲ与Ⅰ、Ⅱ合并,轴Ⅳ建议仍然使用ICD-10的方法,轴Ⅴ建议使用WHODAS。由此看来,DSM-5要求列出精神障碍名称、障碍严重程度以及对产生影响的心理社会因素,那么对精神障碍严重程度的判断显得愈加重要。DSM-5对症状严重程度判断基于评估,所以比其他版本更强调对量表和问卷的运用。

(二) 诊断标准

从1999年起进行了一系列关于DSM-5的研究,2010年起草了大致的诊断标准之后,于2010年4月在诸多机构中进行检验,对所得到的数据进行分析与处理。基于临床实践和研究,DSM-5在诊断标准方面也发生了一些重大的改变。

1. 精神分裂症　DSM-5制定组认为有些症状的特异性差,而且信度不高,因而不再强调这些症状。精神分裂症的A项诊断标准不再强调怪异的妄想和Schneider的一级症状中的幻听,诊断精神分裂症均需符合A项诊断标准≥2个症状,且个体必须符合妄想、幻觉、言语紊乱3个阳性症状中的至少1个。对于妄想性障碍,A项诊断标准也删除了"妄想必须是非怪异的"这一要求。

2. 双相障碍　为了提高某些障碍诊断的准确性或便于早期发现,确保患者得到更好的照料,某些症状标准被删除或者适当降低。躁狂和轻躁狂的A项诊断标准强调了活动、精力和心境等方面发生的变化。

3. 应激障碍　DSM-5中急性应激障碍的应激源标准(A项诊断标准)要求患者清楚直接经历的、目击的、间接体验的创伤性事件,删除了A2标准(主观体验标准)。急性创伤后的反应具有异质性,只要个体符合闯入、负性心境、解离、回避、唤醒这五类14条症状中的任意9条,就可诊断为急性应激障碍。同样,创伤后应激障碍(PTSD)的应激源标准也要求患者清楚体验到创伤性事件,同时也删除了A2标准。PTSD的症状群设为4个:再体验、唤醒、回避、认知与情绪持续的负性改变。

4. 其他　DSM-5不再把居丧反应作为抑郁症的排除标准　在躯体变形障碍诊断增加了关于身体外表缺点的先占观念一条;去除了神经性厌食症的"闭经"标准;神经性贪食症和暴食症诊断标准将贪食及不适当的代偿行为的频率或者反复发作的暴食频率从"6个月内至少每周2次"改为"3个月内至少每周1次"。

考虑到躯体疾病和精神障碍均可能引起其他特定的精神障碍,DSM-5不再区分其他精神障碍导致还是一般躯体情况导致,如:任何情况下诊断紧张症都只需要符合3条紧张症状(紧张症共有12条特征性症状);考虑到相当数量的成年人分离焦虑发生在18岁以后,DSM-5分离性焦虑障碍发病年龄不再局限于18岁以前;为了防止过度诊断或过度治疗,DSM-5对某些诊断标准(通常是病程标准和发病年龄)作了适当的限定,如:广场恐惧、特定恐惧、社交焦虑障碍、特定恐惧的诊断标准中删除了年满18岁的患者认识到这种焦虑是过分的和不合理的,而且特定恐惧和社交焦虑障碍任何年龄的患者均需满足病程标准(持续≥6个月),且病程标准"持续≥6个月"现在也同样适用于分离性焦虑障碍的成年患者;DSM-5所有的性功能障碍(物质/药物诱发的性功能障碍除外)都要求病程持续≥6个月。为了避免误解,重新定义了物质依赖障碍,区分了依赖与成瘾(耐受性与撤药反应与所有影响中枢神经系统的物质有关,但并不预示着成瘾)。

(三) 特征说明

DSM系统有一个值得注意的细节就是特征说明(specifier),目的在于标识某些需要注意的临床特征。特征说明不同于亚型,亚型是指一个诊断之内彼此互相排斥、相加则完全等于原诊断,如双相障碍的亚型包括:双相Ⅰ型障碍、双相Ⅱ型障碍、环性心境障碍、物质/药物所致的双相及相关障碍、躯体疾病所致的双相及相关障碍、其他特定的双相及相关障碍、未特定的双相及相关障碍。

与此不同的是,特征说明彼此并不互斥,相加也不一定完全等于原诊断,如DSM-5增加了一个新的特征说明——"具有混合发作的特征",用以表征躁狂或轻躁狂发作时存在抑郁特征,以及抑郁发作(抑郁症和双相障碍)时存在躁狂或轻躁狂特征两种情况,特征说明包括:具有焦虑性痛苦、具有混合特征、具有忧郁特征、不典型、具有与心境一致的精神病性症状特征、具有与心境不一致的精神病性症状特征、具有紧张症特征、围产期起病、具有季节性特征等。

DSM-5为了体现与DSM-IV-TR的连续性,不仅在分类及诊断方面做出了调整,相关障碍的特征说明中也发生了变化。在DSM-5中,紧张症可以是抑郁障碍、双相障碍和精神病性障碍的特征说明,也可以为其他躯体情况造成的独立诊断,或其他的特定诊断。"具有混合发作的特征"这一新的特性说明显示,双相障碍和抑郁症中可以存在混合症状,有躁狂特征的个体也有可能被诊断为单相抑郁。在抑郁发作的特征说明中还提到自杀是精神科关注的重大问题之一,每位临床工作者都需有一个关于自杀想法、计划和其他危险因素的自杀风险评估手册,因为针对某一特定个体,其治疗计划的重点在于预防自杀。过去20年的大部分研究指出了焦虑症状对预后和治疗决策有重要影响,所以针对"焦虑性悲伤"的特性说明提醒临床工作者应该在双相障碍和抑郁症患者中评估焦虑性悲伤的严重程度。

另外,DSM-5中强迫障碍和其他相关障碍提到了"自知力不良"的特征说明,用来区分自知力完好的个体、自知力不良的个体和自知力缺乏/伴妄想观念的个体。在躯体形式障碍和囤积症中也有类似的关于"自知力"的特征说明,强调了不同障碍的患者,可能对障碍相关信念的认识不同(包括自知力缺乏/妄想性症状)。这些变化说明,自知力缺乏/妄想性症状也可能被诊断为强迫障碍和其他相关障碍,而不是精神分裂症和其他精神病性障碍。性别焦虑中,增加了"过渡期之后"这一特性说明,因为很多个体,过渡期之后都不再符合性别焦虑的诊断标准,然而他们还要接受各种治疗以改善变性后的生活。

(四)名词

DSM-5在措辞方面发生了一些变化,如:一般躯体情况(general medical condition)改为其他躯体情况(another medical condition);精神发育迟滞(mental retardation)改为智能残疾(intellectual disability);语音障碍(phonological disorder)改为语音障碍(speechsound disorder);口吃(stuttering)改为童年期起病的流畅性障碍(childhood-onsetfluency disorder);原发性失眠症(primary insomnia)改为失眠障碍(insomnia disorder);分离性神游症(dissociative fugue)改为分离性遗忘症(dissociative amnesia);转换性障碍(conversion disorder)改为功能性神经症状障碍(functional neurological symptomdisorder);躯体形式障碍(somatoform disorders)改为躯体症状障碍及相关障碍(somaticsymptomandrelated disorders)等。

(袁勇贵　王克威　吕成荣)

第二章 精神疾病的病因学

精神疾病的病因异常复杂,最常见的重性精神疾病的病因仍未完全明了。目前一致认为,精神疾病是多因素疾病,涉及生物因素、心理因素和社会因素,均是生物、心理、社会(文化)因素相互作用的结果。例如,精神分裂症的发生都可认为是生物、心理、社会因素相互作用所致。对于某些疾病来说,生物学易感性是必要因素,但并不能说明疾病的发生与发展的全部过程。对于另一些疾病来说,心理、社会因素可能是必要因素,但也不足以解释全部的病因。监管条件下的精神疾病的发病因素更为复杂,不仅涉及生物性因素,心理、社会因素对疾病的发生发展和转归也都有重要的影响。精神疾病病因学研究有助于精神疾病的治疗及改善个体的预后,有助于更加深入地理解和掌握精神疾病的本质。本章主要阐述精神疾病病因的复杂性,介绍与精神疾病有关的各种因素、相互作用。

第一节 概 述

精神疾病的病因学是一种复杂而又十分重要的课题,是目前精神医学基本理论中急需研究和解决的主要内容之一。目前精神疾病的病因特别是临床上常见的精神分裂症和情感性精神障碍等,还处于探索阶段,各种类型的神经症和心因性精神障碍,看起来似乎原因已明,但精神刺激致病机理和脑中具体病变部位等尚不十分清楚。尽管如此,目前对精神疾病病因学的研究正向各个方向深入发展,包括心理学的、社会学的、遗传学的、免疫学的、病理学的、生物化学的、生理学的等等。由于研究技术的不断改进和发展,相信在不远的将来精神疾病的病因学问题会最终得到解决。

一、遗传因素与环境因素

遗传学家认为任何精神障碍都是个体的遗传因素与环境因素共同作用的结果。但并非在任何精神障碍的病因中的遗传因素与环境因素都起同等重要的作用。如在染色体畸变和先天代谢障碍所致的一大类精神发育迟滞的病因中,遗传因素起了决定性的作用。急性应激障碍和创伤后应激障碍的起病,来自社会环境的重大生活事件起了决定性的作用。但不是每个人在经历同类事件时都会发病,只有那些遗传素质脆弱的个体才会发病,而且其程度、持续时间和预后也因人而异。

二、素质因素、诱发因素和附加因素

1. **素质因素** 是指决定疾病易感性的个体因素,这类因素表现为个体对有害因素的承受能力。通常形成于生命早期,是遗传负荷、母体子宫内环境、围产期损伤以及婴幼儿时期心理和社会因素共同作用的结果。素质因素又分生理素质(身高、体重、自主神经系

统的反应等)和心理素质(如情绪的稳定性,各种心理能力和气质特性等)。心理素质是否健全对童年和成年精神障碍的发生都有重要影响。

2. 诱发因素 是指紧接起病前作用于个体,促使疾病发生的事件,可以是身体的、心理的或社会的。躯体因素如颅脑损伤、感染、化学药品等。心理因素如亲人亡故、婚恋挫折、考试失败,在监狱中则可能是环境适应不良、人际压力、家庭突发变故等。社会因素如战争影响、迷信活动、迁徙等。服刑人员在监禁期间会不同程度遇到自由受到限制、生活习惯改变、人际交往变化、社会支持减弱等影响,所以人群中与心因相关的精神障碍会相对较多。

3. 附加因素 指疾病发生之后附加于个体,使疾病加剧或使病程持续下去的事件。如精神障碍患者缺乏社会支持,尤其是精神疾病罪犯缺少家庭支持,都可使病程持续。

三、致病因素和条件因素

导致发病所必需的因素为致病因素。如 21-三体是先天愚型的致病因素。条件因素是指为致病因素发挥作用提供必要条件的因素。如女性抑郁症和神经症障碍的患病率明显高于男性,表明女性的生理和心理特点对这类疾病的发生提供了较男性更为有利的条件。

四、生物因素、心理因素和社会因素

按照致病因素的性质及其作用机理,又可以把精神障碍的病因划分为生物因素、心理因素和社会因素三大类,分别反映个体从三个不同的层面接受各种有害因素的影响。病因性质不同,其研究方法也不一样。生物因素的研究通常采用医学实验的方法,心理因素需要采取心理学的分析方法,而社会因素则有赖于客观可靠的社会调查。病因的这种分类对精神障碍的治疗和预防能提供重要的信息。当然目前的认识是精神疾病的病因不是单一的致病因素,而是多种因素共同作用所形成的。

第二节 生物因素

生物因素是指通过生物学途径影响中枢神经系统的功能,导致精神障碍的因素。

一、遗传因素

遗传因素是决定个体生物学的特征。在某些精神疾病发病中有一定的作用,也是精神疾病病因中重要的问题。如精神分裂症、情感性精神障碍、人格障碍、精神发育迟滞某些类型等具有明显遗传倾向。精神分裂症家系遗传调查为 17.3‰。情感性精神障碍流行性遗传调查总患病率为 0.37‰。虽然说明遗传因素对某些精神病有密切关系,但不能忽视社会环境的影响。

遗传性,是先天的既得性和后天获得性两者相互作用形成的。且遗传性这一因素能否显现,还要了解病人病前和发病时社会环境对病人的影响来决定。如良好环境或减少心理因素是可以降低或避免发病的。

二、体质和性格因素体质

是在遗传的基础上个体发育过程中内外环境相互作用,而形成的整个机体的机能状态和躯体状态。性格,是先天的禀赋素质和后天的环境影响下形成的心理特点。

体质和性格与精神疾病的发生有些相关,有的研究者从形态、生理和心理学的观点把人们的体型分为四种类型:①瘦长型,多见于精神分裂症;②肥胖型,往往见于躁狂抑郁症;③力士型,常见于癫痫;④发育异常,可见于精神发育迟滞。

病前性格特征与精神疾病的发生有着密切关系,且不同的性格特征易患不同的疾病,巴甫洛夫经实验提出四种类型:①弱型;②强不均衡型;③活泼型;④镇静型。他认为弱型易患精神分裂症和癔症;强不均衡型易患心境障碍和神经衰弱。但他强调弱型和强不均衡型不是发病型,而是正常过度变异,只不过顺应小,微弱而已,他又将人们分为①思想型易患强迫性神经症;②艺术型易患癔症;③中间型易患神经衰弱。

三、性别和发病年龄

由于机体的发育,生理机能和心理活动特点的差异,性别和年龄与精神病的发生有一定关系。

女性由于性腺内分泌和某些生理过程的特点如月经、妊娠、分娩和产褥的影响,常可出现情感多变、冲动或抑郁、焦虑等。同时女性富于情感、易脆弱、敏感等。往往由于心理的应激可引起脑机能障碍。可表现出各种神经症和某些精神病。男性常因饮酒、吸毒、外伤、性病、感染等机会较多。因而易患酒依赖,脑动脉硬化性精神障碍,颅脑损伤性精神障碍和神经衰弱等。

四、躯体因素

1. 感染　包括急、慢性躯体感染和颅内感染。由于细菌、病毒、原虫、螺旋体的感染和其反应的高热,电解质平衡失调,中间代谢产物蓄积和吸收,维生素缺乏,血管改变等导致脑功能或器质性病变引起精神障碍。

2. 躯体疾病　包括内脏各器官,内分泌、代谢、营养和胶原病等疾病,由于各种因素导致脑缺氧、脑血流量减少、电解质平衡失调、神经递质改变等引起精神障碍。如肝性、心性、肺性、肾性等脑病和内分泌机能障碍等疾病。

3. 中毒　即精神活性物质所致的精神障碍。由于某些体外毒物中毒,如工业用毒物,食物、药物包括催眠药、阿片类药等,从不同途径经体内侵入脑部导致精神障碍。

4. 颅脑外伤　由于颅脑被冲击、坠跌和炮弹、炸弹爆破以及气浪伤直接导致颅内血液循环障碍和脑脊液动力失去平衡或脑内小出血点,脑水肿等引起短暂的、持续的精神障碍。

第三节 心理因素

心理因素包括心理素质与心理应激两方面。心理素质是条件因素,而心理应激则常为致病因素或诱发因素。

一、心理素质

人格因素是个体心理素质的体现,特别是气质常反映个体的先天素质。Eysenck人格测验的结果表明:神经质特征突出的人容易产生各种神经症性障碍。而精神质特征突出者容易产生精神分裂症等精神病性障碍。童年遭受躯体和性虐待者,成年以后容易患抑郁症和分离障碍等神经症性障碍。童年期受到过分保护,其应对机理往往不健全,处于应激状态时容易产生应激障碍。近来的研究还表明既往精神障碍史对以后发病也构成一种易感因素。例如应激性事件对抑郁症复发所起的致病作用比第一次发病时要强得多。

二、心理应激

一般称为精神刺激,或精神创伤,通常来源于生活中的各种重大事件,统称为生活事件。在日常生活中,各种事件经常发生,但引起心理应激的生活事件必须具备两个条件:①对接受者有重要的利害关系,关系越密切,应激越强烈。②达到足以激发喜、怒、忧、惊、恐等剧烈情绪反应的强度或频度;没有足够强度或频度的事件,不能激发剧烈情绪反应,也就难以形成应激。适当的应激可以激发人的防御。过度的应激则可能导致急性应激反应或创伤后应激障碍。对于某些精神疾病具有易感素质的人,在一些并不特别强烈的应激影响下也会发病。

急性应激和慢性应激的致病作用不尽相同。一些突发的生活事件,如亲人意外死亡、突如其来的婚变、体格检查发现恶性肿瘤,当事人事先毫无思想准备,遇到这类事件有可能立即产生心因性障碍或分离反应;持久的学习、工作或生活压力,如限期完成困难任务、经济极度困难、长期承受威胁等则常引起抑郁、焦虑和物质滥用。监狱中急性与慢性应激均可出现,如刚入监对监所环境、人际关系的不适应;入监中期,则可能因刑罚、服刑、社会支持因素的影响,造成严重的心理障碍。

第四节 社会因素

社会因素是指对个体心理健康产生良好或不良的社会影响。个体处于经常变动的社会环境中,在人的不同时期接受不同的社会影响。如幼年期主要受到家庭环境影响;入学后则受到学校环境、老师和同学的影响;进入社会后,受到社会影响范围更大,变化更多,情况则更为复杂。良好的社会因素对心理健康产生保护作用,不良的社会因素则对心理健康产生致病作用或为致病因素发挥作用提供条件。

一、社会文化

社会环境和文化传统对躯体和心理健康都可产生重要影响。如不同的民族和不同的国家会有不同的文化,同时也会有与社会文化背景密切相关的精神疾病,如在中国、印度和东南亚居民中特有的恐缩症。精神分裂症、精神发育迟滞、癫痫等疾病的患病率在不同的阶层也是有差异的。

二、社会环境

指社会上和环境上心理因素的影响。城市化、工业化、移民等社会变迁、社会压力等都会对精神障碍的疾病谱产生重要影响;空气污染、嘈杂声音、住房拥挤、交通乱杂、环境卫生不良、人际关系等等增加了心理和躯体应激,对精神卫生产生不良影响。人们长期处于厌烦、紧张状态之中,易患心身疾病、神经症和某些精神病,如老年性疾病、抑郁症、其他精神卫生问题等等均有较大幅度的增加。

社会支持也会对一个人的心理产生巨大的作用。在发生重大生活事件或危机时能否得到有效的社会支持对当事人来说是相当重要的。这些支持包括来自家庭、朋友和专业的支持。社会支持有不同的表现,如对当事人表达积极的关注;对他的想法表示理解;对他的情感反应理解和同情,鼓励郁闷的宣泄;提供有益的劝告或信息等。许多研究表明,社会支持能够减轻应激对健康的不利影响,避免对健康造成重大的伤害。狱中服刑人员的家庭和社会支持相对缺乏,和正常人群相对比,狱内特殊的人际关系对精神障碍的发生、发展的影响更大。

上述精神病病因中生物学因素和心理社会因素对精神疾病影响各有偏重。在某些精神疾病中以某种因素起着主导作用。而在另一些精神疾病中的某些因素起决定性影响。有些精神疾病则不是单一的致病因素,而是多种因素共同作用的结果。有的精神医学工作者或有些患者的家属、单位、亲友们往往单纯调查寻找心理因素,认为心理是发病的唯一的致病因素这是不全面的。心理因素只是各种发病病因中的一种,可以说属于诱发因素。如神经症、心因性精神障碍等心理因素是起主导作用的。但还有其他生物因素的存在。而精神分裂症、情感性精神障碍等疾病中主要是生物因素的影响。如遗传、性格、年龄和性别等因素起主导作用。而心理社会因素是发病的诱发因素。又如感染性、中毒性、躯体性、颅脑损伤性和其他器质性疾病时精神障碍,感染、中毒、躯体外伤和其他病因的疾病,在某些人中产生精神障碍,而在某些人中不发生,这些差异不能不与患者的生物学因素如遗传关系、性格特征和体质等因素有关。所以在分析病因时,应分清外因与内因、远因与近因、主要因素与次要因素、原发因素与继发因素之间的侧重点,同时结合全面、系统、详尽的病史资料,根据以往的病因学进展,作出科学和合理的分析和结论。

第五节　监狱精神疾病病因学研究的意义和内容

开展监狱精神疾病病因学方面的研究有助于降低监狱精神疾病的发病率，提高罪犯的精神健康水平，对深入探讨现代监狱的管理模式有着更为深远的积极意义。

监狱精神疾病的病因学研究同样包括生物学、心理学和社会学的研究，特别是心理社会因素研究，如应激、生活事件、监禁条件下社会家庭支持系统等，监狱精神卫生工作的开展也是监狱精神疾病病因研究的重要环节。监狱精神疾病的病因研究要针对监管场所的实际情况，研究各种可能的诱发因素和致病因素。如探讨监禁条件、罪犯间的人际关系、人际方式对罪犯的精神所起的影响，包括发病因素和诱发因素；开展对罪犯的心理素质的研究，包括人格特征、防御方式等；研究罪犯在社会隔离状态下的心理反应，包括如何应付各种应激等；研究婚姻和社会支持对罪犯精神疾病的影响等；如何减轻不良刺激、减轻精神疾病的诱发因素等等，从而降低罪犯的精神疾病的发病率，特别是拘禁引起或诱发的各种精神障碍。

吕成荣等人于2015年运用调查法对现症患者发病及（或）复发相关因素进行调查，包括对年龄、婚姻、受教育程度、家庭、案由、刑期及服刑状况进行多因素分析法等统计方法，找出与发病及复发相关联的重要因子，进行分析和研究。

一、一般信息

调查服刑期间精神病犯1 500余人，年龄在18~65岁。文盲占11.67%，小学文化占32.11%，中学文化占42.03%，大学文化占4.19%。未婚占50.87%，已婚占34.11%，离婚占10.83%，丧偶占4.19%。暴力型犯罪占56.61%，财产型占31.40%，性犯罪占10.70%，其他型占4.25%。有期徒刑占78.21%，无期徒刑占12.89%，死缓占9.16%。刑期：5年以下占64.99%，6~10年占33.80%，11~20年占46.48%。

二、起病影响因素

急性起病占10.06%；亚急性占13.15%；慢性占76.79%。生物性因素占14.31%，包括感染、化学物质、脑和内脏器官疾病等引起；心理因素占34.49%；心理社会因素占17.92%；社会文化因素占27.98%，包括社会变迁、社会压力、社会支持等因素；其他因素占5.30%。

（一）起病诱因

判决因素：犯罪影响占2.19%，量刑因素占9.99%，名誉影响占2.84%，经济处罚或其他及未填写占78.72%。家庭因素：离异占1.55%，丧偶占0.90%，感情不和占1.87%，其他占2.90%。环境影响：轻度占8.70%，中度占47.52%，重度占7.35%。人际关系：与犯人矛盾占17.09%，与民警关系紧张占15.34%，关系对立占15.34%。

(二)既往史

精神疾病史占19.08%,其中门诊就诊占38.18%,住院占61.82%,用药规律仅占25.68%。

(三)个性特征

孤僻占34.62%,自制力差占26.50%,少语占24.89%,多疑敏感占23.86%,急躁占22.57%,被动占17.54%。

(四)遗传

阳性家族史占14.50%。

三、疾病管理信息

精神疾病诊断线索来源:判决书占4.51%;就医资料占1.42%;询问病史占6.38%;其他占0.32%。司法鉴定完全刑事责任能力占4.51%,限定刑事责任能力占8.51%。

疾病阶段:维持治疗期占77.24%;巩固治疗期占2.32%;急性治疗期占1.74%。

四、结果分析

(一)重性精神疾病患病情况

约为11.69‰。病种集中于精神分裂症、情感性精神障碍、精神发育迟滞等(图2-1)。

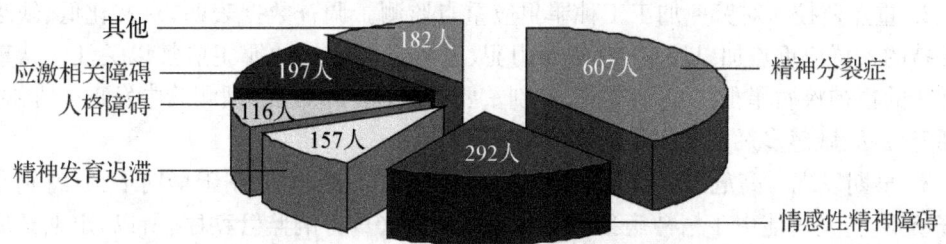

图2-1 重性精神疾病病种人数分布

近年来,精神活性物质特别是新型毒品所致的精神障碍明显增加。

(二)患病人群受年龄、学历、家庭、职业因素

年龄最大为81岁,最小为15岁,20~40岁的青壮年为主要患病群体;患病群体以初中以下文化为主;无家庭支持在患病群体中占较高比例;农民占患病群体的一半以上。

(三)重刑犯患病比例较一般罪犯高

患病比例为43.79‰;原判死缓、无期罪犯患病比例为41.89‰。以上两个群体患病率均显著高于11.69‰的平均患病率。

(四)劳务加工类罪犯患病群体比例较大

从事劳务加工强度较大,相对封闭的劳动环境、简单重复的劳动方式、缺乏交流的劳动氛围可能对罪犯精神健康产生一定影响。

五、患病因素分析

(1) 精神疾病遗传史占 14.89%。

(2) 与收入、家庭因素关系：逮捕前发病诱因集中于收入低水平、职业状况差、家庭条件不良有关。

(3) 与监禁关系：入监前发病诱因集中于法律纠纷、监所环境。

(4) 与刑罚关系：刑释前发病因素集中于刑罚执行、监管环境，主要表现在人际关系普遍紧张，家庭社会支持较少。

(5) 与个性关系：性格特征表现具有孤僻被动、急躁、自制力差、少语胆怯、敏感自卑、固执怪癖 234 人，呈现明显的急躁、自制力差、孤僻少语、多疑敏感等个性特征。

六、建议对策

影响监管条件下的精神疾病的因素众多，是一项需要医学和监管共同参与研究的工作：

（一）建立精神疾病监测机制

1. 风险控制　入监检查应规范全面细致。精神疾病既往史占 19.08%，提示重视家庭发病因素是发现精神疾病的一条重要途径，判决书、就诊资料是发现控制精神异常的第一手资料。

2. 重点监控　对劳务加工工种罪犯应重点监测。调查数据表明，对文化低、缺乏家庭支持的人群应重点加以注意；对于暴力犯、原判刑期较长的罪犯应加以关注。从事劳务加工的精神疾病罪犯占 88.01%。特别重要的是，对于入监心理测验中发现个性缺陷，如孤避被动、敏感多疑的罪犯更应加以动态观察。

3. 早期发现　高危人群重点监控。精神疾病的控制，主要在于早期干预，特别是监管场所下，更是可能由于精神病犯没能及时发现而严重影响监管秩序，所以，定期开展精神健康调查，提高早期识别精神疾病的能力，尽早发现精神异常者，是监狱精神疾病防治工作的一项重要内容。

（二）建立全覆盖的宣传指导体系

充分发挥省局精神病院专科技术优势，利用社会资源，协调社会心理学、精神病学和疾病预防控制管理部门专家，以义诊、讲座、展板、讨论、征文、演讲等丰富多彩的宣传，开展精神卫生知识宣传，提高定期组织精神疾病防治知识培训，加强精神疾病宣传指导、业务指导、技术培训工作，提高精神障碍的病识率。

（三）开展多样化的民警精神健康宣传

加强精神卫生宣传指导工作，采取扎实有效措施，建立常态化宣传指导工作机制，提高民警精神卫生防治知识知晓率、精神疾病症状早期识别率和专业及相关防治人员精神病防治知识掌握率。高度重视刑罚执行条件下民警精神健康状态，对易于发生精神卫生问题的高危群体开展精神健康量表测试。丰富民警的职业文化生活，落实从优待警措施，规范带薪休假制度，调适身心，最大限度地减少民警职业倦怠现象。减少因心理负担引起的警囚冲突和矛盾。

(四) 强化针对性的罪犯精神健康教育

依托监狱医院和心理健康指导中心，围绕 9 月 10 日"世界预防自杀日"、10 月 10 日"世界精神卫生日"，开展主题教育或大型帮教活动。创新宣传形式，注重宣传实效，利用罪犯教育网、广播、电视、宣传材料等为罪犯进行精神卫生防治知识宣传教育，重视罪犯心理健康促进和精神障碍预防工作，高度关注发生家庭重大变故和社会支持不良罪犯心理健康的特殊状况；高度关注反复严重危害监管秩序的罪犯特殊人群。预防和减少罪犯精神疾病诱发因素，针对服刑期间精神病犯所占比例高、监管环境因素诱发精神病多的现象，改善劳动环境和条件、合理分配劳动任务、安排工间休息和工间操，增加户外活动和时间，丰富娱乐活动内容，加强组长及小岗犯教育等，减少精神疾病的监管环境诱发因素。

(五) 加强科学化的精神疾病信息研究

根据精神病院技术优势，结合社会资源，定期开展筛查、检测、跟踪等举措，建立省局数据平台，共享资源成果。开展科学研究与交流，吸收、借鉴和推广国内国际先进科学技术及成功经验，建立适合监狱特点的防治工作机制，不断提高监狱精神医学水平，更好地为监管安全保驾护航。

罪犯是一个特殊群体，相对来说，所受的挫折、困惑较多，加之素质的原因，较易诱发精神疾病，从监管安全出发，需要从遗传因素、家庭因素、行刑因素、社会支持及应激因素等综合方面来研究。所以，如何进一步加强对精神病犯的发病因素研究、分类管理、控制和预防，科学地管理、治疗、教育这些特殊罪犯，防患于未然，确保监所安全稳定，切实维护这些罪犯的合法权益，综合治理及建立精神疾病的三级网络管理，在狱警及罪犯中开展精神卫生知识教育，加强管理，寻找出建立适合中国监狱特点的精神疾病管理模式，是一项摆在我们面前的重要课题。

目前监狱精神疾病的研究重点还是着重于对精神疾病的发生、发展、康复、预防等方面。特别是罪犯中精神疾病的早期发现、干预和治疗，为监狱的监管安全提供相应的服务和保障。随着监狱精神医学的发展，监狱精神医学的研究深度和广度也将随之深化和细化，从而更好地服务于监狱精神疾病的防控管理，最终达到降低监狱精神疾病的发生率和提高罪犯精神健康水平的目的。

（吕成荣）

第三章 精神疾病症状学

第一节 概述

精神障碍是人类脑部受到各种不良因素影响，发生病理生理变化和功能损害，出现认知、情感、意志和行为等精神活动异常。上述精神活动的异常，通过人的外显行为如言谈、书写、表情、动作行为等表达或表现出来，称之为精神症状。观察和记录症状、研究症状的表现、起因、症状相互间的关系、症状对诊断的意义等是精神障碍的症状学，又称精神病理学，它是专门研究精神症状规律性的科学。

如何确定精神症状的存在？一般可采用面谈和观察两种检查方法。通过面谈，病人描述其病态的内心体验，即症状。观察其言谈、表情、动作行为发现的异常，即征候。在精神障碍症状学中可统称为症状，而将躯体、神经系统以及实验室的阳性所见称为征候。

每一精神症状均有其明确的定义，并具有以下特点：①症状的出现不受病人意识的控制。②症状一旦出现，难以通过转移令其消失。③症状的内容与外在客观环境不相称。④症状出现常伴有痛苦体验。某些症状如情感高涨、欣快症以及情感迟钝，此种痛苦体验可能不突出，但上述症状仍是具有不愉快的性质。⑤症状均会给病人带来或轻或重的社会功能损害。检查中除肯定症状是否存在外，还须评定症状的严重程度。可根据症状的强度、持续时间的长短、对病人其他精神活动及社会功能影响的轻重予以确定。症状严重度与该症状在疾病诊断中的作用有关。

人的精神活动是一个复杂而尚未完全探明的过程，精神障碍的未知数众多。多数精神障碍至今尚缺乏明确有效的诊断性生物学指标。临床诊断有赖于症状学。临床工作中掌握好症状学，较医学其他学科具有更重要的意义。

尽管精神障碍的诊断目前尚缺乏生物学指标，但其发生的物质基础是中枢神经系统却是明确的。因此在注意精神活动异常的同时亦应重视神经系统相应的病理生理变化。现代科学的发展日新月异，许多先进技术正用于探讨大脑的秘密。精神病科医生需对有关领域的进展予以关注，并善于应用已有的科学技术来发现精神障碍诊断的有效生物学指标，探讨精神症状的起源和发生机制，以推动精神病学的发展。

正如上述，精神活动是一个很复杂的过程，精神活动的异常表现更是如此，而且个体差异甚大。一般来讲，精神症状的表现受下列因素影响：（1）个体因素，如性别、年龄、躯体状况以及人格特点均可使某一症状表现有不典型之处。（2）环境因素，如个人的生活经历、目前的社会地位、周围文化背景等都可能影响病人的症状表现。因此，在检查、发现和分析症状时须考虑上述因素的影响，做到具体情况具体分析。

如何学习和掌握精神症状？

首先，应熟悉每一精神症状的定义和概念，了解其可能的起因。

其次，掌握检查和发现症状的技巧。

第三，学会归纳症状。个别症状，特别是短暂和偶见的症状对疾病的诊断并无任何意义,而一组相关症状的出现,可能构成其综合性的临床特点,得出症状群(或综合征)的印象,对于疾病诊断具有重要意义。

第四,要善于分析各症状之间的关系,有些症状是原发的,与病因直接有关,具有诊断价值;有些症状是继发的,可能是在时间上继发于原发症状,也可能与原发症状是因果关系。

第五,重视各症状的鉴别,这将减少疾病的误诊。

第六,学会分析和探讨各种症状发生的起因和影响因素,包括生物学的和社会心理因素,以有利于治疗和消除症状。

第七,监狱中的精神异常罪犯,由于存在获利或避害的各种影响因素,更需要专业工作者透过现象看本质,甄别出真假精神症状。

第二节 常见的精神症状

人的正常精神活动按心理学概念分为认知、情感和意志行为三方面。上述知、情、意三方面的活动有着内在的紧密联系并相互配合,与外在环境相协调。

为便于精神症状的描述,以下按照精神活动的各个心理过程分别叙述。

一、认知和认知障碍

认知过程是由感知觉、思维、注意和记忆活动所组成,是精神活动中最复杂的过程。精神障碍时认知活动出现异常。常见症状有:

(一)感知觉及其障碍

人类的感知觉活动与大脑各种感觉区、边缘系统和丘脑的活动有密切关系。外部信息通过人体眼、耳、口、鼻、舌、身各种感官进入脑部初级感觉区引起感觉,产生对事物个别属性的反映,如物体的颜色、大小、重量和躯体的麻感、针刺感。信息继续传递到大脑感觉联络区和感觉总联络区时,则形成具体和完整的知觉,此时感知到的则不只是单纯的颜色、大小、而是"一只红颜色的大苹果"或其他更复杂的情景。正常情况下感知觉与外界客观事物相一致。当感觉区受损时,可产生感觉异常和原始性幻觉;感觉联络区或感觉总联络区受损时则产生成形的幻视和言语性幻听或复杂性幻觉。

1. 感觉障碍 多见于神经系统器质性病变和癔症。

(1)感觉过敏:是对外界一般强度的刺激感受性增高。如感到阳光特别耀眼,声音特别刺耳,颜色显得不自然地格外清楚,普通的气味异常刺鼻等。多见于神经症、更年期综合征、感染中毒后脑衰弱状态以及疼痛障碍。

【典型病例】病犯魏某某:男,39岁,已婚,初中文化,非法持有枪支罪,刑期4年,诊断为"躯体化障碍"。对其查体时多次大喊大叫,按压腹部诉腹痛,轻扣肝区诉疼痛,甚至连腹壁反射检查也大呼小叫。并反复诉病区电视声音太大,自己无法承受。

(2)感觉减退:是对外界一般刺激的感受性减低。如强烈的疼痛几乎感知不到,外界环境变得暗淡、颜色模糊不清、声音发钝。严重时对外界刺激不产生任何感觉，称感觉消失。见于抑郁状态、木僵状态和意识障碍。感觉脱失见于癔症，称转换症状，如失聪、失明、感觉缺失，其表现与相应的神经解剖部位和生理功能不符。

【典型病例】病犯刘某某：男，30岁，已婚，初中文化，交通肇事罪，刑期5年半，诊断为"急性应激障碍"。患者入院时呈亚木僵状态，表情呆滞，缄默不语，对采血、输液等治疗护理无动于衷，毫无反应。

（3）内感性不适：是躯体内部产生的各种不舒适和（或）难以忍受的异样感觉，如牵拉、挤压、游走、蚁爬感等。病人不能明确指出具体不适的部位，此有别于内脏性幻觉。可继发疑病观念。多见于神经症、精神分裂症、抑郁状态和脑外伤后精神障碍。

【典型病例】病犯张某某：男，43岁，已婚，小学文化，强奸罪，刑期7年，诊断"偏执型精神分裂症"。患者入院后反复诉腹部及胸部里面仿佛有蚂蚁爬一样，位置变换不定，无法说出具体位置，患者为此焦虑不安。

2. 知觉障碍

（1）错觉：是对客观事物歪曲的知觉。正常人在光线暗淡、恐惧、紧张、暗示和期待的心理状态下可产生错觉，经验证后可以纠正和消除。临床上多见错听和错视。如某人，精神分裂症，回忆入院前某日在对面楼顶上看见一只老虎，因而吓得不敢动，但家人看见的是一只猫。如有的犯人因家人长期不来接见，长期盼望见面，在一次出工时，误把一同犯当做自己的哥哥，快步向前正要相认时才发现看错了。

（2）幻觉：是一种虚幻的知觉体验。即在没有现实刺激作用于感官时发生的知觉体验。幻觉是精神科临床常见而重要的精神病性症状。

①幻觉的分类：根据其所涉及的感官分为幻听、幻视、幻嗅、幻味、幻触、内脏性幻觉。按幻觉体验的来源分为真性幻觉和假性幻觉。按幻觉产生的条件可分为功能性幻觉、反射性幻觉和暗示性幻觉。

A. 幻听（听幻觉）：为临床最常见而具有诊断性意义的幻觉。幻听是指病人所体验到的声音缺乏外界和体内真实的起源。有非言语性幻听，属原始性（要素性）幻听，如音乐声、鸟鸣声等。多见之于脑局灶性病变。最多见的是言语性幻听，说话的方式有个别人、几个人或一群人在议论他，说话的内容以斥责、讽刺、辱骂多见，因而病人常为之苦恼、愤怒和不安，并产生兴奋、自伤、伤人。有时病人也听到有人为他辩护、表示同情、赞扬的话，此时病人可独自微笑或洋洋自得。幻听可命令病人做某事，称命令性幻听，如让病人拒服药，拒进食，殴打别人，自伤或找伤自己身体的某个部分，病人遵照执行，因而产生危害个人及社会的行为，故应特别注意。幻听可见于多种精神病，最常见于精神分裂症。

【典型病例】病犯王某，男，23岁，未婚，初中文化，盗窃罪，刑期13年，诊断"偏执型精神分裂症"。患者诉"一个小男孩的声音经常在我耳边讲话，讲我改造表现不好，讲我没有天天刷牙，甚至命令我自杀：用小勺捣太阳穴。"患者因多次自伤而入院。

言语性幻听为精神病性症状之一。其中与情感不协调的评论性幻听、议论性幻听和命令性幻听，为诊断精神分裂症的重要症状学标准。

B. 幻视（视幻觉）：内容也十分多样，从单调的光、色，各种形象到人物、景象、场面等。在意识清晰状态出现的幻视，常见于精神分裂症。在意识障碍时的幻视，多为生动鲜明的形象，并常具有恐怖性质，因之可引起病人不协调性精神运动性兴奋，多见于症状性精神病谵妄状态。

【典型病例】病犯卜某某,女,36岁,离婚,高中文化,诈骗偷税罪,刑期12年,诊断"癔症性精神病"。患者在监区经常看到天空中有两条龙盘旋,形象鲜明生动,并对她点头示意,故患者有时对着天空讲话。

C. 幻嗅(嗅幻觉):病人闻到的是一些使人不愉快的难闻的气味,如腐烂食品、霉变食品、化学药品等的气味以及体内发生的气味。幻嗅往往与其他幻觉和妄想结合在一起,如病人坚信他所闻到的气味是坏人故意放的,从而加强了迫害妄想的观念,病人可表现为掩鼻动作或拒食。单一出现的幻嗅症状,需考虑嗅感觉器官受损和癫痫。

如有的患者在监区反复纠缠民警要求调换监区,诉所在监区有股死尸的味道,并继发被害妄想。

D. 幻味(味幻觉):病人尝到食物中并不存在的某种特殊的或奇怪的味道。病人可因此拒食,或继发被害妄想。

如有精神分裂症病犯,在监区无故拒食,问其原因诉饭里有各种怪味,有时是煤油的味道,有时是农药的味道等。

E. 幻触(触幻觉):病人感到体表有一种奇怪的麻木感、刀刺感、电击感、虫爬感。幻触有时难与感觉障碍区别。

如有一精神分裂症女病犯,自感每晚都有人摸其下身,但睁眼看时又看不到人,感下身痛痒难忍,对此感到气愤,有时无故漫骂周围他犯。

F. 内脏性幻觉:病人感到固定于某个内脏或躯体内部有一种异常的感觉。如感到某一内脏在扭转、断裂、穿孔、或觉有昆虫在器官内爬行等。

以上各种幻觉可见于脑器质性精神障碍和精神分裂症。

真性幻觉:具有幻觉一般的特征,即缺乏相应的客观刺激作用于感官。病人的知觉体验清晰、鲜明、生动。知觉体验来源于外界,具有明确的定位。病人的知觉体验是通过感官而感觉到的。

假性幻觉:具有幻觉一般性特征。病人知觉体验的清晰度与真性幻觉接近,但其来源无明确的定位。病人常诉"声音"或"映象"存在于脑中,不用感官而感觉到的。

功能性幻觉:是一种伴随现实刺激而出现的幻觉。即当某种感觉器官处于功能活动状态同时出现涉及该感官的幻觉。正常知觉与幻觉并存。常见功能性幻听:如在听到钟表嘀嗒声中同时听到议论病人的声音。

反射性幻觉:当某一感官处于功能活动状态时,出现涉及另一感官的幻觉。如听到某播音员广播的声音同时出现此人形象的幻视。

②幻觉为一常见精神病性症状,多见于脑器质性精神障碍,酒、药依赖者,癫痫,以及急性精神病。意识障碍谵妄状态时可出现丰富、生动的幻觉。同时也可见于各种中毒状态。又如入睡前与醒觉初以及处于特殊情绪状态,如居丧、恐惧、期待和暗示均容易出现幻觉。

③幻觉与其他症状的鉴别:言语性幻听,特别是评论性或议论性幻听须与关系妄想区别。关系妄想是病人认为有人在议论他,并未听见人们在说他的声音。幻视主要与知觉和表象区别。与知觉的区别是幻视缺乏客观实体作用于视觉感官;而表象的发生与消失受个体意识的控制,且其映像的清晰度不及幻觉鲜明生动。

(3)感知综合障碍:临床多见,但无诊断的特征性意义。指病人感知的是客观事物或

本身,但对其个别属性的感知发生障碍。常见:

①视物变形症:病人感到外界事物的形状、大小、体积等发生变化。如看到母亲的脸变长、眼睛变小如瓜子大,鼻子却变得很大。若感外界事物变大,称为视物显大症;变小则称视物显小症。

患者看东西尤其是墙上的字会不断的变换形状大小,有时感到字会变成一条细线,几乎钻到自己的眼里。

②空间知觉障碍:病人感到周围事物的距离发生改变。如候车时汽车已驶进站台,而病人却感觉汽车离自己尚很远。

③非真实感:病人感到周围事物和环境发生变化,变得不真实,像是一个舞台布景,周围的房屋、树木等像是纸板糊成的;周围人似是没有生命的木偶等。对此病人具有自知力,有恍如梦中的感觉。

④人格解体:病人感到自己的整个躯体或个别部分,如四肢的长短、粗细、躯体的轻重、形态,面部器官发生了变化,甚至畸形。病人此时对自我体验到一种陌生感和空虚感。

⑤时间知觉的改变:病人感到时间过得特别的缓慢或特别的迅速,或感到事物的发展变化不受时间的限制。如旧事如新感和似曾相识感。

知觉障碍对病人的思维情感和行为都有一定的影响。如在知觉障碍的基础上可产生妄想,以致产生妄想性行为,如病人有幻嗅而闻到有毒气味,就认为是有人对他进行谋害,病人为之而写控告信。知觉障碍也可引起恐惧、发怒、喜悦等情感反应,如听到咒骂声病人即愤怒,听到赞扬声而喜悦。在行为方面,有幻听时病人可作倾听状或堵住双耳或与之对骂。在命令性幻听的支配下,病人可做出各种行为以致自伤、伤人,是很危险的,应加强注意。

(二)思维和思维障碍

思维是人类认识活动的最高形式,以感知觉所获信息为基础。大脑思维活动包括分析、比较、综合、抽象和概括形成概念以及判断、推理等过程。思维活动的神经学基础极其复杂。大脑皮质、丘脑、边缘系统、脑干网状激活系统参与了思维过程。正常情况下思维具有以下特征:①具体性,是指思维具有与客观事物相符合的具体内容,反映思维的真实性。②目的性,指思维是围绕一定目的有意识地进行的。③实际性,具有实际的效用性。④实践性,能够通过实践予以验证。⑤逻辑性,思维过程符合逻辑规律。思维过程和内容通过语言和文字表达出来。精神病理状态时可出现思维障碍,上述思维五个特征发生紊乱。通过交谈检查和观察病人所书写的内容及相关的行为表现,可以发现思维障碍症状。须注意与语言障碍区别。缄默状态时给确定思维障碍带来困难。思维障碍是各类精神疾病常见的症状,有时难以查知,临床工作中应予以重视。思维障碍临床表现多种多样,可分为:

1. 思维形式障碍　包括思维的量和速度的变化、思维联想过程的障碍以及思维逻辑障碍。常见的症状有:

(1)思维迟缓:即联想抑制,联想速度缓慢、困难。病人表现为言语缓慢,语量减少,语声甚低,反应迟缓。病人感到"脑子不灵了""脑子变慢了""什么都想不起来"。常见于抑郁症。

(2)思维奔逸:联想加快,思维活动量增多和转变快速。病人表现为语量增多,语流变快,新的概念不断涌现,内容十分丰富。思维常随着周围环境中的变化而转变话题(随境转移),也可有音韵联想(音联)或字意联想(意联)。病人表现为健谈,说话滔滔不绝,口若悬河,病人自觉脑子特别灵活,好像机器加了"润滑油",可出口成章,下笔千言,一挥而就。但思维逻辑联系非常表浅,缺乏深思而信口开河。多见于躁狂症。

【典型病例】病犯董某,精神检查时自称:我是董必武的董,明亮的亮,董必武是个大将,我将来是否可以做一个大人物呢?不知道,努力吧……进来一位老医生,病人马上站起让座,说向白衣战士学习,向白衣战士致敬。

(3)病理性赘述:是思路的障碍,思维活动停滞不前迂回曲折,做不必要的过分详尽的累赘的描述,以致一些无意义的繁文细节掩盖了主要的内容,进行速度缓慢但不离题,最后能到达预定的终点。病人表现讲话啰唆,讲半天讲不到主题上。多见于脑器质性、癫痫性精神障碍及老年性精神障碍。

【典型病例】病犯张某某,男,44岁,当医生问"你们几点出工劳动时",病人答,我每天七点起床,洗脸、漱口,到监房对过的锅炉房打水,那里的开水很热,锅炉房有值班的人,六十多岁了,他有一个孩子,大概是七八岁的样子,孩子的妈妈常来探监,洗完脸后才去食堂吃饭,要排队,我每天吃一大碗稀饭两个馒头,还有小菜,我们劳动过后常常在整理一下,不到八点就要开始劳动了……。

(4)思维松弛:又称思维散漫,病人思维活动表现为联想松弛,内容散漫,对问话的回答不够中肯,不很切题,缺乏一定的逻辑关系,以致使人感到交谈困难,对其言语的主题及用意也不易理解。严重时发展为破裂性思维。

(5)破裂性思维:病人在意识清楚的情况下,思维联想过程破裂,缺乏内在意义上的连贯和应有的逻辑性。在病人的言谈或书写中,虽然单独语句在结构和文法上正确,但主题与主题间,甚至语句之间,缺乏内在意义上的联系,因而别人无法理解其意义。严重时,言语支离破碎,个别词句之间也缺乏联系,成了词的杂拌,多见于精神分裂症。这种思维障碍,如果是在意识障碍的基础上产生,称之思维不连贯,此时病人的言语较破裂性思维更杂乱,变得毫无主题,语句成片断。

【典型病例】病犯李某,诊断为"精神分裂症"。医生问"这是什么地方?"病人答"现在的地方不管他,就是一小部分"。问"你来这儿干吗?""我来这里没法说,生活困难,现在我来就是多余,现在就代表一句话,队长就这样,今天是星期三,我早晨没有吃饭,我找领导。"

(6)思维贫乏:联想数量减少,概念与词汇贫乏。病人表现为沉默少语,谈话言语单调,自感"脑子空虚没有什么可说的"。可见于精神分裂症,也可见于脑器质性精神障碍。

(7)思维中断和思维被夺:在意识清晰时无外界原因,病人体验到在思考的进程中思维突然中断,为思维中断。如病人认为其思想被某种外力夺走则为思维被夺。两症状均为诊断精神分裂症的重要症状,但临床较难查出,须与注意力不集中区别。

(8)思维插入和思维云集:病人体验到不属于自己的思想强行进入其脑中,不受他的意志所支配,为思维插入。如果病人体验到强制进入的思想是大量涌现的,为思维云集。两症状对诊断精神分裂症有重要意义。须注意与强迫观念和思想奔逸鉴别。关键是思维插入和思维云集,病人体验到思维是异己的,而强迫观念和思想奔逸,病人明确是自己的思想。

(9)思维化声和思维鸣响:病人思考时体验到自己的思想同时变成了言语声,自己和他人均能听到。病人体验此种声音来自心灵之中或脑内,为思维化声;体验声音来自外界为思维鸣响。两症状为精神分裂症的特征性症状之一。

(10) 思维扩散和思维被广播:病人体验到自己的思想一出现,即为尽人皆知,感到自己的思想与人共享,毫无隐私而言,为思维扩散。如果病人认为自己的思想是通过广播而扩散出去,为思维被广播。上述两症状亦为诊断精神分裂症的重要症状。

(11) 病理性象征性思维:为概念的转换,以无关的具体概念来代表某一抽象概念,不经病人自己解释,别人无法理解。正常人可有象征性思维,如以鸽子代表和平,但能为人们共同理解并不为病态。如某病人经常反穿衣服,以表示自己为:"表里合一、心地坦白"。某病人吞食骨头,说可以使自己具有"硬骨头"精神。多见于精神分裂症。

【典型病例】 病犯,张某某,男,34岁,精神分裂症,病人经常双手臂舞动,有时将左腿放右腿上,有时以右腿放在左腿上,有时双手捧着肚子或抱着头,不接受劝告而停止,称左臂代表监区;右臂代表犯人,双臂摆动代表发挥大家的积极性。左腿代表依靠犯人,右腿代表克服困难,左腿放在右腿上是依靠犯人克服困难,右腿放在左腿上,则代表克服困难依靠犯人。双手捧着肚子代表保护犯人,抱着头代表保护警察。

(12) 语词新作:将不同含意的概念或词融合、浓缩在一起,或作无关的拼凑,或自创文字、图形、符号,并赋予特殊的概念。如"甥",是形容病人自己漂亮,是美男二字的缩写,"安"代表一昼夜,是词的融合,多见于精神分裂症青春型。

(13) 逻辑倒错性思维:主要特点为推理缺乏逻辑性,既无前提也无根据,或因果倒置,推理离奇古怪,不可理解。可见于精神分裂症,偏执狂等。

【典型病例】 病犯陈某红,男,24岁,诊断为"精神分裂症"。患者诉自己的名字不好,红代表柔弱,是女孩子的名字,而监区内全是男的,故没有自己的立足之地,要把名字该为陈某武。

2. 思维内容障碍 包括妄想、超价观念和强迫观念。

(1) 妄想:是一种在病理基础上产生的歪曲的信念,发生在意识清晰的情况下。是病态推理和判断的结果。具有如下特点:①所产生的信念无事实根据,但病人坚信不疑不能以亲身经历所纠正,亦不能为事实所说服。②妄想内容与切身利益、个人需要和安全密切相关。③妄想具有个人特征,不同于集体所共有的信念。④妄想内容受个人经历和时代背景的影响。病人的妄想内容带有浓厚的文化背景和时代色彩。如科学发达时代多有物理影响妄想;落后地区病人的妄想则具有迷信的内容。一般说来,妄想的内容往往都与患者切身利益(能力、经济条件、社会地位、健康状况等)相关。

根据妄想的起源,可以分为有原发性妄想和继发性妄想两种。原发性妄想的特点为突然发生,内容不可理解,妄想与其他心理活动和症状之间缺乏任何发生上的联系。包括:①突发妄想;②妄想知觉(与一正常知觉体验的同时产生一种与此知觉毫无关系的妄想);③妄想心境或妄想气氛(病人感到他所熟悉的环境突然变得使他迷惑不解,而且对他具有特殊意义或不祥预兆,很快即发展为妄想);④妄想性回忆。原发性妄想对精神分裂症的诊断具有重要意义。

继发性妄想是发生在其他病理心理基础上的妄想,如继发于错觉、幻觉、情感低落或高涨;亦可继发于某种期待心理或心因性障碍基础上。见于多种精神疾病。

临床上常见的妄想一般按妄想的内容来分,可分为被害、夸大、自责妄想三大类。

①被害妄想类:

A. 被害妄想：是最常见的一种妄想。病人坚信某些人或某些集团对他进行不利的活动，进行打击、陷害、破坏等。如认为饭里放毒、跟踪、监视或阴谋等。病人受妄想的支配可拒食、控告、逃跑或采取自卫、自伤、伤人等行为。常见于精神分裂症、偏执性精神障碍等。

【典型病例】病犯豆某某，女，34岁，未婚，小学文化，故意杀人罪，死缓，诊断为"精神分裂症"。患者无故感到有人加害自己，夜间不敢睡自己的床铺，有时拒食，认为饭里有毒，白日躲避社交，惶惶不可终日。

B. 关系妄想：病人将环境中与他无关的事物都认为是与他有关，如别人的讲话、咳嗽、一举一动都与他有一定的关系，并常与被害妄想交织在一起。认为周围人的咳嗽是故意刺激他，偶尔的一瞥是对他不怀好意，某报纸杂志上的某篇文章是有意影射他的、暗示他的、故意做给他看的。有时还将某些表现赋予某种特殊的意义，称为特殊意义妄想，如有人唱热爱祖国的歌曲，病人认为是说他不爱国。

【典型病例】病犯王某某，女，50岁，已婚，文盲，强奸、介绍卖淫罪，刑期9年，诊断为"精神分裂症"。患者过分敏感多疑，几个人在一起谈话，即认为在讲自己的事情；犯人找民警汇报思想，认为在打自己的小报告，甚至认为别人的咳嗽也与自己有关。

C. 被控制妄想：病人体验到他自己的意志、思想、言语、情感、动作和行为被某种力量或作用所取代，不受自己意识的控制。被控制妄想的病人具有被动性、异己性和被强加的体验，与其心境不协调。病人感到没有任何自己的意志，是受别人控制的机器人。该症状对精神分裂症具有诊断意义，但临床上易与癔症性附体体验（病人处于意识改变状态；具有亚文化性起源）相混淆，须予以区别，亦需与命令性幻听（病人受到"声音"的支配）区别。

【典型病例】病犯王某，男，23岁，未婚，初中文化，盗窃罪，刑期13年，诊断为"精神分裂症"。患者自感有个"小鬼"在自己脑内，可控制其穿衣服、叠被子，甚至控制他讲话，讲出来的话都是"小鬼"的意思，患者有强烈的异己感。

D. 物理影响妄想：病人感到身体不舒适，或有思维插入等其他病态体验时，坚信是由于外界尖端仪器或电波等对自己的影响，属释疑性妄想。

【典型病例】病犯李某，多次直冲民警办公室，情绪激动，要求民警将其体内的窃听器取出，感到体内被高科技安装了窃听器，在不断地发射电波，致使自己终日不得安宁。病人坚信是有某种特殊仪器控制他。

E. 思维被洞悉妄想：称内心被揭露感。病人认为其内心所想的事，未经语言文字表达而被周围人所洞悉。该症状常常与关系妄想或其他妄想以及幻觉（幻听）等同时存在。

【典型病例】病犯刘某某，女，30岁，初中文化，离婚。扰乱公共秩序罪，刑期2年，诊断为"精神分裂症"。患者自感别人都知道自己内心思维，所有的人都在关注自己，问其自己想的事情不讲别人如何知道时，诉可能通过某种电波，具体自己也讲不清楚。患者继发被害妄想。

F. 嫉妒妄想：病人坚信自己的配偶对自己不忠实，而另有外遇的病态信念。可表现为对配偶的跟踪、盯梢、暗中检查配偶的衣服、床单、窥查配偶的提包及信件以寻觅私通情人的证据。可见于精神分裂症、更年期精神障碍。

②夸大妄想类：

G. 夸大妄想：病人坚信自己有非凡的才智、地位和权势，很多的财富和发明创造，或认为是名人的后裔。多发生在情绪高涨的背景上,内容常受病人生活的环境、文化及经历等影响而不同。病人可认为自己是伟大的发明家、科学家、国家的领导人,全世界的财富和权力都由他一个人掌管。多见于双相情感障碍躁狂发作,精神分裂症,也可见于麻痹性痴呆。

【典型病例】病犯孙某某,男,26岁,中专文化,诊断为"躁狂发作"。患者自称为天下第一武林高手,具有特殊本事,要搞发明创造,要求监狱给自己配手提电脑。

H. 钟情妄想:病人坚信自己被异性钟情。病人即使受到对方严词拒绝,仍毫不置疑,而认为对方在考验自己对爱情的忠诚,仍纠缠对方不已。

【典型病例】病犯王某某,女,29岁,已婚,小学文化,抢劫罪,刑期6年,诊断为"偏执型精神分裂症"。某民警陪同监狱长视察该犯所在监区,后患者认为该民警与她"眉目传情",反复要求监区警官安排他们见面,并日夜写情书,每日长时间地梳妆打扮,期待与"心上人"再次见面。

I. 血统妄想:又称显贵妄想。患者坚信个人是某名门之后,同时认为根据某一天突然的感觉或想法,才知道的,并罗列一些"事例"来说明。

③自责妄想类:

J. 罪恶妄想:病人毫无根据地坚信自己犯了严重错误,不可宽恕的罪恶应受严厉的惩罚,认为自己罪大恶极死有余辜,以致坐以待毙或拒食自杀,病人要求劳动改造或请罪等手段以赎罪。常见于抑郁症,也见于精神分裂症。

【典型病例】病犯商某,男,22岁,未婚,诊断为"分裂样精神病"。患者某日在监区劳动时忽然用细木棍猛捣自己咽喉,自感犯了乱党罪,罪该万死,不想连累家人,打算一死了之。入院后每天劳动扫地,要求到法院自首。不吃肉、蛋,认为是浪费,否则更罪大恶极。

K. 疑病妄想:病人毫无根据地坚信自己患了某种严重躯体疾病或不治之症。即使通过一系列详细检查和多次反复的医学验证都不能纠正。此类妄想可在幻触或内感性不适的基础上产生。严重时病人认为"自己内脏腐烂了""脑子变空了""血液停滞了""心脏不跳了",也可称之为虚无妄想。多见于精神分裂症、更年期及老年期精神障碍。

【典型病例】病犯孔某某,男,41岁,已婚,高中文化,诊断为"疑病症"。患者感腰背部阵发性疼痛,发作时大喊大叫,诉"疼死我了",经当地医院反复检查无异常,患者坚信自己得了一种严重的怪病,目前的科学手段尚不能检查出。

按妄想结构分为系统性妄想和非系统性妄想。系统性妄想:发展缓慢,结构严密,逐渐形成系统化,且有不断泛化的趋势。患者将周围的所见所闻与固定的妄想交织在一起,形成一种比较固定的系统的妄想,可长期保持,难以动摇。多见于偏执性精神障碍。非系统性妄想:是一系列片断、零碎、不固定、不系统的病理信念,内容多荒谬,易泛化。多见于精神分裂症,也可继发于意识障碍、智能障碍、感知障碍的患者。

(2) 超价观念:是在意识中占主导地位的错误观念,其发生一般均有事实的根据。此种观念片面而偏激,但在逻辑道理上并不荒谬。超价观念的内容往往与切身利益有关,并带有强烈的情感作用,影响其行为。如艺术家对本身天才的超价观念。多见于人格障碍和心因性障碍。

(3) 强迫观念:或强迫思维,某一概念,在病人脑内反复出现,病人想摆脱,但摆脱不掉。强迫性思维可表现为某一想法、某几句话、某些事件的回忆、计数(强迫性回忆、计数),追究某些毫无意义的荒谬的问题(强迫性穷思竭虑)。强迫思维常可伴有继发性强迫动作。如病人离家锁门外出,随即在锁门后对是否已锁好门,屋内的抽屉是否锁好产生无端的怀疑,反复疑虑,故又返回家数次反复检查(前者为强迫性怀疑,继发有强迫性检查)。

【典型病例】 病犯肖某某,男,25岁,初中文化,近几年来,病人遇到五个以上的物品必须计数,否则感到很不舒服,什么事也做不下去。负责打扫、清理工具时,常常对犯人的洗漱杯计数,必须反复计数,需反复数了十几次才数完。病人自觉浪费很多时间,感觉痛苦难受(强迫性计数)。

临床工作中须注意妄想、超价观念和强迫观念的区别。因为这三种思维内容障碍分别多见于精神病、人格障碍和神经症。

(三)注意及注意障碍

注意是指心理活动对一定对象的指向性和集中。注意的指向性表现出人的心理活动具有选择性和保持性。注意的集中性使注意的对象鲜明和清晰。注意过程与感知觉、记忆、思维和意识等活动密切相关。大脑皮质特别是额叶、丘脑以及脑干网状激活系统的兴奋性在注意过程中起着重要作用。这些部分受损将发生注意障碍。注意的对象可以是外界客观事物,以及个体的躯体、行为、观念、情绪等心理活动。

注意有被动注意和主动注意。前者为由外界刺激引起的定向反射;主动注意为既定目标的注意,与个人的思想、情感、兴趣和既往体验有关。

常见的注意障碍如下:

1. **注意增强** 为主动注意的增强。如有妄想观念的病人,注意增强指向外在的某些事物,过分地注意别人的一举一动是针对他的。有疑病观念的病人,注意增强指向病人本身的某些生理活动,过分地注意自身的健康状况,或使他忧愁的病态思维。

2. **注意涣散** 主动注意的不易集中、注意稳定性分散所致,多见于神经衰弱及精神分裂症。

3. **注意减退** 主动及被动注意兴奋性减弱。注意的广度缩小,注意的稳定性也显著下降。多见于疲劳状态、神经衰弱、脑器质性精神障碍及伴有意识障碍时。

4. **注意转移** 主要指被动注意的兴奋性增强,注意稳定性下降,注意的对象不断地转换。如双相情感障碍、躁狂发作病人注意易转移。

5. **注意缓慢** 指病人的注意兴奋性的集中困难和缓慢,病人对第一个问题回答正确,但对随后的提问则回答得很慢,见于抑郁症。

(四)记忆及记忆障碍

记忆为既往事物经验的重现。记忆是在感知觉和思维基础上建立起来的精神活动。复杂的高级的心理活动的发展,都必须有记忆做为基础。记忆包括识记、保持、再识及回忆四个基本过程,是密切联系的统一过程。识记是事物或经验在脑子里留下痕迹的过程,是反复感知的过程;保持是使这些痕迹免于消失的过程;再识是现实刺激与以往痕迹的联系过程;回忆是痕迹的重新活跃或复现。识记是记忆保存的前提,再识和回忆是某种客体在记忆中保存下来的结果和显现。正常人也不能将所有见过、听过、做过的事或体验都记住,并长期保存下来,更不能够全面回忆起来。因此正常人的记忆是和遗忘分不开的。根据 Ribot 定律,越是新近识记的事物越是遗忘得快,遗忘的发展总是由近事记忆逐渐地发展到远事记忆。记忆的神经生理基础涉及皮质的感觉联络区、额叶、丘脑和整个大脑皮质。这些部位受损可引起记忆障碍。

记忆障碍可以在记忆的四个基本过程的不同部分发生,但一般都同时受损,只是严重程度不同。临床上记忆障碍可分两方面；记忆量方面如记忆增强、记忆减退及遗忘,记忆质方面如错构症、虚构症。

1. 减退　是指记忆的四个基本过程普遍减退,临床上较多见。早期多是回忆减弱,表现为近记忆减弱。有病人不仅近记忆减退,如记不住刚见过面的人、刚吃过的饭,远记忆力也减退,如回忆不起个人经历等,可见于较严重的痴呆病人。神经衰弱病人记忆减退都较轻,只是易忘、记忆困难,也可见于正常老年人。

2. 遗忘症　为回忆的丧失,病人对局限于某一事件或某一时期内经历的遗忘。顺行性遗忘即回忆不起在疾病发生以后一段时间内所经历的事件,遗忘的时间和疾病同时开始,如脑震荡,脑挫伤的病人回忆不起受伤后一段时间内的事。逆行性遗忘 即回忆不起疾病发生之前某一阶段的事件。多见于脑卒中发作后,颅脑损伤伴有意识障碍时,病人回忆不起在受伤前他正在做什么,在什么地方等。

3. 记忆增强　病态的记忆增强,对病前不能够且不重要的事都能回忆起来。常见于轻躁狂状态和偏执状态的病人。

4. 错构症　是记忆的错误,对过去曾经历过的事件,在发生地点、情节、特别是在时间上出现错误回忆,并坚信不疑,多见于酒精中毒性精神障碍,脑外伤性痴呆。

5. 虚构　是记忆错误的另一类型。病人以一段虚构的事实来填补他所遗忘的那段经历。其内容很生动,带有荒诞色彩,常瞬间即忘。多见于各种原因引起的痴呆。

6. 心因性遗忘　指病人在应激或某种心因作用的情况下对某一特定情境的遗忘。这些情境包括急性创伤性情境,或病人不愿回忆或谈及的情境,多见于应激状态或癔症。

（五）智能和智能障碍

智能是一个复杂的综合精神活动的功能。是对既往获得的知识、经验的运用,用以解决新问题、形成新概念的能力。智能活动与感知、记忆、注意、思维有密切关系,记忆和注意是智能活动进行的前提,但记忆本身不属于智能。智能活动与思维密切联系,但属于不同的概念。智能可表现为理解力、计算力、分析能力、创造能力等。智能水平一般与年龄、文化程度、职业、职位有关。

智能障碍可分为精神发育迟滞及痴呆两大类型。

1. 精神发育迟滞　是指先天或围生期或在生长发育成熟以前(18岁以前),大脑的发育由于各种致病因素,如遗传、感染、中毒、头部外伤、内分泌异常或缺氧等因素,使大脑发育不良或受阻碍,智能发育停留在一定的阶段。随着年龄增长其智能明显低于正常的同龄儿童。

2. 痴呆　是一种综合征,涉及各种高级皮质功能损害,包括记忆、智能和人格的受损。其发生具有器质性脑病变基础。临床表现：病人意识清楚,但思维活动变得不完善,记忆力、计算力、理解力、分析综合、判断推理能力减弱或下降,后天获得的知识、能力丧失,不能从事学习工作,甚至生活不能自理。精神活动方面。由于痴呆的影响而出现轻重不等的失调,逐渐丧失高级的社会性的情感,原始的情感和本能意向占优势。一般来说,病变多为进行性的,常不易恢复或不能完全恢复。但如治疗适当,也可阻止继续发展,病情有可能得到改善。

根据大脑病理变化的严重程度以及性质不同,可分为全面性痴呆及部分性痴呆。

(1) 全面性痴呆:大脑的病变主要表现为弥散性器质性损害,所以痴呆涉及智能活动的各个方面,而影响病人全部精神活动,常出现人格的改变。病人对病无自知力。也可出现定向力障碍。可见于阿尔茨海默和麻痹性痴呆等。

(2) 部分性痴呆,大脑的病变只侵犯脑的某些局限的部位,如侵犯大脑血管的周围组织。病人只产生记忆力减退,理解力削弱·分析综合困难等,但其人格仍保持良好,并有一定的自知力,定向力完整。但当疾病发展严重时,临床上也很难区分是全面性的或部分性痴呆,如脑血管性痴呆,脑外伤性痴呆等。

在临床上可见一种与痴呆类似的表现,但是本质却不同,称之为假性痴呆。是在强烈的精神创伤后产生,因而在大脑的组织结构方面无任何器质性的损害,是一种功能性疾病。预后较好,常见于癔症及反应性精神障碍。有以下两类:

(1) 心因性假性痴呆:又称 Ganser 综合征,即病人对一些简单问题给予近似的错误的回答。如一位 20 岁的病人,当问到她一只手有几个手指时,答六个,对简单的计算如 14+12 以等于 25 来回答。说明病人已理解问题的意义,但回答内容十分错误,给以近似回答。行为方面也可错误,如将钥匙倒过来开门,筷子倒过来吃饭,但对某些复杂问题反能正确回答解决,如能下象棋,打牌,一般生活问题都能解决。

(2) 童样痴呆:即病人表现为类似一般儿童稚气的样子,学着幼童讲话的声调,自称自己才 3 岁,逢人就称阿姨、叔叔。

(3) 严重抑郁情况下,常可表现痴呆早期的症状,如记忆减退、思维迟缓、缺乏主动性。心理测查时,提示智能减退,亦称假性痴呆。病人抑郁的体验可予鉴别。抑郁消失后智能完全恢复。

(六) 定向力

指一个人自己对时间、地点及人物,以及对自己本身的状态的认识能力。前者称对周围环境的定向力,病人知道现在是几点钟、上午或下午、白天还是晚上以及日期、月份等,知道自己在什么地方,知道周围人物的身份及与病人的关系。后者称自我定向力,病人知道自己的姓名、年龄、职业。定向障碍多见于症状性精神病及脑器质性精神病时意识障碍。定向力障碍是意识障碍的一个重要标志,但有定向力障碍不一定有意识障碍。

精神分裂症病人可有双重定向,将一个地点或人物做出两种判断,这多与病人妄想观念有关,如病人将医院认为又是医院又是法院,或认为表面上是医院而实际上是法院等等。

(七) 自知力

自知力又称领悟力或内省力,是指病人对自己精神疾病认识的判断能力。神经症病人有自知力,主动就医诉说病情。但精神病人一般均有程度不等的自知力缺失,因此不承认自己有精神病,也不主动看病,甚至拒绝看病、住院,拒绝服药。在精神疾病的初期,有的病人自知力尚保存。随病情的发展,病人常对自己的精神症状丧失了判断力,称之为自知力丧失。当病情好转时,自知力逐渐恢复,由有部分自知力全部恢复。临床上将有无自知力以及自知力恢复的程度作为判定病情轻重和病情好转程度的重要指标。一般以症状消失并对所患精神病症状认识是病态,即为自知力恢复。所以自知力完整是精神病病情痊愈的重要指标之一。故深入观察病人病情，判断病人的自知力实属重要。

二、情感和情感障碍

情感和情绪是指个体对客观事物的态度体验。从广义上讲二者相互包容；从狭义上讲二者含意不同。情绪是指与个体生物需要相联系的体验形式。即个体受到生活环境中的刺激时生物需要是否得到满足而产生的态度和体验，持续时间较短，其稳定性带有情境性，伴有明显的生理功能变化和外部表现。情绪发生较早，为人类与动物所共有。情感体验则是与人的高级社会性需要相联系，如友谊感、爱感、道德感等。情感发生较晚，为人类所特有。情感既具情境性又具稳固性和长期性。大脑皮质在人类情绪和情感活动中起主导作用，丘脑、下丘脑、边缘系统和网状结构起着特定的重要作用。

情感和情绪活动相互依存。二者与人的认识、行为活动及社会交往均有着密切的联系。心境（mood），是指一种较微弱而持续的情感状态。为一段时间内个体精神活动的基本背景。

情感障碍必定涉及情绪和心境问题。

常见的情感障碍：

1. 情感高涨　情感活动明显增强，表现为不同程度的病态喜悦，有与环境不相符的过分的愉快、欢乐。讲话语音高昂，眉飞色舞，甚笑颜开，表情丰富，以致盛气凌人，傲慢自负或引人发笑，常带有明显的夸大色彩。病人常有良好的自身感觉，感到无比舒畅和幸福，因与外界环境配合，所以这种欢乐情绪有一定的感染力，易引起周围人的共鸣。多见于躁狂状态。

欣快症时，病人有幸福喜悦的内心体验，面带笑容表现的很轻松，但给以呆傻、愚蠢的感觉，病人也说不清高兴的原因，内容也较单调刻板。多见于脑器质性精神障碍。

2. 情感低落　是负性情感的增强，轻者表现情绪低落、忧心忡忡、愁眉不展、唉声叹气。重者忧郁沮丧、悲观绝望，感到自己一无是处，毫无生趣，有度日如年之感。外界一切均不能引起他的兴趣，因此常自卑自罪，生不如死，而出现自杀意念及企图。常伴有思维迟缓、动作减少，多见于抑郁状态。

【典型病例】病犯鲍某某，女，26 岁，已婚，小学文化，故意杀人罪，刑期 5 年。诊断为"抑郁症"。患者渐起异常，表情悲戚、愁眉苦脸，常自责哭泣，不愿参加劳动，不肯进食，觉得对不起家人，活着是种痛苦，反复有想死的念头。

3. 焦虑　过分担心发生威胁自身安全和其他不良后果的心境。病人表现为紧张恐惧，顾虑重重，认为病情严重无法治疗，或认为问题复杂无法解决，以致搓手顿足，坐卧不安若大祸临头，惶惶不可终日。常伴有自主神经功能紊乱及疑病观念。多见于焦虑性神经症及更年期精神障碍。

惊恐发作，为急性和严重的焦虑发作。发作时病人有濒死感、失控感和大祸临头感，伴有明显的循环、呼吸、泌尿和自主神经系统症状。一般发作持续时间较短，数分钟至十数分钟。

4. 情感脆弱　在外界轻微刺激下甚至无明显的外界因素影响下，病人情绪容易引起波动，感动得伤心流泪或兴奋激动。常见于脑动脉硬化性精神病、癔症、神经衰弱。

5. 情感淡漠　为情感活动减退表现。病人对外界任何刺激均缺乏相应情感反应。病人对引起正常人的极大悲伤或愉快的事无动于衷。对周围发生的事漠不关心，说话声调平淡,面部表情呆板,内心体验极为贫乏或缺如。严重时对个人生活漠不关心。可见于慢性精神分裂症和脑器质性精神障碍。

【典型病例】 病犯陈某,女,33岁,已婚,小学文化,介绍卖淫罪,刑期5年,诊断为"精神分裂症"。患者孤僻、懒散,长期不换洗衣服,衣着肮脏,散发出一股怪味,对问话数问一答,言辞简短,多为一两个字,面无表情,对周围环境无动于衷,家人接见时视若路人。

6. 情感倒错　病人的情感体验与当时外界刺激及病人思想内容不相协调。如谈及别人在迫害他时,还表现为愉快的表情。听到令人高兴的事时,反而表现为伤感。多见于精神分裂症。

7. 病理性激情　是一种突然发作、非常强烈的又较短暂的情感障碍。此时病人可产生冲动行为,以致伤害别人,病人难以控制,常伴有一定程度的意识障碍,可能有遗忘。多见于癫痫、较严重的颅脑外伤,也可见于精神分裂症。

三、意志和意志行为障碍

意志是指人们自觉地确定目标,并克服困难用自己的行动去实现目标的心理过程,为人类独有的心理现象。意志对行为有发动、坚持、制止和改变的调节控制作用。意志与认识活动、情感活动紧密相连而又相互影响。客观世界和社会实践是意志力量的源泉;认识过程是意志的基础;而人的情绪情感活动则可能成为意志行动的动力或阻力。

意志活动有以下几个特点,以便区别正常与异常的意志活动时作为参考。①指向性及目的性,即人的意志行为必须有一定的动机及目的,否则一事无成。②自觉性及坚强性,即对目的有自觉的认识,并百折不挠地克服困难,去完成既定的目的。③果断性及自制性,即能迅速而正确地做出行动的决定,并能掌握和支配自己的行动。

(一) 意志障碍

临床上常见的意志障碍有以下几种:

1. 意志增强　是意志活动的增多。这类症状的产生往往与其他精神活动有密切的内在联系,或以其为基础,或受其支配和影响。在精神分裂症病人中,病人由于被害妄想的支配,反复上诉控告,或在夸大妄想的支配下,病人夜以继日地从事无效的发明创造。在躁狂状态情感高涨时,病人对其周围环境中的一切事物都感兴趣,什么事都去参与或进行干涉,终日忙忙碌碌精力充沛,不感疲劳,但由于随境转移以致做事有始无终,不能贯彻到底,结果一事无成。还有表现在食、性等本能意向的要求方面行为动作增多,无明显的目的性,给人以一种与环境不协调的感觉。可见于青春型兴奋病人。

2. 意志减退　是意志活动减少。由于情绪低落,对周围一切事物无兴趣以致意志消沉,不愿活动。工作学习感到非常吃力,甚至不能进行,以致整日呆坐或卧床不起,病人一般能意识到,但总感到做不了。常与思维迟缓、情绪低落同时存在。多见于抑郁状态。

3. 意志缺乏　是意志活动缺乏。病人对任何活动缺乏动机、要求,对工作学习无自觉性,故个人生活也极端懒散。严重时本能的要求也没有,行为孤僻、退缩。这类症状常与思维贫乏、情感淡漠同时出现。为精神分裂症常见的基本症状之一。多见于精神分裂症晚期精神衰退时、脑器质性精神病痴呆状态时。

(二) 意志行为障碍

简单的随意和不随意行动称为动作。有动机有目的而进行的复杂随意运动称为行为。行为是受一定的思想支配。精神病人由于病态思维及情感的障碍,常可导致动作及行为的异常。

临床上常见运动行为障碍如下:

1. 精神运动性兴奋　是指整个精神活动的增强。故涉及到精神活动的各方面,但由于疾病的不同可有不同表现。

(1) 协调性精神运动性兴奋:病人的言语动作增多,是与其思维、情感活动的增多相一致,并和环境密切联系配合。病人活动的增多是有目的的,是可理解的,整个精神活动是协调的,多见于躁狂状态。

【典型病例】病犯张某某,男,19岁,未婚,小学文化,抢劫罪,刑期3年,诊断为躁狂发作。患者在母亲接见后兴奋,在监房内大声歌唱,见人打招呼,诉自己有能力,记忆力特别好,上学时有的文章看两遍即可背诵,准备买一些养殖方面的书,刑满后做水产生意,一年挣个几百万。

(2) 不协调性精神运动兴奋:病人的言语动作增多与思维情感不相配合,动作单调杂乱,无动机及目的性,使人难以理解,所以精神活动是不协调的,与外界环境也是不配合的。如精神分裂症青春型兴奋。精神分裂症紧张型兴奋也属于此,常突然发作,有冲动及攻击破坏行为。脑器质性精神病所见的不协调性精神运动兴奋常伴有智能障碍及人格障碍。症状性精神病出现不协调性精神运动兴奋时常有意识障碍。

【典型病例】病犯王某某,男,21岁,未婚,小学文化,抢劫罪,刑期5年,诊断为"精神分裂症"。患者行为怪异,终日活动不停,喝小便,用手将大便到处涂抹,并把擦大便的卫生纸装在口袋里,自称为秦始皇的大哥,所有的人必须听从他的命令,否则世界会有灾难,对民警谈话不理不睬,甚至辱骂民警。夜间不睡,大声讲话。

2. 精神运动性抑制　是整个精神活动的降低,病人的言语动作普遍迟缓和减少。

(1) 木僵:病人意识清楚,出现言语动作行为抑制。轻时病人言语动作和行为显著减少、缓慢迟钝。严重时运动完全抑制,缄默不语,不吃不喝,保持一个固定的姿势,僵住不动,对体内外任何刺激不起反应,口涎外溢,不自主大小便,面无表情。见于精神分裂症紧张型。较轻的木僵也可见于严重抑郁症、反应性精神障碍及脑器质性精神病。

【典型病例】病犯唐某某,男,38岁,未婚,入院诊断为"应激相关障碍"。患者在得知家人车祸后急起不语、不动、不食,躺于床上,对外界毫无反应,强行将饭塞在嘴里,患者也不吞咽,查体:四肢肌张力明显增高。后经静滴舒必利及给予鼻饲等支持治疗后病情缓解,对发病经过部分遗忘。

(2) 蜡样屈曲:在木僵严重的病人中,病人的肢体可任人随意摆布,即使不舒服的姿势也可较长时间似蜡塑一样维持不动。如将病人头部抬高好似枕着枕头的姿势,病人也不动,可维持很长时间,称之为空气枕头,此时病人意识清楚,病好后能回忆,只是当时不能抗拒。见于精神分裂症紧张型。

(3) 缄默症:病人呈缄默不语,也不回答问题,有时可以手示意。见于癔症及精神分裂症紧张型。

3. 违拗症　病人对于别人向他提出的要求不仅没有相应的行为反应,甚至加以抗拒。病人做出与对方要求完全相反的动作为主动性违拗,如要病人张口病人却闭紧。病人对别人的要求加以拒绝,不去执行为被动性违拗。多见于精神分裂症紧张型。

4. 刻板动作　病人持久地重复单一单调动作。常与刻板言语同时出现。多见于精神分裂症紧张型。

5. 模仿动作　病人无目的地模仿别人的动作,常与模仿言语同时出现。多见于精神分裂症。

6. 作态　病人做出古怪的、愚蠢的、幼稚做作的动作、姿势、步态与表情。如病人做怪相、扮鬼脸等。多见于精神分裂症。

四、意识及意识障碍

意识是人类所特有的反映现实的最高形式。由于意识活动,使人们能够清醒地觉察到所反映的客观对象,并能调节和控制自己的行动,使之行动具有自觉性,目的性和改造世界的能动性。清醒的意识活动有赖于大脑皮质和脑干网状激活系统的兴奋性,以保证人对周围环境和自身状态的识别和觉察能力。当在不良因素作用下,可以发生意识障碍,是一种病理心理状态。此时病人对自我和周围环境的认识和反映能力发生障碍。

当意识障碍时精神活动普遍抑制,表现为:①感知觉清晰度降低、迟钝、感觉阈值升高。②注意难以集中,记忆减退,出现遗忘或部分性遗忘。③思维变得迟钝,不连贯。④理解困难,判断能力降低。⑤情感反应迟钝、茫然。⑥动作行为迟钝,缺乏目的性和指向性。⑦出现定向力障碍,对时间、地点、人物定向不能辨别,严重时自我定向力障碍,如姓名、年龄、职业也不能辨认。

定向力障碍为意识障碍的重要标志,但仍应根据以上几点综合地判知有无意识障碍。

意识障碍可表现为意识清晰度的降低,意识范围缩小及意识内容的变化。临床上常见的意识障碍,以意识清晰度降低为主的有嗜睡、混浊、昏睡、昏迷,其他伴有意识范围缩小或意识内容变化等。

(一) 以意识清晰度降低为主的意识障碍

1. 嗜睡　意识清晰度水平降低较轻微,在安静环境下病人呈嗜睡状态,呼叫或推动病人肢体,病人可立即清醒,也能正确地交谈,但当刺激一消失就又入睡。此时吞咽、瞳孔、角膜等反射均存在。见于功能性及脑器质性疾病。

2. 意识混浊　又称反应迟钝状态。强烈的刺激才能引起病人的反应。病人反应迟钝、思维缓慢、注意、记忆、理解都有困难,对时间、地点、人物可有定向障碍。此时吞咽、角膜、对光反射尚存在。出现原始动作如舔唇、伸舌、强握、吸吮等。多见于躯体疾病所致精神障碍。

3. 昏睡　意识清晰度水平较前者更低,对周围环境及自我意识均丧失,在强烈疼痛的刺激下,如以手指压病人眶上缘内侧时,可引起面肌防御反射。此时角膜、睫毛等反射减弱,对光反射、吞咽反射仍存在,可出现不自主运动及震颤。

4. 昏迷　意识完全丧失,对任何刺激不产生反应,吞咽、防御,甚至对光反射均可消失。可引出病理反射。多见于严重的脑部疾病及躯体疾病的垂危期。

(二) 以意识范围改变为主的意识障碍

1. 朦胧状态　意识清晰度降低情况下,又有意识范围的缩小或狭窄。病人在此缩小的范围内,可有相对正常的感知觉,以及协调连贯的复杂行为。但除此范围外的事物都不能正确感知判断。在此同时可有定向障碍,片断的幻觉、错觉、妄想以及相应的行为。

常忽然发生,突然中止,持续时间不长,数分钟至数小时,数日较少见。事后遗忘或部分遗忘。多见于癫痫性精神障碍,癔症。

2. 漫游性自动症　这是意识蒙眬状态的一种特殊行为,包括梦游症和神游症。

(三) 以意识内容改变为主的意识障碍

主要是谵妄状态。在意识清晰度降低的同时,产生大量的幻觉、错觉。以幻视多见,幻觉的内容多为生动而鲜明的形象性的情境,如见到昆虫、猛兽等。有的内容具有恐怖性,病人常产生紧张、恐惧情绪反应,和相应的兴奋不安,出现不协调性精神运动性兴奋。思维不连贯,理解困难,有时出现片断妄想。定向力障碍,自我定向力及周围环境定向力都丧失。谵妄状态多在夜间加重,昼轻夜重,持续时间可数小时至数日,意识恢复后可有部分遗忘或全部遗忘。躯体疾病所致精神障碍急性脑病综合征时多见。

自我意识障碍中常见的有人格解体,指对自我的不真实感。

意识障碍多见于急性器质性脑病,经治疗有效可以恢复意识清晰。

意识障碍可通过定向力、注意力、简单计算力等检查和观察病人的表情(如迟钝、茫然、淡漠和惶感)及动作行为(无目的地多动、少动或不动)等予以确定。临床上须与痴呆区别。痴呆为慢性过程,主要为智力严重削弱,而感知觉的减退不明显。

第三节　常见的精神疾病综合征

精神疾病的症状并不是完全孤立的,其中有不少是由某一些症状组成为综合征的形式而合并出现。这些症状的总和称为综合征。

精神病临床上存在许多不同的综合征,有的精神疾病可以有它所特有的综合征,但是同一综合征也可能出现于不同的疾病,例如,躁狂抑郁症具有躁狂状态和抑郁状态,但是这二种综合征在其他精神疾病中也并不少见。

综合征中所包含的症状并非无规律地结合,而是具有一定的内部联系或某种意义上的关联性;其次,它们还可以同时或先后地出现和消失。这些特征性的意义对确定诊断都是很重要的。

一、幻觉症

在意识清晰时出现的大量的幻觉,主要是言语性幻听,而幻视以及其他感官的幻觉则较为少见。幻觉症可分为急性(一般持续数日)以及慢性(往往持续时间较长,可数月或更长时间)两种。言语性幻觉可以伴发与其关联的妄想以及恐惧或焦虑的情绪反应。

幻觉症最多见于酒精中毒(慢性)性精神病,也可见于感染和中毒性精神病、反应性精神病及精神分裂症等。如一慢性酒精中毒性精神病患者称每天都能听到有人窗外讲话,什么内容都有,因而整天独坐一旁,沉湎于幻听之中。

二、幻觉—妄想综合征

其特点是以幻觉为主,多为幻听、幻嗅等,在幻觉背景上又产生迫害、影响等妄想,妄想一般无系统化倾向。这类综合征的主要特征在于幻觉和妄想之间既密切结合而又相互依存,相互影响。这一类综合征较多见于精神分裂症,但也见于器质性精神病等其他精神障碍。如一精神分裂症患者,称一直听到家人喊救命的声音,因而认为家人受到迫害,并感到周围的气氛不对,监区民警及其他犯人平时的言行也都针对自己,可能要将自己加刑枪毙掉。

三、精神自动综合征

精神自动综合征是一个较复杂的综合征,它包括感知觉、思维、情感、意志等多种精神病理现象,其临床特点是在意识清晰状态下产生的一组症状,其中包括假性幻觉、强制性思维、被控制感、被揭露感,以及系统性的迫害妄想、影响妄想等相互联系性的症状综合,此综合征多见于精神分裂症,也可见于感染性、中毒性精神障碍。精神分裂症的临床症状中,如精神自动症占主要地位且比较固定时,则预后常较差。如一精神分裂症患者,称自己被监狱办公大楼内电脑发射的电波控制,自己成了一个像木偶戏里面的木偶,想让自己干什么就只能干什么,自己无法控制,且自己头脑里想的东西他们都知道,他们是拿自己做人体试验。

四、疑病综合征

疑病症指的是对自身健康过分的关注,相信患了某些实际并不存在的疾病,并对微不足道的一些症状和体征过分夸张而终日焦虑紧张。它可见于神经官能症、抑郁症、反应性精神病、精神分裂症、中毒、感染、颅脑损伤及内脏疾病等的疑病症特点是病人对这一症状并不达到荒谬程度;医源性神经症是由于医生对病人健康方面用不恰当的言语暗示解释,以及过多的检查、治疗等而引起的心因性疑病症性的反应;抑郁症时的疑病观念往往与自罪观念并存;精神分裂症时的疑病观念是一种较牢固的妄想观念,内容较荒谬,同时病人还有精神分裂症其他的表现。如一疑病症患者,称:"最近一年多时间里一直感到腹部胀痛不适,进食较差,并越来越严重,先后多次到监狱医院就诊,医生也多次给我做过多种检查,都说没有什么问题,可我感到腹部胀痛不适,不能吃饭,人也瘦了很多,肯定有病,且病也不会轻,不是这儿的仪器不先进查不出,就是他们在敷衍我,我愿自费到外面大医院去检查,花多少钱都行,不然我可能不会活到刑满的那一天。"

五、虚无妄想综合征

它是以虚无妄想或否定妄想为核心症状的一种较少见的综合征。此种综合征的严重程度可以很不相同,轻度状态可能症状不明显,严重时病人本身的内部器官和外部现实世界都认为发生了变化,部分不存在了,最严重的病例确认本人和外部世界已不复存在。此综合征可见于多种精神疾病,如精神分裂症、抑郁状态、意识模糊状态、脑炎、癫痫、老年性痴呆等。如一精神分裂症患者,称自己的肚子里空荡荡的,心、肝、肠等什么东西都没有了。

六、遗忘综合征

它的临床特点是识记能力障碍，时间定向障碍，虚构症和顺行性或逆行性遗忘症。病人开始时是对其发病后的事件，或刚做过的事情都不能回忆。如饭后不久，他就不记得吃了什么。遗忘综合征常和记忆错误结合在一起，病人常以错构症或虚构症的方式去填补既往经历中记忆脱失的空白部分。

遗忘综合征常见于慢性酒精中毒、颅脑损伤、传染病（如败血症等）、脑动脉硬化、脑肿瘤伴发的精神病以及老年性精神病。如脑挫伤时可出现持续数月的遗忘综合征，多伴有体乏无力萎靡不振和病理性心境恶劣等；酒精中毒所引起的遗忘综合征，多同时有意识混浊和失语症等症状；脑动脉硬化症病人，多在脑卒中发作以后产生遗忘综合征。

七、紧张性综合征

特点是病人全身肌紧张力增高，因而得名，它包括紧张性木僵和紧张性兴奋两种状态。紧张性综合征多发生于意识清晰状态，少数在梦样意识障碍背景上产生，此时出现对周围环境的感知障碍以及大量幻想性形象，意识清醒后对幻想性形象的内容仍能回忆。

紧张性综合征常见于精神分裂症，在症状性精神病、中毒性精神病、抑郁症、反应性精神病以及颅脑损伤伴发的精神障碍时，也可见到此种综合征，但一般症状不典型，不完全。如一紧张性精神分裂症患者，表现全身肌肉紧张，僵硬，动作迟缓，整天卧床不起，由他人扶起后，则呆坐一旁，不语不动，对周围的环境刺激无动于衷，饭喂到嘴里也不知咀嚼，只能含在嘴里，甚至口水也不知吞咽，顺着口角往下淌。

八、情感综合征

这是以情感障碍为主的一种综合征。
1. 躁狂状态　主要表现为情感高涨、思维奔逸和活动增多等三主症。
2. 抑郁状态　与躁狂状态相反，表现为情绪低落、思维迟缓和运动性抑制三主症。

躁狂状态多见于躁狂抑郁症，也可见于某些中毒性精神病等。抑郁状态也多见于躁狂抑郁症、更年期精神病以及其他各种精神疾病。

九、强迫状态

强迫状态指的是以强迫观念或强迫情绪或强迫动作等分别或某种结合形式见于各种精神疾病状态。神经症的强迫如强迫怀疑（专指对本人做过的事情如锁门、关灯等动作是否完成得好发生怀疑），从而在强迫怀疑的背景上产生继发性强迫现象。如强迫性检查或强迫性仪式动作（指一系列动作），即如锁门后产生反复地检查、核查动作，这是为了摆脱强迫现象的痛苦折磨而采取的一类保护性措施；强迫性仪式是患者为自己规定了必须执行的整套习惯性动作，在每次活动前后照例要做完所规定的动作程序以后，患者才能暂时得以安心。精神分裂症强迫状态的内容是荒谬的，或更难理解的，情绪反应不活跃或缺乏主动性、鲜明性。脑炎所伴有的强迫现象，往往带有强制性的特点，有时还可以出现如以强制性地以下流词骂人的企图。

十、冒充者综合征

该综合征也称为极其相似者的错觉,指的是极其类似的人,即一个人看起来很像另外一个人,有如孪生兄弟那样,病人认为二个人在同一时间都存在,并认为真实的哪个人已被他人所替代。如一精神分裂症病人认为来接见他的母亲,并不是他的真母亲,而是一个极其像他母亲的人,或者是一个冒充他母亲的骗子。多见于精神分裂症、躁狂抑郁症、脑器质性精神病及更年期精神病。

十一、自体幻视现象

指的是病人产生视觉性幻象并在幻象中看到自己的躯体形象,如看到自己在谈话、在步行、在做什么动作,就像在镜子里看到自己的影子那样。有时看到的是自己的全部,有时只是自己的个别部分,如面部或胸部。此种幻觉的形象是清晰的,但是无颜色的,症状常突然出现,一般只持续数秒钟。除了视觉形象外,还可有幻听。病人常保留一定的自知力度伴有情绪反应。

这种现象偶见于偏头痛、癫痫、抑郁症、躯体疾病和脑器质性疾病伴发的精神障碍以及精神分裂症病人。

十二、急性脑病综合征

多继发于急性器质性疾病或急性应激状态。起病急骤,症状鲜明,持续时间较短。临床表现主要为各种阶段的意识障碍。可伴有急性精神病表现如不协调的运动性兴奋、紧张综合征、类躁狂状态或抑郁状态。

十三、慢性脑病综合征

主要由慢性器质性疾病引起,亦可由急性脑病综合征迁延而来,不伴意识障碍。临床主要表现为痴呆,伴慢性精神病症状,如抑郁状态、类躁狂状态,类精神分裂症样表现,以及明显的人格改变和遗忘综合征。

第四节 监狱精神疾病症状学的特点

精神症状是确立精神病诊断的主要依据之一。而精神症状又是纷繁复杂的,这就要求医生在分析精神症状时,要弄清患者究竟存在哪些症状,哪些是主要症状,症状的演变规律如何。精神症状的分析,也需与其发展背景、发病因素、病程特点以及躯体检查、神经系统检查、实验室检查的情况结合起来考虑,才可作为诊断的依据。监狱中精神症状有下列一些特点:

一、形式上的差异

一般临床上常见的精神症状,都会在狱内精神障碍病人的表现中出现,如幻听、幻视、思维松弛、被害妄想等。与社会精神病患者相比,他们的言语性幻听、思维散漫、思维破裂、逻辑倒错、夸大妄想、被害妄想、行为紊乱等症状出现比例较高,而情感淡漠则较低,其中以被害妄想较多见。

妄想是精神病无可置疑的一种表现。因此,明确妄想的存在,对判断是否为精神病十分重要因许多精神病中,妄想往往是主要的临床症状,也是诊断的主要根据。但是,同属一种妄想,由于疾病性质的不同,病前性格特点和精神活动其他各方面特点的影响,在不同的精神病其妄想的内容、结构和发展上可有明显的差别。因此,研究不同疾病中妄想的特点十分重要。

二、内容的不同

妄想、幻觉一般与患者的个人经历、社会和文化背景有关,有时反映了现实生活的内容。妄想一般均指向个人,病人认为周围的言行、动静和变化是针对自己而来,并不是天上掉下来的或病人头脑中所固有的许多妄想的内容,都是社会现实的反映,如旧时的夸大妄想多为帝王将相,而现在的夸大内容多为百万富翁、发明什么等。影响妄想由主人魔鬼附体转换为电子遥控的内容,发明妄想由飞机坦克转为导弹卫星的内容,都证明妄想内容随社会性的发展变化而变化。妄想内容全部是被动移植的被歪曲的客观现实。

至于言语幻听的内容,无疑是病人以往生活经历中所接受的语言、思想的痕迹,经过混淆的拼凑之后重现出来,恰如正常人在梦中的见闻一样。在狱内,幻听的内容常与病人所处的背景和监禁的特点有关,如听到家人说"要好好表现"、"快要被释放了"、听到邻居评论其"是一个坏人,十恶不赦"。

妄想内容常与被监禁特殊环境及条件相关:①与监狱人群有关,如认为犯人与狱警通过眼色或打报告联合起来迫害自己。②与家庭有关,声称监狱通过地方司法机关灭绝家人或残害家属。③与服刑生活状态有关,如家人已由他人替代或接见食品已给掉换。④与妄想相关的冲动攻击也颇为多见。

据研究,住院病犯言语性幻听、思维散漫、思维破裂、逻辑倒错、夸大妄想、影响妄想、情感淡漠、意志减退、冲动攻击等症状的发生率有所减少。需特别指出的是,本研究中存在监禁条件下的无罪妄想及赦免妄想,主要表现为坚信自己无罪,是被错判,并声明要给予释放。后者则表现为整理生活用品、穿戴整齐、声称上级某机关已给予赦免或减刑,这是一种特殊境遇下的心因性妄想。

总之,罪犯中精神分裂症的症状表现有其自身的特点,其特殊表现有监禁特点。

(吕成荣)

第四章　监狱精神疾病的检查与诊断

精神障碍的发生、发展与转归受生物、心理、社会等诸多因素的直接影响,因而精神障碍的检查与诊断过程和其他内外科躯体疾病的检查与诊断过程不尽相同。在具体的临床操作中,除需要全面、完整、有重点地从不同途径收集病史资料外,更注重与患者的面谈以及综合分析技巧。

人的精神活动和精神病理学的临床表现是非常复杂的,与生物学、心理学、社会学因素关系密切,甚至互为因果。然而要探明病理精神活动,进行精神障碍诊断,目前尚缺乏生物学指标,主要通过和病人进行交谈,了解其内心活动并观察其外显行为予以判断。因此,精神病学检查的主要方法是与病人和知情人进行面谈检查。这是一种特别的检查技巧,需要通过不断的临床实践以积累经验。

对服刑罪犯的精神检查和诊断,既相同于一般人群的模式,也有别于一般模式检查。因为服刑环境中存在着趋利与避害,存在着动机的可能,如调整环境、保外就医、回避劳动、逃避惩罚等,所以检查者不仅要有扎实的基本功,也要有执法的理念来对待被检查者。在作出临床诊断之前,既要掌握入监后对环境的适应情况、劳动情况、学习教育情况,也要了解入监前的精神功能、是否有就诊情况或治疗经历,这样才会准确、严谨、负责地作出结论。

第一节　概　述

精神病学检查是精神疾病正确诊断的依据。它包括采集病史和精神状态检查两个重要部分。进行严格的病史采集和精神检查训练是精神病学教学、研究的重要步骤,也是医学生和青年精神科医生必须掌握的基本功。

一、面谈检查的目的

此处主要涉及的是诊断性面谈检查。其主要目的如下:

1. 获取诊断所需要的资料　通过面谈发现和发掘病人所存在的精神症状,了解其发生、发展过程,以及症状相互之间,症状与其他各种因素之间的关系。同时在与病人和知情人(包括家属、监狱民警和熟悉情况的犯人)面谈过程中了解病人生活方面的情况和人格特点,以利于探讨其发病基础和可能发病因素。

2. 第一次诊断性面谈　开始医生与病人或家属、送诊人的接触,为建立良好的医患关系打下基础。这对今后的有效治疗、心身康复是至关重要的。

二、面谈检查的程序

一次诊断性面谈检查大致可分为三阶段,历时60～90分钟。

1. 一般性谈话　医生自我介绍，与病人寒暄、了解病人的一般情况和求医的主要问题。通过一般性交谈，医生对病人现状将获得一个大概的印象，如：有无意识障碍、有无语言问题，智力水平，求医问题以及是否合作。为选择下一步检查方式提供情况。耗时10~15分钟。

2. 开放性交谈　对于能够表达及合作者可以提一些开放性问题，如"你感到有什么不舒服?""你觉得有什么心理问题吗?""你有什么痛苦和烦恼?""你能不能比较详细和系统地谈谈你的情况?""你在服刑过程中遇到什么问题?"启发病人自己谈出其内心体验。在此阶段，通过与病人交谈可以了解其主要的病态体验及其发生发展过程，并可通过观察掌握病人的表情、情绪和情感变化，以及异常的姿势、动作、行为意向等。这是面谈检查的重点和核心部分。诊断所需资料基本可以得到。耗时30~60分钟。

3. 询问性交谈或封闭式交谈　根据诊断需要进行。或检查中发现的问题，或病史中的疑问，由医生一一提出问题，让病人予以回答。这是上述检查的补充部分，以防遗漏病史精神症状中存在的重要问题，使病史和现状检查趋于完整、全面。需时10~15分钟。

在与知情人面谈时亦如上述。要求知情人尽可能客观全面地描述病人的临床表现。

三、面谈检查的技巧

在一次诊断性面谈检查过程中，有三种要素相互起着重要的作用。面谈检查成功与否，所获资料是否准确、是否全面、是否具有诊断价值，取决于这三种要素及其相互作用：

1. 医生、检查者　医生在面谈中起着主导作用。他要通过此次检查达到诊断疾病的目的。面谈检查的质量除取决于医生的性别、年龄、外貌、态度外，更重要的是医生的知识经验以及他是如何应用其专业知识来进行此项面谈检查的。一般来讲在面谈检查过程中医生应根据病人所谈内容不断地提出有关症状的假设，通过进一步询问来检验或否定这些症状假设，然后将各种已得到验证的假设、存在的症状及有关因素进行分析综合，得出临床诊断性印象。在此过程中需要医生注意力高度集中，进行积极的思考以保证面谈检查的成功。此外医生在检查时的表达方式、对病人情况了解的程度，以及对病人所谈内容的倾听态度，均会影响面谈质量。

2. 病人、知情者　是面谈检查中的另一重要方面。可能左右此次检查是否顺利。病人和知情人(供史人)的年龄、文化水平、求医问题的性质、病痛的深浅、寻求医药帮助的迫切程度，对医生的期待，以及其表达方式均对面谈检查带来影响；而病人的自我认知水平(对疾病及病理体验的自知力)将决定此次检查所进行的方式。

3. 任务　即此次面谈双方需要解决的问题。有时医生和病人及送检人或家属要解决的问题是一致的，如解决疾病的诊断和治疗，恢复健康。此时面谈检查将会顺利有效。有时双方想解决的问题不一致，甚至是矛盾的，此种情况多发生在病人或亲属对其疾病缺乏自知力的时候。病人或家属可能采取拒绝不合作或避重就轻的态度，给采集病史和检查带来困难，甚至导致误诊。

根据以上情况，我们可按照具体情况确定不同的检查策略，一般可采用以下交谈方式：

(1) 由表及里，直接进入病人的内心活动：此种面谈检查法，适用于合作的病人及知情人。双方需要解决的问题是一致的。此时医生欲尽快掌握病情，而病人及家属亦愿尽早倾吐其内心痛苦寻求帮助。此种检查方式收效最快最好，常用于非精神病性、轻性精神障碍及有一定自知力的病人。

（2）由远及近，迂回进入病人的内心世界：此种面谈检查方式，适用于比较合作，但对检查本身或医生又有所顾虑的情况。双方需要解决的问题基本一致。当医生直截了当地询问病人的病理体验时，病人多难以或不愿意回答。换一种方式先询问病人的幼年生活、家庭成员情况，以及周围发生的事情等，逐渐于不知不觉中谈及有关此次发病情况和体验。有经验的医生，恰如其分地询问会引导病人谈出其病态体验。常用于检查具有妄想症状而又缺乏自知力的病人。

（3）借题发挥，以间接的方式了解病人的内心体验：此种检查方式主要用于缺乏自知力的不太合作的精神病人，如精神分裂症患者。检查中医生欲了解病人的内心体验，而病人则竭力不想让医生探知其内心秘密，以防医生给他诊断有病。此时检查者可以向病人谈及其他人曾经有过的体验，甚至说自己亦有此感，借以表明具有此种体验并非就是病态。在此种情况下，病人往往表示有同感，进而谈出其病态感受。

（4）从相反的方面进入病人的内心世界：此种方法多用于病人对检查抱警惕怀疑态度的情况。医生根据想要了解的问题，以否定的口气询问病人。此种方法类似激将法。如需知道病人是否具有被害妄想，可以这样说"我想李某某对你一定很好，你说对吗？"或"你生活在周围环境中一定很安全，是吗"等等。在这种询问下，常常会激起病人的反感、气愤，而将其被害妄想的内容、所怀疑的对象和盘托出。

（5）观察记录外显行为及心理测查：对于精神运动性兴奋或木僵的病人，有意识障碍者则以观察和记录其外显行为作为主要检查手段。对痴呆病人需要进行智力和记忆的心理测查，以确定是否有智能改变及其严重度。

以上检查询问的策略均是以医生对病人客观病史已掌握为基础，做到有的放矢，以取得效果。

四、面谈检查的注意事项

为了面谈检查所获资料的准确、可靠，需注意以下几点：

1. 一般诊断性面谈检查，不论是询问病史或精神现状检查，均须花费较长时间以致交谈双方均易疲劳和注意力分散。为面谈准备安静、舒适、不受干扰的环境是非常必要的。

2. 面谈医生的外观整洁、态度庄重、和蔼可亲并且尊重病人，是建立良好医患关系、进行有效交谈的必备条件。

3. 面谈过程中，医生对病人或知情人所谈内容不作价值观的判断和评论。以免使对方引起争论，使面谈难以进行下去。

4. 面谈检查应使用与病人或知情人文化水平相应的语言进行交谈。保持交谈气氛生动自如。

5. 检查中细心倾听病人所述，认真分析思考，保持交谈的连续性、不要随意打断病人的谈话。必要时可作重点记录。

6. 面谈检查中注意观察病人的非言语性表现，如表情、情绪、动作、姿势、行为、个人的独特风格以及生理外貌，并作描述性记录。

7. 把握面谈检查的时间和交谈内容中心。

第二节 采集病史

病史主要来源于病人和知情者。后者包括与之共同生活的同监房犯人;与之共同劳动和学习的小组犯人;还有监区狱警及曾经提审过的科室民警,以及既往为之诊治过的医生。由于重性精神病人自知力缺如,难以正确认识和评价其症状和疾病,并且对其客观言行难以感知,故其病史一般由知情者提供。然而,知情者所提供的病史多是反映疾病中病人的外在表现,对其内心体验则知之不多,故仍需通过面谈检查从病人处获取有关病史资料。实际上,精神科病史的内容应是二者所提供资料的结合。为书写病历方便,将知情者提供的资料作为病史书写,而将病人所谈内容则记录在精神状态检查之中。

一、病史格式和内容

包括一般资料、主诉、现病史、个人史、既往史、家族史。

1. 一般资料　包括姓名、性别、年龄、婚姻、民族、籍贯、文化程度、案由、刑期、入院日期、病史提供者及对病史资料可靠性的估计。

2. 主诉　主要精神症状及病程(就诊理由)。

3. 现病史　为病史的重要部分。按发病时间先后描述疾病的起始及其发展的临床表现。可包括以下内容:

(1) 发病条件及原因:询问病人发病的环境背景及与病人有关的生物心理社会因素,以了解病人在什么情况下发病。如有社会心理因素,应了解其内容与精神症状的关系,是发病原因还是诱因。有无感染、中毒、躯体疾病等因素作用。

(2) 起病缓急及早期症状表现。

(3) 疾病发展及演变过程:可按时间先后逐年、逐月甚或逐日地分段作纵向描述。内容包括明显发病前的正常精神活动状况;疾病的首发症状、症状的具体表现及持续的时程、症状间的相互关系、症状的演变及其与生活事件、应激源、心理冲突、所用药物之间的关系,与既往社会功能比较所发生的功能变化;病程特点,为进行性、发作性、迁延性等。如病程长者,可重点对近一年的情况进行详细了解。

(4) 病时的一般情况:如劳动、学习、睡眠、饮食的情况,生活自理如何,与周围环境接触的情况,对疾病的认识程度等,都对疾病诊断有重要意义。病时有无消极厌世观念、自伤、伤人、冲动行为等,以便护理防范。

(5) 既往的诊断、治疗用药及疗效应详细了解,以供进一步诊治参考。

4. 个人史　一般指从母亲妊娠期到发病前的整个生活经历。但应根据病人发病年龄或病种进行重点询问。成人及老人可不必详问幼年史。一般应询问劳动学习能力有无改变,生活中有无特殊遭遇,是否受过重大精神刺激。还应了解婚姻情况、夫妻生活情况,特别是女病人的月经、分娩、绝经期是精神疾病的好发时期,其与精神症状有无关系。病人的性格特点、兴趣爱好可具体描述,以与病后的情况比较,判断是否有精神异常。总之,个人史中应反映病人的生活经历、健康状况及人格特点等。

对于青少年病人,应重点询问其儿童期的情况,如饮食、睡眠习惯的形成,与他人的一般接触和行为特点;情绪是否稳定,有无害羞、恐惧等表现;与双亲的关系,有无与双亲分离的经历。青春期发育过程亦应了解。对于成年期老年病人,则应了解其职业状况、工作史、恋爱婚姻生育史、家庭氛围特点等。对于女性病人应详细询问月经史及月经周期心理生理变化以及生育史。

5. 既往史　询问有无发热、抽搐、昏迷、药物过敏史。有无感染、中毒及躯体疾病,特别是有无中枢神经系统疾病如脑炎、脑外伤等。应注意这些疾病与精神障碍之间在时间上有无关系,是否存在因果关系。有无其他精神病史。

6. 家族史　包括家庭史和精神病家族史。家庭史,如双亲的年龄、职业、人格特点。如双亲中有亡故者应了解其死因和死亡年龄;家庭结构、经济状况、社会地位、家庭成员之间的关系特别是双亲相互关系、亲子关系;以及家庭中发生过的特殊事件等对病人的人格形成及疾病发生发展均有重要影响。精神病家族史,包含家族中精神病性障碍者、人格障碍者、癫痫病患者、酒精和药物依赖者、精神发育迟滞者、自杀者以及有无近亲婚配者。精神病家族史阳性,提示病人疾病的原因可能具有遗传性质。

二、采集病史应注意的事项

1. 采集病史应尽量做到客观、全面和准确。可从不同的知情者处了解病人不同时期、不同侧面的情况,相互核实,相互补充。事先应向知情者说明病史准确与否关系诊治结果,提醒供史者注意资料的真实性,并应了解供史者与病人接触是否密切,对病情了解程度,是否掺杂了个人的情感成分,或因种种原因有意无意地隐瞒了或夸大了一些重要情况,对可靠程度应给以适当的估计。并应收集病人的日记、信件、图画等材料以了解病情。

2. 采集病史时如何收集有关人格特点的资料,一般可以从以下几方面加以询问:

（1）人际关系:与家人相处如何？有无异性或同性朋友,朋友多或少,关系疏远或密切？与其他犯人的关系如何等等。

（2）习惯:有无特殊的饮食、睡眠习惯？有无特殊的嗜好或癖好？有无吸烟、饮酒、药物使用等习惯。

（3）兴趣爱好:闲暇活动的安排？有无兴趣和爱好,爱好是否广泛？有无特殊的偏好。

（4）占优势的心境,情绪是否稳定？是高兴乐观还是悲观沮丧;有无焦虑或烦恼;内向或情感外露;是否容易冲动或激惹。

（5）过分自信或自卑;是否害羞或依赖。

（6）对外界事物的态度和评价,灵活还是刻板。

此外询问病人对自己的看法和别人对他的评价,以及了解病人在特定情景下的行为和在劳动与社会活动中的表现亦能有助于了解病人的人格特点。

3. 上述病史格式适用于门诊和住院病史。前者内容以简单明了为宜。住院病史则以详细而不啰嗦为佳。

4. 采集病史时询问的顺序。在门诊由于病人和家庭最关心的是现病史,且受时间限制,一般先从现病史问起。住院病史的采集则多从家庭史、个人史、既往史谈起,在对发病背景有充分了解的情况下更有利于现病史的收集。

5. 记录病史应如实叙述,但应整理加工使条理清楚、简明扼要,能清楚地反映疾病的发生发展过程以及各种精神症状特点。对一些重要的症状可将病人原话记录。记录时要避免用医学术语。对病史资料医护人员应保密,勿做闲谈资料,这也是医德的重要内容。

服刑人员中的现病史由监区民警提供,同舍犯人补充外,既往史、个人史、家族史一般都要经过电话联系家属,或亲情会见特别询问,才能了解和掌握,这是监禁条件下的特殊状况决定的。

第三节　精神状态检查

精神检查与病史收集对精神障碍的诊断具有同等重要的意义。如前所述,精神检查主要是通过与病人交谈和观察来检查发现病人精神活动是否异常,存在哪些精神症状,为症状学和疾病学诊断提供根据。

一、精神检查的内容

(一) 一般表现

1. 意识状态　意识是否清楚,有何种意识障碍,意识障碍的程度及内容。
2. 定向力　包括自我定向如姓名、年龄、职业,及对时间、地点、人物、周围环境的定向能力。有无双重定向。
3. 与周围的接触　对周围事物是否关心,主动接触及被动接触能力,合作情况及程度。
4. 日常生活　包括仪表如特殊的服饰、衣着不整、不洁,饮食、大小便能否自理,睡眠情况,女病人月经情况,平时病人在病房与病友接触及参加病房集体活动的表现。

(二) 认识活动

1. 知觉障碍
(1) 错觉:种类、内容、出现时间及频度,与其他精神症状的关系及影响。
(2) 幻觉:种类、内容、真性还是假性幻觉,出现时间及频度,与其他精神症状的关系及影响。
(3) 其他知觉障碍:种类、出现时间及性质。

2. 思维活动障碍
(1) 思维联想障碍:语量、语速、结构的异常,有无思维迟缓、思维中断、思维奔逸及思维贫乏等。
(2) 思维逻辑障碍:思维逻辑结构如何,有无思维松弛、破裂,象征性思维,逻辑倒错,语词新作等。
(3) 思维内容障碍:如有妄想,其种类、内容、性质、出现时间、原发或继发,发展动态,涉及范围是否固定、是否成系统,内容荒谬或接近现实,与其他精神症状的关系。

3. 注意力　是否集中,是否涣散,可能影响的因素有哪些。

4. 记忆力　记忆力减退,包括即刻记忆、近记忆力及远记忆力。有无记忆增强。有无遗忘,逆行性遗忘或顺行性遗忘。有无错构、虚构。如有明显记忆减退,应进一步检查智力。

5. 智能　可按病人文化水平适当地提问。包括一般常识、专业知识、计算力、理解力、分析综合及抽象概括能力等。如有智能减退可进一步详细检查。

6. 自知力　自知力缺如,有部分自知力,或自知力基本完整。

(三) 情感活动

情感活动可由客观表现和主观体验两方面检查。客观表现可根据病人的面部表情、姿势、动作以及面色、呼吸、脉搏、出汗等自主神经反应来判定。主观体验可通过交谈,启发了解病人的内心体验。可根据情感反应的强度、持续性和性质,观察出病态的优势情感反应是什么,如情感高涨、情感低落、焦虑、恐惧、情感淡漠。情感的诱发是否正常如易激惹、烦躁、发愁,有无病理性激情等。情感是否易于起伏变动,有无情感脆弱。有无与环境不适应的情感、情感倒错等。

(四) 意志行为活动

意志减退或增强,本能活动的减退或增强,有无兴奋、冲动、木僵以及怪异的动作行为。与其他精神活动配合程度如何。

二、精神检查中应注意的问题

1. 对于比较合作的病人的精神检查　主要是通过交谈了解其内心体验和感受。在作精神检查记录时应避免采用症状学术语概述,应以病人的语言系统地加以描述。一份写得好的精神检查会令人读后有一种如见其人的感觉,若干年后仍具有其应有的价值。

2. 对兴奋、木僵、不合作病人的精神检查　对这种病人检查是困难的,只有通过耐心、细致的观察病人的言行表情。可注意以下方面。

(1) 一般外貌:可观察病人意识状态、仪表、衣着如何、接触情况、合作程度以及睡眠饮食、生活自理情况等。

(2) 自发言语:内容如何,有无模仿言语,对问话是否回答、应答速度与声调如何,缄默不语病人是否能用文字表现出来,有无失语症。

(3) 面部表情:有无呆板、欣快、愉快、忧愁、焦虑等。有无凝视、倾听、闭目、恐惧表情。对医、护人员及家属亲友的态度反应如何。

(4) 动作行为:有无特殊姿势、动作增多或减少,有无刻板动作、模仿动作,动作有无目的性,有无违拗、被动服从、冲动、伤人、自伤的行为。

3. 对器质性精神病病人的精神检查　对有脑器质性精神病及症状性精神病病人的精神检查,除做一般的精神检查外,还应重点做以下检查:

(1) 意识状态:根据病人与环境的接触,感觉阈是否增高,定向力有无障碍及注意记忆力减低,思维迟钝或不连贯,事后有遗忘等来判断有无意识障碍。

(2) 记忆力:记忆力检查常以顺背数字、倒背数字、回忆近期生活事件及往事,如重要的个人经历,以了解病人的识记、近记忆力及远记忆力有无减退、有无遗忘。以及有无虚构、错构。

（3）智能：智能检查可根据病人的文化水平、生活经历、社会地位的不同情况选择合适的内容进行。一般可根据记忆、计算、常识、理解、抽象概括能力，综合判断病人有无智能减退或痴呆。计算最常用心算100～7连续递减至2为止，看病人能否完成或发生错误时能否及时纠正（常在1～2分钟内可完成）。常识及理解抽象概括能力可比较两种东西的相同点、不同点，解释成语如过河拆桥、虎头蛇尾、坐井观天，解释寓言如愚公移山故事，乌鸦与狐狸的故事等以判断智能有无障碍。

（4）人格变化：可将病人发病前后的人格加以比较。

4. 对有幻觉、妄想病人的精神检查　有此类症状的病人一般自知力欠缺，不认为是病，多不主动向医生谈及，需要加以询问和追问。如检查感知障碍时，询问病人有无幻听，可问病人"独自一人时，听到有没有人与你说话"？如病人说有，即可问"声音从哪儿来，男的还是女的，熟悉的还是不熟悉的，讲些什么，是赞扬声还是辱骂声，是经常出现还是偶尔出现等"。并要注意病人对声音的态度，如有的病人用棉花或纸塞耳、或有掩面、捂鼻等的表现时，可能有相应的幻觉存在。与病人交谈时要注意病人的言语是否连贯，主题是否明确，回答是否切题，言语增多还是减少。概念之间逻辑性以及思维的内容如何。如考虑病人有妄想，可问病人："你们分监区或家人、邻居对你态度怎样？有没有人对你不友好的，暗中使坏的，故意为难的？有没有人当着面指桑骂槐地议论你的？""外界有什么东西能影响或控制你的思维、情感或行动吗"？

为充分掌握病人的精神症状，一次诊断性精神检查是不够的，需要反复多次检查。

第四节　体格检查及实验室检查

体格检查对精神障碍的诊断及鉴别诊断十分重要，也是拟定治疗方案的依据。因此，对住院病人均应按体格检查的要求系统地进行。对门诊或急诊病人也应根据病史，重点地进行体检。只重视精神症状而忽略体格检查往往会出现差错，应绝对避免。精神病人入院，胸部X线透视、肝功能检查、心电图检查已作为常规检查。根据病情还应进行以下各项检查：脑电图、头颅平片、脑超声波、脑CT，脑血管造影以及高级神经活动、心理测验、生物化学等检查。

神经科与精神科是两个关系密切的学科，不少神经科疾病可伴有精神症状，反之亦然。因此，对精神病人进行仔细的神经系统检查实属必要。

实验室检查对确定某些症状性精神病及脑器质性精神病的诊断能提供可靠的依据。应根据病史结合临床所见，有针对性的进行某些辅助检查或特殊检验，如脑脊液及异常代谢产物的测定。对智能障碍，人格障碍病人的某些心理测验，如韦氏智力测验以及人格量表检查是必要的。

第五节　临床资料的分析

由于目前精神疾病的诊断很大程度上还依赖于临床病史和精神症状表现,为此来自这二方面的临床资料分析在精神疾病的诊断中占有十分重要的地位。根据病史和精神状态检查对疾病的发病基础、可能的发病原因、疾病发生发展过程以及临床症状和综合征特点等进行系统的全面分析得出尽可能正确的诊断。

1. 发病基础　分析病人的年龄、性别、职业、生活环境、病前人格特点、既往史、家族史以及发病当时的躯体状况等等,可以确定疾病是在什么样的基础上发生和发展的,并可为疾病的性质提出某些启发。如对年老的初发病例首先考虑脑器质性精神病,接触有毒工种者可考虑是否有中毒性精神病,精神分裂症病前性格较多内向,躁狂症病人多好交往、热情、外向。故由年龄、职业、病前性格的分析都有助于诊断。

2. 起病及病程　应分析起病形式和病程特点。起病有急性(不超过两周)、亚急性(两周以上到3个月)和慢性(起病3个月以上)。病程发展有发作性、周期性、间歇性、进行性几种形式。急性发病常为感染、中毒所致之精神障碍,以及癔症和反应性精神障碍。精神分裂症起病多隐匿,而病程多为进行性的。阵发性或反复发作的病程可见于情感性精神障碍。癔症、癫痫及某些躯体疾病也可有周期性波动。如有发作性病程须根据临床发作特点,间歇期是否完全正常,发作及终止的急缓情况,发作与月经有无关系,是否受社会心理因素影响以及有无躯体疾病,再结合实验室检查结果而考虑诊断。

3. 病因　通过病因分析以协助诊断。引起精神病的病因有躯体因素、遗传因素、精神因素及原因不明等。由躯体及遗传因素引起的精神病,体格检查及实验室检查方面可有相应的阳性所见,如脑器质性精神病、症状性精神病及精神发育迟滞。精神因素引起的精神障碍必然有明显的精神创伤,如反应性精神障碍、癔症。迄今原因不明的精神病主要为精神分裂症、情感性精神障碍,但在发病中的可找出诱发因素。故要结合具体情况具体分析以确定这些因素是致病因素、诱发因素、还是无关因素以协助诊断。

4. 临床表现分析　精神症状是精神疾病诊断的重要依据,因此首先应确定有哪些精神症状。在分析时不能仅从症状的表面现象来看,应由各症状的特点,症状间的相互关系,症状的变化和发展,以及整个精神状态与外界环境的联系来进行分析。抓住病人的主要病态心理活动,并与发病基础、发病因素以及病程发展结合起来考虑诊断。以幻觉为例,幻觉可见于多种精神病,它在诊断及鉴别诊断中的意义需根据幻觉的种类、性质、来源、数量、内容、持续时间的长短、出现时的意识状态、病人对幻觉感受的真实程度以及幻觉对病人精神活动的影响等情况分析。如在意识清晰时出现,多考虑为精神分裂症、反应性精神障碍等。如出现在意识障碍时则应考虑中毒、感染、躯体疾病所致精神障碍或脑器质性精神病。言语性幻听多见于精神分裂症;鲜明生动的幻视多见于症状性精神病。发现病人有意识障碍或记忆智能障碍,首先考虑躯体疾病所致精神障碍、脑器质性精神病等。发现有躯体及神经系统阳性体征,应反复检查寻找病因,因为多提示有躯体及脑器质性疾病。除注意每个症状的特点外,还应注意是否以综合征的现象出现,例如有柯萨柯夫综合征,就说明有脑器质性精神障碍,对诊断有重要意义。

5. 体格检查、神经系统及实验室检查　对症状性精神病及脑器质性精神病更为重要。某些精神病还需要进行心理测验、智能检查等以帮助诊断。

6. 诊断原则　在获得完整的病史资料及经过详尽的精神检查、体格神经系统检查和实验室检查之后，医生首先要确定：

（1）病人是否存在精神障碍：有无精神病理表现；时间；程度；社会功能；自知力等。

（2）确定具有精神异常：按等级诊断原则，首先应考虑是否为器质性精神障碍。有无精神活性物质所致的精神问题。

（3）排除器质性精神障碍之后应考虑功能性精神病诊断。

（4）包括精神分裂症及其他精神病性障碍以及情感性障碍。

（5）排除上述精神病的可能后再考虑神经症、心理生理障碍和人格障碍。

在诊断过程中先确定存在的精神症状，将同类和相关症状结合可获得各种症候群或综合征。分析占优势的综合征而得出症状学诊断。根据症状学特点给合发病因素、起病形式、病程发展以及参考人格特点而进行疾病学诊断和鉴别诊断，并提出治疗和处理计划以及作出预后估计。

为提高临床诊断水平，增加诊断的一致性和可靠性，国内外著名精神病学家制定了行之有效的精神障碍分类诊断标准，如国际疾病分类第 10 版中精神与行为障碍分类临床描述与诊断要点（ICD-10）、美国精神障碍诊断统计手册（DSM），以及中国精神疾病分类方案与诊断标准（Chinese Classification and Diagnostic Criteria Mental Disorder，CCMD）正在我国精神病学临床中应用。

第六节　精神疾病的诊断思路

一、诊断依据

1. 病史　根据病史提供的情况，先作有无精神疾病的分析，不仅要注意现病史，还需注意家族史，个人史和过去史。并应注意病史中所提供的情况是否有某种精神疾病的早期症状、前驱症状、后遗或残留症状以及复发症状的可能。

2. 临床表现　精神状态的表现常是诊断精神疾病的最有价值的部分，对病史中或临床观察发现到的精神症状应向患者了解其自我感受和对患者或周围环境的相互影响，对异常的言语、行为应向患者了解为什么会这样说、这样做，以区别是疾病的症状还是思想方法、道德品质、文化背景等的反映。躯体方面的症状表现也应引起重视，作详细的体格检查，并分析其与精神症状的关系。

监狱服刑人员由于特殊的环境及身份，往往由于个人的原因，因趋利或避害的目的，从而伪装精神疾病，试图获益或逃避惩罚。这是需要特别加以鉴别。

3. 辅助检查　某些实验室检查十分重要，入院后除必要的常规检查外，应根据病情，进行相应的检查，以确定或排除器质性疾病的可能，鉴别精神障碍属于器质性的还是功能性的，并为某些药物治疗作准备，如发现白细胞过低者不宜使用氯氮平等药物，肝功能异常者不宜使用氯丙嗪等药物,在某些药物使用过程中,还需经常地、定期地复查,以防止和及早发现可能出现的严重副反应。经过一定时期住院治疗后,某些量表检查也需重复检查,以观察病情动态和进步情况,为判定预后和疗效作参考。

4. 诊断标准　很多精神疾病病因至今不明,临床上缺乏可靠的、肯定存在的体格和实验室检查的阳性结果为依据,诊断往往依靠于病史和精神检查。因此,客观而具体的诊断标准十分必要,它可以提高精神疾病诊断的科学性和正确性,减少和避免误诊和漏诊。具有良好品质的诊断标准应有高的信度(可靠性)和效度(有效性)。现在国际上公认的诊断标准有"国际疾病分类"(ICD)和"美国精神障碍诊断与统计手册"(DSM)。它们都定期修改、补充和更新,前者已出第 10 版(ICD-10),后者已出第 5 版(DSM-5)。我国则由中华精神科学会制定了"中国精神障碍分类与诊断标准",也在相隔相当时间后再版,现已出版第 3 版(CCMD-3),为各种精神疾病制定了诊断标准,是精神科必备的工具书,在查房时应时常对照,作为诊断精神疾病的规范。

二、临床分类、分型、分期

精神障碍有精神病性与非精神病性之别,按 CCMD-3,以病因分类为主,病因不明者以症状分类为辅,共分为 10 类。本书内容,即按此排列。各种精神疾病是否属于精神病性,大致的划分如下:

1. 精神病性精神障碍　如精神分裂症、偏执性精神障碍、分裂样精神病、旅途性精神病、妄想阵发(急性妄想发作)、感应性精神病、分裂情感性精神病、周期性精神病、癔症性精神病、急性应激性精神病等。

2. 非精神病性精神障碍　指那些已构成精神障碍(疾病),而未达到精神病程度的疾病,如癔症(癔症性精神病除外)、应激相关障碍(急性应激性精神病除外)、神经症、心理因素相关生理障碍、人格障碍、习惯和冲动控制障碍、性心理障碍、精神发育迟滞以及童年和少年期的多动障碍、品行障碍和情绪障碍等。

3. 有些精神疾病,程度较轻者属非精神病性精神障碍,程度较重者可达精神病范畴,如器质性精神障碍、精神活性物质或非成瘾性物质所致精神障碍、心境障碍、与文化相关的精神障碍,以及少年期心理发育障碍等。

各种精神疾病,按其临床情况不同,可分为若干类型,如阿尔茨海默病按发病年龄是否大于 65 岁,分为老年型与非老年型,脑血管病所致精神障碍按病变部位,分为皮层性与皮层下的。又有些疾病,在病程演变中,可出现某些特殊表现,则又有不同的疾病分期,如精神分裂症后的抑郁、缓解期、残留期、衰退期等,在诊断时,应尽量把疾病的类别、亚型和分期等都搞清楚,诊断越细,对制订治疗方案、估计疾病预后以及开展教学科研等方面都有帮助。

三、鉴别诊断

查房时首先要明确是否有精神障碍(疾病),也就是需先与正常人的某些精神状态相鉴别:

1. 存在某些精神状态,需鉴别是疾病的症状,还是正常人在特定情况下出现的精神活动。如感觉减退或消失、错觉、幻觉、感知综合障碍、注意涣散、记忆减退、情感反应强烈或平淡、联想困难,出现不切实际的某些思想观念、自言自语、做小动作等行为障碍,强迫观念和动作,睡眠障碍、智能较差、意志减退等,很多精神疾病时可以出现,但出现者不一定即为精神疾病患者。

2. 每个人的精神活动都各有不同。有些表现似乎异乎寻常,但不一定即为病态,这是因为可能受以下因素的影响:

(1) 性别:某些性格特点、行为表现和能力,男女有别。

(2) 年龄:不同年龄的智能、思维、记忆、情绪和性格等都有不同,如婴儿吸吮手指、幼年遗尿不作为病态、儿童活泼好动、情感多变、老年人记忆和智能随着年龄老化有一定程度的生理性减退、言语啰嗦、谨慎怕事等性格改变,都可能是正常现象。

(3) 文化背景:不同国家、地区、种族和人群可有不同的文化背景和生活习惯,跨文化精神病学认为不同文化背景正常与异常的界限就不一样,精神疾病的患病率、症状、预后和治疗反应也会不同。如原始部落击鼓狂舞,甚至出现轻度意识障碍。文化程度的差距会直接影响人的思想和行为等,都不应笼统地作为病态来看待。

(4) 道德品质:有些行为的出现,是个体思想水平、道德品质或世界观的反映,需与精神疾病区别开来,在鉴定工作中更为重要。

(5) 宗教、迷信:有关这方面的信仰、意志、仪式、思想等可与无宗教迷信者显然不同,但多属于正常精神活动范畴,不应作为病态。

(6) 性格:性格上的差异,可导致思想、兴趣爱好、情感反应、意志和行为等方面种种差异,不应与病态表现混为一谈。

3. 鉴别精神状态是属于病态,还是由于以上因素引起的正常范围内的差异,主要可根据以下几方面:

(1) 程度:即不寻常表现的严重程度,偶有失眠不能诊断为失眠症或神经衰弱等疾病,正常人也可偶感头昏、记忆减退,有些强迫观念不能一律诊断为强迫症;儿童动作较多,也不一定即为多动症;人格有一定程度的偏移,不能随便下人格障碍或人格改变的诊断,均需达到一定的严重程度方可考虑属于病态。

(2) 持续性:某些情况若短时间出现,则正常人也可能有,但若持续较长时间,就应考虑为精神障碍,如短时间的情绪低落,不一定是抑郁症,一过性的烦躁不能诊断为焦虑症,很多疾病的诊断标准都规定有病程标准,不达到者即不能诊断,如躁狂发作为持续4周,抑郁发作为持续二周,神经症为3个月等。

(3) 可理解性:精神状态虽似与众有异,但按个体所处的环境和情况衡量,若可理解,则可能仍属正常范围,如情绪活动虽较突出,但若与境遇相称,就不一定是病态,与境遇不相称,则可能为"心境障碍"。

(4) 比较性:与个体相仿环境和条件者相比,可看出是否有精神障碍(如儿童可与相仿年龄的儿童相比,而不能与老人相比)。个体现在的表现与过去相比,常可鉴别是否存在精神障碍。

(5) 社会功能:精神障碍患者大多有不同程度的社会功能受损,但有社会功能减退者,也需分析减退的原因,如思想作风、道德品质和个性特征等也可能会在一定程度上影响社会功能。

(6) 引起原因:精神状态发生改变应分析其引起改变的原因,如个体发生激情状态,是有客观原因或受性格急躁等影响,则为生理性激情,不属于精神病态,若无客观原因,而受病态因素(如妄想、幻觉)影响而发生,则为病理性激情,当属于精神障碍的表现。

(7) 诊断标准:应按公认的诊断标准(国内如CCMD-3)来对照,是否符合精神疾病的诊断标准。

明确有精神疾病后应依靠病史和检查,尤其是体格和实验室检查来鉴别精神疾病属于器质性的还是功能性的。再观察患者的精神状态,鉴别其精神障碍是精神病性的(见下章),还是非精神病性的。然后诊断是何病、何型、何期(详见以下各章节)。

附 精神科病历

住院病历

姓名:张××	**性别**:男
年龄:28岁	**婚姻**:未
文化程度:初中	**类别**:犯人
案由:故意伤害	**刑期**:10年
籍贯:江苏	**住址**:溧阳市××镇××村
入院日期:2014年4月22日	**鉴定单位**:本院
病历书写日期:2014年4月22日	**供史人**:监区民警
逮捕日期:2012年01月20日	**原送单位**:××监狱

主诉:缓慢起病,乱语,冲动,被动懒散,夜眠差三月余。

现病史:患者入监后开始表现尚可,能参加一般劳动,生活自理可,但较少与别人交往。2014年初以来,无明显原因下渐表现异常,生活懒散,失眠,自己床铺不知整理,洗刷需别人督促,自理能力差。近三个月很少主动与别人接触,平时较被动,劳动能力差,有时不能正常参加劳动,整天乱语,令人费解。称监区有人迫害自己,易冲动,经常为琐事与别人争斗,严重影响了监区的正常秩序而送我院。门诊拟诊"精神分裂症"而收住院。

既往史:既往无精神异常史。无高热、抽搐、感染、外伤史。无药物过敏史。

个人史:母孕期健康,足月顺产。幼年发育正常。7岁上学,小学、中学学习成绩一般。高中毕业后务农。无恋爱史。病人为长子,另有一弟弟,父母对之疼爱,生活顺利。自幼性格孤僻、少语、少交往、任性,与父母及同事感情较冷淡,没有知己好友。

家族史:父母两系二代其他成员中没有精神病、精神发育迟滞、肿瘤、自杀、酗酒、怪异性格者。无近亲婚配史。

体格检查

T 36.3℃　　P 90次/分　　R 16次/分　　BP 120/72 mmHg

一般情况:发育正常,营养中等,神清,抬入病房,被动体位,查体欠合作。

皮肤粘膜:颜色正常,有弹性,未见水肿、蜘蛛痣及肝掌。

淋巴结:全身淋巴结未触及肿大。

头部及其器官:头颅:大小正常无畸形肿块及压痛、头发黑。

①思维联想的量及速度：未发现思维联想加速、缓慢及贫乏，思维联想的量及速度尚可。

②思维连贯性方面：思维破裂，接触时讲："打仗……为人民服务……""我代表平民百姓，我跳下来是没有办法"、"我腿没有断，在空中……"

③思维逻辑性方面：存在象征性思维、称"水管为什么是圆的？因为圆代表了一个人的处事圆滑"，语词新作，称"口口合"是一个字，表示两个人相爱。

④思维活动形式方面：未发现持续、重复、刻板及模仿语言。

（2）思维内容障碍：检查过程中发现被害妄想与影响妄想，称"监区警官联合一部分犯人要害死我……而且通过电波来搞我，让我浑身难受"存在被洞悉感及思维被广播。自称"我想的东西，同犯都知道，而且在广播中播放了"。

3. 注意力：注意涣散，交谈困难，病人常常变换话题，较难集中于被问的话题，未发现其他注意障碍。

4. 记忆力：记忆力正常，未发现记忆增强、减退、遗忘及虚构症、潜隐记忆、似曾相识感。

5. 智能

（1）常识：尚可，对时事、自然知识及农村一些常识了解如常。

（2）计算力：简单计算力尚可。

（3）判断力：对事物的分析、比较、归纳及综合的能力可。

（4）概括能力：对简单成语理解力较好，能说出橘子和苹果的基本区别及常见成语解释。

三、情感活动

1. 情感的性质与强度：未发现情感高涨、低落、焦虑及恐惧情感。

2. 情感的诱发障碍：情感较平淡，未发现激惹性增高，情绪不稳，无病理性激情、强制性哭笑。

3. 情感协调性障碍：情感不协调，偶有无故发笑表情，尚未发现情感倒错、表情倒错及矛盾情感。

四、意志行为障碍

1. 意志障碍

（1）量方面的变化：未发现意志增强、减退。

（2）质方面的变化：未发现意志缺乏、意向倒错及矛盾意向。

2. 行为障碍

（1）兴奋状态：未发现躁狂性兴奋、青春性兴奋、紧张性兴奋及器质性兴奋。

（2）木僵状态：未发现紧张性木僵、心因性木僵、抑郁性木僵及器质性木僵。

（3）违拗症：未发现主动及被动性违拗。

（4）行为异常：在监区有过冲动行为。未发现被动服从、刻板动作、模仿动作、作态及离奇古怪动作。自称被人害而从二楼跳下。

五、自知力

自知力缺失，认为自己无精神病。不需要住院。

重要精神症状描述或问答实录：

问："你说别人要害你？"

答:"监区警官联合一部分犯人要害死我?"
问:"你凭什么说别人要害你?"
答:"通过电波来搞我,让我浑身难受。"
问:"还有什么对你不利的吗?"
答:"我想的东西,同犯都知道,而且在广播中播放了"。

实验室及器械检查

影像学:胸透正常。
物理诊断学:心电图、脑电图:正常
心理量表测评:瑞文测验:智力正常。
实验室检查:肝功+HBsAg:正常　HbsAg(-)
血常规:正常;粪常规:正常;尿常规:正常;血生化:正常;

摘　要

张××,28岁,高中文化,未婚,故意伤害罪,刑期10年,江苏溧阳人。
缓起乱语,冲动,被动懒散,夜眠差三月余。
患者近三月来夜眠差,被动懒散,整日胡言乱语,易冲动,生活自理差。不能与他人正常相处。自称被人迫害而从二楼跳下。被诊断为"精神分裂症"收住院。
既往史、个人史、家族史无特殊。
体检:双下肢为石膏外固定、卧床、余无异常。
精神检查:意识清,定向准,衣着不整,接触不合作,交谈困难。明显存在幻听,思维破裂,存在被害妄想、影响妄想、被控制感、被洞悉感。注意涣散,情感平淡不协调,行为异常,无自知力。

诊断:精神分裂症
医生签名:×××

第七节　监狱精神疾病的发病规律及特点

　　监狱精神疾病是指在监狱内服刑罪犯发生的精神活动显著偏离正常,以精神病性症状、社会功能下降和(或)本人感到痛苦为特征的一种情况。包括传统概念中的精神病、神经症、人格障碍与精神发育迟滞等。
　　服刑罪犯是一组特殊的群体,在精神疾病的发生、发展及种类等诸多方面皆有其特殊性。其特征有:

1. 一些常见的精神分裂症、情感性精神障碍等疾病好发于16～30岁，而青壮年也是违法、犯罪率较高的年龄组，所以在监管场所，这些精神疾病的发病率相对要高。

2. 社会心理因素在疾病中特别是在精神疾病的影响和作用越来越被人们所重视。由于监禁的特殊性，如剥夺自由、强制劳动、婚姻家庭、狱内人际关系及处罚等，因而某些以精神因素为主要致病原因的精神疾病在监狱中较为多见，如心因性精神障碍、癔症等。

3. 监狱精神疾病的构成比不同于一般社会群体的精神疾病的构成。据吕成荣等人对2009年的医学鉴定资料1 240例研究，鉴定构成比依次为精神分裂症及精神病性障碍416例，占33.5%；情感性障碍198例，占16.0%；精神发育迟滞68例，占5.5%；应激相关障碍83例，占6.7%；人格障碍96例，占7.7%；癔症101例，占8.1%；神经症25例，占2.0%；器质性精神障碍58例，占4.8%；其他类型精神障碍59例，占4.8%；无精神病70例，占5.6%。送鉴定原因依次为：言行异常（52.3%），包括自语、傻笑、呆滞、冲动行为；不服从管教、违反监规（53.4%），包括违反劳动、学习纪律、不听从管理和教育；人际交往差（61.2%）；平时很少与人交往，不参加群体活动。

4. 在狱内，易诱发的癔症、精神分裂症、情感性精神障碍等病犯中，其中部分往往有既往发作史，在违法犯罪时由于处于间歇期而负全部或部分责任能力，在入监后，由于各种压力、恐惧等因素而导致精神疾病的复发。

5. 监狱精神疾病的症状常有其独特的内容，如出现"家人在监房门口喊其接见"并责问警官为何不让其接见等特殊内容的幻听；也可出现声称"某上级已审查过了，将要被释放了……"因而整理衣被，等待出狱的赦免妄想。认为自己受到监狱、监区、分监区及医生联合的被害妄想也屡见不鲜。

6. 由于缺少家庭支持以及监管场所环境和条件的特殊性，精神疾病的复发率也比较高，有的可有多次复发倾向。提示做好精神疾病的康复和预防极为重要。

综上所述，由于监狱的特点、应激因素多、缺乏较好的家庭支持，精神疾病的发病及复发率相对较高，同时由于集体生活和管理，对整个监管秩序的影响也较大。

第八节　监狱精神疾病的早期表现与识别

精神疾病是指精神活动偏离正常，以精神病性症状、社会功能下降和（或）本人感到精神痛苦为特征的一种状况。包括精神病、神经症、人格障碍与精神发育迟滞。早期症状即是疾病尚未充分显露其特征性的表现。

监狱是人群相对集中生活、劳动的场所，根据有关调查，2000年监狱系统中精神障碍的发病率约为10.93%，严重精神障碍的发生率在大约在2%，他们有的存在感知障碍，如幻觉；有的出现思维障碍，如妄想；有的情绪严重障碍；有的行为明显异常，如冲动等。他们有的在病态意念的支配下，出现伤害同犯，甚至攻击狱警的行为，给民警及罪犯的人身安全造成严重影响；有的可能在消极意念的影响下，吞食异物，出现自伤、自残，甚至自杀，有的在病态思维控制下反复脱逃，诸如此类，给监狱的狱政管理及监管安全带来了严重的影响。这部分特殊的罪犯是影响监管安全的定时炸弹，更是影响教育改造、劳动改造的重要因素,如不科学地处置,早期发现,将会给监狱的安全蒙上重大的隐患。造成这一类后果的部分原因是未能及时早期发现这一类特殊犯人的精神异常表现。

一般说来,人格障碍、神经症与精神发育迟滞较易辨别,而其他精神障碍尤其是精神分裂症则需要仔细鉴别:

1. 类神经症样表现　睡眠障碍为精神病中最常见的早期症状,也是监管场所最易观察的内容之一。如有的病犯入睡困难,出现早醒、睡眠量减少等,甚至深夜下床走动,任意说唱,影响他犯休息;有的则表现为不分白天、黑夜,整日卧床。其他还有多梦、头痛、头昏、莫名其妙的烦躁、焦虑、恐惧等。不同于神经症的是病人自知力不完整、不迫切要求治疗。

2. 言语异常　如无故的少言少语,或自言自语,或侧耳倾听,或对空叫骂。

3. 行为异常　孤独一人,指手画脚,到处乱走,有的甚至在病态的意念下冲动攻击监管人员、同犯,无故离开劳动现场。甚至任意走出警戒线。

4. 情绪反常、情感改变　早期主要是一些细微的改变,如有的病犯为一点琐事而勃然大怒,有的情绪低落、唉声叹气。有的对前来接见的家属一反常态的淡漠、话少;有的表现为抑郁,甚至有强烈的自杀企图和行为。

5. 性格改变,敏感多疑　早期表现为对人冷漠,独自一人呆坐,寡言少语,不参加集体活动,躲避人群并怀有敌意。有的病犯对周围人的一言一行特别敏感,如听到他犯交谈,就怀疑在议论自己,甚至咳嗽也疑为针对自己的。或者毫无根据地怀疑他犯向民警汇报自己,甚至拒食,怀疑饭菜中有人下毒等等。

6. 生活懒散　原来个人生活自理较好,能注意个人卫生,而患病后一反常态地不注意个人仪态,懒于梳洗,甚至不刷牙、不洗脸,饮食不节,不知卫生,对监规的卫生要求充耳不闻,如床铺零乱、衣被不整等等。

7. 劳动能力下降　无明显原因的劳动任务不能完成,注意力不集中,效率下降,经常出现次品,违反劳动纪律。

上述是精神病犯早期的一般共性表现。笔者曾对有关资料进行过统计、分析,发现监管场所的精神病犯的早期症状依次为:①睡眠障碍,尤其是失眠。②生活懒散、被动。③孤独、多疑,不遵守监规制度。④无故的、不合常态的行为异常、自伤等。

监区或卫生所如发现上述异常表现,应引起高度注意。一方面指派专人夹控、限制其活动范围;一方面通知其家属或监护人提供既往情况,进一步收集资料;另一方面由监狱医院或狱政部门提出申请,向有关精神疾病鉴定机构进行鉴定,确定有无精神障碍及下一步的处置办法。

在送检时,应提供:有关病犯的个人档案;观察、谈话材料;家属提供的情况,包括过去有无精神病史及颅脑外伤史等;夹控及观察的情况。同时,应有熟悉该犯情况的民警或医生押送,以便鉴定医生尽快作出结论。

综上所述,在监管改造教育工作中,如发现有行为习惯逐渐改变;经常违反监规及劳动纪律而屡教不改者;或罪犯莫名的孤独、懒散;多次无故逃跑、自伤而经过调查并未发现引起这些改变的思想基础或环境影响,即应考虑到罹患精神疾病的可能,及时采取重点管理及其他相应的措施,收集相关资料,及时提出精神疾病鉴定,并加以分类处置,有效地保证监所安全和维持正常的改造秩序。

第九节 监狱精神疾病的诊断步骤

精神疾病的诊断很大程度上还依赖于临床病史和精神症状表现,为此来自这两方面的临床资料分析在精神疾病的诊断中占有十分重要的地位。根据病史和精神状态检查对疾病的发病基础、可能的发病原因、疾病发生发展过程以及临床症状和综合征特点等进行系统全面的分析得出尽可能正确的诊断。

一般说来,监狱精神疾病的诊断、鉴定步骤为:

1. 监区、分监区民警或犯人通过生活、劳动、学习等方面发现可疑迹象,发现疑似病例,或使用精神疾病检索,对符合条件的犯人,及时报监区医疗卫生所或监狱医院(心理矫治中心)。

2. 由经过培训的医生或专业的心理咨询师,通过晤谈、观察,接触疑似病犯,进行筛查,及时通知监狱医院或狱政部门,向监狱管理局精神病治疗机构或社会精神病院提出申请。

3. 根据精神疾病鉴定的要求,填写相关的《罪犯精神疾病诊断资料调查表》、资料调查表包括:记录罪犯的有关生活、劳动表现;调查其既往病史、个人史和家族史;收集相关的异常表现,如言语、行为、书写物及其疾病诊断原始材料。监狱民警及同犯的观察记录是很重要的基础材料。

4. 精神疾病医疗机构根据具体情况,提出现场或门诊诊断或鉴定。

5. 具有符合相关资格的精神科医师或鉴定小组对疑似罪犯进行精神检查、躯体状态、神经系统检查,并结合病史进行诊断和判定。对其服刑能力的鉴定,应根据其能否自理生活,遵守监规,参加劳动、学习和是否影响同监人生活作息加以评定。

6. 最后填写诊断或鉴定结论书,包括分析说明、最后诊断、有关医疗或监护的建议。

(吕成荣)

第二篇

各 论

眼:左眼眶淤血明显,无水肿。巩膜无黄染,眼球无突出及震颤,瞳孔等大等圆,对光反射存在。

耳:无畸形,未见异常分泌物,乳突无压痛,听力正常。

鼻:无畸形,未见异常分泌物,各副鼻窦均无压痛。

口腔:无特殊气味,口唇无紫绀,牙龈无缺损,咽部不充血,,扁桃体无肿大。发音正常。

颈部:对称,未见颈项强直及颈静脉怒张,气管居中,甲状腺无肿大。颈静脉回流征阴性。

胸部:胸廓对称,无畸形,未见胸壁静脉曲张及皮下气肿。

肺脏:呼吸运动对称,未见肋间隙增宽或变窄;两侧语颤对称,未触及胸膜摩擦感,活动度正常;两肺叩诊呈清音,两肺活动度正常;两肺呼吸音清,未闻及干湿罗音。

心脏:心前区无隆起,心尖搏动位于第五肋间左锁骨中线内侧 0.5 cm 处,强度中等;心尖搏动与视诊相同,未触及震颤;心脏浊音界正常;心率 90 次/分,律齐,心音有力,各瓣膜听诊区未闻及病理性杂音。

腹部:腹部平坦,未见腹壁静脉曲张,未见肠型及蠕动波;腹软,腹部未触及肿块,无压痛及反跳痛,肝脾肋下未及;肝肾区无叩痛,腹部移动性浊音阴性;肠鸣音正常,2~3 次/分,未闻及血管杂音。

肛门及外生殖器:无异常发现。

脊柱及四肢:脊柱呈生理弯曲,无压痛及叩痛。未发现关节红肿及水肿。

神经系统:12 对颅神经无异常发现,深浅反射无异常,病理反射未引出。脑膜刺激征阴性。

精神检查

一、一般表现

1. 意识状况:意识清晰。
2. 定向力:定向正常,时间、人物及环境定向正常。
3. 接触情况:接触合作,被动,对周围环境反应平淡。
4. 个人生活:纳差,住院后两顿未吃饭,大小便正常。夜眠差,吵闹,睡眠不足 4 小时。仪态不整。

二、认识活动

1. 感知觉

(1) 感觉障碍:感觉正常,未发现感觉增强、减退及感觉异常。

(2) 知觉障碍:

①错觉:未发现错听、错视、错味及错嗅。

②幻觉:明显存在幻听,称夜间听到"鬼哭狼嚎","神灵在天空讲话","木兔子、木兔子","你们也应该听到神灵在天空讲话"。其他幻觉未检出。

③感知综合障碍:检查发现视物变形症,感到自己的脸不平,长了许多的痘痘。因而用锐器要削平。

2. 思维活动

(1) 思维联想过程

第五章 器质性精神障碍

第一节 脑器质性精神障碍

一、概述

(一) 基本概念

脑器质性精神障碍是指由脑部病理形态或病理生理学改变所致的一类精神障碍,并以此与所谓功能性精神障碍相区别。脑器质性精神障碍主要包括两类综合征:第一类综合征以认知功能或意识障碍为主,如痴呆、谵妄等;第二类综合征的临床表现与功能性精神障碍相似,如精神病性症状群、抑郁症状群、焦虑症状群等。诊断脑器质性精神障碍可根据下列情况:

1. 有引起精神障碍的脑部疾病、脑损伤或脑功能不全的证据。
2. 脑病变和精神症状发作有时间上的关系。
3. 精神障碍可因原发性脑部疾病的变化而发生相应的变化。
4. 精神症状不是由其他病因引起(如明显的家族遗传史或应激等诱发因素)。

(二) 常见综合征

1. 谵妄(delirium) 谵妄是一组表现为急性、一过性、广泛性的认知障碍,尤以意识障碍为主要特征。常由大脑弥漫的暂时中毒或代谢紊乱所引起。因急性起病、病程短暂、病变发展迅速故又称为急性脑病综合征。

谵妄的特征:包括意识障碍、神志恍惚、注意力不能集中以及对周围环境与事物的清晰度降低等。意识障碍有昼轻夜重的特点,存在定向障碍、记忆损害和睡眠—觉醒节律改变,并出现感觉过敏、错觉和幻觉等。

感知障碍则以视错觉和视幻觉较为常见,患者可因错觉和幻觉产生继发性和片断妄想、冲动行为。情绪波动常见,包括焦虑、抑郁和愤怒等。

诊断与治疗:可根据典型的临床症状做出诊断,并根据病史、体格检查及实验室检查来明确谵妄的病因,如躯体疾病、电解质紊乱、感染、酒精或其他物质依赖等。治疗主要包括病因治疗、支持治疗和对症治疗。病因治疗是指针对原发脑部器质性疾病的治疗。支持治疗一般包括维持水电解质平衡,适当补充营养。对症治疗是指针对患者的精神症状给予精神药物治疗。对兴奋躁动和幻觉妄想等精神病性症状可以小剂量氟哌啶醇或奋乃静治疗,睡眠障碍者可给予适量苯二氮䓬类药以改善睡眠。

2. 痴呆(dementia) 痴呆是指较严重的、持续的认知障碍。临床上以缓慢出现的智能减退为主要特征,伴有不同程度的人格改变,但没有意识障碍。因起病缓慢,病程较长,故又称为慢性脑综合征。

病因及临床表现：引起痴呆的病因很多，中枢神经系统变性疾病、颅脑损伤、代谢障碍和内分泌障碍、血管性疾病、中毒、缺氧等。主要临床表现：记忆减退，早期出现近记忆受损，最后出现远记忆受损，严重者常出现虚构症状。思维缓慢、贫乏，对一般事物的理解力和判断力越来越差，注意力日渐受损并出现定向障碍。患者可出现人格改变，通常表现兴趣减少、主动性差、情感淡漠、社会性退缩，但亦可表现为脱抑制行为，如冲动、幼稚行为等。情绪症状包括焦虑、易激惹、抑郁和情绪不稳等。患者的社会功能受损，对自己熟悉的工作不能完成；晚期生活不能自理，运动功能逐渐丧失，甚至穿衣、洗澡、进食以及大小便均需他人协助。

诊断与治疗：首先要全面熟悉掌握病史，是否有脑外伤、卒中或酒精及药物滥用等病史。了解患者是否有智能减退和社会功能下降表现。体格检查非常重要，特别是神经系统检查，可借以明确诊断，实验室检查和智能检查有助于明确诊断。治疗的原则是提高患者的生活质量，减轻患者给家庭带来的负担。重要环节是维持患者躯体健康，提供安全、舒适的生活环境，以及药物对症治疗。

3. 遗忘综合征（amnesticsyndrome） 遗忘综合征又称柯萨可夫综合征，是由脑器质性病理改变所导致的一种选择性或局灶性认知功能障碍，以严重近事记忆障碍为主要特征，对周围发生的事情不能铭记，或迅速遗忘，意识清晰，智能相对完好。轻者常以小本子记录某些日常事项，以弥补他的记忆缺陷，也有杜撰虚构的内容，并讲得有声有色，以回答他人的询问（虚构症）。也可伴有时间、地点定向障碍，某些病人虽存在轻度痴呆征象，但常被严重的记忆障碍所掩盖。情感较平淡，也可呈现轻度的欣快状态。常因酒中毒、脑外伤、脑缺氧等引起，病变主要损及乳头体、海马、视丘的内背侧核群等间脑—颞叶结构而导致本综合症。

4. 其他 脑器质性精神障碍还有与功能性精神障碍相类似的表现，如幻觉妄想、抑郁焦虑情绪、行为问题、睡眠障碍、人格改变等。

二、常见脑器质性精神障碍

（一）阿尔茨海默

阿尔茨海默病（AD）是一组病因未明的原发性退行性脑变性疾病。多起病于老年期，潜隐起病，病程缓慢且不可逆，临床上以智能损害为主。病理改变主要为皮质弥漫性萎缩、沟回增宽，脑室扩大，神经元大量减少，并可见老年斑、神经原纤维缠结等病变、胆碱乙酰化酶及乙酰胆碱含量显著减少。起病在 65 岁以前者，旧称老年前期痴呆，或早老性痴呆，多有同病家庭史，病变发展较快，颞叶及顶叶病变较显著，常有失语和失用。监狱中青壮年罪犯占绝大部分比例，相对 AD 患病率远较社会人群低。

1. 临床表现 AD 通常起病隐匿，为持续性、进行性病程，无缓解，由发病至死亡平均 8～10 年，但也有些患者病程可持续 15 年或以上。AD 的临床症状分为两方面，即认知功能减退症状和非认知性精神症状。认知功能障碍可参考痴呆部分。常伴有高级皮层功能受损，如失语、失认或失用和非认知性精神症状，根据疾病的发展和认知功能缺损的严重程度，可分为轻度、中度和重度。

（1）轻度：近记忆障碍常为首发症状，患者对新近发生的事容易遗忘，如经常失落物品，忘记重要的约会及已许诺的事等；学习新知识困难，看书读报后不能回忆其中的内容。常有时间定向障碍，患者记不清具体的年、月、日。计算能力减退，很难完成简单的计算。思维迟缓，思考问题困难，特别是对新的事物表现出茫然难解。早期患者对自己认知功能有一定的自知力，并力求弥补和掩饰，例如经常作记录，避免因记忆缺陷对工作和生活带来不良影响，可伴有轻度的焦虑和抑郁。患者对工作和家务漫不经心，不能合理地管理钱财，亦不能安排和准备膳食。尚能完成已熟悉的日常事务，但常回避竞争。患者的个人生活基本能自理。人格改变往往出现在疾病的早期，病人变得缺乏主动性，活动减少，孤独，自私，对周围环境兴趣减少，对周围人较为冷淡，甚至对亲人漠不关心，情绪不稳，易激惹。

(2) 中度：记忆障碍日益严重，表现为用过的物品随手即忘，日常用品丢三落四，甚至遗失贵重物品，忘记自己的家庭住址，忘记亲人的姓名，但尚能记住自己的名字。有时因记忆减退而出现错构和虚构。远记忆力也受损，不能回忆自己的工作经历，甚至不知道自己的出生年月。除有时间定向障碍外，地点定向也出现障碍，在熟悉的地方也会迷路走失，甚至在家中也找不到自己的房间。言语功能障碍明显，讲话无序，内容空洞，不能列出同类物品的名称；继之，出现命名困难。失认以面容认识不能最常见，不认识自己的亲人和朋友，甚至不认识镜子中自己的影像。另外，出现失用症状，重者洗漱、穿衣等基本的生活的料理也需家人帮助。

患者的精神和行为障碍也比较突出，情绪波动不稳，或因找不到自己放置的物品，而怀疑被他人偷窃，或因强烈的嫉妒心而怀疑配偶不贞；可伴有片断的幻觉；睡眠障碍，部分患者白天思睡，夜间不宁。行为紊乱，常拾捡破烂、藏污纳垢；乱拿他人之物；亦可表现本能活动亢进，当众裸体；有时出现攻击行为。

(3) 重度：不知道自己的姓名和年龄，不认识亲人。患者只有自发言语，内容单调、重复或刻板，或反复发出不可理解的声音，最终丧失语言功能。患者活动逐渐减少，并逐渐丧失行走能力，甚至不能站立，最终只能终日卧床，大、小便失禁。晚期患者可出现原始性反射如强暴、吸吮反射等。最明显的神经系统体征是肌张力增高，肢体屈曲。病程呈进行性，罕见自发缓解或自愈，最后发展为严重痴呆，常因褥疮、骨折、肺炎、营养不良等继发躯体疾病或衰竭而死亡。

2. 诊断与鉴别诊断　AD病因不明，目前诊断首先主要根据临床表现做出痴呆的诊断，然后对病史、病程的特点、体格检查及神经系统检查、辅助检查的资料进行综合分析，排除其他原因引起的痴呆，才能诊断为AD。在鉴别诊断方面，应注意与血管性痴呆、维生素B1缺乏、恶性贫血、神经梅毒、正常压力脑积水、脑肿瘤以及其他脑原发性退行性病变匹克(pick)病和帕金森病所引起的痴呆相鉴别。

3. 治疗　AD治疗包括药物治疗与非药物治疗。非药物治疗及精神症状的药物治疗可参照有关章节。认知功能障碍的药物治疗较多，但临床疗效均不确切。如乙酰胆碱酯酶抑制剂、谷氨酸受体拮抗菌等。

(二) 血管性痴呆

血管性痴呆(VD)是指由脑血管病变导致的痴呆。过去曾称为多发性脑梗死型痴呆(MID)。近年来病理形态学研究发现，除了多发性脑梗死性病变外还有其他脑血管病变，故现已改称为血管性痴呆。

VD发病率与年龄有关，男性多于女性。导致VD的危险因素尚不清楚，但通常认为与卒中的危险因素类似，如高血压、冠状动脉疾病、房颤、糖尿病、高血脂、吸烟、高龄、既往卒中史等。

1. 临床表现　与 AD 比较，VD 的起病相对较急，病程可呈阶梯式恶化且波动较大。VD 较多出现夜间精神紊乱，人格改变较少见，早期自知力存在，可伴发抑郁、情绪不稳和情感失控症状。明显痴呆患者的情绪不稳，激惹性增高，可因微不足道的小事而哭泣或大笑，称情感失禁。晚期可出现强制性哭笑，或情感淡漠及严重痴呆。患者有卒中或短暂性脑缺血发作（TIA）的病史或有脑血管障碍危险因素病史，体格检查可有局灶性神经系统症状和体征。VD 认知功能缺损通常较局限，记忆缺损可能不太严重。

2. 治疗与预防　对其危险因素的预防和治疗可减少 VD 的发病率。治疗能防止 VD 患者病情继续恶化，有时可改善部分患者的病情。首先要控制血压和其他危险因素如高血脂、糖尿病、吸烟、酗酒和肥胖等，注意其他危险因素如房颤和颈动脉狭窄等，华法林可减少卒中伴房颤的危险性。既往有 TIA 或非出血性疾病致卒中史的患者，使用抗血小板聚集疗法可减少发病的危险性，可使用小剂量阿司匹林。在卒中或 TIA 患者伴发严重的颈动脉狭窄时，颈动脉内膜切除术是有效的治疗方法。

目前还没有特效药物治疗 VD。药物如血管舒张剂（如双氯麦角碱）、长春花生物碱、脑代谢药、银杏叶制剂、神经保护剂、钙通道阻滞剂（钙拮抗剂）和 N-甲基 D-天冬氨酸受体拮抗剂在临床上的疗效都不甚肯定。此外，对伴发精神症状和行为障碍者应给予相应的治疗。

（三）颅脑外伤所致的精神障碍

颅脑外伤甚为常见，虽然医疗服务的迅速发展已大大降低了颅脑外伤的死亡率，但外伤后精神障碍依然十分普遍。

1. 临床表现

（1）急性精神障碍

①意识障碍：头部外伤轻微者意识障碍较短暂，可持续数秒至数分钟不等。严重受创者若丧失意识时间超过数小时，完全康复的机会可能降低。

②脑外伤后急性障碍：昏迷病人会经过一段意识模糊和智能下降的阶段，才能完全恢复正常，这类情况亦称外伤后精神混乱状态。除智能障碍外，还可表现易疲劳与精神萎靡，或行为冲动，亦可出现谵妄状态。

③记忆障碍：脑外伤后遗忘（PTA）是一种顺行性遗忘，病人对脑外伤当时及其后一段时间的经历发生遗忘，通常由数分钟至数周不等。PTA 的长度可作为临床评估脑外伤严重程度的一个指标，即 PTA 愈长，脑损伤便愈严重。逆行性遗忘是指病人忘掉受伤前一段时间的经历。它的长度是指由受伤一刻开始，直至受伤前最后一件能清晰回忆的事情为止。遗忘的时间常只有数秒至数分钟，但在伤势严重的病人，逆行性遗忘可达数天甚至数周或更长。

（2）慢性精神障碍

①智能障碍：严重的脑外伤引起智力受损，出现遗忘综合征甚至痴呆，严重程度与 PTA 的长短有关。对于闭合性脑外伤的患者，如 PTA 长度在 24 小时以内，智力多能完全恢复；若 PTA 长度超过 24 小时，情况便不容乐观。年长者和优势半球受伤者发生智能障碍的机会较大。

②人格改变：患者的人格改变多伴有智能障碍，一般表现为情绪不稳、焦虑、抑郁、易激惹甚至阵发暴怒，也可变得孤僻、冷漠、自我中心、丧失进取心等。如仅损害额叶，可出

现行为放纵等症状,但智力正常。人格改变也可以是患者对脑外伤及其后果的心理反应的表现。

③脑外伤后精神病性症状:部分头部外伤的患者经过一段时间后会出现精神病性症状,如精神分裂样症状与情感症状等。脑外伤可直接导致精神症状,也可对精神病素质者起到促发作用。另外,脑外伤及其后遗症对患者社会、心理的影响,也与精神病性症状的发生、发展有关。当然,有些患者的精神病和脑外伤并无直接关系,一般而言,脑外伤和精神症状出现相隔愈久,两者直接因果关系的几率便愈低。

④脑震荡后综合征:这是各种脑外伤后最普遍的慢性后遗症。主要表现为头痛、眩晕、注意不集中、记忆减退、对声光敏感、疲乏、情绪不稳及失眠等。

2. 治疗　颅脑外伤急性阶段的治疗主要由神经外科处理,危险期过后,应积极治疗精神症状。处理外伤性谵妄的原则与其他谵妄相同,对于幻觉、妄想、精神运动兴奋等症状可给予苯二氮䓬类药物或抗精神病药物口服或注射。智能障碍患者应首先进行神经心理测量,再根据具体情况订出康复训练计划。

对人格改变的病人可尝试行为治疗,并帮助病人家属及同事正确认识及接纳病人的行为,尝试让他们参与治疗计划。对于脑外伤后伴发的精神病症状,可根据情况采用抗精神病药物治疗,其用法与剂量与治疗功能性精神障碍的原则相同。对于外伤后神经症患者应避免不必要的身体检查和反复的病史采集。支持性心理治疗、行为或认知行为治疗配合适当的药物治疗(如抗抑郁药、抗焦虑药)都是可行的治疗方法。

(四)颅内感染所致的精神障碍

虽然颅内感染的病人大多就诊于神经内科,精神科医师会遇到这类问题。颅内感染可分别位于蛛网膜下腔(脑膜炎)、脑实质(脑炎)或局限于脑或脑膜并形成包围区域(脑脓肿),但实际上损害很少呈局限性而不互相影响。

临床上以病毒性脑炎最为多见。其中以单纯疱疹病毒性脑炎最常见,一般发病无季节性与区域性,故常为散发性病毒性脑炎。多为急性或亚急性起病。部分患者病前有上呼吸道或肠道感染史。急性起病者常有头痛,可伴脑膜刺激征,部分病例可有轻度或中度发热。精神症状可以是首发症状,也可是主要临床表现。精神运动性抑制症状较多见,表现为言语减少或缄默不语、情感淡漠、迟钝、呆板甚至不饮不食呈木僵状态。也可表现为精神运动性兴奋,如躁动、言语增多、行为紊乱、欣快、无辜哭泣或痴笑等。可有视听幻觉、各种妄想等。记忆、计算、理解能力减退相当常见。多数患者在早期有意识障碍,表现为嗜睡、精神萎靡、神志恍惚、定向障碍、大小便失禁,甚至昏迷或呈去皮质状态。癫痫发作相当常见,以全身性发作最多,有的以癫痫持续状态为首发表现。有的可出现肢体上运动神经元性瘫痪、舞蹈样动作、扭转性斜颈、震颤等各种不随意运动。颅神经损害并不少见,如眼球运动障碍、面肌瘫痪、吞咽困难、舌下神经麻痹等。自主神经症状以多汗为常见,伴有面部潮红、呼吸增快等。其他如瞳孔异常、眼球震颤、共济失调和感觉障碍都可见到。

实验室检查可见血白细胞总数增高、脑脊液检查压力增高,白细胞和(或)蛋白质轻度增高,糖、氯化物正常。血和脑脊液 LgG 可增高,脑电图检查大多呈弥漫性改变或在弥漫性改变的基础上出现局灶性改变,且随临床症状好转而恢复正常,对诊断本病有重要价值。本组疾病一般预后较好。重型病例的死亡率为 22.4%～60%。一部分存活者遗留轻重不等的神经损害体征或高级神经活动障碍。

抗病毒治疗能有效降低脑炎病人(如单纯疱疹病毒性脑炎)的死亡率,但必须在患病初期使用。另外,积极的对症治疗(如降温、脱水)合并激素治疗和支持疗法(如补充体液、加强护理)十分重要。

其他还可见以化脓性脑膜炎和结核性脑膜炎所致的精神障碍。

（五）颅内肿瘤所致精神障碍

颅内肿瘤可损害正常脑组织、压迫邻近脑实质或脑血管,造成颅内压增高,出现神经系统的病理症状、癫痫发作或精神症状。但有部分颅内肿瘤患者早期缺乏神经系统的定位体征而只有精神症状,易导致误诊而延误病人治疗。

1. 临床表现

（1）精神症状:颅内肿瘤患者精神症状常见。肿瘤的性质、部位、生长速度、有无颅内高压及患者的个性特征等因素均可影响精神症状的产生与表现。

①智能障碍:颅内肿瘤所致的精神症状中智能障碍最常见。病人可表现为注意力不集中、记忆减退或思维迟缓,严重者可出现类似痴呆的表现。

②幻觉:不同部位的肿瘤可产生不同种类的幻觉,如枕叶肿瘤可产生简单的原始性视幻觉;颞叶肿瘤可出现较复杂的幻视和幻听,亦可产生幻嗅、幻味;而顶叶肿瘤则可产生幻触和运动性幻觉。但不同部位的肿瘤也可产生相同的幻觉,如额叶肿瘤常因影响邻近的颞叶而出现幻视和幻听。

③其他精神症状:包括焦虑、抑郁、躁狂、分裂样或神经症性症状。

（2）局限性症状:精神症状的表现与颅内肿瘤的位置有关,但并非绝对。颅内某个区域的肿瘤不一定都会产生特定的精神症状。但若表现特定的精神症状,却有助于定位诊断。

①额叶肿瘤:大部分额叶肿瘤患者会出现精神症状,而且精神症状较其他部位肿瘤多见,症状出现亦较早,容易导致误诊。

额叶肿瘤患者常见的情感障碍包括易激惹、抑郁、欣快和淡漠。许多患者会出现人格改变,尤以生长缓慢的肿瘤较为常见。患者的行为可变得幼稚、轻浮和不负责任,严重者可有性欲脱抑制,如猥琐行为或性欲亢进。部分患者的人格改变与上述相反,表现缺乏主动性、淡漠和对周围事物漠不关心等。

②颞叶肿瘤:约一半颞叶肿瘤患者会出现颞叶癫痫。此外,颞叶肿瘤大多没有定位体征。多数颞叶受损患者可伴有智力缺损,也可出现与额叶受损类似的人格改变。常见的情感障碍包括欣快、焦虑、易激惹、抑郁躁狂样症状。小部分患者可出现类精神分裂症样症状,如幻觉、妄想。

③顶叶肿瘤:顶叶肿瘤较少引起精神症状。一般来说,顶叶受损导致的神经系统症状与体征多于精神症状。神经系统体征包括实体觉缺失和失用症。此外,优势半球的肿瘤可引起 Gerstmann 综合征,表现为手指失认、计算不能、书写不能和左右不分等;而在非优势半球的肿瘤会引起视觉空间知觉障碍、穿衣失用症和地点定向障碍等。

④枕叶肿瘤:较少引起精神症状。最特定的症状是视幻觉,通常是原始性视幻觉,也可有比较复杂的视幻觉。偶可出现遗忘、痴呆或其他精神症状。

⑤其他部位肿瘤:间脑肿瘤、胼胝体肿瘤、垂体肿瘤和天幕下肿瘤。胼胝体肿瘤较早亦较多引起精神障碍,常见的精神症状为智能障碍与情绪障碍;垂体肿瘤可造成内分泌障碍(如库欣氏病等),继而出现相关的精神症状;天幕下肿瘤 可出现全面性智能障碍,其

程度跟颅内压成正比。也可产生情绪障碍、人格改变及其他精神症状。

2. 诊断和治疗　详细准确的病史采集,仔细的躯体及神经系统检查、脑脊液检查、脑电图、超声、CT、MRI、SPECT 以及脑血管造影等辅助检查,可有助于明确诊断。确诊颅内肿瘤的患者,应及时转入神经外科进行手术治疗。对于不适宜手术治疗的患者,可以通过放射治疗或化学治疗抑制肿瘤的生长和扩散。此外,若出现精神症状可给予精神药物治疗。另外,对于颅内压升高的患者应及时控制颅内压。

（六）癫痫所致精神障碍

癫痫是一种常见的神经系统疾病,虽然大部分癫痫患者没有或只有轻微精神症状,但处理癫痫伴发的精神障碍却很困难,很多情况下,需要精神科、神经内科共同合作,才能达到理想效果。在监狱精神病院中约占 8.26%。

1. 临床表现

(1) 发作前精神障碍:表现为先兆或前驱症状。先兆是一种部分发作,在癫痫发作前出现,通常只有数秒,很少超过一分钟。不同部位的发作会有不同的表现,但同一患者每次发作前的先兆往往相同。前驱症状发生在癫痫发作前数小时至数天,尤以儿童较多见。表现为易激惹、紧张、失眠、坐立不安,甚至极度抑郁,症状通常随着癫痫发作而终止。

(2) 发作时精神障碍

①自动症:自动症是指发作时或发作刚结束时出现的意识混浊状态,此时患者仍可维持一定的姿势和肌张力,在无意识中完成简单或复杂的动作和行为。

自动症发作前常有先兆,如头晕、流涎、咀嚼动作、躯体感觉异常和陌生感等。发作时突然变得目瞪口呆、意识模糊、无意识地重复动作如咀嚼、咂嘴等,偶可完成较复杂的技术性工作。事后患者对这段时间发生的事情完全遗忘。

②神游症:比自动症少见,历时可达数小时、数天甚至数周。意识障碍程度较轻,异常行为较为复杂,对周围环境有一定感知能力,亦能做出相应的反应。表现为无目的地外出漫游,病人可出远门,亦能从事协调的活动,如购物、简单交谈。发作后遗忘或回忆困难。

③蒙胧状态:发作突然,通常持续一至数小时,有时可长达 1 周以上。患者表现为意识障碍,伴有情感和感知障碍,如恐怖、愤怒等,也可表现情感淡漠、思维及动作迟缓等。

(3) 发作后精神障碍:患者发作后可出现自动症、朦胧状态,或产生短暂的偏执、幻觉等症状,通常持续数分钟至数小时不等。

(4) 发作间精神障碍:人格改变较为常见,以左颞叶病灶和大发作的病人较多见,与脑器质性损害、社会心理因素、癫痫发作类型、长期使用抗癫痫药及病人原有人格特征等因素有关,表现为易激惹、凶狠、挑剔、固执、好争吵、易冲动、拘泥小节、刻板、自我中心、人际关系紧张、敏感多疑、思维粘滞等。

少数癫痫病人会出现记忆减退、注意困难和判断能力下降,可伴有行为障碍。这些症状多见于继发性癫痫和长期、严重的癫痫病人。临床也可见到类精神分裂样症状、以焦虑为主的情感症状等。

2. 诊断和治疗　除详细收集病史外,躯体和神经系统与脑电图检查十分重要,必要时可做脑部 CT、MRI 及 SPECT 等检查。

治疗癫痫的一般原则是:尽可能单一用药、鼓励病人遵医嘱服药、定期进行血药浓度监测。依据癫痫的类型来选择药物,同时应考虑到药物的副作用。

癫痫性精神障碍的治疗,应在治疗癫痫的基础上根据精神症状选用药物,注意选择致癫痫作用较弱的药物,有人格改变的病人需长期的行为治疗。

第二节　躯体疾病所致精神障碍

一、概述

躯体疾病所致精神障碍是由于除脑以外的躯体疾病直接导致脑功能紊乱而产生的一类精神障碍。发病机制主要是由于毒素作用、能量供应不足、神经递质改变、酸碱平衡紊乱等影响了脑功能,产生一系列精神症状,主要包括:意识障碍、认知障碍、人格改变、精神病症状、情感症状、神经症症状或以上症状的混合状态。患者常有日常生活能力或社会功能受损。

躯体疾病因素并非引起此类精神障碍的惟一因素,高龄、遗传因素、人格特征、应激状态、环境因素、缺乏社会支持以及既往精神病史等均可能影响精神障碍的发生。

诊断躯体疾病所致精神障碍可依据以下几点:

①躯体疾病的依据,并已有文献报道该躯体疾病可引起精神障碍。

②有证据显示躯体疾病导致精神障碍,如躯体疾病在精神障碍的发生发展、转归等方面有时间上的密切关系,精神障碍可因躯体疾病的好转而好转。不过,有时精神症状较躯体疾病出现为早,如抑郁症状可发生于诊断胰腺癌之前。

③有不典型的功能性精神障碍的症状。如患者在老年时才出现类分裂样症状,或抑郁症状伴不常见的症状,如幻嗅或幻触。

各种躯体疾病所致精神障碍并无特定的临床症状,且与功能性精神障碍如抑郁症或精神分裂症的表现非常相似。不同的躯体疾病可导致相似的症状,而同一种躯体疾病也可导致不同的精神综合征。

躯体疾病所致精神障碍常具有共同的特点:起病较急,病程发展常起伏不定,例如患者早上感到疲乏和轻度的眩晕,下午则可出现焦虑和易激惹,而晚上发生意识混浊。此外,精神症状通常是与感染有密切的关性,感染性疾病好转后,精神症状亦会随之好转。

在治疗原则方面,首先必须治疗引起精神障碍的原发躯体疾病,停用可能引起精神障碍的药物。支持疗法包括维持水电解质平衡、充足的营养供应等。护理包括安静、安全的环境和防止意外发生等。

考虑到年龄、肝脏疾病、肾脏疾病和药物间和相互作用等因素,对于躯体疾病所致精神障碍的患者,临床上要慎用精神药物,注意调节药物剂量,起始剂量应更低,逐渐增加剂量,当症状稳定时,应逐渐减少剂量。

对有严重失眠和焦虑的病人,可以短期使用镇静催眠药和抗焦虑药。对因谵妄或急性精神障碍伴发的攻击行为或其他行为紊乱的患者，可考虑短期使用抗精神病药物。抑郁患者可给抗抑郁剂，但须注意三环类抗抑郁剂的副作用，特别禁用于心脏传导阻滞、前列腺肥大和青光眼的患者。

二、躯体感染所致精神障碍

多数躯体感染患者出现的精神症状较轻微且短暂，如难于集中注意、轻度意识障碍、焦虑、抑郁、易激惹、失眠或瞌睡和精神易疲劳等。少数患者可出现较严重的精神障碍。在急性感染过程中，常表现为意识障碍和谵妄等综合征，部分患者出现精神病性症状，如幻觉、妄想、思维联想障碍等，少数病人还可出现行为紊乱、欣快或情绪变化；而在慢性感染中，主要表现为遗忘综合征或痴呆。

各种躯体感染所致精神障碍的病因和发病机制各不相同。总结起来包括：致病微生物（细菌、病毒等）对中枢神经系统的直接作用和毒素作用、脑循环障碍、机体代谢障碍、发热、水和电解质紊乱及药物的副作用等。此外，机体的机能状态如免疫系统、内分泌系统及患者病前性格特点和遗传倾向等，亦是影响精神障碍发展的因素。

及时发现原发感染性疾病是正确诊断的关键。若患者出现意识障碍和急性认知功能障碍，尤其是定向障碍和意识混浊，应引起充分注意，并积极寻找原发的躯体疾病。

早期诊断、早期治疗非常重要，因精神症状可加重躯体疾病的症状，如激越行为可使心血管系统病恶化，而且不利于水和营养的吸收等。所以治疗要双管齐下，治疗原发病的同时要控制精神症状。临床用药需谨慎，尤其要注意肝肾功能损害、电解质紊乱和精神药物及其他药物的相互作用。

三、内分泌障碍所致精神障碍

(一) 肾上腺功能异常

1. 皮质醇增多症　皮质醇增多症（Cushing 综合征），系糖皮质激素分泌过多，并伴有盐皮质激素与雄性激素分泌增加，主要机制是 ACTH 分泌过多导致双侧肾上腺皮质增生和肾上腺皮质瘤。

躯体症状包括满月脸、面部红润、水牛背、腹部紫纹、向心性肥胖、多毛、高血压和女性闭经等。半数以上病人有精神症状，抑郁最常见，部分病人可较严重。常见的认知功能损害包括注意难以集中和记忆减退，可能是由于皮质醇对海马的损害所致。另外，部分病人出现妄想、幻觉和人格解体。类固醇治疗或肾上腺癌引起的精神症状以躁狂症状或精神病性症状为突出表现。精神症状通常在类固醇治疗两周内出现，症状随着类固醇剂量的增加而加重。此外，突然停止使用类固醇时，可导致抑郁、厌食、情绪不稳、记忆损害、谵妄、乏力等。

治疗原则首先是治疗原发病，通常精神症状随着 Cushing 综合征的治疗而好转，但认知功能损害要较长的时间才能恢复。严重抑郁病人可能需服用抗抑郁剂。类固醇制剂引起的精神障碍，常常随药物治疗结束而消失，但需缓慢减量，因为抑制的垂体需要一段时间才能恢复正常的 ACTH 分泌。对于有精神症状但仍需要继续使用类固醇制剂治疗的病人，抗精神病药物和锂盐有助于防止或缓解躁狂症状或精神病性症状。

2. 肾上腺皮质功能减退症　肾上腺皮质功能减退症是由于肾上腺的三种类固醇激

素(糖皮质激素、盐皮质激素和雄性激素)分泌不足所致。以破坏肾上腺的原发性损害最为常见(如自身免疫性疾病、败血症期间的出血性梗死、结核感染、转移瘤等),也可继发于垂体或下丘脑功能不足。

急性肾上腺皮质功能减退症常威胁生命。症状包括乏力、恶心、剧吐、腹痛、低血容量性休克。慢性肾上腺皮质功能减退起病隐匿,症状可类似于抑郁症。典型患者可表现为易疲劳、肌肉痉挛、乏力、体重减轻、食欲下降、情感淡漠、易激惹和情绪低落等,注意和记忆也可受损,幻觉、妄想少见,可有低血压、体位性头晕伴恶心、呕吐和便秘。严重病例可出现谵妄和癫痫发作,如治疗不及时,可导致死亡。原发性肾上腺皮质功能减退,可因醛固酮减少而出现高钾低钠血症。因过多的 ACTH 代谢为 α-黑素细胞刺激素,使皮肤有色素沉着。

替代疗法可快速缓解躯体和精神症状。对原发性肾上腺皮质功能减退,应同时给予泼尼松和盐皮质激素制剂治疗。

(二) 甲状腺功能障碍

1. 甲状腺功能亢进症　甲状腺功能亢进是由于甲状腺激素分泌过多所致。女性多于男性,以 20~30 岁的女性多见。其他病因包括中年或老年人的毒性小结节性甲状腺肿和青壮年期的甲状腺炎,后者可见于约 5% 的产褥期妇女。

躯体症状和体征包括心悸、心动过速、房颤、多汗、细微震颤、食欲亢进、体重减轻、怕热、排便次数增多、月经紊乱、肌无力或腱反射亢进等。病人常见眼球突出、瞬目减少和眼睑退缩。甲状腺炎的病人,甲状腺区域可有疼痛和触痛。精神障碍包括神经兴奋性增高、易激惹、抑郁、烦躁以及疲劳、失眠、话多,严重者可有幻视、幻听和被害妄想。心脏方面的症状可能掩盖甲状腺功能亢进的其他躯体表现。

治疗目的在于恢复甲状腺的功能,当甲状腺功能正常时,抑郁和焦虑症状常不需要治疗即可消失。精神症状持续者应给予精神药物治疗。

2. 甲状腺功能减退症　临床型甲状腺功能减退的病人甲状腺激素浓度低于正常,伴 TSH 升高,病人的症状明显;亚临床型甲状腺功能减退的病人甲状腺激素浓度正常,但 TSH 水平升高。甲状腺功能减退可继发于垂体或下丘脑的损害,多见于女性。

通常因手术切除引起的甲状腺功能减退起病较急,而其他病因引起的则起病隐匿,易被漏诊。临床表现为:①情感淡漠。②迟滞性抑郁表现,如情绪低落、动作缓慢、反应迟钝、记忆减退和注意不集中等。③智能障碍。部分患者出现智能的全面减退。④幻觉、妄想等精神病性症状。⑤伴有非凹陷性粘液性水肿,尤其是在面、手、足背和锁骨上窝明显。还可有心动过缓、心肌肥大、低体温、正常红细胞正常色素性贫血等。严重的病人可出现淡漠、退缩和痴呆表现。

躯体和精神症状经甲状腺素替代治疗后可以缓解。病人的抑郁症状通常要在甲状腺激素正常后才会完全消失,严重抑郁者需服抗抑郁剂。T4 补充治疗初期偶可出现精神障碍,多为躁狂表现。对有严重精神症状的病人应给予抗精神病药,但应注意,吩噻嗪类可使甲状腺功能减退的病人出现低体温性昏迷,若长期得不到治疗,认知功能损害会持久存在。

四、内脏器官疾病所致精神障碍

（一）肝脏疾病

1. 肝功能不全和肝性脑病　从精神病学角度来看，早期肝功能不全所致的精神障碍类似于双相情感障碍，可有欣快或情感淡漠交替出现，并伴有睡眠障碍和情绪不稳。随肝功能受损加重，可有注意难以集中、认知功能损害、警觉性下降甚至昏迷。肝功能不全的早期可发现脑电图异常。

2. Wilson 病　又称肝豆状核变性，是一种铜代谢障碍的隐性遗传性疾病。主要的病理生理变化是血浆铜蓝蛋白减少，导致铜沉积于豆状核、肝脏、角膜和肾脏。精神症状可出现于疾病早期，随着病情的发展，精神症状渐趋明显。于青少年期和成人期起病者，病程多迁延，可出现震颤、强直和运动减少，极少出现抽搐；随后可伴随情绪高涨，有时可表现幻觉—妄想综合征，亦可出现敌对和其他反社会性人格改变，不久可发展为痴呆。精神症状无特异性，临床可根据角膜外缘出现的黄褐色环（k-F 环）和尿与大便铜排泄量增加以及血浆铜蓝蛋白减少确诊。

（二）肾脏疾病

以尿毒症最为常见。

急性尿毒症最常见的精神症状是疲劳、精神运动迟滞和情感淡漠。慢性尿毒症早期，精神症状常为主要临床表现，这些症状不具有特异性，可表现为情感淡漠、失眠、易激惹和类神经衰弱综合症；当尿毒症病情进一步恶化时，可出现嗜睡、昏睡和昏迷。慢性尿毒症患者极少出现谵妄，如伴有高血压，则可出现癫痫性抽搐、意识蒙眬或易激惹等神经精神症状。颅内压增高时，可出现头痛和锥体受损症状。长期尿毒症患者常有明显的认知功能损害，最终将发展为痴呆。

（三）呼吸系统疾病

几乎所有严重的呼吸系统疾病都可产生精神症状。呼吸困难可导致焦虑、低氧血症和高碳酸血症，低氧血症可影响判断能力、记忆甚至导致智能障碍与意识障碍。高碳酸血症会引起头痛、头晕、冷漠、健忘，严重者可导致木僵或昏迷。

慢性阻塞性呼吸系统疾病（COPD）病人的焦虑症状常见，发生率为 8%～24%，且多数是惊恐障碍，可能是由于高碳酸血症刺激蓝斑，是去甲肾上腺素系统活性增高所致。严重的 COPD 病人还常有抑郁症状。

治疗 COPD 所致的精神症状首先要注意药物的副作用，例如：虽然苯二氮类是有效的抗焦虑药物，但对呼吸中枢的抑制作用限制了其临床应用。一般来讲，抗抑郁剂比较安全，但剂量要低。

肺栓塞可表现为突然的惊恐发作，因此，术后或静脉炎的病人出现突然的惊恐发作时应留意是否并发肺栓塞。

第三节　器质性精神障碍与监管安全

监狱中罪犯以青壮年居多,可能是器质性精神障碍患病率低的一个因素。器质性精神障碍以癫痫和颅脑外伤所致精神障碍为多,两者占住院病人的10%以上,两者中又以人格改变和智力改变占多数,而且人格改变病犯是影响监管安全的重要隐患,已引起各监所的关注。近年来罪犯的年龄结构都在变,50岁以上犯人比例上升,其他器质性精神障碍有增多措施,如心脑血管病变、老年性痴呆等。由于罪犯中器质性精神障碍的特殊性,决定其发病形式,一般以慢性精神障碍为主,此类患者大都病程较长,有的作案前就有相关精神障碍病史,有一部分颅脑外伤是作案打斗所致;相反,器质性疾病所致急性精神障碍较少见。

阿尔采默氏病人存在明显的认知和人格改变,往往会产生冲动伤人或脱逃行为;癫痫和脑外伤所致精神障碍会出现人格改变、情绪抑郁等症状,同样会有冲动毁物、伤人、自杀、自伤行为,而且表现为情绪激惹多变,行为具突发性和凶残性,自我控制能力削弱。其他器质性精神障碍的一些精神症状也会引发冲动伤人行为。

器质性精神障碍在治疗原发病的基础上,对其所产生的精神症状进行对症处理,正确应用抗精神药物、抗抑郁药和心境稳定剂。如抗抑郁药和心境稳定剂对癫痫、心脑血管病变所致抑郁情绪有效,防止自伤和冲动行为;对器质性疾病所致的人格改变,抗精神药物和心境稳定剂虽有部分效果,但最重要的是进行人格行为矫治。有部分器质性精神障碍药物治疗效果并不理想,如阿尔采默氏病,有的即使有效,但需一个周期,因此被动预防很重要。被动预防重点在加强监管制度和措施的落实,如严格执行监控措施和落实危禁品清除制度等。在实际工作中,可采取针对性措施,对部分器质性精神障碍患者落实专人监护,严重者需实施约束保护。总之,监狱内的所有工作人员需提高对器质性精神障碍的认识,不仅仅在医疗上,更重要在监管工作上,加强防治与管理,确保监管安全。

(那爱国)

第六章 精神活性物质所致精神障碍

第一节 概述

精神活性物质所致精神障碍,是指来自体外的且可显著影响精神活动的各种物质所致的精神障碍。此类精神障碍按病因可包括酒依赖、酒中毒、鸦片类物质、镇静安眠药、麻醉剂、兴奋剂以及其他精神活性物质(农药、一氧化碳、重金属以及其他物质中毒)所致的精神障碍等。具有以下特征:①有一种不可抗拒的力量强制性地驱使人们使用该药,并不择手段去获得它;②有加大剂量的趋势;③对该药的效应产生精神依赖并一般都产生躯体依赖(躯体依赖也称生理依赖,它是由于反复用药所造成的一种适应状态,表现为耐受性增加和停药后戒断症状。心理依赖又称精神依赖,它使吸食者产生一种愉快满足的或欣快的感觉,驱使使用者为满足这种感觉反复使用药物,表现所谓的渴求状态;④对个人和社会都产生危害。

药物依赖性可分为躯体依赖性和精神或心理依赖性。前者指反复服用了药物使中枢神经系统发生了某些生理、生化变化以致需要药物持续地存在于体内,以免发生特殊的反应,称之为戒断综合征的现象。此种综合征指某种药物已形成躯体依赖,一旦戒药即可出现一定的躯体和精神症状。精神性依赖是指对药物的渴求。所有依赖药物都有精神依赖的特点。此时病人对药物的渴求非常强烈,以致不择手段地设法获取药物,虽然他们也认识到药物对个人的身体、家庭、社会的危害性。很多人为此而走上犯罪的道路。

耐药性是指重复使用某种药物后,其药效逐渐减低,如要取得与用药初期同等效力,必须增加剂量。药物依赖病人中有的产生耐药性,但也有的并不产生耐药性。一个人可同时对数种药物产生依赖性。

常见的成瘾药物分为:

1. 中枢神经系统抑制剂 能抑制中枢神经系统,如巴比妥类,苯二氮卓类,酒精等。
2. 中枢神经系统兴奋剂 能兴奋中枢神经系统,如咖啡因,苯丙胺,可卡因。
3. 大麻 大麻是世界上最古老、最有名的致幻剂,适量吸入或食用,可使人欣快,增加剂量可使人进入梦幻,陷入深沉而爽快的睡眠中,主要成分为四氢大麻酚。
4. 致幻剂 能改变意识状态或知觉感受,如麦角酸二乙酰胺,仙人掌毒素等。
5. 阿片类 包括天然、人工合成或半合成的阿片类物质,如海洛因、吗啡、鸦片、美沙酮等。
6. 挥发性溶剂 如丙酮、苯环己哌啶等。
7. 烟草(尼古丁)

第二节 酒精所致的精神障碍

一、概述

酒依赖、酒滥用和慢性酒中毒是遍及世界各国的重要社会问题之一,早已引起全世界人们的普遍的注意。湖南医科大学精神卫生研究所等国内五家单位对国内五城市的饮酒的流行调查结果显示,普通人群(18岁及以上)的男女及总饮酒率分别为87.3%、31.5%、61.7%,年饮酒量为3.62 L纯酒精,男性、女性和总酒依赖患病率分别为6.197%、0.044%、3.183%。而西方发达国家人均年饮酒量大约为10 L纯酒精,如美国为7.5 L,瑞士为10.8 L,英国为7.6 L,德国为12.7 L。过度饮酒可导致躯体、心理、社会多方面严重损害,神经系统损害如末梢性神经损害,癫痫和小脑坏变,基底神经节中央灰质出血、共济失调,更可以引起痴呆等。此外头部外伤在酒依赖患者较常见,可能是由于危险意外事故而致残废。过度饮酒的躯体伴发征以营养障碍很多见,可见肝硬变、胃炎、胃溃疡、肾硬化、心肌炎,以及急、慢性胆囊炎。还可产生人格改变,如自我中心倾向增强,义务感、责任感、道德减低,如对家庭、工作缺少关心照料、很少顾及亲属和家庭,对工作疏懒、怠惰不负责任,玩忽职守。不少见品德降低。此点在有过酒依赖的罪犯中尤为多见。

二、病因和发病机理

(一)酒精的吸收和代谢

有些酒精是通过胃壁被吸收,但多数是通过小肠被吸收达到血液的。被吸收的酒精几乎全部在体内破坏,酒精主要在肝脏代谢。

(二)酒精对中枢神经系统的作用

酒精剂量递增时对脑的作用分三个阶段:第一期,欣快的行为轻度障碍,约束情绪的能力受损,好交际的人变得更加健谈,沉默寡言者往往变得孤僻。第二期,功能损害的明显症状,讲话随便和步态不稳,动作完成得不准确,自我控制明显受损,不过所看到的效应取决于个人的性格和他所处环境的特点。第三期,深睡眠过渡到昏迷,"烂醉期"更大量的酒精引起延髓中枢性的损害,可因呼吸衰竭而致死。

(三)个体素质因素

1. 遗传研究 在双生子研究中,同卵双生子酒中毒的同病率明显高于异卵双生子,并且酒中毒越严重,这一差别也越大。家系研究发现,嗜酒者子女的酒中毒发生率较不嗜酒者的子女要高4~5倍。

2. 生化、酶学方面的研究 东方人在少量饮酒后即出现潮红反应,包括脸部及身体其他部位皮肤发红、头昏、头痛、嗜睡、呕吐、心率加快等,认为该潮红反应的出现是由于机体缺乏低米氏常数乙醛脱氢酶致乙醛在体内聚积、释放胺等物质而引起的毒性反应。

3. 神经内分泌方面的研究　通过对有无酒中毒家族史的人群的皮质激素研究发现，饮酒后阳性家族史者的促肾上腺皮质激素（ACTH）水平显著升高。而当摘除垂体腺后，饮酒后则极少或完全没有促肾上腺皮质激素升高，可见这一现象的产生垂体腺起着相当重要的作用。Moss 研究了嗜酒父母的儿子促甲状腺素（TSH）对促甲状腺素释放激素（TRH）反应，与对照组相比，其 TRH 基础浓度及经 TRH 作用后的 TSH 反应均有显著差异。

4. 受体学说　Myers 等通过动物实验发现，酒依赖与安眠药依赖可能存在某些共同机制。这种可能的机制是，内啡肽在饮酒的反应中起递质作用。纳洛酮则在中枢神经系统通过占据内啡肽的受体而起抑制作用。

（四）心理、病理心理因素

酒滥用与病理心理的关系十分密切。Hosselbrook 调查发现住院酒依赖者中，77%存在一种或多种精神疾患。Weissman 和 Myers 调查普通人群发现那些诊断为酒中毒的人，有 55% 同时诊断为抑郁症，60% 于酒中毒发生前存在原发性抑郁。在研究资料报道，在男性酗酒中，50% 曾诊断为反社会人格，这在年轻酗酒者中较年长者多见。

三、临床表现

（一）酒依赖

酒精依赖是由于饮酒所致的对酒渴求的一种心理状态，可连续或周期性出现，以体验饮酒的心理效应，有时也为了避免不饮酒所致的不适感，这种渴望常很强烈。

1. 酒依赖者对酒的体验　依赖的患者多数体验饮酒初期心情愉快，酒后喜欢交往，缓和紧张。这样，渐渐形成每天不断酒，以保持一定体力，以适应社会正常活动的需要，并满足个人饮酒的渴望。但当这种均衡状态被慢性酒中毒等因素所打破时，患者为了防止发生戒断症状而强烈或强迫性渴求饮酒所伴随出现的寻酒行为明显亢进，这就成为典型的酒依赖患者。

2. 精神依赖性　是指对酒的渴求。早期是对酒的一般渴求，由早期的一般渴望到出现明显躯体依赖，这一时期的精神依赖为轻度的。当发展为严重的躯体依赖时，患者恐惧戒断症状，则出现强烈和强制的饮酒渴求，导致不可遏制地搜寻酒的行为，此时，戒酒的决心和誓言化归乌有。

3. 躯体依赖性　躯体依赖是指反复饮酒使中枢神经系统发生了某种生理、生化变化，以致需要酒精持续地存在于体内，以避免发生特殊的反应，称之为戒断综合征的病征。戒断综合征是指对酒已形成躯体依赖，一旦断酒，即可出现一定的躯体和精神症状。

4. 戒断综合征　早期症状常先出现焦虑、不愉快、抑郁情绪，同时伴有恶心、呕吐、食欲缺乏、恶寒、出汗、心悸、脉搏不整和高血压等植物性神经症状。还可有睡眠障碍。震颤是酒精依赖者戒断的典型症状之一，常发生于停酒后 7~8 小时，严重者可出现不能咀嚼和站立不稳。这种震颤可由于活动或情绪被激惹而出现或加重。又可由于饮用一定量的酒在数分钟内减轻或消失。故有过酒依赖的罪犯发作时常具有冲动性。幻觉症和痉挛属于慢性酒依赖性精神障碍，大部分发生在戒酒后 48 小时以内，因此可认为属于早期戒断症状之一。震颤性谵妄，常发生于断酒后 72~96 小时，Victor 把它作为酒依赖患者后期戒断症状之一。

5. 耐受性　是指饮用原有的酒量达不到期待的药理效果,为了得到期待的效果必须增加用量。耐受性一般在青壮年达到平均的高水平,而后随中毒的加重及年龄增长耐受性降低,到了中老年期继续下降。这时酒依赖者觉"陶醉"感受被剥夺,为了追求"真的醉感"要发生连续饮酒发作,这是长期酒依赖患者常见的临床相。

6. 长期酒依赖者的某些行为特征　不分时间、场所在短时间内大量饮酒,酒量持续每天可超过纯酒精150 ml以上,虽多次宣称断酒而不能中断。一直饮到身体脱水,不能再饮酒而终止。这以后数日处于严重戒断状态。不久又陷于饮酒状态,这种反复饮酒称连续饮酒发作。也有长期酒依赖患者出现饮酒→醉酒→入睡→清醒→饮酒→醉酒→入睡,反复这样的饮酒周期,此种饮酒形式称"山型"饮酒。"连续"和"山型"饮酒是酒依赖患者饮酒方式的单调达到了极端状态。

7. 躯体并发症　酒依赖患者中,多见营养不良和各种躯体并发症。我国罪犯中根据酒依赖患者住院调查的有关报道以肝疾患、消化道疾病为主。

（二）酒精中毒性精神障碍

酒精中毒又称酒中毒,可分为急性中毒和慢性中毒两大类。

1. 急性酒精中毒　又分为普通醉酒和异常醉酒。后者包括复杂性醉酒和病理性醉酒。

（1）普通醉酒:是指一次大量饮酒,多数人可产生的对酒精的正常反应,并具有共同临床特征的醉酒。包括兴奋期和麻醉期,兴奋期由饮酒开始发生,出现欣快,汗多,精力充沛及幸福感;麻醉期即为单纯醉酒的开始,患者意识清晰度下降,出现精神运动性抑制。

（2）异常醉酒:是指酒精急性作用于异常个体的结果。是非常强烈而持续长久的精神兴奋和高级精神活动突发的严重障碍。异常醉酒分两类:与普通醉酒只有量的差异为复杂性醉酒;具有质的差异为病理性醉酒。

①复杂性醉酒,也是大量饮酒过程中迅速产生非常强并急速加深的意识混浊。醉酒的全过程比普通醉酒更激烈。其特点是急速出现的强烈精神运动性兴奋,更长时间的持续。平时人格控制体系和正常的意志支配受到破坏,人格丧失了其基本的状态。另外对环境多保持粗略的定向力,记忆大多是概括记忆。

②病理性醉酒:指酒精引起的特异质反应,主要发生于对酒精耐受性很低的人,往往在很少量饮酒后突然出现意识障碍,极度兴奋、攻击和危害行为。多伴幻觉,被害妄想也常见。一般发作持续数小时,长者一天,常以深睡结束发作。醒后对发作经过不能回忆。常有脑炎、脑外伤等病理基础和精神创伤等诱因。

2. 慢性酒精中毒性精神障碍

（1）酒中毒性幻觉症:长期饮酒引起的幻觉状态,多在突然停饮或显著减少饮酒后48小时内发生,以言语性幻听为主,伴有焦虑、恐惧情绪,夜间为重。病程为数小时、数天或数周,不超过半年。

（2）震颤谵妄:一种短暂的中毒性意识障碍状态,也常驻机构发生于长期饮酒突然停饮或减少饮酒量之后,有时也可由精神躯体因素诱发,伴有肢体震颤和抽搐,意识清晰度下降,可出现定向力障碍,幻觉以幻视为主,形象生动鲜明,在幻觉的影响下可出现攻击行为。可有发热、心率加快等自主神经功能亢进症状。

（3）酒中毒性妄想症：指长期饮酒引起的妄想状态。在意识清晰状态下出现嫉妒妄想或被害妄想，坚信配偶对自己不忠、乱搞男女关系；或坚信被人迫害，为此惴惴不安。起病缓慢，病程迁延。晚期妄想内容更加荒谬。

（4）酒中毒性脑病：指长期（一般5年以上）或大量饮酒引起的严重脑器质性综合征，主要表现为急性谵妄，人格改变，记忆缺损。包括①Wernick脑病，指一次过量饮酒后突然出现谵妄昏迷或肌肉抽搐，或眼球震颤，其后可表现淡漠，及进行性发展的痴呆。②柯萨可夫精神病：为缓慢起病，常在一次或多次震颤谵妄发作后发生，以记忆障碍为主，既有顺行性遗忘，也有逆行性遗忘。③慢性酒中毒痴呆，由于慢性酒中毒反复发生震颤谵妄，出现急性或慢性进行性人格改变，智力低下，记忆障碍的痴呆状态。

四、诊断和鉴别诊断

有使用酒精或既往有持续的饮酒史和酒依赖及酒中毒的各类精神障碍的特点和体征及社会问题，对酒精中毒和酒依赖的精神障碍诊断和鉴别诊断综述如下：

（一）酒依赖和戒断综合征的诊断

应具备下列症状两项或三项以上，病期已超过12个月的均可诊断。

1. 对饮酒具有强烈意愿或带强制性的愿望。
2. 主观上控制饮酒及控制饮酒量的能力存在缺损。
3. 使用的意图是解除戒酒产生的症状。
4. 出现过生理戒断症状。
5. 出现了耐受状态，只有增大饮酒量才可达到先前少量饮酒所产生的效应。
6. 个人饮酒方式的控制能力下降，不受社会约束地饮用。
7. 不顾饮酒引起的严重躯体疾病，对社会职业的严重影响及所引起的心理上的抑郁仍继续饮用。
8. 饮酒逐渐导致其他方面的兴趣与爱好的减少。
9. 中断饮酒产生戒断症状后又重新饮酒，使依赖特点反复重复出现，并且饮酒行为重于没有产生依赖特征的个体。

鉴别诊断应注意，戒断引起的躯体症状与其他躯体疾病引起的症状鉴别。

（二）酒精中毒性精神障碍

1. 急性酒精中毒的诊断和鉴别诊断　饮酒后引起的普通醉酒和异常醉酒应与躁狂症或其他原因中毒所引起的急性类躁狂状态及颅脑外伤、低血糖、原发性癫痫等引起的意识障碍相鉴别，应详细追问饮酒与症状的关系。

2. 慢性酒精中毒性精神障碍的诊断和鉴别

（1）震颤谵妄应与其他各种症状性谵妄（如感染中毒所引起的谵妄）状态相鉴别，前者有酒依赖或戒断综合征史。

（2）酒精中毒性幻觉症应与精神分裂症相区别。前者往往发生于酒依赖患者戒酒不久，病程短暂，预后良好。

（3）酒精性痉挛发作应与原发性癫痫、外伤性癫痫等进行鉴别。

（4）酒精性嫉妒妄想应与精神分裂症、更年期偏执性精神病鉴别。前者有酒依赖或慢性酒中毒病史。

（5）柯萨可夫精神病应与重症感染中毒、代谢障碍、头部外伤、脑血管疾病等引起的脑器质疾患类似的综合征相鉴别。

（6）酒精中毒性痴呆和人格改变与其他原因引起的脑器质性痴呆和人格变化相鉴别。

以上均可根据病史、临床特征及化验检查等予以鉴别。

五、治疗

1. 一次性断酒　戒酒治疗一般不用递减法。重症病人可用与酒精有交叉依赖的镇静催眠药或抗焦虑药来替代，后者多用苯二氮䓬类，如安定、阿普唑仑、羟嗪。然后再将替代药递减，以免又导致替代药物的依赖。安定短效且由肾排出，故适用于伴有肝病的病人。慢性酒中毒伴有严重躯体中毒者可采用递减戒酒法。

2. 用拮抗剂戒酒　1948年由丹麦学者介绍使用抗慢性酒中毒剂戒酒硫，到目前仍是重要的制剂之一。在最后一次饮酒后的24小时开始应用。最初剂量是0.25 g或0.5 g，每日口服一次，可连用1～3周。当病人用此药再饮酒，数分钟内体内乙醛聚积产生恶心、呕吐、脸红、心悸、焦虑等，使之厌恶饮酒。一般服一次戒酒硫后5天左右不能饮酒，若大量饮酒，产生严重乙醛综合征，可有生命危险，应让病人时刻记住。服用此药的禁忌症是冠状动脉疾病、心肌病、急性中毒状态、急性精神病等。

3. 支持疗法　酒依赖病人，尤其慢性酒依赖患者多以酒代饭，导致营养不良，维生素缺乏，尤其是B族维生素缺乏，因此应大量补充维生素B族和C，尤其是B族维生素，并及时补充营养，维持水、电解质平衡。

4. 慢性酒中毒的药物治疗　对戒断症状及慢性中毒的躯体及神经系统并发症，都应及时对症治疗。对于中毒性幻觉症及嫉妒妄想可用小剂量的抗精神病药。对抑郁状态可给予抗抑郁药。对于痉挛发作的戒断症状可给予安定10 mg肌注或静注，每2～4小时一次，发作消失后不需继续给药预防。震颤谵妄状态时，努力使病人安静，给予对胃无刺激的流质，多种维生素尤其是丰富的B族维生素，纠正水与电解质的失调，对不安、恐怖及痉挛可给予安定30～60 mg/d。

5. 行为疗法　给病人皮下注射阿扑吗啡后，让病人闻酒味，当病人产生恶心欲吐时让病人立即饮酒一杯，如此每日一次或隔日一次，连续10～30次后，即形成对酒的呕吐反射。通过对酒产生厌恶面断酒。

6. 综合疗法　治疗酒依赖仅采用单一方法较难得到满意效果，常常用二种或二种以上的治疗同时进行，如采用断酒、支持疗法、对症疗法、行为疗法同时进行的综合治疗，才能得到较好的疗效。

第三节 阿片类物质所致精神障碍

一、概述

阿片类物质指：①鸦片；②从鸦片中提取的生物碱，如吗啡；③吗啡的衍生物，如二醋吗啡，即海洛因；④具有吗啡样作用的化合物，如哌替啶、美沙酮等。这些物质都具有与吗啡类似的药理作用，都能形成吗啡型药物依赖性。

许多滥用者显示人格不成熟或有缺陷，常见：①愿望要立即满足，尚未学会延缓满足；②容易冲动，不经考虑便行动；③经受不住失败与挫折，呈破罐破摔的态度；④反社会倾向；⑤缺乏自信与决策能力；⑥自卑感强烈而隐蔽，内心孤独，害羞，不会交知心朋友；⑦冷酷，仇恨，缺乏爱心；⑧没有责任感。

二、作用机理

阿片类物质摄入从体后，作用于脑内某些区域的阿片受体，会产生类似内源性吗啡物质的药理作用，并抑制内源性吗啡类物质的产生，大脑必须有外源性吗啡类来保持一定的浓度，神经系统才能正常工作，于是形成躯体依赖。

三、临床表现

1. 滥用者对药效的体验 各种鸦片类物质被滥用时，药效体验彼此类似，以海洛因静脉注射最强烈，起效最快。

初尝鸦片类物质时，相当难受，常恶心呕吐、头昏、全身无力、不能集中注意、视物不清、焦虑、思睡。难受感随继续用药而消退，快感逐渐显露，二者可以并存。以静注海洛因为例，刚注入有强烈如电击的快感，继之以 0.5~2 小时的松弛状态，其时似睡非睡，自感宁静、温暖、快慰、愉悦的幻想驰骋，忧愁苦恼全消。继松弛状态之后，出现精神振作阶段，自身感觉良好，办事效率亦可，这样维持 2~4 小时，直到下次用药。美妙状态维持不了多久，对药物便产生了耐受性和依赖性，为求快感需要增加剂量。为求不出现戒断综合征每天需要多次用药。致使用药主要是避免戒断综合征，求快感反而是次要了。

2. 耐受性 鸦片类物质极易产生耐受性，为求维持药效要不断提高剂量，提高的幅度很大。海洛因镇痛剂量为 3 mg 皮下注射，而依赖者中有静注日量达 5 g 者。鸦片类物质的药理作用中，有些极易产生耐受性，如呼吸抑制、镇痛、镇静、致呕吐、致欣快等作用；有些几乎不产生耐受性，如缩瞳和致便秘作用。哌替啶的阿托品样作用和兴奋作用不产生耐受性。用量高的依赖者可出现瞳孔扩大、肌肉抽搐、震颤，有时意识模糊，甚至癫痫发作。只要停用鸦片类物质，耐受性便消除。各种鸦片类物质之间有交叉耐受性。

3. 戒断综合征和生理依赖性 鸦片类物质慢性使用，不可避免地产生生理依赖性，只要停用或减量，便出现戒断综合征。戒断综合征的典型表现是：停药后 8~12 小时哈欠、流涕、出汗。12～15小时思睡，又睡不安稳，情绪恶劣，焦虑，烦躁。其后陆续出现瞳孔扩大、鸡皮疙瘩、寒战畏冷、喷嚏；心搏快、血压上升；顽固失眠、软弱、全身疼痛，有时肌肉抽动；厌食、恶心呕吐、腹痛腹泻；狂躁攻击、或转入抑郁。以上症状于停药后36～72小时达高峰，7～10日内平息。度冷丁的戒断综合征来得快也去得快。

在出现戒断综合征的任何阶段，只要恢复用药，情况便戏剧性地好转。坚持不恢复用药，戒断综合征也会平息。7～10日后体力逐渐恢复，体重增加。然而，长时间内仍为许多慢性症状苦恼：如顽固失眠，身体各部位疼痛，胃肠道不适，乏力，全身不舒坦，情感脆弱，焦虑，抑郁，激惹，忍受不了挫折和打击。这些慢性症状是导致重新用药的因素之一。各种鸦片类物质之间有交叉依赖性。

4. 精神依赖性　表现为对鸦片类物质有强烈而持久的渴求感，由之产生不可遏止的求药行为，使戒毒的决心及誓言化归乌有。

5. 行为特征　滥用者如果较有节制、经济富裕，一段时间内生活可维持原状，甚至能够保密。不过多数依赖者的经济江河日下，窘迫时就会不择手段。吸毒团伙往往就是犯罪团伙。女性吸毒者往往卖淫。从而走上犯罪的道路。滥用者昼夜节奏常颠倒，夜间用药，白天睡觉，吃得少，不见太阳，不运动，不工作，身体日渐虚弱，性欲消失。他们常后悔，也有戒毒的愿望，但深受药物控制，无力自拔。

6. 多药联用　西方的海洛因依赖者大都联用镇静催眠药、酒、大麻、可卡因等。国内的海洛因依赖者联用安定、头痛粉、咖啡因。

7. 并发症　常见营养不良、便秘和感染性疾病。静脉注射引起的并发症多且严重，可并发肝炎、梅毒、痢疾、破伤风、蜂窝织炎、血栓性静脉炎、败血症、细菌性心内膜炎、肺栓塞等。而最为严重的是通过共同注射器传播爱滋病毒。

8. 过量中毒　为追求强烈药效，静注海洛因过量中毒者常见，在的当时死亡。有时难与蓄意自杀分辨。鸦片类物质过量中毒三联征为：针尖样瞳孔，呼吸抑制（可慢至2～4次/分，表浅），昏迷。

四、诊断

临床上一般采用CCMD-3的操作性标准：符合精神活性物质所致精神障碍诊断标准，有理由推断精神障碍系阿片类物质（如阿片、海洛因、哌替啶）所致。

症状标准：

①有精神活性物质进入体内的证据，并有理由推断精神障碍系该物质所致；

②出现躯体或心理症状，如中毒、依赖综合征、戒断综合征、精神病性症状，及情感障碍、残留性或迟发性精神障碍等。

严重标准：社会功能受损。

病程标准：除残留性或迟发性精神障碍之外，精神障碍发生在精神活性物质直接效应所能达到的合理期限之内。

排除标准：排除精神活性物质诱发的其他精神障碍。

五、治疗

1. 药物剂量递减法　包括依赖药物和替代药物剂量的递减，用替代递减法来治疗鸦片类依赖,如用美沙酮替代已成为最常用的手段之一。国外关于美沙酮替代递减的用药原则多为"首日量维持 3 天,递减先快后慢",用药时间通常为 21 天。该法有效地控制戒断症状,但波动较大,用药时间也较长,美沙酮本身又有依赖性,应予重视。美沙酮替代递减法对鸦片类依赖有肯定的疗效,但不能解决戒毒后的心理依赖,对成瘾者应进行具体个性心理特征的干预,培养他们的自信心和自尊心,训练他们适应社会的能力及应激能力,提高自控能力。

2. 冷火鸡戒断法　指硬性停药,7～10 天即完成戒断,简单快速,但痛苦较多,年老体弱者不适用。主要用于鸦片类药物的戒断治疗。

3. 支持治疗　各种支持疗法十分重要,以改善病人营养状况,减轻戒断症状及急慢性中毒症状。

第四节　其他精神活性物质所致的精神障碍

一、抗焦虑药依赖

目前使用的抗焦虑药主要为苯二氮䓬类,即安定、阿普唑仑、三唑仑等。该类药物可以减轻焦虑、紧张、恐惧,稳定情绪,兼有镇静催眠及肌肉松弛作用。在临床上应用广泛,故不合理应用也较多,形成依赖者不少见。

长期大剂量的不合理应用,导致成瘾,出现慢性中毒症状,表现为消瘦乏力、皮肤无光泽、性功能障碍、失眠、焦虑、情绪低落不稳。有的甚至出现人格改变、走路不稳及癫痫发作。突然停药后出现戒断症状,表现为恶心、食欲减退、头痛、抑郁、兴奋、感觉过敏、非现实感,个别出现幻觉妄想。

此类药物戒断时可首先应用半衰期长的药物(如安定),然后逐渐减量。具体减量方法可为:第一天减半量,以后每 3～5 天减 10%～20%,在 4～8 周内减完;也可每周平均减 25%,在 4 周内减完。在减药过程中出现反跳和撤药症状,可尝试应用小剂量的卡马西平、抗抑郁剂及普萘洛尔等。同时加强心理治疗。

二、大麻类成瘾

大麻是一种大麻科、大麻属一年生草本植物。其中精神活性物质统称为大麻类物质。大麻的精神效应是一个复杂的问题,吸食大麻的急性精神症状可分为四期:①陶醉兴奋期:吸食后产生一种自得其乐的情绪高涨状态,即欣快感,还可产生不同程度的梦境状态、松弛感和滑稽感。②发展期:视、嗅、听等感官敏感,对外界事物或微小刺激可通过自身想象而扩大,将现实世界变成一个不真实或扭曲的世界。③深度幻觉期:通过想象,深深地进入了一个虚无缥缈的境界,虽然尚保持一定的自知力,但有思维联想障碍。④沉睡期:经过几小时的折腾之后,进入沉睡,醒后有疲劳感。

长期吸食大麻可引起心肺功能损害、抑制雄性动物精子生成,但未发现大麻引起明显的躯体依赖。

三、烟草依赖

近20年来，我国已成为世界烟草大国，香烟产量为第二产烟大国美国的3倍。烟草导致吸烟者依赖的主要物质为尼古丁，烟草成瘾者在无烟可吸时，对烟草有强烈的渴求感，并出现戒断症状，如头痛、失眠、易激惹。部分吸烟者往往感觉烟可以消除烦恼，提高工作效率，但事实上，尼古丁的兴奋作用时间很短，随后是长时间的抑制。

可用厌恶疗法进行戒烟，在产生吸烟的欲望或取烟、点火等行为时给予手部电击，反复进行，直到患者将吸烟与电击联系起来，消除吸烟的念头和行为动作。同时联合认知疗法，反复强调吸烟对身体健康的危害，吸烟是一种不良行为习惯。药物上可尝试可乐定戒烟治疗。

第五节　精神活性物质所致精神障碍与监管安全

在监管场所，精神活性物质所致的精神障碍患者多伴有人格改变，加之监狱封闭单调的改造环境，他们比其他罪犯更容易冲动，甚至攻击他人，对监管安全构成严重威胁，故在对此类病犯进行常规治疗的同时更应加大监管安全的力度，以防发生攻击伤人案件。这类犯人入狱后，会置监规纪律于不顾，不择手段地利用接见、亲情会见、外出等一切机会去获得毒品，甚至将毒品藏匿于包裹中邮寄，甚至采取难以想象的手段进行窃取，这类人常常违犯监规纪律，易怒，冲动攻击，或抑郁，严重影响监管安全，应重点加强防范和监护。

（储井山）

第七章 精神分裂症

第一节 概述

精神分裂症是一组病因未明的精神病,多起病于青壮年,常缓慢起病,具有思维、情感、行为等多方面障碍及精神活动不协调。通常意识清晰,智能尚好,有的病人在疾病过程中可出现认知功能损害。自然病程多迁延,呈反复加重或恶化,但部分病人可保持痊愈或基本痊愈状态。

对精神分裂症的认识应追溯到19世纪中叶,欧洲精神病学家将本病不同症状分别看成独立的疾病。1896年,德国克雷丕林在长期临床观察研究的基础上,认为上述不同描述并非独立的疾病,而是同一疾病的不同类型。20世纪瑞士精神病学家布鲁勒对本病进行了细致的临床学研究,指出情感、联想与意志障碍是本病的原发性症状,而中心问题是人格的分裂,故提出了"精神分裂"的概念。加以本病的结局并非皆以衰退告终,因此建议命名为精神分裂症。

关于精神分裂症,一直是精神病学家们努力精心研究的领域,近十年来,取得了一些进展,获得一些鼓舞人心的发现,如脑代谢及结构的变化,免疫功能异常等,但仍缺乏特征性,缺乏生物学指标。我国学者目前仍将精神分裂症看作是一个疾病单元,知、情、意三者不协调具有特征性。关于疾病的本质,究竟是一个疾病单元还是具有相同症状特点的一组疾病,仍然是一个长期以来有争议的问题,有待于遗传、生化、脑结构形态、临床和长期的追踪研究和阐明。

本病是精神病中患病率较高的一种。1993年国内七个地区精神疾病流行病学协作调查显示,精神分裂症的总患病率为6.55‰(包括已愈及现患),时点患病率为5.31‰。女性总患病率为7.69‰,明显高于男性(5.41‰),女性时点患病率为6.65‰,亦明显高于男性(3.96‰),2000年某省监狱管理局精神病院在某个监狱的调查显示,精神分裂症的患病率为0.44%。在住院病犯中比例最高,占46.52%。2016年狱内开展的现况调查显示,精神分裂症、分裂型障碍和妄想性障碍患病率为1.51%。精神分裂症的患病率和家庭经济水平呈负相关。发病年龄与临床类型有关。

第二节 病因与发病机制

一、遗传因素

自从1916年开始对精神分裂症的遗传学认真研究以后,半个多世纪以来系统的家谱调查,证明遗传因素在精神分裂症的发生中具有一定作用。精神分裂症患者亲属中的患病率比一般居民高得多,与病人的血缘关系愈近,患病率则愈高。

对精神分裂症孪生子的研究,单卵孪生的同病率比双卵孪生一般高 4～6 倍。另一种研究是将由寄养长大成年后发生精神分裂症的病人作为先证者,与同样寄养长大而无精神病史者相比较,对两组的家属成员进行调查。结果发现先证者的血缘亲属中精神分裂症等类似障碍的发生率比对照组高,而寄养家庭亲属中的发病情况则与对照组相接近。这些资料进一步说明遗传因素在精神分裂症发生中的作用。

二、环境中的社会心理和生物学因素

精神分裂症可在各种精神创伤和躯体因素和影响下急性发病这一事实,一直是本病病因学研究的重要方面。

1. 内分泌因素 本病大多在青春期前后性成熟期发病。部分病人在分娩后急遽起病。此外,精神分裂症的复发率在绝经阶段也较高。内分泌在发病中具有一定作用。甲状腺、性腺、肾上腺皮质和垂体功能障碍,也曾被不少学者疑为本病的病因。

2. 病前个性特征 部分精神分裂症病人在病前即存在一些特殊的个性特征,如孤僻、内倾、怕羞、敏感、思维缺乏逻辑性、好幻想等。有的作者称之为分裂症性人格。

在对精神分裂症病人的调查中可发现病前性格具有主动性差、依赖性强、胆小、犹豫、孤僻、敏感、好幻想较为多见。

3. 环境因素 精神分裂症可在各种精神创伤和躯体因素的影响下急性发病的事实,一直是本病病因学研究的重要方面。

4. 社会心理因素 国外的研究发现患病率与社会阶层呈负相关,患病率在低社会阶层与高社会阶层之比为 9∶1,以最低的社会阶层患病率最高。服刑罪犯中缺乏家庭、社会支持常可为精神分裂症发病的诱因之一。

根据病因学研究的现有资料证明,遗传因素在精神分裂症的发生中具有重要作用。多数病人具有内向的个性特征,有易感素质。社会和心理应激以及环境中的生物学因素,特别是围产期感染、中毒或外伤、母孕期的病毒感染等均可能作为环境危险因素影响本病的发生。

三、神经生化病理的研究

有关精神分裂症患者的生化病理基础研究,主要有以下几个方面

1. 多巴胺功能亢进假说 与多巴胺受体功能阻滞有关。各种高价的抗精神病药物,均是强有力的 DA 受体阻滞剂,长期服用大量苯丙胺的患者,可以出现与精神分裂症妄想型十分相似的症状,因此推测,至少在精神分裂症妄想型的发生中,可能与 DA 功能亢进有关。

2. 5-羟色胺假说 吲哚类致幻剂一向被认为是精神分裂症幻觉的模型。拟精神病药物 LSD-25,是 5-HT 的抗代谢物,能在健康人身上引起一过性类似精神分裂症的症状。

3. 神经肽和精神分裂症 自从发现神经肽、内啡肽对动物情绪和行为有明显影响且与脑内 DA 系统功能有密切关系以来,在精神病学领域内引起很大兴趣。

精神分裂症脑脊液内有内啡肽含量增高,且随病情改善而随之下降的报告,一度曾

使人推测内啡肽过多与本症的发生有关,吗啡拮抗剂可能起到治疗作用。

4. 其他有"多巴胺能系统和谷氨酸系统功能不平衡假说""额叶—纹状体功能缺陷假设"等假说,近年提出精神分裂症患者有额叶功能减低的看法,但均有待于深入研究。

四、大脑病理解剖和结构研究

对精神分裂症病人的病理解剖研究,在慢性病例可见大脑皮质轻度萎缩和脑室扩大。显微镜下所见主要为退行性变化,中胚层反应缺如,未见炎性现象。这些变化没有特异性。

近30年来新技术的应用,如电子计算机断层扫描;核磁共振,PET,组织病理学研究的新技术以及在临床病例选择上注意诊断标准和对照组。所得资料进一步肯定了精神分裂症脑结构异常并不罕见,较正常对照组更为常见,但这些病变是非特异性的。除大脑皮层外,见于边缘系统、视丘下部、胼胝体、导水管周围灰质及脑干、小脑蚓部。

五、其他如眼运动功能障碍

大多数精神分裂症病人的快速扫视系统在追踪目标时,应该抑制时不受抑制,有时病人的平稳慢追踪运动完全为快扫视运动所替代。

从以上资料研究表明,精神分裂症是一种具有遗传基础的疾病,生物、心理和社会因素对发病具有一定的影响,遗传因素、环境因素(包括心理社会应激和生物学因素)在本病发生中的作用,得到更多科学资料的支持,即是否患精神分裂症取决于遗传负荷和环境因素两者的影响,部分患者具有神经生化病理改变和脑结构形态异常。总之,无论精神分裂症的内因还是外因,以及与临床特点的关系,都有待进一步研究。

第三节 临床表现

一、精神症状

精神分裂症的症状极其复杂多样,临床实践表明,精神分裂症的症状就其临床特点来说,可以分为带有特征性的症状和其他常见症状两大类。前者的主要特征是"精神分裂",即精神活动脱离现实,与周围环境不协调,以及思维、情感、意志活动之间的互不配合。其他常见症状,并不是各个类型都具有的。但在一定类型一定阶段可以是本病主要的和突出的症状。这类症状虽可见于其他功能性或器质性疾病,但在本病,从症状的发生、结构、内容等方面也反映"精神分裂"的一定特征。某些时候十分突出,因此具有一定的诊断意义。属于后者的有幻觉、感知综合障碍、妄想和紧张综合症。现分别介绍如下。

(一)特征性症状

1. 思维联想障碍　思维联想过程缺乏连贯性和逻辑性,是精神分裂症最具有特征性的障碍。其特点是病人在意识清楚的情况下,思维联想散漫或分裂,缺乏具体性和现实性。最典型的表现为破裂性思维,即病人的言语或书写中,语句在文法结构上虽然无异常,但语句之间、概念之间,或上下文之间缺乏内在意义上的联系,因而失去中心思想和现实意义,如有的病犯称:"我劳动完成得很好,早饭吃得早,我一个人,不管其他事的……"有时逻辑推理荒谬离奇(逻辑倒错性思维)或表现为中心思想无法捉摸,缺乏实效的空洞议论。

思维障碍在疾病的早期阶段可仅表现为思维联想过程在内容意义上的关联不紧密,松弛。此时病人对问题的回答叙述不中肯、不切题,使医生感到与病人接触困难,称联想松弛。

思维障碍的另一类形式,是病人用一些很普通的词语、名词,甚至以动作来表达某些特殊的,除病人自己外旁人无法理解的意义,称象征性思维。如某一病人突然扑到正在疾驰的汽车轮胎下面,表示要"投胎"。此时病人往往以同样方式创造新词,把两全或几个无关的概念词或不完整的字或词拼凑起来,赋以特殊的意义,即所谓语词新作。

精神分裂症患者的联想过程可在无外界因素影响下突然中断,或涌现大量的强制思维,有时思维可突然转折,或出现一些无关的意外的联想。这类联想障碍往往伴有较明显的不自主感,病人感到难以控制自己的思想,并常常作出妄想性的判断,如认为自己的思维受外力的控制或操纵。

2. 情感障碍　情感迟钝淡漠,情感反应与思维内容以及外界刺激不配合,是精神分裂症的重要特征,最早涉及的是较细致的情感,如对别人的关怀,同情,对亲人的体贴。病人对周围事物的情感反应变得迟钝或平淡,对生活、学习的要求减退,兴趣爱好减少。随着疾病的发展,病人的情感体验日益贫乏,对一切无动于衷,甚至对那些使一般人产生莫大悲哀和痛苦的事件,有的病犯在得知其母亲病亡时,表现得冷淡无情,无动于衷,丧失了对家人的情感联系。还有的病人,对亲人不远千里来会见,表现亲视若路人,不与家人交谈,不会情感表达,不能建立情感上的联系。这在诊断上具有很大意义。

此外,可见到情感反应在本质上的倒错,病人流着眼泪唱愉快的歌曲,笑着叙述自己的痛苦和不幸,或对同一事物产生对立的矛盾情感。

3. 意志行为障碍　在情感淡漠的同时,病人的活动减少,缺乏主动性,行为被动、退缩,即意志活动低下。有的病人对社交活动缺乏应有的要求,不主动与人来往,对学习、生活和劳动缺乏积极性和主动性,行为懒散,无故不愿劳动。严重时病人行为极为被动,终日卧床或呆坐,无所事事。随着意志活动愈来愈减低,病人日益孤僻离群,脱离现实。

有些病人吃一些不能吃的东西,如吃肥皂、昆虫、草木,喝痰盂水,或伤害自己的身体。有的病人可在一段时间内保持给予的姿势不动,或机械地重复周围人的言语或行为。如医生问:"你叫什么名字?"病人答:"你叫什么名字?"有时可出现一些突然的、无目的性的冲动行为:如一连几天卧床不动的病人,突然从床上跳起,打碎窗上的玻璃,以后又卧床不动。行为动作不受自己意愿的支配,是具有特征性的症状。

上述思维、情感、意志活动三方面的障碍使病人精神活动与环境脱离,行为离奇、孤僻离群,加之大多不暴露自己的病态想法,沉醉在自己的病态体验中,自乐自笑,周围人无法了解其内心的喜怒哀乐,称之为内向性。

(二) 其他常见症状

1. 幻觉和感知综合障碍　幻觉见于半数以上的病人,最常见的是幻听,主要是言语性幻听。病人听见间隔几十米的监房犯人说话,称:"他们说我犯了重罪,要枪毙了",有的甚至听到邻居说话,内容往往是使病人不愉快的。具有特征性的是听见两个或几个声音在谈论病人,彼此争吵,或以第三人称评论病人。语声常威胁病人、命令病人,或谈论病人的思想,评论病人的行为。如病人正在读报,语声告诉病人应该读这一行,不应该读那一行。甚至病人在洗脸、做饭时,语声不断指点病人,应该这样做,不应该那样做,甚至批评他。病人可以清楚地听出议论他的每一句话。

有时声音重复病人的思想,病人想什么,幻听就重复什么。如病人对医生讲:"我在想对医生说什么,还没有来得及说出来,但我的思想已在外面说出来了,广播了。"有的病人以默念的方式听到自己的思想。幻听的内容多离奇,不现实。

病人行为常受幻听支配。如与声音做长时间对话、发怒、大笑、恐惧,或喃喃自语,作侧耳倾听状;或沉于幻听之中,自笑、自言自语、作窃窃私语状。幻听可以是真性的:声音来自客观空间,外界。较常见的是假性幻觉,即病人听见脑子里的声音在对话,在谈论他。

精神分裂症患者的幻视相对少见。很少单独出现,常常与其他幻觉一起存在。

幻触、幻嗅、幻味较少见。如病人诉述身上有触电感、电击感,脸上像撒上了药面;或内脏器官有异常感:腹内有蠕动感,好像有蛇、有小动物在爬,即内感受器幻觉。少数病人可尝到食物中有怪味、药味等。

感知综合障碍在精神分裂症并不少见。人格解体在精神分裂症有一定特点,如病人感到脑袋离开了自己的躯干,丧失了体重,身体轻得好象风能吹得起来,走路时不感到下肢的存在等。

2. 妄想　妄想是精神分裂症最常见症状之一。在部分病例中妄想可非常突出。精神病犯的妄想内容多以被害妄想、关系妄想、影响妄想最为常见,还可见疑病、钟情、自责自罪、嫉妒等妄想。夸大妄想不常见,往往继发于被害妄想基础上,如病人深信自己被某个有特殊权力的机构所跟踪,他进而认为,如果花那么大的力量对自己追踪,那么自己一定是一个非常显要或有特殊天才的人物了。

妄想可分为原发性和继发性,继发性妄想常发生于幻觉等基础之上。结构可系统而严密,也可片断、零乱。精神分裂症妄想的主要特点是:①内容离奇,逻辑荒谬,发生突然。②妄想涉及的范围有不断扩大和泛化趋势或具有特殊性意义。如认为周围人的一举一动是针对他的,声称:全监区的犯人在议论他……有的甚至妄称全监狱的人都在议论他,电视节目都含沙射影地在说他。有些妄想病犯认为周围人的一言一行,咳嗽、吐痰、关门……都是信号,有特殊意义,也就是暗示自己将要发生什么。③病人对妄想的内容多不愿主动暴露,并往往企图隐蔽它。病人不愿回答与妄想有关的问题,包括对自己的亲人。有的病人甚至将写在纸上的被害控诉也小心翼翼地收藏起来。

原发性妄想几乎只见于精神分裂症,此时妄想的产生并不以感知、意识、情感或其他精神障碍,或病人的特殊心理状态为基础,而一旦出现病人立即深信不疑。如一病犯称有一天走进监房,突然感到其他人的脸色都与平时不一样了,周围人的神色反常并用特殊的眼光看着自己,突然感到环境的气氛发生了变化,有人从身旁走过时,回看他一眼,还用手摸摸脑袋,他认为这些都是信号。

精神分裂症的特征在精神自动症中表现十分突出。病人坚信有外力在控制、干扰和支配自己的行动和思想,而自己则完全不能自主,甚至有某种特殊的仪器、电波、电子计算机或一种莫名其妙的力量在控制自己。有些病人则甚至坚信自己的内心体验或所想的事,已尽人皆知了,病人也说不出是怎么被人探知的,即内心被揭露感。如被控制感、强制性思想与假性幻觉、内心被洞悉感相结合,即所谓康金斯基-克拉伦波精神自动症综合征。

3. 紧张综合症　此综合征最明显的表现是紧张性木僵:病人缄默、不动、违拗或呈被动性服从,并伴有肌张力增高。病人的姿势极不自然,严重者可见蜡样屈曲,病人的任何部位可随意摆布并保持在固定位置。有时可突然出现冲动行为,即紧张性兴奋:病人行为冲动,动作杂乱,做作或带有刻板性,此时病人缄默不语,或有片断的破裂性言语。

精神分裂症病人一般没有意识障碍。妄想、幻觉和其他思维障碍一般都在意识清楚的情况下出现,无智能障碍,自知力缺如。

吕成荣等人研究了369例精神分裂症住院病犯,发现被害妄想、情感淡漠、思维散漫、意志减退症状显现率较高。偏执型、未定型比例较大。存在特殊境遇下的无罪妄想(7.32%)及赦免妄想(3.25%)。

二、躯体和神经系统变化

精神分裂症患者的神经系统检查,如发现有个别神经系统体征,通常不稳定,都不具有特征性。血液和脑脊液一般正常。

精神分裂症病人的气脑造影图、CT、MRI研究,发现部分病人有脑室扩大、额叶变小。且这些变化与所用神经阻滞剂和病程没有明显的相关。多见于慢性精神分裂症。但由于无损伤性脑成像技术在临床上较广泛的应用,现有资料表明,脑结构性变化可见于早期病人,且与服用神经阻滞剂和病程没有关系。

精神分裂症病人脑电图缺乏特征性变化,大多数属于正常范围。事件相关电位P300为内源性诱发电位,是一个高波幅,长潜伏期正相波,多在刺激后300~500毫秒内出现。在精神分裂症病人P300常似乎与受试者的注意缺陷有关。部份精神分裂症病人P300波幅较正常人降低,潜伏期延长。

三、早期症状

(一)症状

精神分裂症的早期症状多种多样,一般与起病类型有关。本病起病形式不一,可慢性、亚慢性或急性。临床上以缓慢起病者最为常见,缓慢起病者约占70.6%,此时病程进展缓慢,一般很能难确切估计起病的时间。早期症状以性格改变和类神经官能症症状最为常见。病人的精神活动逐渐变得迟钝。对人冷淡,与人疏远,躲避亲人并怀敌意;或寡言少语,好独自呆坐,或无目的漫游,生活懒散,不遵守纪律,对周围人的劝告不加理睬。有的病人表现为性格反常。好无故发脾气,不能自制,敏感多疑;或沉溺于一些脱离现实的幻想、自语、自笑;或无端恐惧。此时常常不容易被他人理解为病。

部分病人可表现为类似神经官能症症状:各种不舒服的感觉:失眠、头痛、易疲劳,往往注意力不集中,情绪不稳,工作缺乏热情,学习和工作能力下降。可持续数周到一年余。

有的病人则出现强迫状态:怕脏,怕得病,怕说错话,怕别人看自己或毫无原因的恐惧，或表现为刻板仪式动作，可持续数月至数年。

某些病人的早期症状为人格解体，病人感到自己的体形变了，有的出现疑病观念，但总的来说这类早期症状不固定，时隐时现。

部分病人亚急性起病，从可疑的症状出现到明显的精神异常可持续两周到三个月。此时情感障碍表现抑郁、忧愁、容易发生强迫症状或疑病观念，继之产生妄想性体验，可持续数周至数月。

急性起病的病人，一般在两周以内发病。病人突然出现兴奋躁动，冲动毁物，行为反常，情感恐惧不安、困惑，或毫无原因的喜悦。

在明显精神刺激下起病的患者，情感焦虑，言语增多，并有片断妄想。妄想内容可反映精神刺激，但内容零乱，逻辑推理荒谬。

【典型病例】张某，男，24岁，未婚，初中文化，盗窃罪，刑期7年。患者排行老三，个性外向，好动，初中毕业，成绩尚好。2008年11月入监，初期能完成生产劳动任务，与他犯关系可。2011年9月无明显原因的急性起病，在监区内自语、自笑，言语内容含糊不清，令人费解，涉及"外星人、大中国、战争"等内容。行为怪异，随地小便，别人劝阻时嬉笑不止；将袜子套在头上；趁人不注意时摸别人头部，然后若无其事的走开。民警找其谈话时，言语紊乱，无法交谈。精神检查：患者坐立不安，不住的挤眉弄眼，做各种怪异动作，随地吐痰，毫无犯人身份意识，对问话回答不切题，思维散漫，自语，无幻觉，未查及固定、系统妄想，无自知力。

【典型病例】王某，男，24岁，初中文化，未婚，盗窃罪，刑期13年。患者刚入监时表现一般，后逐渐感到头脑及手脚不做主，似乎有一种外在的力量在控制自己的一言一行，控制自己讲话、吃饭穿衣，患者认为是小鬼在作怪，反复要求监区民警为自己驱鬼，并且行为冲动，多次用筷子小勺等物品猛捣自己太阳穴，企图自杀。精神检查：患者存在命令性幻听，被害妄想，被控制感。智能正常，无自知力。

（二）精神分裂症Ⅰ型和Ⅱ型两个综合症的概念

英国学者T.Crow根据研究，提出了本病的病理变化除神经生化成分外，尚有一个结构成分。后者与预后差、智能损害有关。他提出了两个综合症：Ⅰ型和Ⅱ型；与临床阳性症状和阴性症状，神经阻滞剂的不同治疗反应和预后，以及以两种病理过程为基础的假设。Ⅰ型以妄想、幻觉等阳性症状为主要表现，对药物治疗效果好；Ⅱ型则是以情感淡漠、言语贫乏为主要表现，治疗效果相对差。

也有人对住院精神分裂症病人的阳性症状和阴性症状进行观察，发现阴性症状：包括社会功能缺陷、言语贫乏、情感淡漠、活动过少或紧张性木僵的出现时间较阳性症状晚、持续时间较长。

Crow认为二个综合征是相对独立的过程，在同一病人身上可以同时存在，但在病程的不同时间内，则是单一病原的不同表现。

（三）精神分裂症症状的分类认识进展

近年来，从五个维度上进行分类研究。

1. 阳性症状　妄想；幻觉；语言与交谈脱离现实；言语紊乱；行为紊乱；紧张行为；激越。

2. 阴性症状　情感平淡；情感退缩；情感不协调；被动表现；情感淡漠的社会退缩；抽

象思维困难;缺乏主动性;刻板思维;失语症;意志力减退;兴趣缺乏;注意力缺陷。阴性症状最终会决定患者的预后和结局好坏。

3. 认知障碍　目标表达和维持问题;注意力资源分配问题;注意力集中问题;注意力维持问题;评估能力的问题;监测能力的问题;主次排序的问题;依据外界信息调节行为的问题;持续学习的问题;语言流畅性受损;解决问题能力的障碍。认知障碍强调"执行功能障碍"。

4. 情感症状　情感迟钝淡漠,情感反应与思维内容以及外界刺激不配合。情感障碍是精神分裂症的重要特征。

5. 攻击和敌意症状　敌对、愤怒行为,指责别人,认为他人是故意作对,甚至作弄自己,出现言语或行为攻击行为。

四、病程和预后

精神分裂症病程具有不断发展、逐渐加重的趋势。临床表现的主要形式有持续进行和间歇发作两种。前者病程不断发展,精神症状日益加重。间歇发作者的病程在精神症状急剧出现一段时间后,间隔以缓解期。缓解时,精神活动基本恢复正常,也可遗留一定的病相或缺损。部分病例随着病程的进展,发作次数的增加,系统的妄想变得片断、零碎,而精神衰退症状则日益加重,逐渐成为主要的临床症状。此时病人言语内容贫乏,孤僻内向,意志缺乏,社会功能严重受损,形成一种特殊的"痴呆"状态。这种"痴呆"与一般器质性痴呆不同,不以记忆力和已获得知识的丧失来表现,而由病人的情感淡漠、意志活动低下或缺乏所构成。

病程进行快慢不一,大部分病人遗留缺损症状,部分病人以衰退为归转,但也有发作一次症状缓解后精神活动基本恢复而无缺损者。缓慢起病组病人的衰退率较急性起病组高一倍左右。说明病程性质和起病形式与预后关系十分密切。

自从早发性痴呆的概念问世以来,一般认为精神分裂症各类型中以青春型、单纯型的预后最差。随着现代物理疗法和药物疗法的进展,明显地提高了疾病的临床缓解率,人们对精神分裂症预后的看法比半个世纪以前乐观了。目前偏执型的预后几乎与急性紧张型相等,青春型在药物治疗后也能获得较好的缓解,单纯型的预后仍最差。

第四节　诊断和鉴别诊断

一、诊断依据

精神分裂症的诊断在遗传生物学、生物化学等实验室检查尚未发现有特异性变化以前,诊断主要依据临床特点,即建立在临床观察和描述性精神病理学的基础上。

精神分裂症是一组原因未明的精神病。分类和诊断标准是与对本病的概念有关,其有效性有待于病程和预后、对治疗的反应、遗传学资料以及生物学调查的检验,严格地说,概念处于假设阶段。要证实这些,需要有一个明确的诊断程序,且有可重复性。操作性诊断标准是基于这个考虑而在近十年来发展起来的。

当前国际上影响较大的诊断标准是世界卫生组织制定的国际疾病分类第十次修订版和美国精神障碍诊断和统计手册第五版和最近发表的 ICD-10 和 DSM-5。

我国自 1984 年制定精神疾病及分类标准以来,至今已成中国精神障碍分类与诊断标准(CCMD-3),精神分裂症的诊断标准及其分型诊断如下:

【症状标准】至少有下列 2 项,并非继发于意识障碍、智能障碍、情感高涨或低落,单纯型分裂症另规定:

(1) 反复出现的言语性幻听;
(2) 明显的思维松弛、思维破裂、言语不连贯,或思维贫乏或思维内容贫乏;
(3) 思想被插入、被撤走、被播散、思维中断,或强制性思维;
(4) 被动、被控制,或被洞悉体验;
(5) 原发性妄想(包括妄想知觉,妄想心境)或其他荒谬的妄想;
(6) 思维逻辑倒错、病理性象征性思维,或语词新作;
(7) 情感倒错,或明显的情感淡漠;
(8) 紧张综合征、怪异行为,或愚蠢行为;
(9) 明显的意志减退或缺乏。

【严重标准】自知力障碍,并有社会功能严重受损或无法进行有效交谈。

【病程标准】

(1) 符合症状标准和严重标准至少已持续 1 个月,单纯型另有规定。
(2) 若同时符合分裂症和情感性精神障碍的症状标准,当情感症状减轻到不能满足情感性精神障碍症状标准时,分裂症状需继续满足分裂症的症状标准至少 2 周以上,方可诊断为分裂症。

【排除标准】排除器质性精神障碍,及精神活性物质和非成瘾物质所致精神障碍。尚未缓解的分裂症病人,若罹患本项中前述两类疾病,应并列诊断。

二、鉴别诊断

具有典型精神分裂症症状的病例,按操作性诊断标准,诊断一般不困难。当症状表现不典型、不明确时,需要与下列疾病鉴别。

1. **神经衰弱** 部分精神分裂症病人,特别是早期可出现失眠、易疲劳、劳动能力下降等类似神经衰弱的症状。但神经衰弱病人的自知力是完整的,病人完全了解自己的病情变化和处境,有时还对自己的病情作出过重的估价,情感反应也强烈,并积极要求治疗。早期精神分裂症病人有时虽可有自知力,但不完整,没有相应的情感反应和迫切治疗的要求。可发现这些病人有兴趣减少、情感迟钝、行为孤僻或思维离奇等症状。

2. **强迫性神经症** 某些精神分裂症的早期阶段以强迫症状为主,需要与强迫性神经症相鉴别。精神分裂症强迫状态具有内容离奇、荒谬和不可理解的特点,自知力一般不完善,病人摆脱强迫状态的愿望不强烈,为强迫症状纠缠的痛苦体验也不深刻,这些都与强迫性神经症不同。随着病程的进展,情感反应日趋平淡,并在强迫性症状的背景上,逐渐出现精神分裂症的特征性症状。

3. **抑郁症,抑郁发作** 紧张性木僵病人需要与抑郁症鉴别。抑郁症病人活动减少,严重时可以达到亚木僵或木僵状态。此时病人思考问题困难,动作极度缓慢,外表与紧张性木僵十分相似,但两者的情感障碍和与环境的接触有本质的不同,抑郁症病人的情感是低沉而不是淡漠。紧张性木僵病人不管医生用什么办法,尽多大努力,均不能引起病人情感上的共鸣或应答性反应。病人表情呆板,淡漠无情,有时可伴有违拗。

4. 躁狂症,躁狂发作　急性起病并表现兴奋躁动的精神分裂症病人,外观上可以与躁狂病人很相似,两者的情感反应以及与周围的接触明显不同。躁狂症病人的情感活跃、生动、有感染力,其情感表现,不论喜怒哀乐均与思维内容相一致,与周围环境协调配合,保留着与人情感的交往。此外,躁狂病人对周围环境的接触主动、洞察反应敏捷也是其重要特点。精神分裂症病人虽然活动增多,但不伴有情绪高涨;病人与环境接触不良,情感变化与环境也不配合,且动作较单调刻板。

5. 应激相关障碍　在精神创伤直接影响下发病的精神分裂症病人,在疾病早期思维和情感障碍均可带有浓厚的反应性色彩,需要与反应性精神障碍相鉴别。精神分裂症随着病情的发展,妄想的内容离精神因素愈来愈远,日益脱离现实,在结构和逻辑推理上愈来愈荒谬。病人不主动暴露其内心体验和缺乏相应的情感反应,均有助于鉴别。反应性精神障碍病人主动叙述自己的不幸遭遇,以求得到周围人的支持和同情,病态体验在逻辑推理上接近正常人,且情感反应鲜明强烈。此外病人接受心理治疗的态度是主动的。精神症状随着精神刺激的解除可以逐渐减轻、消失。

6. 偏执性精神障碍　偏执性精神障碍是一组疾病的总称,其共同点是以系统的妄想为主要临床症状,行为和情感反应与妄想观念相一致,无精神衰退,智能保持良好。精神分裂症有时需要与之相鉴别。后者都是不健全人格和心理因素相互作用而发生的。这类病人多具有特殊的性格缺陷,表现为主观、固执、敏感、多疑、自尊心强、自我为中心和自命不凡的特点,后者的妄想是对事实的片面评价的基础上发展起来的,思维始终保持有条理和有逻辑,情感和行为与妄想一致,无精神衰退。与精神分裂症不同,在鉴别上有重要意义。

7. 躯体疾病所致的精神障碍　在躯体因素诱发下起病的精神分裂症病人,起病急,早期可出现意识障碍、定向错误、幻视等症状,需要与躯体疾病所致精神障碍相鉴别。一般说来,躯体疾病所致的精神障碍虽可出现类似精神分裂症的症状,但这些症状是在意识障碍的背景上出现的,幻觉以恐怖性幻视为主,且有昼轻夜重的波动性。当意识障碍减轻或消失时,病人与环境接触良好,情感反应保存,没有精神分裂症的特征性症状。病程经过与躯体疾病紧密相关,预后良好。

8. 脑器质性精神病　多具有智能障碍和神经系统阳性体征,一般鉴别诊断不难。近年来散发性病毒性脑炎较多见,常以精神症状为首发症状。据报导,近半数病人早期阶段未见神经系统阳性体征,因而容易造成误诊。常见的精神症状有:木僵状态、淡漠少语、精神运动性兴奋、幻觉、视觉变形和妄想等。各地报导中误诊为精神分裂症的不少见。这类病人如周密观察,往往能及时发现病人有定向、记忆和注意障碍,以及大小便失禁等脑器质性损害症状,可资鉴别。如果有脑电图异常及脑脊液改变,则可作为诊断的重要根据。

9. 脑肿瘤　因明显精神症状而收住精神病院的脑肿瘤病人也不鲜见,发生部位以额叶最常见,其次为颞叶深部和第三脑室后部。多因脑瘤生长在"静区",早期阶段缺乏神经系统阳性体征造成误诊。病人的精神症状表现为:丰富的幻觉、妄想、木僵或抑郁伴有自杀企图。详细检查时,则可发现不同程度的记忆障碍和智能减退,以及淡漠、呆滞等慢性脑器质性综合征,并可见嗜睡或亚急性意识模糊状态。

10. 人格障碍 某些精神分裂症病人可以假性病态人格的表现为其早期症状,特别以青少年起病、病程进展缓慢者,容易误诊为病态人格。此时鉴别诊断必须详细了解病人的生活经历,在家庭、学校各方面的表现,以及个性发展经过。病态人格是个性发展的偏离,不是一个疾病的过程,在不顺利的环境下个性缺陷可以更为明显,属量的变化。精神分裂症的病程缓慢进行,病前后对比有明显转折,情感行为变化是质的反常,可资鉴别。

第五节 治 疗

在精神分裂症的治疗中,药物治疗起有关键性作用。支持性心理治疗以及改善社会心理环境,减少环境中的不良刺激,改善病人的心境亦具有重要意义,一般均与药物治疗相结合进行。在疾病慢性阶段,用药物减轻精神症状的同时,采取社会心理康复措施旨在减少和预防病人衰退,提高病人适应社会的能力。

一、治疗目标

(一)急性期治疗目标

1. 缓解精神分裂症主要症状:阳性症状、阴性症状、激越兴奋、抑郁焦虑和认知功能减退,争取最佳预后。
2. 为恢复社会功能、回归社会作准备。
3. 预防自杀及防止危害社会的冲动行为的发生。
4. 将药物治疗带来的不良反应降到最低的程度。防止严重药物不良反应的发生,如粒细胞缺乏症、恶性综合征、抗胆碱能意识障碍等。

(二)恢复期(巩固期)治疗目标

1. 防止已缓解的症状反复或进一步提高控制症状的疗效。
2. 促进恢复社会功能,回归社会。
3. 控制和预防精神分裂症后抑郁和强迫症状。
4. 预防自杀。
5. 控制和预防长期用药带来的常见药物不良反应的发生,如迟发性运动障碍、闭经、溢乳、体重增加、糖脂代谢异常、心肝肾功能损害等。

(三)维持期(康复期)治疗

1. 预防再一次疾病的发作或预防原已比较稳定的病情恶化;进一步缓解症状。
2. 提高药物维持治疗的依从性。
3. 恢复社会功能,回归社会。

4. 帮助患者及家属应对社会或躯体应激。

二、治疗策略

(一) 对首发患者、复发患者、急性发作患者的治疗

对于首发患者,要:①早发现、早治疗;②积极进行全病程治疗;③根据经济情况,尽可能选用疗效确切、症状作用谱较为广泛、不良反应轻、便于长期治疗的抗精神病药物;④积极进行家庭教育,争取家属重视、配合对患者的全程治疗;⑤定期对患者进行心理治疗、康复和职业训练。

1. 急性期治疗 治疗开始前需详细询问病史,进行体格、神经系统及精神检查,同时进行各项实验室检查,包括血尿常规、肝肾功能、血糖、血脂、EKG等,测量体重。作治疗前评估,与治疗中进行复查比较,以便评定疗效和不良反应。①急性期患者临床症状鲜明,以阳性症状、激越冲动、认知功能受损为主要表现,宜采取积极的强化药物治疗,争取缓解症状,预防病情的不稳定性。②争取扩大基本痊愈患者的比例。③药物治疗建议可按治疗程序(见后)进行,疗程至少4~6周。④根据病情、家庭照料情况和医疗条件选择治疗场所,包括住院、门诊、社区和家庭病床治疗;当患者具有明显的危害社会安全和严重自杀、自伤行为时,通过监护人同意需紧急收住院积极治疗。⑤进行家庭教育和对患者进行心理治疗。

急性期为家属或患者提供的帮助包括:向家属(或患者)介绍精神分裂症的疾病性质、症状表现及危害性、药物治疗的重要性(缓解症状和预防复发)及疗程、药物治疗过程中可能出现的不良反应及如何减少不良反应的发生或治疗不良反应等,得到家属(患者)对治疗的知情同意。同时减少急性期对患者的刺激和应激,为保证患者及照料者的安全提出建议。争取家属和患者的配合,提高治疗依从性和增高药物疗效。在症状改善后,鼓励患者恢复正常的活动,以利达到预期达到治疗目标。

2. 恢复期治疗(巩固期治疗) ①仍以药物治疗为主:以原有效药物、原有效量坚持继续巩固治疗,疗程至少3~6个月。②治疗场所可继续结合试出院以适应社区生活;或出院门诊定期随访治疗;或社区治疗。③同时配合家庭驾驭和对患者的心理治疗。

恢复期向家属或患者提供的帮助包括:告知患者及家属坚持药物治疗的重要性,如何识别及处理精神症状的反复,长期药物治疗可能出现的不良反应、如何减少不良反应的发生及治疗不良反应,减少对患者的应激和刺激,以促进患者和家属对疾病的认识,增强治疗的依赖性,鼓励患者在工作中或其他日常生活中发挥出尽可能高的合理的水平,促进社会功能的恢复。

3. 维持期治疗 ①根据个体及所用药物情况,确定是否减少剂量,把握预防复发所需剂量;②疗效稳定,无特殊不良反应,尽可能不换用药物;③疗程视患者个体情况而定,一般不少于2~5年,治疗场所主要在门诊随访和社区随访治疗;④加强对患者和家属的心理治疗。

维持期向患者或家属提供的帮助包括:帮助患者认识疾病复发的先兆症状,以便及时处理;帮助患者认识药物的治疗作用和常见的不良反应,提高长期用药的依从性;在恢复社会功能回归社会过程中,帮助患者应对社会应激性事件;督促者积极锻炼、增强体质,预防躯体疾病的发生及所带来的应激反应。

（二）对慢性患者的治疗

慢性患者病程多迁延、症状未能完全控制，常残留阳性症状及情感症状，包括抑郁及自杀。阴性症状和认知功能受损可能是主要临床表现。治疗中应达到：①进一步控制症状，提高疗效。可采用换药、加量、合并治疗方法。②加强随访，以便随时掌握病情变化，调整治疗。③治疗场所可以在门诊、社区或医院的康复病房，或精神病康复基地。④进行家庭教育。

向慢性患者家属提供的帮助包括：向家属（或患者）介绍疾病的性质及可能的预后、坚持药物治疗的重要性、药物治疗可能出现的不良反应及如何减少或治疗药物的不良反应等，强化患者家属对治疗的信心，提高治疗的依从性。鼓励患者积极参加活动，促进患者回归社会，在社会生活中有望进一步改善症状，提高疗效。

三、抗精神病药物治疗

抗精神病药物，又称神经阻滞剂能有效而迅速地控制急性、慢性精神分裂症的症状，三十多年来已广泛用于临床。新的抗精神病药物不断推陈出新，使临床医生在治疗中有更多选择的可能，但亦必须注意合并治疗中的问题，尽可能减少副作用、提高效果。

最常用的抗精神药物治疗，从化学结构上有酚噻嗪类、丁酰苯类和硫杂蒽类。一般可分为高剂量、低效价和低剂量、高效价两类。前者以酚噻嗪类的氯丙嗪、甲硫哒嗪，硫杂蒽类的泰尔登为代表，其特点中较广谱，对激越、失眠、兴奋不安、幻觉和妄想有效，效价低、有效剂量高，对内脏系统，如心血管，肝脏等的毒性反应较明显。后者以酚噻嗪类的氟奋乃静、三氟拉嗪，丁酰苯类的氟哌啶醇、三氟哌多为代表，其特点是镇静作用弱，锥体外系副作用较明显，除抗幻觉和妄想作用外，对情感淡漠、意志活动减退有激活作用，效价高、剂量较小，对内脏的毒性副反应较小。不同神经阻滞剂的抗精神病作用大致相同，其临床效应取决于剂量大小、服药途径、精神症状的特点以及个体的敏感性等因素。一般儿童及老年人的耐受性较差，剂量较小。

其他还有氯氮平等非典型抗精神病药物，近年来，研制了一系列非典型抗精神病药物，如利培酮、奥氯平、阿立哌唑等。

选用药物治疗时，应考虑下述精神分裂症的临床特点；临床类型；病程和病期；占主导的临床症状、是阳性症状还是阴性症状等。

（一）急性期系统药物治疗

急性期，抗精神病药的治疗力求系统和充分，以期获得较深的临床缓解。治疗剂量因人而异，一般成人剂量氯丙嗪为 300～400 mg/d；奋乃静 30～60 mg/d；氟奋乃静 15～20 mg/d；氟哌啶醇 12～20 mg/d。

国内外的研究资料表明，比较高剂量与低剂量，均未能证明高剂量的疗效较低剂量高，且剂量增大后副反应随之增加。症状进步快慢因人而异，抗精神病药物一般在 4～6 周内迅速控制精神分裂症的急性期症状，故治疗要有充分的时间方能看出该精神药物对病人是否有效。

精神分裂症的药物治疗程序

1. 急性期治疗

(1) 对首次发作以幻觉妄想为主要临床相的患者，治疗如图 7-1。

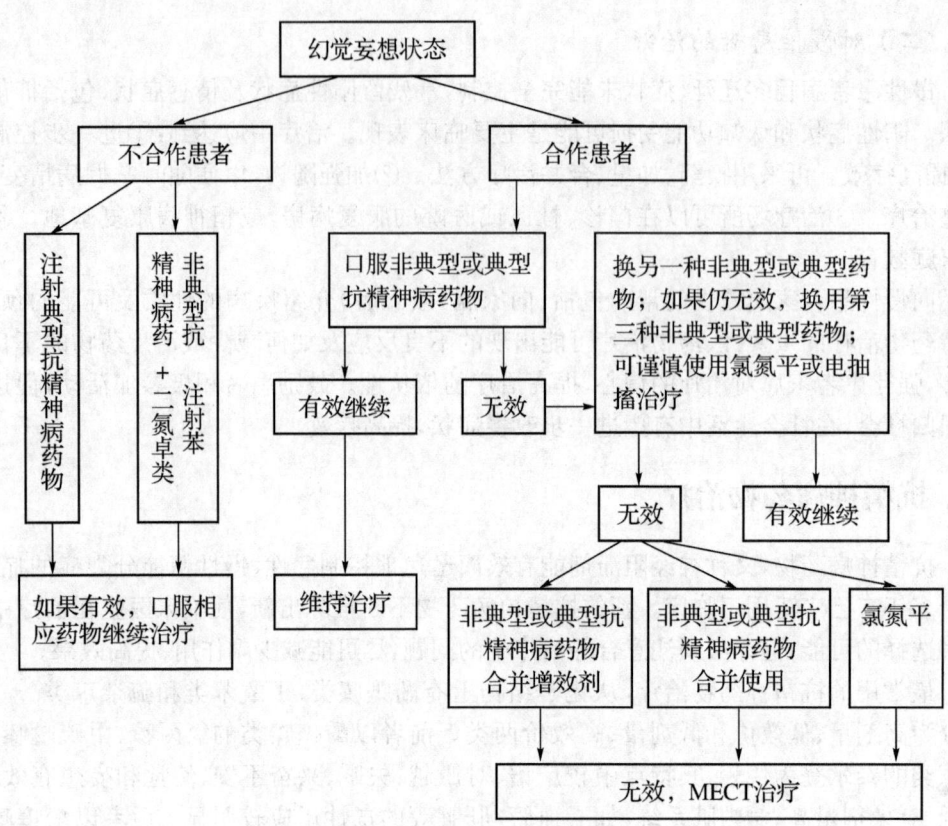

图 7-1 对以幻觉妄想状态为主要临床相的治疗

（2）对首次发作以兴奋、激越为主要临床相的患者,治疗如图 7-2。

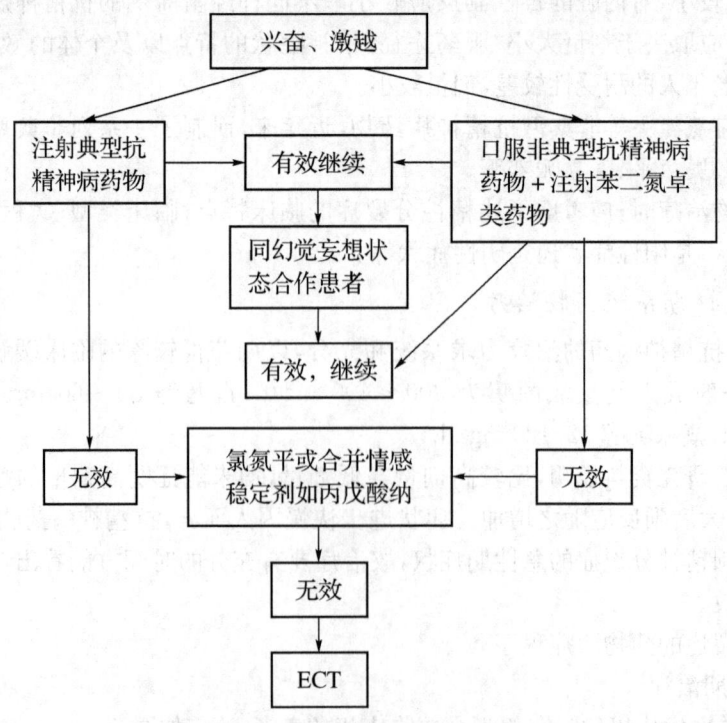

图 7-2 对以兴奋、激越为主要临床相的治疗

（3）对首次发作以阴性症状为主要表现的患者，治疗如图7-3。

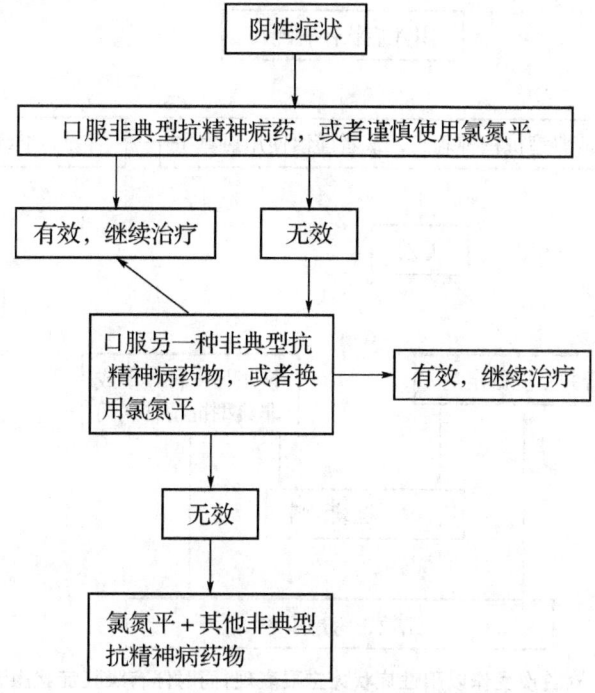

图7-3　对首次发作以阴性症状为主要表现患者的治疗

（4）对首次发作以阳性症状为主要表现，同时伴有情感症状的患者，治疗如图7-4和图7-5。

①伴有抑郁症状的患者

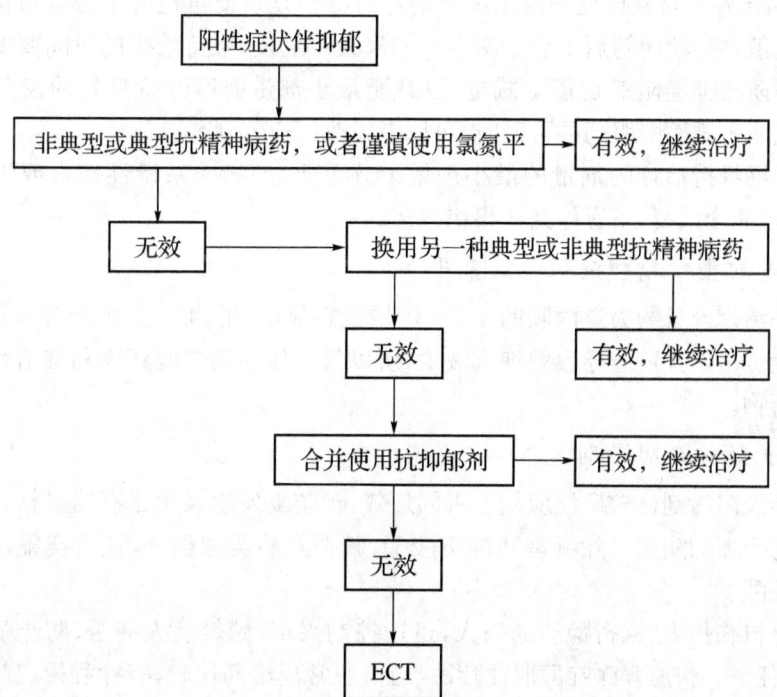

图7-4　对首次发作以阳性症状为主要表现，同时伴有抑郁症状患者的治疗

②伴有躁狂症状

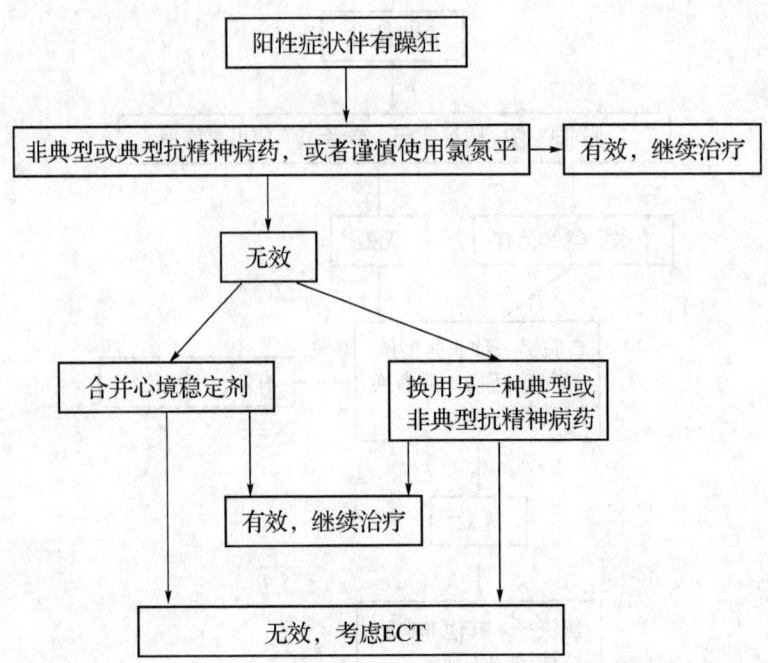

图7-5 对首次发作以阳性症状为主要表现,同时伴有躁狂症状患者的治疗

(二) 继续治疗和维持治疗

1. 继续治疗 在急性期精神症状得到控制后,应继续以治疗剂量持续一阶段,以期获得巩固,一般以一个月左右为宜。在这阶段采用维持治疗,旨在预防复发。

2. 维持治疗 现在已证明采用维持治疗对减少复发或再住院十分有价值。维持治疗的时间一般在症状缓解后不少于两年。如病人系复发,维持治疗的时间要酌情更长一些。在这一阶段神经阻滞剂逐渐减量,以减至最小剂量而能保持良好的恢复状态为标准。若病人有不遵医嘱服药的可疑时,可以考虑改用长效制剂。

确定长期维持治疗的剂量的最小剂量十分重要,如病人系慢性病程或慢性复发病程,在病情未完全恢复,不宜停药或很快减药。

(三) 非典型抗精神病药物氯氮平

氯氮平治疗剂量约为氯丙嗪的1/2。国内资料显示,平均日量300~400 mg,女性剂量低于男性。由于其可能导致粒细胞减少,所以目前作为第二线药物和难治性精神分裂症的选用药物。

(四) 长效神经阻滞剂

长效神经阻滞剂已较广泛应用于巩固疗效,预防复发以及用于有明显精神症状拒服者或有藏药企图的病人。除氟奋乃静庚酸酯、氟奋乃静癸酸酯外,还有癸氟哌啶醇和氟哌噻吨癸酸酯。

对明显自伤伤人、兴奋躁动的病人,迅速控制兴奋、减轻病人痛苦、防止病人发生意外,是首要任务。快速氟哌啶醇肌注疗法,与口服常规给药比较,有疗程短、显效快、毒性小、安全的优点。

（五）合并用药问题

精神分裂症的药物治疗,在同一期间内应尽可能单一用药,减少合并用药。在有适应症的情况下,可以有针对性地考虑抑郁症状存在时合并抗抑郁治疗等。合并抗胆碱能药物:如苯海嗪等,建议苯海索在出现锥体外系症状时合并应用。

氟哌啶醇与锂盐合并应用时,血锂浓度上升可导致明显神经系统中毒症状。

（六）血药浓度监测

抗精神病药物浓度的测定表明,在服用相同剂量的情况下,神经阻滞剂血药浓度的差别可以很大。目前抗精神病药物的良好疗效与血浆药物浓度范围能初步确定的有以下几种:奋乃静、氟哌啶醇、氟奋乃静和氯丙嗪。临床上血药浓度出奇的低下,应怀疑病人不按医嘱服药或与其他药物相互作用的可能。

血药浓度的测定有助于鉴别是神经阻滞剂的毒副反应或是精神症状的恶化。如临床上静坐不能药物副反应往往可以是精神症状加重,运动不能难以与精神分裂症的迟钝、淡漠相鉴别。血药浓度的测定有助于鉴别。研究资料表明,当氯丙嗪、氟哌啶醇的血药浓度过高时病人出现恐怖、幻视、不合作,原有的疗效消失。当药浓度下降后,行为异常随之消失。

四、无抽搐电休克治疗

该方法是通电前给予麻醉剂和肌肉松弛剂,使得通电后不发生抽搐,更为安全,也易被患者和家属接受。电休克疗法对控制言语运动兴奋,解除木僵及伴有严重自杀企图的抑郁状态有良好效果。

适应证包括:①严重抑郁,有强烈自伤、自杀企图及行为者,以及明显自责自罪者;②极度兴奋躁动冲动伤人者;③拒食、违拗和紧张性木僵者;④精神药物治疗无效或对药物治疗不能耐受者。

一般用于合并治疗,每周2～3次,6～10次为一疗程。

五、心理治疗和心理教育

精神分裂症的发生是在易感素质和环境中的不良影响、生活中的应激因素相互作用下发生,因此在药物治疗的同时,应重视病人的生活环境,及时解决社会生活中的急慢性应激,并给予支持性的心理治疗十分重要。病人返回社会(或监区)前应重视对慢性精神分裂症病人日常生活能力和社交能力的培训,对病人的家庭(或监区)进行心理教育,以提高家庭和病人的应付技能,改善病人家庭环境中的人际关系。这些措施对减少精神分裂症社会生活的应激、减少复发、促进病人的心理和社会康复起到积极的作用。

第六节　精神分裂症与监管安全

尽管精神分裂症的病因和发病机理迄今还不明了,早期症状又不典型,但预防工作还是有可能和必要的。如进行早期精神病的干预培训、建立精神疾病防治机构,尽早发现此类病人,早期诊断和早期治疗,这是预防工作的重点。在防复发方面,抗精神病药物的持续巩固治疗是预防复发的重要因素,此外,监区精神卫生的宣教、心理干预及减少负性应激事件,也是预防与减少复发的重要措施。

精神分裂症在精神疾病中是病情较为严重的一种疾病,常有一些精神分裂症病犯给监管改造造成严重影响的事件,如攻击、冲动、自伤自残或造成监狱财物的损坏等。该病的特点是起病缓慢,具有思维、情感及行为等多方面的障碍,精神活动不协调,由于病人在病情发作期,其辨认能力和控制能力下降或丧失,病人可因幻觉、妄想的支配而发生突发性的冲动、伤人或自伤、脱逃行为,给监管安全构成严重威胁。同时由于他们的生活自理能力、人际交往能力和遵守监区纪律的能力不同程度受损,所以会给监管改造秩序如劳动、学习、生活等带来各种影响。

对于精神分裂症病犯的管理,有以下几点对策:

1. 对初次疑似精神分裂症的病人,应即时送精神病院和司法鉴定机构进行诊断或鉴定,明确诊断,并及时给予系统治疗。

2. 对于维持服药治疗的病犯主要是做好维持用药和日常言行的观察,要注意药物是否正常服下,有无副作用。

3. 对稳定期的病犯应安排合理的休息、睡眠时间和适宜的轻劳动,不宜从事压力大且有一定危险性的工种。

4. 安排好夹控,联号组长或小组犯人定期书面汇报观察记录,经分管警官确认后存入罪犯健康档案,并进行定期门诊。

5. 一旦发现病情复发或异常应立即就诊治疗。

6. 应加强精神病人的各项康复活动:如训练病人日常生活能力、适应监区和社会生活能力,对病人进行劳动能力培训等各种有利于康复的活动。

7. 监区罪犯对病人的不正确态度,生活中的不良心理应激均可影响病人的病情预后或导致复发。监区情感气氛对精神分裂症的病程和复发有重要影响,应尽量避免来自同小组(监舍)犯人的过多批评、敌视态度等情感表达过分等,让他们在较少应激的情况下恢复社会功能。

(吕成荣)

第八章 情感性精神障碍

第一节 概 述

情感性精神障碍又称心境障碍,是以显著而持久的情感或心境改变为主要特征的一组疾病。广义的心境障碍包括精神科所有常见的异常心境,如焦虑、恐惧症。狭义概念仅指以明显而持久的心境高涨或低落为主的一组精神障碍,并有相应的思维和行为改变。可有精神病性症状,如幻觉、妄想。大多数病有反复发作的倾向,每次发作多可缓解,部分可有残留症状或转为慢性。

该病发病率欧美报告为 3.6‰~25‰,国内报告为 0.6‰~7.10‰,16~30 岁首次发病者居多,于 15 岁前和 50 岁且首次了病者少见。躁狂症发病年龄一般比抑郁症早,女性发病年龄一般较男性早。男女患病率之比为 1:(2~3.2)。2000 年监狱的精神障碍调查中显示,情感性精神障碍的患病率为 0.26‰。2016 年狱内开展的现况调查显示,情感性精神障碍为 3.95‰,监狱精神病院住院比例的 25.65‰。

第二节 病因与发病机制

情感障碍的病因目前还不十分清楚,可能与遗传、生化和心理社会多种因素有关。这些病因错综复杂,相互交织,因人而异。

一、心理社会因素

长期以来对情感疾病的生物学,如遗传、生物化学研究颇多,近年心理社会因素在情感疾病,特别是抑郁症的发生、发展、预防和治疗上的重要性,越来越引起人们的重视。在医学由纯生物模式转变为生物—心理—社会模式的时代,社会心理学的致病作用不应忽视。

然而并非每个遭受重大生活事件者都得病,也不一定都得情感疾病,而且情感疾病尚有遗传、生理、生化等生物因素,这些生物的、心理社会的因素错综复杂,迄今还没有确定那一种因素起决定性作用。不应人为地把生物学、社会心理学因素相互割裂开来,因为心理社会应激也是通过大脑中介的。"丧失"作为一种特定的心理因素可引起扳机的作用,诱发一次发作。

二、遗传

在情感性精神障碍的发病中遗传学因素具有重要作用。临床遗传学研究的方法很多,早期多采用家系调查,详细调查索引病例家系,确定患有该病的家庭成员,画出该疾病的谱系分布图,按孟德尔遗传学定律,分析遗传在该疾病中所起的作用及可能遗传模式。多数研究者的资料都表明本病与遗传关系密切。

关于遗传方式,有以下几种理论,但尚无定论:①单基因常染色体显性遗传。②多基因遗传。③性连锁基因遗传。④异质遗传。⑤多因子模式。

三、生化

情感性障碍生化研究是近30年来研究的热点,取得了很大进展,加深了对情感性障碍的病因、病理生理的认识。

1. 儿茶酚胺学说 主要涉及 NA 和 5-HT,其根据:①利舍平耗竭单胺,临床约10%病人出现抑郁症状。②MAOI 异丙肼抑制 MAO 活性,突触部位单胺含量升高,有抗抑郁作用。③三环类抗抑郁药丙咪嗪抑制单胺摄取,升高突触部位单胺含量,是一种有效抑郁药。④碳酸锂的药理作用之一与三环类相反,促进单胺重摄取,降低突触部位单胺水平,有抗躁狂作用。

2. 受体假说 近年人们更多注意突触后受体敏感性改变,认为抑郁症是脑中 NE/5-HT 受体敏感性增高之故,受体超敏可能是抑郁病人突触部位可利用的单胺减少引起的一种适应性反应,抗抑郁药降低受体敏感性而达到治疗目的。

3. 第二信使平衡失调假说 根据新的抗抑郁药物选择性抑制 cAMP 磷酸二酯酶减少 cAMP 灭活,增加利用度,而把注意力从突触、受体转到 cAMP 和磷酸酰肌醇受体后信号传导机制,提出第二信使平衡失调假说。正常情况下,NE 由 cAMP 第二信使传递信息,Ach 由 PI 系统传递,双方平衡保持情绪正常。cAMP 系统功能减退导致抑郁,反之导致躁狂。

4. 其他神经递质

(1) 5-HT:5-HT 功能活动降低与抑郁病人的抑郁心境、食欲减退、失眠、昼夜节律紊乱、内分泌功能异常、性功能障碍、焦虑不安、不能处理应激、运动活动减少等症状密切相关。

(2) DA 系统:虽然情感障碍的单胺假说,主要围绕 5-HT 和 NE,但越来越多的神经化学和药理学证据提示某些抑郁亚型病人 DA 功能减低,躁狂增高。

(3) 胆碱能系统:中枢抗胆碱能药可提高情绪。抑郁可能是胆碱能占优势,躁狂是肾上腺素能相对占优势。乙酰胆碱兴奋皮质醇分泌,抑郁病人血浆皮质醇水平高,推测可能与胆碱能功能活动过度有关。

(4) GABA:GABA 是中枢神经系统最丰富的抑制性神经递质,近20多年来很多抗癫痫药如卡马西平、丙戊酸钠、氯硝基去甲西泮被引入作为抗躁狂药和抗抑郁药,推测情感障碍可能与 DABA 也有关。

以上递质各有其独立作用,但它们之间特别是 NA 和 5-HT 相互作用甚为重要,两者可通过中脑缝际核和蓝斑之间通路相互影响。NE 也可能影响 5-HT 释放、更新和受体功能。5-HT 还可通过突触前受体调节机制大鼠纹状体乙酰胆碱释放,增高胆碱能活性可以引起抑郁,原因之一可能是由于 5-HT 能功能降低。

四、神经内分泌研究

很多内分泌疾病,如甲状腺功能亢进或低下,Addison 病、柯兴氏病等可伴有情感性症状。各种激素如肾上腺皮质激素可引起心境高涨或低落。

五、电生理学研究

抑郁症睡眠脑电图有以下改变:总睡眠时间减少、觉醒次数增多、眼快动睡眠潜伏期缩短、非 REM 睡眠第一期增加、三、四期减少。

六、CBF 和 PET 研究

脑血流研究躁狂正常,抑郁的结果不一,有的发现减少,额区较明显,有的发现左额区增高。PET 研究发现双相抑郁病人,两侧前额叶皮层不对称,额叶功能低下和全皮层葡萄糖代谢低下,治疗后前额叶不对称消失,似与药物作用和临床进步有关,还需进一步研究。

七、生物节律变化

研究表明心境障碍很多生理功能如体温、睡眠及皮质醇等内分泌有生物昼夜节律变化,主要表现为相位偏移,大多为相位前移,即生理节律的峰值时间提前。抑郁症病人 REM 潜伏期缩短,抑郁程度越重,REM 潜伏期越短,且可预测治疗反应,阿米替林反应好者,治疗头几天 REM 潜伏期明显延长。

第三节 临床表现

人类的情感活动多种多样,十分复杂,可以表现为喜、怒、忧、思、悲、恐、惊七情中的任何一种。情感受环境、文化、个性素质等因素制约,在病态情况下,其临床表现也必然各具其自身特点,严重程度也不尽相同。

一、抑郁状态

(一)抑郁心境

抑郁心境是抑郁障碍特征症状,情感基调是低沉、灰暗的,可从轻度心情不佳、心烦意乱、苦恼、忧伤到悲观、绝望。病人常能体验和过去不一样,主诉生活没有意思,提不起精神,高兴不起来,心情沉重得像乌云笼罩。病人整日忧心忡忡、郁郁寡欢、度日如年、痛苦难忍、不能自拔。少数病人由于种种原因不愿谈论自己压抑的心情,或极力否认、掩饰、甚至强装笑容,应引起注意。

在抑郁心境的背景上可出现焦虑、激越症状。病人表情紧张、局促不安、惶惶不可终日;或不停的来回踱步、搓手、揪头发、拧衣被。多见于年长女病人,有的病人则表现明显易激惹性。

(二) 丧失兴趣

不能体验乐趣,常见并有特征性,病人丧失既往生活的热忱和乐趣,兴趣索然,越来越不愿意参加正常活动。开始可能仅对少数几件事,如食物、异性、社交活动,以后对一切活动,包括既往嗜好、娱乐活动团聚丧失乐趣。闭门独居、疏远亲友、回避社交。病人常用"没有感情""体验不出感情",变得"麻木了"来描述自己的状况。

(三) 精力丧失

开始可能轻,主观感到精力不足、疲乏、无力,日常活动虽继续进行,但机械、被动。以后越来越无精打采,精疲力竭,连洗漱、衣着小事都感到费劲,比平时要付出更大精力。丧失积极性和主动,劳动拖拉、积压、严重时甚至连吃、喝、个人卫生都不顾。病人虽然知道应该做,但感到无能为力和力不从心。病人常用"精神崩溃"、"泄了气的皮球"来形容自己。

(四) 自我评价低

是抑郁心境的一种加工症状,对过去和未来歪曲的认知,过分贬低自己,约 3/4 的病人有过,并具有特征性,可与一般悲痛反应相区别。病人总以批判的眼光、消极否定的态度,看待自己的现在、过去和未来。把自己说得一无是处、无用感、无价值感,强烈的内疚和自责。对前途感到暗淡无光,对自己的一生表示无助、无望。有人描述抑郁病人是在无助、绝望中挣扎生活的。随着症状加重,自责、内疚观念逐渐具有妄想性质。常见的有罪恶妄想,认为自己罪孽深重,将被遗弃或受到惩罚。也可出现贫穷、疑病和虚无幻想。

(五) 精神运动迟滞

约半数病人有精神运动迟滞,是抑郁典型症状之一。病人整个精神活动呈显著、持久、普遍的抑制。注意力困难,记忆力减退,脑子迟钝,思路闭塞,联想困难。表现为言语少、声低简单,走路、行动缓慢。严重时不语、不动、不食,可达木僵程度。有些病人迟滞并不十分明显,脑子里不是空洞无物而是反复冥思苦想,既往经历,功过得失萦回脑际。不是运动少和迟滞,而是焦虑不安、紧张激越。

(六) 自杀观念和行为

抑郁的自杀率比一般人群约高 20 倍,据估计抑郁自杀构成所有自杀的 1/2～2/3,是抑郁症最危险的症状,应提高警惕。自杀观念通常逐渐产生,轻者仅感到生活是负担,不值得留恋,逐渐萌发长眠不醒或突然死去的念头。随着症状加重,自杀念头日趋强烈,千方百计试图了结此生,以死求解脱,长期追踪因自杀身亡者为 15%～25%。自杀连同其亲属一起死于非命者称为扩大性自杀。

(七) 昼夜节律

指病人心境有昼重夜轻的变化,是抑郁症特别是内源性抑郁的典型症状,如出现则有助于内源性抑郁诊断。发生率约 50%,双相抑郁发生较多见。

(八)躯体或生物学症状

情绪反应不仅表现在心境上,并且总是伴有机体的某些变化,如口干、便秘、消化不良、胃肠功能减弱等。食欲减退常见。食物失去往日色、香、味诱惑力,病人终日不思茶饭,无饥饿感,勉强进餐也是食之乏味,味同嚼蜡,常伴有体重减轻。青年人或病情较轻者,食欲可能增强。

睡眠障碍也很常见,约占80%,主要为中、后期失眠,也可见入睡困难和噩梦,少数睡眠增多。典型的睡眠障碍为早醒,比平时早2~3小时,醒后即陷入"今天如何度过"、"往后怎么办"的痛苦绝望之中,是严重抑郁的表现,多见于内源性抑郁,年长者较青年人多见。躯体不适可涉及各脏器,如恶心、呕吐、心慌、心跳、憋气、胸闷、出汗,严重者可达疑病程度。

抑郁病人大多知道和过去大不一样,但往往归咎于自己是"命中注定"、"自作自受"。少数病人有强迫、恐怖和癔症表现,人格解体,现实解体症状,可作为临床相的一部分,也可出现与病人人格不符的行为。

以上是抑郁状态的常见症状,但严重程度不等,因人而异,临床常根据症状轻重,发病急缓分为以下几种类型:

1. 轻性抑郁 具有上述症状的一部分或全部,但严重程度相对较轻,门诊中这种病人较多见。

2. 重症抑郁 具有上述全部症状,且程度较重,可出现幻觉和妄想,以妄想多见故又称妄想性抑郁症或精神病性抑郁。如精神运动性抑制达到缄默不语,不食不动者称之为木僵性抑郁均需住院治疗和护理。

3. 急性抑郁 发病较急,症状往往也较重,应及时作出诊断并积极进行治疗。

4. 慢性抑郁 症状持续存在,无明显间歇期,病程长达两年以上者,多见于反复发病和年龄较大的病人。

二、躁狂状态

躁狂状态的临床症状主要是心境高涨、思维奔逸和精神运动性兴奋。

(一)心境高涨

表现为轻松、愉快、热情、乐观、兴高采烈、戏谑、洋洋自得。好像人间无烦事,一切烦恼都抛在九霄云外。心境高涨往往生动鲜明,与内心体验和周围环境相协调,具有一定感染力。病人自称是"乐天派""高兴极了",感到生活绚丽多彩,天空也格外明朗。有的患者情绪反应可能不稳定,具有显著易激惹性,可因细小琐事或意见遭驳斥而大发雷霆,愤怒、敌意、辱骂,可出现破坏或攻击行为。有些病人在躁狂期也可出现短暂的心情不佳、焦虑和抑郁的两极情绪。

(二)思维奔逸

联想过程明显加速,概念接踵而至,说话声大、量多,常引经据典,高谈阔论、滔滔不绝、口若悬河。由于注意力不集中,话题常随境转移,可出现观念飘忽,音联意联等症状,病人常有脑子开了窍、变聪明、灵活了,舌头跟思维在赛跑的体验。

在心境高涨背景上,自我感觉良好,感到体力强壮。过高评价自己,吹嘘自己才华出众,是权威显贵,或腰缠万贯,神通广大。可在夸大观念基础上,派生关系妄想和被害妄想,但一般历时短暂。

(三) 精神运动性兴奋

躁狂病人兴趣范围广,喜欢热闹场面交际多,主动与人打招呼,与素不相识的人一见如故。好与人逗乐、开玩笑、管闲事、打抱不平,整天忙忙碌碌,但往往虎头蛇尾,一事无成。病人虽终日多说、多动,却毫无倦意,精力显得异常旺盛。

躁狂病人因自我感觉良好,很少躯体症状和主诉,年老体弱的躁狂病人应予注意,以免造成对躯体疾病的疏忽。食欲、性欲一般是增强的,睡眠的需求减少,躁狂的临床相相对稳定,缺乏抑郁症的昼夜节律。自知力往往早期即丧失。

临床可根据症状轻重,起病缓急分为轻性躁狂,急性躁狂和慢性躁狂,轻重之分是相对的,其间并无严格界限。

第四节 诊断和鉴别诊断

正常人遇到不愉快事件时常感到忧郁悲伤,成年人一生中某一时期曾出现抑郁症状者有15%~30%,但不一定都是病态。一般说来只有症状严重,旷日持久,累及日常生活、工作和生理功能者才是病态。

诊断标准虽规定了疾病的症状学标准、严重程度标准、时间标准和排除标准,但主要根据疾病症状学的横断面,然而病程特点、发作性质、缓解状况、阳性家史对于正确诊断也是不可少的,实际工作中应对病人的具体情况作全面分析和综合判断。

一、诊断工具和标准

情感性精神障碍的诊断应根据临床症状,辅以病史、病程及躯体、神经系统和化验检查以排除躯体原因引起的继发性情感障碍。

国际通用的诊断标准有 ICD-10、DSM-Ⅴ 和 RDC,《中国精神障碍分类与诊断标准(第三版)》关于心境障碍的诊断标准如下:

1. 躁狂发作 躁狂发作以心境高涨为主,与其处境不相称,可以从高兴愉快到欣喜若狂,某些病例仅以易激惹为主。病情轻者社会功能无损害或仅有轻度损害,严重者可出现幻觉、妄想等精神病性症状。

【症状标准】以情绪高涨或易激惹为主,并至少有下列3项(若仅为易激惹,至少需4项):

(1) 注意力不集中或随境转移;
(2) 语量增多;
(3) 思维奔逸(语速增快、言语急促等)、联想加快或意念飘忽的体验;
(4) 自我评价过高或夸大;
(5) 精力充沛、不感疲乏、活动增多、难以安静,或不断改变计划和活动;
(6) 鲁莽行为(如挥霍、不负责任,或不计后果的行为等);

(7) 睡眠需要减少；

(8) 性欲亢进。

【严重标准】严重损害社会功能，或给别人造成危险或不良后果。

【病程标准】

(1) 符合症状标准和严重标准至少已持续1周；

(2) 可存在某些分裂性症状，但不符合分裂症的诊断标准。若同时符合分裂症的症状标准，在分裂症状缓解后，满足躁狂发作标准至少1周。

【排除标准】排除器质性精神障碍，或精神活性物质和非成瘾物质所致躁狂。

【说明】本躁狂发作标准仅适用于单次发作的诊断。

(1) 轻性躁狂症（轻躁狂）

除了社会功能无损害或仅轻度损害外，发作符合30躁狂发作标准。

(2) 无精神病性症状的躁狂症

除了在30躁狂发作的症状标准中，增加"无幻觉、妄想，或紧张综合征等精神病性症状"之外，其余均符合该标准。

(3) 有精神病性症状的躁狂症

除了在躁狂发作的症状标准中，增加"有幻觉、妄想，或紧张综合征等精神病性症状"之外，其余均符合该标准。

(4) 复发性躁狂增加：①目前发作符合上述某一型躁狂标准，并在间隔至少2个月前，有过1次发作符合上述某一型躁狂标准；②从未有抑郁障碍符合任何一型抑郁、双相情感障碍，或环性情感障碍标准；③排除器质性精神障碍，或精神活性物质和非成瘾物质所致的躁狂发作。分为：复发性躁狂症，目前为轻躁狂；复发性躁狂症，目前为无精神病性症状的躁狂；复发性躁狂症，目前为有精神病性症状的躁狂。

【诊断标准】

(1) 目前发作符合上述某一型躁狂标准，并且至少2个月前有过1次发作符合上述某一型躁狂标准；

(2) 从未有抑郁障碍符合任何一型抑郁、双相情感障碍，或环性情感障碍标准；

(3) 排除器质性精神障碍，或精神活性物质和非成瘾物质所致的躁狂发作。

(4) 复发性躁狂症，目前为轻躁狂

符合30.4复发性躁狂的诊断标准，目前发作符合轻躁狂标准。

(5) 复发性躁狂症，目前为无精神病性症状的躁狂

符合30.4复发性躁狂的诊断标准，目前发作符合无精神病性症状的躁狂标准。

(6) 复发性躁狂症，目前为有精神病性症状的躁狂

符合30.4复发性躁狂的诊断标准，目前发作符合有精神病性症状的躁狂标准。

(7) 其他或待分类的躁狂

2. 双相障碍　目前发作符合某一型躁狂或抑郁标准，以前有相反的临床相或混合性发作，如在躁狂发作后又有抑郁发作或混合性发作。

(1) 双相障碍，目前为轻躁狂

目前发作符合轻躁狂标准，以前至少有1次发作符合某一型抑郁标准。

(2) 双相障碍，目前为无精神病性症状的躁狂

目前发作符合无精神病性症状的躁狂标准，以前至少有1次发作符合某一型抑郁

标准。

(3) 双相障碍,目前为有精神病性症状的躁狂

目前发作符合 30.3 有精神病性症状的躁狂标准,以前至少有 1 次发作符合某一型抑郁标准。

(4) 双相障碍,目前为轻抑郁

目前发作符合 32.1 轻抑郁标准,以前至少有 1 次发作符合某一型躁狂标准。

(5) 双相障碍,目前为无精神病性症状的抑郁

目前发作符合 32.2 无精神病性症状的抑郁标准,以前至少有 1 次发作符合某一型躁狂标准。

(6) 双相障碍,目前为有精神病性症状的抑郁

目前发作符合 32.3 有精神病性症状的抑郁标准,以前至少有 1 次发作符合某一型躁狂标准。

(7) 双相障碍,目前为混合性发作。

【诊断标准】

(1) 目前发作以躁狂和抑郁症状混合或迅速交替(即在数小时内)为特征,至少持续 2 周躁狂和抑郁症状均很突出。

(2) 以前至少有 1 次发作符合某一型抑郁标准或躁狂标准。

(3) 其他或待分类的双相障碍

(4) 双相障碍,目前为快速循环发作。

在过去 12 个月中,至少有 4 次情感障碍发作,每次发作符合 30.1 轻躁狂或 30 躁狂发作、32.1 轻抑郁或 32 抑郁发作,或情感障碍的混合性发作标准。

3. 抑郁发作　抑郁发作以心境低落为主,与其处境不相称,可以从闷闷不乐到悲痛欲绝,甚至发生木僵。严重者可出现幻觉、妄想等精神病性症状。某些病例的焦虑与运动性激越很显著。

【症状标准】以心境低落为主,并至少有下列 4 项:

(1) 兴趣丧失、无愉快感;

(2) 精力减退或疲乏感;

(3) 精神运动性迟滞或激越;

(4) 自我评价过低、自责,或有内疚感;

(5) 联想困难或自觉思考能力下降;

(6) 反复出现想死的念头或有自杀、自伤行为;

(7) 睡眠障碍,如失眠、早醒,或睡眠过多;

(8) 食欲降低或体重明显减轻;

(9) 性欲减退。

【严重标准】社会功能受损,给本人造成痛苦或不良后果。

【病程标准】

(1) 符合症状标准和严重标准至少已持续 2 周;

(2) 可存在某些分裂性症状,但不符合分裂症的诊断。若同时符合分裂症的症状标准,在分裂症状缓解后,满足抑郁发作标准至少 2 周。

【排除标准】排除器质性精神障碍,或精神活性物质和非成瘾物质所致抑郁。

【说明】本抑郁发作标准仅适用于单次发作的诊断。

(1) 轻性抑郁症(轻抑郁)[F32.0]

除了社会功能无损害或仅轻度损害外,发作符合32抑郁发作的全部标准。

(2) 无精神病性症状的抑郁症

除了在32抑郁发作的症状标准中增加"无幻觉、妄想,或紧张综合征等精神病性症状"之外,其余均符合该标准。

(3) 有精神病性症状的抑郁症

除了在32抑郁发作的症状标准中,增加"有幻觉、妄想,或紧张综合征等精神病性症状"之外,其余均符合该标准。

(4) 复发性抑郁症

【诊断标准】

(1) 目前发作符合某一型抑郁标准,并在间隔至少2个月前,有过另1次发作符合某一型抑郁标准。

(2) 以前从未有躁狂符合任何一型躁狂、双相情感障碍,或环性情感障碍标准。

(3) 排除器质性精神障碍,或精神活性物质和非成瘾物质所致的抑郁发作。

(4) 复发性抑郁症,目前为轻抑郁

符合32.4复发性抑郁的诊断标准,目前发作符合32.1轻抑郁标准。

(5) 复发性抑郁症,目前为无精神病性症状的抑郁

符合32.4复发性抑郁的诊断标准,目前发作符合32.2无精神病性症状的抑郁标准。

(6) 复发性抑郁症,目前为有精神病性症状的抑郁

符合32.4复发性抑郁的诊断标准,目前发作符合32.3有精神病性症状的抑郁标准。

(7) 其他或待分类的抑郁症。

4. 持续性心境障碍

(1) 环性心境障碍

【症状标准】反复出现心境高涨或低落,但不符合躁狂或抑郁发作症状标准。

【严重标准】社会功能受损较轻。

【病程标准】符合症状标准和严重标准至少已2年,但这2年中,可有数月心境正常间歇期。

【排除标准】

(1) 心境变化并非躯体病或精神活性物质的直接后果,也非分裂症及其他精神病性障碍的附加症状;

(2) 排除躁狂或抑郁发作,一旦符合相应标准即诊断为其他类型情感障碍。

33.2 恶劣心境[F34.1]

【症状标准】持续存在心境低落,但不符合任何一型抑郁的症状标准,同时无躁狂症状。

【严重标准】社会功能受损较轻,自知力完整或较完整。

【病程标准】符合症状标准和严重标准至少已2年,在这2年中,很少有持续2个月的心境正常间歇期。

【排除标准】

（1）心境变化并非躯体病（如甲状腺功能亢进症），或精神活性物质导致的直接后果，也非分裂症及其他精神病性障碍的附加症状。

（2）排除各型抑郁（包括慢性抑郁或环性情感障碍），一旦符合相应的其他类型情感障碍标准，则应作出相应的其他类型诊断。

（3）排除抑郁性人格障碍。

（4）其他或待分类的持续性心境障碍。

5. 其他或待分类的心境障碍　心境障碍的第5位编码表示：严重躁狂发作可出现意识障碍（如谵妄），可称谵妄性躁狂等；或伴躯体症状，有人称为"隐匿性抑郁症"；慢性抑郁，一次抑郁或躁狂发作的病程至少持续2年；缓解期，曾有1次以上情感性精神障碍发作史，目前已完全缓解至少2个月。

二、鉴别诊断

诊断情感性精神障碍的前提，必须是原发性情感障碍，由于很多疾病常伴有躁狂、抑郁症状，因此，在确定诊断之前应首先排除继发性情感障碍。详细病史、躯体、神经系统检查，必要的辅助检查十分重要。

（一）躁狂症的鉴别诊断

1. 精神分裂症　临床常见的是精神分裂症被误诊为情感性精神障碍，相反的情况也时有发生，这是因为精神分裂症也可有循环病程，临床表现了可有精神运动性兴奋，但精神分裂症经过几次发病后，循环病程特点渐不明显，而呈慢性进行性病程。临床相虽有兴奋躁动，但情感不是轻松愉快，行为也多具冲动性。

2. 药物所致精神障碍　某些药物如皮质激素、异烟肼、阿的平等中毒，可引起躁狂状态。根据用药史、用药时间、剂量与发病的关系明显，停药或减药后快速好转等可资区别。此外，中毒性精神病往往伴有不同程度的意识障碍。

3. 躯体疾病所致精神障碍　如甲状腺机能亢进可出现轻躁狂状态，但情感并非真正高涨，而以焦虑、紧张和情绪不稳为主，躯体主诉多，自身感觉也差，并伴有原发躯体病症状和体征，甲状腺功能检查有助于诊断。

4. 脑器质性精神病　如麻痹性痴呆、老年性精神病等可出现躁狂症状，但有智能障碍，情感并非高涨，而是以欣快为主，详细的病史及躯体和神经系统检查，对鉴别诊断可提供重要依据。

（二）抑郁症的鉴别诊断

1. 神经衰弱　轻性抑郁常有头晕、头疼、无力和失眠等主诉，易误诊为神经衰弱。后者情感以焦虑、脆弱为主，自知力良好，症状波动性大，求治心切，病前往往有明显引起高级神经活动过度紧张等精神因素。

2. 心因性抑郁　鉴别要点在于病人的起病和精神症状与心理因素联系紧密。临床症状充分反映心因内容，情绪波动性大，易受外界影响。此外，精神活动迟钝不明显，失眠多为入睡困难，与抑郁症以早醒不同。情绪多为怨天尤人，而很少责备自己。

3. 精神分裂症　精神分裂症伴有抑郁状态者应与本病鉴别。精神分裂症的情感不是抑郁，而以平淡或淡漠为主。妄想内容也比较荒谬。精神分裂症紧张型应与木僵型抑郁鉴别,前者精神活动与环境不配合,常伴有违拗、紧张性兴奋的表现。

4. 癫痫病理性心境恶劣 此种情绪障碍的起始、终止均较急遽。持续时间也较短,缺乏典型的情感低落和运动性抑制症状,而以紧张、恐惧和烦闷为主。

5. 其他 如风湿性脑病、甲状腺功能低下、药源性抑郁状态等。详细了解病史及躯体、神经系统详细检查,有助于诊断。

三、几种主要和常见的分类

1. 原发/继发性 继发者既往有非情感性其他精神病或躯体疾病。原发者既往健康或仅有躁狂、抑郁史。不管情感障碍严重程度及有无明显生活应激,从而回避了内源/反应性这个有争议的问题。

2. 内源/反应性 内源性,顾名思义是来自内部的,以与来自外因的反应性抑郁相区别。内源性抑郁丧失了对周围环境的反应性,而反应性抑郁的主要特征为对内、外应激反应强烈,内源性则缺如,充其量只对最初诱因有反应。

3. 单相/双相障碍 是目前世界上广泛接受的分类。单相指仅有抑郁或仅有躁狂发作。由于躁狂比抑郁少见,单相躁狂更少见。抑郁比躁狂多见,很多既往诊为抑郁者,最后诊断可能为双相(4%~18%),虽然每次抑郁发作以后出现躁狂的可能性递减,但并非完全消失。

4. 迟滞性/激越性抑郁 属症状分类,是描述性的,前者以精神运动迟滞较突出,常伴有生物学症状,如睡眠障碍,食欲降低。后者以激越为突出,为更年期抑郁的特征。两者均属于内源性抑郁,在 DSM 中都归重症抑郁。

5. 更年期抑郁/老年期抑郁 前者指主要发生于中年后,女性较多见,其特点为激越和疑病症状,常因应激而诱发,可能有不同病因,如性腺退化。既往视为一组独立单元,但家史调查不支持,因为更年期抑郁病人亲属中患情感障碍的频率较高。另外用性激素治疗未能取得好效果也不支持为单独分类单元,因此这一术语已趋于废弃。由于该病有其独特的发病年龄和临床特征,故我国部分学者仍认为有保留这一类别的必要。

6. 隐匿性抑郁症 又名抑郁等位症,是一种不典型的类别,临床表现主要有反复、持续出现的各种躯体不适和自主神经症状,如头痛、头晕、心悸、胸闷、气短、四肢麻木等,抑郁情绪往往被躯体症状所掩盖,病人往往将其不适归之于内科疾病,多不找精神科医生而去其他科就诊。诊断取决于详细精神检查、有无睡眠障碍、情绪昼重夜轻等症状。易误诊为神经官能症或其他躯体病,对症治疗往往久治不愈,抗抑郁药可能有较好效果。

7. 快速循环型 是双相障碍的一个亚型,躁狂与抑郁交替发作,而无明显情感正常间歇期,占双相障碍 10% 左右,多见于女性,往往发生于多次发作之后,也有首次发作就呈快速循环者。按快速循环出现时间可分早发型和晚发型,按发作频率可分为典型快速循环型和超快速循环型。按有无诱因可分自发型和诱发型。作为一种亚型对锂盐治疗反应差,但也有部分或完全好转的。停抗抑郁药可能使循环消失,但可能代之以严重的抑郁发作。卡马西平可能有效。

其他有季节性情感障碍等。

第五节 病程和预后

一、起病

可急性或亚急性起病,有报道躁狂以春末夏初发病较高,抑郁秋冬较多,少数病人似有自己的好发季节。有些病人发作与月经周期有关,或月经期病情加重。

双相障碍的平均发病年龄为29岁,女性为34.5岁,并且呈两个年龄高峰,即20～30岁和40～50岁。单相平均发病年龄较双相晚,男性为51岁,女性为47.5岁,只有50～60岁一个高峰,20～30岁发病者少。无论单相或双相15岁前、60岁后首次发病者均少见。如60岁发病者应排除躯体、神经系统、药物等继发因素的可能。

躁狂的发病年龄一般比抑郁症早,多在16～30岁,女性又比男性早。

二、病程

本病病程呈发作性特点,急性发作即使无特殊治疗,70%～85%可明显或完全缓解,其自然病程长短不一,抑郁症一般较长,躁狂症较短。有人对情感障碍随访20年,发现单相抑郁平均发作数为4～6次,双相7～9次。对单相病人为期20年随访,仅一次发作者占15%,二次占22%,3～4次占49%。而双相病人都有多次发作。频繁发作者每年有发作,或一年发作3～4次。一次发作叫做一个时相,周期指从一个时相和无症状间歇期至另一时相的时程。时相持续时间平均为6～12个月,但多数少于6个月。第一次时相无论单、双相都较短。多次发作后时相往往延长,周期缩短。时相和周期长短与疾病严重程度、发病年龄、发作次数等因素有关。45岁以后各次发作时间往往延长,但有很大变异。

三、预后

一般认为急性情感障碍的预后较好,但症状全部消失。据估计15%～20%病人处于慢性、轻性精神病状态,常有各种躯体主诉如易激惹、疲乏、睡眠障碍和心情不佳,社会功能未能恢复到病前水平。长期追踪自杀死亡者15%左右,构成所有自杀的1/2～2/3。有研究显示,预后"良好"和"较好"者占67%,虽然不能预测哪些病人预后差,但与年龄、情感疾病家史、长期人格适应不良、躯体疾病、缺乏社会支持,治疗不充分等因素有关。

第六节 治 疗

一、心境障碍治疗原则

治疗目标是降低发病的频率、严重性及心理社会性不良后果,并增强发作间歇期的心理社会功能。

应加强对心境障碍的心理社会影响的了解和调整。识别其促发或延续因素,提倡早期发现,早期治疗。必须全面了解病人的需要、内在心理冲突、心理防御机制、应对方式及能力等,并应了解生物、心理、社会等各方面的影响因素。应用恰当的药物、心理治疗、心理社会康复。需要指出,心理治疗和社会干预应贯穿整个治疗过程,目的在于减少应激性生活事件,使病人消除不必要的顾虑和恐惧、悲观情绪,主动配合治疗。

确定药物及其他治疗,并制定全面的综合性治疗计划,既要考虑横截面(如目前临床状态)问题,也要考虑纵向性(如疾病发展情况,治疗方法及效果)问题,并根据病情不断调整综合性的治疗和护理。

在整个药物治疗过程中,要始终注意贯彻治疗的"个别化"原则。治疗应努力取得病人及其家属的配合,增强执行治疗计划的依从性。

二、药物治疗

躁狂病人的兴奋、冲动,抑郁病人的自伤、自杀观念和行为是精神科医生常见和需要及时处理的问题,情感性精神障碍治疗目的在于控制急性发作和预防复发。抗躁狂药物治疗详见药物治疗章节。

本节重点介绍抑郁和双相障碍治疗。

(一)抑郁障碍的治疗

1. 抑郁障碍的治疗目标

(1)提高抑郁障碍的显效率和临床治愈率,最大限度减少病残率和自杀率。成功治疗的关键在于彻底消除临床症状,减少复发风险。

(2)提高生存质量,恢复社会功能,达到真正意义的治愈,而不仅是症状的消失。

(3)预防复发:抑郁为高发期性疾病(>50%)。据报道,环境、行为和应激可以改变基因表达。抑郁复发可影响大脑生化过程,增加对环境应激的敏感性和复发的风险。药物虽非病因治疗,却可通过减少发作和降低基因激活的生化改变而减少复发,尤其对于既往有发作史、家族史、女性、产后、慢性躯体疾病、精神压力大、缺乏社会支持和物质依赖的高危人群。

2. 抑郁障碍的药物治疗

(1)药物的治疗原则:抗抑郁药是当前治疗各种抑郁障碍的主要药物,能有效解除抑郁心境及伴随的焦虑、紧张和躯体症状,有效率60%~80%。

根据对抑郁障碍的基本知识和多年临床实践,抗抑郁药的治疗原则是:

①诊断要确切。

②全面考虑患者症状特点、年龄、躯体状况、药物的耐受性、有无并发症,因人而异地个体化合理用药。

③剂量逐步递增,尽可能采用最小有效量,使不良反应减速到了少,以提高服药依从性。

④小剂量疗效不佳时,根据不良反应和耐受情况,增至足量(有效药物上限)和足够长的疗程(>4~6周)。

⑤如仍无效。可考虑换药,换用同类加一种药物作用机制不同的另一类药。应注意氟西汀需停药5周才能换用MAOIs,其他SSRIs需2周。MAOIs停用2周后才能换用SSRIs。

⑥尽可能单一用药,应足量、足疗程治疗。当换药治疗无效时,可考虑两种作用机制不同的抗抑郁药联合使用权用。一般不主张联合用两种以上抗抑郁药。

⑦治疗前向患者及家人阐明药物性质、作用和可能发生的不良反应及对策,争取他们的主动配合,能遵嘱按时按量服药。

⑧治疗期间密切观察病情变化和不良反应并及时处理。

⑨根据心理—社会生物医学模式,心理应激因素在本病发生发展中起到重要作用,因此,在药物治疗基础上辅以心理治疗,可望取得更佳效果。

⑩积极治疗与抑郁共病的其他躯体疾病、物质依赖、焦虑障碍等。

⑪根据国外抑郁障碍药物治疗规则,一般推荐SSRIs、SNRIs、NaSSAs作为一线药物选用。总之,因人而异,合理用药。

疾病分类决定治疗的适应症,症状学和疾病类型为正确选药的指征,治疗成功在于对不同病人选用适宜抗抑郁药和恰当剂量。

(2) 抗抑郁药物的治疗策略:抑郁症为复发性疾病,目前倡导全程治疗。抑郁的全程治疗分为:急性治疗、巩固治疗和维持治疗三期。单次发作的抑郁症,50%~85%会有第2次发作,因此常维持治疗以防止复发。

①临床痊愈(完全缓解):指症状完全消失(HAMD≤7)。

②复燃:急性治疗症状部分缓解(有效,HAMD减分率>50%)或达到临床痊愈(症状完全消失),因过早减药或停药后症状的再现,故常需巩固治疗和维持治疗以免复燃。

③复发:指痊愈后一次新的抑郁发作,维持治疗可有效预防复发。

急性期治疗

控制症状,尽量达到临床痊愈。治疗严重抑郁时,一般药物治疗2~4周开始起效,治疗的有效率与时间呈线性关系,"症状改善的半减期"为10~20天。如果患者用药治疗6~8周无效,改用其他作用机制不同的药物可能有效。

巩固期治疗

至少4~6个月,在此期间患者病情不稳,复燃风险较大。

维持期治疗

抑郁症为高复发性疾病,因此需要维持治疗以防止复发。维持治疗结束后,病情稳定,可缓慢减药直至终止治疗,但应密切监测复发的早期征象,一旦发现有复发的早期征象,迅速恢复原治疗。多数意见认为首次抑郁发作维持治疗为6~8个月;有两次以上的复发,特别是近5年有两次发作者应维持治疗。对于青少年发病,伴有精神病性症状、病情严重、自杀风险大、并有遗传家族史的患者,应考虑维持治疗。有资料表明,以急性期治疗剂量作为维持治疗的剂量,能更有效防止复发。新一代抗抑郁药不良反应少,耐受性好,服用简便,为维持治疗提供了方便。如需终止维持治疗,应缓慢(数周)减量,以便观察有无复发迹象,亦可减少撤药综合征。

(3) 抗抑郁药的种类:抗抑郁药发展迅速,品种多达20余种,以下是目前国内外常用的几种抗抑郁药。

按功能(作用机制)来划分:5-HT再摄入抑制剂(SSRIs)氟西汀等;选择性5-HT及NE再摄取抑制剂(SNRIs)如文拉法辛;NE及DA再摄取抑制剂(NDRIs)如曲唑酮、奈法唑酮,NE及特异性5-HT能抗抑郁药(NaSSA)如米氮平,可逆性单胺氧化酶抑制剂(RMAOI)如吗氯贝胺等。TCAs作为经典抗药,仍保留三环类这个名称。

SSRIs

5-HT再摄取抑制剂是近年临床上广泛应用的抗抑郁药,肯有疗效好,不良反应小,耐用受性好,服用方便等特点。主要药理作用是选择性抑制5-HT再摄取,使突触间隙5-HT含量升高而达到治疗目的。对NE、H_1、M_1受体作用轻微,故相应不良反应了较少。

5-HT再摄取抑制类药物口服效果好,不受进食影响,与血浆蛋白结合高,$T_{1/2}$ 20小时左右(氟西汀的去甲基代谢物长达7～15天),主要经肾脏,少数从粪便排出。5-HT再摄取抑制剂类药物的常用剂量及用法见表8-1。

表8-1　5种5HT再摄取抑制剂类药物的推荐剂量及用法

药名	规格mg	常用治疗量mg/d	最高剂量mg/d	用法	血药浓度ng/ml
氟西汀	20	20～40	60	Qd	100～300
帕罗西汀	20	20～40	60	Qd	30～100
舍曲林	50	50～100	200	Qd	25～50
氟伏沙	50	100～200	300	Qd 或 Bid	250
西酞普兰	20	20～60	120	Qd	60

【适应症】各种类型和不同严重程度的抑郁障碍。

【禁忌症】①对SSRIs类过敏者;②严重心、肝、肾病慎用;③禁与MAOIs、氯咪帕明、色氨酸联用④;慎与锂盐、抗心律失常药、降糖药联用。

【不良反应】抗胆碱能不良反应和心血管不良反应比TCAs轻。①神经系统:头疼,头晕,焦虑,紧张,失眠,乏力,困倦,口干,多汗,震颤,痉挛发作,兴奋,转为狂躁发作;②胃肠道:较常见恶心,呕吐,厌食,腹泻,便秘;③过敏反应:如皮疹;④性功能障碍:阳痿,射精延缓,性感缺失;⑤其他:罕见的有低钠血症,白细胞减少。

SNRIs

为5-HT及NE再摄取抑制剂,代表药物主要有文拉法辛,为二环结构。有速释制剂(博乐欣)及缓释制剂(怡诺思,Efexor)两种。具有5-HT和NE双重摄取抑制作用,对M_1、H_1、α_1受体作用反应亦少。疗效与氯咪帕明相当或更优,起效时间也较快,对难治性抑郁也有较好治疗作用。

【药理特征】文拉法辛口服易吸收,主要代谢物为去甲基文拉法辛,蛋白结合率低,仅

27%。普通型制剂 $T_{1/2}$ 短,为 4~5 小时,故应分次服药;但缓释剂每天服药一次,主要从尿排出。

【适应症】主要为重性抑郁症及难治性抑郁症。

【禁忌症】无特殊禁忌症,严重肝、肾疾病,高血压、癫痫患者应慎用。禁与 MAOIs 和其他 5-HT 激活药联用,避免出现中枢 5-羟色胺综合征。

【推荐剂量】最小有效剂量 75 mg/d,治疗剂量为 75~300 mg/d,一般为 150~200 mg/d,分 2~3 次服。缓释胶囊(怡诺思)每粒 75/150 mg,有效剂量 75~300 mg/d,服 1 次。

【不良反应】文拉法辛安全性好,不良反应少,常见不良反应有恶心、口干、出汗、乏力、焦虑、震颤、阳痿和射精障碍。不良反应的发生与剂量有关,大剂量时血压能轻度升高。

NaSSAs

被称为 NE 能和特异性 5-HT 能抗抑郁药,是近年开发的具有 NE 和 5-HT 双重作用机制的新型抗抑郁药。米氮平是代表药,其主要作用机制为增强 NE、5-HT 能的传递及特异阻滞 $5-HT_2$、$5-HT_3$ 受体,拮抗中枢去甲肾上腺素能神经元突触 α_2 自身受体及异质受体,此外对 H_1 受体也有一定的亲和力,同时对外周去甲肾上腺素能神经元 α_2 受体的中等程度的拮抗作用,与引起的体位性低血压有关。有镇静作用,而抗胆碱能作用小。

【药理特征】口服吸收快,不受食物影响,达峰时间 2 小时,$T_{1/2}$ 平均为 20~40 小时,蛋白结合率 85%,主要由尿排出。

【适应症】各种抑郁障碍,尤其适用于重度抑郁和明显焦虑、激越及失眠的患者。起效较快,复发率低于阿米替林。

【禁忌症】严重心、肝、肾病及白细胞计数偏低的患者慎用。不宜与乙醇、安定和其他抗抑郁药联用。禁与 MAOIs 和其他 5-HT 激活药联用,避免出现中枢 5-羟色胺综合征。

【推荐剂量】开始 30 mg/d,必要时可增至 45 mg/d,日服 1 次,晚上服用。

【不良反应】本药耐受性好,不良反应较少,无明显抗胆碱能作用和见之于 SSRI 的胃肠道症状,对性功能几乎没有影响。常见不良反应为镇静、嗜睡、头晕、疲乏、食欲和体重增加。

TCAs

三环类抗抑郁药又可分为叔胺类如咪帕明、阿米替林、多塞平和仲胺类,后者多为叔胺类去甲基代谢物去甲咪帕明、去甲替林。马普替林属四环类,但其药理性质与 TCAs 相似。

TCAs 类口服吸收快,血药浓度 2~8 小时达峰值,约 90% 与血浆蛋白结合,通过羟基化和去甲基代谢,大部分经尿排出,$T_{1/2}$ 平均 30~48 小时,达稳态时间为 5~14 天。三环类抑郁药的主要药理作用为突触前摄取抑制,使突触间隙 NE 和 5HT 含量升高从而达到治疗目的。突触后 α_1、H_1、M_1 受体阻断,导致低血压、镇静和口干、便秘等不良反应。

【适应症】各种类型及不同严重程度的抑郁障碍。

【禁忌症】① 严重心、肝、肾病;②癫痫;③急性闭角型青光眼;④12 岁以下儿童,孕妇,前列腺肥大慎用;⑤TCAs 过敏者;⑥禁与 MAOIs 联用。

【不良反应】①中枢神经系统:过度镇静,记忆力减退,转为躁狂发作;②心血管:体位性低血压,心动过速,传导阻滞;③抗胆碱能:口干,视物模糊,便秘,排尿困难。

【推荐剂量】TCAs 治疗指数低,剂量受镇静、抗胆碱能和心血管不良反应限制。一般为 50～25 mg/d,剂量缓慢递增,分次服。减药宜慢,突然停药可能出现胆碱能活动过度,引起失眠、焦虑、易激惹、胃肠道症状、抽动等症状。

SARIs

主要有曲唑酮和奈法酮两种。药理作用复杂,对 5-HT 系统既有激动作用又有拮抗作用。抗抑郁作用主要可能由于 5-HT$_2$ 受体拮抗,从而兴奋其他受体特别是 5-HT$_{1A}$ 受体对 5-HT 的反应,被称为 5-HT 受体拮抗抑制剂。

曲唑酮(trazodne,美抒玉):为四环结构的三唑吡啶衍生物,有相对强的 H$_1$、α$_2$ 受体拮抗作用,故有较强镇静作用,α$_2$ 受体拮抗可能与阴茎异常勃起有关,α$_1$ 受体拮抗可引起体位性低血压。

【药理特性】口服吸收好,约 1 小时达峰,蛋白结合 89%～95%,T$_{1/2}$ 为 5～9 小时,老人 11.6 小时,4 天内达稳态,主要经尿排泄。

【适应症】各中轻、中度抑郁障碍,重度抑郁效果稍逊;因有镇静作用,适用于伴焦虑、失眠的轻、中度抑郁。

【禁忌症】低血压、室性心律失常。

【剂量和用法】起始剂量为 50～100 mg,每晚 1 次,每隔 3～4 增加 50 mg,常用剂量 150～300 mg/d,因 T$_{1/2}$ 短,宜分次服。

【不良反应】常见者为头痛、镇静、体位性低血压、口干、恶心、呕吐、无力,少数可能引起阴茎异常勃起。

【药物相互作用】可加强中枢抑制剂,包括酒精的抑制作用,也不宜和降压药联用,和其他 5-HT 能药联用可能引起 5-HT 综合征,禁与 MAOIs 联用。

其他抗抑郁药物参见相关内容。

常用的几种抗抑郁药的剂量范围、主要不良反应见表 8-2。

表 8-2 常用的几种抗抑郁药

	剂量范围 mg/d	主要不良反应
5-HT 再摄取抑制剂 SSRIs		
氟西汀 floxetin	20～60,早餐后顿服,剂量大,可分二次服	胃肠道反应,头痛、失眠焦虑、性功能障碍
帕罗西汀 Paroxetine	20～60,同上	同上,抗胆碱能反应、镇静作用较强
舍曲林 Sertralin	50～200,同上	同上
氟伏沙明 fluroxamine	50～300,晚顿服或午、晚分次服	同上,镇静作用较强
西酞普兰 Citaloparm	20～60,早餐后顿服,剂量大,分二次服	同上
5-HT/NE 再摄取抑制剂 SNRIs		
文拉法辛 Venlafaxine	75～300,缓释剂早餐后顿服	胃肠道反应,血压轻度升高,性功能障碍、体重增加少

续表 8-2

	剂量范围 mg/d	主要不良反应
NE/特异性 5-HT 受体拮抗剂 NaSSAs		
米氮平 mirtazpine	15~45,分1~2次服	镇静、口干、头晕、疲乏、体重增加、胆固醇升高
三环类 TCAs		
阿米替林 amitriptyline	50~250,分次服	过度镇静,体位低血压,严重心肝肾病、抗胆碱能不良反应
多塞平 doxepine	50~250,分次服	同上
氯咪帕明 chlornipramine	50~250,分次服	同上,抽搐
四环类		
马普替林 maprotiline 锂盐联用	50~225,分次服	同上,抽搐
5-HT 拮抗/再摄取抑制剂 SARIs		
曲唑酮 trazodon	50~300,分次服	口干、镇静、头晕、嗜睡阴茎异常勃起失常

(4) 抗抑郁药的选用:抗抑郁药的疗效和不良均存在个体差异,这种差异在治疗前很难预测。一般而言,几种主要抗抑郁药疗效大体相当,又各具特点,药物选择主要取决于患者躯体状况,疾病类型和药物不良反应。表 8-3 列出了几种主要抗抑郁药在选择时的比较。

表 8-3 几种主要抗抑郁药的比较和选择

类别	抗抑郁	抗焦虑	相对毒性	不良反应	优点	缺点
SSRIs						均有性功能障碍,焦虑、失眠
氟西汀	++	+		+	停药反应少	$T_{1/2}$长,清洗期长,药物相互作用(2D6、3A4)头疼,困倦,抗胆碱能
帕罗西	++	++		+	镇静作用较强	不良反应,药物相互作用(2D6)
舍曲林	++	++		+	药物相互作用较少	消化道症状较明显恶心
氟伏沙明	++	++		+	镇静作用较强	药物相互作用(1A2)
西酞普兰	++	+		+	药物相互作用少	恶心,过量危险
SNRIs						
文拉法辛	+++	++		+	重度抑郁疗效较好,药物相互作用小	焦虑、恶心、头疼、血压轻度升高、性功能障碍
NaSSAs						
米氮平	++	++		+	胃肠道副反应少,性功能障碍少	镇静,嗜睡,体重增加,粒缺罕见,如有感染应检查 WBC

续表 8-3

类别	抗抑郁	抗焦虑	相对毒性	不良反应	优点	缺点
TCAs	++	++	++	+++	价格便宜	不良反应较多,过量危险
SARIs						
曲唑酮	+	++	+	+	改善睡眠,抗焦虑	镇静、头晕,低血压、阴茎异常勃起

注:+轻 ++中 +++重

抗抑郁药的选用,要综合考虑下列因素:①既往用药史:如有效仍可用原药,除非有禁忌症。②药物遗传学:近亲中使用某种抗抑郁药有效,该患者也可能有效。③药物的药理学特征:如有的药镇静作用较强,对明显焦虑激越的患者可能较好。④可能的药物间相互作用:有无药效学或药代学配伍禁忌。⑤患者躯体状况和耐受性:抑郁亚型:如非典型抑郁可选用 SSRIs 或 MAOIs,精神病抑郁可选用阿莫沙平。⑥药物的可获得性及药物的价格和成本问题。

对不同类型抑郁症的治疗建议:①伴有明显激越的抑郁症的治疗:抑郁症患者可伴有明显激越,激越是女性更年期抑郁症的特征。在治疗中可考虑选用有镇静作用的抗抑郁剂,如 SSRIs 中的氟伏沙明、帕罗西汀、NaSSAs 中的米氮平、SARIs 中的曲唑酮,以及 TCAs 中的阿米替林、氯咪帕明等,也可选用 SNRIs 中的文拉法辛。在治疗的早期,可考虑抑郁药合并苯二氮䓬类的劳拉西泮(1~4 mg/d)或氯硝西泮(2~4 mg/d)。当激越焦虑的症状缓解后可逐渐停用苯二氮䓬药物,继续用抗抑郁剂治疗。抗抑郁药治疗的原则和一般的抑郁障碍的治疗相同,保证足量足疗程。

②伴有强迫症状的抑郁症的治疗:抑郁症患者可伴有强迫症状,强迫症的患者也可伴有抑郁,两者相互影响。有人认为伴有强迫症状的抑郁症患者预后较差。药物治疗常使用 TCAs 中的氯咪帕明,以及 SSRIs 的氟伏沙明、舍曲林、帕罗西汀和氟西汀。通常使用的剂量较大,如氟伏沙明可用至 200~300 mg/d,舍曲林 150~300 mg/d,氯咪帕明 150~300 mg/d。

③伴有精神病性症状的抑郁症的治疗:精神病性一词传统上强调患者检查现实的能力丧失,伴有幻觉、妄想、阴性思维形式障碍或木僵等精神病性症状。精神障碍程度严重,属于重性精神病范畴。有人认为这是一种独立的亚型,患者家族中患有精神病性抑郁的比率较高,且较非精神病性抑郁症更具遗传倾向。

使用抗抑郁药物治疗的同时,可合并第二代抗精神病药,如利培酮、舒必利等,剂量可根据精神病性症状的严重程度适当进行调整,当精神病性症状消失后,继续治疗 1~2 个月,若症状未再出现,可考虑减药,直至停药,减药速度不宜过快,避免出现撤药综合征。

④伴有躯体疾病的抑郁障碍的治疗:伴有躯体疾病的抑郁障碍,其抑郁症状可为脑部疾病的症状之一,如脑卒中,尤其是左额叶、额颞侧的卒中;抑郁症状也可能是躯体疾病的一种心因性反应;也可能是躯体疾病诱发的抑郁障碍。躯体疾病与抑郁症状同时存在,相互影响。抑郁障碍常常会加重躯体疾病,甚至使躯体疾病恶化,导致死亡,如冠心病、脑卒中、肾病综合征、糖尿病、高血压等。躯体疾病也会引起抑郁症状的加重。故需

有效地控制躯体疾病,并积极地治疗抑郁。抑郁障碍的治疗可选用不良反应少,安全性高的 SSRIs 或 SNRIs 药物。如有肝肾功能障碍者,抗抑郁药的剂量不宜过大。若是躯体疾病伴发抑郁障碍,经治疗抑郁症状缓解,可考虑逐渐停用抗抑郁药。若是躯体疾病诱发的抑郁障碍,抑郁症状缓解后仍需继续治疗。

⑤难治性抑郁症的药物治疗:难治性抑郁症,目前尚无统一的标准,较严谨的标准是:首先应符合 ICD-10 或(和)CCMD-3 抑郁发作的诊断标准;并且用现有的两种或两种以上不同化学结构的抗抑郁药,经足够剂量(治疗量上限,必要时测血药浓度)、足够疗程治疗(6 周以上),无效或收效甚微者。

难治性抑郁症占抑郁症患者的 10%~20%。难治性抑郁症是一较复杂的问题。处理颇为棘手,是目前精神病学面临的难题之一。在诊断难治性抑郁症时应注意以下几个问题:①诊断是否准确? ②患者是否伴有精神病性症状? ③患者是否得到适当治疗(剂量及疗程)? ④不良反应是否影响达到有效治疗剂量? ⑤患者依从性是否好? ⑥药物使用方式是否合适? ⑦治疗结果是如何评价的? ⑧是否存在影响疗效的躯体疾病及精神病性障碍? ⑨是否存在其他干扰治疗的因素?

只有全面考虑以上这些问题后,才能对难治性抑郁症作出正确的诊断,对难治性抑郁症建议采取以下治疗策略:

①增加抗抑郁药的剂量:增加原用的抗抑郁药的剂量,至最大治疗剂量的上限。在加药过程中应注意药物的不良反应,有条件的应监测血药浓度。但对 TCAs 的加量,应持慎重态度,严重观察心血管的不良反应,避免过量中毒。

②抗抑郁药物合并增效剂:具体联用方案可为合用锂盐,锂盐的剂量不宜太大,通常在 750~1 000 mg/d。一般在合用治疗后的 7~14 天见效,抑郁症状可获得缓解。三环类抗抑郁药与甲状腺素联用:加服三碘甲状腺素(T_3)25 μg/d,1 周后加至 37.5~50 μg/d。可在 1~2 周显效。疗程 1~2 个月。不良反应小,但可能有心动过速、血压升高、焦虑、面红,有效率 20%~50%。抗抑郁药与丁螺酮(buspiron)联用:丁螺环酮的剂量逐渐增加至 20~40 mg/d,分 3 次口服。抗抑郁药与苯二氮卓类(BZD)联用:可缓解焦虑,改善睡眠,有利于疾病康复。抗抑郁药与新型抗精神病药物联用:如利培酮(1~2 mg/d)、奥氮平(5~10 mg/d)。主要用于精神病性的难治性抑郁。抗抑郁药与抗癫痫药联用:如卡马西平(0.2~0.6 mg/d)、丙戊酸钠(0.4~0.8 mg/d)。

3. 抑郁障碍的心理治疗　目前认为,对抑郁障碍患者的心理治疗可有下述效能:①减轻和缓解心理社会应激源的抑郁症状;②改善正在接受抗抑郁药治疗患者对服药的依从性;③矫正抑郁障碍继发的各种不良心理社会性后果,如婚姻不睦、自卑绝望、退缩回避等;④最大限度地使患者达到心理社会功能和职业功能的康复;⑤协同抗抑郁药维持治疗,预防抑郁障碍的复发。

(1) 心理治疗的原则:对轻度的抑郁障碍患者,选择单一心理治疗时,建议采纳下述一般原则:①心理治疗的目标应注重当前问题,以消除当前症状为主要目的;②在制定治疗计划时,不以改变和重塑人格作为首选目标;③一般应该限时;④如果患者治疗效果不完全,对症状的进一步评估也有助于计划下一步治疗措施;⑤如果治疗 6 周抑郁症状无改善或治疗 12 周症状缓解不彻底,则需考虑重新评价和换用或联用药物治疗。

(2) 心理治疗的种类:对于抑郁障碍患者可采用的心理治疗种类较多,常用的主要有：支持性心理治疗、动力学心理治疗、认知疗法、行为治疗、人际心理治疗、婚姻和家庭治疗等。一般而言，支持性心理治疗可适用于所有就诊对象，各类抑郁障碍患者均可采用或联用；精神动力学的短程心理治疗可用于治疗抑郁障碍的某些亚类，适用对象应有所选择；认知行为治疗方法可矫正患者的认知偏见，减轻情感症状、改善行为应对能力，并可减少抑郁障碍患者的复发；人际心理治疗主要处理抑郁障碍患者的人际问题、提高他们的社会适应能力；婚姻或家庭治疗可改善康复期抑郁障碍患者的夫妻关系和家庭关系，减少不良家庭环境对疾病复发的影响。

（3）心理治疗方法的选用：心理治疗师首先应根据抑郁障碍患者的病情严重程度及有关临床资料，确定选用药物治疗、电抽搐治疗，或者是其中二者兼而有之。作为抑郁障碍急性期的单一治疗，心理治疗的目的与药物治疗相同，都是为了消除抑郁症状和重建正常的社会和职业功能。对于未达到严重程度的抑郁障碍患者可考虑在急性期单一使用心理治疗。

根据临床经验，以下几种情况比较适用心理治疗：①患者自愿首选心理治疗或坚决排斥躯体治疗者；②有明显抗抑郁药的使用禁忌；③有明显的心理社会源导致抑郁的证据。一旦确定以心理治疗为主或药物治疗疗效差改用心理治疗时，治疗师可根据患者的具体情况和自己的擅长，选用合适的心理治疗方法。表8-4列出了抑郁症心理治疗的一般指征和三种常用心理治疗的选用指征，供临床工作参考。

表8-4 抑郁障碍心理治疗的选择指征

一般指征	特殊指征		
	精神动力学治疗	认知行为治疗	人际心理治疗
感到失望和无助；冷淡、兴趣减退或快感丧失；对自我期望过高或理想化；睡眠过多，多梦或噩梦；感到焦虑不安或活动迟缓；动机或需要缺乏；自卑、不恰当地或过分地自责和惩罚自己；想到死；社交回避，害怕被人拒绝或出丑；心身体诉、疑病	长期的空虚和低估自己的价值；童年期的丧失或长期与父母分离；既往关系（如与双亲、性伴侣）的冲突；有内省能力；改变自我表现压抑的能力；能评价梦与幻想；几乎不需要提示和指导；相对稳定的外环境	明显地对自我、世界和前途的偏见；固执已见的思维方式；现实的不适应（包括对其他心理治疗效果不好者）；需要中到高度的提示和指导；对行为训练和自我帮助有效果（高度民主的自控能力）	最近与家庭成员或他人发生争执或不和；社会或交往方面的问题；近来发生角色转换或生活改变；不正常的悲伤反应；需要低到中度的提示或指导；对环境改变有效果者（建立可能的支持性社会关系）

必须注意，与药物治疗一样，若首选一心理治疗，则建议临床医生需监测和评估患者的症状反应。如果心理治疗6周后毫无疗效，或12周后症状缓解不完全，则建议联用药物治疗。因此，需在单一心理治疗的第6周和第12周分别对有关抑郁症状进行复查评估，以判断治疗效果。

4. 心理治疗与药物治疗的合用

抗抑郁药物治疗合用心理治疗的目的在于矫正抑郁障碍患者普遍存在的心理社会问题。合用的理由是因为这些心理社会问题往往会加剧某些患者的抑郁症状，如消极、自我评价下降或婚姻问题等。而且联合治疗可使临床医师有时间与患者发展一种良好的治疗联盟，并在一般临床处理过程中对那些会加剧抑郁障碍持续存在的问题进行简要的探究。

尽管对于大多数患者,不建议常规地首选正式心理治疗与药物治疗的联用方案,但一些研究发现:①如果合用心理治疗和药物治疗,患者的治疗反应会较完全,而患者有治疗反应的机会可增多;②联合治疗无疑可解决更大范围的功能损害,既能控制症状又能兼顾处理心理社会功能的缺损;③与单纯药物和一般临床处理相比,合用心理治疗确定可改善某些抑郁障碍患者的预后。

抑郁障碍患者急性期首选联合治疗,较适用于下列情况:①慢性起病或发作间期恢复较差的病例;②虽经足量足疗程充分的单纯药物治疗仅能达到部分疗效者;③病史中有长期困扰至今的某类心理社会问题,无论在抑郁障碍发作期还是发作间歇期均持续存在者;④已有药物治疗阻抗或服药依从性问题的病例;⑤有人格问题的抑郁障碍患者另一方面,对其他未首选联合治疗的患者,如果已采取了最佳药物治疗方案症状获得缓解后仍有明显的心理问题或人际问题存在,则可在急性期药物治疗基础上加用心理治疗。

在临床实践中,比较理想的联合治疗的程序推荐为:①一旦确认抑郁障碍便应开始抗抑郁药物治疗;②同时需抓紧时机,对抑郁障碍患者及亲属开展相关知识的教育并给予一般性心理社会支持;③尽可能将提高服药依从性作为一般性心理治疗的重点内容之一;④在1~2周内依据个体化原则适时调整抗抑郁药物剂量;⑤在开始正规心理治疗前,经药物治疗急性症状和心理社会问题已获得初步缓解;⑥一旦药物治疗减轻了症状,有可能对患者继续存在的心理社会问题或人际问题再作评价,此时大致可鉴别和预测哪些患者加用心理治疗后将会获益。总之,联用方案应是有机的整合而并非两种治疗的简单相加,才能使之达到最大的治疗效应。

5. 抑郁障碍的电抽搐治疗

(1) 改良电抽搐治疗:MECT又名无抽搐电休克治疗,即结合应用氯化琥珀酰胆碱等肌肉松弛剂,通过对神经骨骼肌接头的选择性阻断使骨骼肌松弛,治疗中患者不出现抽搐同样能发挥治疗作用。世界上许多国家均已采用MECT,部分发达国家已把MECT列为法定治疗项目,取代传统ECT。

(2) 改良电抽搐治疗的适应症和禁忌症:改良电抽搐治疗的适用范围较广,因可在治疗中减轻心脏负荷,又无骨关节等方面的禁忌症及并发症,明显降低了意外等不良反应及危险性,故较易被患者和家属接受。除包括前述传统ECT适应症的患者外,MECT的适应症在抑郁障碍患者中还可有:①患有明确躯体疾病又不适应于抗抑郁药的患者;②有骨折史,骨质疏松者;③年老体弱患者;④甚至部分心血管疾病者也可适用。目前,在传统ECT仍在使用的同时,为了减轻和避免患者治疗中出现的肌肉强直、抽搐、骨折、关节脱位等并发症,建议推广使用MECT。

(二) 双相障碍的治疗

1. 治疗原则

(1) 综合治疗原则:尽管各类用于治疗双相障碍的精神药物有了长足的发展,但双相障碍各种发作的急性期治疗及预防复发的疗效仍不尽如人意。应采取精神药物、躯体治疗、物理治疗、心理治疗和危机干预等措施的综合运用,其目的在于提高疗效、改善依从性、预防复发和自杀,改善社会功能和更好提高患者生活质量。

(2) 长期治疗原则:由于双相障碍几乎终生以循环方式反复发作,其发作的频率远较抑郁障碍为高,尤以快速循环病程者为甚。因此,双相障碍常是慢性过程障碍,其治疗目标除缓解急性期症状外，还应坚持长期治疗原则以阻断反复发作。医生应在治疗开始前即向患者和家属明确交代长期治疗的重要性及实施办法，争取良好的依从性。长期治疗可分为 3 个治疗期：

急性治疗期

此期治疗目的是控制症状、缩短病程。注意治疗应充分，并达到完全缓解，以免症状复燃或恶化。如非难治性病例，一般情况下 6～8 周可达到此目的。

巩固治疗期

从急性症状完全缓解后即进入此期，其目的是防止症状复燃、促使社会功能的恢复。一般而言，此期间主要治疗药物剂量应维持急性期水平不变。巩固治疗期的时间长短原则上是按发作的自然病程，但在临床实践中不易掌握。一般巩固治疗时间为：抑郁发作 4～6 个月，躁狂或混合性发作 2～3 个月。如无复燃，即可转入维持治疗期。此期配合心理治疗十分必要，以防止患者自行减药或停药，促进其社会功能恢复。

维持治疗期

此期治疗目的在于防止复发，维持良好社会功能，提高患者生活质量。对已确诊的双相障碍患者，可在第二次发作缓解后即应给予维持治疗。

在维持治疗期，对原治疗措施可以在密切观察下进行适当调整，或小心减去在联合治疗中的非心境稳定剂药物，或相应减少剂量。但经验说明，使用接近治疗剂量者比低于治疗剂量者的预防复发效果要好。以锂盐为例，一般保持血锂浓度在 0.6～0.8 mmol/L 为宜。

但维持治疗并不能完全防止双相障碍病情复发。因此，应教育患者和家属了解复发的早期表现，以便他们自行监控，及时复诊。导致复发的诱因可能是：躯体情况，明显的社会心理因素，服药依从性不良或药物剂量不足。因此，在维持治疗期间应密切监测血药浓度并嘱患者定期复诊观察。复发的早期表现可能为出现睡眠障碍或情绪波动，此时可及时给予相应处理，如短期应用苯二氮䓬类药或增加原药剂量，以避免发展完全发作。如病情复发，则应及时调整原维持治疗药物的种类和剂量，尽快控制发作。

维持治疗应持续多久尚无定论。如过去为多次发作者，可考虑在病情稳定达到既往发作 2～3 个循环的间歇期或 2～3 年后，再边观察减少药物剂量，逐渐停药，以避免复发。在停药期间如有任何复发迹象应及时恢复原治疗方案，缓解后应给予更长维持治疗期。此期间应去除可能存在的社会心理不良因素及施以心理治疗，更有效的提高抗复发效果。

(3) 患者和家属共同参与治疗原则：由于双相障碍呈慢性反复循环发作性病程，而又需要长期治疗。为取得患者及家属的认同与合作，必须对他们双方进行相关的健康教育。这种教育应有尽有是长期的、定期的、或根据需要而安排。这种教育最好以医生与患者及其家属共同参与，讨论的内容可以包括双相障碍的疾病本质、临床表现、病程特点、治疗方法及有关药物知识、长期治疗的必要性、复发的早期表现及自我监测、复发的有关因素及处理、婚育及疾病遗传倾向等问题。鼓励患者间就经验教训进行相互交流。患者及家属教育有助于改善医患关系，提高患者对治疗的依从性，增强预防复发的效果，提高患者生活质量。此外，还可印制一些通俗易懂的知识性小册子，供其阅读。

2. 药物治疗

首先使用最安全有效的药物，以心境稳定剂为主；根据病情需要，及时联合用药；定期监测血药物浓度,评估疗效及不良反应;一种药物疗效不好,可换用或加用另一种药物;要判断一种心境稳定剂无效,应排除依从性差和血药浓度过低等因素,且用药时间应大于3周。如排除以上因素仍无效,可换用或加用另一种心境稳定剂。

(1) 心境稳定剂:心境稳定剂是指对躁狂或抑郁发作具有治疗和预防复发的作用,且不会引起躁狂与抑郁转相,或导致发作变频的药物。目前,比较公认的心境稳定剂包括碳酸锂及抗抽搐药丙戊酸盐、卡马西平。已有临床证据显示,其他一些抗抽搐药,如拉莫三嗪、托吡酯、加巴喷丁,以及某些抗精神病药物,如氯氮平、奥氮平、利培酮与奎硫平等,可能也具有一定的心境稳定剂作用,可列为候选的心境稳定剂。

①常用的心境稳定剂

碳酸锂

【效能】锂盐是治疗躁狂发作的首选药物,总有效率约70%,但起效较慢,需要持续用药2~3周的时间才能显效。锂盐对躁狂和抑郁的复发有预防作用,也用于治疗分裂—情感性精神病。对抑郁障碍的治疗作用不够理想,但对双相抑郁有一定的疗效,对难治性抑郁有增效作用。

【不良反应】常见有口干、烦渴、多饮、多尿、便秘、腹泻、恶心、呕吐、上腹痛。神经系统不良反应有双手细震颤、萎靡、无力、嗜睡、视物模糊、腱反射亢进,可引起白细胞升高。

【过量中毒】当血锂浓度达到或超过 1.5 mmol/L,会出现不同程度的中毒症状。早期中毒表现为不良反应的加重,如频发的呕吐和腹泻,无力,淡漠,肢体震颤由细小变得粗大,反射亢进。血锂浓度 2.0 mmol/L 以上可出现严重中毒,表现有意识模糊、共济失调、吐字不清、癫痫发作乃至昏迷、休克、肾功能损害。血锂浓度 3.0 mmol/L 以上可危及生命。一旦发现中、重的锂中毒征象,应立即停药,注意水电解质平衡,用氨茶碱碱化尿液,以甘露醇渗透性利尿排锂,不宜使用排钠利尿剂。严重病例必要时行血液透析,并给予对症治疗及支持疗法。

【用法与注意事项】抗躁狂治疗剂量一般在每日 1 000~2 000 mg,分 2~3 次服用,宜在饭后服,以减少对胃的刺激。应从小剂量开始,逐渐增加剂量,并在治疗的头 3 周参照血锂浓度调整剂量达到有效血锂浓度。维持剂量一般为一日 1 000~1 500 mg。老年体弱者酌减用量,并应密切观察不良反应。

由于锂盐的治疗量和中毒量较接近,急性治疗的血锂浓度为 0.6~1.2 mmol/L,维持治疗的血锂浓度为 0.4~0.8 mmol/L,1.4 mmol/L 视为有效浓度的上限,超过此值容易出现锂中毒。老年患者的治疗血锂浓度以不超过 1.0 mmol/L 为宜。

丙戊酸盐

【效能】主要药物为丙戊酸钠与丙戊酸镁。用于治疗双相情感障碍的躁狂发作,特别是快速循环发作及混合性发作效果较好,对双相情感障碍有预防复发的作用。丙戊酸盐与碳酸锂一样,是目前使用最为普遍的心境稳定剂,疗效与碳酸锂相仿,对碳酸锂反应不佳或能耐受的患者是较为理想的替换药物。

【不良反应】总体来说,不良反应发生率较低。常见有恶心、呕吐、厌食、腹泻等。少数可出现嗜睡、震颤、共济失调、脱发、异常兴奋与烦躁不安等。偶见过敏性皮疹、血小板减少症或血小板凝聚抑制引起异常出血或淤斑、白细胞减少或中毒性肝损害。

【用法与注意事项】丙戊酸盐空腹时吸收良好,2 h 可达峰浓度,饭后服药会明显延迟吸收。半衰期为 5~20 h。抗躁狂治疗应从小剂量开始,每次 0.2 g,每日 2~3 次。逐渐增加至每次 0.3~0.4 g,每日 2~3 次。高量不超过每日 1.8 g。可参考血药浓度调整剂量,有效治疗血药浓度为 50~100 μg/ml。白细胞减少与严重肝脏疾病者禁用。肝、肾功能不全者应减量。治疗期间应定期检查肝功能与白细胞计数。

卡马西平

【效能】用于急性躁狂发作的治疗,适用于碳酸锂治疗无效,或快速循环发作或混合性发作患者。该药也可与碳酸锂合用,但剂量要相应减小。

【不良反应】治疗初期常见的不良反应有复视、视物模糊、眩晕、头痛、嗜睡和共济失调。少见的不良反应有口干、恶心、呕吐、腹痛和皮疹等。

【用法与注意事项】治疗剂量为 600~1 200 mg/d,分 2~3 次口服。治疗血药浓度为 6~12 μg/ml。维护剂量为 300~600 mg/d,血药浓度 6 μg/ml。突然停药可诱发癫痫发作,应逐渐减量停药。长期应用定期检查肝功能、血常规及尿常规。

②候选的心境稳定剂:由于常规心境稳定剂在疗效与不良反应方面存在一些局限性,一些新的抗抽搐药被试用于双相情感障碍,已有临床研究显示下列抗抽搐药具有一定的心境稳定剂作用,但尚未被公认,对双相情感障碍的预防复发作用还有待于证实。在常规心境稳定剂疗效不好时,目前可以考虑换用或加用拉莫三嗪、托吡酯或氯氮平、利培酮、奥氮平与奎硫平等候选药物。

表 8-5 心境稳定剂

名称	日剂量	主要不良反应	说明
常用心境稳定剂			
锂盐	600~2 000	震颤,恶心,共济失调,尿频,尿崩症,痤疮,甲状腺功能低下,体重增加,水肿,良性白细胞增加	血锂浓度维持在 0.8~1.2 mmol/L,孕妇禁用,排钠利尿剂及大量出汗可增加锂盐的毒性,严重锂中毒可引起昏迷和死亡
丙戊酸盐	400~1 200	恶心,呕吐,镇静,头痛,胰腺炎,肝损害	肝肾疾病患者慎用,监测肝功能,治疗血药浓度为 50~100 μg/ml
卡马西平	500~1 200	粒细胞减少症,再生障碍性贫血,眩晕,共济失调,瘙痒	治疗血药浓度为 8~12 μg/ml,应监测肝脏、血象、心脏情况,本身有酶诱导和抑制作用,有多种药物相互作用
候选心境稳定剂			
拉莫三嗪	50~500	有镇静,眩晕,可引起严重皮疹,stevens-Johnson 综合症	小剂量开始缓慢加量,丙戊酸可增加本药浓度,用于治疗难治性抑郁和快速循环发作
氯氮平	50~400	镇静,抗胆碱作用,体重增加,诱发癫痫,粒细胞缺乏症引起 2 型糖尿病	定期监测血常规,肝功能
奥氮平	5~20	体重增加,引起 2 型糖尿病及血脂增高	
利培酮	2~6	锥体外系症状,血催乳素水平增高,镇静,头晕等	
奎硫平	300~700	嗜睡、头晕及体位性低血压	

③心境稳定剂的选择

药物治疗之前或用药初期,应进行全面体格检查,血液和尿液,肝肾功能和甲状腺功能等检查。药物选择应结合症状特点、双相的发作类型、躯体状态、年龄、过去治疗反应、不良反应、药物相互作用及经济状况来考虑。

对双相障碍Ⅰ型急性躁狂或双相Ⅱ型轻躁狂发作,可首选锂盐治疗。如果既往事对锂盐缺乏疗效,则选用丙戊酸盐或卡马西平,或在锂盐的基础上加用丙戊酸盐或卡马西平。如果不能耐受锂盐治疗,则选用丙戊酸盐或卡马西平。

对快速循环发作或混合性发作,因其对锂盐缺乏理想的反应,则应首先选用丙戊酸盐或卡马西平,或与候选的心境稳定剂联合用药治疗。

对双相抑郁障碍,可首选拉莫三嗪,必要时也可短期合用抗抑郁剂。

对难治性病例,可联合应用锂盐和丙戊酸盐或卡马西平。若仍无效,可在原治疗基础上加用候选的心境稳定剂,或根据情况加用增效剂。

(2) 抗抑郁剂在双相障碍中的使用问题:在双相障碍治疗中,应用抗抑郁剂可能诱发转躁狂或轻躁狂发作,或使循环频率增加,或促发快速循环发作而使治疗更加困难。因此,双相障碍抑郁发作时应慎用抗抑郁剂。如抑郁症状十分严重、且持续时间超过4周以上,既往发作以抑郁为主要临床相,则可以在充分使用心境稳定剂的前提下,合用抗抑郁剂。一般可首选几无转躁作用的丁胺苯丙酮,其次选用5-羟色胺再摄取抑制剂,而尽量不选转躁作用强的三环抗抑郁药。万拉法新和米氮平等的转躁狂作用尚欠清楚。

对双相快速循环发作者,不宜使用抗抑郁剂。

对双相Ⅱ型抑郁发作者,心境稳定剂与抗抑郁剂合用可取得较好效果。由于双相Ⅱ型轻躁狂的症状多很轻,如社会功能无明显受损,且患者乐于处在轻躁狂症状的话,可以考虑对此类患者不用心境稳定剂而单独使用5-羟色胺再摄取抑制剂或丁胺苯丙酮。

3. 电抽搐治疗 对于双相障碍的严重抑郁、难治性抑郁或躁狂,以及无法阻断的快速循环发作,电抽搐治疗是起效迅速、安全有效的最佳选择之一。特别是对拒食、木僵、有严重自伤或自杀危险的病人,更应优先采用。对于极度兴奋躁动、药物治疗无效或不能耐受的病人,以及因躯体疾病不能接受药物治疗者,也可以考虑使用电抽搐治疗。治疗前应适当减少药物的剂量。

4. 双相障碍的心理治疗 许多双相障碍病人即使在心境正常时也可能存在社交、婚姻、职业和认知功能方面的障碍;另一方面,单纯使用以药物治疗为主的生物学治疗,即使治疗方面正确,病人的依从性良好,也往往不足以控制症状,仍然有较高的复发率,并造成较大的社会和经济负担。因此,双相障碍的治疗方法中有必要进行心理治疗。

多年以来,一些研究在药物治疗的基础上,辅助使用心理治疗,发现合并心理治疗的疗效要优于单用药物治疗,表现在服药依从性较好,病情的稳定性较强,再住院率较低,心理社会功能较好。其中对抑郁的治疗和预防效果明显优于躁狂。所用心理治疗的理论派别主要是支持性心理治疗、认知行为治疗、人际关系治疗和短程精神分析治疗,治疗形式包括个别治疗、夫妻治疗、家庭治疗和小组治疗。至于各种治疗理论和治疗方式的适应证,因为研究资料有限,目前尚不能得出结论。但是有两点比较明确:①服药依从性是心理治疗的一个重要内容,因为75%以上的复发与未坚持服药有关;②发病后第一年是病人了解和适应疾病、恢复自知力和提高治疗依从性的关键时期。

第七节　情感性精神障碍与监管安全

情感性精神障碍主要包括躁狂发作与抑郁发作两大类,前者主要以情感高涨为主,以话多、行为增多、精力充沛、做事虎头蛇尾、好管闲事及睡眠障碍为主要表现。在以集体生活为主的监狱,较易发现,因而提出精神疾病鉴定的例数以及收住院的病例亦较多。而以抑郁发作为主的病例则是以情绪低落为主,话少、行为迟缓、联想能力下降及兴趣减弱等相对不显著的表现,一般被认为由于思想或其他因素所致,因为这类病例在发作不太明显的情况下,不会严重影响监管秩序,所以往往会被遗漏,但往往是这部分罪犯的自杀意念强,且具有计划性和隐蔽性,自杀、扩大性自杀或在情绪激惹的基础上产生攻击、伤人的成功率较高,是监狱精神异常事故的高危人群。

鉴于此,监所在日常管理中,更应关注那些话少、情绪低落、乏力、失眠、劳动效率下降、头昏、头痛的罪犯,不能轻易地用"情绪"因素对此类病人的症状进行定论,而要找出此类病人发生上述症状的深层次原因,并采取相应的措施,加强此类罪犯的夹控和监护,及时请专科医生对此类罪犯进行鉴定。对达到住院治疗标准的病犯应及时送到监狱系统的专科医院收治,无集中收治条件的送到社会医院进行治疗;对不需住院治疗的病犯,监所要对此类病犯落实专人负责监管和治疗,制定切实可行的监护意见,以防不测。

(吕成荣)

第九章　其他精神病性精神障碍

第一节　偏执性精神障碍

一、概述

偏执性精神障碍是指一组以系统妄想为主要症状而病因未明的精神障碍,若有幻觉则历时短暂且不突出。在不涉及妄想的情况下,无明显的心理方面异常,30岁以后起病者较多。这些病人的意识清楚,智能良好,由被迫害妄想、无罪妄想或嫉妒妄想占支配地位,而这些妄想具有逻辑性,及高度系统化特点,而他们对这些妄想的情绪反应也是恰当的。

二、病因

此类病人在病前具有特殊的个性缺陷,表现为主观、固执、多疑、容易激动、自尊心强、自我中心、自命不凡、自我评价过高、好幻想等。他们不能虚心接受批评,不能实事求是地对待生活中的各种遭遇,大多在精神因素的作用下经历一定阶段而逐渐发展起来的。由于他们过于自负,具有高度的敏感性与情感性,当遇到挫折时将事实加以曲解,认为别人有意作弄,把别人的言语、行动和态度与自己的主观想象相结合,把一些无关的细小事情赋予特殊意义,感到周围的人有意迫害他,从而形成偏执观念。在此观念的影响下,病人与周围的冲突必然增加,反过来又加强了他们的偏执观念,逐步形成妄想。

三、临床表现

临床表现开始以无罪、迫害妄想为主,后来可出现夸大妄想,这两种妄想互为因果的。病人的妄想集中反映某些体验,不涉及与这些体验无关的事,因此具有现实性,内容并不荒诞。他们既认为受到迫害,便到处申冤上诉,甚至废寝忘食连篇累牍地写大量控告信给上级有关部门,不达目的誓不罢休。当他们稍有成效时,即认为斗争取得胜利,进一步加强了妄想观念。病程冗长,可长久不愈。到了晚年,妄想观念减弱兼之年老体衰,可渐趋平静。在长期的病程过程中,病人的精神状态可随环境的变化而时好时坏,但无论如何,病人既不会完全恢复,也不致发生精神衰退。部分病人通过系统的抗精神病药物和心理治疗,病情也会有所缓解。

病例:男,35岁,大专文化,盗窃罪,无期徒刑,平时性格倔强、好胜性强,该犯入监后就一直不认罪,称自己没有盗窃汽车,只是贪图便宜而买了赃车,只是现在找不到卖赃车的人而已,认为自己的案件是受人陷害,中了别人的圈套。在监狱一直写申诉,屡次被法院驳回直至被最高人民法院终审裁决后仍书写不止,并且动员家人帮其到处上访。以后逐渐认为自己的案子是公、检、法联合在一起制造的一起冤假错案,中国的法律存在漏洞,写下了数万字的《中国制度改革》一书,内容包括中国人大、法律等制度方面的改革。二年后,由于无期徒刑未及时改判,就认为监狱也参与其中对他进行迫害。后送精神病院住院治疗,精神检查,意识清,衣着整洁,思维连贯,应答切题,存在系统的无罪、被迫害妄想,谈及这方面内容时,情绪较激动,病理性意志增强,无自知力。住院期间,在不涉及其案情的情况下,平时的言行举止与常人无异,经抗精神病药及心理治疗一年余,病情无改善。

出院诊断:偏执性精神障碍。

四、诊断

偏执性精神障碍病前有明显的人格缺陷,起病有明显的处境因素,多在一些事件后发生,有系统、牢固的无罪、迫害妄想,内容具有现实性,不经了解,难辨真伪,情绪反应适当。多无幻觉,人格保持相对完整,智力佳,无精神衰退。妄想至少持续三个月。

五、治疗

1. 药物治疗　通过系统的抗精神病药物如氯丙嗪、奋乃静、利培酮等治疗,部分病人病情可望得到缓解。由于部分病人后来追踪证明为精神分裂症,对住院病人应参照精神分裂症的治疗方案进行,以免贻误早期治疗机会。

2. 心理治疗　心理治疗和环境治疗对偏执性精神病病人是必要的,良好的环境条件有助于妄想的改善。

第二节　分裂情感性精神病

一、概述

分裂情感性精神病是指一组分裂症状和情感症状同时存在又同样突出,常有反复发作的精神病。分裂症状为幻觉、妄想,及思维障碍等阳性精神病性症状,情感症状为躁狂发作或抑郁发作症状。

本病是由 Kasanin(1933年)首先提出,病人同时存在精神分裂症和躁郁症症状,有诱发应激因素,急性起病,家族中若干病例有情感障碍,认为是精神分裂症的一个特殊类型,称分裂情感型,又有混合型之称。疗效介于精神分裂症和情感障碍之间,即好于精神分裂症,差于情感障碍。

二、病因与发病机理

病因不明,有假设认为通过一级亲属的对照研究资料表明,本病在遗传学上是介于精神分裂症和双相情感障碍之间,推测分裂情感性精神病是两种遗传性疾病,及精神分裂症和双相情感障碍两种基因的联合。通过对分裂情感性精神病病人24小时尿MHPG的研究及脑室大小的测定,较多支持本病与情感性精神障碍具有一定的联系。

三、临床表现

此病的临床表现有以下特点:

1. 有典型的抑郁或躁狂病相,同时具有精神分裂症症状。这两种症状同时存在,或先后在发病中出现。
2. 病程呈间歇发作,症状缓解后不留明显缺陷。
3. 起病较急,发病可存在应激诱因。病前个性无明显缺陷,部分病人可有精神分裂症或躁郁症家族史。
4. 发病年龄以青壮年多见,女性多于男性。

病例:女,37岁,盗窃罪,刑期5年,该犯入监前曾先后5次在当地精神病院住院治疗,分别诊断"精神分裂症"或"情感性精神障碍",先后服氯丙嗪、氯氮平、碳酸锂等多种药物治疗,且家族史中其外祖母有精神异常病史,表现呆滞、整日闭门不出,不语,少食,因家贫未到医院就诊,后自杀身亡。该犯入监后,开始表现正常,能参加正常的学习、劳动,无不轨言行。三个月后,在无明显诱因的情况下,出现眠差、兴奋、话多、乱语现象,认为监狱里的监控器在控制她,她的想法别人都知道了。入院精神检查:意识清,思维连贯,联想加速,兴奋,话多,内容荒谬,存在物理影响妄想及思维被播散感。情感高涨,情绪易激惹,动作多,无自知力。入院后予氯丙嗪、碳酸锂联合治疗,一个月后,精神症状逐渐消失,住院巩固治疗六个月而出院,病情未复发。

出院诊断:分裂情感性精神病。

四、诊断

必须具备分裂症状和情感症状,在整个病程中同时存在或先后出现,而且出现与消失的时间比较接近。病程中分裂性症状为主要临床相的时间必须持续两周以上。

五、治疗

治疗首选碳酸锂,碳酸锂不仅对分裂躁狂有效,对分裂抑郁也有效,在急性发作期,除碳酸锂外,往往需合并用抗精神病药物。分裂躁狂常合并用氯丙嗪等;分裂抑郁常合并用阿米替林、多塞平等。当治疗无明显进步时,可以考虑用电休克,以改善症状和减少自杀率。

第三节 其他精神病性障碍

一、妄想阵发

妄想阵发是一种发作性精神障碍，又称急性妄想发作，起病于青壮年，不发生于儿童，亦罕见于50岁以上者。急性妄想阵发一般无发病诱因，常突然起病（多在一周内）。表现以一过性妄想为主的症状，妄想内容多样化，支离破碎，同时也有情感和行为方面的障碍。每次发作起病急骤，缓解彻底，持续时间不超过三个月，预后良好。

（一）临床表现

1. 妄想体验 妄想多急骤出现，并快速充分发展，成为特有的临床相，妄想内容多样，如被害、无罪、被控制、宗教或神秘妄想等均可发生，妄想结构较为松散，且不持续而变换不定。有时可出现两三种妄想，但其中可能有一种为主要的中心内容。在妄想的背景上，可出现各种幻觉，内容较生动，有时使病人沉溺于一种身临其境的感受中。

2. 情感障碍 可见情绪高涨或低落、焦虑、烦恼、激越，有时类似躁狂或抑郁发作。情感障碍在临床相中不占突出地位，持续时间也不长，一般为几小时到一周，最长不超过一周。

3. 意识及注意力 这两方面无明显障碍，但有时患者走进一个新环境而表现较恍惚，此时可出现错觉或幻觉、人格解体症状，从而异常行为。

（二）诊断

1. 突然产生多种结构松散易变的妄想，如被害、无罪、夸大、宗教妄想等。

2. 具有持续几天（不超过一周）的情绪障碍，如情感高涨或低落，或焦虑，或易激惹，但不为主要突出症状，持续时间较短暂。

3. 意识和注意力无明显障碍，但可有些迷茫。

（三）治疗

1. 抗精神病药物如利培酮、氯丙嗪、奋乃静、氟哌啶醇等应作为首选，可控制幻觉、妄想症状，以中、小剂量为宜，疗程结束后可以短期维持治疗。

2. 有情感性症状可分别选用三环类抗抑郁药或苯二氮䓬类抗焦虑药，剂量宜小，时间不宜长。

3. 电抽搐休克治疗，对部分病人有效。

4. 心理治疗，可以提高疗效，并有预防作用。主要分析疾病的性质，消除病人对精神障碍的错误理解和心理上的负担。

二、感应性精神病

感应性精神病是一种以系统妄想为突出症状的精神障碍。往往发生于同一环境或家庭中两个或三个关系极为密切接触的人之间，其中一个先患有妄想症状的精神病之后，另一位或几位相继出现妄想内容基本相同的精神障碍。

（一）临床表现

本病以系统妄想占优势，原发者和被感应者皆表现为同一妄想内容，至少两者部分相同。妄想内容不荒谬，并可能具有一定的现实基础，因而较易理解，妄想结构也大致合乎逻辑，偶见无依据的妄想，但不荒诞离奇。原发者的精神症状占主导地位，逐渐影响到被感应者。妄想内容以被害多见，也可见关系妄想、物理影响妄想或神鬼附体妄想。在妄想的背景上可出现片断的幻听，但不多见。

由感应形成的妄想逐渐起病，病程在原发者常为慢性，被感应者相对较短（一般为6～12个月），当原发者症状缓解，被感应者亦可逐渐痊愈。若将被感应者与原发者隔离，症状也可随之减轻或消失。病愈后不留人格改变或精神缺陷。

（二）诊断

1. 患者与一位具有妄想症状的原发者长期生活，两者关系密切，极易发生思想上和感情上的共鸣。

2. 患者生活在相对闭塞的环境中，与外界很少接触，患者对原发者表现顺从或依赖等个性特点。

3. 以妄想为主要临床相，影响社会功能。

原发者多为慢性，与原发者分开后，被感应者的症状有缓解的趋势。

（三）治疗

1. 隔离治疗　将被感应者与感应者隔离开，防止相互影响，对症状消失有利。

2. 药物治疗　针对妄想症状，选用抗精神病药物，如利培酮、氯丙嗪、奋乃静、舒必利、氯氮平等。

3. 心理治疗　针对发病有关因素，让病人认识发病原因，帮助患者正确对待感应者。

三、周期性精神病

这是一组急性起病，反复发作，症状相仿，以内分泌失调与自主神经症状，以及思维、情感、行为紊乱为主的精神障碍，病程短暂，抗精神病药物疗效不显著，多见于青少年女性。如果常与月经周期相联系，则称月经周期性精神。

（一）临床表现

本病起病于青春期，女性以月经初潮年龄前后最多见，周期性的病程很规律地每月自发地重复发作，每次发作起止急骤，发作症状相似，即所谓"复写症状"，发作时伴有内分泌失调和自主神经症状，且每次发作持续时间也大致相同，一般不超过二周。发作间歇期精神状态完全正常，没有"精神缺陷"的表现。

（二）诊断

1. 伴有内分泌失调和自主神经症状的精神症状，如非协调性精神运动性兴奋或抑制；有轻度意识障碍的行为紊乱；片断的幻觉、妄想与言语紊乱；明显的情感高涨或低落。

2. 急性起病，每次发作的症状相同，每次发作不超过二周，在六个月内至少发作三次。

3. 发作期社会功能严重受损,间歇期完全缓解。

(三) 治疗

1. 药物治疗　抗精神病药对此病疗效甚微,而内分泌治疗及中药活血化瘀治疗有效。

2. 心理治疗　帮助病人认识发病的过程,有助于对疾病复发的预防。

第四节　其他精神病性障碍与监管安全

偏执性精神障碍病人在无罪、被迫害妄想支配下,不认为自己是罪犯,不能很好地服从管理、接受劳动改造,且到处申冤上诉,甚至废寝忘食连篇累牍地写大量控告信给上级有关部门,在达不到目的的情况下(也不可能达到其目的),就有可能出现脱逃外出上访等情况,在长时间申诉无望的情况下,甚至出现自杀的极端表现。在监管上主要防脱逃及自杀。

分裂情感性精神病是一组同时具备分裂性症状和情感症状的精神疾病,在分裂症状如言语性命令性幻听、被害妄想的支配下,自伤自残、自杀、强行脱逃或报复性攻击伤害他人的现象;情感症状如果是躁狂表现,则在其兴奋、易激惹的情况下,可出现冲动伤人现象;如果是抑郁表现,则在低落、绝望的情绪下出现自杀现象。且分裂性症状和情感症状相互作用,相互影响,更使这些危险出现的可能性增加。在疾病的发作期间,监管上必须重点防自残自杀、冲动伤人及脱逃。

妄想阵发、周期性精神病、旅途性精神病这类精神障碍起病较急骤,持续时间较短暂,主要表现言语、行为上的紊乱,在疾病的发作期间,可出现冲动伤人、自伤自残、到处乱跑的异常表现,监管上要及早发现此类病人,及时夹控管理。

感应性精神病是缓慢感应原发者的精神症状,病情表现与原发者基本相似,在病态观念的支配下,可出现报复性攻击伤人等表现,监管上应及早发现,及时与原发者隔离开,加强管理。

(陶旭东)

第十章 神经症

第一节 概述

神经症(neuroses),是以焦虑、抑郁、恐惧、强迫、疑病症状或神经衰弱症状为突出症状,多种症状组合的一组精神障碍。患者有多种躯体或精神上的不适感,没有可以证实的客观器质性病变,与患者的现实处境不相称,但患者对存在的症状感到痛苦和无能为力,无持久的精神病性症状,自知力完整或基本完整,求治心切。患者病前多有一定的易患素质基础和个性特征,疾病的发生与发展常受心理社会(环境)因素的影响,病程多迁延,进入中年后症状常可缓解或部分缓解。监管场所的神经症较少就诊,除了较为严重的失眠或强迫症患者外,一般病情不严重或没有出现明显影响安全或秩序的情况,较少就医或较难发现。

一、神经症的共性

虽然它不是指某一特定的疾病单元,而是包括各自不同的病因、发病机理、临床表现、治疗反应及病程与预后的一组精神障碍,但它们也存在一些共性。

1. 起病常与社会心理因素有关　神经症患者在病前较他人更多或更易遭受应激性生活事件。其特点为:强度常不十分强烈,但为多个事件反复发生,持续时间很长;应激事件对患者往往具有某种独特的意义或患者对此特别敏感,且社会心理因素多为"变形"的,或是说通过个性放大、变形了的;患者对心理困境或冲突有一定的认识,但常不能将自己解脱出来;应激事件不仅来源于外界,更多地源于患者内在的心理欲求与对事件的不良认知。他们常常忽略和压抑自己的需求以适应环境,但又总是对他人和自己的作为不满,总是生活在遗憾和内心冲突之中。

2. 患者病前常有一定的易患素质和人格基础　其个性特征常损害人际交往过程,导致生活中产生更多的冲突与应激。患者的个性特征一方面决定着个体罹患神经症的难易程度,如巴甫洛夫认为,神经类型为弱型或强而不均衡型者易患神经症;Eysenck 等认为,个性古板、严肃、多愁善感、焦虑、悲观、保守、敏感、孤僻的人易患神经症。另一方面,不同的个性特征可能与所患的神经症亚型有关。如有强迫型人格特征者易患强迫症,有表演型人格特征者易患癔症,有 A 型行为倾向者易患焦虑症等。

3. 症状没有相应的器质性病变为基础　通过检查,没有发现相应的器质性损害证据。当然,没有相应的器质性病变基础只是相对的,绝对的功能性的症状是不存在的,异常的精神活动必然有异常的物质活动为基础。所谓的"功能性"是指目前的科学技术水平还未能发现有肯定的、相应的病理学和组织形态学变化。

4. 社会功能相对完好　多数神经症患者的社会功能是完好的,他们一般能自理生活,勉强坚持工作或学习,他们的言行通常都保持在社会规范所允许的范围以内。但与正常人或与病前相比,其社会功能只能是相对完好,他们的工作、学习效率和适应能力均有不同程度的减退。有些神经症患者,社会功能受损也可能相当严重,如严重的疑病症患者、某些慢性的强迫症患者等。

5. 一般没有明显或持续的精神病性症状　极少数患者可能短暂出现牵连观念、幻听等症状,但绝非主要临床相,罕见明显或持续的精神病性症状。个别强迫症患者的强迫行为可能显得非常古怪,但患者能就此做出心理学上的合理解释;某些疑病症患者的疑病观念可能达到妄想的程度。

6. 一般自知力完整,有求治要求　多数神经症患者在疾病的发作期亦保持较好的自知力,他们的现实检验能力通常不受损害。他们能识别他们的精神状态是否正常,或哪些属于病态。他们常对病态体验有痛苦感,有摆脱疾病的求治欲望,一般能主动求治。

二、神经症的分类

国际疾病分类第十版(ICD-10)和《美国精神疾病诊断与统计手册(第四版)》(DSM-Ⅳ)抛弃了神经症这一术语。但将与神经症这一总的概念有相对稳定关系的几种神经症亚型,通过改变名称或类别,实质上在分类系统中保留了下来。我国的精神疾病分类体系中,保留了神经症这一疾病单元,但将抑郁性神经症归类于心境障碍,并将癔症单列出来。

CCMD-3 将神经症分为:

1. 恐惧症
(1) 场所恐惧症;
(2) 社交恐惧症(社会焦虑恐惧症);
(3) 特定的恐惧症。
2. 焦虑症
(1) 惊恐障碍;
(2) 广泛性焦虑。
3. 强迫症。
4. 躯体形式障碍
(1) 躯体化障碍。
(2) 未分化躯体形式障碍。
(3) 疑病症。
(4) 躯体形式自主神经紊乱
①心血管系统功能紊乱;
②高位胃肠道功能紊乱;
③低位胃肠道功能紊乱;
④呼吸系统功能紊乱;
⑤泌尿生殖系统功能紊乱。
(5) 持续性躯体形式疼痛障碍。
(6) 其他或待分类躯体形式障碍。
5. 神经衰弱。

6. 其他或待分类的神经症。

三、神经症的流行病学资料

国内外的调查均显示,神经症是一组高发疾病。WHO根据各国和调查资料推算:人口中的5%~8%有神经症或人格障碍,是重性精神病的5倍。我国1982年进行的12地区精神疾病流行病学调查资料显示:神经症的总患病率为2.2%;女性高于男性;以40~44岁年龄段患病率最高,但初发年龄最多为20~29岁年龄段;文化程度低、经济状况差、家庭气氛不和睦者患病率较高。神经症的总患病率国外报告在5%左右,比国内为高,差异的原因可能与样本的构成、诊断标准、东西方社会文化差异等因素有关。

四、神经症的诊断与鉴别诊断

(一) CCMD-3诊断标准

神经症是一组主要表现为焦虑、抑郁、恐惧、强迫、疑病症状,或神经衰弱症状的精神障碍。本障碍有一定人格基础,起病常受心理社会(环境)因素影响。症状没有可证实的器质性病变作基础,与患者的现实处境不相称,但患者对存在的症状感到痛苦和无能为力,自知力完整或基本完整,病程多迁延。各种神经症性症状或其组合可见于感染、中毒、内脏、内分泌或代谢和脑器质性疾病,称神经症样综合征。

1. 症状标准 至少有下列1项:①恐惧;②强迫症状;③惊恐发作;④焦虑;⑤躯体形式症状;⑥躯体化症状;⑦疑病症状;⑧神经衰弱症状。
2. 严重标准 社会功能受损或无法摆脱的精神痛苦,促使其主动求医。
3. 病程标准 符合症状标准至少3个月,惊恐障碍另有规定。
4. 排除标准 排除器质性精神障碍、精神活性物质与非成瘾物质所致精神障碍、各种精神病性障碍如精神分裂症与偏执性精神障碍、心境障碍等。

神经症的诊断标准包括总的标准与各亚型的诊断标准,在做出各亚型的诊断之前,任一亚型首先必须符合神经症总的诊断标准。

(二) 鉴别诊断

神经症的症状在精神症状中特异性最差,几乎可以发生于任一种精神疾病和一些躯体疾病中,因此在做出神经症的诊断之前,常需排除以下疾病。应与各亚型重点鉴别的疾病见各亚型部分。

1. 器质性精神障碍 各种神经症的症状均可见于感染、中毒、物质依赖、代谢或内分泌障碍及脑器质性疾病等多种躯体疾病之中,尤其在疾病的早期和恢复期最为常见,此时不能诊断为神经症。器质性精神障碍的神经症样综合征具备:①生物源性的病因,如脑的器质性病变,躯体疾病的存在及其引起的脑功能性改变,依赖或非依赖性精神活性物质应用等;②脑器质性精神障碍的症状,如意识障碍(最常见为谵妄)、智能障碍、记忆障碍、人格改变等;③精神病性症状,如幻觉、妄想、情感淡漠等。通过详细询问病史、系统的体格检查和必要的实验室检查可以鉴别。

2. 精神病性障碍 精神病性障碍中最常需要鉴别的是精神分裂症。一些精神分裂症患者早期常表现为神经症样症状,如头痛、失眠、学习工作效率下降、情绪出现一些变化,或出现一些强迫症状,易误诊为神经症。鉴别的要点是,对有神经症症状的患者,要仔细辨别有无精神分裂症的症状，尤其是易忽略的阴性症状，如懒散、孤僻、情感变淡漠、意志力减退等；分裂症患者常漠视自身症状，缺乏治疗要求或求治心不强烈；分裂症患者常缺乏现实检验能力，社会功能损害相对较重，而幻觉，妄想等阳性症状的存在则更使分裂症的诊断易于确定。

3. 心境障碍　尤其是抑郁发作的患者，常伴有焦虑、强迫以及其他神经症的症状。此时的鉴别要点是心境障碍患者以抑郁（或躁狂）为主要临床相，其他症状大多继发于抑郁（或躁狂），而且情感症状程度严重，社会功能受损明显；而神经症的患者虽然也可有抑郁情绪，但大多程度轻，持续时间较短，不是主要临床相，多继发于心因或其他神经症症状。

4. 应激相关障碍　神经症症状的发生与发展常常不完全取决于精神应激的强度，而与患者的素质和人格特征有关。起病与生活事件之间不一定有明显关联，因而其致病因素常不为患者所意识到，病程常迁延或反复发作。而应激相关障碍的致病因素常为重大的生活事件，症状则是个体对应激事件的直接反应，患者常能意识到症状的发生和发展与事件有关，病程多短暂，少有反复发作。

5. 人格障碍　神经症的发生与发展常经历一个疾病过程，健康与疾病两个阶段明显不同；而人格障碍则是自幼人格发展的偏离常态，没有正常与异常的明显分界。人格障碍不是神经症发生的必备条件，如神经症症状继发于人格障碍的基础上，可以下两个诊断。

五、神经症的治疗

神经症的治疗以心理治疗为主，在一定治疗阶段可以有选择地配合药物治疗。一般来说，药物治疗对于控制神经症的症状是有效的。但由于神经症的发生与心理社会应激因素、个性特征有密切关系，可因生活事件的出现而反复发作，病程常迁延波动，成功的心理治疗可能更重要。心理治疗不但可以缓解症状、加快治愈过程，而且还能帮助患者学会新的应付应激的策略和处理未来新问题的技巧。这种结局显然对消除病因，巩固疗效是至关重要的，也是药物治疗所无法达到的。心理治疗方法的选择取决于患者的人格特征、疾病类型以及治疗者对某种心理治疗方法的熟练程度与经验。

药物治疗是对症治疗，可针对患者的症状选药。药物治疗的优点是控制靶症状起效较快，尤其是早期与心理治疗合用，有助于缓解症状，提高患者对治疗的信心，促进心理治疗的效果。但用药前须向患者说明所用药物的起效时间，及治疗过程中可能出现的副作用，使其有充分的心理准备，以增加治疗的依从性；同时，也应该强调对于神经症的治疗应该以心理治疗为主，药物治疗应该成为辅助手段，否则会降低患者自我改变和调整的动机。

第二节　焦虑症

一、概述

焦虑（anxiety）是一种内心紧张不安而预感到似乎将要发生某种不利情况又难于应付的不愉快情绪。实际上，焦虑并不都是病理性的，它可以看作是一种保护性反应，但如果焦虑的程度过重，或持续的时间过长，则是一个医学问题。焦虑症（anxiety disorder），就是一种以没有明确客观对象和具体观念内容的提心吊胆和恐惧不安的心情，还有显著的自主神经症状和肌肉紧张，以及运动不安，以广泛和持续性焦虑或反复发作的惊恐不安为主要特征的焦虑性障碍。

二、病因

（一）生物学

1. 遗传因素　家系调查和双生子研究发现，遗传在焦虑症的发生中起一定作用。研究发现：患者的一级亲属中有 15%～25% 患有此症，其中女性多于男性；同卵双生子的同病率为 40%～80%，而双卵双生子的同病率为 15%。

2. 生理生化因素　许多研究证实，患者的交感神经的兴奋性增高，且对于应激性刺激的适应速度减慢；患者的脑诱发电位、脑电图（EEG）及睡眠脑电图异常等。在生化方面研究认为：大脑额叶及边缘系统的 NE 能系统、GABA 能系统、5-HT 能系统异常与焦虑症的发病有关。

3. 脑影像学　脑影像学研究发现，患者右侧颞叶皮质萎缩。还有研究提尔，患者右侧（非优势）半球海马周围区域的血流增加。有人观察到，该病与脑干特别是蓝斑部位、边缘系统的杏仁核及下丘脑的功能损害有关。

（二）社会心理学因素

1. 应激性事件　焦虑症常在精神心理因素作用下发病，心理冲突是常见的诱因，且当社会、心理问题持续存在时疾病有可能变成慢性。

2. 个性特征与环境因素　焦虑反应的强弱程度与个体素质差异有关，应激性事件作为一种诱发因素，是作用在性格基础之上发挥作用的。研究发现有些患者表现为敏感、怯懦、易紧张、过分自责、适应环境差等，这种与性格特征关系密切的焦虑称为特质性焦虑。此外，胆小羞怯、缺乏自信或躯体情况不佳者，对心理社会应激的应对能力较差，易发生焦虑。父母的性格特征及社会的教育方式等与焦虑症的发病亦有关。

三、临床表现

（一）焦虑症的一般特征

焦虑症状包括三方面：①与处境不相称的痛苦情绪体验。典型形式为对未来、没有确定的客观对象，和具体而固定的观念内容的提心吊胆和恐惧，过分警觉；②精神运动性不安。坐立不安，来回走动，甚至奔跑喊叫，也可表现为不自主的震颤或发抖；③伴有身体不适感的自主神经系统功能障碍，反应性过强，如出汗、口干、咽部堵塞感、胸闷气短、呼吸困难、心悸、恶心呕吐、尿急、尿频、头晕、无力感等。

（二）分类和临床表现

焦虑症按临床类型可分为广泛性焦虑障碍(generalized anxiety disorder, GAD)与惊恐障碍(panic disorder, PD)两种主要形式，但二者之间并无截然的分界线，互相过渡和重叠的情况并不少见。

1. **惊恐障碍** 又称急性焦虑发作，在焦虑症中约占41.3%，较为常见。典型惊恐障碍是呈发作性的，且没有特殊的诱因，不可预测，发作的间歇期可以没有任何症状。发作来得很突然，伴濒死感或失控感以及明显的自主神经功能紊乱症状，如剧烈心跳、胸闷、胸痛、咽部阻塞感和窒息感、头晕、全身发麻和针刺感、呼吸浅快、可伴过度换气等，患者有强烈的恐惧，可有短暂的人格解体体验。患者往往误认为是心绞痛发作，患者常去急诊或心脏科就诊。通常的频度是每周1~2次，但也有每日数次或每年1~2次者，一般历时数分钟~数十分钟，很少超过1小时，有的可自发缓解，但可再发。兴奋、体力劳累或者中度心理应激常成为促发因素，但第1次发作却常是自发产生，没有明显诱因。

2. **广泛性焦虑症** 又称慢性焦虑障碍，是焦虑症最常见的表现形式，以经常或持续存在的焦虑为主要临床相。常缓慢起病，病程迁延，日常功能受损明显，治疗较困难。临床表现有：

（1）焦虑和烦恼：对未来可能发生的、难以预料的某种危险或不幸事件的持续担心，患者终日心烦意乱、忧心忡忡，好像不幸即将降临在自己或亲人头上，担心外出家人会出意外，在家提心吊胆，坐卧不宁，注意力难以集中，学习和工作能力下降等。

（2）运动性不安：表现为坐立不安，来回走动，搓手顿足，面容紧张，眉头紧锁，可见眼睑、面肌或手指震颤，肌肉姿势紧张，常有震颤，有时疼痛抽动，经常感到疲乏。

（3）自主神经功能亢进：亦为躯体性焦虑，可涉及多个系统，常见的有胃肠不适、胃痛、腹痛、腹泻、心悸、多汗、口干、面部发红或苍白、气急、呼吸不畅、头昏头晕、头痛、胸痛、尿频、尿急、震颤、感觉异常及阳痿、早泄、月经紊乱、性欲缺乏等性功能障碍。

（4）过分警惕：表现为惶恐，容易紧张，对外界刺激易出现惊跳反应，难以入睡，噩梦易惊，易激惹，注意力难以集中，和入睡困难、睡眠质量差、易醒等。

四、诊断和鉴别诊断

（一）CCMD-3诊断标准

1. **惊恐障碍** 是一种以反复的惊恐发作为主要原发症状的神经症。这种发作并不局限于任何特定的情境，具有不可预测性。

【症状标准】

（1）符合神经症的诊断标准；

（2）惊恐发作需符合以下4项：

①发作无明显诱因、无相关的特定情境，发作不可预测；

②在发作间歇期，除害怕再发作外，无明显症状；

③发作时表现强烈的恐惧、焦虑，及明显的自主神经症状，并常有人格解体、现实解体、濒死恐惧或失控感等痛苦体验；

④发作突然开始，迅速达到高峰，发作时意识清晰，事后能回忆。

【严重标准】患者因难以忍受又无法解脱，而感到痛苦。

【病程标准】在1个月内至少有3次惊恐发作，或在首次发作后继发害怕再发作的焦虑持续1个月。

【排除标准】①排除其他精神障碍，如恐惧症、抑郁症，或躯体形式障碍等继发的惊恐发作；②排除躯体疾病如癫痫、心脏病发作、嗜铬细胞瘤、甲亢或自发性低血糖等继发的惊恐发作。

2. 广泛性焦虑 指一种以缺乏明确对象和具体内容的提心吊胆，及紧张不安为主的焦虑症，并有显著的自主神经症状、肌肉紧张，及运动性不安。患者因难以忍受又无法解脱，而感到痛苦。

【症状标准】

（1）符合神经症的诊断标准；

（2）以持续的原发性焦虑症状为主，并符合下列2项：

①经常或持续的无明确对象和固定内容的恐惧或提心吊胆；

②伴自主神经症状或运动性不安。

【严重标准】社会功能受损，患者因难以忍受又无法解脱，而感到痛苦。

【病程标准】符合症状标准至少已6个月。

【排除标准】①排除甲状腺功能亢进、高血压、冠心病等躯体疾病的继发性焦虑；②排除兴奋药物过量、催眠镇静药物，或抗焦虑药的戒断反应，强迫症、恐惧症、疑病症、神经衰弱、躁狂症、抑郁症或精神分裂症等伴发的焦虑。

（二）鉴别诊断

1. 与其他精神障碍的鉴别诊断

（1）恐惧症患者有确定的外在客体作为恐惧的对象。单一的恐惧症与慢性焦虑状态是显然不同的，但这两者之间有各种过渡形式。多形性恐惧症与随处境不同而有显著波动的焦虑症之间很难划出一条截然的分界线。

（2）疑病症者的焦虑集中于自己的身体和疾病，而焦虑症者的焦虑是弥散性的，但两者的混合状态并不少见，即有疑病性焦虑与无名焦虑并存。

（3）抑郁症意味着已经造成的丧失是无可挽回的既成事实，在观念上是确定的。焦虑症指向未来、可能的危险或不幸，在观念上是不确定的。鉴别诊断依据症状的严重程度和发生的先后次序。就目前诊断体系，不论焦虑有多严重，只要达到抑郁症的诊断标准，就应该首先诊断抑郁症。但临床上亦能见到各种不同程度的焦虑和抑郁混合状态，有学者倾向于诊断焦虑抑郁混合状态。

（4）精神病急性发作：惊恐障碍的焦虑不安、颤抖和激动易使人想到精神病的急性发作,如躁狂症、激越性抑郁、精神分裂症的急性发作。通过观察发作形式、发作持续时间及间歇期的表现可以鉴别。如精神分裂症早期可见严重焦虑,但可有明显的思维联想障碍及荒谬离奇的妄想、幻觉、人格改变、无自知力等表现。

(5) 药物、酒精滥用者的戒断症状:可以表现为明显的焦虑,病史有药物酒精滥用史。

2. 与躯体疾病的鉴别诊断

(1) 心脏疾病:应注意与心肌梗塞、冠状动脉供血不足、阵发性心动过速及二尖瓣脱垂相鉴别。进行细致的体格检查和心脏方面的实验室检查可以鉴别。

(2) 神经系统疾病:如癫痫、脑血管疾病等。

(3) 其他疾病:如:嗜铬细胞瘤、甲状腺功能亢进、自发性低血糖症、嗜铬细胞瘤、绝经期综合征、内分泌失调等。

五、治疗

(一) 总的原则

焦虑症的治疗原则是综合性治疗。焦虑的产生虽然与外界应激性事件的作用有关,但更重要的是患者的个性的放大作用,因此心理治疗是关键所在。心理治疗可以增强患者的心理支持,有利于焦虑的缓解,放松疗法适用于轻、中度焦虑。其他非药物性措施还包括教育、自我管理、社会性支持等。对于急性焦虑发作、存在器质性基础以及患者不能顺利接受心理治疗时,需给予必要的药物治疗。

(二) 心理治疗

心理治疗的目标,在于帮助患者发展有效的策略,在心理医师的指导下,充分认识到焦虑症产生的原因和背景,学会转移或化解精神压力,应对(coping)焦虑症状。根据焦虑的原因和程度,采用不同的治疗方法。支持性心理治疗包括劝慰、鼓励、适当的保证、对躯体症状进行清晰和令人信服的解释,足以使轻症患者的焦虑解除;放松疗法适用于轻、中度焦虑,并有利于诱导入睡;深入的心理治疗可以发现患者的病因和冲突并进行处理,阻止病情进一步发展。主要的心理治疗方法有:认知-行为治疗、精神分析治疗、家庭治疗及自我治疗。

1. 认知-行为治疗　针对患者存在的异常认知及行为模式,进行认知矫正,或用系统性脱敏、冥想法、肌肉放松训练以及生物反馈方法进行行为训练等。

2. 精神分析治疗　针对患者由于过度的内心冲突对自我威胁,帮助协调超我、自我及本我的关系。

3. 家庭治疗　针对患者家庭环境和系统中的问题等。

4. 自我治疗　包括增加自信、自我松弛、自我反省、自我教育、自我刺激、自我催眠、饮食治疗、体育活动与积极休息等。

心理治疗既可单独使用。也可与药物合并使用。采用何种心理治疗方式,需视具体情况而定,一般说来,如果患者具有明显的病前人格基础,则最好采用长时间的治疗方法。而如果病情与外界环境有关。或有明显的刺激因素,则往往短期治疗即可奏效。

(三) 药物治疗

1. 苯二氮杂卓类　苯二氮杂卓类是目前临床使用最为广泛的抗焦虑剂,它们具有抗焦虑、催眠、抗惊厥和肌松等特性,特点是起效快、短期治疗不良反应少,但应注意降低警觉性及过度镇静等不良反应,老年患者服药后易发生跌倒、骨折等。长期使用易致耐药性和依赖性、运动损害、认知损害,发生撤药综合症等。常用的有阿普唑仑、氯硝西泮、劳拉西泮、艾司唑仑、安定等。使用原则是低剂量开始,逐渐加大到最佳有效治疗量,维持2~6周后逐渐停药,停药过程不应短于2周,以防症状反跳。

2. 抗抑郁剂　新型选择性五羟色胺再摄取抑制剂(SSRIs)、五羟色胺—去甲肾上腺素再摄取抗抑制剂(SNRI)和去甲肾上腺素能和特异性五羟色胺能抗抑郁剂(NASSA)、传统的三环抗抑郁剂(TCA)均能够有效地缓解患者的症状。新型抗抑郁剂既能使症状短期改善,又能使症状长期改善,不仅使症状缓解,还可以预防复发。

SSRIs一般比较安全,耐受性较好,药物副反应通常较轻,包括睡眠障碍、恶心和性功能障碍;SNRI副反应包括恶心、头晕、嗜睡和口干,长期使用的副作用包括性功能障碍,部分患者可能会血压升高;NASSA除抗抑郁以外,也具有显著的改善睡眠、缓解焦虑的作用,但长期使用会导致体重增加。

3. 新型抗焦虑剂及其他药物

苯二氮杂卓类药抗焦虑作用能快速起效,然而它们长期治疗的效果不像预期的那样有效,有约2/3的患者的治疗效果会逐步减退。丁螺环酮、坦度螺酮等是近年来兴起的新型抗焦虑剂,其优点是不具有镇静和肌肉松弛作用,也不存在滥用和依赖的可能,但虽然起效较慢,一般需要1~3周方可起效,与抗抑郁剂以及抗精神病药物的起效时间相似。

其他用于抗焦虑的药物还包括β-受体阻滞剂,它们可缓解心跳加快、震颤、出汗等自主神经功能亢进症状,可作为配合用药,但孕妇和支气管哮喘患者禁用。

六、病程与预后

惊恐障碍的起病年龄在20~40岁之间,平均34.67岁,不过,各个年龄段均可发病。GAD患者中,约50%的患者起病于儿童或青少年期,20岁以前发病是非常普遍的。GAD缓慢或亚急性起病,病程为慢性并呈波动性,常在应激时病情加重。儿童和青少年也会患GAD,通常与学习压力有关。当社会、心理问题持续存在时疾病有可能变成慢性。

焦虑症的预后在很大程度上与个体素质有关,大多数患者能在半年内好转。一般来说,病程短,症状较轻,病前社会适应能力完好,病前个性缺陷不明显为预后好的指征,反之预后不佳,其他影响因素还有:应激性生活事件、对焦虑的敏感性(对正常的生理反应高度敏感)、性别、亚综合征症状、共患疾病等。长期随访发现,大约50%患者完全缓解,约20%基本无变化。约70%的患者会伴有程度不等的抑郁症状,自杀的危险度仍然高于常人。

共患性:惊恐障碍往往与其他的神经症相伴发,如场所恐惧症、其他恐惧症、强迫症等,有学者认为:83%GAD患者同时存在另一种形式的焦虑障碍,其中36%的患者伴惊恐障碍。GAD和抑郁共病也很常见。GAD共患抑郁,惊恐障碍,或其他障碍,均提示预后不好。

第三节 恐惧症

一、概述

恐惧症(phobia),是一种以过分和不合理地惧怕外界客体或处境为主的神经症。患者所害怕的物体或情境是客观的,即存在于个体以外,尽管当时并无真正的危险,患者也知道他的害怕与该物体、情境不相称,是过分的、不合理的,但并不能防止或减轻其恐惧症状。患者明知没有必要,但仍不能防止恐惧发作,恐惧发作时往往伴有显著的焦虑和自主神经症状,常伴有显著的自主神经症状,如脸红、气促、出汗、心慌、手抖、恶心、呕吐、眩晕、尿频、尿急、无力、甚至昏厥等;患者极力回避所害怕的物体或情境,甚至与社会隔离,或是带着畏惧去忍受,同时常伴有明显的抑郁情绪,自感痛苦,对患者本人及家人均产生很大的影响,社会功能受损。

二、病因

1. **遗传因素** 恐惧症可能与遗传因素有关。Crowe(1983)等家系调查发现广场恐惧症患者的近亲中,广场恐惧症的危险率(11.6%)较对照组的近亲(4.2%)高,并发现广场恐惧症患者的亲属中惊恐障碍的患病率增高,且女性亲属的患病率较男性亲属高2～4倍。

2. **生化因素** 约50%的社交恐惧症患者,在出现恐惧的同时有血浆肾上腺素含量的升高;可乐定激发实验生长激素反应迟钝,提示患者可能存在去甲肾上腺素功能失调。

3. **社会心理因素**
(1) 个体因素:通常恐惧情绪的产生与人的发展阶段、个体的心理特点、后天的社会生活经验及个人对客体的认识水平与评价等影响。恐惧症患者童年时常显得害羞、胆怯,但大多数童年胆怯的人并不出现恐惧症;部分患者存在回避性等人格障碍。部分患者在疾病发生之前常受到过令人恐惧的情景刺激,这在特定恐惧症患者尤为明显。

(2) 家庭因素:儿童先天的素质因素,不良的社会环境,家庭及学校不良的教育等都可成为发病的原因,而其中又以父母的行为方式、教育方法的不当为主。家庭因素的影响有:①父母对孩子溺爱;②父母用吓唬威胁的方法对待孩子的不听话、不顺从;③父母过严过高要求;④家庭成员关系不和睦或对孩子缺乏一致性、一贯性的教育等。

三、临床表现

恐惧症的临床表现形式多种多样。较为常见的有:场所恐惧、社交恐惧以及特定对象恐惧等。各种恐惧症状可单独出现,也可合并存在。

(一) 恐惧症状的共同特征

1. 某种客体或情境常引起强烈的恐惧,恐惧的程度与实际危险不相称。
2. 恐惧时常伴有明显焦虑和自主神经症状,如头晕、晕倒、心悸、心慌、颤抖、出汗等。
3. 有反复或持续地对恐惧的客体和情境极力回避。
4. 患者知道这种恐惧是过分、不合理,或不必要,但无法控制。
5. 常有预期性焦虑,即担心自己会遇见引起恐惧的物体、情境或活动。

(二) 常见的临床类型

1. 场所恐惧症(agoraphobia) 是恐惧障碍中最常见的一种,约占全部病例的60%,常起病于成年早期,女性明显多见。主要表现为恐惧登高、离家外出、独处、独自在外时处于无能为力的状况,而又不能立即离开该"危险"场所,怕乘坐公共交通工具,恐惧到人多拥挤之处、排队等,以及恐惧穿过广场、隧道、登高、进入闭室等,回避电梯、任何封闭的或开放的场所。

患者担心在上述等公共场合会失控、昏倒或崩溃,感到极度不安、无助、恐慌,并常见惊恐发作,可伴有明显的抑郁、强迫、人格解体、社交恐惧等症状。如果患者冒险去尝试面对这些恐惧情景,他们会出现各种焦虑症状,如出汗、心悸、头晕、腿乏力和呼吸问题(感到呼吸困难或者多数人呼吸动作过快,称为过度换气)。若有熟悉的人陪伴,症状会有所减轻。

害怕和急性焦虑症状导致恐惧性回避,患者回避性行为可有多种形式,且每个患者一般都有各自特殊的对抗恐惧的方法。如非常专注于读书或读报,外界的任何刺激都不会吸引他;在乘车时一直不停的与陌生人交谈;戴上墨镜、吃很甜的糖果等;带上一小瓶药或酒精饮料、带上写有自己姓名、地址和电话号码的卡片等,以防"发生紧急意外情况"等。

虽然患者的回避行为轻重不一,但广场恐惧症在三种恐惧症中对社会功能影响最大,严重者常年困于家中,不敢出门,与社会隔离,行为退缩。

2. 社交恐惧症(social phobia) 社交恐惧症又称社会焦虑障碍(social anxiety disorder),常起病于少年期,女性略多。社交恐惧症的主要症状有:①躯体症状:脸红、心动过速、颤抖、难以开口说话、气短、出汗、腹痛;②认知障碍:对社交情景病态的想法和观念;③行为障碍:回避。

临床主要表现为患者害怕处于众目睽睽的场合大家注视自己,在人际交往中出现过分的焦虑反应,担心自己会做出令人尴尬的举动或当众出丑,使自己处于难堪或窘困的地步,因而害怕当众说话或表演;害怕与人对视,过分注重别人的眼神;害怕见人脸红或坚信自己脸红已被人看到,因而尽量避免和其他人打交道,回避社交场景,不愿当众讲话、进食、如厕等;当众写字时控制不住手发抖,或在社交场合结结巴巴不能作答。患者害怕的范围可能比较局限(即害怕在公共场合进食、公开讲话、或遇到异性);也可能比较广泛,可涉及家庭以外几乎所有社交场合。因害怕与人交流,回避行为明显,他们避免在公共场合讲话和进食、经过等候上公共汽车的队列、需要与其他人对面而坐、在公共场所等活动。极端情况下少数患者的恐惧症状致使他们完全与社会隔离,生活质量下降,严重影响了患者的社会功能。

患者自尊心低下、自我评价低、害怕受批评,患者常感到自卑,担心被人瞧不起,担心被人评头论足。一旦无法回避则感到脸红、心慌、出汗、手抖、恶心、尿频、尿急、身体僵硬，有时可出现预期性焦虑。患者通过饮酒或服用弱安定剂来帮助自己应付社交场合，这使患者产生对这些物质依赖的危险性增加。社交恐惧症患者常与回避性人格障碍共患。

3. 特定的恐惧症(specific phobia)　特定的恐惧症是指对广场恐惧症和社交恐惧症未包括的特定的客体或情境感到强烈的、不合理的害怕或厌恶。如害怕动物（昆虫、蜘蛛、老鼠、蛇等，也可为特殊的动物，如猫、狗等宠物）、自然环境（雷电、黑暗、高处）、鲜血、外伤、注射、手术、尖锐锋利物品，或害怕在某些特定的交通环境内如隧道、电梯等，害怕接触到某些可能与艾滋病有关的客体。有的对于牙科治疗或注射恐惧，使患者回避牙科治疗和各种医学治疗。患者害怕的往往不是与这些物体直接接触，而是担心接触之后会产生不良后果。在遇到上述情景时，患者感到明显的焦虑不安、恐慌，甚至出现惊恐发作和预期性焦虑，为减轻焦虑而采取回避行为。女性明显多见。

四、诊断和鉴别诊断

（一）CCMD-3 恐惧症的诊断标准

【诊断标准】
1. 符合神经症的诊断标准。
2. 以恐惧为主要临床相，符合以下各点：
（1）对某些客体或处境有强烈恐惧，恐惧的程度与实际危险不相称；
（2）发作时伴有自主神经症状；
（3）有回避行为；
（4）知道恐惧过分、不合理、不必要，但无法控制。
3. 对恐惧情景和事物的回避必须是或曾经是突出症状。
4. 排除焦虑症、分裂症、疑病症。

（二）场所恐惧症

【诊断标准】
1. 符合恐惧症的诊断标准。
2. 害怕对象主要为某些特定环境，如广场、闭室、黑暗场所、拥挤的场所、交通工具（如拥挤的船舱、火车车厢）等，其关键临床特征之一是过分担心处于上述情境时没有即刻能用的出口。
3. 排除其他恐惧障碍。

（三）社交恐惧症

【诊断标准】
1. 符合恐惧症的诊断标准。
2. 害怕对象主要为社交场合（如在公共场合进食或说话、聚会、开会，或怕自己作出一些难堪的行为等）和人际接触（如在公共场合与人接触、怕与他人目光对视，或怕在与人群相对时被人审视等）。
3. 常伴有自我评价低和害怕批评。
4. 排除其他恐惧障碍。

(四) 特定的恐惧症

【诊断标准】

1. 符合恐惧症的诊断标准。
2. 害怕对象是场所恐惧和社交恐惧未包括的特定物体或情境,如动物(昆虫、鼠、蛇等)、高处、黑暗、雷电、鲜血、外伤、打针、手术,或尖锐锋利物品等。
3. 排除其他恐惧障碍。

(五) 鉴别诊断

1. 与正常人恐惧的鉴别　害羞在一般人群中为20%~30%,无必然的致残或痛苦,处于正常人格范围;社交恐惧症患病率为2%~5%,致残或感到痛苦,属于一种极度的、病态的害羞心理,明显影响社交功能。

恐惧作为一种情绪体验,即对某种事物或情境产生焦虑和恐惧,从个体发展来看,这对于保存个体有重要意义。因为这能使有机体避免接触到有危害的事物或情境。一个完全没有恐惧情绪和无所畏惧的人,可能要比别人更多地处于危险的境地。所以,有恐惧情绪并不都是不好的。但如果这种恐惧情绪影响到一个人的行为和社会适应能力,那就应为一种病态了。所以说,恐惧虽然是儿童在正常发展中的一种对实际或预想的威胁的合理反应方式,但当这种情绪反应持续一定的时间,并由此产生回避或退缩的行为,严重影响儿童的正常生活和正常的社会功能,而且任何权威、解释或说服都无济于事时则称为恐惧症。

2. 场所恐惧症的鉴别诊断　患者常同时出现明显的抑郁、强迫、人格解体或社交恐惧的症状,若那些症状为继发且不占主导地位,则不考虑其他诊断。若病初即出现明显的抑郁情绪,且占主导地位,则根据级别诊断的原则,首先考虑抑郁症。广场恐惧症与社交恐惧症有时难以区分,诊断时首先考虑广场恐惧症。

有时可见恐惧症与惊恐发作同时存在于一个患者身上,兼有两种症状的患者时间稍久便可能出现两者的混合发作,此时需并列诊断;如果继发于对惊恐发作的担心,而不敢外出,则应诊断为惊恐发作伴发广场恐惧症。

3. 社交恐惧症的鉴别诊断

(1) 精神分裂症:社交恐惧症的患者症状中常出现牵连观念,担心被人议论,害怕受人注视,总觉得别人带着鄙夷的目光看他,并有回避、退缩行为,患者的想法具有可理解性,构不成妄想,但有时会被误诊为精神分裂症,给患者带来更深重的心理负担。但精神分裂症可有短暂的恐惧症状,有其他精神症状同时存在。对少年期起病的患者,问诊需详尽,注意随访,慎重诊断,减少误诊、漏诊。

(2) 其他:当存在抑郁、焦虑、强迫等症状时,需弄清是原发还是继发,是否占主导地位,充分排除抑郁症的可能。场所恐惧症患者经常有社交困难,但社交恐惧症与场所恐惧症有很多不同点,见表10-1。

表 10-1　社交恐惧症与场所恐惧症的区别

特点	社交恐惧症	场所恐惧症
情景回避	晚会、社交聚会、工作会议、看望朋友或熟人	广场、闭室、交通工具、黑暗场所、拥挤场所、独处
主动回避	在公共场合讲话、进食、书写、与人对视、接触	旅行、上商店
预期想法	如果口吃怎么办？我会脸红吗？	如果晕倒、死去、发疯、失去控制怎么办？
反应	脸红、震颤、口吃	惊恐发作、呼吸困难、心悸、晕倒

4. 特定的恐惧症鉴别诊断

(1) 疑病症：目前不再将所谓"疾病恐惧"作为一类恐惧障碍，这是因为这种情况的特征与疑病症相似，即尽管各种医学的手段都已证实患者身体健康，但患者仍然坚持担心自己患有疾病，这更加接近于疑病性障碍的特点。若患者对某些疾病如癌症、心脏病、性病等感到恐惧，则归类于疑病症；若对疾病的害怕和恐惧与可能感染或传染上这些疾病的特定物体或情境有关，主要源于可能接触到的感染源或污染源，或单纯是害怕医疗操作、医疗机构时，则归类于特定的恐惧症。

(2) 强迫症：强迫症患者常出现强迫性恐惧，即患者害怕自己会失去理智或失控发疯。这一点与恐惧症害怕外在的客体和处境是不同的，一般不伴有自主神经症状。强迫症的主要症状以控制不住的强迫思维或强迫行为为主，很少采取回避行为或只是被动回避；恐惧症患者总是主动采取回避行为。

(3) 焦虑症：广泛性焦虑无特殊的对象，可表现为对日常生活中可能发生但并不实际存在或尚未发生的某种威胁或危险担心，无明显的恐惧和回避行为，惊恐发作患者的害怕亦无明确的客体或客观处境；而恐惧症患者却有明确的客观对象和处境，是对现实特定的客体或情境感到紧张，知道威胁的来源，并有回避行为。

五、治疗

大多数恐惧症患者是由于社会学习及不良遭遇逐渐形成的，因此在治疗上应该以心理治疗为主。但因为长期的恐惧症状可能导致患者的社会适应能力下降或得不到充分发展，必要时需要在药物的辅助下，进行心理治疗。如社交恐惧症患者，在面临重大场合前1小时，可口服普萘洛尔10~20 mg或小剂量的苯二氮䓬类药物，缓解心悸、颤抖等躯体症状和焦虑、紧张情绪等，有利于患者面对恐惧的场所，提高社会适应性。在患者的社会适应性能力提高的情况下再逐步摆脱药物。

(一) 心理治疗

1. 行为治疗(behavioral therapy)　对恐惧症而言，越来越多的证据表明，行为治疗对恐惧症最为有效，尤其是特定的恐惧症和部分广场恐惧症，单用行为治疗即能奏效。具体方法可采用系统脱敏疗法或逐级暴露疗法，并与进行性松弛结合起来。放松肌肉的自我训练可以使用生物反馈仪作为辅助手段。

2. 其他心理治疗方法　惊恐发作的认知模式：个体惊恐发作是因为个体具有以灾难性形式来解释一系列身体感觉的倾向，这样的解释进一步导致身体感受性增高，造成恶性循环。恶性循环一旦建立,有两种因素可能加重病情,第一是过度警觉,这使患者反复地关注自己的身体,产生过多症状。第二是回避某些活动,保持自己的不正确想法。故打破恶性循环,改变错误的认知显得尤为重要。认知疗法可帮助患者改善对某些特定客体或情境的歪曲认知。还有精神分析(通过精神分析治疗试图去寻找患者潜意识下的心理冲突)、催眠疗法以及支持性心理治疗,或采取具有中国特色的气功治疗、道家治疗等。

(二)药物治疗

当恐惧症患者存在惊恐发作、预期性焦虑、情绪低落甚至牵连观念时,联用药物治疗,则起到协同作用。药物治疗对于紧张、焦虑或惊恐发作有较好的疗效;可以减轻心慌、颤抖、出汗等躯体症状。

(1) β-受体阻滞剂:如普萘洛尔、美托洛尔,可有效缓解患者外在的焦虑,如心慌、颤抖、出汗、警觉性过高等。在进入令患者恐惧的场所前一小时左右服用小剂量的普萘洛尔能有效防止焦虑发作。

(2) 抗焦虑剂:螺酮类抗焦虑剂如丁螺环酮、坦度螺酮等具有确切的抗焦虑作用,对各种恐惧症均有效。苯二氮卓类药物也是疗效好、起效快的抗焦虑药。阿普唑仑、氯硝西泮等目前在临床上广泛使用。但由于苯二氮卓类药物存在滥用和依赖的现象,在用药的过程中,须科学使用,尽量避免出现药物依赖。常可以半片起用缓慢加量,再缓慢减量至停药。

(3) 抗抑郁剂:选择性5-羟色胺再摄取抑制剂类(SSRIs)如帕罗西汀、氟西汀、西酞普兰、舍曲林、氟伏沙明等已成为恐惧症患者的一线药物,这类药物因其副作用少,服用方便,疗效确切而易于被患者所接受。另外,5-HT与去甲肾上腺素(NE)双受体抑制剂(SNRI)文拉法新、单胺氧化酶抑制剂(MAOI)吗氯贝胺、瑞美隆、三环类的多塞平、丙咪嗪、氯丙咪嗪等对治疗恐惧症亦有效。

(4) 其他:社交恐惧症的患者可能会出现牵连观念,给疾病的治疗增加了难度。对难治性社交恐惧症患者可加用小剂量非典型性抗精神病药物,如利培酮、奥氮平、思瑞康等。

六、病程与预后

社交恐惧症多起病于童年后期或少年早期,平均病程约20年,病程越长,治疗效果越差;场所恐惧症则多在20~40岁起病;动物恐惧症常起病于童年。儿童期对动物的恐惧,在没有任何其他后续或叠加原因,当逐渐暴露到再学习的环境当中以后,会逐渐缓解或消失,大多可以不经过治疗。但有少数患者由于后续或叠加原因,恐惧症状会持续到成年,或成年时在一定条件下再次出现。若未经治疗,各类恐惧障碍均呈慢性化趋势,症状有时缓解,然后又复发。

第四节 强迫症

一、概述

强迫症(obsessive compulsive disorder, OCD),是指一种以强迫症状为主要临床相的神经症,其特点是有意识的自我强迫和反强迫并存,二者强烈冲突使患者感到焦虑和痛苦;患者体验到观念或冲动来源于自我,但违反自己意愿,虽极力抵抗,却无法控制;患者也意识到强迫症状的异常性,但无法摆脱。病程迁延者会以仪式动作为主而精神痛苦减轻,但社会功能严重受损。

强迫症的特点包括:①患者体验到这种反复进入患者意识领域的思想、表象或意向是自己的主观活动的产物,毫无意义,有受强迫的体验;②主观上感到必须加以有意识的抵抗,这种反强迫与自我强迫是同时出现的;③有症状自知力,患者感到这是不正常的,甚至是病态的,至少患者希望能消除这些症状,但似乎无能为力。

我国(1982年)12地区精神疾病流行学调查,本病在15~59岁人口中患病率为0.3‰,占全部神经症病例的1.3%。

二、病因

1. 遗传　有研究提示强迫症一级亲属中焦虑性障碍的发病危险性显著高于对照组的一级亲属,但他们的强迫症的危险性并不多于对照组,如果把患者一级亲属中有强迫症状但达不到强迫症诊断标准的病例包括在内则患者组的父母强迫症状的危险率为15.6%,显著高于对照组父母的2.9%。有一些研究报告表明,强迫症可与精神分裂症、抑郁症、惊恐障碍、恐惧症、进食障碍、孤独症和多动秽语综合症同时存在。

2. 生理、生化　生理方面,巴甫洛夫的理论认为强迫症在强烈的情感体验影响下,大脑皮层兴奋或抑制过程过度紧张或相互冲突,形成了孤立的病理惰性兴奋灶,由于条件反射的形成,使强迫症状固定下来,持续存在,而强迫性对立思维则与超反常相有关。

生化方面,提示5-HT系统功能增强可能与强迫症发病有关。强迫症患者基础血浆皮质醇和基础血催乳素含量均高于对照组,但地塞米松抑制实验(DST)未见脱抑制现象,不同于抑郁症,显示强迫症患者神经内分泌也存在异常。

3. 神经解剖与脑影像学　有一些证据提示强迫症存在一定的神经解剖学改变,强迫症发病可能与选择性基底核功能失调有关。

4. 社会心理因素　生活事件在强迫症的发生、发展和转归中均发挥着一定的作用,它们既可能是诱发因素,也可能成为持续因素。人格特征在强迫症的发生中也起着一定的作用,以偏内向为主。但强迫性人格与强迫症并不存在必然关系,有强迫性人格特点的人并不一定就发展成为强迫症。

三、临床表现

强迫症的基本症状是以强迫观念,以及强迫动作或行为作为基本特征。

(一)强迫观念(obsession)

强迫观念是患者不想要的思想、想象和冲动,至少在早期阶段患者努力抵抗,企图减少这些思想出现的强度和频率,患者认识到这些思想是他们自己的,但与他们的愿望和人格不符合,为此感到痛苦。强迫观念主要有:

1. 强迫性怀疑　是对自己言行的正确性及可靠性产生了怀疑,是自我怀疑(self-doubt),与其相联系的是犹豫不决和摇摆不定,严重者真实感发生障碍。患者总怀疑自己是否确实说过或作过某事,怀疑自己说错了或作错了,如怀疑门窗、煤气是否关了,投寄的信是否贴了邮票,反复检查仍不敢放心。刚说过的话或做过的事,总怀疑是否说过或做过,是否正确;出门时怀疑门窗是否关好了,邮信时怀疑邮票是否贴好,虽然检查了多遍,还是不放心、焦虑不安。

2. 强迫性穷思竭虑　患者对日常生活中的一些事情或自然现象,反复思索,寻根究底。患者可以相当一段时间老是固定在某一件事或某一个问题上,也可能碰到什么想什么,患者诉说脑子总是不闲着。如反复思索"到底是先有鸡,还是先有蛋?""花为什么会开?""人为什么要分男女?""为什么1+1等于2,而不等于3?"等。患者明知没有必要,但不能自控,无休止的想下去,无法解脱。

3. 强迫性对立思维　患者脑子内出现一个观念,马上出现一个与其完全对立的另一观念。如听说某人去世了,认为死者真不幸,同时却想到他该死;想到"和平",立刻联想到"战争";脑子内出现"万岁"时,立即又出现"打倒"。当对立观念涉及父母、老师、公认的伟人时,患者会觉得"思想总是跟真理唱反调",十分痛苦、紧张恐惧、苦恼不堪。

4. 强迫性回忆　患者经历过的事件,不由自主、频频地在意识中反复呈现,无法摆脱。有时这种回忆是一种生动、鲜明的形象,且往往是令患者难堪的或厌恶的。例如患者经常回忆起过去见过的一个乞丐肮脏形象,使他感到十分厌恶。

5. 强迫情绪　主要表现为对某些事物的担心或厌恶,对自己情感的恐惧,患者害怕自己丧失自控,害怕会发疯,会干坏事,内心极度紧张不安,明知不必要或不合理,自己却无法摆脱,无法克制。例如,担心自己会伤害别人,担心自己说错话,担心自己出现不理智的行为,或担心自己受到毒物的污染或细菌的侵袭,或看到棺材、出丧、某个人,立即产生强烈的厌恶感。与强迫意向的区别是患者并没有马上要行动的内在驱力或冲动。

6. 强迫意向　患者反复体验到想要做某种违背自己意愿的动作或行为的强烈内心冲动,但实际上并不直接转变为行动。患者强烈地感到他的意志失控,明知是非理性的、荒谬不可能的,并努力控制自己不去做,但却无法摆脱。想要做的可以是无关紧要的动作,也可以是拿起刀来砍自己或砍别人的严重行为,把心爱的孩子丢在河里,患者感到强烈不安,感到他的意志失控。即使患者感到所想要做的完全是无伤大雅的小动作,他还是感到强烈的不安。

(二)强迫行为(compulsive behavior)

强迫动作和行为与强迫观念有联系,患者不由自主地采取相应行为,以期减轻强迫观念引起的焦虑。但它的作用往往轻微和短暂,并不能有效地减少患者的焦虑,甚至增加了克服强迫动作和行为的焦虑。

1. **强迫性检查** 患者为减轻强迫性怀疑引起的焦虑情绪而采用的措施,如出门时反复检查门窗是否关好,寄信时反复检查信中的内容,看是否写错了字、地址是否写等。

2. **强迫性询问** 强迫症患者常常不相信自己,为了消除疑虑或强迫性穷思竭虑带来的焦虑,患者常要求他人不厌其烦地给予解释或保证,一遍又一遍,患者仍不能释怀。

3. **强迫性清洗** 患者为了消除对受到污物、毒物、或细菌污染的担心,常反复洗手、洗澡、洗餐具和衣服,有的甚至把家具等不能清洗的东西也拿去洗。有的患者不仅自己反复清洗,而且与他一道生活的人,如配偶、子女、父母等也必须按照他的要求彻底清洗。患者对卫生的概念并非完全明确,有的患者可能集中于某一物特别怕脏,面对其他物品干净与否一概不管,如怕手受到污染,反复洗手,但对家中其他卫生可以不管。

4. **强迫性仪式动作** 通常是为了对抗某种强迫观念所引起的焦虑而逐渐发展起来的。是一系列重复出现的动作,他人看来是不合理的,或荒谬可笑的,但对患者来说却很重要,可减轻或防止强迫观念引起的紧张不安。由于确有暂时缓解之效,动作逐渐被强化而难以摆脱。一种动作实行久了,不新奇了,转移注意和控制强迫观念的作用随之下降,患者只好增添新花样,逐渐形成复杂的动作程序,并且这套程序本身也具有强迫性。

患者有时也可以表现为强迫性计数,如计数台阶、窗格、电线杆等,或强迫性地默念一些词语,目的也都是为了解除某种担心或避免焦虑的出现。

四、诊断和鉴别诊断

(一) CCMD-3 强迫症的诊断标准

【症状标准】

1. 符合神经症的诊断标准,并以强迫症状为主,至少有下列 1 项:
  (1) 以强迫思想为主,包括强迫观念、回忆或表象,强迫性对立观念、穷思竭虑、害怕丧失自控能力等;
  (2) 以强迫行为(动作)为主,包括反复洗涤、核对、检查或询问等;
  (3) 上述的混合形式;
2. 患者称强迫症状起源于自己内心,不是被别人或外界影响强加的;
3. 强迫症状反复出现,患者认为没有意义,并感到不快,甚至痛苦,因此试图抵抗,但不能奏效。

【严重标准】 社会功能受损。

【病程标准】 符合症状标准至少已 3 个月。

【排除标准】 ①排除其他精神障碍的继发性强迫症状,如精神分裂症、抑郁症或恐惧症等;②排除脑器质性疾病特别是基底节病变的继发性强迫症状。

(二) 鉴别诊断

1. **精神分裂症** 精神分裂症患者无论是早期还是发作缓解期都可合并有强迫症状。二者的区别主要在于:①强迫症患者往往有症状自知力,能感到是本人意志的产物,具有强烈的自我控制意向,要求治疗,而精神分裂症患者却相反;②强迫症患者往往怀疑自己,对自己的信念行为要反复考虑检查,而精神分裂症患者对自己的信念却坚信不疑;③强迫症患者是跟自己作对,而精神分裂症患者大多是针对他人;④精神分裂症患者往往会有一些精神分裂症的其他症状长期存在,而慢性强迫症患者,病情加剧可出现短暂的精神病性症状,但不久却恢复;⑤强迫症患者强迫症状出现可有明显的心理诱因,伴有明显的焦虑情绪,但精神分裂症的强迫症状为分裂症症状表现的一部分,内容离奇,形式多变,起病缺乏明显的心理诱因,且也常不伴有明显的焦虑情绪等。

2. 抑郁症 ①抑郁症为发作性病程,而强迫症往往为持续慢性病程;②电休克治疗对内源性抑郁症疗效确切,而对强迫症疗效不肯定;③抑郁症与躁狂症常属于同一临床实体,而强迫症与躁狂症无明确联系;④强迫症患者病前有一定性格特点,而抑郁症与人格特征往往无显著相关;⑤两者的首发症状也不同,且随着抑郁情绪症状的改善两者的强迫症状结局不同,抑郁症往往强迫症状消失,而强迫症往往只有部分缓解。两者常有交叉重叠的症状,在诊断时应根据首先出现的优势症状诊断,如果两组症状都存在且不占优势,则应该按等级诊断的原则诊断抑郁症。

3. 恐惧症 强迫症可出现惊恐发作或伴有轻微的惊恐症状,但不妨碍强迫症的诊断。恐惧症患者也常常有类似于强迫症患者的回避行为,但恐惧症的恐惧对象常来源于客观现实,恐惧症回避行为更突出,焦虑情绪常与客观现实可能产生的后果有关,而强迫症的强迫观念和行为常起源于患者的主观体验,有具体内容,且有意识的自我强迫和反强迫并存,焦虑是二者强烈冲突的产物。

4. 其他 Tourtte综合征、器质性精神障碍等患者出现的强迫症状,这些症状仅为这些疾病的伴发症状,并不影响主要诊断。强迫性人格障碍:患者多注重细节、追求完美、刻板固执等,患者往往习惯于自身的行为方式,并不认为有任何异常,缺乏自知力,极少主动就诊。该症患者缺乏明确的强迫性思维或动作,往往有较好的社会功能。

五、治疗

强迫症的病因错综复杂,虽然症状表现类似,但引起的原因却可能大相径庭。因此,治疗的原则和目标也就可能完全不同。治疗的目标则包括:①原发性的强迫症状,这是患者精神痛苦或心理冲突的核心;②继发的强迫动作,如各种仪式化行为等;③强迫症伴有的各种生理功能障碍,如头痛、失眠及自主神经紊乱症状等;④社会适应不良;⑤抑郁、先占观念、恐惧症状等并发症;⑥患病引起的各种问题,如学习工作问题、个人生活的料理、夫妻和家庭关系问题等。

(一) 心理治疗

认知—行为治疗是对OCD治疗最有效的心理治疗方法。认知疗法主要针对患者的认知歪曲模式,行为治疗则重点在于改变患者应对强迫的策略和方法;家庭治疗强调通过分析和借助对家庭人际结构的思考去解决问题,强调在人际关系的这个系统水平上去进行治疗;精神分析强调通过顿悟、改变情绪经验以及强化自我的方法去分析和解释各种心理现象之间的矛盾冲突,以此达到治疗目的,对部分患者有效;森田疗法对强迫症治疗亦有效,特别是静卧期结束时患者症状改善幅度较大。

(二) 药物治疗

药物治疗以具有5-HT再摄取阻滞作用的氯丙咪嗪和SSRI等疗效较好。焦虑明显者可并用BZ类如氯硝西泮等。

1. 5-HT回收抑制剂 经典的为氯丙咪嗪,这类药对强迫症状和伴随的抑郁均有较好的效果,临床疗效为 70% 左右,宜从小剂量开始逐渐加量,治疗时间不应少于 3~6 月,以免复发,有些较严重的患者需终身服药。另外新型的选择性 5-HT 回收抑制剂亦有很好的疗效。

2. **其他药物** 如苯二氮䓬类药,如氯硝西泮、阿普唑仑等,这类药对强迫症患者伴随的严重焦虑和激动不安及睡眠障碍有较好的疗效。必要时可加用锂盐、丁螺环酮等,或者抗精神病药氟哌啶醇、利培酮以及思瑞康等,以提高疗效。

强迫症需要较长的治疗时间,一般需应用治疗剂量治疗 10~12 周。

(三)精神外科治疗

对极少数慢性强迫症患者,药物治疗和心理治疗均失败,而患者又处于极度痛苦之中,目前国内外已开展了手术治疗,通过立体定向或 γ 刀破坏目前与强迫症成因有关的部位以达到治疗效果,但长期疗效如何尚需进一步观察。精神外科手术的指征为:症状严重、药物与心理治疗失败、自愿等。

六、病程与预后

多在少年期发病,1/3 病例症状首发于 10~15 岁,75% 起病于 30 岁前,无明显原因,缓慢起病。就诊时病程已达数年之久,半数以上病例逐渐发展,病程波动,11%~14% 的病例有完全缓解的间歇期,常伴有中度及重度社会功能障碍。病前人格健康、发作性病程、不典型症状、尤其伴显著焦虑或抑郁、病程短,预后好。病前有严重的强迫性人格障碍、症状严重而且弥散、童年起病、病程长、从未明显缓解过,预后不良。

第五节 躯体形式障碍

一、概述

躯体形式障碍(somatoform disorder)是一类以持久地担心或相信各种躯体症状的先占观念为特征的神经症。其主要特征是患者反复陈述躯体不适,不断要求医学检查,无视反复检查的阴性结果,对医生关于其症状并无躯体疾病基础的再三保证表示怀疑。即使患者有时存在某种躯体障碍,却不能解释其躯体症状的性质、严重程度以及患者的先占观念和痛苦体验,以致影响到日常的学习、工作和人际交往等。患者认为其疾病的本质是躯体性的,即使症状的出现和持续与不愉快的生活事件、困难或心理冲突密切相关,也拒绝探讨心理病因的可能。患者的躯体症状可累及全身多个系统,反复就诊诸多科室,不断更换医生,进行过大量不必要的检查,服用过多种药物,甚至做过探查性手术,易形成药物依赖和药物滥用,延误诊断和治疗,常引起医患关系问题,预后不佳。

由于这类患者常常往返于综合性医院,大多数内科医生对其识别能力不足,而专科医生(精神科、心理科)却很少能遇到这类患者。目前国内外对其流行病学的研究均不够完善,尚无统一的定论。根据全国(1983)12 个地区流行学调查,本病患病率为 0.15%,

在神经症中较少见。男女比例基本接近,但以男性略多见。发病年龄男性多为40岁,女性多为50岁左右,老年人亦非罕见。

二、病因

1. 遗传学　有关遗传对躯体形式障碍发病的影响尚缺乏精确的结论性证据。有报道认为,女性更多地以躯体化障碍表达遗传倾向,躯体形式障碍具有家族聚集性,亲属患该病的风险比较高。男性患者一级亲属中社会病理性人格和嗜酒者显著较多。

2. 个体因素　躯体形式障碍的患者性格缺陷有一定关系。多项研究发现,不少躯体形式障碍的患者存在人格障碍,其中以表演性人格障碍、反社会型人格障碍、强迫型人格障碍为多见。患者敏感、多疑、主观、固执、自我、自怜、谨小慎微、对安全过分的关注、对周围事物缺乏兴趣、要求十全十美,对自身健康状况过分关注等性格特点,为躯体形式障碍的发病提供了重要条件。一些证据表明,躯体形式障碍患者对躯体的感觉比一般人敏感,他们对躯体不适耐受的阈值较低。患者可能有认知功能缺陷,他们过分关注躯体感觉,将它们夸大,给它们错误解释,并被这些不适所困扰。

3. 心理社会因素

(1) 医源性因素:患者在错误的传统观念影响下,如对一些躯体疾病过分不恰当的宣传,如亲友死于某种严重的疾病,以及医生不恰当的解释、检查不当和态度,对疑病观念的形成都可产生不良影响,特别是医源性影响。当然不必要的重复大量检查和治疗,甚至进行探查性手术,不仅会造成药物滥用,还会因出现药物副作用、药物依赖或手术后遗症,增加了躯体症状,强化了患者角色,使患者症状迁延难愈。

(2) 继发性获益:使得躯体症状迁延不愈,一方面,患者躯体症状的出现能缓解冲突;另一方面则可以回避不愿承担的责任,使其不良经历得到合理化的解释,并获得他人的关心和照顾,甚至改变人际关系。

(3) 其他:约1/3患者起病之前有躯体疾病,但躯体形式障碍的表现及症状严重程度与原有疾病不相符。处于青春期或更年期,较易出现自主神经症状,老年人生活孤独,机体各脏器机能功能的衰退,都可促使疑病观念的产生。

三、临床分型与临床表现

CCMD-3将躯体形式障碍分成躯体化障碍、未分化躯体形式障碍、疑病症、躯体形式自主神经紊乱、持续性躯体形式疼痛障碍和其他躯体形式障碍六种亚型。其共同特点是:①对身体健康或疾病过分担心,其严重程度与实际健康情况很不相称;②对通常出现的生理现象和异常感觉作出疑病性解释;③患者有牢固的疑病观念,缺乏充足的根据,但未达到妄想的程度,不是妄想;④出于疑病观念,患者反复就医或反复要求医学检查;⑤有生物、心理、社会环境等诱发因素,其中心理因素在医生启发下可能会充分暴露出来;⑥症状繁多,但含糊不清,涉及多系统,病程至少几年,病者为此不安;⑦不断拒绝多位医生关于其症状没有躯体病变解释的忠告和保证;⑧症状和其所致行为造成一定程度的社会和家庭功能损害;⑨患者常借这些症状来应付精神压力,表达困扰,而家庭、学校、社会常间接地、不自觉地扮演了支持角色;⑩患者可获得"社会性收益",而另一方面却又增强了原先的心理生理症状。

（一）躯体化障碍

躯体化障碍（somatization disorder），主要特征为多种多样、反复出现、时常变化的躯体症状。在转诊到精神科或心理科之前，大多数患者已有在综合性医院或其他专科医院反复就诊的经历，进行过多项检查，服用过多种药物，甚至进行过多次探查性手术，均未发现明显的器质性疾患，常有多个诊断。患者症状可累及身体的多个系统或部位，较常见的是胃肠不适（疼痛、打嗝、反酸、恶心、呕吐、饱胀）；皮肤症状（酸痛、刺痛、痒感、麻木感）；性功能障碍（性冷淡、阳痿、月经紊乱）；多部位、多性质的疼痛等。患者过分关心和担心自己的主观症状，往往有夸大，有时出现戏剧性变化。同时，常伴有明显的抑郁、焦虑，甚至有自杀倾向，易形成药物依赖。患者的社会功能、人际交往及家庭职能均有可能受损。

（二）未分化躯体形式障碍

未分化躯体形式障碍（undifferentiated somatoform disorder）可视为未充分发展的躯体化障碍，躯体主诉同样具有多样性、变异性和持续性，症状相对较少，涉及的部位不如躯体化障碍广泛，缺乏典型性。常见症状为：疲乏无力、食欲减退、胃肠不适、尿频、尿急等，病程多在半年以上，两年以下。

（三）疑病症

疑病症（hypochondriasis）包括两个主要内容，一是疑病性障碍，另一种是躯体变形障碍（body dysmorphic disorder，BDD）。

疑病性障碍是指以担心或相信患严重躯体疾病的持久性优势观念为主要临床相。患者为此常反复就医，但各种医学检查阴性和医生的解释，均不能打消其疑虑。患者认为检查结果阴性可能受医学发展水平的限制，对小概率事件紧追不放，常片面寻求诊断，对治疗并不关心，害怕药物及其副作用，不遵医嘱。患者诉说的症状可限于某一器官，也可涉及全身，主要为各种异常的感受，如头颈部、下背部、右下腹部等疼痛，但对疼痛的描述通常含糊不清，其他还有胃肠不适、心悸、呼吸困难感、对血压的担忧、胸闷、尿频、尿急、恶心、吞咽困难、反酸、口腔异味、腹部胀气和腹痛等。患者的疑病观念比较牢固，但达不到妄想的程度。即使患者有时存在某种躯体障碍，也不能解释所诉症状的性质、程度，或患者的痛苦与优势观念，常伴有焦虑或抑郁。

躯体变形障碍是指患者过分关注和放大身体上尤其是面部的细微缺陷，坚信自己的外表如鼻子、嘴唇、皮肤皱纹、身高等存在严重缺陷，常就诊于整形或美容外科，要求实行矫正手术。医学干预往往难以纠正患者的先占观念，常伴有明显的抑郁情绪，患者感到自卑，甚至出现自杀倾向，有发展为精神病的风险，社会功能受损，预后不佳。常见于青少年或成年早期。

（四）躯体形式自主神经功能紊乱

躯体形式自主神经功能紊乱（somatoform autonomic dysfunction）主要表现为受自主神经支配的器官、系统出现各种躯体形式自主神经功能紊乱的症状，临床表现多样化，主要表现为：

1. 转换性症状或假性神经系统症状　吞咽困难，失音，失聪，失明，复视，视物模糊，昏倒或意识丧失，记忆缺失，癫痫样发作或抽搐，行走困难，肌肉乏力或麻痹，尿潴留或排尿困难，异常皮肤感觉等；

2. 消化道症状　腹痛,恶心,呕吐(妊娠期除外),不能耐受某些食物,腹泻,便秘等;

3. 生殖系统症状　性欲冷淡,性交时缺乏快感,性交疼痛,阳萎等;痛经、月经不规则、月经过多;整个妊娠期出现严重呕吐,不得不住院等;

4. 疼痛　背、关节、四肢、生殖器等部位疼痛及排尿疼痛等;

5. 呼吸及心血管症状　气促、气短、心悸,胸痛,头晕等。

6. 过分担心多虑　过分担心年龄、体重、皮肤、斑疤、水肿及性功能等。

患者可有个体特异性主诉,如部位不定的疼痛、沉重感、紧束感、肿胀感、搅拌感、烧灼感。反复医学检查均未发现器质性疾病依据,但患者坚持将症状归咎于某一特定的器官或系统,对存在的心理冲突和人际困难避而不谈。包括心脏神经症、心因性呃逆、胃神经症、心因性肠激惹综合征、过度换气、心因性尿频和排尿困难等障碍。

(五) 持续性躯体形式疼痛障碍

持续性躯体形式疼痛障碍(persistent somatoform disorder)主要表现为不能用生理过程或躯体障碍予以合理解释的持久性、严重的疼痛,患者感到非常痛苦,常见疼痛部位是头面部、腰背部、盆腔等,身体其他任何部位皆可发生疼痛,疼痛的性质常为胀痛、钝痛、酸痛。情绪冲突或心理社会因素是导致疼痛发生的主要原因,患者有寻求注意的倾向,存在潜在的继发性获益,并由此强化症状,导致症状迁延不愈,常持续6个月以上,社会功能受损。患者反复求治,接受过多种药物或其他相关治疗,为明确病因甚至进行过手术探查,易形成药物依赖,同时伴有抑郁、焦虑等,社会功能受损。发病年龄在30~50岁,女性多见,有家族聚集倾向。

(六) 其他躯体形式障碍

其他躯体形式障碍(other somatoform disorder)指其他不是由客观性躯体疾病所引起,在时间上与负性生活事件密切相关的躯体不适,难以用上述疾病归类的躯体形式障碍,如癔症球、心因性斜颈等。

四、诊断与鉴别诊断

(一) CCMD-3 躯体形式障碍诊断标准

1. 症状标准

(1) 符合神经症的诊断标准。

(2) 以躯体症状为主,至少有下列1项:

①对躯体症状过分担心(严重性与实际情况明显不相称),但不是妄想。

②对身体健康过分关心,如对通常出现的生理现象和异常感觉过分关心,但不是妄想。

(3) 反复就医或要求医学检查,但检查结果阴性和医生的合理解释,均不能打消其疑虑。

2. 严重标准　社会功能受损。

3. 病程标准　符合症状标准至少已3个月。

4. 排除标准　排除其他神经症性障碍(如焦虑、惊恐障碍或强迫症)、抑郁症、精神分裂症、偏执性精神病。

（二）躯体化障碍诊断标准

1. 症状标准

（1）符合躯体形式障碍的诊断标准。

（2）以多种多样、反复出现、经常变化的躯体症状为主，在下列4组症状之中，至少有2组共6项：

①胃肠道症状，如：腹痛、恶心、腹胀或胀气、嘴里无味或舌苔过厚、呕吐或反胃、大便次数多、稀便或水样便；

②呼吸循环系症状，如：气短、胸痛；

③泌尿生殖系症状，如：排尿困难或尿频、生殖器或其周围不适感、异常的或大量的阴道分泌物；

④皮肤症状或疼痛症状，如：疤痕；肢体或关节疼痛、麻木，或刺痛感。

（3）体检和实验室检查不能发现躯体障碍的证据，能对症状的严重性、变异性、持续性或继发的社会功能损害作出合理解释。

（4）对上述症状的优势观念使患者痛苦，不断求诊，或要求进行各种检查，但检查结果阴性和医生的合理解释，均不能打消其疑虑。

（5）如存在自主神经活动亢进的症状，但不占主导地位。

2. 严重标准 常伴有社会、人际及家庭行为方面长期存在的严重障碍。

3. 病程标准 符合症状标准和严重标准至少已2年。

4. 排除标准 排除精神分裂症及其相关障碍、心境精神障碍、适应障碍或惊恐障碍。

（三）未分化躯体形式障碍诊断标准

（1）躯体症状的主诉具有多样性、变异性的特点，但构成躯体化障碍的典型性不够，应考虑本诊断。

（2）除病程短于2年外，符合躯体化障碍的其余标准。

（四）疑病症诊断标准

1. 症状标准

（1）符合神经症的诊断标准。

（2）以疑病症状为主，至少有下列1项：

①对躯体疾病过分担心，其严重程度与实际情况明显不相称；

②对健康状况，如通常出现的生理现象和异常感觉作出疑病性解释，但不是妄想；

③牢固的疑病观念，缺乏根据，但不是妄想。

（3）反复就医或要求医学检查，但检查结果阴性和医生的合理解释，均不能打消其疑虑。

2. 严重标准 社会功能受损。

3. 病程标准 符合症状标准至少已3个月。

4. 排除标准 排除躯体化障碍、其他神经症性障碍（如焦虑、惊恐障碍或强迫症）、抑郁症、精神分裂症、偏执性精神病。

（五）躯体形式自主神经紊乱诊断标准

（1）符合躯体形式障碍的诊断标准。

（2）至少有下列2项器官系统（心血管、呼吸、食管和胃、胃肠道下部、泌尿生殖系统）

的自主神经兴奋体征:①心悸;②出汗;③口干;④脸发烧或潮红。

(3) 至少有下列 1 项患者主诉的症状:①胸痛或心前区不适;②呼吸困难或过度换气;③轻微用力即感过度疲劳;④吞气、呃逆、胸部或上腹部的烧灼感等;⑤上腹部不适或胃内翻腾或搅拌感;⑥大便次数增加;⑦尿频或排尿困难;⑧肿胀感、膨胀感或沉重感。

(4) 没有证据表明患者所忧虑的器官系统存在结构或功能的紊乱。

(5) 并非仅见于恐惧障碍或惊恐障碍发作时。

(六) 持续性躯体形式疼痛障碍诊断标准

1. 症状标准

(1) 符合躯体形式障碍的诊断标准。

(2) 持续、严重的疼痛,不能用生理过程或躯体疾病作出合理解释。

(3) 情感冲突或心理社会问题直接导致疼痛的发生。

(4) 经检查未发现与主诉相应的躯体病变。

2. 严重标准　社会功能受损或因难以摆脱的精神痛苦而主动求治。

3. 病程标准　符合症状标准至少已 6 个月。

4. 排除标准

(1) 排除检查出的相关躯体疾病与疼痛。

(2) 排除精神分裂症或相关障碍、心境障碍、躯体化障碍、未分化的躯体形式障碍、疑病症。

(七) 鉴别诊断

1. 躯体疾病　躯体形式障碍的患者躯体症状涉及范围较广泛,躯体主诉多且程度重,感到痛苦,但缺乏相应的体征和客观检查阳性的依据。但当患者年龄大于 40 岁,症状相对单一、固定且日趋加重时,需持慎重态度,完善各项检查,坚持严密观察,充分排除严重的器质性疾患,如多发性硬化、甲状腺和甲状旁腺疾病、全身性红斑狼疮等,都可出现疑病症状。应通过详细询问病史和躯体、神经系统检查和必要的辅助检查加以鉴别。

2. 焦虑症及其他神经症　躯体形式障碍的患者常伴有明显的躯体性焦虑和精神性焦虑,亦可出现明显的自主神经功能紊乱,但其焦虑常继发于躯体不适及迁延不愈,对医生合理的解释难以接受,总是试图寻找器质性疾病。焦虑症患者常常感到莫名地焦虑,对医生合理的解释能够接受,愿意寻求心理病因,积极配合治疗,预后较好。神经衰弱、强迫症等均可有疑病观念,但在临床表现中并不占主导地位,且各自有其特殊的病因和主要的临床表现。

3. 抑郁症　抑郁症患者常伴有躯体症状,多集中在胃肠系统,三低症状明显,抑郁症尚有一些生物学方面的症状,昼重夜轻的昼夜节律的改变,体重减轻,精神运动迟滞,自罪等。抑郁症的疑病症状,往往与其抑郁背景相联系,患者对疑病症状常做出自责自罪的解释。而躯体形式障碍的患者抑郁症状为继发,无典型的三低症状。起病在 40 岁以后的患者需仔细问诊,以排除有无抑郁症的可能。

4. 精神分裂症及其他精神病性障碍　精神分裂症早期可出现疑病症状,内容多离奇、较荒谬或不固定。这些患者对于疑病症状并不要求反复检查,亦无积极治疗的要求,并缺乏相应的情感体验。

5. 诈病　诈病多发生在监狱、工伤、交通事故及司法鉴定的过程中,当事人为获取一定的利益有目的、有意识地伪装疾病症状，需严加防范，密切观察。躯体形式障碍的患者其躯体不适是客观存在的，继发性获益受无意识支配，患者本人常意识不到这一点，是非自愿的。

五、治疗

躯体形式障碍的患者常首先辗转于各类医院，专科医生却很难遇到。促进综合性医院各临床科室医生对该疾病的认识相当重要，否则不仅增加患者经济负担，不良的医源性暗示反而加重疾病，导致迁延不愈。本病治疗以心理治疗为主，辅以抗焦虑药等治疗。

1. 心理治疗　支持性心理治疗是治疗本病的基础。应该耐心和反复地以科学常识进行讲解，以肯定的态度说明患者的疾病性质，指导患者正确对待疾病。切勿迁就患者，给予过多的检查和随便开药以满足患者的要求，使疑病观念强化或固定下来。要逐步引导患者从对自身的关注转移到外界，通过参加各种社交或工娱疗活动，使之逐步摆脱疑病观念。

2. 认知疗法　让患者充分认识心理社会因素，诸如应激性生活事件、人际关系冲突等与躯体症状的关系，改善对疾病的不良认知，接受疾病系心因性而非器质性的说法，转移对躯体症状的过分关注，减少继发性获益，改善对应激源的应对策略。行为治疗：躯体形式障碍的患者病程为慢性波动性，常形成特有的行为模式，可进行行为分析与行为治疗，达到行为矫正的目的以减缓躯体症状。可采取暴露疗法、行为强化训练等。婚姻和家庭治疗：改善夫妻关系、家庭关系，争取家庭成员的理解与支持，调动患者本身的积极资源。其他也可采取精神分析治疗、催眠暗示治疗、生物反馈治疗。治疗的形式可采取个体治疗、团体治疗等。

3. 药物治疗　躯体形式障碍的患者往往伴有明显的抑郁、焦虑、失眠等症状。在心理治疗的基础上合并抗抑郁剂、抗焦虑剂及苯二氮卓类药物可有效改善上述症状。随着目前抗抑郁剂的快速发展，选择性 5-HT 回收抑制剂（SSRIs）因其疗效肯定、副作用轻微，已经成为首选药物。5-HT、NE 双受体回收抑制剂（SNRI），NE 能与 5-HT 能抗抑郁剂（NaSSA）等药物亦证明有效。此类药物副作用小，用药方便，患者易于接受，用药依从性好。对经济能力相对较弱的农村地区，亦可应用三环类药物（阿米替林、多塞平），但因其副作用大，宜小剂量起用，药量个体化，让患者对可能出现的副作用做到心中有数，避免增加不必要的心理负担。

在治疗的早期，合并苯二氮卓类药物可尽快减少患者的焦虑，增强信心，在疗效稳定之后需缓慢减量至停用，避免形成药物依赖。

六、预后

短暂的疑病反应在一般人中并不少见，当自己关系密切的亲友死于或患有某种严重疾病，正常人往往会有短暂的疑病反应；当自己大病初愈之后，也往往暂时残留疑病观念。这种情况往往不持久，因外在应激产生的疑病反应大多随应激事件的消失而消失。但如果受到周围人或者医生的不适当影响（医源性因素），疑病反应就可自慢性化，致残率高，预后差。

躯体形式障碍患者病情呈慢性波动性，反复求治，反复检查，花费大量的人力、物力，却难以得到规范化的专科治疗。起病常在30岁以前,症状持续两年以上,慢性波动性病程,女性多于男性,预后不佳。一般急性或亚急性起病无人格缺陷者,预后较佳。长期随访发现,疑病患者中约20%呈慢性化或波动病程,预后不佳。

第六节 神经衰弱

一、神经衰弱的概念

虽然目前国际上许多发达国家已经取消了神经衰弱的诊断和分类学地位,但是仍然有许多国家坚持认为存在这样一组以疲乏、失眠、精神活力下降等表现为主的疾病,其中尤其以东方国家及发展中国家为主。美国精神疾病诊断手册(DSM)从第三版开始取消了这一分类,国际精神疾病分类第十版(ICD-10)虽然仍然保留这一名词,但限制使用。中国的精神疾病分类(CCMD)第三版(2001)仍然保留这一分类,中国的精神病学家们同意以往在中国神经衰弱的诊断的确存在诊断泛化、扩大化的现象,但仍然认为在临床实践中确实存在这样一组病例。

目前公认的神经衰弱的概念为:一种以脑和躯体功能衰弱为主的神经症,以精神易兴奋却又易疲劳为特征,表现为紧张、烦恼、易激惹等情感症状,及肌肉紧张性疼痛和睡眠障碍等生理功能紊乱症状。且所有症状不是继发于躯体和脑的疾病,也不是其他任何精神障碍的一部分。

1982年全国12地区精神疾病流行病学调查神经衰弱的患病率为13.03‰,1993年全国7地区精神疾病流行病学调查神经衰弱的患病率为8.39‰。

神经衰弱的患病率高低不仅存在着时代性特点,同样由于与对疾病本质、分类的认识及民族、文化差异,不同国家之间神经衰弱的患病率差距较大,存在着明显的地域及文化性。

二、病因

1. 应激 大脑过度紧张,及长期持续的精神过度紧张和疲劳,易诱发神经衰弱。①社会心理因素:如工作学习负担、事业的挫折、家庭矛盾、婚姻的不顺利、亲人的丧亡及人际关系的紧张等负性情绪,以及各种生活事件、生活节奏改变等是促发因素;②机体状态:如体质、感染、中毒等躯体疾病因素对机体状态的影响等可能成为诱发条件;③影响程度:如促发因素和诱发条件的性质、强度、持续 时间及累积作用等;④认知评价及应对策略:如对各种生活事件的认知评价导致不同的态度及情感反应,应对策略影响着应对效果及对机体影响程度等。

2. 生理基础 巴甫洛夫学派认为神经衰弱存在一定的生理基础,即神经活动类型属于弱型或中间型。其特点是神经系统的抑制过程较弱,而相对兴奋性较高,对刺激反应迅速,兴奋性阈值较低,但由于兴奋频繁且过度,易出现疲劳,最终由于疲劳及耗竭神经系统出现保护性抑制,神经系统调节功能削弱,出现自主神经功能紊乱。

3. **心理基础**　心理社会因素是否能成为神经衰弱的致病因素,决定于这些因素的性质、强度相作用持续时间,更重要的还取决于对这些因素的态度和情感体验等。神经衰弱者的性格存在一定的特点,如:胆怯、自卑、敏感、多疑、依赖性强、缺乏自信,或主观、任性、好强、急躁、自制力差等。

4. **病因学机制**　早在1869年 G. M. Beard 就提出了神经衰弱为神经力量耗损和衰弱结果,而杨德森等用"能量"消耗导致"疲劳",即"疲劳"既是"能量"消耗的结果,反过来又阻止机体过度消耗等解释神经衰弱的发病机制。

神经系统与机体其他各个系统或器官一样,均有较大的功能储备,代偿及容忍范围较宽,在一定范围内的负荷与消耗不至于导致功能失调。但当消耗和磨损持续存在,且超出一定范围时,系统或器官的功能储备、代偿及容忍范围会逐渐丧失,如进一步遭遇负荷和压力时就可能会出现功能紊乱及平衡失调。如果某人既存在一定的生理或心理基础,又在一定的时间范围内遭遇到一定强度的应激,且修复、缓解不好,那么出现问题的可能性就大大增加。然而究竟出现哪种问题,是心身疾病、神经症,还是抑郁症、心因性精神障碍、精神分裂症等,则取决于各种因素的作用强度、相互作用、生理遗传性特点等。神经衰弱与此机制有关。

三、神经衰弱的症状表现

健康人在必要时可以使自己紧张起来以应付意外紧急情况或困难复杂的任务,而一旦紧急情况过去,或任务解决了,或事情暂告一段落,又能够很快使自己放松,以便休息,这叫做张弛自调节能力。紧张状态意味着张弛自调节的障碍,患者无法使自己松弛。所谓过度紧张,与其说是紧张程度的过分,不如说是丧失了自我松弛的能力。许多神经衰弱患者说他们得病的原因是工作学习过度紧张,是不正确的。过度紧张即紧张状态,也就是张弛自调节障碍,是一种症状或病理状态,是病因造成的结果,而不是患病的原因。

(一) 紧张状态的主要表现有:

1. **紧迫感**　感到任务迫在眉睫或事情太多而时间不够用。这种人整天忙碌,好像一年四季天天都在赶任务,总有做不完的事,从来没有事情告一段落可以暂时松一口气的体验。它可以是陷于紧张状态后才有的,也可以是病前人格的一个特性。

2. **负担感**　感到肩负的责任重大,力不从心,也担心失职;感到名位太高,能力和品德都不能胜任;感到任务太困难,尤其是人际关系太复杂,"内耗"太大,怎么努力也很难干好。因此,原有的工作乐趣和成就的满足感或喜悦都消失了,工作成了纯粹的精神负担。

3. **效率下降感**　感到工作学习进展缓慢,质量不佳,失误太多,尤其是和过去比感到尽管更加努力成绩却下降了。实际上,成绩并未下降,至少别人还看不出来。

4. **精神功能下降感**　感到脑子不像过去好使了,注意集中难于持久,容易分心,杂念多,记忆力变坏了。

5. **感到过敏**　感到自己变得不冷静了,容易着急、急躁和生气,容易因刺激(如突然的关门声,闪过一个人影子等)而引起惊跳反应,常常因为一点小事而情绪久久不能平息,或由于情绪反应过于强烈而后悔会伤了和气。

6. 自控失灵感　感到必须加强自我控制,如果放松控制,似乎工作学习和人际关系就会出大问题,担心自己会情绪爆发或有过激的言语行动。

7. 缺乏轻松愉快的体验　总是不踏实,放心不下,似乎有重大的疏忽或像做了什么亏心事一样,完全体会不到轻松愉快的心情是个什么滋味,过去喜欢的休闲活动和赏心乐事现在完全不能享受了。

(二) 具体表现

除紧张状态外,神经衰弱主要以精神活力下降,情绪和生理功能紊乱等三组症状为主。具体表现为:

1. 在精神活力下降方面分为衰弱和兴奋两个方面。衰弱表现为精力不济,萎靡不振,用脑困难,注意力不能集中,四肢乏力,困倦思睡,工作效率下降等,而兴奋则表现为不自主的回忆与联想增多,思维活跃,但缺乏有效的指向性,怕光怕吵等,伴有相应的不愉快感,兴奋症状在夜晚和入睡前常更加明显,严重影响睡眠。

2. 在情绪症状上,以烦恼和易激惹为主要表现,一方面感到困难重重,另一方面又感到能力不济,遇事容易激动,烦躁、易怒、常后悔,可伴有一定的焦虑和抑郁。此外还可能存在紧张不安、担心多虑,整天愁眉苦脸等。

3. 生理功能紊乱则表现为紧张性疼痛包括头痛,四肢、腰背部酸痛,还有头昏、头重,伴有紧缩感,头胀等;睡眠障碍,以入睡困难,多梦,易惊醒,自觉睡眠浅不解乏,无睡眠感,白天思睡等为主。且睡眠问题常常是患者最为关心及引起重视、迫切要求解决的问题,他们常认为只要能睡好,问题都可以得到解决,因此特别看重睡眠,越是睡不着越着急,常形成恶性循环。其他生理功能障碍还常包括有心悸、耳鸣、心慌、眼花、胸闷、多汗、腹胀、消化不良、性功能障碍等。

四、神经衰弱的诊断及鉴别诊断

神经衰弱的症状表现多种多样,但缺乏特异性,常可见于各类神经症、抑郁症、甚至是精神分裂症的早期、某些脑器质性疾病的早期和恢复期等,诊断上一定要严格掌握,避免误诊。

(一) CCMD-3 的诊断标准

1. 符合神经症的诊断标准。

2. 以脑和躯体功能衰弱症状为主,特征是持续和令人苦恼的脑力易疲劳(如感到没有精神,自感脑子迟钝,注意力不集中或不持久,记忆差,思考能力下降)和体力易疲劳,经过休息或娱乐不能恢复,并至少有下列 2 项:

(1) 情感症状,如烦恼、心情紧张、易激惹等,常与现实生活中的各种矛盾有关,感到困难重重,难以应付。可有焦虑或抑郁,但不占主导地位。

(2) 兴奋症状,如感到精神易兴奋(如回忆和联想增多,主要是对指向性思维感到费力,而非指向性思维却很活跃,因难以控制而感到痛苦和不快),但无言语运动增多。有时对声光很敏感。

(3) 肌肉紧张性疼痛(如紧张性头痛、肢体肌肉酸痛)或头晕。

(4) 睡眠障碍,如入睡困难、多梦、醒后感到不解乏,睡眠感丧失,睡眠觉醒节律紊乱。

(5) 其他心理生理障碍,如头晕眼花、耳鸣、心慌、胸闷、腹胀、消化不良、尿频、多汗、阳痿、早泄或月经紊乱等。

3. 严重标准：患者因明显感到脑和躯体功能衰弱，影响其社会功能，为此感到痛苦或主动求治。

4. 病程标准：符合症状标准至少已3个月。

5. 排除标准：①排除任何一种神经症亚型；②排除精神分裂症、抑郁症。

6. 说明

（1）神经衰弱症状若见于神经症的其他亚型，只诊断其他相应类型的神经症。

（2）神经衰弱症状常见于各种脑器质性疾病和其他躯体疾病，此时应诊断为这些疾病的神经衰弱综合征。

（二）鉴别诊断

精神医学界在20世纪80年代以前，诊断神经衰弱的比例也相当高，但经过长时间的随访及研究发现有40%～80%，以前诊断的神经衰弱属误诊，多为抑郁症，其他各型神经症等。在诊断的方面我们应该充分认识到：(1) 以往神经衰弱的诊断确实存在泛化和扩大的过程，有滥用之嫌，今后应严格掌握标准。(2) 强调三组突出症状的作用和地位。(3) 注意等级诊断的问题，尤其是基层精神科医生和其他科医生使用时要特别注意，凡是能诊断为其他疾病的，尤其是神经、精神科的疾病，须充分排除神经、精神科的其他疾病，特别是脑器质性疾病，抑郁症，各类其他神经症及精神分裂症的早期等后，才能诊断。

表10-2 神经衰弱的鉴别诊断

	神经衰弱	躯体形式障碍	心境恶劣	抑郁症
人格特征	衰弱、敏感	内激敏感、暗示性高	?	?
应激诱因	++	++	±	±
抑郁程度	±→+	±	+→++	+→+++
紧张与担心	+	—	±	±
易激惹、克制力差	++	—	+	+
注意力不集中	++	—	+	+
记忆力差	++	—	+	+
脑力易疲劳	++	—	+	+
躯体不适主诉	++（恒定）	++（多变）	+	+
睡眠障碍	++	±	+	+

注：材料引自杨德森讲稿

五、神经衰弱的治疗

对神经衰弱的治疗首先应确立正确的治疗策略，然后才是具体的治疗方法。

1. 神经衰弱的治疗策略

（1）确立长期治疗和恢复的指导思想。由于神经衰弱是长期消耗和磨损的结果，那么治疗和恢复也必定是一个漫长的过程，不可能在短时间内达到治疗和恢复的目的。在治疗上，无论医生和患者均必须确立长期治疗和恢复的指导思想，切勿操之过急。

(2) 以提高功能储备为首要目的。治疗的根本就在于重新恢复功能储备、代偿及容忍范围。治疗既要立足长期,更要注重功能储备、代偿及容忍范围的恢复。

(3) 了解自身特点。由于神经衰弱存在一定的生理和心理基础,每一个人都有自己的生活和行为节奏、能力和容忍范围,因此,对自身特点的了解有助于根据自己的实际情况采取适当的生活、行为方法,避免过大压力。

(4) 适当改变行为模式(节奏)及摆脱应激。尽管每一个人都有自己的生活和行为节奏、能力和容忍范围,但是人们始终生活在真实的社会环境中,逃避和寄希望于环境改变是不现实的。改变环境不如适应环境。因此,在充分了解自身特点的基础上,面对自己不能控制的环境,适当改变自己不良的行为模式、应对方式,将有助于适应环境,摆脱应激。

(5) 不应拒绝用药。长期、大量用药既不是好办法,也会导致药物依赖,增加药物副反应。但是,由于神经衰弱发病机制是消耗、磨损与失衡,疲劳是机体自我保护的一种机制,治疗的根本则在于重新恢复功能储备、代偿及容忍范围。对于神经衰弱患者而言,这种机体的自我保护已经变得苍白无力,必须用切实有效的方法加强保护,促进恢复,这时药物的作用是不可置疑的。所以,正确的治疗方法应是在治疗初期坚决用药,待症状缓解后再逐步处理药物剂量等问题,相对于神经衰弱药物问题的处理要简单得多。

(6) 治疗与预防再发生。由于神经衰弱的发生存在一定的生理和心理基础,而这些基础有一些经过努力可以得到改变,但有一些则改变起来较为困难。因此,在治疗神经衰弱的同时要对"基础"问题有一个清醒的认识,治疗应与预防并举,立足长远,通过锻炼、自我矫正等方法改变发病基础,根本治愈神经衰弱。

2. 治疗方法

(1) 药物治疗:可酌情小剂量使用抗焦虑剂、抗抑郁剂、镇静催眠药、脑营养剂等。

(2) 心理治疗:认知疗法、森田疗法、放松训练、生物反馈等。

(3) 中医治疗:中药、针灸、气功、艾疗等。

(4) 其他:如按摩、水疗、脑功能保健、电磁治疗、光电子治疗、音乐治疗等。

六、病程与预后

神经衰弱常起病于成年早期,也有可能起病于青壮年。神经衰弱的治疗存在着相当的难度,其主要原因是一方面早期症状不严重,对患者的社会功能损害不大,患者常未引起足够的重视,耽误了治疗的最佳时期,使疾病逐渐进入慢性状态;另一方面由于神经衰弱是一种耗损及失衡性疾病,而患者常一直生活在原有的环境及心理条件下,应激作用仍持续存在,加之缺乏特效及迅速的治疗方法,神经衰弱常呈迁延不愈的状态。

第七节 神经症与监管安全

神经症是一组主要表现为焦虑、抑郁、恐惧、强迫、疑病症状,或神经衰弱症状的精神障碍。本障碍有一定人格基础,起病常受心理社会(环境)因素影响。症状没有可证实的器质性病变作基础,与病人的现实处境不相称,但病人对存在的症状感到痛苦和无能为力,自知力完整或基本完整,病程多迁延。

神经症不同于精神病性障碍,患者能对自身的状况有一定的认识,主要以情绪及躯体上的不适为主,所以会主动、反复就诊于监狱医院,主诉较多,或者反复就医,纠缠于检查结果,甚至提出要到大医院诊断,由于对结果不能接受,常常引起医患纠纷。由于对现实有较好的辨识检验能力,这部分患者又由于病耻感,或担心被戴上"精神疾病"的"帽子",不愿公开自己的病情,所以在监管场所的发现率较低,但由于失眠或强迫症、焦虑症病人会引起情绪波动或合并于其他精神障碍,也有可能会影响监管秩序或人际关系。鉴于以上特点,监狱医务人员应接受精神科知识培训,提高识别神经症的能力,及时转诊或开展相应的健康教育,维护监所的安全稳定。

(张 宁 吕成荣)

第十一章 癔症

癔症是指一种有癔症性人格基础和起病常受心理社会因素影响的精神障碍,即重大生活事件、内心冲突、情绪激动、暗示或自我暗示,作用于易病个体引起的一种精神疾病。主要表现为解离症状(部分或完全丧失对自我身份识别和对过去的记忆,称为癔症性精神症状)和转换症状(在遭遇无法解决的问题和冲突时产生不快心情,并转化成躯体症状的方式出现,称为癔症性躯体症状)。这些症状没有可证实的器质性病变基础,并与病人的现实处境不相称。本症除癔症性精神病或癔症性意识障碍有自知力障碍外,自知力基本完整,病程多反复迁延。

第一节 概 述

癔症(Hysteria)又称歇斯底里,是由明显精神因素、暗示或自我暗示所导致的精神障碍,主要表现为感觉或运动障碍、意识状态改变,症状无器质性基础的一种神经症。

本症多于青壮年期发病,起病突然,可有多次发作,尤多见于女性。国外报道一般人口中患病率为5‰,战时发病率占战时神经症的50%,直接与战伤有关的为40%~60%。国内流行学调查资料中,各地报道的差异很大,占神经精神科门、急诊总数5%~10%。近年来,癔症发病率有减少趋势。在监管场所,一般女性罪犯中癔症发病率较高,发作形式多以癔症性精神症状为主,常见于青春期和更年期,女性较多。

第二节 病因与发病机制

一、社会心理因素

癔症的发病和临床类型,与病人的生理、心理素质有关。紧张、恐惧、情绪不稳定、易接受暗示、文化水平低、迷信观念重者,以及青春期或更年期的女性,较一般人更易发生癔症。具有为人处世情感反应强烈、表情夸张、暗示性高、富于幻想、寻求别人注意和自我中心等表演性人格特征的人,在受到挫折或接受暗示后容易发生癔症。

二、生理机制

有学者认为,意识改变是癔症发病的基础。随着病人意识解离,有注意、警觉性、近记忆和信息整合能力等方面的损害，病人自我意识减弱、暗示性增高。个体受到生物、心理或社会因素威胁时，会出现类似动物遇到危险时的各种本能反应，如假死或返回儿童期的退行性行为等。也有人认为，有害因素作用于弱神经类型者，使第一信号系统和第二信号系统间的皮层和皮下功能解离，结果第一信号系统与皮层下功能过盛，导致弱化状态的皮层受刺激和迅速进入超限抑制，而皮层下活动增强。临床表现为情感暴发、抽搐发作、本能活动增强和自主神经症状。同时强烈持久的情绪紧张，又可在皮层产生兴奋灶，使皮层的超限抑制向四周扩散，结合负诱导引起皮层下抑制，产生感觉缺乏、肢体瘫痪等症状。

三、心理机制

1. 躯体化作用　是通过躯体症状表达心理痛苦的病理心理过程。
2. 转换　是病人对挫折的一种适应方式。病人一旦发现这类症状可减轻其困难处境，则症状可能强化、持续，或在以后遇到困扰时再次出现，所以癔症症状是习得性反应。
3. 解离　指病人的一些观念和认知过程可从意识的主流中解离出去，或转为功能性症状，如遗忘及意识模糊等。通过催眠可使这些观念和认知过程重新整合和恢复正常。
4. 暗示或自我暗示机制　可明显影响本症的发生、发展和转归。

第三节　临床表现

一、癔症性精神障碍（解离障碍）

癔症性精神障碍病人的病前人格大多异常，起病与精神因素有关。病人表现出来的症状可能是其关系密切的亲友所患躯体疾病或精神障碍的类似症状。少数人的症状形成反复再现的模式，总是以出现这些障碍作为对应激的反应。常给人一种疾病的发作有利于病人摆脱困境、发泄情绪、获取别人同情和支持的感觉。主要表现为发作性意识范围狭窄，具有发泄特点的急剧情感暴发、选择性遗忘或自我身份识别障碍。反复发作者常可通过回忆和联想与以往心理创伤有关的情境而发病。常见类型如下：

1. 情感爆发　常在与人争吵、情绪激动时突然发作，表现尽情发泄、哭叫不休、捶胸顿足、撞头打滚。多人围观时，发作尤为剧烈。
2. 癔症性意识障碍　此症主要表现意识范围缩小。发病突然，其言语、动作、表情反映心理创伤内容，一般历时几十分钟即可恢复，清醒后对病中经历多不能完全回忆。
3. 癔症性漫游　除了具有癔症性遗忘的全部特征外，同时还有发生在白天觉醒时，离家或离开工作单位进行表面看来是有目的的旅行，旅行期间保留自我照顾能力（如进食、梳洗等），并能与他人进行简单的社会交往（如买票、问路、点菜）。有些病例甚至采取一种新的身份，一般只持续几天。其安排的旅行可能是前往已知的并有情感意义的地方。癔症性漫游开始和结束都很突然。病人此时意识范围缩小，可有自我身份识别障碍,事后有遗忘。尽管如此,在不知情的旁观者看来,病人在这段时间里的行为显得相当正常。

4. 癔症性身份障碍　此症属急性起病的一过性精神障碍。表现对自己身份的觉察障碍,对自己原来的身份不能识别,常为鬼神或亡灵附体,此时病人暂时丧失个人身份识别能力和对周围环境的完全意识。在某些病例,病人的举动就像是已被另一种人格、精灵、神仙或外界力量所代替。病人的注意和意识仅集中在与其密切接触的环境的一二个方面。常有局限和重复的一系列运动、姿势及发音。有的病人表现为两种或两种以上明显不同的人格交替出现(分别称双重人格和多重人格),但在某一时间只有其中之一很突出。涉及的每种人格都是完整的,有自己的记忆、行为、偏好,可以与该病人的病前人格完全对立。从一种人格向另一种的转变,开始时通常很突然,与创伤性事件密切相关。以后,一般只在遇到应激性事件,或者接受放松、催眠或宣泄等治疗时,才发生转换,此时病人对周围环境缺乏充分觉察。

5. 癔症性遗忘　病人无脑器质性损害,以选择性遗忘为主要表现,遗忘的那段时间或事件,往往与心理创伤有关。

6. 癔症性假性痴呆　此症指病人在心理创伤之后突然出现严重智力障碍,但无脑器质性病变或其他精神病存在。如病人对提问可以理解,但给予近似的回答,给人以故意做作的印象,称为 Ganser 综合征。如在心理创伤后,突然出现如儿童的幼稚、言语、表情和动作,并以幼儿身份自居,则称为童样痴呆。

7. 癔症性精神病　受到严重心理创伤后突然发病,症状多变,主要表现明显的行为紊乱、哭笑无常、表演性矫饰动作、幼稚与混乱的行为、短暂的幻觉、妄想和思维障碍及人格解体等。多见于女性,病程很少超过3周,可突然痊愈而无后遗症,但可再发。

二、癔症性躯体障碍(转换障碍)

癔症性躯体障碍包括运动障碍、感觉障碍和躯体化症状。在这些障碍中存在着运动丧失或受损,或感觉丧失(常为皮肤感觉)。虽然找不到可解释症状的躯体疾病,查体、神经系统检查及实验室检查,均无相应的器质性损害,但病人的表现似乎确实患了躯体疾病。所见症状常反映病人对于躯体疾病的认识和概念,与生理和解剖学原理不符。此外,通过对病人精神状态和社会处境的评定,常可发现功能丧失所致的残疾,有助于病人逃避不愉快的冲突,或是间接反映出病人的依赖心理或怨恨。尽管别人能清楚地看到所存在的问题和冲突,病人却对此一概否认,他们把所有痛苦都归咎于症状及其导致的残疾。各类症状所致残疾的程度因时而异,取决于在场人数的多少和类型,以及病人的情绪状态。这就是说,除了运动或感觉的损害这一核心表现外,还有数量不等的寻求被人注意的行为。具体分述如下:

(一) 感觉障碍

1. 感觉过敏　表现为某部皮肤对触觉特别敏感,实际并无神经病变。
2. 感觉缺失　表现为局部或全身皮肤感觉缺失,可为半身痛觉消失,或呈手套、袜套型感觉丧失,其范围与神经分布不一致。
3. 癔症性视觉障碍　可表现为弱视、失明或管视等。一般突然发生,经治疗可突然完全恢复正常。

4. 癔症性听觉障碍　表现听力突然丧失,但听觉诱发电位正常。
5. 梅核症(癔症球)　病人常感到咽部有异物感或梗阻感,而咽喉部检查无异常。

(二) 癔症性运动障碍

1. 癔症性痉挛发作　常因心理因素或受到暗示突然发作,表现缓慢倒地,全身僵直或角弓反张。有时肢体呈不规则抖动、呼吸急促、呼之不应。一般无外伤或大小便失禁。发作一般历时数十分钟,发作结束后昏睡或双眼紧闭,发作可一日多次。

2. 癔症性瘫痪　可表现为偏瘫、截瘫或单瘫。被动活动常有明显抵抗,查体无神经系统器质性损害,但慢性病例可有失用性肌萎缩。

3. 癔症性失音症或缄默症　病人无唇、舌腭或声带之任何器质性病变,但想说话却发不出声或用极低而嘶哑的发音交谈,称失音症。如不用言语回答问题,而是用手势或书写表达意思,进行交谈,称缄默症。

(三) 躯体化障碍

此症以多种多样、经常变化的躯体症状为主,症状可涉及身体的任何系统或部位。其最重要的特点是应激引起的不快心情,以转化成躯体症状的方式出现。最常见的是胃肠道感觉(疼痛、打嗝、反酸、呕吐、恶心、食欲不佳等)、异常的皮肤感觉(痒、烧灼感、刺痛、麻木感、酸痛等)、皮肤斑点,性及月经方面的主诉也很常见,常存在明显的抑郁和焦虑。病人在此基础上又附加了关于症状主诉的主观性,常坚持将症状归咎于某一特定器官或系统,而查体与实验室检查不能发现该器官、系统的器质性病变。

第四节　诊断与鉴别诊断

分离症状和转换症状可见于多种神经精神疾病和躯体疾病。临床医生仅凭患者的症状:①由心因诱发;②找不到器质性病征;③可接受语言暗示影响,便作出本病的诊断,并不十分可靠。正确的临床诊断应建立在充分排除可能出现分离和转换症状的各种神经精神疾病和躯体疾病的基础之上。这不仅要求临床医生要认真了解患者有无这类器质性疾病的病史,还要仔细观察有无器质性疾病的体征或可疑线索,然后进一步采取较可靠的现代检查方法,有时则需进行足够长时间的临床随访,才能最后确定诊断。在随访过程中,治疗取得显著效果,使症状完全消除,有助于肯定诊断。

一、诊断

【症状标准】
(1) 有心理社会因素作为诱因,并至少有下列 1 项综合征:①癔症性遗忘;②癔症性漫游;③癔症性多重人格;④癔症性精神病;⑤癔症性运动和感觉障碍;⑥其他癔症形式。
(2) 没有可解释上述症状的躯体疾病。

【严重标准】社会功能受损。

【病程标准】起病与应激事件之间有明确联系,病程多反复迁延。

【排除标准】排除器质性精神障碍(如癫痫所致精神障碍)、诈病。

上述是癔症诊断的一般标准,下列为各类癔症的亚型诊断标准。

(一)癔症性精神障碍

1. 癔症性遗忘 (1)符合癔症诊断标准;(2)对曾经是或仍然是创伤性或应激性事件有部分或完全遗忘;(3)排除器质性遗忘,如头部外伤后的遗忘和意识障碍(中毒、癫痫发作,或其他急性器质性障碍)恢复后的遗忘。

2. 癔症性漫游 (1)符合癔症诊断标准;(2)在觉醒状态,作无计划和无目的漫游;漫游中能保持基本的自我照顾,以及与陌生人简单交往(如搭车、问路),与其不深入的短暂接触看不出有精神异常;(3)有自我身份识别障碍,但不是癔症性多重人格;(4)事后有遗忘;(5)开始和结束都是突然的。

3. 癔症性身份识别障碍 (1)符合癔症诊断标准;以自我身份识别障碍为主,丧失自我同一感,有双重人格或多重人格;(2)对周围环境缺乏觉察,周围意识狭窄或对外界刺激异乎寻常的注意狭窄和选择性注意,并与病人改变了的身份相联系;(3)上述症状必须是非己所欲,发生在宗教或文化背景认可情境中的类似状态之外或其延伸;(4)无幻觉、妄想等精神病性症状;(5)排除分裂症及其相关障碍、情感性精神障碍。

4. 癔症性精神病。

【症状标准】

(1)符合癔症诊断标准;(2)反复出现的以幻想的生活情节为内容的片断幻觉或妄想、意识蒙眬、表演性矫饰动作,或幼稚与混乱的行为,或木僵为主。

【严重标准】日常生活和社会功能受损,或自知力障碍,对疾病泰然漠视。

【病程标准】符合症状标准和严重标准至少已1周,其中可有短暂间歇期。

【排除标准】排除分裂症或相关障碍、情感性精神障碍。

5. 癔症性附体障碍 符合癔症性精神病的诊断标准和以神怪或死者的亡灵等附体的自我身份识别障碍为主,因此取代了自己的身份,可达妄想程度。

临床表现以神鬼、灵魂附体为主,病人常有癔症性格,有的已有过癔症发作史。应排除由巫师、巫医等通过祈祷、祭奠等仪式活动,自我诱导出现的附体状态。

6. 癔症性木僵 (1)符合癔症性精神病的诊断标准;(2)以木僵为主。

(二)癔症性躯体障碍

1. 癔症性运动障碍 (1)符合癔症的诊断标准;有心理社会因素作为诱因;(2)有躯体运动不能表现,如肢体瘫痪、站立不能,或步行不能;(3)临床表现缺乏神经解剖生理基础;(4)排除器质性疾病。

2. 癔症性抽搐发作 符合癔症的诊断标准和突然或出乎意料的抽搐发作,类似于癫痫发作的某种形式,但并无意识丧失、咬舌、严重摔伤或小便失禁。应注意与癫痫发作的同病情况相鉴别。

3. 癔症性感觉障碍 (1)符合癔症的诊断标准;有心理社会因素作为诱因;(2)有躯体感觉障碍,如失音、失明、耳聋,或部分或整个躯体的某种或所有正常皮肤感觉的部分或全部丧失(应标明触觉、针刺觉、震动觉、热觉、冷觉等);(3)临床表现缺乏神经解剖生理基础和根据排除器质性疾病。

（三）混合性癔症躯体—精神障碍

上述解离障碍或转换障碍的任何混合形式。

（四）其他或待分类癔症

符合癔症的诊断标准，但不符合上述所列各癔症亚型标准的癔症，包括 Ganser 综合征及童年和青少年的短暂的癔症性障碍

二、鉴别诊断

1. 癫痫大发作　癔症性的痉挛发作应与癫痫大发作相鉴别。癫痫大发作时意识完全丧失，瞳孔多散大且对光反应消失，可发病于夜间；发作有强直、痉挛和恢复三个阶段，痉挛时四肢呈有规则的抽搐，常有咬破唇舌，跌伤和大小便失禁，发作后完全不能回忆；脑电图检查有特征变化。如有癫痫和癔症共存，应下两个诊断。

2. 心因性精神障碍　心因性精神障碍症状的发生、发展与精神刺激因素的关系更为密切，不具有癔症性格特点，无癔症患者那样的情感色彩，无表演和夸大特点，缺乏暗示性，无反复发作史，持续较长。

3. 诈病　癔症的某些症状，由于患者的夸张或表演色彩，给人一种伪装的感觉。但诈病者常有明确的目的，表现的症状受意志控制，因人、因时、因地而异，在露面的公开场所常矫情做作，无一定的疾病过程与规律。

4. 其他疾病　癔症的失音、失聪、失语以及肢体运动障碍均需与相关的器质性疾病鉴别。后者的诊断在于详细的躯体检查与实验室检查的阳性发现，以及缺乏癔症的不符合生理解剖规律的特点，如癔症的失音在睡眠中可有梦呓，癔症性瘫痪者的症状不符合神经分布的规律等。但应注意的是，癔症有可能与躯体疾患共病，所以鉴别时要慎重。

第五节　病程和预后

多数初次发病者恢复迅速。如果病程超过 1 年，可能要持续多年才恢复。一般预后良好，多数未恢复的病人有癔症性人格障碍和社会适应困难。如果病人病前无人格缺陷、病因明确且能及时解决、病程短、治疗及时，大多数结局良好。

第六节　治　疗

癔症的症状是功能性的，因此心理治疗有重要地位。药物治疗主要是适当服用抗焦虑、抗抑郁药，一方面可以强化心理治疗效果；另外，通过药物消除伴发的焦虑、抑郁和躯体不适症状，从而减少癔症患者自我暗示的基础。

一、心理治疗

心理治疗的原则：①减轻病人的心理负担，缓解痛苦，给予一般性支持。②转变病人观念，除应用行为疗法外，可结合作业性治疗，增强应对能力。③增强病人的认知能力，改善个性，解决冲突和转变态度。需要对发病者作合理解释，让病人和家属明白：症状与心因、个性特征的联系；躯体或神经系统症状经常找不到明显的躯体病因，症状很可能由应激引起。④恰当应用理疗和药物治疗相结合的暗示治疗，尤其对反复发作者应根据病情采用心理治疗、药物和物理治疗相结合的综合治疗。不宜采取简单的言语暗示。⑤在诊断明确后，应尽可能避免反复检查。询问病史或进行检查时，不恰当的提示可使病人出现一些新的症状。总之，必须防止暗示引发或强化症状。⑥鼓励病人承认和面对应激或困难，但没有必要使病人将应激与当前的症状相联系。建议病人进行短暂的休息并脱离应激环境，恢复正常生活，但不要躲避各种活动。⑦对癔症性症状可选用针刺或电兴奋刺激等物理治疗。⑧癔症易复发，如能及时消除病因，使病人对自己的疾病有正确了解，改善人际关系，对预防复发都有帮助。长期住院或休养，均不利于康复。

癔症的主要治疗手段是心理治疗。早期充分治疗对防止症状反复发作和疾病的慢性化十分重要。一般应在门诊接受治疗。需要住院治疗的情况有：自杀、自伤或严重冲动危险；需同时应用多种心理治疗方法结合药物治疗，以缓解危机状态。应注意限定住院时间，并在集体环境中治疗。另外，本组病人要避免在非专科病房内接受住院治疗。选择具体心理治疗的根据为：精神障碍的种类、严重程度，病人的人格结构、生活状况、既往治疗，以及心理治疗者的专业受训程度与经验。可采用暗示治疗、解释性心理治疗、分析性心理治疗、心理咨询、支持性心理疗法、松弛疗法、系统脱敏治疗等。

1. 暗示治疗 是治疗癔症的经典方法。诱导疗法是经改良后的一种暗示治疗。以乙醚 0.5 ml 静注，并配合言语暗示，告之嗅到某种特殊气味后"老病"便会发作。让患者无须顾虑，任其发作，称发得越彻底越好。待其发作高峰期过，以适量蒸馏水胸前皮内注射，并配合言语暗示，称病已发作完毕，此针注射后便可病愈了。这种先诱发出其症状再终止其症状的暗示疗法，比通常只打一支蒸馏水的暗示疗法效果要好。诱导疗法充分利用了患者易在暗示下发病的临床特点，使患者相信医生既能"呼之即来"，必能"挥之即去"。曾有过手术全麻史的人不宜使用此疗法，因为患者已有了使用乙醚的体验，不利暗示。另外，孕妇忌用，经期慎用，因乙醚可引起子宫收缩。暗示疗法用于那些急性发作而暗示性又较高的患者，机智的暗示治疗常可收到戏剧性的效果。

2. 催眠疗法 在催眠状态下，可使被遗忘的创伤性体验重现，受压抑的情绪获得释放，从而达到消除症状的目的。适合于治疗癔症性遗忘症、多重人格、缄默症、木僵状态以及情绪受到伤害或压抑的患者。

3. 行为治疗 多采用系统脱敏法循序渐进、逐步强化地对患者进行训练，适用于对暗示治疗无效、有肢体或言语功能障碍的慢性病例。

4. 其他心理治疗 可采用解释心理治疗，主要目的在于引导患者或家属正确评价精神刺激因素，充分了解疾病的性质，帮助其克服个性缺陷，加强自我锻炼，促进心身健康。

5. 物理治疗 针灸或电兴奋治疗对癔症性瘫痪、耳聋、失明、失音或肢体抽动等功能障碍，都有良好效果，可以选用。

二、药物治疗

尽管心理治疗对癔症是基本的,但还是要结合应用躯体治疗(包括药物治疗),也不可只用药物治疗。药物治疗的效果在于改善情感症状(如抑郁、焦虑),使病人尽早安静合作。对严重的癔症应较长时间使用药物治疗,以便有效地进行心理治疗。有时病情波动,症状再度加重时,药物治疗更有帮助。应根据每个病人的具体情况,使用抗抑郁药、镇静药或抗精神病药。用药过程中应注意不良反应。

三、心理社会康复

对病情较重的癔症病人,如症状突出、抵抗治疗、慢性病程、家庭与社会关系受到干扰及工作成绩明显下降者,均需心理社会康复治疗。治疗时应结合心理治疗,其中行为治疗的工作治疗与分等级的工作尝试较有效。

第七节 癔症与监管安全

癔症指一种以解离症状和转换症状(在遭遇无法解决的问题和冲突时产生的不快心情,以转化成躯体症状的方式出现,CCMD-3 称为癔症性躯体症状)为主的精神障碍。这些症状没有可证实的器质性病变基础。本障碍有癔症性人格基础,起病常受心理社会(环境)因素影响。除癔症性精神病或癔症性意识障碍有自知力障碍外,自知力基本完整。病程多反复迁延。癔症发病常需具有人格特点及发病诱因的条件。监狱中具有癔症性人格虽不是很多,但监管条件下的心理社会因素则较多,如监禁环境、特殊的人际关系、刑罚执行、缺乏家庭及社会支持等常会诱发具有癔症性格的人发病。所以在罪犯入监时及在服刑过程中,开展个性测试、发现癔症性格特征者、持续观察及心理调节,对癔症发作的及时诊断和处理是重要的手段和方法。

(吕成荣)

第十二章 应激相关障碍

应激对机体有双重作用,应激反应不等于应激障碍。应激可以极大限度地动员机体内部的潜在资源和应对机制,增强对疾病侵袭的防御能力,提高对外界环境的适应能力。只有应激反应超出一定强度和持续时间超过一定限度,并且这些反应对个体的社会功能产生严重影响时,才构成应激相关障碍。决定本组精神障碍的发生、发展、病程及临床表现的因素有生活事件和生活处境、社会文化因素、人格特点、生活态度和信念等。

第一节 概 述

应激相关障碍是指一组主要由心理、心理社会因素引起的异常心理反应导致的精神障碍,又称为反应性精神障碍。本病在监狱中相对多见,但由于其社会功能受损相对不一,所以需要住院治疗的比例不高,占监狱精神病院住院的 6.52% 左右。

引起这类精神异常的发生,影响临床表现和疾病过程的有关因素,大致可归纳为四个方面:一是应激性生活事件或不愉快的处境,如强烈的超强精神创伤或生活事件,或持续困难处境,均可成为直接病因;二是社会文化背景和文化传统。三是患者的人格特点、教育程度、智力水平及生活态度和生活信仰等。四是家庭社会支持系统,其中包括精神、物质和感情上的关心、支持和援助。应激性生活事件常引起情绪反应或某些精神异常,但其严重程度并未达到抑郁症或焦虑症的诊断标准。

一般说来,相似的应激事件不一定带来相近的后果,这是内因和外因相互作用的结果,与一个人对应激的态度、评价以及外在支持系统是有关的。常见的不良性应激大致分为三类:①急性应激源,如突发的自然灾害,急性患重病,事故,外伤,创伤性经历,对自尊心的威胁等。②应激性生活事件,如居丧,各种类型的损失,离婚,监禁,人际关系紧张等。③慢性及间隙性应激源,如角色过多而紧张,工作超负荷,家庭关系不和,社会隔离等。

在监管条件下,应激源常分为如下几类:

1. 服刑环境因素　如生活、起居模式的改变;服刑人员间关系紧张;家中重大经济问题等。

2. 劳动或学习环境因素　常见的有劳动能力差或劳动负担过重,个人不能左右的困境;力不胜任,劳动中被动,总有压抑感;学习负担过重等。

3. 刑罚执行因素　刑罚执行中对减刑期望值过高而未遂愿;因违反监规受到惩处等。

在监狱中,服刑罪犯多见在人格障碍(缺陷)的基础上因严重的人际关系不良、婚姻家庭问题、现实改造问题引发相应的心理障碍。

一般的应激反应机制可见图 12—1。

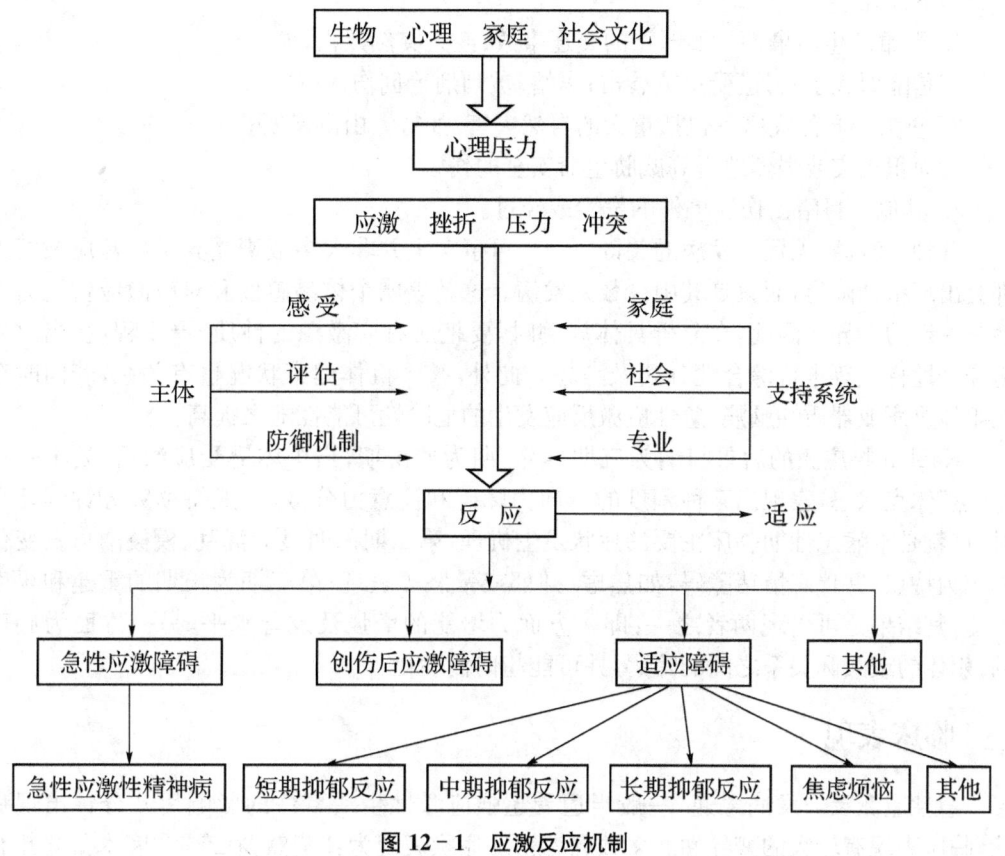

图 12-1 应激反应机制

第二节 急性应激障碍

一、概述

急性应激反应又称急性应激障碍、急性心因性反应,其中的亚型称为急性反应性精神病。这是由于突然而来或异乎寻常的强烈应激性生活事件所引起的一过性精神障碍。对急性应激反应的了解,不仅要观察其临床表现和疾病过程,还要分析发病的主要有关因素,以便采取有效的防治措施。本病发作急骤,经及时治疗,预后良好,精神状态可完全恢复正常。

本病可发生任何年龄,但多见于青年人。多数报道指出,男女患者接近。

二、病因和发病机理

突如其来且超乎寻常的威胁性生活事件和灾难是发病的直接因素,应激源对个体来讲是难以承受的创伤性体验或对生命安全具有严重的威胁性。应激源多种多样，大体上可分为下列几项：

1. 严重的生活事件　如严重的交通事故；亲人突然死亡，尤其是配偶或子女；遭受歹徒袭击；离婚；被判刑等创伤性体验。
2. 重大的自然灾害　包括重大的自然灾害，如特大山洪暴发；大面积火灾或强烈地震等威胁生命安全的伤害。
3. 其他　目睹创伤性事件的发生或经过。

各种应激源，无疑是发病的关键所在。可事实上并非大多数遭受异乎寻常应激的人都会出现精神障碍，而只是其中少数人发病。这就表明个体易感性和对应激应付能力方面有一定的差异。因此，在分析具体病例时，要把所有应激源的性质、严重程度、当时处境和个性特点等进行综合性分析及考虑。此外，整个机体健康状况也有关系，若同时存在躯体重病或器质性脑病，急性应激反应发生的危险性可能性随之提高。

Kaplan将应激的后果归纳为三期：第一期为冲击期，当个体遭受应激后，处于一种"茫然"休克状态，表现出某种程度的定向力障碍和注意力分散，一般持续数分钟到几小时，这就是本病急性期临床主要的症状发生机理；第二期以明显的混乱，模棱两可及变化不定为特点，并伴有情绪障碍，如焦虑、抑郁或暴怒等表现；第三期为长期的重建和再度平衡，其结果是可出现两者之一：即一方面为增能的增强及改善水平，另一方面为心理的、躯体的或人际关系之间的障碍，并可能趋向慢性化。

三、临床表现

急性应激反应发病急遽，一般当遭受超强应激性生活事件的影响后几分钟出现症状，临床表现有较大的变异性。多数患者初发症状表现为："茫然"状态或"麻木"，并伴有一定程度的意识障碍，可见意识范围的缩小，注意力狭窄，不能领会外在刺激，并有定向力障碍，因之难以进行接触。偶有自发只言片语，词句零乱不连贯，令人难以理解。病情继续发展，可见对周围环境的进一步退缩，有的患者可呈现木僵状态。此时，患者自发活动明显减少，可在长时间内毫无动作，保持呆坐或卧床不起。虽有时睁眼，协调眼部运动，但缄默不语。有的患者则表现为激越性活动过多，如兴奋、失眠、逃跑或无目的的漫游活动。并伴有恐惧焦虑和自主神经系统症状，如心动过速、震颤、出汗、面部潮红等，显示交感神经活动占优势。

本病病程短暂，一般在几小时至一周内症状消失。恢复后对病情可有部分或大部分遗忘，难以全面回忆。

【典型病例】王××，男性，26岁，盗窃罪，六年刑期，未婚。个性较孤僻，为人老实，胆小怯弱。工作肯干，思维欠灵活。生活中无何特殊爱好。双亲年老多病，平时也多有依赖他人。

入监后即表现为情绪低落，紧张，恐惧。一直流泪哭泣，全身不由自主抖动。反复称："头昏、头痛。"不能参加正常劳动，日常生活自理能力差。一直流泪哭泣，全身不由自主抖动。不能参加正常劳动，日常生活自理能力差。精神检查，意识清，定向准确，年貌相符，衣着尚整，被动接触，检查欠合作，领悟能力可，多问少答，领悟能力可，思维连贯，内容简单，未查及明显幻觉、妄想等精神病性症状。情绪紧张、焦虑，生活自理差，需人帮助，无何要求。诊断为急性应激反应。经对症结合心理治疗，半月后，住院两周，接触较好,情绪明显改善,精神状态恢复正常出院。

四、诊断和鉴别诊断

1. 诊断标准可参考下列几项(CCMD-3)

【症状标准】以异乎寻常的和严重的精神刺激为原因,并至少有下列1项:

(1) 有强烈恐惧体验的精神运动性兴奋,行为有一定盲目性。

(2) 有情感迟钝的精神运动性抑制(如反应性木僵),可有轻度意识模糊。

【严重标准】社会功能严重受损。

【病程标准】在受刺激后若干分钟至若干小时发病,病程短暂,一般持续数小时至1周,通常在1月内缓解。

【排除标准】排除癔症、器质性精神障碍、非成瘾物质所致精神障碍,及抑郁症。

2. 鉴别诊断

常需要与下列疾病进行鉴别:

(1) 癔症:常可在应激事件后发病,若急性发作时要与应激反应相鉴别。一般讲,癔症表现更为多样化,并有夸张或表演性,给人以做作的感觉。病前性格有自我中心,富于幻想,喜好文艺等特点。癔症发作具有暗示性,且多次反复发作。

(2) 心境障碍:也可在应激源作用下发病,其主要症状以情感异常占优势,疾病过程以双相为多见,且病程较长,有循环发作趋向。

(3) 急性器质性脑综合征:在感染、中毒等因素导致的谵妄状态,可表现意识障碍、定向力障碍、精神运动性兴奋等状态;此时应与应激反应相鉴别。器质性脑综合征常见丰富生动的幻觉,尤其是幻视;其意识障碍有忽明忽暗的波动特点;整个临床相也多在夜晚加剧。此外,还可观察到相应的阳性体征和实验室检查异常结果,且病程较长。

五、治疗

1. 心理治疗　本病由强烈的应激性生活事件引起,因此心理治疗就有重要意义。在患者能接触的情况下,建立良好的医患关系,治疗内容为对症状表现进行解释,讲明应激事件在一生中是难免的,关键问题在于帮助患者怎样有力地应付这些心理应激,如何发挥个人的缓冲作用,避免过大的创伤。同时给患者最好的社会支持,尽快缓解其应激反应。还要调动患者的主观能动性,摆脱困境,树立战胜疾病的信念,促进康复,重新恢复正常社会生活。对某些生活或环境中的实际问题,也应设法予以解决。

2. 药物治疗　虽是对症治疗,但在急性期也是采用的措施之一。特别是对那些表现激越性兴奋的患者,应用适当的精神药物后,使症状较快缓解,便于进行心理治疗。若患者有情绪障碍或睡眠困难,可分别投以抗抑郁药或焦虑药。药物剂量以中、小量为宜,疗程不宜过长。对处于精神运动性抑制状态患者,若不能主动进食,还要给予输液,补充营养,保证每日的热量和其他支持疗法及照顾。

3. 环境治疗　为了减弱或消除引起发病的应激处境不良作用,应尽可能离开或调整当时的环境,消除创伤性体验,对整个治疗有积极意义。环境治疗的另一含义,包括对患者康复后生活和工作方面的指导和安排,必要时重新调换劳动岗位,改善人际关系,建立新的生活规律等。要根据患者的具体情况,协同有关方面及时进行安排,这对预防有良好作用。

第三节 创伤后应激障碍

一、概述

创伤后应激障碍(PTSD)是对异乎寻常的威胁性、灾难性事件的延迟和(或)持久的反应。如自然灾害和人为灾害:战争、严重事故、目睹他人惨死、身受酷刑,等等。

二、病因和发病机理

几乎所有经历这类事件的人都会感到巨大的痛苦。创伤性事件是 PTSD 诊断的必要条件,但不是 PTSD 发生的充分条件,虽然大多数人在经历创伤事件后都会出现程度不等的症状,研究表明只有部分人最终成为 PTSD 患者。许多变量影响到 PTSD 的发生,有关危险因素有:存在精神障碍的家族史与既往史、童年时代的心理创伤(如遭受性虐待、10 岁前父母离异)、性格内向及有神经质倾向、创伤事件前后有其他负性生活事件、家境不好、躯体健康状态欠佳等。

三、临床特征

PTSD 表现为在重大创伤性事件后出现一系列特征性症状。患者以各种形式重新体验创伤性事件,有驱之不去的闯入性回忆,频频出现的痛苦梦境。有时可见患者处于意识分离状态,持续时间可从数秒钟到几天不等,称为闪回(Flash back),此时患者仿佛又完全身临创伤性事件发生时的情境,重新表现出事件发生时所伴发的各种情感。

在创伤性事件后患者对创伤相关的刺激存在持续的回避。回避的对象不仅限于具体的场景与情境,还包括有关的想法、感受及话题,患者不愿提及有关事件,避免有关的交谈,在创伤性事件后的媒体访谈及涉及法律程序的取证过程往往给当事人带来极大的痛苦。对创伤性事件的某些重要方面失去记忆也被视为回避的表现之一。回避的同时,还有被称之为"心理麻木"的表现。患者在整体上给人以木然淡然的感觉。患者自己感到似乎难以对任何事情发生兴趣,过去热衷的活动同样兴趣索然;感到与外界疏远、隔离,甚至格格不入;似乎对什么都无动于衷,难以表达与感受各种细腻的情感;对未来意懒心灰,轻则抱听天由命的态度,严重时可能万念俱灰,以致自杀。

另外一组症状是持续性的焦虑和警觉水平增高,如难以入睡或不能安眠、警觉性过高、容易受惊吓或做事无从专心等。

【典型病例】马××,男性,37 岁,已婚,初中文化,交通肇事罪,刑期 3 年,平时表现尚可,少与他人沟通交谈,无不轨言行。服刑期间,妻子来接见,提出要与他离婚,从此卧床不起,拒食。称:"没有老婆我活不下去。"语言减少,反应迟钝,独坐一处发呆。不积极参加劳动,动作迟缓。该犯消极情绪加重,曾私藏小布带欲自杀,自称:"小孩、老人怎么办?想死,想到阴间见父亲。"言行反常,社会功能下降。精神检查,意识清晰,思维迟缓。

未见有明显的妄想。情感协调,表情悲伤,情绪低落,睡眠障碍,常浮现妻子离婚的要求,对前途悲观失望,并有自杀企图,回避别人谈论婚姻事宜,记忆力下降。

综合分析,该犯的反常言行与其妻子提出要与他离婚相关,由于其性格懦弱、调适能力低,故出现创伤后应激障碍。经短暂住院,给予心理治疗及辅助性抗抑郁药物治疗后,病情明显改善。

四、诊断与鉴别诊断

1. 诊断标准　以精神创伤的严重程度为主要依据。由异乎寻常的威胁性或灾难性心理创伤,导致延迟出现和长期持续的精神障碍。主要表现为:

(1) 反复发生闯入性的创伤性体验重现(病理性重现)、梦境,或因面临与刺激相似或有关的境遇,而感到痛苦和不由自主地反复回想。

(2) 持续的警觉性增高。

(3) 持续的回避。

(4) 对创伤性经历的选择性遗忘。

(5) 对未来失去信心。少数病人可有人格改变或有神经症病史等附加因素,从而降低了对应激源的应对能力或加重疾病过程。精神障碍延迟发生,在遭受创伤后数日甚至数月后才出现,病程可长达数年。

【症状标准】

(1) 遭受对每个人来说都是异乎寻常的创伤性事件或处境(如天灾人祸)。

(2) 反复重现创伤性体验(病理性重现),并至少有下列 1 项:①不由自主地回想受打击的经历;②反复出现有创伤性内容的噩梦;③反复发生错觉、幻觉;④反复发生触景生情的精神痛苦,如目睹死者遗物、旧地重游,或周年日等情况下会感到异常痛苦和产生明显的生理反应,如心悸、出汗、面色苍白等。

(3) 持续的警觉性增高,至少有下列 1 项:①入睡困难或睡眠不深;②易激惹;③集中注意困难;④过分地担惊受怕。

(4) 对与刺激相似或有关的情境的回避,至少有下列 2 项:①极力不想有关创伤性经历的人与事;②避免参加能引起痛苦回忆的活动,或避免到会引起痛苦回忆的地方;③不愿与人交往,对亲人变得冷淡;④兴趣爱好范围变窄,但对与创伤经历无关的某些活动仍有兴趣;⑤选择性遗忘;⑥对未来失去希望和信心。

【严重标准】社会功能受损。

【病程标准】精神障碍延迟发生(即在遭受创伤后数日至数月后,罕见延迟半年以上才发生),符合症状标准至少已 3 个月。

【排除标准】排除情感性精神障碍、其他应激障碍、神经症、躯体形式障碍等。

2. 鉴别诊断　PTSD 发生在重大创伤性事件之后,具有相对特征性的临床相,诊断检查时如能较为全面细致,不易误诊、漏诊。

(1) 其他应激相关障碍:实际工作中,有的患者在遭受重大创伤性事件后,虽有明显的精神症状和强烈的精神痛苦,但不能完全符合 PTSD 的诊断标准;也有患者从症状、病程及严重度方面都符合 PTSD 的相应标准,但诱发事件属于一般应激事件,如失恋或解雇等。上述两种情况均不应诊断为 PTSD,而应考虑适应障碍。急性应激障碍与 PTSD 的主要区别在起病时间和病程。急性应激障碍起病在事件发生 4 周内。症状持续超过 4

周时,应将诊断改为 PTSD。

(2) 其他精神障碍:抑郁障碍有兴趣下降、与他人疏远隔离、感到前途渺茫等表现,但单纯的抑郁障碍不存在与创伤性事件相关的闯入性回忆与梦境,也没有针对特定主题或场景的回避。同样,以上这些特点也使 PTSD 区别于广泛性焦虑障碍。然而,PTSD 与焦虑、抑郁并存的情况很常见,若患者的临床相符合相应的诊断标准,应给出所有诊断。对病史的详细询问有助于了解各障碍间的相互关系。

(3) 考虑 PTSD 诊断时不能忽视器质性的问题要注意在遭受创伤性事件时是否有头部外伤、一过性意识丧失等情况。

五、治疗

1. **心理治疗** 对于 PTSD 主要采取危机干预的原则与技术,侧重于提供支持,帮助患者接受所面临的不幸与自身的反应,鼓励病人面对事件,表达、宣与创伤性事件相伴随的情感。治疗者要帮助病人认识其所具有的应对资源,并同时学习新的应对方式。治疗中不仅要注意 PTSD 的症状,还要识别与处理好其他并存的情绪。及时治疗对良好的预后具有重要意义。另外,为患者及其亲友提供有关 PTSD 及其治疗的知识也很重要,还需要注意动员患者家属及其他社会关系的力量,强化社会支持。

2. **药物治疗** 各类抗抑郁剂的报告最为多见。除改善睡眠、抑郁焦虑症状外,抗抑郁剂能减轻闯入和回避症状。在运用抗抑郁剂治疗 PTSD 时,剂量与疗程同抗抑郁症治疗,治疗时间和剂量都应充分。

根据病人症状特点,其他可以考虑选用的药物包括:抗焦虑剂、抗痉挛药物、锂盐等。除非病人有过度兴奋或暴力性的发作,一般不主张使用抗精神病药物。

3. **心理治疗合并药物治疗** PTSD 的首选治疗尚无一致意见,比较肯定的是心理治疗合并药物治疗的效果更佳,有文献报告有效率达 70%。PTSD 患者往往感到外部世界不安全、不可预测、无从把握。因此,稳固的治疗关系在 PTSD 治疗中格外重要。如果心理治疗者考虑在治疗中合并用药,最好在治疗的计划阶段就与病人讨论有关问题。对于服药,不同患者可能会赋予其完全不同的意义,作出不同的反应。有的认为服精神科的药是种耻辱,有人会觉得医生用药应付他,有人认为医生开药是心理治疗无法收效的不得已之举。认识评价治疗手段对病人的意义与认识评价症状一样重要。忽视这一方面,难以维持良好的治疗关系,保证积极的治疗进程。

第四节 适应障碍

一、概述

适应性障碍是一种短期的和轻度的烦恼状态及情绪失调,常影响到社会功能,但不出现精神病性症状。监狱中的心因性精神障碍多为此类疾病,本病的发生是对于入监服刑的处境变化或应激性生活事件所表现的不适反应,也有对更换新的工种或监区不适应而引起的适应障碍。

因长期存在应激源或困难处境,加上病人有一定的人格缺陷,产生以烦恼、抑郁等情感障碍为主,同时伴有适应不良的行为障碍或生理功能障碍,使社会功能受损。此类人群病程往往较长,但一般不超过6个月。通常在应激性事件或生活改变发生后1个月内起病。随着事过境迁,刺激的消除或者经过调整形成了新的适应,精神障碍随之缓解。

二、病因

1. **应激源** 引起适应性障碍的应激源可以是一个(如丧偶);也可以是多个(如配偶提出离婚和亲人伤亡接踵而来)。应激源可以是突然而来,如自然灾害;也可以是较慢的,如家庭成员之间关系的不融洽。某些应激源还带有特定的时期,如服刑期,监管场所可见调换监区、更换工种(人际关系的变更)或被禁闭等。应激源的严重程度不能预测适应性障碍的严重程度,还要看应激源的性质、持续时间的长短、可逆性、处境和个体性格特征等方面的情况。还有个体的脆弱性,对应激源的体验较深,也是危险因素之一。

2. **个体心理特点** 在同样的应激源作用下,有的人适应良好,有的则适应不良,并不是所有的人都表现适应性障碍。这就有理由推断患者病前个性心理特征(即人格)起着不可忽视的作用。例如个体的脆弱性格,应激源的强度并不很大,便有可能引起适应性障碍。这种个体不同的脆弱性格,部分可能与既往生活经验有关。所以,适应性障碍发生与否,要同时权衡应激源强度和个性心理特征两方面的因素。

三、临床表现

发病多在应激性事件发生后1~3个月之内。患者的临床症状变化较大,而以情绪和行为异常为主;常见焦虑不安、烦恼、抑郁心境、胆小害怕、注意力难以集中、惶惑不知所措和易激惹等。还可伴有心慌和震颤等躯体症状。同时可出现适应不良的行为而影响到日常活动。病人偶可见因适应不良而出现爆发性的冲动行为,或自己感觉到会因适应不良而出现惹人注目的行为倾向,但事实上很少发生。

患者的临床相可有占优势的症状群,也可以混合症状群出现。

四、诊断和鉴别诊断

1. **诊断** 不少精神障碍者可能有应激诱因,所以不能视应激的存在为诊断依据,主要看临床表现:①情绪和行为异常多在应激源发生后1个月内出现;②有明显的苦恼;③影响社会功能;④应激源消失后,症状不应持续存在超过6个月;⑤除外失恋或居丧引起的情绪异常,这属于正常心理反应。

【症状标准】
(1) 有明显的生活事件为诱因,尤其是生活环境或社会地位的改变。
(2) 有理由推断生活事件和人格基础对导致精神障碍均起着重要的作用。
(3) 以抑郁、焦虑、害怕等情感症状为主,并至少有下列1项:①适应不良的行为障碍,如退缩、不注意卫生、生活无规律等;②生理功能障碍,如睡眠不好、食欲缺乏等。
(4) 存在见于情感性精神障碍(不包括妄想和幻觉)、神经症、应激障碍、躯体形式障碍,或品行障碍的各种症状,但不符合上述障碍的诊断标准。

【严重标准】 社会功能受损。

【病程标准】 精神障碍开始于心理社会刺激(但不是灾难性的或异乎寻常的)发生后1个月内,符合症状标准至少已1个月。应激因素消除后,症状持续一般不超过6个月。

【排除标准】 排除情感性精神障碍、应激障碍、神经症、躯体形式障碍,以及品行障碍等。

2. 鉴别诊断 需与下列精神障碍鉴别:

(1) 急性应激障碍:适应性障碍与急性应激障碍同属心理创伤后应激障碍,两者在病因方面难以说明孰重孰轻。主要鉴别在于临床表现和疾病过程;急性应激障碍发病迅速,症状多在数分钟到数小时之内充分发展。临床相虽然变化较大,但以精神运动性兴奋或精神运动性抑制为突出表现,而不是以情绪和行为异常为主。此外,可伴有一定程度的意识障碍,不能完全回忆。整个病程缓解亦快,一般为几小时至一周之内。

(2) 创伤后应激障碍:本病与适应性障碍虽都不是急性发病,但在临床症状上有可鉴别之点。创伤后应激障碍表现为创伤性体验反复重现,并伴有错觉或幻觉。同时可有睡眠障碍,易激惹或惊跳反应等持续性警觉性增高症状。还可有持续的回避,极力避免回想或参加引起痛苦的经验或回忆,甚至不愿与人接触。

(3) 抑郁症:适应性障碍与抑郁症的鉴别在情绪上有时难以分清,这需要有临床的实践经验,并无绝对的鉴别标准。一般来讲,抑郁症的情绪异常较重,并常出现消极念头,甚至有自杀的企图和行为。整个临床相有早晚变化。若长期观察可从病程方面予以鉴别,不少还有躁狂相的循环发作。

(4) 焦虑症:主要是与广泛性焦虑症的鉴别,本病不仅病程较长,且常伴有明显的自主神经系统失调症状,睡眠障碍也很突出。病前无何值得重视的应激源可寻。

(5) 人格障碍:人格障碍虽然在适应性障碍发病上不可忽视,但不是临床相的显著表现。实践中可见人格障碍能被应激源加剧,但人格障碍早在幼年时期即已明显,应激源不是人格障碍形成的主导因素。患者并不为人格异常所苦恼,而基本上持续到成年甚至终生。在此也要指出,人格障碍患者出现新的症状符合适应性障碍诊断标准时,两个诊断同时并列,如偏执性人格障碍和抑郁心境的适应性障碍。

(6) 躯体疾病引起的情绪障碍:如心血管病、脑血管病等,都可能出现焦虑抑郁状态,要同适应性障碍鉴别。

五、亚型及其诊断

分为短期抑郁反应、中期抑郁反应、长期抑郁反应、其他恶劣情绪为主的适应障碍、混合性焦虑抑郁反应、品行障碍为主的适应障碍、心境和品行混合性障碍为主的适应障碍等。

(一) 短期抑郁反应

诊断标准:

(1) 符合适应障碍的诊断标准。

(2) 抑郁为主的精神障碍开始于心理社会刺激(但不是灾难性的或异乎寻常的)发生后1个月内,符合症状标准尚不足1个月。

【典型病例】张××,女性,25岁,盗窃犯,五年刑期,中学文化。平时个性内向,依赖他人。入监后,即主诉头昏、乏力,表现为恐惧、焦虑、退缩、生活自理差、食欲缺乏、失眠,不能参加群体活动。经住院心理疏导,辅以小剂量镇静药物,十天后缓解。

(二)中期抑郁反应

诊断标准:

(1)符合适应障碍的诊断标准。

(2)抑郁为主的精神障碍开始于心理社会刺激(但不是灾难性的或异乎寻常的)发生后1个月内,符合症状标准至少已1个月,但持续不到半年。

【典型病例】张某,女性,25岁,盗窃罪,六年刑期,入监后其男友即提出分手,渐表现为哭泣、悲伤、失眠,劳动能力下降,与人交往减少。经一般疏导后仍不能明显缓解,入院后经系统心理治疗,辅以小剂量药物治疗,三个月后情绪明显好转。

(三)长期抑郁反应

诊断标准:

(1)符合适应障碍的诊断标准。

(2)抑郁为主的精神障碍开始于心理社会刺激(但不是灾难性的或异乎寻常的)发生后1个月内,符合症状标准至少已半年,但持续不到2年。

【典型病例】王X,男,23岁,未婚,小学文化,抢劫罪,10年刑期。该犯入监后,能认罪伏法,但不合群,性格孤僻,自我封闭。因盼望家人接见无果,见他人接见感到内心失落,开始表现为少语不吃不喝、自言自语。对民警的教育充耳不闻。表现多疑,怀疑别人欺侮他,并写下"你们逼我走绝路,我做鬼也要找你们算帐"的字句。曾出现自伤意念,夜眠差,常呆坐不语。近半年来常有想死的念头。诊断为长期抑郁反应。经心理治疗结合药物对症治疗,病情逐渐好转。

六、治疗

(一)心理治疗

当应激源消失后,而情绪异常仍无明显好转,则需要进行心理治疗。心理治疗除与患者交谈外,更应帮助他们如何解决应激性问题,也可让他们发泄一下情绪,这对改善社会功能有积极作用。进行心理治疗是必要的,给予鼓励、环境重新安排等具有支持治疗的作用,家庭接见、通话等也是重要的辅助性方法。

(二)药物治疗

对情绪异常较明显的患者,为加快症状的缓解,可根据具体病情选用抗焦虑剂或抗抑郁剂,如帕罗西汀等,以低剂量、短疗程为宜。在药物治疗的同时,心理治疗应继续进行,特别是对那些恢复较慢的患者,更为有益。

第五节　应激相关障碍与监管安全

反应性精神障碍是一类心理社会因素所致的、由于自身的调节不良或人格缺陷的基础上产生的精神异常,主要表现为情绪障碍为主,兼有行为异常及睡眠障碍等,如悲伤、哭泣、好诉说、失眠,劳动能力下降等。

罪犯是被剥夺人身自由的特殊人群,处在监禁改造的特殊环境之中,常可出现一些相应的人际关系问题、婚姻家庭问题或现实改造问题,由于自身的调节不良、人格缺陷或应激不当、缺少支持等因素,出现情绪低落、焦虑紧张、惶恐不安,甚至消极意念及行为,因而影响罪犯的劳动、学习改造,乃至监管安全秩序问题。

急性应激障碍创伤后应激障碍或严重的心因障碍导致的社会功能及情绪障碍需住院系统治疗。一般说来,反应性精神障碍者不会造成监管秩序的混乱,但常会造成本人情绪、行为的异常。严重者会产生消极意念,乃至出现自杀行为。给监区管理工作增添压力,个别罪犯还需要安排其他罪犯予以夹控,牵扯监区民警的日常工作精力较多,影响正常工作。所以,当服刑人员在成长经历中有过创伤性经历、个性缺陷问题、并且有生活事件(配偶离婚、父母病故、子女上学、家庭社会支持、刑期、服刑环境、同犯关系、劳动压力等)的出现时,监狱民警应该根据罪犯情绪异常的表现及行为方面的变化,来判定病情的轻重,如果有现实的因素所致的严重情绪问题、行为异常并且影响了学习、劳动能力和生活自理能力,就应该引起注意,提请精神医学鉴定或请心理矫治工作者介入。

(吕成荣)

第十三章 人格障碍

人格障碍是监狱在押罪犯中最为多见的精神障碍之一,主要表现为人际关系不良、情绪不稳、行为冲动,具有反复性、持续性和顽劣性的特点,常常是影响监管秩序的因素之一,特别是严管及禁闭犯人中比例尤甚。对于既往成长中一贯表现为冲动攻击、情绪变化无常、经常违规违纪的罪犯应加以鉴别,并实施相应的处置和个别化管理、矫正。

第一节 概 述

人格障碍是指人格特征明显偏离正常,使病人形成了一贯的、反映个人生活风格和人际关系的异常行为模式。这种模式极端或明显偏离特定文化背景、一般认知方式(尤其是在对待他人方面)、对社会环境适应不良,明显影响其社会功能与职业功能,已具有临床意义,常自感精神痛苦。病人虽然无认知功能缺损,但适应不良的行为模式难以矫正。通常开始于童年或青少年期,并长期持续发展至成年或终生。仅少数病人成年后可能程度上有所改善。由各种疾病,如躯体疾病(例如脑病、脑外伤、一氧化碳中毒、慢性酒中毒)、精神障碍导致的人格特征偏离正常,则称为人格改变。

人格障碍的特点表现如下:

(1) 人格障碍者一般来说意识是清醒的,认识能力也保持完整。这种人是在没有意识障碍、智力活动无明显缺损的情况下,出现行为活动和情感等方面的明显障碍。

(2) 人格障碍通常开始于童年、青少年,并一直持续到成年,甚至维持终生。人格障碍关键在于预防,而不是治疗,因为治疗的效果一般不太理想。

(3) 人格障碍者一般都能正确处理自己的日常工作和生活,能理解自己的行为后果,也能理解社会对自己行为后果的评价标准。但由于这种人缺乏自知力,尽管经常同周围发生冲突,并处处碰壁,却很难从错误中吸取教训。因此,难以适应单位和社会环境。

(4) 人格障碍者在智力水平、思维水平和创造等方面并不低,有的还超过常人,但由于人格异常,妨碍了他们的意志活动,破坏了其行为的目的性和统一性。

(5) 人格障碍与一般的精神疾病不同,它没有起病标志和病程变动。

国内七个地区精神疾病流行学调查(1999年)显示发现人格障碍的患病率为0.10‰,黄悦勤等人以"人格障碍问卷"对某大学2 205名学生进行调查,发现人格障碍患病率为2.5%。2000年,根据吕成荣等人在某监狱在押罪犯的调查研究,人格障碍的患病率占7.96%。住院比例为3.04%。

第二节　病因与病理机制

人格是指由遗传决定的个人先天素质以及后天发育与习得性有机结合形成的总体精神活动(思维、情感和行为)模式。人格特征可在社会活动、处理人际关系中表现出来，也可在社会生活实践中塑造和发展，如智慧的高或低、脾气的温和或急躁、对事物反应敏捷或迟缓、对人诚实或虚假、热情或冷漠、信任或多疑、顺从或好斗、严厉或宽容、自尊或自卑、勤奋或懒惰、认真有责任感或马虎放任、保守或激进、务实或空谈、松弛或紧张、孤独或合群等。从生理-心理-社会医学模式角度看，人格障碍往往由以下因素综合形成，但幼年期家庭心理因素起主要作用。

1. 生物学因素　意大利犯罪心理学家 Rombroso 曾对众多罪犯的家庭进行大样本的调查，发现许多罪犯的亲族患有反社会性人格障碍，犯罪的比率远远高于其他人群。亦有学者发现人格障碍的亲族中患人格障碍的比率显著高于正常人群。因此人格障碍的遗传因素不能忽略。也有报告人格障碍者脑电图异常者比率高于正常人群，从而提示生物学因素对人格障碍有一定的影响。

2. 心理发育影响　幼儿心理发展过程如受到精神创伤，对人格的发育有着重大的影响，是未来形成人格障碍的主要因素。常见如下：①婴幼儿母爱或父爱的被剥夺。②被遗弃或受继父、母的歧视。③父母、亲人过分溺爱，使其自我中心的思想恶性膨胀，异常地发展至蔑视父母的教育、学校的校规与社会纪律。④一个孩子若有迅速消除恐惧反应的自主神经系统的功能，那么与其相关的是具备迅速、强大和良好的习得性抑制能力。反之，若自主神经系统反应迟缓，与之相联系的是只具备缓慢和软弱的习得性抑制能力。研究表明，人格障碍和犯罪者其自主神经功能异常。有人认为自主神经反应性低下，皮肤电恢复的缓慢，可作为罪犯和人格障碍的一种病态素质特征。⑤幼儿与青少年期受虐待导致产生仇恨与敌视社会或人类的心理。⑥父母或其他抚养者，幼儿园或小学老师教育方法失当或期望过高，过分强迫、训斥易造成精神压力或逆反心理，易形成不良人格。⑦父母本人品行或行为不良，对儿童的人格发育影响极大。

3. 不良社会因素　社会上的不良风气、不合理现象、拜金主义等都会影响青少年的道德价值观，产生对抗、愤怒、压抑、自暴自弃等不良心理而发展至人格障碍。

众所周知，养育可影响正常人格的发展，儿童时期的不合理教养可导致人格的病态发展。家庭环境亦至关重要，举凡父母不睦，经常争吵，甚至分居或离异，会对孩子人格发展带来不良影响。父母对孩子的教育方式也是影响人格正常发展的因素，粗暴凶狠、放纵溺爱和过分苛求都是有害的。

目前一般认为人格障碍与精神疾病间的关系为：①人格特征可成为精神疾病的易感因素或诱因；②某些人格特征是精神疾病的潜隐或残留表现；③人格障碍和临床综合征可有共同的素质与环境背景，两者可共存，但不一定有病因联系。

第三节 分类与诊断

依据 CCMD-3 关于人格障碍的诊断标准如下：

【诊断标准】个人的内心体验与行为特征(不限于精神障碍发作期)在整体上与其文化所期望和所接受的范围明显偏离，这种偏离是广泛、稳定和长期的，并至少有下列 1 项：

(1) 认知(感知，及解释人和事物，由此形成对自我及他人的态度和形象的方式)的异常偏离。

(2) 情感(范围、强度，及适切的情感唤起和反应)的异常偏离。

(3) 控制冲动及对满足个人需要的异常偏离。

(4) 人际关系的异常偏离。

【严重标准】特殊行为模式的异常偏离，使病人或其他人(如家属)感到痛苦或社会适应不良。

【病程标准】开始于童年、青少年期，现年 18 岁以上，至少已持续 2 年。

【排除标准】人格特征的异常偏离并非躯体疾病或精神障碍的表现或后果。

本节分述人格障碍的表现与各型的诊断标准。

一、偏执性人格障碍

偏执性人格多见于男性，一般人群中的数目不详，他们很少求助于医生，如果配偶或同事伴其去就医，他们多持否认或辩解的态度，使治疗者难以辩明真相。类似诡辩性人格，这类人表现固执，敏感多疑，过分警觉，心胸狭隘，好嫉妒；自我评价过高，体验到自己过分重要，倾向推诿客观，拒绝接受批评，对挫折和失败过分敏感，如受到质疑则出现争论，诡辩，甚至冲动攻击和好斗；常有某些超价观念、常有不安感，不愉快，缺乏幽默感；这类人经常处于戒备和紧张状态之中，寻找多疑偏见的根据，对他人的中性或善意的动作歪曲而采取敌意和藐视，对事态的前后关系缺乏正确评价；容易发生病理性嫉妒。

偏执性人格障碍的经过是漫长的，有的终生如此，有的可能是偏执型精神分裂症的前奏。随着年龄增长，人格趋向成熟或应激减少，偏执性特征大多缓和。

这类人在监狱人格障碍中占 15.4%，主要表现为与他犯的人际交往不良，自以为是，喜欢"认死理"，敏感，对人不友好，与偏执性精神病不难区别，前者缺乏固定的妄想。偏执性人格不存在幻想和思维障碍，可与偏执型精神分裂症鉴别。

【诊断标准】

以猜疑和偏执为特点，始于成年早期，男性多于女性。

(1) 符合人格障碍的诊断标准。

(2) 以猜疑和偏执为特点，并至少有下列中的 3 项：

①对挫折和遭遇过度敏感；

②对侮辱和伤害不能宽容,长期耿耿于怀;

③多疑,容易将别人的中性或友好行为误解为敌意或轻视;

④明显超过实际情况所需的好斗对个人权利执意追求;

⑤易有病理性嫉妒,过分怀疑恋人有新欢或伴侣不忠,但不是妄想;

⑥过分自负和自我中心的倾向,总感觉受压制、被迫害,甚至上告、上访,不达目的不肯罢休;

⑦具有将其周围或外界事件解释为"阴谋"等的非现实性优势观念,因此过分警惕和抱有敌意。

【典型病例】冉××,男,29岁,未婚,小学文化,盗窃罪,刑期三年。自13岁时外出流浪。2001年入监后表现敏感多疑,经常无端猜疑别人对自己不好,担心打饭时会少给自己,他犯找警官谈话,常怀疑他犯在打自己的小报告。常因生活琐事与他犯争吵,并多次偷偷向监区民警汇报某某犯人不好。对自己评价过高,感到有才能。看到积分考核成绩较差,即认为有人暗中使坏。因此常与他犯发生矛盾和纠纷,影响监管秩序。

二、分裂样人格障碍

分裂样人格障碍的患病率各家报告不一,男性多见。在监狱人格障碍中约占19.1%,这种人表现退缩,孤独,沉默,隐匿,不爱交往;情绪缺乏和冷漠,不仅自己不能体验欢乐对人亦缺乏温暖,爱好不多;过分敏感而且害羞,胆怯、怪癖,对表扬和批评均反应不良;未丧失认识现实的能力,但常表现孤立行动,趋向白日梦和内省性隐藏;活动能力差,缺乏进取性,对人际关系采取不介入的态度;缺乏性兴趣;缺乏亲密的知心朋友。

分裂样人格障碍并非终生如此,有资料指出,半数以上精神分裂症患者的病前人格为分裂样。监狱中可见此类罪犯表现为孤僻、不主动与人交往,卫生状况较差,情绪易激惹,能完成一般的劳动任务。

【诊断标准】

以观念、行为和外貌装饰的奇特、情感冷漠及人际关系明显缺陷为特点。男性略多于女性。

(1) 符合人格障碍的诊断标准。

(2) 以观念、行为和外貌装饰的奇特、情感冷淡及人际关系缺陷为特点,并至少有下列中的3项:

①性格明显内向(孤独、被动、退缩),与家庭和社会疏远,除生活或工作中必须接触的人外,基本不与他人主动交往,缺少知心朋友,过分沉湎于幻想和内省;

②表情呆板,情感冷淡,甚至不通人情,不能表达对他人的关心、体贴及愤怒等;

③对赞扬和批评反应差或无动于衷;

④缺乏愉快感;

⑤缺乏亲密、信任的人际关系;

⑥在遵循社会规范方面存在困难,导致行为怪异;

⑦对与他人之间的性活动不感兴趣(考虑年龄)。

【典型病例】顾××,男,43岁,已婚,高中文化。破坏共用电信设施罪,刑期三年。自入监后,表现孤僻,内向,平时独来独往,从不主动与他人接触。平时劳动任务勉强完成,对积分考核及他人的批评表扬漠不关心。行为怪异,经常在口袋里装方便袋、碎布条等,自述避邪用,难以与别人深入交谈。

三、反社会性人格障碍

反社会性人格障碍又称无情型人格障碍或社会性病态,是对社会影响最为严重的类型。以行为不符合社会规范、经常违法乱纪、对人冷酷无情为特点,男性多于女性。这种人无论是在需要、动机、兴趣、理想等个性倾向性以及自我价值观念等方面均与正常人不同,他们往往缺乏正常的人间友爱、骨肉亲情,缺乏焦虑和罪恶感,常有冲动性行为,且不吸取教训,行为放荡,无法无天。本组病人往往在童年或少年期(18岁前)就出现品行问题,如经常说谎、逃学、吸烟、酗酒、外宿不归、欺侮弱小;经常偷窃、斗殴、赌博;故意破坏他人或公共财物;无视家教、校规、社会道德礼仪,甚至出现性犯罪行为;或曾被学校除名或被公安机关处理等。成年后(指18岁后)习性不改,主要表现行为不符合社会规范,甚至违法乱纪,如经常旷课、旷工;对家庭亲属缺乏爱和责任心,待人冷酷无情;经常撒谎、欺骗,以此获私利或取乐;易激惹,冲动,并有攻击行为;缺少道德观念,对善恶是非缺乏正确判断,且不吸取教训;极端自私与自我中心,以恶作剧为乐,故使其家庭、亲友、同事、邻居感到痛苦或憎恨。

反社会性人格和违法犯罪具有较密切的关系。罪行特别严重、作案手段残酷、犯罪情节恶劣的犯人中有相当比例属于反社会性人格障碍。30岁以后常有所缓和,但难以和家庭成员建立持久、尽责、热情的关系。

此类人一般不情愿寻求医生帮助,因此门诊极为少见,他们往往违犯社会法纪而被监禁。其中少数被迫来就诊,其时大多表现紧张、抑郁,认为周围人对他歧视,遭人憎恨。这种认识和情绪状态可迁延下去,甚至到年长违纪行为减少时亦如此,他们与家庭、朋友、配偶不能保持长久、亲密而忠实的关系,两性关系混乱,经常更换婚姻关系,对子女不闻不问。

"反社会"一语虽系政治社会用语,但也从这一侧面突出反映了他们对社会的危害,曾有一例反社会性人格障碍的罪犯有过25余次违法及刑事处罚的记录。这类人在监狱机构占相当大比率,在监狱中,据调查占人格障碍的24.7%。不少是累犯或惯犯,往往因反复发生冲突、不遵守监规甚至扰乱监管秩序而被送要求作精神医学鉴定。

反社会性人格障碍虽然经常发生违纪行为,但与一般犯罪是有区别的:①一般犯罪者往往有计划和有预谋地达成犯罪;反社会性人格多不能。②犯罪者违法目的明显,反社会人格多受情感冲动支配,犯罪动机较模糊。③犯罪者在使他人受害时作案手法隐蔽和狡诈,企图逃避罪责,反社会性人格害人害己,而对自己的危害尤大。④具有反社会人格的人较少造成凶杀或其他严重案件以致判处极刑。⑤一般罪犯的人格固然是有缺陷的,但未达到人格障碍程度;而反社会人格则在心理活动的各个方面,都有沉重的影响,反映在生活的各个侧面出现持续和长期的行为障碍。

反社会性人格障碍一旦形成后取持续进程,在少年后期达到高潮。随着年龄增长,一般在成年后期违纪行为即趋减少,情况有所缓和。这类人通常自21岁起,每增长一岁,反社会性人格障碍缓解2%。后来他们破坏社会行为虽然减少,但趋向发生疑病症和抑郁症。

【诊断标准】

以行为不符合社会规范,经常违法乱纪,对人冷酷无情为特点,男性多于女性。本组病人往往在童年或少年期(18岁前)就出现品行问题。成年后(指18岁后)习性不改,主要表现行为不符合社会规范,甚至违法乱纪。

(1) 符合人格障碍的诊断标准,并至少有下列3项:

①严重和长期不负责任,无视社会常规、准则、义务等,如不能维持长久的工作(或学习),经常旷工(或旷课)、多次无计划地变换工作,有违反社会规范的行为,且这些行为已构成拘捕的理由(不管拘捕与否);

②行动无计划或有冲动性,如进行事先未计划的旅行;

③不尊重事实,如经常撒谎、欺骗他人,以获得个人利益;

④对他人漠不关心,如经常不承担经济义务、拖欠债务、不抚养子女或赡养父母;

⑤不能维持与他人的长久的关系,如不能维持长久的(1年以上)夫妻关系;

⑥很容易责怪他人,或对其与社会相冲突的行为进行无理辩解;

⑦对挫折的耐受性低,微小刺激便可引起冲动,甚至暴力行为;

⑧易激惹,并有暴力行为,如反复斗殴或攻击别人,包括无故殴打配偶或子女;

⑨危害别人时缺少内疚感,不能从经验,特别是在受到惩罚的经验中获益。

(2) 在18岁前有品行障碍的证据,至少有下列中的3项:

①反复违反家规或校规;

②反复说谎(不是为了躲避体罚);

③习惯性吸烟、喝酒;

④虐待动物或弱小同伴;

⑤反复偷窃;

⑥经常逃学;

⑦至少有2次未向家人说明外出过夜;

⑧过早发生性行为;

⑨多次参与破坏公共财物活动;

⑩反复挑起或参与斗殴;

⑪被学校开除过,或因行为不轨而至少停学一次;

⑫被拘留或被公安机关管教过。

【典型病例】 赵××,男,27岁,未婚,文盲。强奸罪,刑期9年,自幼父母早逝,后四出流浪,无固定职业。因盗窃、抢劫多次逮捕。曾因强奸罪再次逮捕。入监后在监区犯人身份意识淡薄,无视监规监纪常以各种理由拒不劳动,消极改造,并多次对抗管教。遇事冲动,多次殴打他犯,民警教育时,无理狡辩,严重影响监区秩序。

四、冲动性人格障碍

冲动性人格障碍以阵发性情感爆发,伴明显冲动性行为为特征,又称攻击性人格障碍,男性明显高于女性。冲动型的主要特征为情绪不稳定及缺乏冲动控制。暴力或威胁性行为的暴发很常见,在其他人加以批评时尤为如此。这种人常因微小的刺激而突然爆发非常强烈的愤怒和冲动,自己完全不能控制,其时可出现暴烈的攻击行为,这种突然出现的情绪和行为变化和平时是不一样的。他们在平静状态后,对发作时所作所为感到懊悔,但不能防止再发。在日常生活中同样表现出冲动性,缺乏目的性,缺乏计划和安排,做事虎头蛇尾,很难坚持需长时间才完成的某一件事。常常是严重影响监管场所秩序的重要人群，约占监狱人格障碍比例中占 26.8%。

【诊断标准】

以情感爆发，伴明显行为冲动为特征，男性明显多于女性

(1) 符合人格障碍的诊断标准。

(2) 以情感爆发和明显的冲动行为作为主要表现，并至少有下列中的 3 项：

①易与他人发生争吵和冲突，特别在冲动行为受阻或受到批评时；

②有突发的愤怒和暴力倾向，对导致的冲动行为不能自控；

③对事物的计划和预见能力明显受损；

④不能坚持任何没有即刻奖励的行为；

⑤不稳定的和反复无常的心境；

⑥自我形象、目的，及内在偏好（包括性欲望）的紊乱和不确定；

⑦容易产生人际关系的紧张或不稳定，时常导致情感危机；

⑧经常出现自杀、自伤行为。

【典型病例】 肖××，男，40岁，未婚，寻衅滋事罪，刑期 6 年。因反复攻击他人、情绪不稳入院。该犯年幼上学时即脾气不好，常与同学打架，初中三年级辍学在家。平时与邻居关系差，多次因琐事与邻居争吵并将邻居打伤，做事不计后果，某次争吵后随手捡起砖块将邻居砸伤致死。周围人对其敬而远之。入监后，同样与他犯关系紧张，曾多次用铁棍等凶器殴打他犯，手段残忍，事后有时表示后悔。自述遇刺激时控制不住自己的言行。

五、表演性人格障碍

又称癔症性人格障碍或寻求注意性人格障碍，女性较多见。这类人以人格不成熟和情绪不稳定为特征，他们常以自我表演，过分的做作和夸张的行为引人注意；暗示性和依赖性特别强，自我放任，不为他人考虑，表现高度自我中心；极端情绪性，情感变化多端，易激动；对人情感肤浅，这使他们难以与周围保持长久的社会系；长久渴望得到理解和评价，感到容易受到伤害，高度的幻想性，往往把想象当成现实；不能耐受寂寞，希望生活似演戏一样热闹和不平静；言语、举止和行为可能类似儿童，情绪不成熟。这种人与癔症间关系不似既往想象的那样密切，癔症的病前人格为癔症性者仅 20%，而非常严重的癔症性人格障碍却可终生不发生癔症。癔症人格亦可为抑郁症、焦虑症等精神病的病前特征。

癔症人格亦常涉及司法精神病学鉴定，这是由于这类人与反社会人格有一定重叠，易于发生违犯社会法纪的行为。在监狱人格障碍比例中占 7.0%。

【诊断标准】

以过分的感情用事或夸张言行吸引他人的注意为特点。

(1) 符合人格障碍的诊断标准。

(2) 以过分的感情用事或夸张言行，吸引他人的注意为特点，并至少有下列中的 3 项：

①富于自我表演性、戏剧性、夸张性地表达情感；

②肤浅和易变的情感；

③自我中心，自我放纵和不为他人着想；

④追求刺激和以自己为注意中心的活动;
⑤不断渴望受到赞赏,情感易受伤害;
⑥过分关心躯体的性感,以满足自己的需要;
⑦暗示性高,易受他人影响。

【典型病例】王××,女,33岁,初中文化,扰乱金融秩序罪,七年刑期。自入监后,经常在监区为琐事大呼小叫,吸引他人注意,吹嘘在社会上各种经历,掺杂幻想情节,带有明显的夸张色彩。他人若表示不信或不屑一顾,则情绪激动,与他人争吵。在集体活动争当角色,好表现自己。爱幻想,不切实际,暗示性强,意志较薄弱。

六、强迫性人格障碍

强迫性人格障碍以过分要求严格与完美无缺为特征,常表现为对任何事物都要求过严、过高,循规蹈矩,按部就班,不容改变,否则感到焦虑不安,并影响其工作效率。强迫性人格障碍在人群的患病率为 1.7%。道德观念强的人较之温和、灵活性强的人易于发生,男性较多见。监狱人格障碍中占 2.9%。

这类人的特征为惰性、犹豫不决,好怀疑和按部就班。他们以高标准要求自己,希望所做的事十全十美,事后反复检查,穷思细节。为此他们表现焦虑,紧张和苦恼。他们过于自我克制,过分自我关注和责任感过强,平时拘谨,小心翼翼,对自身安全过分谨慎,思想得不到松弛;事先计划好所有动作,而且考虑过于详细。

强迫性人格障碍与强迫性神经症间关系是确立的。具有这种人格障碍的人容易发生强迫性神经症,而强迫性神经症患者病前为强迫人格者为 72%。强迫性人格障碍与抑郁性疾病的关系受到重视,可能在二者之间存在某种联系。更年期抑郁症患者病前人格多为强迫性,抑郁症的病前人格为强迫性者易于伴发强迫症状。

正常人可有一些强迫特征,不应与强迫性人格混淆,后者的职业或社交能力受到严重损害可资区别。

【诊断标准】
以过分的谨小慎微、严格要求与完美主义,及内心的不安全感为特征。男性多于女性 2 倍,约 70% 强迫症病人有强迫性人格障碍。

(1) 符合人格障碍的诊断标准。
(2) 以过分的谨小慎微、严格要求与完美主义,及内心的不安全感为特征,并至少有下列中的 3 项:
①因个人内心深处的不安全感导致优柔寡断、怀疑,及过分谨慎;
②需在很早以前就对所有的活动作出计划并不厌其烦;
③凡事需反复核对,因对细节的过分注意,以致忽视全局;
④经常被讨厌的思想或冲动所困扰,但尚未达到强迫症的程度;
⑤过分谨慎多虑、过分专注于工作成效而不顾个人消遣,及人际关系;
⑥刻板和固执,要求别人按其规矩办事;
⑦因循守旧、缺乏表达温情的能力。

【典型病例】李××,男,30岁,未婚,初中文化。交通肇事罪,刑期三年。患者入监后能胜任一般劳动,做事非常谨慎,事事追求完美,一件产品,警官检查后说做好了,但患者仍感到做的不够好,还要再三加工,但最后并没有什么改善。并且优柔寡断,遇事不敢做决定,监区民警让其选工种,患者前怕狼后怕虎,迟迟不能决定。平时做事刻板,极少参加监区组织的文娱活动。

七、焦虑性人格障碍

焦虑性人格障碍特征是一贯感到紧张、提心吊胆、不安全和自卑,总是需要被人喜欢和接纳,对拒绝和批评过分敏感,因习惯性地夸大日常处境中的潜在危险,所以有回避某些活动的倾向。同时被称为"回避性人格障碍",认为自己在社交上笨拙,没有吸引力或不如别人;在社交场合总是过分担心会被人指责或拒绝;因而由于担心批评、指责或拒绝,回避那些与人密切交往的社交或职业活动。回避性人格障碍虽有一定程度的社会隔离,但他渴望与周围接触,是有别于分裂样和分裂型的人格障碍。这类人对社交的不利后果非常敏感,在抵制这种敏感的过程中表现焦虑害羞和悲伤。周围对他们的轻视和忽略以及其他社会负性影响是使他们不能容忍的,由于他们无时不在期望上述情况的出现,故而与社会隔绝。他们经常为不能与周围人适当相处感到苦闷,并缺乏自尊心。

【诊断标准】

以一贯感到紧张、提心吊胆、不安全,及自卑为特征,总是需要被人喜欢和接纳,对拒绝和批评过分敏感,因习惯性地夸大日常处境中的潜在危险,而有回避某些活动的倾向。

(1) 符合人格障碍的诊断标准。
(2) 以持久和广泛的内心紧张,及忧虑体验为特征,并至少有下列中的3项:
①一贯的自我敏感、不安全感,及自卑感;
②对遭排斥和批评过分敏感;
③不断追求被人接受和受到欢迎;
④除非得到保证被他人所接受和不会受到批评,否则拒绝与他人建立人际关系;
⑤惯于夸大生活中潜在的危险因素,达到回避某种活动的程度,但无恐惧性回避;
⑥因"稳定"和"安全"的需要,生活方式受到限制。

八、依赖性人格障碍

依赖性人格障碍患病率为0.3%,此类患者以妇女多见。这类人的特征是依赖、缺乏自信,不能独立活动和解决问题,常感到自己孤独无助、无能笨拙和缺乏精力、情愿把自己置于从属的地位,一切悉听他人决定,衣食住行和空闲时间安排都要由父母做主;由于不能独立生活,许可他人对其生活的主要方面承担责任;如果是女性,从事何种职业得由配偶决定。他们为了获得别人的帮助,随时需要有人在身旁,每当独处时便感到极大的不适。

【诊断标准】

(1) 符合人格障碍的诊断标准。
(2) 以过分依赖为特征,并至少有下列中的3项:
①要求或让他人为自己生活的重要方面承担责任;
②将自己的需要附属于所依赖的人,过分地服从他人的意志;
③不愿意对所依赖的人提出即使是合理的要求;
④感到自己无助、无能或缺乏精力;

⑤沉湎于被遗忘的恐惧之中,不断要求别人对此提出保证,独处时感到很难受;
⑥当与他人的亲密关系结束时,有被毁灭和无助的体验;
⑦经常把责任推给别人,以应对逆境。

九、其他型人格障碍

如边缘性人格障碍、被动攻击性人格障碍、抑郁人格障碍和自恋性人格障碍等。

边缘性人格障碍的主要特征为高度冲动性,情绪不稳定,人际关系紧张和不稳定,身份识别障碍,自伤行为,持久空虚感和厌倦感,容易引起一过性精神病发作。边缘性人格与情感性精神病有较高的伴发率。在符合诊断的边缘性人格患者中,重性或轻性情感性疾病伴发率可高达50%。边缘性人格与癔症性人格和反社会人格有较多重叠,另一些病例与依赖性人格和癔症性人格三者常合并发生。此外,边缘性人格与分裂性人格之间亦存在重叠,不少病例符合这两类标准;纵向研究提供有关边缘性人格障碍的稳定性的资料,大多数仍保留原来诊断。少数改变为其他人格障碍,其中主要是癔症性和自恋性,个别为分裂样人格;社会结局研究表明,精神病理与社会功能之间并不呈正相关,边缘性人格与精神分裂症相比有较好的社会适应;家族研究发现边缘性人格亲属中患癔症性人格和自恋性人格者较多;与分裂性比较,混合性边缘性人格家族中抑郁症的发生率高于分裂症。边缘性人格障碍在监狱较为常见,他们常常因反复自伤或自杀,情绪抑郁,被要求作精神医学鉴定。

在押犯中,分裂样、反社会性、表演性及被动攻击性多见于暴力型罪犯;强迫性人格障碍则较相对多见于财产型罪犯。

第四节　鉴别诊断

人格障碍是具有临床意义的个人习惯和行为模式。这种习惯和行为模式一般为持久性,是个人的特征性精神活动的一种模式。这些行为模式多数在个体发育的早期阶段开始出现,以后作为体质因素和社会经历的双重结果而成型。

特定的人格障碍是由根深蒂固的和持久的行为模式所组成,表现为对广泛的人际关系和社会处境表现出固定的反应。这些反应表现在特定的文化背景中,与一般人的感知、思维、情感,特别是待人接物方式上稳定、持久和明显的异常偏离。结果导致在心理功能和社会功能的多方面均有不良影响,并伴有不同程度的主观苦恼。人格障碍多在儿童后期或青春期出现,持续到成年并渐渐显著。因此,在16岁或17岁前不应诊断人格障碍。诊断时要注意必须有明显不协调的态度和行为,通常涉及几方面的功能,如情感、兴奋唤起、冲动控制、知觉与思维方式,以及与他人交往的方式等;这种异常的行为模式是持久、固定,并不局限于精神疾患的发作期;其异常行为模式是泛化的,与个人及社会的多种场合不相适应。这一障碍会给个人带来相当大的苦恼,并通常会伴有职业及社交的严重问题。诊断必须排除广泛性大脑损伤或病变,以及其他精神科障碍所直接引起的状况。必须注意人格障碍或人格改变应与 CCMD-3 中的其他类别的障碍区分开。在诊断时可采用精神障碍与人格障碍或改变的多轴诊断。

在诊断时,应该考虑到人格功能的各方面。应当注意只有当人格的偏向或特征已达到严重界限时,才可作出诊断。根据人格障碍所表现出的最常见、最突出的特点群,可进一步分类。有关亚型是为人们普遍承认的人格偏离的主要形式。这些亚型并不相互排斥,在某些特征上有所重叠。

值得指出,人格障碍与人格改变有所不同,人格障碍是在发育过程中人格发展产生了稳定、持久和明显的异常偏离,在儿童期或青春期出现,延续到成年,并不是继发于其他精神障碍或脑部疾病。相反,人格改变是继发的获得性异常,通常出现在成年期,在严重的或持久的应激、极度的环境隔离、严重的精神科障碍,或脑部疾病或损伤之后发生。采用精神障碍与心理社会因素相结合的多轴诊断系统,有助于记录这类情况。诊断应注意,人格改变表现为行为模式和社会功能的持久和稳定(至少已 2 年)的适应不良,以及主观感到痛苦。这种人格上的改变一定破坏了病人的自我形象。

人格障碍需与以下状态或疾病进行区别:

1. 神经症　大多数神经症是在人格已形成后发展起来的,即有病程特点的。而人格障碍是由早年即开始的持续一生的。神经症病人适应环境能力尚好,而人格障碍则有明显社会适应障碍。临床上较多为癔症与表演型人格障碍、强迫性神经症与强迫性人格障碍的鉴别。

2. 心境障碍　轻型躁狂症可以主要表现易激动,好挑剔,惹是生非,与人争执,爱管闲事,无理取闹,攻击或侵犯周围人等行为障碍,如果既往史不详,有时可能被误诊为冲动性人格障碍。

轻型或不典型的心境障碍病例虽然可能有类似人格障碍的表现,但仔细观察可发现情感高涨、兴奋性强、言语增多等症状,如结合病程及既往性格特征不难区别。

3. 精神分裂症　精神分裂症早期或缓解不全病例易与人格障碍混淆,需注意鉴别。

精神分裂症早期可表现为人格和行为改变,如劳动纪律松弛,情绪不稳定,易与人争吵,对家人态度恶劣,责任心差,学习和工作效率下降等。临床实践证明,如一年轻人既往个性健全,一段时间来无明显主客观原因,而出现上述一类行为改变时,应考虑早期精神分裂症的可能。

精神分裂症缓解不全可遗留人格缺陷,如缺乏既往精神病史则区别往往比较困难,可结合既往个性特征及家族史等加以判断。精神分裂症缓解不全的病例,除表现人格改变外,情感、思维、意志等方面也有障碍,他们往往缺乏自发性和自然性,这是人格障碍所不具备的。

以偏执妄想为主要表现的精神分裂症,可误诊为偏执型人格障碍,但后者主要表现在过分敏感的基础上对日常事物和人际关系的误解,从而产生一定的牵连观念,但一般不发生幻觉,妄想,可与精神分裂症进行区别。

人格障碍一般于早年开始,此类偏离正常的人格,一旦形成以后即具有恒定和不易改变性。他们智力并不低下,但人格的某些方面非常突出和过分地发展,而且本人对自己人格缺陷缺乏正确的判断。如具备以上特征,又能排除器质性疾病和精神病所致的人格改变,则确定人格障碍并不困难。

第五节 治疗与干预

由于人格障碍的本质和发生原因尚未解决,因此对治疗作用的估价不一。但是即使是严重的病例,经过一个阶段治疗后亦可获得好转。在人格障碍的治疗上应该清除无能为力的悲观论点,采取积极的态度进行矫治。在服刑罪犯中,人格障碍的比例相对较高,同时亦是影响监管改造秩序的主要问题之一,所以研究其治疗和干预策略有着重要的现实意义。人格障碍的治疗原则是在心理治疗和药物治疗的基础上着重强调人格重建,虽然治愈率不高,但可以改善其社会适应状况。

一、心理治疗

心理治疗对人格障碍是有益的,通过深入接触与他们建立良好的关系,以人道主义和关心的态度对待他们,帮助他们认识个性的缺陷所在,进而指出个性是可以改变的,鼓励他们树立信心,改造自己性格。

对各种类型的人格障碍应采取不同的心理治疗及综合矫治策略,包括集体心理治疗、现实治疗、认知疗法、危机干预和社区(监区)治疗。监区性治疗实际上是一种生活和学习环境,通过参加其中活动以控制和改善他们的偏离行为。在这里他们可以丢掉那些获得和习得的不良习惯。与参加这一活动的其他成员的相互交往,探索新的和较适合的恢复的方法及途径。这种集体治疗方式较个别精神治疗有效,值得探讨!

下列可作为各型人格障碍的心理干预提供一般范式。

(一)偏执性人格障碍心理干预策略

1. 建立信任关系　治疗者坚持在治疗中以礼貌、坦白、诚实的态度去建立治疗关系,这无疑有利于促进偏执型人格障碍者获得正性情感体验和削弱敏感多疑。

2. 认知心理治疗　寻找机遇帮助偏执型人格障碍者意识到自己超乎寻常的多疑,进而建立内在自信。对偏执型人格障碍者不宜施予团体心理治疗。

(二)分裂样人格障碍心理干预策略

1. 团体心理治疗　应着力于帮助其与他人建立相互协调的关系,而不应仅仅注重于其离奇的念头,当其进步至每周主动与人接触交谈,即应给予相当程度的肯定。

2. 认知心理治疗　在团体心理治疗的基础之上,需要反复地长期地对其歪曲的认知进行适当纠正。

3. 促进应对能力的增长　当其面临危机或遭遇挫折时,应及时针对当前问题给予干预,以促进应对能力的增长。

(三)反社会性人格障碍的心理干预策略

1. 增强责任意识　首先治疗者应严格遵守常规和原则,坚持守时,每次见面会谈做到准时开始和准时结束等对于增强反社会性人格障碍者的责任意识至关重要。

2. **个别和团体心理治疗** 适宜在特殊精神卫生机构中进行个别和团体心理治疗。通过行为治疗进行行为矫正;认知疗法有助于引发愤怒情绪并找出导致愤怒的原因;角色扮演和录像带反馈有助于增强情感体验。

3. **规定作业** 在专业人员督导下完成相关作业,有利于增强反社会性人格障碍者"外在约束"的体验,此不失为干预轻刑犯中兼有反社会性人格障碍者有效规划。

4. **劳动作业** 初次犯罪或犯轻罪的反社会性人格障碍者,在强化管理之下,设定全日劳作和定时学习,规则是承担一定的责任而获得相应的奖励。当其坚持进行至10个阶段以上,可一定程度增强责任意识和情感体验,为回归社会打下一定基础。

（四）冲动性人格障碍的心理干预策略

1. **支持性心理治疗** 心理治疗者对冲动型人格障碍者持尊重、理解、接纳的态度有助于削弱其显著的无价值感,治疗者对其信赖的程度与治疗者的解释同等重要。

2. **认知行为治疗**

（1）促进自我形象的统一:认知疗法的一个重要方面是帮助患者获得一个统一而真实的个人世界。在认知疗法过程中,治疗者始终坚持中立的立场,适时指出冲动型人格障碍者关于人际关系的矛盾观点,帮助其呈现各种对立的自我形象,均有助于自我形象的统一。

（2）减少冲动,限制情绪化:鉴于冲动型人格障碍者生活混乱,情感难以控制,心理治疗者应当接纳患者所有的强烈情感,为其提供一个能够安全地体验和探索种种强烈情感的环境,认知心理治疗有助于引发愤怒情绪并找出导致愤怒的原因;角色扮演和录像带反馈有助于增强正性情感体验,限制负性情感的蔓延。

（3）家庭治疗:通过家庭成员间关系格局的调整,增强正性情感,削弱负性情感。

（4）防止自伤自杀冲动行为的策略:冲动型人格障碍者可以因情绪化而不断建立亲密关系,当亲密关系结束时,强烈悲愤之下,他们惯常的举措为冲动性自伤或自杀。因而,对有自杀倾向的冲动型人格障碍者,在心理治疗进行之前,治疗者宜与之签订相关契约,契约条款应规定其在必要时可以打电话给治疗者或通知危机处理中心,而不是冲动性地采取自杀行为。这样的契约有时可以减缓冲动行为的发生。防止冲动型人格障碍者采取冲动行为的各种策略可以使其将情绪所致的问题暴露得更充分,因而具有一定的干预效能。

冲动性人格障碍的矫正治疗具体分为长期目标与短期目标。

【长期目标】包括认知方面、情绪方面及应对模式的改变。
①降低冲动行为发生的频率,经过深思熟虑的行为的频率有所增加。
②减少激发冲动行为的想法并增加控制行为的自我语言。
③促使其认识到冲动行为,弄清冲动的原因及应对如何调节愤怒。
④能够以建设性的方式处理愤怒情感,提高日常活动能力。

【近期目标】①讨论最近六个月内的冲动行为。
②列出导致连续发生某种冲动行为的原因或强化物。
③列出冲动行为会对自己和他人造成不良的后果。
④识别冲动行为的先行因素、中介因素和最后结果。
⑤表示清楚冲动行为给自己和他人带来不良的后果。

⑥反馈意见。

冲动性人格障碍的治疗周期长短不一,短程矫治为 8~20 次,长则 1~3 年,甚至贯穿整个服刑过程。

罪犯中冲动性人格障碍的矫正方法各异,需要采取整合的、长期的处置策略才能显见成效,如心理治疗、惩戒、教育、管理等综合措施,心理矫治是其中重要的手段之一,其中理性情绪行为治疗(REBT)是一种相对短程的、综合的治疗和矫治方法,有其独特的理论基础、哲学体系和治疗技术,包括认知的、情绪的和行为的治疗技术。

有下列情况的冲动型人格障碍者可考虑住院治疗:①使动性显著降低;②社会功能显著削弱;③对焦虑的耐受显著低下;④反复自伤或(和)自杀者。

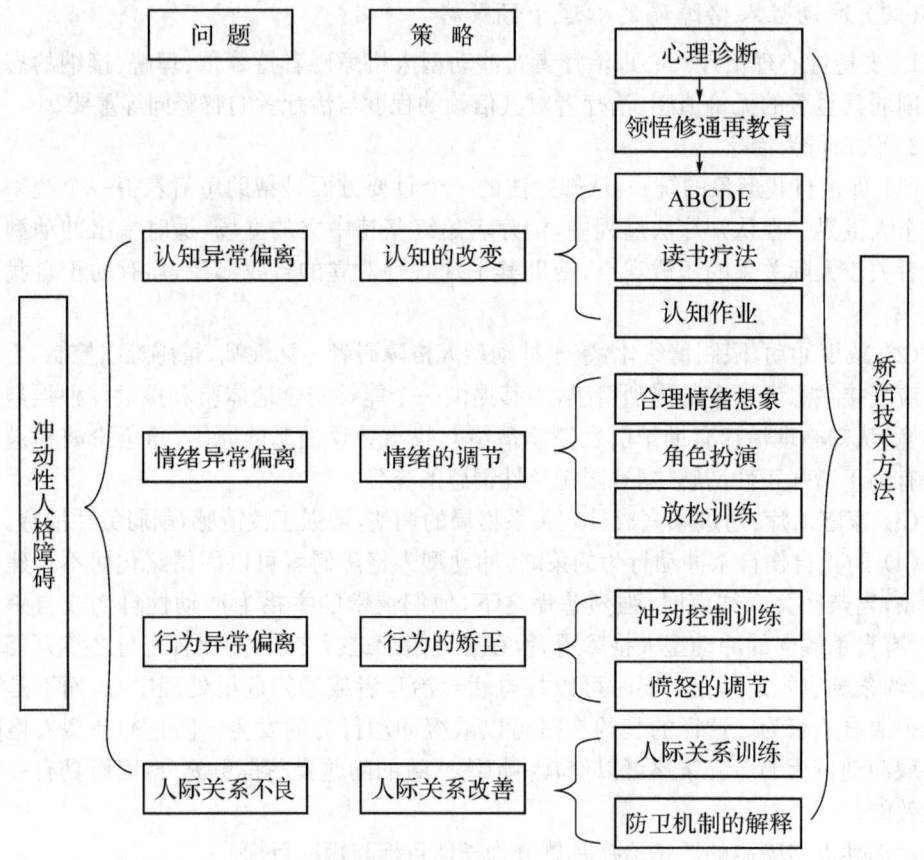

图 13-1　冲动性人格障碍心理矫治模式示意图

(五)表演性(癔症性)人格障碍心理干预策略

1. **认知领悟疗法**　由于表演性人格障碍者心理防御机制发育不成熟,削弱了疏导焦虑、控制冲动或发展社会可接受行为方式等能力。在认知领悟疗法操作过程中,引入其成长经历所致影响,帮助表演性人格障碍者对矛盾冲突情景进行剖析,使其重新认识和探索自我,随着其对己、对人和对环境产生理性的认识和领悟,个性趋于成熟和发展,逐渐以成熟而建设性的态度取代幼稚原始的反应方式。

2. **合理情绪疗法**　表演性人格障碍者在人际交往中,总是持强烈要求备受关注的自我中心之态度,因而不能与他人建立稳定的关系,致使他们生活中的应激较多,常有不合理的情绪爆发及混乱的行为表现。表演性人格障碍者有可能向他们的治疗者提出许多不合理要求,如在不恰当的时间寻求治疗者帮助,或不合理地要求延长会谈时间,如不能即刻满足,即认为自己遭遇不公,随即产生强烈不满情绪和行为反应。合理情绪疗法的治疗焦点应放在表演性人格障碍者对具体应激情景更适宜的反应方式上。应就相应的反应方式与其进行讨论,在解释哪些行为不能被接受的同时,提供恰如其分的帮助。

3. 危机干预　表演性人格障碍者常有威胁自伤或自杀以及自杀行为表现,其较多发生自杀未遂,这与其在亲属或性伴侣间关系混乱,自我中心的意识,以及人际关系的依赖等脆弱和易变的特质有关。威胁自伤、自杀或自杀行为本为受到挫折后的作弄举动,但其中也不乏因分寸掌握不当终致死亡者,重要的是治疗者应尽早识别这种状况,以便及时进行危机干预。

（六）强迫性人格障碍心理干预策略

1. 以人为中心疗法　强迫性人格障碍者往往在大小事物上都信守道德规范,治疗者如若将其视为具有道德素质之正性特征加以肯定,有助于激励治疗者,进而有利于建立良好的治疗关系。在此基础上,促进其自我概念向着自我经验协调一致的方向发展,有利于其自我成长。

2. 合理情绪疗法　通过改变强迫性人格障碍者不合理的信念,进而改变不合理的思维方式和绝对的完美主义,促进其在人格上的成长。

3. 家庭治疗　强迫性人格障碍者往往存在情感受限之状况,通过家庭治疗促进家庭成员间关系格局和互动模式的变化,进而激活强迫性人格障碍者的情感。应力图以非指导性心理治疗原则进行治疗,且需长期坚持可显现较为满意的疗效。

4. 团体心理治疗和行为治疗　采用团体心理治疗兼行为治疗的形式有利于情感的发展和激活,以改变强迫性人格障碍者情感受限之状况。具体可选用被动形式的角色扮演、主动形式的角色扮演以及决断训练等。

（七）焦虑（回避）性人格障碍心理干预策略

治疗时采用以人为中心疗法,充分体现共情原则,建立良好的治疗关系,既达到全面收集资料之目的,又增强了其价值感和自信心。

1. 支持性心理治疗　支持性心理治疗对回避性人格障碍的干预是有效的,但仍需要长期坚持。支持性心理治疗有助于建立良好的治疗关系,进而增强回避性人格障碍者的价值感和自信心,缓解其长期存在的过度压抑。

2. 认知疗法　回避性人格障碍者因具有唯恐被批评或否定的特质而长时期被"我很差,别人都想伤害我"的观念所困扰。此种状况的针对性策略为认知疗法。在认知疗法过程中,鼓励回避性人格障碍者回顾自身知觉经验,这本身就具有治疗意义,而就其自身知觉经验进行建设性讨论,有利于改变其不合理认知,同时也有利于恰当处理过度压抑的个人内在感受。

3. 行为疗法　对于回避性人格障碍者采用行为疗法,着重在于帮助其发展人际交往技能,促进其去除旧有的行为模式和交流模式,而习得新的应对现实处境的适应性行为模式和交流模式。

对于回避性人格障碍者,制定循序渐进的行为活动日程表进行社会技能训练和决断训练是较为恰当的。经验证明采用这样的强化技术将帮助其生活得更为积极。

对其习惯性的焦虑回避行为中的典型事例,在个别治疗或小组治疗中进行角色扮演和行为排练,着重在于帮助其发展人际交往技能,促进其去除旧有的行为模式和交流模式,而习得新的应付现实处境的适应性行为模式和交流模式,并对新的适宜的行为进行强化,采用这样的强化技术帮助其生活得更为积极。

4. 认知领悟疗法　在资料收集过程中了解其在成长过程中所致的诱发的引致其习惯性回避集体活动,随时担心自己什么时候又会出差错,担心不经意又会受到别人的伤害的事件。事件有可能是构成童年时期的精神创伤,长此以往形成唯恐被批评或否定的人格特质而长时期被"我很差,别人都想伤害我"的观念所困扰。在咨询过程中向其解释在其实际年龄、生理年龄、智力年龄基本符合于成年人,而其情绪年龄却滞后于前三种年龄的发展,还处于低幼阶段,并借此解释其恐惧感、不安全感为核心的焦虑之意义,以及所采取的回避和防御方式之幼稚,是不能解决任何问题的。接下来鼓励咨客回顾在现实处境中感到焦虑不安的自身知觉经验,要求其具体表述这种知觉体验,并就此进行建设性讨论,帮助其恰当处理过度压抑的个人内在感受,促进其不合理的认知发生改变。

5. 放松训练　回避性人格障碍者易于在特定情景和刺激之下进入应激状态而陷于焦虑紧张之中,因而,采用放松技术有利于帮助其从焦虑中走出来。

(八)依赖性人格障碍心理干预策略

1. 解决问题的咨询策略　对于依赖性人格障碍者,如对其施行精神动力性心理治疗,其依赖特质有可能随着动力性治疗的深入进行而越发明显。但如若采用解决问题的咨询策略,则对于鼓励缺乏自信的、有人际交往障碍的、不能确定生活目标的依赖性人格障碍者自己负起责任来常常更有帮助。解决问题的咨询策略的干预焦点在于,刻意启发依赖性人格障碍者通过觉察他们的姿态和情绪去解决他们自己的问题。

2. 支持性心理治疗　建立良好的治疗关系至关重要,这有利于依赖性人格障碍者自我价值感的建立。值得注意的是,对于依赖性人格障碍者,不宜频繁安排访谈,否则将致使其次变得过分依赖,而不利于提高其耐受应激的能力。但也有可能他们会因担心被抛弃或批评而中断治疗,对于这种情形治疗者应能及早察觉并给予适当的解释。应鼓励依赖性人格障碍者发展业余兴趣、接受继续教育、参加俱乐部活动,凡此都有利于依赖性人格障碍者独立自主的意识和能力的发展,也有利于逐步淡化对治疗者的依赖和需要。

3. 决断训练　在对依赖性人格障碍者的决断训练过程中,采用要求依赖性人格障碍者做决定的系统渐进法为宜。依赖性人格障碍者由于具有无原则服从的特质,总是难于对他人说"不",难于限定他人的行为,自主性的发展必然受到相当大的影响。通过决断训练使依赖性人格障碍者在特定情况下说"不"就相当重要。可以采用角色扮演、模仿学习以及录像带反馈信息等方式完成训练计划。

二、药物治疗

人格障碍的药物治疗是对症治疗,不能解决人格障碍的根本问题,药物不能改善人格结构,但对某些表现可能有一定效果。治疗主要是针对患者的敌意、易激惹、冲动性、攻击性和情绪不稳定等最为影响集体生活和改造秩序的症状和极端明显的行为障碍。具有敌意和易怒者应用抗焦虑剂有效。在效果不明显的情况下,可以换用抗精神病药来缓解敌意、攻击和焦虑。对于具有情感症状的患者可以对症使用抗抑郁剂,碳酸锂能减轻攻击和情绪波动,抗癫痫药可以改善冲动控制障碍的攻击和爆发行为。

人格障碍伴情绪不稳定者可给以小剂量酚噻嗪类药物如奋乃静 2~4 mg 或氯丙嗪 100~200 mg 睡前一次或小剂量非典型抗精神病药物。冲动性人格障碍伴有脑电图改变者有的学者认为可试用苯妥英钠或其他抗癫痫药物。具有冲动和攻击行为者碳酸锂可能有效。碳酸锂与甲硫哒嗪联合治疗对某些病例效果尤佳。脑电图改变明显者可试用卡马西平和(或)普萘洛尔。分裂样和偏执性人格障碍可试用酚噻嗪类药物,有焦虑表现可给以抗焦虑药物如苯二氮䓬类,严重分裂性人格障碍禁用抗抑郁剂,以免诱发精神分裂症。偏执性人格障碍如考虑其与双相情感性精神病有关者,可给以碳酸锂。对反社会性人格障碍如发生兴奋激动或短暂精神障碍时可应用酚噻嗪类药物。强迫性人格障碍可酌情使用氯米帕明、癔症性人格障碍可酌情试用镇静类药物。

三、教育、训练和安排

多数学者指出单一的方法效果欠佳,需多方面紧密配合对他们提供长期而稳定的服务和管理,特别是卫生部门和教育系统的配合。以精神科医生为媒介组织各种服务措施。对于有明显的、反复冲动或致伤的、有自杀行为的罪犯可严格控制收住院进行治疗和矫治。对于大多数的罪犯来说,利用专科医疗、心理矫治手段、一线警官、家属的综合整合,可以起到较好的效果,对于罪犯人格的重塑有积极意义。

第六节　病程和预后

过去认为人格障碍是无法治愈的,只能给以适当的管理和对症处理。目前一些学者认为不仅药物治疗和环境治疗能改善其人格缺陷,而且随着年龄增长,无论类型如何,一般均可逐步趋向缓和。经过综合治疗后,冲动性和攻击性人格障碍患者 87% 可恢复并出狱。Maddock 对人格障碍进行 5 年追踪,他发现这类人的犯罪随年龄增长而减少。Whitley 指出有以下情况者,人格障碍的预后往往良好:①既往学习成绩良好者;②既往工作和人际关系良好者;③伴有情感体验能力者;④参与其所属的社区各项活动者。

第七节　人格障碍与监管安全

人格障碍是指人格特征明显偏离正常,使之形成了一贯的、反映个人生活风格和人际关系的异常行为模式。这种模式极端或明显偏离特定文化背景、一般认知方式(尤其在对待他人方面)、对社会环境适应不良,明显影响其社会功能与职业功能,虽然无认知功能缺损,但适应不良的行为模式难以矫正。通常开始于童年或青少年期,并长期持续发展至成年或终生。这种偏离是广泛、稳定和长期的。在监狱精神障碍调查中占7.96%,所以相对来说,在押罪犯中的偏执性、分裂性、冲动性、反社会性、强迫性、焦虑性、癔症性及依赖性人格障碍的比例较高,而且在累犯及顽危犯中的比例亦较高。他们可能是影响监管改造秩序的最大隐患。

相对于其他疾病而言,有如下特点:①此症不同于一般的精神病,人格障碍的辨认能力和控制能力没有完全丧失。所以他们具有刑事行为能力,对自己的言行应该负责。②人格障碍者一般没有幻觉和妄想,一般也能参加劳动、学习,所以需要治疗的比例也较少,所以狱警应对人格障碍的表现和特点有一个了解和应对策略。③人格障碍的形成的成因从童年开始,而且其人际交往的模式和生活风格也是相对稳定的,所以矫正其行为方式也是一个综合的过程,需要从教育、心理、家庭、监区以及药物等整合的处置过程和结合,才会渐显效果。

对于监区出现的人际关系不良、冲动攻击、易激惹、反复违纪、偏执、情绪不稳等表现的罪犯,应该引起高度的关注,并及时申请心理矫治和精神障碍鉴定,尽快地作出结论。同时监区民警与心理矫治人员及专科医生一起制定相应的矫治方案,通过共同的努力,使其人格转化,改造成为一名守法公民。

第十四章 性心理障碍

性心理障碍是以异常行为作为满足个人性冲动的主要方式的一种心理障碍,其共同特征是对常人不引起性兴奋的某些物体或情境,对患者都有强烈的性兴奋作用,而在不同程度上干扰了正常的性行为方式。当已歪曲的性冲动付诸行动时多导致违纪,一般是有完全责任能力或限定责任能力。性心理障碍在我国较少见,除同性恋、施虐狂或受虐狂等类型外,主要见于男性。

第一节 概述

众所周知,动物界中自从有了雌雄两性的分化,就有了性行为。食、性、睡眠都是最简单的生理需要,需要的合理满足有益于身心健康。人类的性行为涉及种种社会规范、风俗习惯、道德标准,因而制约因素较多,不像动物那样低级。对人类性行为的理解,要从生物、心理和社会文化等多方面进行考察。

监狱作为罪犯的改造场所,法律规定男女罪犯分开关押分开改造,从而使罪犯没有接触异性的机会,势必影响罪犯的一些正常需要的满足,同时带来情绪上的不能安心服刑改造,造成监管隐患。某罪犯脱逃被捕后问其原因,诉"为了看看女人长什么模样"。这个极端的例子告诉我们要重视罪犯的基本需要,在温饱保证的前提下应注意罪犯的性心理卫生,给予科学的正确的疏导。

性心理障碍常见的有同性恋、窥阴癖、露阴癖、恋物癖、恋兽癖、性施虐癖与性受虐癖等,绝大多数患者为男性,其性行为方式异常,可分为三种类型,一是性指向障碍,包括同性恋、恋物癖等;二是性偏好障碍,包括异装癖、露阴癖、窥阴癖、性施虐癖与性受虐癖等;三是性身份障碍,主要指易性癖。其共同特征是对常人不引起性兴奋的某些物体或情景有强烈的性兴奋作用,或者采取与常人不同的异常性行为方式满足性欲,或有变换自身性别的强烈欲望。

第二节 病因

其成因相当复杂,可从生物学及社会心理因素两大方面进行探索。

1. **生物学因素** 有人认为同性恋有遗传倾向,单卵双生的同病率远高于双卵双生。也有研究发现恋物癖、异装癖、性施虐癖与颞叶脑电图异常有关。还有人提出性行为障碍与胎儿期内分泌的异常有关,如雌、雄激素的比例失调;相应地,有人注意到患者的血浆睾酮水平异常。此外，有报道颅脑外伤后可出现露阴癖，酒精中毒后可出现露阴癖、恋尸癖等。精神分裂症、精神发育迟滞、老年性痴呆可伴发性变态。

2. 社会心理因素　有很多观点认为社会心理因素在性行为障碍的形成过程中起着重要的作用。

（1）家庭环境的影响：童年时期过早地接触不良性刺激，如父母不检点的性行为，与双亲同浴、同睡、异性子女间的性模仿等，早年的性创伤如遭人强奸、鸡奸、性玩弄、被人教唆过早频繁手淫等均使小孩过早地承受性的诱惑与体验。此外，对儿童期出现的特殊性偏好、性偏见，如喜欢同性，厌恶异性，把性视为不洁之物，存在性恐惧、性罪恶感，没能及时加以正确的引导，导致性心理的畸形发展。

（2）社会因素：色情书刊、影视及淫秽物品的泛滥，使置身于其中的人们深受其害，如保持强烈的性兴奋，持续手淫。正常的性心理遭到扭曲，如出现对妇女的追逐；正常的性生活遭到破坏，被其他引起性兴奋的方式所取代。此外，不同的社会体制，不同的宗教信仰，不同的民俗习惯对性变态采取不同的态度，如同性恋在有的国家不认为是病态。社会整体的认同与怂恿，使某些性变态在没有社会与舆论压力的约束下而得以膨胀，患病率明显增高。

（3）心理应激：在经历意外的灾祸，亲人的亡故，事业的打击失败，或长期的家庭不和，母爱的被剥夺，住房的拥挤，人际关系的紧张等所致内心焦虑、恐惧、自卑、沮丧，各种情绪的纷扰与矛盾的冲突以异常的性兴奋方式予以发泄。罪犯投改以后，往往伴有焦虑、抑郁等负性情绪，对前途丧失信心，不愿也不敢面对现实，故很多人倾向采取一些低级的本能的行为，以求得暂时短暂的欢乐与心理平衡。

（4）正常的婚恋遭受挫折：失恋、单相思、夫妻关系不融洽、长期两地分居等，致使对异性缺乏热情，甚至采取回避的态度。害怕与异性交往，性生活不协调亦可导致性偏离。

另外，有人认为性变态与人格有关，性变态者多为内向、孤僻、自卑、不善交际者。

第三节　临床表现

一、同性恋

指性行为的对象选择同性。一种是纯粹同性恋者，只对同性个体产生性爱而对异性毫无性爱；这在同性恋男性中占3%，女性中占1%。另一种为既对同性也对异性产生性爱，只是偏重程度不同而已。监狱作为与异性隔绝的特殊环境，服刑罪犯没有机会接触异性，故罪犯间常有些同性恋行为，如同性间的拥抱、亲吻、甚至肛交等。但如转入正常环境后，上诉行为消失，则不视为同性恋者。

二、窥阴癖

寻找各种机会偷看异性裸体状态、性交过程，作为满足性欲的偏爱方式，称为窥阴癖。只见于成年男性，未成年少年与儿童，出于好奇心偶尔偷看异性生殖器，不作此诊断。窥阴癖者对于窥视有强烈的欲望与追求，周期性出现，勉强抑制此欲望即引起明显焦虑不安情绪，窥视之后则获得性的快感，为此经常冒险潜入女厕所、女卧室、女浴室等。这与许多人希望看到异性裸体或性交不同。

窥阴属于侵犯他人隐私权的行为，属于不道德与轻微违法行为，应受到社会舆论制裁与行政纪律处分，情节较重者可给予短期拘役。

三、露阴癖

以向陌生异性露出自己的生殖器或手淫，作为屡次使用的、偏爱的满足性欲的方式，称为露阴癖。

几乎只见于25～35岁之间的男性，患者个性常属内向、被动、缺乏自信，露阴之前有渐增的焦虑、紧张体验，周期性或间歇性发生，露阴时间多在黄昏或不太晚的夜间，地点在街头巷尾、影院或公园附近，选择人不太多或十分拥挤的场合。他们往往在比较年轻貌美的妇女面前，突然显示勃起的阴茎，使对方惊慌失措或耻笑辱骂而感到性的满足。

露阴癖扰乱社会秩序，应追究刑事责任。

四、恋物癖

以非生物性物体（常为异性贴身用品）作为激发起性欲的惯用和偏爱方式，称为恋物癖。所恋物体常为女性头发、鞋子、手套、内裤等，且偏爱用过的、弄脏了的东西，接触这类物品即产生性快感，在手淫或性交时，常同时使用或携带此类物品，以增加性兴奋，想象这类物品也可引起同样效果。他们大量窃取、收集所恋物品，经常达到千方百计、不择手段的地步。

恋物癖所收集的女性用品，金额一般不大，故常构不成盗窃罪，但此种行为扰乱社会秩序，一般给予行政纪律处分或短期拘役。

五、性施虐与性受虐癖

在性生活中，向性对象同时施加肉体上或精神上的痛苦，作为达到性快感的惯用与偏爱的方式，称为性施虐癖。反之，在性生活中，要求对方施加肉体上或精神上的痛苦，作为获得性快感的惯用与偏爱的方式，则称为性受虐癖。在一对配偶中，大都是一方有此怪癖，另一方属于心理健康的人，被迫配合。

性施虐癖往往采用鞭打、绞勒、撕割对方躯体，造成明显痛苦，致伤致残甚至致死，行为极为残忍，自幼往往有虐待动物及兽奸行为，有的可发展为色情杀人狂。性受虐癖是以鞭打、践踏、捆绑或精神上受辱，作为获得性快感的偏爱方式，多数为女性。

第四节 治 疗

性行为障碍的治疗主要为心理治疗，根据患者意愿，解除抑郁、焦虑自责情绪，训练正常两性生活，矫正变态行为。

具体可应用行为治疗中的厌恶疗法，如对恋物癖患者，当其抚摸所恋物品产生性兴奋时，给予一定的电击，反复强化。如某罪犯被人背后叫做"枪王"，因为该犯每晚必定手淫，且手淫时无所顾及，致使所睡的双人床上下摇晃，吱吱作响。后对其进行干预，先与其探讨过度手淫的危害，树立其戒掉坏习惯的决心，并在其手腕上系了一根橡皮筋，嘱其有手淫的想法时用力拉橡皮筋，然后打在在手腕上，同时配合小剂量的抗焦虑剂，后来该犯不良行为消失。

药物治疗可采用雌激素的长效制剂或抗雄性激素的治疗，效果不一。另外，法律的惩罚，对于轻度违法的变态行为也有一定的效果。

第五节 性心理障碍与监管安全

对某监狱做一项简单的调查，询问罪犯在业余话题中谈论最多的话题是什么。结果显示在100名罪犯中认为有关性的是26人，有关吃的是11人，有关钱的是8人，有关改造的是32人，其他内容的是23人。另外承认每月都做性梦的高达57%。当然这样的调查不严格，样本也比较小，但也说明性及相关的问题在罪犯中带有普遍性，值得重视。性行为障碍对监管安全的影响主要有以下几方面：

1. 造成罪犯脱逃　罪犯长期处在封闭的环境中，与异性隔绝，容易导致罪犯尤其是有智力问题或有性格障碍的罪犯产生脱逃的念头，为了达到与异性交往的目的，置法律于不顾，铤而走险。

2. 影响生产劳动　每日频繁的手淫，夜间睡眠差，白天劳动时无精打采，劳动效率下降。并且其不良行为对周围同犯有较大的负面影响，扰乱监管生产的正常进行。

3. 对躯体的危害　过度的沉溺于性的想象、长期的手淫以及监内同性之间异常性活动或性癖好，对罪犯的躯体也会带来各种各样的危害。如频繁的手淫使得患者长期处于性兴奋状态，如果有原发的心血管系统的基础疾病，会大大增加猝死的机率。

总之，对罪犯实行人性化管理，提高罪犯的改造质量，必须重视罪犯的心理状况，尤其是在异常心理影响下的变异生理活动，其中重要内容就包括了性活动。

（赵　山）

第十五章 精神发育迟滞

精神发育迟滞(Mental retardation)又称精神发育不全,是一种可由多种原因引起的脑发育障碍所致的综合征,以智力低下和社会适应困难为主要特征,可伴有某种精神或躯体疾病。于发育期起病,随年龄增长,智力也稍有进步,但中、重度患者仍给家庭和社会带来沉重负担。轻度患者的身体发育无明显异常,在监狱中常因这些人的简单思维或行为给日常生产、生活增加管理难度,应予以重视。

第一节 概　述

精神发育迟滞是一组以智力发育障碍为突出表现的疾病。过去还使用过精神发育不全、智力低下、大脑发育不全、精神幼稚症和智力薄弱等诊断术语。近些年来,教育部门倾向使用弱智,而民政部门则倾向使用智力残疾,事实上含义接近并且指的都是同一类群体。

精神发育迟滞指个体在发育阶段(通常指在18岁以前)无论由先天的或后天的,生物学方面的或社会的、心理方面的不利因素,使精神发育受阻或停滞,造成智力显著不足或社会适应困难。无论在国内或国外,精神发育迟滞都是一种十分常见的临床现象,是造成人类残疾的主要原因。由于司法刑事责任能力的判定,此类罪犯在监狱在押犯人群中占比较小,在精神疾病调查中,精神发育迟滞为0.59%,在监狱精神病院的收治比例中约占4.78%。

第二节 病因与发病机制

本病的病因十分复杂,涉及范围广泛,现代医学的进展,虽然解决了部分病因问题但迄今仍有一部分病因有待研究解决。

精神发育迟滞病因大致分为以下几类:

一、遗传性

(一)遗传代谢异常

人体有23对染色体,在染色体上的基因,可因为各种不利因素的影响,致使基因突变,造成酶活性不足或缺乏,形成代谢方面的障碍,即可造成遗传代谢性疾病,一旦影响到中枢神经系统的发育则可表现智力低下及其他精神方面的异常。例如苯丙酮尿症,是由于苯丙酮酸羟化酶的缺乏不能将苯丙氨氧化成酪氨酸,造成大量苯丙酮酸蓄积在血液、脑脊液中,影响到中枢神经系统的发育,而出现智力低下。其他还有半乳糖血症、同型胱氨酸尿症、高雪氏病痴呆等。

(二) 染色体畸变

它包括数目和结构的改变,数目改变如多倍体,非整数倍体,结构改变如染色体断裂、缺失、重复、倒位和易位。从而影响到相对基因遗传信息的传递,从而引起机体遗传性状的改变,可以产生疾病。它可分为性染色体畸变(如先天性睾丸发育不全)和常染色体畸变(如伸舌样痴呆 down 氏病)。

(三) 颅脑畸形

如原发性小头畸形、颅骨缝骨化过早、先天性脑积水。

二、母孕期有害因素的影响

(一) 感染因素

胚胎和胎儿在整个生命发育过程当中都有可能受到各种微生物的侵袭,大多数是能抵抗住的,只有一小部分出现流产和死亡,或发生先天畸形,微生物能穿过胎盘膜进入胎儿血液当中,可使中枢神经系统受到侵犯,例如风疹病毒,妊娠头三个月孕妇如患风疹,所生婴儿 15%～20% 出现先天畸形。又如巨细胞病毒,大多数的感染发生在胎儿晚期,它引起精神发育迟滞的发生率约为 1/3 000。

(二) 药物及毒性物质

孕妇服用某些药物有时可导致胎儿畸形(畸形小儿中一部分伴有智力发育障碍),一般认为以妊娠前三个月影响最大,四个月后较为安全。已被确定对胎儿有致畸作用的药物只有极少数。发现以下药物可能有致畸作用。例如水杨酸类、安定、甲丙氨酯、氯氮,在妊娠早期怀疑有致畸作用,此外治疗精神病的药物,如氟哌啶醇、抗癫痫药。在胚胎期应用抗肿瘤制剂,在妊娠中服用过量碘化物,孕妇使用激素都有导致胎儿畸形的可能性。

(三) 烟和酒

严重的有吸烟习惯的妇女早产发生率是不吸烟母亲的两倍。经常饮酒的母亲所生婴儿往往生长差,小头,智力底下。

(四) 环境化学物质

如果孕妇吃含无机汞量很大的鱼时生下的婴儿患胎儿水俣病,母亲慢性铅中毒以及孕妇经常接触乙烯醇、聚氯乙烯、麻醉气体有机磷等都可使胎儿智力发育迟滞。

(五) X 线照射

胚胎对放射线最敏感的时期为受精卵到卵裂期,尤其是妊娠三个月内均有一定的危险性,放射线可使 DNA 断裂,也可使胎盘发育受损,影响到中枢神经系统的发育。

(六) 孕妇营养不足

不同妊娠阶段营养不足,对胎儿产生不良影响不同。妊娠 12～18 周能使胎儿的脑细胞总数发育受限制,细胞大小受限。若发生在妊娠最后三个月,则对脑细胞数量的影响较小,而对细胞大小的影响较大。此外营养状况差的孕妇易生育低体重儿(体重小于2 500 g),低体重儿智力发育落后率高于正常体重儿。

(七)孕母的健康状况

如孕母患高血压、糖尿病、各种心脏疾病、肾脏病、严重贫血、肺部急慢性感染,先兆流产等,都可使胎儿在发育过程中缺血缺氧,严重者则会影响胎儿脑发育。

1. 机械损伤 异常分娩造成机械损伤并不少见,是否留有后遗症,与损伤程度密切相关,如重者可有脑性瘫痪、癫痫等,伴发智力障碍。

2. 其他因素 造成胎儿或新生儿缺氧,如子宫收缩过强、过频,脐带绕颈拖摇、打节,分娩时羊水吸入等因素。

3. 情绪因素 孕妇的情绪能影响胎儿的正常发育已被现代医学所证实。如亲人的死亡、夫妻不和睦、事业失败、或不合法婚姻等,造成精神紧张而引起焦虑、恐惧等情绪,伴随产生的生理反应,又可引起交感、副交感神经兴奋失调,以及改变体内激素水平和代谢过程,这些改变均可影响胎儿的发育。

三、有害因素对小儿发育的影响

1. 各种中枢神经系统感染 如化脓性脑膜炎、流行性乙型脑炎结核性脑膜炎各种感染引起的中毒性脑病等。

2. 核黄疸等 新生儿时期可由于各种原因引起病理性间接胆红素增高,如溶血;各种感染引起的,如新生儿败血症若留下严重的后遗症,症状之一即为智力发育障碍。

3. 严重的脑震荡、脑外伤

(1) 各种原因引起的脑缺氧:尤其是3岁以内,中枢神经系统处于迅速发育期,不论任何原因引起的小儿惊厥,若抽搐持续30分钟以上,可造成婴幼儿的神经元缺血、缺氧性病变,可造成智力的低下。

(2) 后天不良心理社会因素:由于各种原因如幼年文化教育机会被剥夺,这类患儿一般智力损害较轻。有报道,这类患儿大约2/3找不到任何生物学因素,其中发现部分患儿确实缺乏早年教育,在提供良好教育的条件下,这类小儿的智力水平可有明显提高。

第三节 临床表现

一、精神发育迟滞的临床特征

总的临床特征为显著的智力发育落后,但个体间差异相当大,我国与精神障碍国际分类法(ICD-9)将本症分为轻度、中度、重度、极重度与非特定的精神发育迟滞。

轻度患者一般言语能力发育较好,通过学习,他们对阅读、背诵无多大困难,应付日常生活交谈能力还可以,因此在与其短时间的接触中不易觉察,但其思维活动水平不高,在抽象思维及有创造性要求的活动能力差,如能学会试题计算,但对理解应用题比较困难,对阅读书报无大困难,但对作文感到吃力。难与同龄儿一起升班,需要特殊教育和帮助。日常生活可以自理并能学会一技之长,在他人照顾下从事熟练技能劳动。轻度病人大多性情温和安静,比较好管理。可参加生产劳动自食其力,少数患者日常活动缺乏主动性和积极性,需要他人安排和督促,轻度患者可以建立友谊和家庭,但遇有特殊事件时需要给予支持,以保持良好的社会适应能力。

中度精神发育迟滞患者语言发育水平较差,词汇贫乏,部分患者还发音不清,阅读及理解能力均有限,为此,在与其短时间的接触中即能觉察,对数字的概念模糊,大部分患者甚至不能学会简单的计算和点数,有一定的模仿能力,训练后能学会一些简单的生活和工作技能,大部分可从事简单、重复的劳动。他们的生活技能较差,需要经常的帮助和辅导,才能在监区中生活和工作。多数患者情感反应尚适切,对亲人和常接触的人有感情,并能建立较稳定的关系。多数中度患者有生物学病因,躯体和神经系统检查常常有异常发现。

重度患者智力极差,语言发育水平低,有的几乎不会说话,由于能掌握的词汇量少,理解困难,表达也有限,因此与其短时间接触便能察觉,有的患者经常重复单调的无目的的动作和行为,如点头、摇摆身体、奔跑、冲撞甚至自残,有的生活自理能力极差,有的甚至不会就餐和躲避危险,表情或情感反应不适切。活动过多,容易冲动但动作笨拙,不灵活,不协调,少部分患者则发呆少动,终日闲坐。在长期反复训练下有可能提高生活自助能力,部分患者在监护下可从事无危险的简单重复的体力劳动。重度患者几乎均由显著的生物学原因所致,躯体检查常有异常发现,还常伴有各种畸形。

极重度患者智力水平极低,大多既不会讲话也听不懂别人的话。他们往往具有明显的生物学病因,包括严重的染色体畸变和多数先天遗传代谢病,中枢神经系统的严重畸形和躯体其他部位的畸形十分常见。为此,其生活能力极低,大多数患者完全依靠他人照料来生存,在特殊训练下仅可获得极其有限的自助能力。大多数患者因生存能力薄弱及严重疾病而早年夭折。

二、精神发育迟滞的心理活动特征

本症患者的心理特征与中枢神经系统损害及智力缺陷密切相关。现简要叙述精神发育迟滞患者的心理特征。

1. 言语和思维方面 言语发育迟缓和缺陷,思考与领悟力迟钝,缺乏抽象概括能力,缺乏推理和判断能力。重度或极重度患者言语能力丧失,几乎无思维能力。

2. 感知方面 感受缓慢和范围狭窄是智能缺陷者的特点。

3. 注意和记忆方面 注意力不集中,不持久,注意广度明显狭窄,记忆力差,识记速度慢和再现不准确。

4. 情感方面 表现幼稚、不成熟,不够分化,情感体验简单或肤浅,情感调节功能薄弱,易激动、兴奋,缺乏自我控制。常表现胆小、孤僻、害羞、退缩等特征。

5. 运动和行为方面 常见有运动不协调,体形不匀称,动作笨拙或过度活动。经常出现无意义的刻板动作,如摇动身体、撞头、咬手、磨牙、兴奋、吵闹、玩弄生殖器或自伤行为等。

6. 个性形成方面 个性形成困难,不成熟,缺乏自制,易受暗示。由于思维发育缺陷,社会道德观念缺乏,易受不良环境的影响和他人唆使而产生不良行为或违法犯罪。

一般以纵火、偷窃、性犯罪比较常见。

三、临床分级

国际上广泛采用四级分类，按智商水平和适应能力缺陷程度及训练后达到的水平分为轻度、中度、重度、极重度。我国精神疾病分类方案与国际分类类似。

表 15-1 精神发育迟滞临床四级分类表

分级	智商水平(IQ)	相当智龄	适应能力缺陷	从特殊教育中受益水平
轻度	50～69	9～12岁	轻度	通过特殊教育可获得实践技巧及实用的阅读和计算能力并能在指引下适应社会
中度	35～49	6～9岁	中度	可学会简单的人际交往、基本的卫生习惯和安全习惯以及简单的手工技巧，但阅读和计算方面不能取得进步
重度	20～34	3～6岁	重度	可从系统的习惯训练中受益
极重度	20以下	<3岁	极重度	对于颌、四肢训练有反应

第四节 诊 断

一、诊断标准

根据CCMD-3，精神发育迟滞指一组精神发育不全或受阻的综合症，特征为智力低下和社会适应困难，起病于发育成熟以前（18岁以前）。本症可单独出现，也可同时伴有其他精神障碍或躯体疾病。其智力水平（按标准化的智力测评方法测出）低于正常。智商在70～86为边缘智力。精神发育迟滞如能查明病因，则应与原发疾病的诊断并列。

【CCMD-3】 70.1 轻度精神发育迟滞

[诊断标准]

(1) 智商在50～69之间，心理年龄9～12岁。

(2) 学习成绩差（在普通学校中学习时常不及格或留级）或工作能力差（只能完成较简单的手工劳动）。

(3) 能自理生活。

(4) 无明显言语障碍，但对语言的理解和使用能力有不同程度的延迟。

【CCMD-3】 70.2 中度精神发育迟滞

[诊断标准]

(1) 智商在35～49之间，心理年龄6～9岁。

(2) 不能适应普通学校学习，可进行个位数的加、减法计算，可从事简单劳动，但质量低，效率差。

(3) 可学会自理简单生活,但需督促、帮助。

(4) 可掌握简单的生活用语,但词汇贫乏。

【CCMD-3】70.3 重度精神发育迟滞

[诊断标准]

(1) 智商在 20~34 之间,心理年龄 3~6 岁,表现显著的运动损害或其他相关的缺陷,不能学习和劳动。

(2) 生活不能自理。

(3) 言语功能严重受损,不能进行有效的语言交流。

【CCMD-3】70.4 极重度精神发育迟滞

[诊断标准]

(1) 智商在 20 以下,心理年龄在 3 岁以下。

(2) 社会功能完全丧失,不会逃避危险。

(3) 生活完全不能自理,大小便失禁。

(4) 言语功能丧失。

【CCMD-3】70.9 其他或待分类的精神发育迟滞

二、诊断步骤

1. 详细收集病史　全面收集门诊儿童母孕期、围产期情况,个人生长发育史、抚养史、既往疾病史,家庭文化经济状况,以发现是否存在对患儿身体和心理发育的任何不利因素。

2. 全面体格检查和有关实验室检查　包括生长发育指标,诸如身高、体重、头围、皮肤、掌指纹,有关的内分泌、代谢检查,脑电图、脑地形图、头部 X 线及 CT、染色体分析及 X 脆性位点的检查,为病因分析不可缺少的步骤。

3. 心理发育评估

(1) 智力测验:是诊断精神发育迟滞的主要依据之一,但不是唯一方法。智力测验应由训练过的专门技术人员审慎使用。在用于诊断时不应采用集体的或筛查的方法,而应采用诊断用量表进行个别性测验。目前国内常用的诊断量表有盖塞尔(Gesell)发育诊断量表;韦克斯勒学前期智力量表(Wechsler,WPPSI);韦克斯勒学龄儿童智力量表修订本(WISC-R);中国比奈测验量表。需要时还可配合使用其他检查量表,如丹佛发育筛查量表(DDST)、图片及词汇测验、50 项提问智力测验、绘人测验、瑞文推理测验。

(2) 社会适应评估:社会适应行为的判断是诊断精神发育迟滞的另一重要依据,目前我国尚无较为理想的检查量表,因此多以同年龄、同文化背景的人群为基准来判断被检查者所能达到的独立生活和履行其社会职能的程度,还可以参考使用婴儿——初中生适应行为量表(左启华等修订)、美国智力缺陷协会编制的 AAMD 适应行为量表和 Vineland 适应行为量表(Vineland Adaptive Behavior Scale)。但后面两个量表的使用尚待标准化。

(3) 临床发育评估:在一般临床工作或无条件作智力测验时可采用临床发育评估的方法,同样可能得到比较正确的评估。

第五节 治 疗

一、医学措施

1. 病因治疗　先天性代谢病、地方性克汀病早期采用饮食疗法和甲状腺素类药物可以防止精神发育迟滞的发生。对某些有内分泌不足的性染色体畸变者可适时给予性激素以改善患者的性征发育。

2. 对症治疗　对活动过度、注意障碍和行为异常可用中枢神经兴奋剂或其他精神药物，对合并癫痫者要采用抗癫痫治疗。对异常冲动、自伤、自杀、脱逃等难以控制者，可采用约束保护，必要时采用小剂量抗精神病药物治疗。

二、非医学措施

由于对精神发育迟滞尚无特效药物治疗，非医学措施显得更为重要。主要是特殊教育和训练及其他康复医学措施。对此类病犯着重训练其个人卫生，生活自理，简单的劳动能力、交往能力、娱乐能力。工作人员应在其他罪犯的协助下，督促精神发育迟滞病犯进行各种康复训练活动。

第六节　精神发育迟滞与监管安全

精神发育迟滞罪犯以轻至中度为多，这类罪犯对冲动的控制力差，且思想幼稚，本能意向亢进，对行为不考虑后果，故常导致一些影响监管安全的事件发生。如一些这类罪犯暴饮暴食，可导致上消化道出血，严重危及其生命。再如一些这类罪犯想家人，想老婆，达到难以自控时会出现自杀观念和采取自杀行为，一般为在夜间把床单或衣服撕成布条，之后用布条勒紧脖子以达到自杀目的，多数不能成功。还有一些这类罪犯不能适应正常的生产劳动，情绪较悲观消极，可能以吞食异物来了结自己的生命。对这类罪犯应加强医学监护、联号夹控、心理疏导和清监搜身，以确保监管安全。

（陶旭东　孔德志）

第十六章　精神疾病的躯体治疗

精神障碍的躯体治疗(somatotherapy)主要包括药物治疗、电抽搐治疗及其他治疗方法。药物治疗是改善精神障碍、尤其是严重精神障碍的主要和基本措施。电抽搐治疗在精神障碍急性期的治疗中具有一席之地,一些新的治疗方法逐渐被使用,而曾经广泛应用过的胰岛素休克治疗和神经外科疗法等现已很少或限制使用。

第一节　药物治疗概述

精神障碍的药物治疗是指通过应用精神药物来改变病态行为、思维或心境的一种治疗手段。由于对大脑及其障碍的了解有限,精神障碍的药物治疗可以说仍然是对症性的、经验性的。20世纪50年代初,第一个治疗精神障碍的合成药物氯丙嗪的出现,开创了现代精神药物治疗的新纪元。近十多年来,精神障碍的药物治疗学是临床医学领域内发展最为迅速的学科之一,品种繁多、结构各异的各类新的精神药物正在不断开发上市。

精神药物(psychotropic drugs)在传统上按其临床作用特点分为:①抗精神病药物(antipsychotics);②抗抑郁药物(antidepressants);③心境稳定剂(mood stabilizers)或抗躁狂药物(antimanic drugs);④抗焦虑药物(anxiolytic drugs)。此外,还有用于儿童注意缺陷和多动障碍的精神振奋药(psychostimulants)和改善脑循环及改善神经细胞代谢的脑代谢药(nootropic drugs)。

多数精神药物是亲脂性化合物,易于肠道吸收和通过血脑屏障,最终到达脑部而起作用。除锂盐外,多数精神药物血浆蛋白结合率高,过量中毒不易采用血液透析方法清除。精神药物主要通过肝脏代谢,导致极性增强、亲水性增加,有利于肾脏排泄。一般来说,精神药物的半衰期较长,尤其在疾病稳定期或维持治疗期间,往往采用一日一次的给药方式即可。儿童和老年人代谢和排泄药物的能力低,药物清除半衰期可能延长,药物剂量应比成人适当减少。

除锂盐外,大部分精神药物所作用的受体部位也是内源性神经递质的作用部位。多数精神药物治疗指数高,用药安全,但锂盐的治疗指数低,安全性小,需要密切监测浓度。长期应用某些精神药物如苯二氮䓬类可导致耐受性,使药效下降。药物的药效学相互作用可以引发毒性不良反应。例如,单胺氧化酶抑制剂与三环抗抑郁剂或选择性5-HT再摄取抑制剂合用,可以促发5-HT综合征;抗精神病药物、抗胆碱能药物和三环抗抑郁剂合用,可以引起胆碱能危象。

慢性疾病患者普遍对药物治疗依从性差,精神病患者更是如此。掌握精神药物治疗的原则、提高患者和家属对服药必要性的认识、减少药物不良反应的发生以及新一代药物或长效缓释制剂的使用,是解决依从性差的有效手段。

第二节 抗精神病药物

抗精神病药物（antipsychotic drugs）主要用于治疗精神分裂症和其他具有精神病性症状的精神障碍。

一、分类

（一）第一代抗精神病药

又称神经阻滞剂（neuroleptics）、传统抗精神病药、典型抗精神病药，或称多巴胺受体阻滞剂。其主要药理作用为阻断中枢多巴胺 D_2 受体，治疗中可产生锥体外系副反应和催乳素水平升高。代表药为氯丙嗪、氟哌啶醇等。第一代抗精神病药物可进一步按临床作用特点分为低效价和高效价两类。前者以氯丙嗪为代表，镇静作用强、抗胆碱能作用明显、对心血管和肝脏毒性较大、锥体外系副作用较小、治疗剂量较大；后者以氟哌啶醇为代表，抗幻觉妄想作用突出、镇静作用较弱、对心血管和肝脏毒性小、锥体外系副作用较大、治疗剂量较小。

（二）第二代抗精神病药

又称非传统抗精神病药、非典型抗精神病药、新型抗精神病药物等。第二代药物在治疗剂量时，通常较少或不产生锥体外系症状和催乳素水平升高。按药理作用分为四类：①5-羟色胺和多巴胺受体拮抗剂（serotonin-dopamine antagonists，SDAs），如利培酮、齐哌西酮。②多受体作用药（multi-acting receptor targeted agents，MARTAs），如氯氮平、奥氮平、喹硫平等。③选择性 D_2/D_3 受体拮抗剂，如氨磺必利。④D_2、5-HT_{1A} 受体部分激动剂和 5-HT_{2A} 受体拮抗剂，如阿哌普唑。

抗精神病药物的化学结构分类对药物开发和临床应用均有意义。如果某个抗精神病药物在充足剂量、充足疗程下效果不佳，则可以换用不同化学结构的药物。根据化学结构，还可将抗精神病药物分为：①吩噻嗪类（phenothiazines）；②硫杂蒽类（thioxanthenes）；③丁酰苯类（butyrophenones）；④苯甲酰胺类（benzamides）；⑤二苯二氮䓬类（dibenzodiazepines）；⑥其他（见表1）。

二、作用机制

目前认为，几乎所有的抗精神病药物都能阻断脑内多巴胺受体（尤其是多巴胺 D_2 受体）而具有抗精神病作用。大致地说，传统抗精神病药（尤其是吩噻嗪类）主要有 4 种受体阻断作用，包括 D_2、D_1、M_1 和 H_1 受体。新一代抗精神病药在阻断多巴胺 D_2 受体基础上，还通过阻断脑内 5-羟色胺受体（主要是 5-HT_{2A} 受体），增强抗精神病作用、减少多巴胺受体阻断的副作用。新一代抗精神病药中，5-羟色胺和多巴胺受体拮抗剂（SDAs）类抗精神病药受体作用相对简单，主要是 5-HT_2 和 D_2 受体的阻断作用；多受体作用药

(MARTAs)类抗精神病药的多受体阻断作用系传统药物与SDAs类药物受体作用的综合,但D_2受体阻断的副作用相对少见,如氯氮平就可以阻滞D_1、D_2、D_3、D_4、$5-HT_{1A}$等至少14种受体;选择性D_2/D_3受体拮抗剂如氨磺必利等受体阻断作用明确简单;而D_2受体部分激动剂如阿哌普唑则与以往药物有所不同,主要通过减少多巴胺释放起到治疗作用。

抗精神病药物的几个主要受体的阻断作用特点分述如下。①多巴胺受体阻断作用:主要是阻断D_2受体。脑内多巴胺能系统有四条投射通路。中脑边缘和中脑皮质通路与抗精神病作用有关;黑质纹状体通路与锥体外系副作用有关;下丘脑至垂体的结节漏斗通路与催乳素水平升高导致的副作用有关。②5-羟色胺受体阻断作用:主要是阻断$5-HT_{2A}$受体。5-HT阻断剂具有潜在的抗精神病作用,$5-HT_2/D_2$受体阻断比值高者,锥体外系症状发生率低并能改善阴性症状。③肾上腺素能受体阻断作用:可产生镇静作用以及体位性低血压、心动过速、性功能减退、射精延迟等副作用。④胆碱能受体阻断作用:主要是阻断M_1受体。可产生多种抗胆碱能副作用,如口干、便秘、排尿困难、视物模糊、记忆障碍等。⑤组胺受体阻断作用:主要是阻断H_1受体,可产生镇静作用和体重增加的副作用。

抗精神病药物的药理作用广泛,除了上述与受体阻断有关的作用外,还具有加强其他中枢抑制剂的效应、镇吐、降低体温、诱发癫痫以及对心脏和血液系统的影响等作用。

三、临床应用

抗精神病药物的治疗作用可以归于三个方面:①抗精神病作用,即抗幻觉、妄想作用(治疗阳性症状)和激活作用(治疗阴性症状);②非特异性镇静作用;③预防疾病复发作用。

(一)适应证与禁忌证

抗精神病药物主要用于治疗精神分裂症和预防精神分裂症的复发、控制躁狂发作,还可以用于其他具有精神病性症状的非器质性或器质性精神障碍。

严重的心血管疾病、肝脏疾病、肾脏疾病以及有严重的全身感染时禁用,甲状腺功能减退和肾上腺皮质功能减退、重症肌无力、闭角型青光眼、有既往同种药物过敏史也禁用。白细胞过低、老年人、孕妇和哺乳期妇女等应慎用。

(二)用法和剂量

1. 药物的选择 药物的选择主要取决于副作用的差别(表16-1)。

表 16-1　常用抗精神病药物的分类、主要副作用特点及剂量范围

分类及药名	镇静作用	直立性低血压	抗胆碱作用	锥外系反应	等效剂量 mg*	剂量范围 mg/d
第一代抗精神病药物						
吩噻嗪类						
氯丙嗪(chlorpromazine)	高	高	中	中	500	200~800
哌啶类						
硫利达嗪(thioridazine)	高	高	高	低	450	200~600
哌嗪类						
奋乃静(perphenazine)	低	低	低	中	32	8~60
三氟拉嗪(trifluoperazine)	低	低	低	高	25	5~40
氟奋乃静(fluphenazine)	低	低	低	高	10	2~20
氟奋乃静癸酸酯(FD)	低	低	低	高	25	12.5~50 mg/2 周
硫杂蒽类						
氯丙噻吨(chlorprothixene)	高	高	中	中	300	50~400
替沃噻吨(thiothixene)	低	低	低	高	25	5~30
丁酰苯类						
氟哌啶醇(haloperidol)	低	低	低	高	10	6~20
氟哌啶醇癸酸酯(HD)	低	低	低	高	150	50~200 mg/4 周
五氟利多(penfluridol)	低	低	低	高	50	20~100 mg/周
苯甲酰胺类						
舒必利(sulpiride)	低	低	低	低	800	200~1 500
第二代抗精神病药物						
苯异恶唑类						
利培酮(risperidone)	低	中	低	中	5.5	2~6
二苯二氮卓类						
氯氮平(clozapine)	高	高	高	低	425	200~600
奥氮平(olanzapine)	中	中	中	低	20	5~20
二苯硫氮卓类						
喹硫平(quetiapine)	高	高	低	低	600	300~800
苯并噻唑基哌嗪类						
齐拉西酮(Ziprasidon)	中	中	中	低	10	80~120
第三代抗精神病药物						
阿立哌唑(Aripiprazol)	低	中	低	低	20	10~30

*相对于氟哌啶醇 10 mg 的等效剂量。

在剂量充足情况下，传统抗精神病药物间的治疗效应没有多少差异。兴奋躁动者宜选用镇静作用强的抗精神病药物或采用注射制剂（氟哌啶醇、氯丙嗪等）治疗。如果患者无法耐受某种药物，可以换用其他类型的药物。目前，新一代抗精神病药物在临床应用中有取代传统药物的趋势。

长效制剂有利于解决患者的服药不合作的问题，从而减少复发，但发生迟发性运动障碍可能性较大。

2. 急性期的治疗　　用药前必须排除禁忌证，做好常规体格和神经系统检查以及血常规、血生化（包含肝肾功能）和心电图检查。首次发作、首次起病或复发、加剧患者的治疗，均应视为急性期治疗。此时患者往往以兴奋躁动、幻觉妄想、联想障碍、行为怪异以及敌对攻击等症状为主。

对于合作的患者，给药方法以口服为主。多数情况下，尤其症状较轻者，通常采用逐渐加量法。一般1～2周逐步加至有效治疗剂量。急性症状在有效剂量治疗2～4周后可开始改善。不同的患者，症状的缓解程度不一，恢复的时间长短不定。如剂量足够，治疗4～6周无效或疗效不明显者，可考虑换药。在症状获得较为彻底缓解的基础上，仍要继续以原来的有效剂量巩固治疗数月，一般为4～6月，然后可以缓慢减量进入维持治疗。以氯丙嗪为例，多从50 mg每日1～2次开始，逐渐增加剂量，分2～3次饭后服用，如无严重副作用，1周内加至治疗剂量300～600 mg/d，只有少数患者需加至较大剂量。出现疗效后，继续原有剂量巩固治疗。待病情充分缓解4～6月后，才可缓慢减至维持剂量，如氯丙嗪不低于300 mg/d。剂量应结合每个患者的具体情况实行个体化治疗。门诊病人的用药原则，应注意加量缓慢、总日量相对小。老年、儿童和体弱患者的用量参照药物剂量范围酌情减少。

对于兴奋躁动较严重、不合作或不肯服药的患者，常采用注射给药。注射给药应短期应用，注射时应固定好患者体位，避免折针等意外，并采用深部肌肉注射。通常使用氟哌啶醇或氯丙嗪。一般来说，肌注氟哌啶醇5～10 mg或氯丙嗪50～100 mg，必要时24小时内每6～8小时重复一次，也可以采用静脉注射或静脉滴注给药。患者应卧床护理，出现肌张力障碍可以注射抗胆碱能药物东莨菪碱0.3 mg来对抗。

由于治疗的目的是使患者安静，也可以应用苯二氮䓬类药物注射给药，如地西泮（安定）和氯硝西泮等。此时可以减少合用的抗精神病药物的剂量。

3. 维持治疗　　抗精神病药物的长期维持治疗可以显著减少精神分裂症的复发。有资料表明，持续2年的维持治疗可以将精神分裂症患者的复发率降至40%，而2年的安慰剂对照治疗却有80%的精神分裂症患者复发。一般维持剂量比治疗剂量低，传统药物的维持剂量可以减至治疗剂量的1/2～2/3；除氯氮平外，新一代药物安全性提高，可以采用略低于急性期有效剂量维持治疗。临床研究表明，过低的维持剂量仍有较高的复发率。维持治疗的时间，根据不同的病例有所差别。对于首发的、缓慢起病的精神分裂症患者，维持治疗时间一般需要2～5年。急性发作、缓解迅速彻底的患者，维持治疗时间可以相应较短。反复发作、经常波动或缓解不全的精神分裂症患者常需要终身治疗。

长效制剂在维持治疗上有一定的优势，只要1～4周给药一次，从而减轻了给药负担，并且肌注能保证药物进入体内起到治疗作用。

四、不良反应和处理

鉴于抗精神病药物具有许多药理作用,所以副作用较多,特异质反应也常见。处理和预防药物的不良反应与治疗原发病同等重要。

1. **锥体外系反应** 系传统抗精神病药物治疗最常见的神经系统副作用,包括 4 种表现:

(1) 急性肌张力障碍(acute dystonia):出现最早。男性和儿童比女性更常见。呈现不由自主的、奇特的表现,包括眼上翻、斜颈、颈后倾、面部怪相和扭曲、吐舌、张口困难、角弓反张和脊柱侧弯等。处理:肌注东莨菪碱 0.3 mg 可即时缓解。有时需减少药物剂量,加服抗胆碱能药如盐酸苯海索,或换服锥体外系反应低的药物。

(2) 静坐不能(akathisia):在治疗 1~2 周后最为常见,发生率约为 20%。表现为无法控制的激越不安、不能静坐、反复走动或原地踏步。易误诊为精神病性激越或精神病加剧,故而错误地增加抗精神病药剂量,而使症状进一步恶化。处理:苯二氮䓬类药和受体阻滞剂如普萘洛尔(心得安)等有效,而抗胆碱能药通常无效。有时需减少抗精神病药剂量,或选用锥体外系反应低的药物。

(3) 类帕金森症(Parkinsonism):最为常见。治疗的最初 1~2 个月发生,发生率可高达 56%。女性比男性更常见,老年患者常见,并因淡漠、抑郁或痴呆而误诊。表现可归纳为:运动不能、肌张力高、震颤和自主神经功能紊乱。最初始的形式是运动过缓,体征上主要为手足震颤和肌张力增高,严重者有协调运动的丧失、僵硬、佝偻姿势、慌张步态、面具脸、粗大震颤、流涎和皮脂溢出。处理:服用抗胆碱能药物盐酸苯海索,抗精神病药物的使用应缓慢加药或使用最低有效剂量。没有证据表明常规应用抗胆碱能药物会防止锥体外系症状发展,反而易发生抗胆碱能副作用。如果给予抗胆碱能药物,应该在 2~3 个月后逐渐停用。常用的抗胆碱能药物是盐酸苯海索(安坦),剂量范围 2~12 mg/d。

(4) 迟发性运动障碍(tardive dyskinesia,TD):多见于持续用药几年后,极少数可能在几个月后发生。用药时间越长,发生率越高。女性稍高于男性,老年和脑器质性患者中多见。TD 是以不自主的、有节律的刻板式运动为特征。其严重程度波动不定,睡眠时消失、情绪激动时加重。TD 最早体征常是舌或口唇周围的轻微震颤。处理:尚无有效治疗药物,关键在于预防、使用最低有效剂量或换用锥体外系反应低的药物。抗胆碱能药物会促进和加重 TD,应避免使用。早期发现、早期处理有可能逆转 TD。

2. **其他神经系统不良反应**

(1) 恶性综合征(malignant syndrome):是一种少见的、严重的不良反应。临床特征是:意识波动、肌肉强直、高热和自主神经功能不稳定。最常见于氟哌啶醇、氯丙嗪和氟奋乃静等药物治疗时。药物加量过快、用量过高、脱水、营养不足、合并躯体疾病以及气候炎热等因素,可能与恶性综合征的发生、发展有关。可以发现肌酸磷酸激酶(CPK)浓度升高,但不是确诊的指征。处理是停用抗精神病药物,给予支持性治疗。可以使用肌肉松弛剂丹曲林和促进中枢多巴胺功能的溴隐亭治疗。

(2) 癫痫发作:抗精神病药物能降低抽搐阈值而诱发癫痫,多见于氯氮平、氯丙嗪治疗时。氟哌啶醇和氟奋乃静等在治疗伴有癫痫的精神病患者中可能较为安全。

3. **自主神经的副作用** 抗胆碱能的副作用表现为:口干、视力模糊、排尿困难和便秘等。氯丙嗪和氯氮平等多见,氟哌啶醇、奋乃静等少见。严重反应包括尿潴留、麻痹性肠梗阻和口腔感染,尤其是抗精神病药物合并抗胆碱能药物及三环类抗抑郁药物治疗时更易发生。肾上腺素能阻滞作用表现为:体位性低血压、反射性心动过速以及射精的延迟或抑制。体位性低血压在治疗的头几天最为常见,氯丙嗪肌肉注射时最容易出现。患者由坐位突然站立或起床时可以出现晕厥无力、摔倒或跌伤。嘱咐患者起床或起立时动作要缓慢。有心血管疾病的患者,剂量增加应缓慢。处理:让患者头低脚高位卧床;严重病例应输液并给予去甲肾上腺素、间羟胺等升压,禁用肾上腺素。

4. 代谢内分泌的副作用　催乳素分泌增加多见,雌激素和睾酮水平的变化也有报道,妇女中常见泌乳、闭经和性快感受损。吩噻嗪可以产生妊娠试验假阳性。男性较常见性欲丧失、勃起困难和射精抑制。生长激素水平降低,但在用吩噻嗪或丁酰苯维持治疗的儿童中未见生长发育迟滞。抗利尿激素异常分泌也有报道。氯丙嗪等可以抑制胰岛素分泌,导致血糖升高和尿糖阳性。

体重增加多见,与食欲增加和活动减少有关。机制较复杂,包括组胺受体阻断以及通过下丘脑机制中介的糖耐量和胰岛素释放的改变。患者应节制饮食。氟哌啶醇的体重增加作用较吩噻嗪类少。

5. 精神方面的副作用　许多抗精神病药物产生过度镇静,这种镇静作用通常很快因耐受而消失。头晕和迟钝常是由于体位性低血压引起。哌嗪类吩噻嗪、苯甲酰胺类和利培酮有轻度激活或振奋作用,可以产生焦虑、激越。

药物对精神分裂症患者认知功能的影响与疾病本身的认知缺陷交织在一起。镇静作用较强的吩噻嗪类倾向于抑制精神运动和注意,但一般不影响高级认知功能。如果加上抗胆碱能药物,记忆功能可能暂时受影响。

抗精神病药物是否能引起抑郁目前尚不清楚。不论是否用药,精神分裂症患者都可以出现明显的情感波动。精神分裂症发病初期和恢复期均可出现抑郁症状,自杀在精神分裂症中并不少见。锥体外系副作用,如运动不能可能被误认为是抑郁。抗胆碱能作用强的抗精神病药物如氯氮平、氯丙嗪等较易出现撤药反应,如失眠、焦虑和不安,应予注意。

6. 其他副作用　抗精神病药物还有许多不常见的副作用。抗精神病药对肝脏的影响常见的为谷丙转氨酶(ALT)升高,多为一过性,可自行恢复,一般无自觉症状,轻者不必停药,合并护肝治疗;重者或出现黄疸者应立即停药,加强护肝治疗。胆汁阻塞性黄疸罕见,有时可以同时发生胆汁性肝硬化。其他罕见的变态反应包括药疹、伴发热的哮喘、水肿、关节炎和淋巴结病。严重的药疹可发生剥脱性皮炎,应立即停药并积极处理。

粒细胞缺乏罕见,氯氮平发生率较高,氯丙嗪和硫利达嗪有偶发的病例。哌嗪类吩噻嗪、硫杂蒽和丁酰苯未见报道。如果白细胞计数低,应避免使用氯氮平、氯丙嗪、硫利达嗪等,并且应用这些药物时应常规定期检测血象。

部分抗精神病药可导致心电图的QT间期延长等,尤其是吩噻嗪类的硫利达嗪,可能是改变心肌层中钾通道的结果。在老年人中,药物引起的心律失常会危及生命。

氯丙嗪等吩噻嗪可以在角膜、晶状体和皮肤上形成紫灰色素沉着,阳光地带和女性中多见。

7. 过量中毒　精神分裂症患者常常企图服过量抗精神病药物自杀。意外过量见于儿童。抗精神病药物的毒性比巴比妥和三环类抗抑郁剂低,死亡率低。过量的最早征象是激越或意识混浊。可见肌张力障碍、抽搐和癫痫发作。脑电图显示突出的慢波。常有严重低血压以及心律失常、低体温。抗胆碱能作用（尤其是硫利达嗪）可使预后恶化；毒扁豆碱可用作解毒药。治疗基本上是对症性的。大量输液，注意维持正常体温，应用抗癫痫药物控制癫痫。由于多数抗精神病药物蛋白结合率较高，血液透析作用有限。抗胆碱能作用使胃排空延迟，所以过量数小时后都应洗胃。由于低血压是和肾上腺素能受体的同时阻断，只能用作用于受体的升压药如间羟胺和去甲肾上腺素等升压，禁用肾上腺素。

五、药物间的相互作用

抗精神病药物可以增加三环类抗抑郁药的血药浓度、诱发癫痫、加剧抗胆碱副作用；可以加重抗胆碱药的抗胆碱副作用；可以逆转肾上腺素的升压作用；可以减弱抗高血压药胍乙啶的降压作用，增加α受体阻断剂及钙离子通道阻断剂的血药浓度而导致低血压。

抗酸药影响抗精神病药物吸收。吸烟可以降低某些抗精神病药如氯氮平的血药浓度。卡马西平通过诱导肝脏药物代谢酶，明显降低氟哌啶醇、氯氮平血浆浓度而使精神症状恶化；或增加氯氮平发生粒细胞缺乏的危险性。某些选择性5-羟色胺再摄取抑制剂（SSRIs），如氟西汀、帕罗西汀和氟伏沙明抑制肝脏药物代谢酶，增加抗精神病药物的血药浓度，导致不良反应发生或加剧。

六、常用抗精神病药物

药物的使用频率在不同时期和不同地区有所区别。目前，新一代抗精神病药物的使用在发达国家已占据主导地位。

1. 氯丙嗪　既有较强镇静作用，又有抗幻觉、妄想作用。多为口服给药，也有注射制剂可用于快速有效地控制患者的兴奋和急性精神病性症状。较易产生体位性低血压、锥体外系反应、抗胆碱能反应（如口干、便秘、心动过速等）、催乳素水平升高以及皮疹。

2. 奋乃静　自主神经副作用较少。适用于老年或伴有脏器（如心、肝、肾、肺）等躯体疾病患者。主要副作用为锥体外系症状。

3. 氟奋乃静　口服给药或肌肉注射长效制剂，后者使用较普遍。主要副作用是锥体外系症状。长期用药可致迟发性运动障碍及药源性抑郁。

4. 氟哌啶醇　注射剂常用于处理精神科的急诊问题。也适用于老年或伴有躯体疾患的兴奋躁动的精神病患者。小剂量也可用于治疗儿童多动症及抽动秽语综合征。主要副作用为锥体外系症状。长效制剂锥体外系副作用较口服用药轻。

5. 五氟利多　为口服长效制剂，每周给药一次。该药碾碎后易溶于水，无色无味，给药方便，在家属协助下常用于治疗不合作患者。主要副作用为锥体外系症状，少数患者可发生迟发性运动障碍和抑郁。

6. 舒必利　治疗精神分裂症需要较高剂量。静脉滴注可以用于缓解患者的紧张性症状。主要副作用为引起内分泌变化，如体重增加、泌乳、闭经、性功能减退。

7. 氯氮平　推荐用于治疗难治性病例。易出现体位性低血压、镇静作用强，故起始剂量宜低。粒细胞缺乏症发生率高，临床使用中应进行血常规监测。体重增加、心动过速、便秘、排尿困难、流涎等多见。此外还可见体温升高、癫痫发作。药源性高热症候群

(恶性综合征)亦有报导。该药几乎不引起锥体外系反应及迟发性运动障碍。目前,尽管氯氮平在国内使用仍广泛,但国内外专家主张慎用。

8. 利培酮　对阳性症状、阴性症状、情感症状疗效均较好,长期维持治疗、预防复发的疗效也已被证实明显优于传统药物。由于有效剂量小、用药方便、锥体外系反应轻、抗胆碱能作用及镇静作用小,治疗依从性较好。较大剂量可能出现锥体外系反应,要缓慢加量。主要不良反应为头晕、激越、失眠以及泌乳、闭经等。

9. 奥氮平　化学结构和药理作用与氯氮平类似,但对血象无明显影响。其半衰期长,故可一日一次给药。锥体外系反应少见,治疗依从性较好。主要副作用为引起头晕、思睡、便秘、体重增加等。对精神分裂症和其他有严重阳性症状和(或)阴性症状的精神病的急性期和维持治疗均有较好的疗效,在国外,是临床上应用较多的新型抗精神病药物。

10. 喹硫平　有效剂量范围较宽,对情感症状也有一定疗效。几乎不引起锥体外系反应及迟发性运动障碍,治疗依从性较好。主要副作用是思睡、体位性低血压等。

第三节　抗抑郁药物

抗抑郁药物(antidepressant drugs)是一类治疗各种抑郁状态的药物,但不会提高正常人情绪。部分抗抑郁药对强迫、惊恐和焦虑情绪有治疗效果。目前将抗抑郁药物分为四类:①三环类抗抑郁药(tricyclic antidepressants,TCAs),包括在此基础上开发出来的杂环或四环类抗抑郁药;②单胺氧化酶抑制剂(monoamine oxidase inhibitors,MAOIs);③选择性 5-羟色胺再摄取抑制剂(selective serotonin reuptake inhibitors,SSRIs);④其他递质机制的抗抑郁药。前二类属传统抗抑郁药物,后二类为新型抗抑郁药物。除 MAOIs 只作为二线药物外,SSRIs、其他递质机制的新型抗抑郁药以及 TCAs 均可作为一线抗抑郁药。常用的抗抑郁药物见表 16-2。

表 16-2　常用抗抑郁药物的分类和剂量范围

分类	药名	剂量范围 mg/d
三环类抗抑郁药(TCAs)	丙米嗪(imipramine)	50~250
	氯米帕明(clomipramine)	50~250
	阿米替林(amitriptyline)	50~250
	多塞平(doxepin)	50~250
	马普替林(maprotiline)	50~225
单胺氧化酶抑制剂(MAOIs)	吗氯贝胺(moclobemide)	150~600
选择性 5-羟色胺再摄取抑制剂(SSRIs)	氟西汀(fluoxetine)	20~60
	帕罗西汀(paroxetine)	20~60
	氟伏沙明(fluvoxamine)	50~300
	舍曲林(sertraline)	50~200
	西酞普兰(citalopram)	20~60

续表 16-2

分类	药名	剂量范围 mg/d
其他递质机制的抗抑郁药	曲唑酮（trazodone）	50～300
	奈法唑酮（nefazodone）	50～300
	米安色林（mianserine）	30～90
	米氮平（mirtazapine）	15～45
	文拉法辛（venlafaxine）	75～375
	安非他酮（bupropion）	300～450

一、三环类抗抑郁药

既往 TCAs 是临床上治疗抑郁症的首选药之一。近年来，逐渐被新型抗抑郁药取而代之。

早期的研究认为，TCAs 阻断了 NE 能和 5-HT 能神经末梢对 NE 和 5-HT 的再摄取，以增加突触间隙单胺类递质的浓度，临床上表现为抑郁症状改善。不同的抗抑郁药物阻滞 NE 和 5-HT 再摄取的作用是有差异的。

进一步的研究发现，抗抑郁药物对递质再摄取的抑制作用是立即发生的，而长期用药后则可以降低受体的敏感性（下调作用），这与抗抑郁药物的临床效应滞后（用药 2～3 周后起效）密切相关。除了阻滞 NE 和 5-HT 再摄取起到治疗作用外，三环类抗抑郁药和传统抗精神病药一样也具有 M_1 和 H_1 受体阻断作用，临床应用中同样可以导致口干、便秘、视物模糊、头晕、体位性低血压、镇静、嗜睡和体重增加等副作用。

1. 作用 三环类抗抑郁药适用于治疗各类以抑郁症状为主的精神障碍，如内因性抑郁、恶劣心境障碍、反应性抑郁以及器质性抑郁等。还可以用于治疗焦虑症、惊恐发作和恐惧症。小剂量米帕明可用于治疗儿童遗尿症，氯米帕明则常用于治疗强迫症。

严重心肝肾疾患、粒细胞减少、青光眼、前列腺肥大、妊娠头 3 个月禁用，癫痫和老年人慎用。

2. 药物的选择 米帕明镇静作用弱，适用于迟滞性抑郁以及儿童遗尿症。氯米帕明和选择性 5-HT 再摄取抑制剂一样，既能改善抑郁也是治疗强迫症的有效药物。阿米替林镇静和抗焦虑作用较强，适用于激越性抑郁。多塞平抗抑郁作用相对较弱，但镇静和抗焦虑作用较强，常用于治疗恶劣心境障碍和慢性疼痛。

3. 用法和剂量 从小剂量开始，并根据副作用和临床疗效，用 1～2 周的时间逐渐增加到最大有效剂量。服用抗抑郁药物以后，患者的睡眠首先得到改善，抗抑郁疗效要在用药 2～4 周后出现。例如，阿米替要以 25～50 mg/d 开始治疗，每日（甚至在更长时间内）增加 25 mg，直到日剂量达到 100 mg 左右。在决定进一步加大剂量前，患者应维持这一剂量大约 1 周。如果患者没有或只有轻微疗效，应在下一周把剂量增加到 100～200 mg/d。如果仍没有进一步改善，应检测血药浓度，如剂量足够，治疗 6～8 周无效或疗效不明显者，可考虑换药。由于三环类抗抑郁药在体内的半衰期长，一般可以每日 1 次睡前服或以睡前剂量为主方式给药。这样可以避免白天患者的过度镇静和抗胆碱能副作用。

经过急性期的抗抑郁治疗，抑郁症状已缓解，此时应以有效治疗剂量继续巩固治疗

4～6个月。随后进入维持治疗阶段。维持剂量通常低于有效治疗剂量,可视病情及副作用情况逐渐减少剂量,一般维持 6 个月或更长时间。最终,缓慢逐步减、停药物。反复频繁发作者应长期维持,起到预防复发作用。

4. 不良反应及其处理　发生的频度及严重程度与剂量和血药浓度呈正相关,同时与躯体状况亦有关。

(1) 抗胆碱能副作用:是 TCAs 治疗中最常见的副作用。出现的时间早于药物发挥抗抑郁效果的时间,表现为口干、便秘、视物模糊等。患者一般随着治疗的延续可以耐受,症状将会逐渐减轻。严重者可出现尿潴留、肠麻痹。处理:原则上应减少抗抑郁药物的剂量,必要时加拟胆碱能药对抗副作用。

(2) 中枢神经系统副作用:多数 TCAs 具有镇静作用。出现震颤可以减少剂量或换用抗抑郁药物或采用受体阻滞剂(如普萘洛尔)治疗。TCAs 导致的药源性意识模糊或谵妄,老年患者中易出现。另外,TCAs 诱导的脑电图异常也与血药浓度密切相关。

(3) 心血管副作用:是主要的不良反应。肾上腺素能受体的阻断可发生体位性低血压、心动过速、头晕等,老年人和患有充血性心力衰竭的患者更多见。TCAs 的奎尼丁样作用可能与药物所致心律失常有关。TCAs 还可以引起 P-R 间期和 QRS 时间延长,因而不可用于具有心脏传导阻滞的患者。

(4) 性方面的副作用:因抑郁症本身和抗抑郁药物均可引起性功能障碍,故应详细询问病史,弄清是疾病的表现还是药物的副作用。与三环类抗抑郁药物有关的性功能障碍包括阳痿、射精障碍、男性和女性性兴趣和性快感降低。性功能障碍会随抑郁症状的好转和药量的减少而改善。

(5) 体重增加:可能与组胺受体阻断有关。另外,有些病人出现外周性水肿,此时应限制盐的摄入。

(6) 过敏反应:轻度皮疹,经过对症治疗可以继续用药;对于较严重的皮疹,应当逐渐减、停药物。进一步的治疗,应避免使用已发生过敏的药物。偶有粒细胞缺乏发生,一旦出现应立即停药,且以后禁用。

(7) 过量中毒:超量服用或误服可发生严重的毒性反应,危及生命。死亡率高,一次吞服米帕明 1.25 g 即可致死。临床表现为昏迷、癫痫发作、心律失常三联征,还可有高热、低血压、肠麻痹、瞳孔扩大、呼吸抑制、心搏骤停。处理:试用毒扁豆碱缓解抗胆碱能作用,每 0.5～1 小时重复给药 1～2 mg。及时洗胃、输液,积极处理心律不齐、控制癫痫发作。由于三环类药物的抗胆碱能作用使胃内容物排空延迟,即使过量服入后数小时,仍应采取洗胃措施。

二、新型抗抑郁药物

传统抗抑郁药物 TCAs 和 MAOIs 由于毒副作用使其应用受到一定限制。新型抗抑郁药物与传统药物相比疗效相当,毒副作用小,使用安全。

(一) 选择性 5-羟色胺再摄取抑制剂

选择性 5-羟色胺再摄取抑制剂(SSRIs)是 20 世纪 80 年代开发并试用于临床的一类新型抗抑郁药物。目前常用于临床的 SSRIs 有 5 种:氟西汀、帕罗西汀、舍曲林、氟伏沙明和西酞普兰。这类药物选择性抑制突触前膜对 5-HT 的回收,对 NE 影响很小,几乎不影响 DA 的回收。其中的帕罗西汀、氟伏沙明有轻度的抗胆碱能作用。

这类药物的适应证包括抑郁症、强迫症、惊恐症和贪食症等,但不同的 SSRIs 对不同靶症状的剂量、起效时间、耐受性和疗效不同。临床特点还有:抗抑郁作用与 TCAs 相当,但对严重抑郁的疗效可能不如 TCAs;半衰期长,多数只需每日给药 1 次,疗效在停药较长时间后才逐渐消失;心血管和抗胆碱副作用轻微,过量时较安全,前列腺肥大和青光眼患者可用;副作用主要包括恶心、腹泻、失眠、不安和性功能障碍,多数副作用持续时间短、一过性、可产生耐受;与其他抗抑郁药合并使用常常增强疗效,但应避免与 MAOIs 等合用,否则易致 5-HT 过多的综合征。

1. 氟西汀　半衰期最长,其活性代谢产物的半衰期可达 7～15 天。最理想的剂量是 20 mg/d,随着剂量增加副作用也有所增加。致嗜睡作用轻,有一定的振奋作用。在强迫症和贪食症及减肥的治疗中,剂量相对较大。对肝脏 CYP2D6 酶抑制作用较强,与其他有关药物合用时有所禁忌。

2. 帕罗西汀　对伴焦虑的抑郁症较适合。初始剂量为 20 mg,根据情况每次加 10 mg,间隔时间应不少于 1 周。停药太快有撤药反应,因此撤药应缓慢进行。和氟西汀一样,帕罗西汀对 CYP2D6 等酶的抑制作用也较强。

3. 舍曲林　适用于各种抑郁症患者。抗抑郁的开始剂量为 50 mg/d,可酌情加量。舍曲林对肝脏细胞色素 P450 酶抑制作用弱,故很少与其他药物发生配伍禁忌。

4. 氟伏沙明　适应证和副作用与其他 SSRIs 类似。日剂量大于 100 mg 时可分为 2 次服用。氟伏沙明对肝脏 CYP1A2 酶抑制作用强,应注意相应的药物配伍禁忌。

5. 西酞普兰　适应证与其他 SSRIs 类似,常用剂量 20 mg/d。西酞普兰对肝脏细胞色素 P450 酶的影响在 SSRIs 中最小,因此几乎没有药物配伍禁忌,安全性较强。

(二) 其他递质机制的新型抗抑郁药物

1. 曲唑酮和奈法唑酮　药理作用既阻滞 5-HT 受体又选择性地抑制 5-HT 再摄取。适用于伴有焦虑、激越、睡眠障碍的抑郁患者,以及对 SSRIs 治疗不能耐受、出现性功能障碍或无效的抑郁患者。5-HT 阻滞所致的副作用为思睡、视像存留(少见)和乏力。

2. 米安色林和米氮平　除抗抑郁作用外,还有较强的镇静和抗焦虑作用。有体重增加、镇静副作用,少有性功能障碍或恶心腹泻。米安色林有引起粒细胞减少的报道,应监测血象。

3. 文拉法辛　该药具有剂量依赖性单胺药理学特征,低剂量仅有 5-HT 再摄取阻滞,中至高剂量有 5-HT 和 NE 再摄取阻滞,非常高的剂量有 DA 以及 5-HT 和 NE 再摄取阻滞。起效较快。中至高剂量用于严重抑郁和难治性抑郁的患者,低剂量时与 SSRI 没有多大差别,可用于迟滞、睡眠过多、体重增加和非典型抑郁。低剂量时副作用与 SSRIs 类似,如恶心、激越、性功能障碍和失眠;中至高剂量时副作用为失眠、激越、恶心以及头痛和高血压。撤药反应常见,如胃肠反应、头晕、出汗等。

4. 安非他酮　适用于迟滞性抑郁、睡眠过多、用于认知缓慢或假性痴呆及对 5-HT 能药物无效或不能耐受者,还可用于注意缺陷障碍、戒烟、兴奋剂的戒断和渴求。常见的副作用有坐立不安、失眠、头痛、恶心和出汗。

第四节 心境稳定剂

心境稳定剂(mood stabilizers,也译为情绪稳定剂),又称抗躁狂药物(antimanic drugs),是治疗躁狂以及预防双向情感障碍的躁狂或抑郁发作,且不会诱发躁狂或抑郁发作的一类药物。主要包括锂盐(碳酸锂)和某些抗癫痫药如卡马西平、丙戊酸盐等。传统抗精神病药物如氯丙嗪、氟哌啶醇等可用于躁狂发作急性期治疗,但因可能诱发抑郁发作,不能称之为心境稳定剂;新一代抗精神病药奥氮平、利培酮和喹硫平等,可以用于躁狂或双相障碍的急性期治疗和维持期治疗,诱发抑郁的报告罕见。本节介绍前两类药物。

一、碳酸锂

碳酸锂(lithium carbonate)是锂盐的一种口服制剂,为最常用的抗躁狂药物。

(一)作用机制

锂盐的作用机制目前尚未阐明,主要集中在电解质、中枢神经递质、环磷酸腺苷几个方面。锂盐能置换细胞内钠离子,降低细胞的兴奋性。还能与钾、钙和镁离子相互作用,改变其细胞内外分布,取代这些离子的某些生理功能。锂盐能抑制脑内去甲肾上腺素、多巴胺和乙酰胆碱的合成和释放,并增加突触前膜对去甲肾上腺素和5-羟色胺的再摄入。锂盐还能促进5-羟色胺的合成和释放。锂盐能抑制腺苷酸环化酶,使第二信使环磷酸腺苷(cAMP)生成减少,降低靶细胞生理效应。

(二)临床应用

1. 适应证和禁忌证　碳酸锂的主要适应证是躁狂症,它是目前治疗躁狂症的首选药物,对躁狂症和双相情感障碍的躁狂或抑郁发作还有预防作用。分裂情感性精神病也可用锂盐治疗。对精神分裂症伴有情绪障碍和兴奋躁动者,可以作为抗精神病药物治疗的增效药物。

急慢性肾炎、肾功能不全、严重心血管疾病、重症肌无力、妊娠头3月以及缺钠或低盐饮食患者禁用。帕金森病、癫痫、糖尿病、甲状腺功能低下、神经性皮炎、老年性白内障患者慎用。

2. 用法和剂量　常用碳酸锂每片250 mg,饭后口服给药,一般开始每次给250 mg,每日2~3次,逐渐增加剂量,有效剂量范围为750~1 500 mg/d,偶尔可达2 000 mg/d。锂盐充分治疗的情况下,总有效率70%。一般至少1周才能起效,6~8周可以完全缓解,此后应以有效治疗剂量继续巩固治疗2~3月。可以停药的患者应逐步缓慢进行。

锂盐的中毒剂量与治疗剂量接近,有必要监测血锂浓度,可以据此调整剂量、确定有无中毒及中毒程度。在治疗急性病例时,血锂浓度宜为0.8~1.0 mmol/L,超过1.4 mmol/L易产生中毒反应,尤其老年人和有器质性疾病患者易发生中毒。为尽快控制急性躁狂症状,可在治疗开始时与氯丙嗪或氟哌啶醇或苯二氮䓬类药物联合应用。待兴奋症状控制后,应逐渐将抗精神病药物和苯二氮䓬类药物撤去,否则较长时间合用可以掩盖锂中毒的早期症状。

3. 维持治疗　锂盐的维持治疗适用于双相障碍及躁狂症的反复发作者。锂盐能减少复发次数和减轻发作的严重程度。维持治疗在第二次发作缓解后给予,维持时间可考虑持续到病情稳定达到既往发作 2~3 个循环的间歇期或持续 2~3 年。维持治疗量为治疗量的一半,即每日 500~750 mg,保持血锂浓度为 0.4~0.8 mmol/L。躁狂首次发作治愈后,一般可以不用维持治疗。

4. 副作用　锂在肾脏与钠竞争重吸收,缺钠或肾脏疾病易导致体内锂的蓄积中毒。副作用与血锂浓度相关。一般发生在服药后 1~2 周,有的出现较晚。常饮淡盐水可以减少副作用。根据副作用出现的时间可分为早期、后期副作用以及中毒先兆。

(1) 早期的副作用:无力、疲乏、思睡、手指震颤、厌食、上腹不适、恶心、呕吐、稀便、腹泻、多尿、口干等。

(2) 后期的副作用:由于锂盐的持续摄入,患者持续多尿、烦渴、体重增加、甲状腺肿大、粘液性水肿、手指细震颤。粗大震颤提示血药浓度已接近中毒水平。锂盐干扰甲状腺素的合成,女性患者可引起甲状腺功能减退。类似低钾血症的心电图改变亦可发生,但为可逆的,可能与锂盐取代心肌钾有关。

(3) 锂中毒先兆:表现为呕吐、腹泻、粗大震颤、抽动、呆滞、困倦、眩晕、构音不清和意识障碍等。应即刻检测血锂浓度,如血锂超过 1.4 mmol/L 时应减量。如临床症状严重应立即停止锂盐治疗。血锂浓度越高,脑电图改变越明显,因而监测脑电图有一定价值。

5. 锂中毒及其处理　引起锂中毒的原因很多,包括肾锂廓清率下降、肾脏疾病的影响、钠摄入减少、患者自服过量、年老体弱以及血锂浓度控制不当等。中毒症状包括:共济失调、肢体运动协调障碍、肌肉抽动、言语不清和意识模糊,重者昏迷、死亡。一旦出现毒性反应需立即停用锂盐,大量给予生理盐水或高渗钠盐加速锂的排泄,或进行人工血液透析。一般无后遗症。

二、抗癫痫药物

有数种抗癫痫药物可以作为心境稳定剂。常用的是丙戊酸盐和卡马西平。近年开发的一些新型抗癫痫药物,如加巴喷丁(gabapentin)、拉莫三嗪(lamotrigine)和托吡酯(topiramate)等也用于情感性精神障碍的治疗。

1. 丙戊酸盐(valproate)　常用的有丙戊酸钠和丙戊酸镁。丙戊酸盐对躁狂症的疗效与锂盐相当,对混合型躁狂、快速循环型双相障碍以及锂盐治疗无效者可能疗效更好。肝脏和胰腺疾病者慎用,孕妇禁用。初始剂量 400~600 mg/d,分 2~3 次服用,每隔 2~3 天增加 200 mg,剂量范围 800~1 800 mg/d。治疗浓度应达 50~100 mg/L。常见副作用为胃肠刺激症状以及镇静、共济失调、震颤等。转氨酶升高较多见,造血系统不良反应少见,极少数患者出现罕见的中毒性肝炎和胰腺炎。

2. 卡马西平(carbamazepine)　对治疗急性躁狂和预防躁狂发作均有效,尤其对锂盐治疗无效的、不能耐受锂盐副作用的以及快速循环发作的躁狂患者,效果较好。卡马西平与锂盐合并应用预防双相患者复发,其疗效较锂盐与抗精神病药物合用要好。青光眼、前列腺肥大、糖尿病、酒依赖者慎用,白细胞减少、血小板减少、肝功能异常以及孕妇禁用。初始剂量 400 mg/d,分 2 次口服,每 3~5 日增加 200 mg,剂量范围

400～1 600 mg/d,血浆水平应达 4～12 mg/L。剂量增加太快,会导致眩晕或共济失调。卡马西平具有抗胆碱能作用,治疗期间可出现视物模糊、口干、便秘等副作用。皮疹较多见,严重者可出现剥脱性皮炎。偶可引起白细胞和血小板减少及肝损害。应监测血象的改变。

第五节 抗焦虑药物

抗焦虑药物(anxiolytic drugs)的应用范围广泛,种类较多,具有中枢或外周神经系统抑制作用的药物都曾列入此类,并用于临床。目前,应用最广的为苯二氮䓬类,其他还有丁螺环酮、肾上腺素受体阻滞剂如普萘洛尔。三环类抗抑郁药、单胺氧化酶抑制剂和新型抗抑郁药以及部分抗精神病药(小剂量使用)均有抗焦虑作用。苯二氮䓬类除了抗焦虑作用外,常作为镇静催眠药物使用,因此被滥用现象较严重,如何合理应用是值得注意的问题。本节主要介绍苯二氮䓬类药物和丁螺环酮。

一、苯二氮䓬类

苯二氮䓬类(benzodiazepines)目前有 2000 多种衍生物,国内常用的只有十余种,见表 16-3。

表 16-3 常用的苯二氮䓬类药物

药 名	半衰期(小时)	适应证	常用剂量 mg/d
地西泮(diazepam)	30～60	抗焦虑、催眠、抗癫痫	5～15
氯氮䓬(chlordiazepoxide)	30～60	抗焦虑、催眠、抗癫痫	5～30
氟西泮(fludiazepam)	50～100	催眠	15～30
硝西泮(nitrazepam)	18～34	催眠、抗癫痫	5～10
氯硝西泮(clonazepam)	20～40	抗癫痫、抗躁狂、催眠	2～8
阿普唑仑(alprazolam)	6～20	抗焦虑、抗抑郁、催眠	0.8～2.4
艾司唑仑(estazolam)	10～24	抗焦虑、催眠、抗癫痫	2～6
劳拉西泮(lorazepam)	10～20	抗焦虑、抗躁狂、催眠	1～6
奥沙西泮(oxazepam)	6～24	抗焦虑、催眠	30～90
咪达唑仑(midazolam)	2～5	快速催眠、诱导麻醉	15～30

苯二氮䓬类药物作用于氨基丁酸(GABA)受体、苯二氮䓬类受体和氯离子通道的复合物。通过增强 GABA 的活性,进一步开放氯离子通道,氯离子大量进入细胞内,引起神经细胞超极化,从而起到中枢抑制作用。具体表现为 4 类药理作用:①抗焦虑作用,可以减轻或消除神经症患者的焦虑不安、紧张、恐惧情绪等;②镇静催眠作用,对睡眠的各期都有不同程度的影响;③抗惊厥作用,可以抑制脑部不同部位的癫痫病灶的放电不向外

围扩散;④骨骼肌松弛作用,是抑制脊髓和脊髓上的运动反射所致。

1. **适应证和禁忌证** 苯二氮䓬类既是抗焦虑药也是镇静催眠药。临床应用广泛,用于治疗各型神经症、各种失眠以及各种躯体疾病伴随出现的焦虑、紧张、失眠、自主神经系统紊乱等症状,也可用于各类伴焦虑、紧张、恐惧、失眠的精神病以及激越性抑郁、轻性抑郁的辅助治疗。还可用于癫痫治疗和酒精急性戒断症状的替代治疗。

凡有严重心血管疾病、肾病、药物过敏、药物依赖、妊娠头3月、青光眼、重症肌无力、酒精及中枢抑制剂使用时应禁用。老年、儿童、分娩前及分娩中慎用。

2. **药物的选择** 选择药物时,既要熟悉不同药物的特性,又要结合患者的特点。如患者有持续性焦虑和躯体症状,则以长半衰期的药物为宜,如地西泮、氯氮䓬。如患者焦虑呈波动形式,应选择短半衰期的药物,如奥沙西泮、劳拉西泮等。阿普唑仑具有抗抑郁作用,伴抑郁的患者可选用此药。对睡眠障碍常用氟西泮、硝西泮、艾司唑仑、氯硝西泮、咪达唑仑等。氯硝西泮对癫痫有较好的效果。戒酒时,地西泮替代最好。缓解肌肉紧张可用劳拉西泮、地西泮、硝西泮。两种甚至三种苯二氮䓬类药物同时合用是应当避免的。

3. **用法和剂量** 多数苯二氮䓬类的半衰期较长,所以无须每日3次给药,每日1次即可。或因病情需要,开始可以每日2~3次,病情改善后,可改为每日1次。苯二氮䓬类治疗开始时可用小剂量,3~4天加到治疗量。急性期患者开始时剂量可稍大些,或静脉给药,以控制症状。

4. **维持治疗** 神经症患者,病情常因心理社会因素而波动,症状时重时轻。因此,苯二氮䓬类药物控制症状后,无须长期应用,长期应用也不能预防疾病的复发,且易导致依赖性。撤药宜逐渐缓慢进行,缓慢减药后仍可维持较长时间的疗效。对于病情迁延或难治性患者,应考虑采用抗抑郁药或丁螺环酮等长期治疗。

5. **副作用** 苯二氮䓬类药物的副作用较少,一般能很好地耐受,偶有严重并发症。最常见的副作用为嗜睡、过度镇静、智力活动受影响、记忆力受损、运动的协调性减低等。上述副作用常见于老年或有肝脏疾病者。血液、肝和肾方面的副作用较少见。偶见兴奋、梦魇、谵妄、意识模糊、抑郁、攻击、敌视行为等。妊娠头3个月服用时,有引起新生儿唇裂、腭裂的报道。

苯二氮䓬类药物的毒性作用较小。作为自杀目的服入过量药物者,如果同时服用其他精神药物或酒精易导致死亡。单独服药过量者常进入睡眠,可被唤醒,血压略下降,在24~48小时后醒转。处理主要是洗胃、输液等综合措施。血液透析往往无效。

6. **耐受与依赖** 苯二氮䓬类可产生耐受性,应用数周后需调整剂量才能取得更好疗效。长期应用后可产生依赖性,包括躯体依赖和精神依赖,与酒精和巴比妥可发生交叉依赖。躯体依赖症状多发生在持续3个月以上者,并且短半衰期药物较易产生依赖。突然中断药物,将引起戒断症状。戒断症状多为焦虑、激动、易激惹、失眠、震颤、头痛、眩晕、多汗、烦躁不安、耳鸣、人格解体及胃肠症状(恶心、呕吐、厌食、腹泻、便秘)。严重者可出现惊厥,此现象罕见但可导致死亡。因此,苯二氮䓬类药物在临床中要避免长期应用。停药宜逐步缓慢进行。

二、丁螺环酮

丁螺环酮(buspirone)是非苯二氮䓬类抗焦虑药物,化学结构属于阿扎哌隆类

(azapirones)，系 5-HT$_{1A}$ 受体的部分激动剂。通常剂量下没有明显的镇静、催眠、肌肉松弛作用，也无依赖性报道。主要适用于广泛性焦虑症，还可用于伴有焦虑症状的强迫症、酒精依赖、冲动攻击行为以及抑郁症。对惊恐发作疗效不如三环抗抑郁药。与其他镇静药物、酒精没有相互作用。不会影响患者的机械操作和车辆驾驶。孕妇、儿童和有严重心、肝、肾功能障碍者应慎用。抗焦虑治疗的剂量范围 15～45 mg/d，分 3 次口服。起效比苯二氮䓬类慢。用于抑郁症时剂量应大些，剂量范围 60～90 mg/d。不良反应较少，如口干、头晕、头痛、失眠、胃肠功能紊乱等。

第六节　无抽搐电休克治疗

无抽搐电休克治疗（MECT），又称为改良电痉挛治疗、无痉挛电痉挛治疗，是在通电治疗前，先注射适量的肌肉松弛剂，然后利用一定量的电流刺激大脑，引起患者意识丧失，从而达到无抽搐发作而治疗精神病的一种方法。

除普通电痉挛治疗的适应证外，对年老体弱，骨折，骨质疏松和伴有躯体疾病的患者均可酌情施治。

一、适应证和禁忌证

1. **适应证**　包括：①严重抑郁，有强烈自伤、自杀企图及行为者，以及明显自责自罪者；②极度兴奋躁动冲动伤人者；③拒食、违拗和紧张性木僵者；④精神药物治疗无效或对药物治疗不能耐受者。

2. **禁忌证**　包括：①脑器质性疾病：颅内占位性病变、脑血管疾病、中枢神经系统炎症和外伤。其中脑肿瘤或脑动脉瘤尤应注意，因为当抽搐发作时，颅内压会突然增加，易引起脑出血、脑组织损伤或脑疝；②心血管疾病：冠心病、心肌梗死、高血压、心律失常、主动脉瘤及心功能不全者；③骨关节疾病，尤其新近发生者；④出血或不稳定的动脉瘤畸形；⑤有视网膜脱落潜在危险的疾病，如青光眼；⑥急性的全身感染、发热；⑦严重的呼吸系统疾病，严重的肝、肾疾病；⑧利血平治疗者；⑨老年人、儿童及孕妇。

二、术前准备

1. 治疗前应详细进行体格检查和必要的理化检查，包括心电图等。
2. 治疗前至少禁食 6 小时，治疗前应排空大、小便。
3. 每次治疗前半小时测体温、脉搏、呼吸、血压。
4. 在专门治疗室进行治疗。应备齐各种急救药品与器械。
5. 工作人员至少 3 名。1 名麻醉师负责麻醉及活瓣气囊加压人工呼吸；1 名精神科医师操作电痉挛治疗机，负责观察药物用量及通电后情况；1 名护士进行器械准备及负责静脉穿刺。

三、操作方法

1. 患者仰卧于治疗床上，检查口腔，摘除义齿，解开衣带领扣。
2. 静注阿托品 0.5～1 mg。
3. 静注麻醉剂（目前常用丙泊酚），静注时应缓慢，以诱导麻醉，静注至睫毛反射迟钝，对呼唤无反应，嗜睡状态时即可。
4. 氯化琥珀胆碱 1 ml(50 mg)，用注射用水稀释到 3 ml，静脉注射（10 秒钟注射完），注射药后 1 分钟即可见自脸面口角至胸腹四肢的肌束抽动。约 3 分钟全身肌张力下降，腱反射（膝、踝）消失，自主呼吸停止，此时为通电的最佳时机。氯化琥珀胆碱一般用量为 50 mg 左右。
5. 麻醉后期将涂有导电糊的电极紧贴在患者头部两颞侧，或单侧大脑非优势半球的顶颞侧（百会穴一印堂穴）。电流为 90～130 mA，通电时间为 2～4 秒。患者出现面肌、口、角、眼轮匝肌、手指和足趾轻微抽动，有的没有抽动，只是皮肤出现鸡皮疙瘩。同时进行脑电图监测，以证实为有效发作。
6. 通电结束后，在睑面部和四肢肢端抽搐将停止时，用活瓣气囊供氧并行加压人工呼吸，5～10 分钟，自主呼吸恢复后，拔除静脉针头。改良电痉挛治疗关键应掌握好肌肉松弛剂的剂量，麻醉药量和通电量。
7. 疗程一般为 6～12 次。急性患者可每日一次后改隔日一次。

四、术后处理

治疗结束后应继续监护 15 分钟左右，以防止患者在意识恢复过程中因意识模糊、躁动不安而致的意外。个别体质虚弱者因可能出现继发性呼吸抑制，故应倍加警惕。

五、禁忌症

同一般电痉挛治疗。但年老体弱、关节疾病、心功能不全但代偿功能好的可除外。高血钾症患者应禁用。

第七节 其他非药物治疗

近年来，精神科非药物治疗尽管发展较慢，但一些技术还是取得了较好的临床效果。

1. 重复经颅磁刺激(rTMS)　随着技术的发展，具有连续可调重复刺激的经颅磁刺激(rTMS)出现，并在临床精神病、神经疾病及康复领域获得越来越多的认可。它主要通过不同的频率来达到治疗目的，高频(>1 Hz)主要是兴奋的作用，低频(≤1 Hz)则是抑制的作用。因其无痛、非创伤的物理特性，实现人类一直以来的梦想—虚拟地损毁大脑探索脑功能及高级认知功能。

经颅磁刺激技术(Transcranial Magnetic Stimulation，TMS)是一种无痛、无创的绿

色治疗方法,磁信号可以无衰减地透过颅骨而刺激到大脑神经,实际应用中并不局限于头脑的刺激,外周神经肌肉同样可以刺激,因此现在都叫它为"磁刺激"。TMS 可以治疗精神分裂症(阴性症状)、抑郁症、强迫症、躁狂症、创伤后应激障碍(PTSD)等精神疾病。

重复经颅磁刺激(rTMS)用于治疗主要是通过改变它的刺激频率而分别达到兴奋或抑制局部大脑皮质功能的目的。

高频率、高强度 rTMS,可产生兴奋性突触后电位总和,导致刺激部位神经异常兴奋,低频刺激的作用则相反,通过双向调节大脑兴奋与抑制功能之间的平衡来治疗疾病。对 rTMS 刺激的局部神经通过神经网络之间的联系和互相作用对多部位功能产生影响;对于不同病人的大脑功能状况,需用不同的强度、频率、刺激部位、线圈方向来调整,才能取得良好的治疗效果。

2. 生物反馈疗法(biofeedback therapy)　是利用现代生理科学仪器,通过人体内生理或病理信息的自身反馈,使患者经过特殊训练后,进行有意识的"意念"控制和心理训练,从而消除病理过程、恢复身心健康的新型心理治疗方法。

生物反馈是从 20 世纪 20 年代通过监测到的肌电活动开始的,就是将肌电活动、脑电、心率、血压等生物学信息进行处理,然后通过视觉和听觉等人们可以认识的方式显示给人们,训练人们,使人们能够有意识地控制自己的心理活动,以达到调整机体功能、防病治病的目的。

生物反馈法的运用一般包括两方面的内容:一是让来访者学习放松训练,以便能减轻过度紧张,使身体达到一定程度的放松状态;二是当来访者学会放松后,再通过生物反馈仪,使其了解并掌握自己身体内生理功能改变的信息,进一步加强放松训练的学习,直到形成操作性条件反射,解除影响正常生理活动或病理过程的紧张状态,以恢复正常的生理功能。

适应症:生物反馈疗法可用于治疗头痛、偏头痛、哮喘、癫痫、高血压、皮肤科疾病以及焦虑症、恐怖性神经症、失眠、腰背痛等。

禁忌症:不适合严重智力缺陷者、5 岁以下儿童、精神分裂症急性期以及病因不明的。不愿意接受的患者也不能使用。

治疗过程:生物反馈疗法是让病人在安静的诊疗室里,躺在生物反馈仪旁,接上仪器的电极就可以进行治疗了。

(1) 进行肌感练习,以达到消除紧张的目的。病人一边注意听仪器发出的声调变化,一边注意训练部位的肌肉系统,逐步让病人建立起肌感。同时在进行训练时,要采取被动注意的态度,病人利用反馈仪会很快掌握这种技巧,迅速打破长期紧张的疾病模式而进入放松状态。

(2) 为了逐步扩大放松的成果,将仪器灵敏度减低,使病人适应性提高。这就是所谓的塑造技术,此技术能将放松水平提高到一个新的水平上。

(3) 病人学会在没有反馈仪的帮助下,也能运用放松技术来得心应手地处理所遇到的各种事件。这就是将技能转换成完全适应日常生活的技术,可以使病人完全自觉地运用放松技术,这就达到了治疗的目的了。

3. 其他治疗方法

(1) 深部脑刺激:应用立体定向技术将电极触点组成的电极放置于脑内靶区域,通过埋于皮下的导线与放置于胸部皮下组织的脉冲发生器相连。可以通过选择电极对调整刺激脉冲幅度、频率和宽度在内的所有刺激参数,以获得最佳疗效。

(2) 迷走神经刺激:通过植入颈部迷走神经周围的电极对迷走神经给予反复的电刺激脉冲。在精神科主要用于抑郁症的治疗。2006年,FDA批准用于慢性或复发性成年抑郁症患者等。

其他如经颅微电流技术等方法有待进一步发展,以应用于临床。

(吕成荣)

第十七章　心理治疗

心理治疗是一类应用心理学原理和方法，由专业人员有计划地实施的治疗疾病的技术。心理治疗人员通过与患者建立治疗关系与互动，积极影响患者，达到减轻痛苦、消除或减轻症状的目的，帮助患者健全人格、适应社会、促进康复。

第一节　概　述

心理治疗（psychotherapy）又叫精神疗法，是一种以助人为目的的专业性人际互动过程。治疗师通过言语和非言语的方式影响患者或其他求助者，引起心理和躯体功能的积极变化，达到治疗疾病、促进康复的目的。

治疗师的言语、表情、举止行为及特意安排的情境，可以使病人或来自普通人群的"咨询顾客（咨客，client）"在认知、情感、意志行为等方面发生变化，以帮助他们解决学习、工作、生活、健康等方面的问题，从而能更好地适应内外环境的变化，保持心理和生理的健康。心理治疗能够对躯体内的过程产生影响，因为心理功能与生理功能是人的生命过程中对立统一的两个方面。

心理治疗与心理咨询（psychological counseling）在一定程度上互相重叠、相通，助人的目的、机制大同小异。二者区别主要在于对象各有侧重——心理治疗主要针对临床病人，而心理咨询主要针对普通咨客。不过，有时要区分此二类服务对象并不容易，可以下临床诊断的人可能不认为自己是病人，而有人自以为只需要咨询，但实际上需要力度大、系统化的治疗。另外，有的治疗流派认为：把求助者当"病人"看待，会强化对病态的注意，强化相关的消极情感体验，使病态慢性化，产生所谓的"标签效应"，所以故意模糊病人与咨客的界限。

心理治疗应该具备如下几个要素：①由具有社会认可身份、受过专业训练的人员实施；②在专门的医疗和心理卫生机构、场所实施；③以助人、促进健康为目的，不损害患者身心健康和社会的利益；④遵守技术规范和伦理原则，并符合法律的要求；⑤掌握适应证和禁忌证，不滥用、误用；⑥对治疗过程及其后果能够控制、查验，能及时发现和处理副作用，能进行合理解释，不使用超自然理论。

在我国，"生物—心理—社会"医学模式日渐深入人心，强调以人为本的医疗服务，临床各科医师和患者的精神卫生意识明显增强，对心理治疗和心身医学服务的需求也大量增加。因此，向精神科、心身医学科以外临床部门的医师普及心理治疗基本治疗技术具有十分重要的价值。

第二节 心理治疗的对象

一、心理治疗的人员资质

以下两类在医疗机构工作的医学、心理学工作者可以成为心理治疗人员：
1. 精神科（助理）执业医师并接受了规范化的心理治疗培训。
2. 通过卫生专业技术资格考试（心理治疗专业），取得专业技术资格的卫生技术人员。

二、心理治疗的对象和场所

（一）治疗对象

心理治疗的服务对象是心理问题严重、需要系统性心理治疗的人员，以及符合精神障碍诊断标准《国际疾病分类(ICD-10)精神与行为障碍分类》的患者。

1. 心理治疗的适应证 包括以下种类：
①神经症性、应激相关的及躯体形式障碍；
②心境（情感）障碍；
③伴有生理紊乱及躯体因素的行为综合征（如进食障碍、睡眠障碍、性功能障碍等）；
④通常起病于儿童与少年期的行为与情绪障碍；
⑤成人人格与行为障碍；
⑥使用精神活性物质所致的精神和行为障碍；
⑦精神分裂症、分裂型障碍和妄想性障碍；
⑧心理发育障碍，以及器质性精神障碍等。

在针对以上各类精神障碍的治疗中，心理治疗可以作为主要的治疗方法，也可以作为其他治疗技术的辅助手段。

2. 心理治疗的禁忌证 主要包括：
①精神病性障碍急性期患者，伴有兴奋、冲动及其他严重的意识障碍、认知损害和情绪紊乱等症状，不能配合心理治疗的情况。
②伴有严重躯体疾病患者，无法配合心理治疗的情况。

（二）治疗场所

心理治疗属于医疗行为，应当在医疗机构内开展。医疗机构应该按照心理治疗工作的需要，设置专门的心理治疗场所。

三、心理治疗的效用及其机制

(一) 心理治疗的用途与疗效

人类使用心理方法治疗疾病的历史久远,成功经验很多。人们通过临床实践和科学设计的研究来检验理论的合理性和方法的有效性。用科学方法考察现代心理治疗的效果,结论也是肯定的。

(1) 不同类型的神经症患者都可以得到心理治疗的有益帮助。治疗能够缓解症状,加快自然的治愈过程,提供新的应对策略和对付未来问题的方法。

(2) 神经症、儿童少年期的情绪和品行障碍,患病率较高,是心理治疗的重要适应证;成人的其他心理问题、精神障碍和心身性障碍,包括一些与躯体疾病、创伤相关的适应问题、情绪障碍等,也常常根据情况,需要心理治疗作为唯一的、主要的或辅助的治疗。

(3) 正规治疗的疗效一般是持久的。专业心理治疗的疗效优于一般的支持性人际关系和安慰剂。

(4) 一些非技术性因素,如人际性、社会性和情感性因素,在促进治疗变化方面有巨大作用。治疗师的个性影响有时超过操作技术。信任、温暖、悦纳和智慧的个人魅力在治疗中发挥了关键的作用。

(5) 治疗师以及病人的情况千差万别,心理治疗并不是使人人都受益。除了病人方面的因素,治疗师方面消极的个性特征、应用技术不当,可能产生副作用,甚至对病人造成伤害。

(二) 心理治疗产生疗效的机制

有效的心理治疗产生的治疗效应,是通过一般性的(或基本的)治愈机制和特殊的治愈机制实现的。

"基本的、非特殊性的治愈机制,与治疗者所施行的治疗方式不太有关系,而是超出治疗之学理与技巧而无形中产生的治愈效果。这种治愈机制包括治疗者对于被治疗者所表示的基本关心,病人对治疗者的信任,病人觉得治疗者能作其精神上之后盾,并给予支持;治疗者能替病人栽培对将来可抱有的希望,病人本身想好的动机与期待等等。在施行心理治疗时,这些非特殊性的因素,往往在不知不觉之中会发生很大的功效,不管采用何种治疗模式时,都宜尽量发挥此基本之治愈功能。"

"所谓特殊的治愈机制,乃是治疗者经运用治疗原理,有意地选择执行某种治疗策略及技巧,希望产生特别的治疗功能。因此,随着治疗模式不同,各种治疗方式有其特殊之治愈机制,并特别去运用,有目的性地让它发生。"

无论是基本的还是特殊的机制,均是通过治疗师与被治疗者之间发生的有效而积极的交流(communication)才实现的。在医患关系中,医师与患者不可能不交流,差别只在于这种人际互动是有利于还是有害于患者。一位医生如果主动追求积极的、建设性的互动,那么其言行举止实际上在不经意间就已经开始发挥基本的治愈机制。

"安慰剂效应"与"白大褂效应":临床上经常可以看到,不同的医生处理同一个患者时,患者对于医嘱的依从性(compliance)大有差别,甚至遵嘱服用不同医生开的同一种药物时会出现不同的疗效反应。这是因为药物的疗效由生物效应和心理性的安慰剂效应两部分构成。医生与患者间发生的交流行为在质量上不同,疗效中的"安慰剂效应"所占的比重就会不同。医生要有意识地但又适度地扩大这种效应,使自己对患者的心理性影响力得到更加自觉的发挥,用以处理一些特殊病人的复杂情况。相反地,医务人员的权威地位和言行有可能对患者产生医源性的心理损害。例如,患者的血压可能因为与医务人员有关的情绪体验而波动,产生所谓"白大褂效应"。一位著名心血管病专家认为,许多患者其实用不着千里迢迢来找他看病。他们的问题多数是被医学同行们"吓出来的",也就是不良交流导致的医源性障碍,经过有效的沟通可以轻易解决。

四、心理治疗的伦理要求

1. 心理治疗人员应有责任意识,在自身专业知识和能力限定范围内,为服务对象提供适宜而有效的专业服务。如果需要拓展新的专业服务项目,应接受相应的专业培训和能力评估。应定期与专业人员进行业务研讨活动,在有条件的地方应实行督导制度。当自身的专业知识和能力以及所在场所条件不能满足服务对象需要时,应及时转介。

2. 心理治疗人员应当建立恰当的关系及界限意识。尊重服务对象(包括患者及其亲属),按照专业的伦理规范与服务对象建立职业关系,促进其成长和发展。

3. 应当尊重服务对象的知情同意权,让服务对象了解服务的目的、主要内容及局限性、自身权益等信息,征得服务对象同意后提供服务。

4. 应当遵循保密原则,尊重和保护服务对象的隐私权;向接受治疗的相关人员说明保密原则,并采取适当的措施为其保守秘密。但法律、法规和专业伦理规范另有规定的除外。

(1) 以下情况按照法律不能保密,应该及时向所在医疗机构汇报,并采取必要的措施以防止意外事件的发生,及时向其监护人通报;如发现触犯刑律的行为,医疗机构应该向有关部门通报:
① 发现患者有危害其自身或危及他人安全的情况时;
② 发现患者有虐待老年人、虐待儿童的情况时;
③ 发现未成年患者受到违法犯罪行为侵害时。

(2) 心理治疗人员应该参照医疗机构病案管理办法,对心理治疗病案作适当文字记录。只有在患者签署书面同意书的情况下才能对治疗过程进行录音、录像。在因专业需要进行案例讨论,或采用案例进行教学、科研、写作等工作时,应隐去那些可能会提示患者身份的有关信息(在得到患者书面许可的情况下可以例外)。

(3) 心理治疗工作中的有关信息需妥善保管,无关人员不得翻阅。

5. 心理治疗过程中应避免的行为
① 允许他人以自己的名义从事心理治疗工作。
② 索贿、受贿,或与患者及其亲属进行商业活动,谋取专业外的不正当利益。
③ 与患者发生超越职业关系的亲密关系(如性爱关系)。
④ 违反保密原则。
⑤ 违反法律、行政法规的其他行为。

五、法律责任

心理治疗以治疗疾病、促进健康为目的。违反国家有关法律规定,给患者或他人造成损失的,依法承担法律责任。

第三节 心理治疗的种类

一、按治疗对象分类

1. 个别治疗(individual therapy) 以单独的患者或咨客为对象的心理治疗。多数治疗或咨询采取治疗师与求助者进行一对一访谈的形式。

2. 夫妻治疗(couple therapy)或婚姻治疗(marital therapy) 以配偶双方为单位的治疗。可以视为家庭治疗的一种形式。重点处理影响婚姻质量、引起心理痛苦的各种问题,如夫妻关系、性问题。

3. 家庭治疗(family therapy) 以家庭为单位的治疗。核心家庭是最普遍、最基本的人际系统,该类治疗多以核心家庭为干预目标。但由于强调人际互动的重要性,必要时还邀请核心家庭之外的大家庭成员,甚至家庭外的人员如教师、朋友等参加治疗。

4. 集体治疗(group therapy) 以多名有相似问题,或对某一疗法有共同适应证的不同疾病的患者为单位的治疗。按照系统论"总体大于部分相加之和"的论点,集体治疗不是个别治疗的简单相加,而是与家庭治疗一样,重视群体成员构成人际系统后产生的"群体心理动力学"现象,利用人际互动来消除病态,促进健康。

二、按心理治疗理论流派分类

心理治疗技术是对应着关于疾病病因的理论假设而产生的。与躯体疾病不同,精神障碍的心理病因学还没有形成普遍认同的理论,仍处于"盲人摸象"阶段。迄今为止,心理治疗已有300多种流派,大多数可以纳入精神分析、行为主义、人本主义、系统论这四大主干体系。近年来,各种流派之间有明显的融合趋势,心理治疗的基本作用机制受到强调,对于有效、服务面广、容易操作的基本技术的兴趣日益增强。

心理治疗还有其他的分类方法,例如,根据语言使用情况可分为言语性技术和非言语性技术,后者包括音乐治疗、绘画及雕塑治疗、心理剧、家庭塑像;又比如,可根据干预的强度、深度、紧急程度,分出一般支持性治疗、深层治疗、危机干预等等。

第四节 心理治疗的操作

一、支持性心理治疗与关系技术

(一)概述

支持性心理治疗与关系技术指心理治疗人员在医疗情境中,基于治疗的需要,在伦理、法律、法规和技术性规范的指导下,与患者积极互动而形成支持性、帮助性工作关系。治疗关系不等同于日常发生的社会行为,是心理治疗操作技术的有机组成部分,其本身具有向患者提供心理支持的作用,在精神卫生领域的临床工作中作为各种心理治疗的共同基础性技术。关系技术适应于各类心理治疗的服务对象,无绝对禁忌证。

（二）操作方法及程序

1. 进入治疗师的角色　心理治疗人员要以平等、理性、坦诚的态度,设身处地理解患者,建立治疗联盟,避免利用、操纵性的治疗关系。

2. 开始医患会谈　建立让患者感到安全、信任、温暖、被接纳的治疗关系。

3. 心理评估与制定治疗计划　在了解患者的病史、症状、人格特点、人际系统、对治疗的期望、转诊背景等基础上,进行心理评估,与患者共同商定治疗目标,制定可行的治疗计划。

4. 实施治疗　采用倾听、共情与理解、接纳与反映、肯定、中立、解释、宽慰、鼓励、指导等技术实施心理治疗。

5. 结束治疗　简要回顾治疗过程,评估疗效,强化治疗效果,帮助患者与治疗人员完成心理分离,鼓励患者适应社会。

（三）注意事项

1. 使用支持、保证的技术时,要尊重患方自主性,注意自我保护,承诺须适当,不做出过分肯定、没有余地的担保与许诺。

2. 在鼓励患者尝试积极行为时,避免根据治疗人员自己的价值观代替患者做出人生重大决定。对于具有攻击行为、妄想观念等症状的患者,要慎用鼓励的技术。

二、暗示—催眠技术

（一）概述

暗示是不加批判地接受他人情感和思想影响的现象。暗示疗法是运用暗示现象获得疗效的治疗方法。催眠是持续地对患者进行暗示,以诱导催眠状态、达到催眠治疗目的的技术。本条所述规范限于临床专业人员针对特定问题,旨在诱导意识状态改变而有意地、系统地使用的暗示及催眠技术。催眠是心理治疗的基础技术,可以单独使用以达到镇静、降低焦虑水平、镇痛的目的,也可以与其他技术联合使用。按照使用暗示治疗的用途,可以分为直接暗示和系统催眠治疗,应用于广泛的精神障碍及部分躯体问题。

（二）操作方法及程序

1. 前期准备　评估暗示性及合作意向:通过预备性会谈、暗示性实验或量表,检验受试的个体性反应方式,评测接受暗示的程度,以及有无过度紧张、怀疑、犹豫、不情愿等负性情绪或态度,避免出现副作用。

2. 直接暗示　在排除器质性障碍,或确认器质性病变基础与当前症状、体征不甚符合时,可以利用业已建立的医患关系及医师的权威角色,营造合适氛围,直接使用言语,或借助适当媒介,如药品、器械或某种经暗示即能诱发的躯体感觉,实施直接针对症状的暗示,而不一定刻意诱导意识改变状态。

3. 催眠诱导

（1）建立关系：运用关系技术，建立信任的关系。

（2）注意集中：请其盯视某点，同时用讲故事或强化躯体感觉的方法诱导内向性注意集中，促进入静。

（3）使用合适的语音模式，如节律性同步、重复、标记、困惑、分离和批准等。

4. 判断催眠程度　通过观察感觉、认知、运动、生理四个方面变化，判断催眠的程度。

5. 治疗阶段　入静达到合适的深度后，进一步做催眠性治疗。主要包括：催眠后暗示；促进遗忘；重新定向。

（三）注意事项

1. 以下情况不宜做催眠治疗：早期精神病、边缘型人格障碍、中重度抑郁；急性期精神病；偏执性人格障碍。对抑郁障碍患者有可能加重病情，包括自杀倾向。

2. 分离性障碍患者及表演性人格障碍者慎用。

3. 在滥用的情况下，在医疗机构之外实施的群体性催眠，有可能使具有依赖、依恋、社会不成熟、暗示性过高等人格特征的参与者发生明显的退化、幼稚化、损害社会功能，加重原有问题。

4. 注意处理副作用：少数患者可能出现失代偿、头痛、激越等副反应。

5. 治疗师必须接受过规范、系统的催眠技术培训，且在督导师指导下治疗过病人。

6. 在患者暗示性极低、医患关系不良情况下，不宜使用；

7. 不是对于器质性疾病的对因治疗方法。

8. 对儿童要慎用。

9. 不推荐采用集体形式的催眠治疗；不应在医疗机构外以疗病健身术名义，使用群体性暗示技术有意或无意地诱导意识改变状态。

三、解释性心理治疗

（一）概述

解释指对心理、行为及人际情境中的关系或意义提出假设，促使患者用新的词汇、语言及参照系，来看待、描述心理和行为现象，以帮助患者澄清自己的思想和情感，以新观点看待和理解病理性问题与各种内外因素的关系，获得领悟，学习自己解决问题。该疗法适用于以下情况：

1. 增加患者对自身人格发展、当前临床病理问题及其处理策略的认识，改变功能不良的信念、态度和思维方式。

2. 健康教育，指导康复。

3. 临床其他专业领域参考、借用于日常医患交流，保障患者知情同意及知情选择权，增加依从性。

（二）操作方法及程序

根据施用于患者时引发的感受、干预的力度和发挥作用的时间的不同，解释分为以下 5 个层次：

1. 反映　治疗师给患者的解释信息不超过公开表达出来的内容。

2. 澄清　只是稍微点明患者的表达中所暗含、暗示的，但自己未必意识到的内容。

3. 对质　治疗师利用患者呈现出来的情感和思想作为材料，提醒病人注意暗含的，但没有意识到或不愿承认的情感和思想。

4. 主动阐释　按照与当前临床问题有关的理论，治疗师直接导入全新的概念、意义联系或联想。

5. 隐喻性阐释　通过利用譬喻、象征的方法进行交流，以促进病人及其相关系统产生自己对问题的理解的方法。

（三）注意事项

1. 重视对方反应，注意其接受力，避免说教式的单向灌输；
2. 注意避免过多指责、批评患者。
3. 对有意识障碍、明显精神病性症状和中重度精神发育迟滞、痴呆的患者不适用。
4. 对心理分化程度低，自我强度弱，缺乏主见，暗示性、依赖性高的患者，引导、干预力度较高的解释宜配合其他旨在促进自我责任能力的疗法使用。

四、人本心理治疗

（一）概述

人本心理治疗是一组体现人本心理学思想的心理疗法的总称，主要包括以人为中心疗法、存在主义疗法、完形疗法等，其中以人为中心疗法的影响最大。本条仅涉及罗杰斯所代表的以人为中心疗法。该疗法可用作一般的发展性咨询和精神疾病的心理治疗。

（二）操作方法及程序

1. 确定治疗目标　加深自我理解，在整合现实的方向上，达到自我重组、发展更自在和更成熟的行为方式。

2. 建立治疗关系　核心要素是真诚一致、共情、无条件的积极关注。

3. 实施治疗过程　以如何对待个人感受为指标，分阶段进行循序渐进的互动、访谈，使患者从僵化且疏远地看待自己及内心活动，直至其内心不受歪曲、束缚，达到自由的状态，实现以人为中心疗法去伪存真的治疗目标。

（三）注意事项

1. 患者表现出依赖治疗师或其他人的倾向时，应帮助当事人为自己接受治疗负起责任，进而担负起解决问题的责任。

2. 在患者陈述自己的问题，并表达相关的负面情绪的过程中，应鼓励患者自由地表达出与问题有关的情感，接纳、承认和澄清这些消极情感。

3. 当患者对可能的决定和行动进行澄清时，帮助澄清可能会做出的不同选择，并认识到个体正在经历的恐惧感和对于继续前进的胆怯，但不督促个体做出某种行动或者提出建议。

4. 患者逐渐感到不再需要帮助，应该鼓励结束治疗。

五、精神分析及心理动力学治疗

（一）概述

精神分析及心理动力学治疗是运用精神分析理论和技术所开展的心理治疗活动。精神分析指高治疗频次的，以完善人格结构、促进心理发展为目标的经典精神分析疗法；

心理动力学治疗由经典精神分析疗法发展而来,是相对短程、低频次的治疗方法,通过处理潜意识冲突,消除或减轻症状,解决现实生活情境中的问题。

(二)操作方法及程序

1. 治疗设置　精神分析的设置为长程、高频次的精神分析,每周3~5次、每次45~50分钟。心理动力学治疗的设置为低频,通常为每周1~2次,每次45~50分钟,治疗疗程相对灵活。

2. 治疗联盟　治疗联盟为患者与治疗师之间形成的非神经症性的、现实的治疗合作关系。

3. 初始访谈与诊断评估　通过心理动力学访谈,对患者的人格结构、心理防御机制、心理发展水平、潜意识的心理冲突、人际关系等进行评估和动力学诊断,确定治疗目标。

4. 治疗过程与常用技术　将移情与反移情、阻抗作为探索潜意识的线索和治疗工具,通过自由联想、梦的分析、肯定、抱持、反映、面质、澄清、解释、修通、重构等技术达到治疗目标。心理动力学治疗在不同程度上使用经典精神分析的基本概念和技术,但方法较为灵活;治疗过程中更关注现在与现实,注重开发患者的潜能和复原力,促进人格完善与发展。

5. 结束治疗　回顾治疗过程,评估疗效,强化治疗效果,帮助患者与治疗人员完成心理分离,促进患者适应社会。

(三)注意事项

1. 处于急性期的精神病患者、有明显的自杀倾向的抑郁患者、严重的人格障碍患者,不宜做精神分析或心理动力学治疗。

2. 精神分析及心理动力学治疗是一类以追求领悟和促进心理发展水平为主要目标的疗法,对患者智力、人格、求助动机和领悟能力等要求较高。对于心理发展水平较低、人格结构有严重缺陷的患者,要避免使用经典精神分析技术。要注意克服过度理智化的过程在患者方面引起的失代偿,促进认知与情感、行为实践的整合。

3. 治疗关系与技巧同样重要。防止治疗师过分操纵、以自我为中心。

4. 注意民族文化背景的影响。

六、行为治疗

(一)概述

行为治疗是运用行为科学的理论和技术,通过行为分析、情境设计、行为干预等技术,达到改变适应不良行为、减轻和消除症状、促进患者社会功能康复的目标。

(二)操作方法及程序

1. 行为治疗基本原则　建立良好的治疗关系;目标明确、进度适当;赏罚适当;激活并维持动机。

2. 常用技术。

(1)行为的观测与记录:定义目标行为:准确辨认并客观和明确地描述构成行为过度或行为不足的具体内容。

(2)行为功能分析:对来自环境和行为者本身的,影响或控制问题行为的因素作系统分析。以分析为基础,确定靶行为。

(3) 放松训练

①渐进性放松:采取舒适体位,循序渐进对各部位的肌肉进行收缩和放松的交替训练,同时深吸气和深呼气、体验紧张与放松的感觉,如此反复进行。练习时间从几分钟到30分钟。

②自主训练:有6种标准程式,即沉重感、温暖感、缓慢的呼吸、心脏慢而有规律地跳动、腹部温暖感、额部清凉舒适感。

(4) 系统脱敏疗法

①教患者学会评定主观不适单位(SUD)。

②松弛训练:按前述方法进行放松训练。

③设计不适层次表:让患者对每一种刺激因素引起的主观不适进行评分(SUD),然后按其分数高低将各种刺激因素排列成表。

④系统脱敏:由最低层次开始脱敏,即对刺激不再产生紧张反应后,渐次移向对上一层次刺激的放松性适应。在脱敏之间或脱敏之后,将新建立的反应迁移到现实生活中,不断练习,巩固疗效。

(5) 冲击疗法:又称为满灌疗法。让患者直接面对引起强烈焦虑、恐惧的情况,进行放松训练,使恐怖反应逐渐减轻、消失。治疗前应向病人介绍原理与过程,告诉患者在治疗中需付出痛苦的代价。

(6) 厌恶疗法:通过轻微的惩罚来消除适应不良行为。对酒依赖的患者的治疗可使用阿扑吗啡(去水吗啡)催吐剂。

(7) 自信训练:运用人际关系的情景,帮助患者正确地和适当地与他人交往,提高自信,敢于表达自己的情感和需要。

(8) 矛盾意向法:让患者故意从事他们感到害怕的行为,达到使害怕反应不发生的目的,与满灌疗法相似。

(9) 模仿与角色扮演:包括榜样示范与模仿练习。帮助患者确定和分析所需的正确反应,提供榜样行为和随时给予指导、反馈、强化。

(10) 塑造法:用于培养一个人目前尚未做出的目标行为。

(11) 自我管理:患者在行为改变的各个环节扮演积极、主动的角色,自己对改变负责任。

(12) 行为技能训练:结合使用示范、指导、演习和反馈,帮助个体熟悉有用的行为技能。

(三) 注意事项

从条件化作用的角度对精神病理现象做出过分简单化的理解和处理,可能对于存在复杂内心冲突的神经症患者产生"症状替代"的效应,在消除一些症状的同时导致出现新的症状。冲击疗法引起强烈的心理不适,部分患者不能耐受,尤其对于有心血管疾病的患者和心理适应能力脆弱者,要避免使用。厌恶疗法的负性痛苦刺激可能有严重副作用,应慎用,而且须征得患者、家属的知情同意。

七、认知疗法

（一）概述

认知疗法源自理性—情绪治疗和认知疗法。焦点是冲击患者的非理性信念，让其意识到当前困难与抱持非理性观念有关；发展有适应性的思维，教会更有逻辑性和自助性的信念，鼓励他们身体力行，引导产生建设性的行为变化，并且验证这些新信念的有效性。认知疗法使用许多来自其他流派的技术，特别是与行为治疗联系紧密，以致二者现在常被相提并论，称为认知行为治疗。

（二）操作方法及程序

认知疗法强调发现和解决意识状态下所存在的现实问题，同时针对问题进行定量操作化、制订治疗目标、检验假设、学习解决问题的技术，以及布置家庭作业练习。

1. 识别与临床问题相关的认知歪曲。
（1）"全或无"思维。
（2）以偏概全，过度泛化，跳跃性地下结论。
（3）对积极事物视而不见。
（4）对事物作灾难性推想，或者相反，过度缩小化。
（5）人格牵连。
（6）情绪化推理。

2. 识别各种心理障碍具有特征性的认知偏见或模式，为将要采用的特异性认知行为干预提供基本的努力方向。

3. 建立求助动机。

4. 计划治疗步骤。

5. 指导病人广泛应用新的认知和行为，发展新的认知和行为来代替适应不良性认知行为。

6. 改变有关自我的认知：作为新认知和训练的结果，患者重新评价自我效能。

7. 具体的基本技术。
（1）识别自动性想法。
（2）识别认知性错误。
（3）真实性检验（或现实性检验）。
（4）去注意。
（5）监察苦恼或焦虑水平。
（6）认知自控法。

（三）注意事项

有明显自杀倾向、自杀企图和严重思维障碍、妄想障碍、严重人格障碍的患者，不适合做认知疗法。认知和行为二者做到"知行统一"最为关键。应避免说教或清谈。在真实性检验的实施阶段，患者易出现畏难情绪和阻抗，要注意在治疗初期建立良好的治疗关系。

八、团体心理治疗

(一) 概述

团体心理治疗是在团体、小组情境中提供心理帮助的一种心理治疗形式。通过团体内人际交互作用,促使个体在互动中通过观察、学习、体验,认识自我、探讨自我、接纳自我,调整和改善与他人的关系,学习新的态度与行为方式,发展生活适应能力。团体治疗依据的治疗理论可以有多种,如心理动力学理论、系统理论及认知—行为治疗理论。现代团体治疗主要有三种:心理治疗、人际关系训练和成长小组。心理治疗的重点是补救性、康复性的,组员可以是患者,也可以是有心理问题的正常人。社交行为障碍明显者,以及治疗师担心个别治疗会加剧患者依恋的情况,比较适合团体治疗。后两种团体是成长和发展性的,参加者是普通人,目的是为了改善关系,发挥潜能,自我实现,广泛应用在医院及其他场所,适于不同的人参加。

(二) 操作程序及方法

1. 形式 由1~2名心理治疗师担任组长,根据组员问题的相似性,组成治疗小组,通过共同商讨、训练、引导,解决组员共有的发展课题或相似的心理障碍。团体的规模少则3~5人,多则10余人,活动几次或10余次。间隔每周1~2次,每次时间1.5~2小时。

2. 治疗目标

(1) 一般目标:减轻症状、培养与他人相处及合作的能力、加深自我了解、提高自信心、加强团体的归属感凝聚力等。

(2) 特定目标:每个治疗集体要达到的具体目标。

(3) 每次会面目标:相识、增加信任、自我认识、价值探索、提供信息、问题解决等。

3. 治疗过程 团体心理治疗经历起始、过渡、成熟、终结的发展过程。团体的互动过程会出现一些独特的治疗因素,产生积极的影响机制。

(1) 起始阶段:定向和探索的时期,基本任务是接纳与认同。

(2) 过渡阶段:协助组员处理他们面对的情绪反应及冲突,促进信任和关系建立。

(3) 工作阶段:探讨问题和采取有效行为,以促成组员行为的改变。

(4) 终结阶段:总结经验,巩固成效,处理离别情绪。

4. 组长的职责 注意调动团体组员参与的积极性;适度参与并引导;提供恰当的解释;创造融洽的气氛。

5. 具体操作技术

(1) 确定团体的性质,如结构式还是非结构式,小组是开放式还是封闭式,组员是同质还是异质。

(2) 确定团体的规模。

(3) 确定团体活动的时间、频率及场所。

(4) 招募团体心理治疗的组员。

(5) 协助组员投入团体。

(6) 促进团体互动。

(7) 团体讨论的技术,如:脑力风暴法;耳语聚会;菲力蒲六六讨论法;揭示法。

(8) 其他常用技术，尤其是表达性艺术治疗的方法。

（三）注意事项

团体心理治疗对于人际关系适应不佳的人有特殊用途。但应注意其局限性：

1. 个人深层次的问题不易暴露。
2. 个体差异难以照顾周全。
3. 有的组员可能会受到伤害。
4. 在团体过程中获得的关于某个人的隐私事后可能无意中泄露，给当事人带来不便。
5. 不称职的组长带领团体会给组员带来负面影响。因此，团体治疗不是适合于所有的人。
6. 有以下情况者不宜纳入团体治疗小组：有精神病性症状；有攻击行为；社交退缩但本人缺乏改善动机；自我中心倾向过分明显、操纵欲强烈。这些情况有可能显著影响团体心理动力学过程。如果是在治疗过程中才发现这些情况，需及时处理。
7. 在团体治疗中使用表达性艺术治疗的技术时，必须注意艺术性、科学性原则的结合，注意伦理界限。要防止出现强烈的情感反应失控、非常意识状态（或意识改变状态）；避免在治疗师与被治疗者之间发展不恰当的崇拜、依恋关系；不可引入超自然和神秘主义的理念和方法；避免不恰当的身体接触。

九、其他治疗方法

如道家认知疗法、表达性艺术治疗、焦点解决短期治疗、接纳与承诺疗法等。

附例：一例冲动性人格障碍罪犯的矫治分析报告

罪犯王某，自入监以来常因琐事与他犯发生口角，继而引发肢体冲突，并多次对抗管教，甚至攻击他人，严重扰乱监管秩序。入监一年多的时间，被禁闭、特控10次。攻击民警，难以控制，情绪不稳，易激惹，血压时有波动，不能参加正常服刑，经过说服同意后入院治疗。

入院后，激发患者改变动机，建立良好的医患关系，在心理治疗过程中，采用整合的治疗方法，主要运用理性情绪行为疗法（REBT）对其进行了心理治疗，辅以利弊分析、成本效益分析、放松训练、人际关系训练等取得了较好的疗效。

一、背景

1. **基本情况** 罪犯王某，男，26岁，汉族，小学肄业，捕前无业，未婚，被判"故意杀人、寻衅滋事"，死缓刑期。2005年4月8日入监。因多次攻击他人，严重扰乱监管秩序被列为省局级攻坚犯。

2. **个人成长史** 出生于农村，贪玩，小学二年级辍学，14岁后打工。捕前在卡拉OK房充当"打手"，两次犯罪，因参与斗殴，直接致两人死亡。

性格特点：易激惹，好冲动，行为散漫。

3. **既往史及家族史** 父母离异，身体健康，否认精神疾病家族史。父母文化低，脾气都很暴躁。教养方式简单粗暴，多以体罚的方式管教。

4. 重大生活事件及狱内服刑奖惩情况　在原关押监狱一年半时间内,被禁闭6次,特控4次。后被转送另一高等级警戒监狱。

5. 躯体状态　中等身材,体形健硕,未查及阳性体征。无颅脑损伤及其他躯体疾病。

6. 精神检查　年貌相符,焦虑,情绪不稳,对住院持无所谓态度,未查及明显的精神病性症状。

7. 社会功能　十余次与他犯及民警发生肢体冲突,严重影响其正常的改造生活,几乎在严管及特控中度过。

8. 心理测验结果

SCL-90:躯体化:2.0;强迫:1.5;人际关系:2.4;抑郁:2.1;焦虑:3.2;敌对:2.5;恐怖:1.8;偏执:2.0;精神病性:1.5;其他:1。

人格诊断问卷(PDQ-4):偏执型:4;分裂性:3;分裂型:1;癔病型:4;自恋型:3;边缘型:5;反社会型:3;回避型:4;依赖型:3;强迫型:2;被动攻击型:3;抑郁型:1;掩饰:2。

二、评估与诊断、分析

综合史料调查、晤谈及观察、心理测量,患者主要表现为情感暴发和明显的冲动行为。根据中国精神障碍分类与诊断标准CCMD-3:患者符合冲动性人格障碍诊断标准:

1. 少年时起病。如贪玩,逃学,不能完成学业。
2. 主要表现为突出、显著牢固和持久的不良人际关系及行为方式。
3. 有突发的愤怒,主要表现为情感不稳,易激惹,常以泄愤、肢体冲突结局。
4. 易与他人发生争吵和冲突,特别在冲动行为受阻或受到批评时,行为冲动控制困难。
5. 不稳定的和反复无常的心境。

易怒、冲动模式已严重影响正常秩序,不能适应正常改造环境。主要表现开始于青少年期。无颅脑损伤所致人格改变。因情绪不稳、冲动行为,管理困难,被诊断为"冲动性人格障碍",收住某省监狱局精神病院。

心理行为分析

生理层面:心慌、烦躁,时有血压波动。

认知层面:对监狱环境适应不良,对管理不服,不能与他人建立较好的人际关系,存在不合理的想法:①有话应该好好讲!②对我的态度应该好点!③你们不给我面子!④错了就错了,还能怎么样?⑤专门针对我,找麻烦!⑥又不是我一个人这样!

情感层面:情绪不稳,易激惹。

行为层面:突发的愤怒、暴力行为、冲动行为不能自控。

纵向维度:个性行为的形成与父母个性、教养方式粗暴、早年辍学、从事黑社会性的职业相关。

三、治疗目标

以心理治疗为主,不使用精神药物。

(一) 长期目标

1. 降低冲动行为发生的频率,经过深思熟虑的行为的频率有所增加。
2. 改善人际关系模式。

3. 能够以建设性的方式处理愤怒情感,提高日常活动能力。
4. 建立新的行为模式。
5. 最终能接受正常的教育管理,适应日常的服刑生活。

(二) 近期目标

1. 讨论服刑期间的冲动行为及受处罚过程。
2. 反思冲动行为给自己和他人带来不良的后果。
3. 促使其认识到冲动行为,弄清冲动的原因及应对如何调节愤怒。
4. 学会 ABC 模式及相关技术分析问题。

(三) 治疗方案的制定

1. 方法

理性情绪行为疗法、愤怒控制技术、放松技术等。

2. 原理

(1) 理性情绪行为治疗(REBT):一种相对短程的、综合的治疗和教育方法,包括认知的、情绪的和行为的治疗技术。该疗法认为:不是个人遭遇的事件,而是个人的非理性信念造成了情绪和行为上的困扰以及通过认知来改善情绪和行为,乃至改变其行为模式及人际关系模式。适用于治疗各种情绪问题,如焦虑、抑郁、适应不良、社交障碍等。

(2) 愤怒控制技术:解释愤怒产生的原因、感受愤怒时的躯体不适感。意识并接受愤怒情感的同时,学会较好地控制自己的情感和保持平静。做到停一停、想一想、听一听和先计划后行动。

(3) 放松训练技术:降低焦虑水平,强化平静的体验。

3. 与患者协商,书面协议

(1) 明确患者及治疗师的权利和义务。
(2) 确定治疗(咨询)时间:初期每周 1~2 次,每次 50 分钟;中期每周一次;后期每月一次。

四、治疗过程

(一) 治疗阶段

第一阶段:收集资料、评估诊断及治疗关系建立阶段。其中包括:倾听、共情、理解技术。

第二阶段:综合运用理性情绪行为疗法、放松疗法等进行治疗阶段。① 对其经历过的事件进行分析。讨论不良行为的后果。激发求治欲望,帮助患者自我分析。②举例运用 ABC 理论对事件进行阐释,包括领悟、修通和再教育阶段。③学会控制愤怒的方法。④运用放松训练,使来访者学会自我放松的技巧。⑤建立新的反应模式。

第三阶段:支持和巩固阶段。讨论分析自己在住院期间发生的冲突及观察别人处理冲突的模式。强化反应模式,讨论出院后的适应与服刑问题。

(二) 具体治疗过程

第一次治疗要点:

了解其成长史及服刑经过。简单讨论了犯罪及服刑过程中的处罚。

心理作业：自己的长处有哪些？要求他分析自己的缺陷在哪里及为什么会受到这些处理。

医生感受：虽然文化程度不高，但理解、交流尚可。患者求治愿望不强烈，无所谓态度。近期以激发他的改变欲望、促进思考、反思自己的问题为主。

签订心理治疗协议。医生顺势谈了心理治疗的意义：当事人是内因，其他方面都是外因，最终还得由自己的认知改变、情绪调整、行为反应模式变化才是最主要的方面。共同讨论治疗预期目标，希望一起努力。

第二次治疗要点：

晤谈貌似合作，但对上次布置的心理作业，则表现得轻描淡写，当问及"对自己在监内受到十次的处罚，是必然还是偶然？"的问题，纠缠于对于"偶然"与"必然"，"是不是这样理解？"。认为过去就过去了，没有必要再谈这些问题了。

医生感受：①分析问题主要为外归因。对于既往受到处理，一概认为是对方之过错，如为了别人，或者是警官的原因，自己是没有办法而为之。②没有反省出自己在个性上的问题或缺陷。③阻抗心理明显，担心自己被说成是精神病，不愿暴露自己内心的想法。④曾有血压一过性升高，说明焦虑水平较高。

在此次治疗期间，出现私带西红柿入病房（规定不允许将食品带入病室），被组长告知护理后，先说"不知道"，后称："错了。"当被护士问及"你说怎么办"后，患者扭头就走，不予理睬医护人员。

将此次的"事件"更换角色，进行情景再现。

医生：设想一下，假如我是你，你是医护人员。假如我说了"随你怎么处理"，扭头就走，你是什么样的感受？

患者：（不语）（似乎有所触动）

医生感受：患者问题比较多，目前以倾听、接纳等方式建立治疗关系为主。

第三次治疗要点：

对自己既往所受的一系列处罚，一开始仍认为自己没有错，通过分析，设身处地及角色转换，逐渐认识到自己在第一反应有问题。这是首次听到他自己说到自己的不足。患者认为跟他讨论以前受处理的经历，是一件痛苦的事情，治疗者认为回忆以前的事情固然难受，但是必须的！

医生感受：对于人格障碍者的认知、反省，不是一蹴而就的，困难是显而易见的。

第四次治疗要点：

谈及既往被处理及关禁闭时，患者表现略显反感，认为自己没有什么心理问题，以前都有原因的，"过去就过去了"，"况且，自己一直改了不少，努力克制自己的情绪，如果像我这样的身体，跟他们动手，不会吃亏的。自己以前不为什么就被关禁闭，民警处理禁闭，太随便了。自己吃的苦哪个人能清楚呢？"。叙述被处罚过程中，患者一度流泪。

当问及为什么别人没这么多次的处理呢？为什么民警会对他有这么大的成见与偏见呢？自己（语言及看法）在处理这些问题时，有没有不到位的地方呢？患者对此有所感悟，若有所思。

医生感受：关系有所加深。

第五次治疗要点：

昨晚因带豆奶粉入病房，被组长发现，称："你××的，我带豆奶粉，关你什么事？你以为你是谁啊?"患者自称,没有跟他对骂,而是直接找医护人员,声称对方总是找自己的麻烦,"你们怎么处理他,如果他下次再这样,我就不客气了……"

医生肯定了前半时的表现,没有直接发生冲突,但是后半时则是过分情绪化,对医护人员似乎有威胁的语气。

心理作业:思考与人发生矛盾时,自己的第一反应是什么?有几种方法可以较好地处理冲突?

医生感受:治疗过程中发生人际冲突或矛盾,如果运用得当有利于当事人对反应模式的认识。

第六次治疗要点:

要求他谈谈上次作业"遇到不满或冲突第一反应"问题,自称很多时间是不说话;但有时不说话又不行,民警非得要自己表态,否则就是态度问题。有时自己也想好一些,可每次都被扣30分,别人加分。越来越急了,越来越容易发火了。医生与患者逐一就10次被处理,又进行了讨论。当问及为什么会出现这么多次被处理时,患者认为:①脾气不好;②要面子;③认为犯人不可能没有事的,该如何处理就怎么处理。

医生讲解了个性的概念和需要改变的方面,讨论了"面子"给他带来的后果和问题。最后,患者自己似乎有些动情,流泪,称以前也想过自己的问题,但有时想不清楚。

要求他思考一下"面子"的问题。为"面子"可以付出怎样大的代价?

第七次治疗要点:

首先询问几次讨论后的主观感受是什么样的。患者称有较大帮助。

继续跟患者讨论了以往受到处罚的经历,对方感到有所不快,认为以前的错误是因为自己的个性的问题,感觉和治疗者来讨论这些事,是没有必要的! 医生解释并强调:反复提到并讨论受到处理的经过,这是必须的内容和过程,因为对既往的处罚没有很好的领悟的话,心理不可能成长,将来有可能重走老路!

医生感受:发生在患者身上的问题,需要反复地讨论。促使其反省,正确面对既往的问题。

第八次治疗要点:

继续与患者讨论既往发生的处罚的问题。患者承认以前的处理是自己的错多一些,如脾气不好、不知如何处理事情……

医生对其分析部分表示认同,但指出:如有与你一样的个性,遇到与你类似的事情,都会发生像你一样的后果? 患者承认不会!

医生顺势解释了ABC理论,指出:事件≠后果,而是事件—想法—情绪—后果。

医生:妈妈带着小孩子在公园玩心爱的小风筝,当小风筝放在凳子上,突然被一个人坐坏了,会是什么样的反应?

患者:愤怒。

医生:如果知道了这个人是盲人,又会是什么样的反应呢?

患者:就算了。

医生:为什么反应会不相同呢?

……

医生:三个人喝同样一杯酒,反应是一样的吗?

患者:(若有所思)……

医生:想一想!酒量大的是什么反应?一般酒量的和不能喝酒的又会是什么样的反应?

患者:反应不一样!

医生:酒量很大的无所谓:小事一桩;一般酒量的高兴,助兴嘛!不能喝酒的感到恐惧:伤身伤神啊!

患者:是的。

医生:同样的一件事,为什么会不一样呢?说明跟每个人的想法有关系。也就是说决定一个人情绪或行为的不是这件事本身,而是对这件事的认识和感受。

问及患者最不能忍受的是什么时,患者回答:事情好好讲!别人应该客气地对待自己!

经过逐一对既往受处罚的经历的讨论、分析,患者存在如下不合理认识:①有话应该好好讲!②对我的态度应该好点!③你们要给我面子!④错了就错了,还能怎么样?⑤专门针对我,找麻烦!⑥又不是我一个人这样!

心理作业:考虑还有哪些不合理的想法。

第九次治疗要点:

患者谈了自己的感受:开始认为是个性的因素,认为自己只要忍忍就可以了,没有医生讲解的那样深。现在理解了自己以前的结果是因为自己的一些想法不合理,出了问题,导致了不好的后果。

医生强化:①是他的信念引起了情绪和行为后果,而不是诱发事件本身;②他因此对自己的情绪和行为反应负有责任;③只有改变了不合理信念,才能减轻或消除他目前存在的困惑和冲突。

同时进行了成本效益分析、利弊分析及人际交往的原则与方法。

医生感受:虽然患者文化程度不高,但领悟力尚可。就目前来讲,治疗预期理想。

心理作业:要求继续领悟理解不合理信念。

第十次治疗要点:

此次仍与患者讨论 ABC 理论,患者对此有所理解。

在询问他情绪激动或发怒时是什么感觉和体会时,患者表示脸红、呼吸加快、心跳加快、肌肉紧张。有不舒服的感觉!

针对此种情况,示教他做渐进性放松练习,体会紧张与松弛的感觉。

医生感觉:从认知的改变到行为放松。患者愿意表露自身的内心体验,医患关系进一步改善和加强。

心理作业:每晚睡前做放松训练;将来遇到冲突、矛盾时应对的策略。

第十一次治疗要点:

表情轻松,称现在跟其他人一起交流,感觉很好,也能参加小劳动。

与他一起讨论了如果遇到冲突、矛盾时的方法。进行愤怒控制技术学习,如采取:放松;深呼吸;转移;设身处地想一想;想一想后果;用非攻击的方式做出反应等等。患者主动提出了:视线转移。这是一个主动思考的信号!

心理作业:继续进行自主性放松训练。

第十二次治疗要点:

感觉患者情绪较以前明显好转,也比较容易交流。问及做自主放松有何感觉时,称感觉比较轻松。

据病区提供,患者主动提出作为全院合唱比赛的指挥,同时在活动中主动积极地参与到各种活动中去。患者情绪稳定,能较好地与他人相处。

第十三次治疗要点:

患者进入治疗室,表情轻松、愉快。首先请他谈谈自己的感受。患者述:自从跟医生谈了这么多次,自己的想法、做法、与人相处等方面都有了很大的进步,现在心情舒畅了,身体也好了。自己想想以前的问题确实与自己有很大的关系。最近看了《接受快乐》这本书,感受很多。

医生与他继续讨论了 ABC 理论,不但要理解 ABC,更重要的是内化,并要求他运用到实际改造、服刑中去。

首先是想法上认识上要科学,就是说,问题的关键并非是事件、冲突本身,而是对事件的看法与认识。

其次,要运用好正确的方法,遇有冲突、困难时,如发生与人冲突时,要及时停一停,想一想,如转移视线、离开场景、设身处地、想想后果。要及时向警官报告,请第三方来解决。

第三,要提高自己的素养,如尊重人、理解人,克服自己的不良习惯,减少引起矛盾、冲突的因素。也就是从源头上减少诱因。

第四,树立自己的长期目标,如学习目标,如认字、写字。可以以春节给家人写一封信为短期目标。增加自己的知识或劳动技能为目标。同样也要设立顺利服刑、争取减刑为中、长期目标。

与患者讨论,这一阶段的心理治疗到此已告一段落。以后一月一次治疗。医生希望能将治疗的成果运用到今后的服刑生活中去,并内化到自己的认知模式及行为模式中去。

医生感受:感觉到患者的情绪有了明显的改善,认知方面也取得了很大的改变。短期治疗效果比较好!

第十四次治疗要点:

患者从治疗病区转至康复病区。

问及能否适应现在病区。患者表示能适应。同时提出了要回原监狱的问题。医生认为到哪一个服刑单位都不是问题的中心,主要的还是自己是否能适应环境、应付挫折、有解决问题的能力。

与患者一起讨论了作为服刑人员,服刑目标首先是平稳服刑;其次是能够减刑;三是在将来的人生中能够自如地生活。

医生感受:总体感觉治疗平稳,取得预期效果。

第十五次治疗要点:

由康复科调入分监区,认为现在的分监区不适应,要求调回康复病区。问其原因,则不愿深谈,认为环境不适应。

医生认为如果这是一次不适应,正好是解决问题的演练。要求回去后思考一下如何应对和处理。同时又强化了 ABC 模式,讨论成本效益分析及利弊分析。

第十六次治疗要点:

患者表情相当轻松。当医生问及春节过得怎么样时,让其谈谈感受,患者称:"现在身体很好,血压正常,情绪也好了。以前的事情都能想得通了。自己改了很多,因为现在能像医生说的一样,自己能给自己打预防针。以前只要脾气一上来,什么都忘了……"

当提及 ABC 理论时,患者认为能理解,称自己正看一本书,能觉察到自己情绪的变化,认为思想影响情绪。认同医生的治疗,有所领悟。

强化 ABC 理论,控制情绪的方法;预想会遇到什么样的困难;如何面对各种不同性格的民警及服刑人员……

得知自己有大会表扬时,心里很高兴。现在主动要求打扫厕所,争取多劳动、多拿分。

患者给治疗者书信一封,其中写道:"七个多月以来,生活中的每一件事我都记忆犹新,从治疗病区到康复病区,然后再到六病区,在每个分监区,我的收获都很大,从原来监狱到医院以来,医院医生没有把我当作一名不正常的精神病患者看待,通过医生一次又一次对本犯的心理治疗和互相交流,感受很多,收获很大,每一次都有新的收获和新的领悟,在每一次的谈话过后,我都热切盼望着下一次的谈话,让我感觉很舒服很放松,在每次谈话过后,医生都让我思考和回顾一些问题,包括以前在监狱被处理的过程,让我去想、去思考,包括让我在日常生活中、睡觉前教我一系列的放松方法和要领,让本犯感觉到很有帮助,自我感觉很好,身心得到很大的放松,感谢医生每次在百忙之中抽时间给予我这么多的关心和帮助,让我感受到精神病院从院领导到医生以及护理们在工作当中体现出真正的人性化的管理"。

第十七次治疗要点:

表情轻松地进入诊室。认为现在感觉很好。

自己很自豪地谈起"早上一个病房的人,因为晚间打呼噜,摇醒了他,早上对方就开口大骂,我没睬他,我也不知为何他会这样,以前还在同一监房,不可理解。他骂了我两次,我都没理他,后来我声音高了一些,说了他一下,他上来就打了我一拳。我没还手。后来被制止了。要是以前我早就打了,如果动手,他根本不是我的对手(笑)"。医生不失时机地问他:你当时的心情是怎样的? 答:"比较冷静"。是不是不动手表示处于下风或软弱? 答:"不是"。医生适时强化了这种心理:不动手,表示自己心理强大了。患者表示有体会:如果动手,事情的结果肯定不好,还得不到解决。能理解看法会影响到情绪行为。

继续强化 ABC 教育和理解。医生肯定了他早上处理事情的过程与体验。同时也讨论了还有没有更好的处理办法。

患者提及回监狱的想法,医生要求其思考一下在医院或回原监狱的理由与利弊。

第十八次治疗要点:

医生与患者一起讨论了是否回监狱,患者谈了一些想法,认为想回监狱,但感觉没有深入地考虑回去会遇到哪些问题、困难,心理准备不足。医生认为重点不是回去与否,而是"心理上,你准备好了没有?"

继续鼓励学习写信、读报,以提高文化素养。

要求他继续分析回原监狱及继续在医院住院的利弊。

第十九次治疗要点:

继续讨论回原监狱问题,患者认为自己:"已有很大的改变,以前走过的弯路,都是自己的问题,教训太多了"。"自己来到精神病院,没有白来,自己有了改变","正像有些问题自己已经想通了""自己今后也不能放松自己"。

医生不失时机地与他就 ABC 理论、放松训练、如何面对冲突、矛盾等如何采取停一停、想一想、转移、设身处地、换位思考、成本效益分析、利弊分析等技术进行处置。

第二十次治疗要点：

医生提出了治疗疗程的结束倒计时,自己要继续思考 ABC 理论,即决定自己情绪、行为的不是事件本身,而是对事件的想法、认识。所以不是改变事件本身,而是改变自己对事情的不合理信念。

患者能接受并表示理解！愿意试着自行解决面对的问题与冲突。

五、治疗效果评估

自评：患者的情绪、心态较治疗前有了很大的变化。"一次又一次对本犯的心理治疗和互相交流,感受很多,收获很大,每一次都有新的收获和新的领悟,在每一次的谈话过后,我都热切盼望着下一次的谈话,让我感觉很舒服很放松"(摘自自我感受报告)。

SCL-90 量表分：躯体化：1；强迫：1.3；人际关系：1.4；抑郁：1.3；焦虑：1.4；敌对：1；恐怖：1；偏执：1.2；精神病性：1.2；其他：1。

他评：民警及他犯反映患者人际关系明显改善,违规违纪行为明显减少,主动要求打扫厕所,并获得表扬。住院期间减刑一年三个月。

医生评估：患者躯体不适基本消失,精神状态明显改善,情绪稳定,双向交流流畅,人际关系改善,冲动行为明显减少。自我学习意识增强；患者的自我分析与自我察觉增多。

患者住院一年半后,出院返回原送监狱,出院后三年里,六次写信给治疗医生,表达感谢之情！由于表现积极,数次得到表扬奖励,三次减刑,被安排为小组长,进入正常、积极的改造轨道上来。其表现、态度、变化得到监狱民警的肯定！

六、体会与启示

1. 人格障碍在罪犯中的比例较高,特别是顽危犯中的比例更高。常见的是冲动性人格障碍、反社会性人格障碍和偏执性人格障碍。他们常是影响监管秩序的重要因素之一,在目前注重"改造为本"的情况下,探讨罪犯中的人格障碍的矫正具有重要的现实意义与指导意义。

2. 人格障碍的矫正是一个系统的工程,在目前尚无疗效肯定的药物情况下,除了教育、管理外,心理治疗应是目前最有效的方法和手段之一。

3. 从矫正方法层面上来讲,精神分析、认知治疗、行为治疗等都是可以运用的。但是整合的方法更为有效,本例主要以理性情绪行为疗法为主,关系建立是心理治疗(咨询)或心理治疗的前提、基础。激发治疗欲望是重要的一环,特别是被动治疗(咨询)的情况下。

4. 从技术层面来讲,要用通俗易懂的实例说明心理学的原理。治疗过程围绕认知、情绪和行为方面,需要反复领悟、修通和再教育。具体的方法有 ABC 解析、角色扮演、示范、读书、讲故事(事例)、利弊分析、成本效益分析、放松训练、人际关系训练等。

5. 理解和领悟力是心理治疗的前提。所以文化程度不高不是心理治疗的否决性条件。治疗中应用演示板、举例及通俗的言语进行交流,有助于或强化患者的理解和领悟。

6. 在治疗期间出现反复或矛盾和冲突是正常的变化,是绝好的鲜活的实证材料。更能启发患者的认知、情绪体验和自我分析。本案例在治疗中发生了两次冲突和纠纷,适时有效地加以利用,更能促使患者的改变与省悟。

(吕成荣)

第十八章　罪犯心理矫治

第一节　概　述

罪犯心理矫治工作是监狱心理矫治专业人员和社会心理学工作者运用心理学的理论和方法,通过对罪犯开展心理健康教育、心理评估、心理咨询与心理治疗、心理预测与危机干预等一系列活动,准确掌握罪犯心理特征,帮助其正确认识心理问题,改变其不良的认知方式,消除其不良心理及心理障碍,促进其适应改造环境,实现改造目标的活动。罪犯心理矫治工作应当正确执行刑罚,严格遵守各项监管工作制度;坚持面向全体罪犯,突出重点罪犯;遵循心理学一般规律,科学矫治。罪犯心理矫治工作的具体目标包括:适应监狱环境,改变错误认知,疏导消极情绪,矫正不良习惯,发展自控能力,改善人际关系,塑造健全人格等。

一般认为,罪犯是心理问题和心理疾病高发、易发的特殊群体。一方面,许多罪犯走上违法犯罪,在一定程度上是由于其反社会人格或不良情绪恶化所致,或者与其心理素质较低、心理状况较差有着密切关系。另一方面,监狱的特殊环境和漫长的监禁生活又常常容易使罪犯产生新的心理疾病或人格障碍。监狱是一个与外界封闭隔离的特殊场所,罪犯尤其是新入监罪犯,由于在生活习惯、环境、情感、社会关系、社会地位、法律地位等各方面都发生了巨大变化和存在落差,面对监狱中的高墙、电网和遥遥刑期,他们往往对自己的前途命运感到渺茫,并伴随很强烈的无助感,很容易产生各种心理问题,如监狱适应困难、拘禁性精神障碍、悲观绝望心理等。

第二节　罪犯常见不良心理的表现

有文献报道,对在押罪犯中开展心理卫生调查结果发现,有50%～70%的罪犯心理健康水平明显低于常人指标;有恐惧感的占罪犯总数的8.8%,有抑郁感的占20.2%,有焦虑感的占16.8%,有多疑倾向的占7.2%,长期烦躁不安的占20.4%,长期情绪不稳定的占14.8%,人际交往困难的占5%。

1. 忧郁心理　忧郁是服刑人员群体中比较普遍的不良心理之一,它主要是精神长期受压抑而产生的一种情绪状态。服刑人员原本大多处于社会下层,加上被判刑入狱而丧失正常收入、原社会地位甚至家庭,并长期处在被严厉管制的环境中,导致其大多具有不同程度的忧郁倾向。目前,随着我国快速发展,普遍存在的就业压力、生活压力等更使服刑人员存在前途忧郁预期,导致其忧郁更为突出。

2. 焦虑心理　焦虑是服刑人员中另一普遍存在的不良心理,导致服刑人员焦虑的一般原因有:罪犯个人的利害关系突变;入监初期的紧张或刑罚执行的结果。从时代特征看,服刑后出狱的环境与服刑人员的预期和其就业能力间日益拉大的差距,也使得服刑人员愈来愈深地处在社会环境"大突变"的包围之中。在这个"大突变"面前,获释的服刑人员往往成为更弱的弱势群体。导致服刑人员特别是刑期较长的服刑人员不自觉地形成焦虑。

3. 绝望心理　绝望或准绝望是一种完全消极的自我否定心理,在服刑人员中占有一定的比例。应注意的是,在监狱特定的环境下,有这种心理状态的服刑人员大多在表面上表现得还比较"正常老实"。这种不良心理的发生比例增大,反映了社会阶层流动和个人境遇改善机会迅速减少的社会环境特点。

4. 敌意心理　敌意或报复心理也是目前服刑人员不良心理中的一种不健康状态。有时,这种心理也被称作"反社会心理"。其实,这种心理多从前几种不良心理中转化而来。比如过分焦虑的不当释放意识就是报复或反社会心理的一种,绝望心理的再刺激也往往会导致心理报复的发生。

以上四种不良心理成为服刑人员改造的心理障碍,影响了改造效果的提高,同时加大了社会新的不安定因素。其他还有自卑、焦躁、愤怒、偏见等心理。

第三节　罪犯不良心理产生的原因

罪犯不良心理产生的原因包括生物学、生理学、社会学、伦理学、心理学、病理学、政治学、犯罪学、监狱学等多学科知识。

(一) 不良心理的生物学基础

不良心理的生物学基础,是指包括遗传、体质、血型、解剖结构、生理、病毒等因素所起的作用。人的不良心理乃至精神疾病等内源性精神病的发生,遗传占有重要的地位。此外,生理机能的状况也会使人患上不同的心理疾病,如 5-羟色胺异常可能是情感性异常心理的基础,不良心理也可能是诱发中枢神经递质发生代谢异常的重要原因。

(二) 不良心理的心理学基础

1. 紧张状态及由此引起的消极情绪　紧张状态是人或有机体在某种环境刺激的作用下所产生的一种适应环境的反应状态。从实践看,部分服刑人员对事物的认知水平较低及性格先天性缺陷是其产生不良心理的重要原因。

首先,总体上服刑人员文化水平较低,对客观世界的认知水平相对简单、肤浅、片面,使他们对判刑入狱产生错误的、片面的、偏激的和对抗性的心理体验。例如有些服刑人员把入狱看做是个人"倒霉"和把犯罪看做是"生活所迫",把警官的管理看做是故意刁难。基于这种认知,罪犯就会产生反社会心理。其次,性格缺陷导致的不良心理。

2. 动机的冲突　动机是推动人们行动的内在力量。由动机引起的冲突是指个体在有目的的行为活动中,常常会同时存在一个或数个所追求的目标,由此存在两个以上相互排斥的动机。

（三）不良心理的社会、文化基础

这里的社会、文化基础主要是指监狱环境、监规制度、人身自由、权利义务、改造气氛、刑期、文化程度、恶习、犯罪前科、人际关系以及通常意义上的民族传统、风俗习惯、宗教信仰等等。服刑人员生活在具体的、特定的、封闭的、严格监管的环境中,这种环境对服刑人员必然造成一种心理影响,而这种影响通常包含着一些消极的作用,比如会使服刑人员产生压抑、孤独、忧郁、焦虑及至惧怕、绝望的情绪。此外,监狱外面的社会、家庭变化对服刑人员的心理影响也是明显的,如服刑人员家庭的变故、社会失业率的增大等对服刑人员经济利益、情感生活发生影响的因素都会使服刑人员精神压力增大,使他们背上沉重的精神包袱。

第四节 罪犯心理咨询和心理治疗

罪犯心理矫治是罪犯心理咨询和心理治疗的统称,是指专职心理矫治人员运用心理学的理论和方法对有心理问题的罪犯提供咨询帮助,调整认知、改善情绪、矫正行为、促进人际、适应环境、完善人格的过程。

一、罪犯心理矫治的特点

心理矫治应坚持理解支持原则、有条件保密原则、耐心倾听和细致询问的原则、疏导教育原则、促进成长原则、咨询和治疗相结合原则、预防性原则,按照专业、规范的要求进行。具有内容的系统性、方法的科学性、适用对象的普遍性、广泛性、矫治关系的独特性和矫治手段的专业性的特点。对罪犯的心理咨询应当以罪犯自愿申请为主。同时根据改造罪犯的实际,对有心理问题的罪犯可以主动进行咨询,对有严重心理问题的罪犯应当进行跟踪咨询。

对罪犯面谈咨询必须确保专职心理矫治人员的人身安全。女性心理矫治人员对男性罪犯咨询时,必须有男民警(作为咨询助手)在场或者在有防护设施的咨询室内进行;对有严重暴力倾向或者有特别现实危险的罪犯咨询时,必须由男性心理矫治人员在有防护设施的咨询室内进行。

在对罪犯咨询前应当向罪犯所在监区心理辅导员和分管民警了解有关情况,咨询时间、地点确定后应当通知监区;罪犯咨询结束后,如有涉及监管安全重大隐患的情况,应该立即向罪犯所在监区反馈,对不涉及监管改造的罪犯个人隐私应当予以保密。

心理治疗主要是运用心理学的原理和方法,对患有心理疾病(神经症、人格障碍、性心理障碍、拘禁性精神障碍、监狱适应障碍等)的罪犯所进行的治疗。

监区对患有心理疾病需要治疗的罪犯,应当根据治疗的需要,在管理、教育、劳动等方面予以区别对待。

二、罪犯心理矫治的步骤与过程

罪犯心理咨询要遵循一定的步骤,既有一般心理咨询的共性,又有其特殊性。但这些步骤是一个自然的发展过程,而不是机械划分的阶段。

（一）开端：热情接待，讲明性质和原则，建立初步的信任关系

当来访者求询时,咨询人员应热情而自然地对他们表示欢迎,并扼要介绍心理咨询的性质和原则。特别要讲明尊重隐私的保密性原则。这时的态度是重要的因素,也是建立咨询关系最初的阶段。

（二）了解问题：掌握来询者的意图和所存在的心理问题

第二阶段主要是通过来询者的自述,了解他们存在的问题。一是来询者的基本情况；二是来询者存在的心理问题。如当前究竟为什么问题所困扰？问题的严重程度如何？问题的持续时间有多久？问题产生的原因是什么？本人对此有无明确的意识？等等。其中的言语交谈及行为观察就要借助于心理学的运用技巧。要注意来访者的语言与非语言特点及外表与行为(印象、衣着、装饰、缺陷、表情、动作、姿势、反应性等)；如怎样提问题(闭合性与开放性的问题)？如何持续会谈（释义、重述、概括等）？要采取因人因事因时的交谈方式；与不同价值取向的人交谈应有相应的策略(经济取向、知识取向、社会取向、审美取向、政治取向、宗教取向等)。

在收集相关信息过程中,关系建立是其中十分重要的内容。

（三）分析诊断：辨明来询者问题的类型、性质和严重程度，明确诊断

分析诊断和了解问题是结合在一起进行的。首先要弄清来询者的问题属于何种类型,是学习劳动中的问题？还是人际关系问题？抑或家庭或刑罚引起的问题？从程度上看,是情绪不安、心理失衡,还是人格障碍,或是神经症、严重精神障碍？

通过谈话与观察,以及在关键问题上的深究和询问,体现出心理咨询人员的专业知识、心理学知识、社会学知识、哲学知识以及社会生活阅历都是很重要的因素。

（四）帮助指导：与来询者共商对策，以求解决问题

通过了解情况分析诊断之后,咨询人员对来询者的问题已经掌握,下一步就要进入帮助指导阶段。咨询人员在给予来询者指导时,要坚持指导帮助与包办相区别的原则。咨询人员的责任是帮助来询者分析他们的心理障碍,通过改变他们的认知结构和行为方式来恢复心理平衡。但这并不等于说咨询人员的作用无足轻重,关键是以咨询人员自己丰富的专业知识和对人性的深刻领悟,在对来询者心情和处境充分理解的基础上,帮助他分析自己问题的性质,寻找问题产生的根源,树立信心,商讨解决问题的对策。

（五）结尾：结束咨询谈话、讨论下一步的安排

通过前四个阶段的谈话,主要进程已进行完毕,咨询进入尾声。对此,咨询人员应给予积极的支持和鼓励,进一步增强其战胜困难的信心。

每次咨询要约定下次谈话的时间。同时根据进程,布置相应的作业。如果效果不佳,要分析原因：是咨询师的问题,还是来访者的问题？或是咨访关系的不匹配？必要时通过朋辈关系小组讨论、督导或转介解决。

一般来说,咨询结束后,要进行追踪研究,以便总结经验,提高心理咨询的水平。主

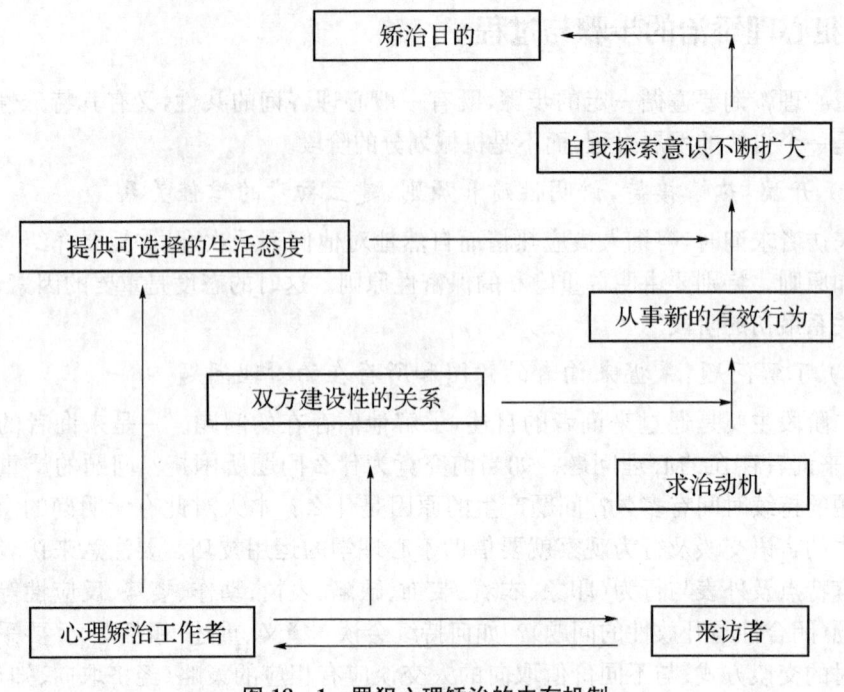

图 18-1　罪犯心理矫治的内在机制

要有三种形式：(1) 咨询人员亲自访谈。(2) 邀请与求询罪犯经常接触的人进行座谈,通过其周围的人了解情况,掌握材料。(3) 通过心理测验验证。

心理矫治部门对心理疾病严重的罪犯,应当组织有关专业人员会诊,进行专门治疗,必要时可以聘请社会专业人员参与治疗。专职心理矫治人员在心理咨询和心理治疗过程中,发现罪犯可能患有精神疾病的,应当及时提出疾病鉴定建议。

第五节　监狱心理矫治工作中的几个问题

监狱是一种特殊的环境,服刑罪犯有别于社会人群。特殊的境遇、特殊的对象、特殊的要求和目标,心理矫治工作定有其特定的要求和方法,也有可能存在与一般心理咨询不同的问题和现象。

一、监狱心理咨询师角色的冲突

在监管改造工作中,许多监狱心理咨询师觉得自己一个肩膀上扛着监狱民警的职责,另一个肩膀上承担心理咨询师的工作要求,两种角色难以调适,从而产生内心冲突。

一是工作依据上的冲突。作为监狱民警的角色体验,工作的依据是比较确定的价值观念、监规监纪和行为准则等。监狱民警常常使用它们来管理教育罪犯,并通过强制来达到教育的目的。民警与罪犯之间是管理与被管理的关系。而作为心理咨询师的角色体验，其工作的依据是充分尊重、理解罪犯的人生观、价值观和人格，他们之间是合作关系。

二是工作重点上的冲突。教育管理罪犯的着眼点在于强调个体的社会属性方面，强调社会的思想政治观念、世界观和道德规范等，将罪犯改造成为守法公民，倾向于社会本位的价值取向。而心理咨询是着眼于个体的自然属性，强调罪犯的内在需求和自我发展，在此基础上帮助罪犯树立正确的人生取向。有时满足罪犯个人成长需要甚至会违背改造的要求，由此，在工作中，常出现是以"社会利益为重"还是以"个体利益为重"的矛盾与冲突。

三是工作原则上的冲突。常规教育要求教育者要有敏锐的眼光，要有强烈的责任感，发现问题要及时向上级部门汇报，与有关人员取得联系并尽快采取措施解决问题，这是一种"公开的"教育原则。心理咨询却正相反，"保密性"是心理咨询的首要原则。在心理咨询过程中，罪犯怀着对心理咨询师的信任，倾诉自己内心的隐秘，期望得到同情和帮助。为来访的罪犯保密是心理咨询工作者的职业道德，也是心理咨询取得罪犯信任、取得咨询效果的重要保证。因此，工作中会有"公开性"与"保密性"的原则冲突。

四是职业规范上的冲突。心理咨询师与来访者的关系应该是平等的，而民警作为执法者、管理者，同时又担当咨询师的角色，便出现了角色冲突。因为管教民警和咨询师，对同一个问题常常会有两种不同的看法和做法，忽左忽右，也让罪犯无所适从。对罪犯来说，他们也有顾虑，认为管教民警和咨询师没什么差别，不愿意讲心里话，失去了应有的效果。有时对罪犯深入了解后，咨询师可能产生同情心理，觉得服刑人员可怜，萌发帮助心理，这样就有违背原则的危险。

面对监狱民警与心理咨询师角色的种种冲突，应开拓视野，有效地促进心理咨询与常规管理教育的联系，以实现罪犯的本质改造。

实现心理咨询师队伍的专业化、职业化是解决心理矫治中角色冲突的重要路径，专业的心理咨询师，不再承担管理的职能，也不扮演管理者的角色，定位和角色明确，提高了咨访关系建立的质量，极大地提高咨询质量和效果。

二、监狱心理治疗的价值干预

在心理治疗的诸多理论问题之中，对价值问题的处理始终是敏感和令人棘手的难题。从微观的层面上看，它涉及实践者所遵循的理论流派及个人的心理特质，牵涉到咨询工作者对咨询理论与方法的应用，以及咨询功能发挥的科学性与职业道德规范的伦理性之间的矛盾。从宏观的层面上看，它也涉及心理治疗的哲学基础、目标取向、作用机制等核心问题。

作为"来访者中心疗法"核心思想的"价值中立"原则，治疗师在治疗过程中不做任何价值参与、价值判断和价值引导，被推崇为心理治疗中的一个重要原则。以罗杰斯等人为代表的人本主义学派强调咨询师应严守"价值中立"，咨询师需要超越与双方价值观念的冲突，通过"价值中立"的手段帮助来访者树立独立、自主的意识，使来访者自己进行价值判断、价值选择，使其感受到与咨询师是平等的，最终使来访者能够独立解决自己的问题。

也有学者认为：既然心理治疗能促进来访者改变，那么其价值观念改变的可能性也必然存在其中。咨询师是相信来访者是可以转变的，这是所有咨询者都秉持的信念，也是心理治疗业存在的前提。而来访者最重要的改变就是其价值观念的转变。既然心理治疗能促进人的改变，而这种改变通常包含着来访者价值观的改变，那么对于咨访关系中的"帮助者"的咨询师来说，对于访者进行适当的"价值澄清"和"价值引导"就很有必要。

问题一：在开展罪犯心理治疗中，是否为采取价值中立或价值干预而感到困惑过？

问题二：怎样干预？

一个人犯罪，通俗地讲，从广义上来说，是因为没有树立起正确的世界观、人生观、价值观，置国家、社会、团体、他人的利益而不顾，侵犯了国家及个人的利益；从小的方面来讲，是因为贪图享受，好逸恶劳，恶习所致。

多年来的实践证明，心理矫治技术作为传统罪犯改造手段的重要补充及发展，服务于监管改造目标，客观上起到了改造罪犯的一种活动，其中包含着价值取向的影响与矫正。另外，从社会学角度来看，犯罪行为是其对主流社会不能适应的后果，或者说是与主流社会的价值观相冲突所致的结果。监狱机关对罪犯再社会化的任务是，通过各种手段，使他们弥补社会化不足和缺陷的认知、心理和行为，训练和提高他们适应社会规范的能力和自觉性。即产生与以前的价值和行为不同的新价值与行为的社会化形式。这为罪犯心理治疗活动中运用价值参与提供了理论依据。

那么罪犯心理治疗中的价值干预与传统改造手段中的价值观改造有什么不同呢？

首先，从方法来讲，传统改造活动是直接的，正面的指出罪犯的价值观问题，并提出相应的改造目标。罪犯心理治疗则是通过启发、讨论、交流、沟通等形式来进行价值参与。

其次，从时间上来讲，传统改造活动是贯穿于整个改造期间的。罪犯心理治疗则是在特定的时段内进行的专业性的活动。

再次，从性质上来讲，传统改造活动是带有强制性质的、强迫式的价值改造，而罪犯心理治疗活动则是在专业关系建立的前提下进行的互动式参与活动，是从心理层面来改变。

在罪犯心理治疗工作实践中，应该根据不同的理论依据及来访者的具体情况、咨询进程及进展，适人适时适情地灵活运用。

适人是指要先评估来访者是一个什么样的服刑人员。他的人格基础是什么样的？他的价值观是什么样的？要做到适人，首先需要充分了解来访者：他的成长经历？他的心理问题与价值观相关吗？

如果是一个过失犯罪者或与心因相关的一般心理问题来访者，价值干预可能会显得多余。但如果是人格障碍，或因行为模式、人际关系或与价值体系相关的来访者，需要中长期进行咨询或治疗的，则要考虑价值干预的可能。

适时是指在咨询关系建立的恰当时机。来访者会认同或接受价值干预吗？要做到适时，就是说如果要进行价值干预，时机掌握很重要，关系建立是前提，还有问题澄清了没有？诊断确立了没有？价值干预应在哪一层面进行？可能会遇到哪些阻力？

适情是指来访者的情况需要做价值干预。如果需要参与，应该介入到什么程度？要做到适情，首先应该评估来访者是一般的心理问题？还是因人格特征所引起？是价值观的影响吗？如果是一般的心理问题，不涉及到内在的、行为模式或人格特质的，同时又是短期所能解决的，则价值干预则不必介入。反之，可以根据具体情况酌情参与。

在心理治疗的前期，对来访者不采取价值干预的方法，意味着是以一种无评判性的理解、接纳、尊重的态度对待来访者在会谈中所展现的各种行为情绪反应、价值观念、生活态度等。咨询师的这种态度有助于营造一种温暖的、宽松的咨询氛围，有助于消除或缓解来访者的紧张、不安及无助感，有助于来访者体验到接纳、理解、关心和支持，对咨询师产生信任。有利于咨询或治疗关系的建立，使咨询关系朝向更具信任感、安全感方向发展服务。从这个意义上说，"价值中立"是建立咨询关系的手段和方法。

"价值澄清"是咨询师帮助来访者澄清自己的价值取向、明确自己价值体系中的真正内容，并帮助澄清来访者在需求、价值和目标这三者间冲突的过程。咨询师可以充当一个刺激者或参照，提出与来访者不同的看法（包括他人的和咨询师本身的），作为催化、刺激来访者思考、比较的催化剂或参考，以此拓宽来访者可选择的视野，从而使其逐渐调整、重建，以达到平衡的价值观体系。

"价值引导"则是咨询师在必要的时候引导来访者作出价值选择或相应改变的选择。在上述几种方式中，"价值中立"是后二种价值干预的基础。"价值澄清"与"价值引导"彼此联系，"价值引导"在"价值澄清"的基础上进行，"价值澄清"是"价值引导"的铺叙和前提，而"价值澄清"的结果有时也具有"价值引导"的意义。因此，咨询师的"价值参与"实际上就是"价值澄清"与"价值引导"两者的相辅相成。还有学者提出了更为深入的"价值灌输"。

值得一提的是，在采取必要的价值干预的同时，也应尽可能合理科学、小心翼翼、而有尺度地进行，否则会引致如下结果：

首先，会导致来访者对自己本身具有的解决自身心理问题能力的不信任，易导致来访者对咨询师的依赖，阻碍来访者的成长及自主性的发展。其次，会无形中把咨询师自己推到具有无所不能的位置上。还有可能会被有些很敏感的来访者激起不满甚至是敌意。另外，还容易使咨询师产生更大的压力和焦虑，严重者还会产生耗竭感。一方面，依赖感会促使来访者向咨询师提出更多的要求，这些要求会给咨询师造成巨大的压力；另一方面，咨询师在压力的驱使下，为了摆脱压力和焦虑，会更倾向轻率地为来访者出主意、提建议。咨询师在这种情形下所提的建议，与其说是为了帮助来访者走出困境，倒不如说是为了减轻自己的压力和焦虑。

此外，在进行价值干预的咨询中，治疗师必须有清醒的自我察觉、必须清楚地意识到，自己持什么样的价值观？是什么样的过去经历使自己获得这样的价值观，有未完成情结吗？自己的价值观是积极的吗？是主流的吗？这样的价值观会给治疗带来什么样的影响？等等。当咨询师的价值观与来访者的价值观不一致，尤其是两者相反的时候，往往会产生对来访者的负面态度。如果咨询师没有敏感和自觉，就极易影响咨询关系。

总之，心理治疗师不仅应该是一名坚持原则性和客观性的科学工作者，同时也应该是一名富于创造性与灵活性的艺术家。在整个罪犯心理治疗活动中，特别是在处理价值问题时，心理治疗师高明之处在于，对价值参与和价值中立不是简单的肯定或否定，而是重视对价值参与"度"的把握，遵循"适人、适情、适时"的原则，努力寻找动态的黄金分割点，从而有助于来访者的心理成长。

三、心理矫治工作的创新和发展

罪犯心理矫治工作应与时俱进，不断充实心理矫治工作的内涵，这样才能确保心理矫治的专业化、规范化、创新化与科学化。

(一)在改造质量评估体系构建中积极发挥心理评估的作用

改造质量评估体系具有评估罪犯改造难度、危险程度、再犯罪可能性预测的作用,是评价罪犯是否已经改造好的重要依据。监狱通过向司法局社会安置帮教机构和公安机关提供做好罪犯回归后的教育安抚及防范违法犯罪工作的书面建议,为社区综合治理工作提供有益的指导意见。

常规心理评估工作应贯穿于罪犯改造的入监甄别期、改造中的减刑假释推荐期、出监前改造效果验收期的三个阶段。心理评估的结果,还可以检视监狱民警的管教工作是否有效,从而为调整教育措施或管理级别提供科学指导。

在专项工种人员的审批使用上,心理评估结果是一项重要的参考,这就为管理者"用对人、做对事、早预防、少添乱"提供了可靠的心理情报。

(二)建立咨询师定期接受督导的制度,提高业务水平和保障身心健康

由于心理咨询师的工作要在共情中调动所有阅历经验和学识来助人解决问题,需付出艰苦的脑力劳动。每个人自身的局限,包括成长过程中有许多"未完成"的事情,极容易引起"职业倦怠"、"职业枯竭"现象,加上咨询师在共情中总是受到负面情绪的感染,极容易反受其害。因而有必要为矫治专业人员建立定期接受督导的制度,定期交流、督导,保证心理咨询师的心理健康,或请高级咨询师或心理专家为他们进行个案督导,帮助提高业务水平,进行心理辅导,帮助下级咨询师缓解精神压力,保障身心健康,保持工作和生活的动力。

(三)延伸工作内涵,为警察职工的心理保健和人力资源管理提供协助,共同营造舒心的工作氛围

一是可以为监狱政工部门合理利用人力资源提供协助,帮助建立警察职工心理档案。利用心理测评结果,科学安排岗位工种、合理利用人力资源提供建议。二是可以通过媒体宣传、专家学者讲座、业务培训等形式向警察职工传授心理保健知识。三是可以协助建立监狱警察心理援助热线。四是针对不同的工作场合对音乐、声光的布局和设计提出建议,创造有利于工作又能兼顾身心愉悦的工作环境。比如,在每个办公室要有可控可调的背景音乐,用座右铭、励志名言的书法作品和情趣健康的绘画作品点缀会议室、办公室等公共场所。另外,在罪犯劳动现场,按照生物钟的特点,针对不同的劳动时段播放不同的功能音乐,起到提神醒脑、克服烦躁不安情绪或有利于提高工作效率的"场效应"。在罪犯休息室,让罪犯接受统一的催眠放松训练,为夜的安宁和心灵的安宁提供实用的意境。

在新的时期,监狱只有将创新思想与实际情况融合起来,找出符合监狱实际的罪犯心理矫治规律,不断将新的模式和方法引入工作中并不断探索实践,一定会大力提高监狱工作科学化程度,有效促进监狱的安全与稳定,不断提升罪犯改造质量。

(吕成荣)

第十九章　精神疾病的护理

第一节　概　述

一、概述

　　精神病护理学是研究对精神病人实施特殊护理的一门科学。它是以一般护理学为基础，以护理心理学为导向，以人类异常精神活动与行为的护理、保健、康复为研究对象，对精神病人实施整体护理的一门独立学科。精神科护理意在有效运用护理程序，帮助病人正确认识疾病，对待疾病，恢复并维持身心健康，保障病人自身及社会安全。它是整个护理学中的一个分支。近年来随着医学模式的转变，精神科护理模式逐渐向生物-心理-社会医学模式发展。

　　监狱精神病人是一类特殊的群体，这些群体构成复杂，思想及内心世界与常人不同，平时缺少家人的关怀，护理人员应全面了解病人的思维、情感和行为，正确地分析病人在正常和异常情况下对客观事物的反应，重视病人的心理和社会因素的整体护理，从而找出正确的护理问题，制定相应的护理措施，引导病人正确对待疾病，学习适应社会，帮助病人顺利回归社会。

二、精神科护理工作任务

　　1. 研究和实施为精神病人提供科学、全面服务的方式和方法，确保病人安全、舒适、愉快、健康。

　　2. 研究和实施接触、观察精神病人的有效途径，通过各项护理工作及护理人员的语言行为与病人保持良好关系，开展心理护理。

　　3. 研究和实施对各种精神病人的具体护理方式。

　　4. 研究和实施对精神病人各种治疗的护理，确保医疗任务的顺利完成。

　　5. 维护病人的利益和尊严，使病人获得正常化的生活和权利，防止一切不利因素给病人带来身心的痛苦。培养和训练病人生活能力、社会交往能力、适应社会能力。

　　6. 密切观察病情，详细记录。其目的为协助诊断，防止意外事件的发生，并为医疗、科研教学积累资料，可作为法律和劳动鉴定的参考。

　　7. 探索和理解每个精神病人的内心病态体验和正常的心理需求，找出正确的护理问题，实施有效的护理措施，给予准确的护理评价，使整体护理在精神科护理中发挥作用。

　　8. 对病人亲友及其公众开展精神卫生宣教工作。积极开展社会精神卫生保健事业，对精神病人做到防与治相结合，认真贯彻执行预防为主的方针。

三、精神科护理人员素质要求

当前精神科护理已发展成为一门独立学科,护理模式也由传统的功能制护理向生物-心理-社会整体护理发展,为了适应这种发展,精神科护理人员应具备以下素质:

1. 心理素质　具有"一切以病人为中心"的指导思想,具有健康和良好的情绪,具有敏锐的观察能力和分析能力,具有慎独精神。
2. 职业道德素质　护理人员必须努力提高自身的政治素质,维护病人的尊严,保护病人的利益,保守病人的秘密,建立良好的护患关系。
3. 理论素质　加强在职护理人员的继续教育,重点培训心理学、社会学等方面的知识,刻苦钻研,掌握新知识、新技能,提高实际工作能力。
4. 专业素质
(1) 加强病房管理逐步实施开放管理制度,这是精神病医院发展的趋势。
(2) 对于慢性精神病人实施康复护理,改善病人精神症状,提高社会交往的能力,掌握生活的技能,改变退缩和孤独的心态。
(3) 积极开展精神卫生保健工作。当前精神医学与精神卫生事业发展的方向面向社会,贯彻预防为主、防治结合原则。

第二节　精神科基础护理

精神病人在服刑期间病情复发,在无家人监护的情况下,病人受症状支配,不知爱惜自己,并可危及他人的生命安全。在疾病过程中容易出现睡眠及饮食障碍,有的病人生活不能自理,不知洁净,机体抵抗力降低,容易并发各种躯体疾患。因此,卫生、饮食、安全与睡眠则为精神病临床的基础护理,是影响病人健康的重要因素。

一、卫生护理

1. 口腔护理　口腔不洁,容易发生口腔溃疡或出现病灶感染。口臭、口垢常可影响食欲。因此,病人在睡前及晨起均要刷牙,饭后要漱口。护理人员要督促一般病人做好晨晚间护理,对重点病人应协助其料理生活。
2. 皮肤护理　精神病人经常有皮肤外伤,容易造成皮肤感染;精神药物治疗的副反应可导致皮炎;部分精神病人皮脂腺分泌亢进,容易发生疖肿或感染;大、小便失禁,出汗过多或床单不平等刺激,可引起皮肤破溃。年老体弱及营养不良、消瘦和水肿等卧床病人,抵抗力较差,周围循环不好,容易发生褥疮。因此,要特别注意对皮肤卫生的护理。保持病人床铺的平整、清洁、干燥。对大、小便失禁者,应随时更换衣物,并用温开水洗净局部。对卧床病人,要定时翻身,并对骨骼突出部位定时做皮肤按摩,以防皮肤受刺激、压迫而发生褥疮。对一般病人,每周要洗澡及更衣、理发或修面。

二、饮食护理

精神病人服刑期间,人体所需的营养都由监狱根据罪犯伙食实物量标准进行提供,可以根据躯体情况,在供给基本膳食的基础上,供给各种必要的营养和热量,以维持身体的新陈代谢,增强抵抗力和预防疾病。精神病人的饮食障碍有多种,直接关系病人的健康与安全,如:病人受症状支配,常有拒食或少食,影响治疗开展;精神药物的副反应可引起吞咽困难或噎食,导致意外,食欲亢进的病人,暴饮暴食,影响消化吸收或出现噎食;处于极度兴奋状态的病人,体力消耗较大,若饮食护理不当,容易导致衰竭因此要加强饮食护理。

生活能自理的病人,均采用集体进餐的方式,用普食膳食,饭前要将病人饭菜按份备好,督促病人用流动水洗手,开饭时要巡视病房,病人就餐应有固定座位,维持就餐秩序,注意观察病人进餐情况,若发现病人饭没吃完而中途离位,应查明原因,对症处理,要保证病人吃饱吃好,饭菜温度要适宜,防止菜、汤过热造成烫伤,餐具应全塑化,使用塑料类不易伤人和破裂的餐具,以防意外。餐具用毕后应清洗消毒。发现传染病应立即消毒、隔离,预防交叉感染。

对特殊重点病人,开饭时要有专人照顾,严格执行饮食医嘱,按时、按量、按病情需要给予适宜的饮食,对生活自理较差者应协助进食,劝说无效者应给鼻饲或输液。保证病人营养和水分的摄入,保证水与电解质平衡,病人每日入量不得少于3 000毫升。对吞咽困难的病人,应缓慢进食,不可催促,以防噎食。对进食过快的病人应劝其放慢速度。对食欲亢进、不知饥饱、抢食或暴饮暴食的病人,要适当限制入量,在改善饮食、调换花样时尤应注意。必要时可让病人单独进餐,控制其进餐速度及数量,并要适当进行饮食卫生教育。

三、安全护理

安全问题是精神科医护质量的重要指标,也是监管工作的基本要求。精神病人在症状支配下,常有冲动、伤人、自伤、逃跑等特殊行为。医疗护理工作稍不细致,就可出现意外,甚至危及病人生命安全。因此,要加强对病人的安全管理,并在几个重要环节上精心护理。

护理人员必须熟悉病人的病情,诊断,对有特殊行为的病人要重点护理,并随时掌握病情变化。要善于识别精神症状或躯体疾患,不可将病人的精神症状,如病人主诉某部位有"病变"或"疼痛"误认为躯体症状而轻易处理,也不可将病人的躯体不适误认为精神症状而予忽视。尤其是对生活不能自理或极度兴奋躁动的病人,更要细致地观察病情变化,以免贻误病情。

加强巡视 对一般病房要每隔15~30分钟巡视一次,并做好记录。病人不得攀登高处或过速奔跑、打闹等。凡属危险品,均不得带入病房或存留病人身边。病人服药,要认真检查口腔,避免积存药物一次吞服,造成意外。物品丢失要及时查找。要定期进行危险、违禁品检查等安全检查和项目管理,如病人有无收藏的危险物品有无消极内容的书信、字迹等。若发现门窗、门锁、床、玻璃等物品损坏时,要及时维修。各种辅助用室用后应及时上锁,病人出入病房要认真清点。有严重特殊行为的病人或病情不稳定者,尽量不让外出活动。

四、睡眠护理

睡眠和觉醒是维持生命活动所必需的生理过程，二者随昼夜变化，交替出现，形成规律。睡眠的好坏直接影响人的健康。对精神病人来讲，睡眠的好坏常预示病情的好转、波动、恶化。良好的睡眠可促使病情恢复，严重的失眠可使病情恶化。

观察睡眠，首先要了解睡眠障碍的原因及其表现，然后才能给予恰当的护理。精神病人睡眠障碍的原因很多，如病人兴奋、躁动、紧张、恐惧、情绪焦虑、心情不快以及各种思想顾虑、躯体不适、对环境不习惯等，均可影响睡眠。

护理人员要为病人入睡创造条件。病室空气要新鲜，温度要适宜，周围环境要安静。病人入睡后，工作人员不要大声喧哗，动作要轻。病室开暗灯，避免强光刺激。对于因环境陌生而情绪紧张的病人，护士应给予安慰，稳定病人情绪，促进睡眠。对心理因素引起失眠的病人，应详细了解情况加强心理疏导，诱导病人入睡。病人应有规律的作息制度，白天尽量组织病人参加各种活动，减少病人卧床时间。晚间入睡前可用温水洗脚。在入睡前减少谈话，不要安排引起情绪激动的活动。兴奋病人在集体入睡前，应予恰当处理，以防干扰他人。对严重失眠、诱导无效的病人，可给药物辅助入睡，并密切观察给药后的效果与反应。

对病人睡眠的观察要深入细致，巡视护理要有重点，若病人卧床辗转反侧、唉声叹气，或多次起床活动，往往提示有睡眠障碍，应查明原因，恰当处理。要特别注意病人不得蒙头睡觉，要善于发现伪装入睡的病人，采取有效措施，以防意外。

第三节 精神科特殊护理

1. 心理护理 心理护理在精神病护理中占有特殊重要的地位。良好的心理状态能充分调动人体内的康复能力。护理人员应以细致的关心和同情去发现和解除病人的各种心理问题，帮助病人从不安、烦闷、焦虑、消极或抑郁等情绪中摆脱出来，保证病人处于一个接受治疗的最佳心理和生理状态。

2. 确保病人的安全 精神病人在疾病的急性期，某些行为具有一定的危险性。因此，护理人员必须高度警惕，加强安全护理。掌握病人的病情，对有自伤、伤人毁物可能的病人要进行评估，确定风险等级，明确防范要求，做到班班交接，主动防范。对发生突然冲动的病人，要机智大胆果断地采取有效措施，防止自伤、伤人或其他攻击性行为。对于有可能发生自杀、外逃等意外的病人，不能让其单独活动，而应将病人置于值班人员视线之内，掌握病情特点及活动规律，并按时巡视，每10～15分钟巡视一次，以防止意外发生，对年老体弱、行动困难及意识障碍的病人，要加强安全护理措施，防止病人跌倒、坠床等意外情况的发生。对病人的活动场所、病房、厕所要定期进行安全检查，对可能造成自伤的一切危险物要严格保管。病人集中活动要有护理人员组织管理，外出活动或完成各项辅助检查要有双人陪同看管，陪同时护理人员应注意自身安全，处于在病犯的侧面或后面并保持适当的距离，严防各种意外情况的发生。

3. 保证准确执行医嘱　有相当部分病人，由于缺乏自知力，否认有病而拒绝治疗，甚至与医护人员产生对立情绪。另有一些病人由于对治疗有顾虑或对某些药物的副反应不了解而造成对治疗的不配合，或出现藏药行为。为此，护理人员要采取适当措施，保证准确执行医嘱，在进行各项治疗前，向病人说明治疗的目的和意义，以争取病人的主动配合，疗前做好充分准备，疗中严肃认真，疗后严密观察治疗反应。

口服给药是精神科最常用的给药方法。必须保证病人按医嘱服药。尤其要严防病人积存药物一次吞服，造成意外事故。

发药时要有秩序，护理人员不得离开药盘，严防病人自行取药，抢药或服错药。要严防病人吐药或藏药，对拒服者耐心说明，喂药时要注意病人安全，防止打翻药盘或伤人。同时加强病人服药时宣传、管理。做到：按服药顺序站队；统一拿药和水杯的手；服完药后观察口腔、手及水杯；对药物有疑问时及时询问；服药后如实汇报服药后疗效和反应；服药后半小时内不能入厕等。

第四节　临床观察与记录

精神病的临床表现是错综复杂的，同症状可能出现于多种病人，或某种精神病具有多种症状。例如，兴奋症状可以发生于精神分裂症、躁狂症、癔症、反应性精神病、症状性精神病等。而精神分裂症又可产生忧郁症状、兴奋症状等。各种反常行为如自杀、自伤等可发生在各种病人身上。有些症状的表现只出现于病程的某一阶段，随着病程的变化，某些症状或偶尔出现，或持续存在。有的症状是隐藏的，有的症状似是而非，短时间的观察有时难以确定诊断。目前，物理检查和化验室检查等尚未能用于诊断所有的精神病，大多数病人除依靠病史资料外，主要通过临床症状观察来确定诊断。

一、观察内容和方法

（一）观察方法

观察包括两个方面：一是直接观察，是与病人直接接触，面对面进行交谈，通过病人的言语、表现、动作和行为了解病人的症状。也可以通过各种渠道与病人交谈，可个别交谈、集体交谈。通过交谈可以从病人那里获取材料。二是间接观察，是从侧面观察病人独处或与人交往时的精神活动表现，如：在各种活动时病人注意力是否集中、平时与其他病人的接触表现情况、接见时与亲属接触的态度及谈话内容，也可通过病人的日记、书信、书写物进行观察，或向管教民警、家属、同犯、亲友等处了解病人的病情变化。

（二）观察的内容

1. 一般观察　（1）意识状态：病人意识清晰否，能否识别人物、时间和地点。意识障碍的深度如何，如朦胧、混浊或昏迷。（2）仪表：病人的衣着是否清洁，相貌与年龄是否相符,体质状况是否良好,有无外伤。(3)与环境关系:对周围事物是否关心,接触主动还是被动,礼貌还是粗暴,是否易激怒,有无破坏攻击行为。(4)个人生活:饮食、个人卫生、大小便能否自理。有无拒食、少食、抢食、偷窃、自杀、自伤或追逐异性等行为,睡眠情况如何。(5)自知力:病人是否承认有病,对治疗有无迫切要求,病愈后的打算及要求。

2. 认识活动　(1)感觉和知觉:感觉是否增强或抑制。错觉的种类、内容,出现的背景、持续时间及病人对错觉的反应。幻觉的种类、内容、出现时间、持续时间以及幻觉出现时的意识状态,病人对幻觉的反应。(2)思维活动:语流加速或迟缓,语量增多或减少,连贯性如何,内容与现实的联系,有无中断语言及破裂性思维。谈话有无逻辑和推理方面的紊乱,有无妄想,记忆有无障碍。病人对以往生活经历的事是否能正确叙述,最近发生的事是否能回忆,有无智能障碍。

3. 情感反应　情感的诱发是否正常,情绪是否稳定,有无突然出现的病理性激情或强制性哭笑。情感反应与周围环境的刺激是否协调,有无情感倒错和矛盾情感等。

4. 行为活动　从病人的肢体表现、日常活动、与别人的关系、完成日常生活等,是否有冲动攻击行为? 有无消极自伤自杀行为?

按疾病的不同阶段分别掌握观察的重点。在疾病急性期,要重点观察病人精神症状表现,如与环境接触的态度,思维内容与现实联系,特殊行为出现的规律以及产生的原因,及病人的内心体验。对新入院病人及未确诊的病人,要从一般情况、精神症状到躯体情况做全面观察。开始治疗的病人,要重点观察对接受治疗的态度,治疗的效果及副反应。症状缓解的病人,重点观察病情的稳定程度及对疾病的认识程度、病情回忆及其评判能力。对一般病人重点观察病情动态变化,以及病情好转、波动的指征。

按症状特点进行观察。主要观察病人异常的言语、表情、动作、行为等。如病人在意外事件发生之前,一般都有异常表现,如抑郁状态病人情绪豁然开朗;缓解病人情绪突然低沉,闷闷不乐;素日不爱活动的病人突然表现积极;病人言谈中的消极言语,或书写带有消极内容的信件词句等,常常是病情变化的重要线索。护理人员要密切注意病情的发展动向,认真交班,以防意外事件的发生。

二、观察记录

护理记录是病人疾病状态的真实记载,是护理工作的重要环节。完整的护理记录是协助诊断、判定疗效的参考,也是提高业务水平的重要途径。可为科学、完整的病历和有关司法纠纷提供素材,还可为总结护理经验和科学研究积累资料。

1. 书写护理记录　对重点病人及新入院病人,要班班记录;病情有波动时随时记录;慢性恢复病人病情稳定者可定期做小结式的记录。书写记录要坚持科学的、实事求是的态度,内容要真实生动,不得主观臆造。文字要简明、扼要,词句要确切、肯定,字迹要清楚、整齐,不得涂改。为能恰当地描述病人的当时情况,应尽量引用病人原话,避免单纯使用精神科的医学术语。对病人的一些特殊行为,可描写其具体表现和做法。此外,记录应按病历书写规范要求写,要逐项填写记录项目,不得遗漏。记录要注明日期、班次并签全名。

2. 记录内容　病人的病情变化,日常生活表现,躯体情况,特殊医嘱,特殊标本留取情况,特殊病情的护理要求,各种治疗过程中出现的问题及其治疗后的特殊反应,重大差错、事故发生的经过、处理情况及原因分析。

第五节 病房管理

监狱精神病院病房的组织管理,是监狱精神病护理工作的重要组成部分。住院病人症状表现各有不同,如有的精神病人受症状支配,有伤人、自伤、毁物等特殊行为;有些病人多次复发住院,较难以适应社会生活;有的病情呈慢性迁延状态,精神衰退,需长期住院疗养;有的合并躯体疾患等。因此,监狱精神病医院病房的设备与结构及病房管理,除具备一般监狱、医院条件外,还要有适合精神病人特殊需要的设备及管理方法,以保证病人住院期间的舒适与安全。

一、病房的设备与结构

病房的各种设备,应使病人感到舒适方便,要注意设计美观,但也不可忽略从病人的安全考虑,如窗户安全防护,病室的门要设有观察窗,便于巡回观察病人的活动情况。用电设备应有防护,电源开关设在办公室,电灯应采用塑化灯罩,装置在靠近天花板处,要有明、暗两种照明。夜间病人入睡时换暗灯,既能保证病人睡眠,又便于巡回护理。饮水桶应有安全装置,以防烫伤病人。

二、护理工作的组织与领导

病房护理工作的组织和领导,是做好病房管理和护理工作的一个重要方面,要根据病房的具体工作任务,合理地组织与安排。护士长是病房管理工作的关键,护士长负责病区全面的领导工作,组织和安排全体工作人员的工作、政治思想教育、行政管理工作以及病人的管理和改造工作。护士长要求做到:严密的组织,严格的要求,严肃的工作作风,以及一丝不苟的工作精神,使病人的收治工作秩序井然忙而不乱,不断提高工作质量。

三、病人的组织与管理

病人的管理,主要是护理人员、医师、管教民警负责。每个病区配备一定的管教民警,与护士共同值班,实行双人制班。护士负责治疗护理、健康宣教以及日常工作,管教民警负责病人的行为规范教育、计分考核、队列训练及户外活动等,带病人外出就诊或其他安排,应根据病人数量安排工作人员,至少要有两名工作人员,每次须有一名管教民警陪同。管理病人的原则是医疗和管理相结合的方式,有组织地实行开放护理和管理。急性治疗期的病人,管理人员主要由护士、医生、管教民警组成,病人主要以集中管理的方式进行,以医疗工作的开展和健康教育为主,兼顾罪犯的行为规范教育,鼓励他们互相交流及参加一些轻体力劳动,如:在院内拔草、养花、打扫环境卫生、自己动手洗衣服、病房内卫生;加强适应性教育,使病人在住院期间有个适应环境的过程,解除病人的陌生和恐惧感;保证病人有充足的睡眠,培养病人良好的作息规律。在病人病情稳定后,转康复阶段继续治疗巩固。病人康复期间管理人员主要由管教民警、医生、护士组成,以管教民警为主。实行类监区式的管理,学习罪犯行为规范,制定适合病人的计分考核,使病人对自己行为有一定的约束,提高病人的自知力。在日常管理中,鼓励他们做些轻体力劳动,以学习、劳动、户外活动为主,各项管理都由他们参与制定,使他们有较强的适应能力,减少病情复发。开展疾病及药物常识宣教,给予维持性药物治疗,在保证医疗工作延续的同时,促进病人社会功能的恢复。

四、物品管理

病人在入院时,护士应协同监狱民警与监狱民警认真交接,和在接待病人的同时,清点用物,并将生活用物给予登记保管,如有贵重物品,交给家属或监狱民警负责带回,在特殊情况下由本院专人保管,清点完毕由监狱民警与接收人共同签字暂时保管。清除病人身上的危险品,危险物品(刀、筷、绳、钉、锐器、钝器、裤带、针、鞋带、玻璃制品等)、违禁品一律不许带入病房。病房要建立严格的安全检查制度,每天小清,每周大清。碗、牙刷、牙膏、洗衣粉等统一发放及管理。

五、交接班

交接班是连续观察病情、贯彻各项常规制度的重要环节。它可使各班工作衔接,互通情况,并保证医疗护理工作的连续和一致。通过交接班,可以掌握病人全部情况,检查护理工作的质量,并预防意外事件的发生。

1. 交接班方式 通常是由夜班护士根据交接班记录,宣读本班及前一班的病情报告,护士长传达上级会议精神,布置当天的工作并提出护理要求,医生介绍重点病人的病情,及重点观察的要点与药物调整的情况等。

2. 交接班内容
(1) 当日住院病人的总数、实数,入院、出院、转入、转出、假出院及死亡等人数。
(2) 新病人及危重病人的病情、治疗与注意事项。
(3) 一般病人有急剧的病情变化或特殊情况。
(4) 主要医嘱及特殊治疗、化验检查项目。
(5) 差错事故发生的经过及其处理情况。
(6) 病人个人卫生及病室卫生情况。
(7) 重点物品如医疗器械、药品及被服的基数是否查符。

3. 交接班的要求 交接班的护理人员要本着对工作负责的精神,严肃认真、一丝不苟地进行交接,要交的清楚,接的明白。
(1) 做好交接班前准备:交接人员应当在交接班之前做好准备工作,组织好病人,以便清点人数。同时要检查本班各项工作任务完成情况,若因某种特殊原因工作任务未能完成时,应将实际情况向下一班交代清楚。
(2) 清点物品:接班人员在正式接班前,应将基数药品、器械、被服等物品清点清楚。
(3) 严肃认真:凡是参加接班的人员均应穿戴整齐,准时参加交接班。凡是重点病人,均应在床旁共同交接,交接时,要认真查看病人的口腔、头发、皮肤、床铺卫生及躯体情况。对特殊护理的病人,如需要约束保护或记出入量的病人,应看记录,检查保护带根数及血运情况,对卧床病人应查看有无压疮及伤情,对危重及抢救的病人,应查看正在进行的治疗、抢救记录及抢救物品。对有特殊行为(如自杀、逃跑等)的病人,在床旁交接时,应注意言语,不要当着病人面交接病情,以免强化症状。可以先个别交接病情,然后共同查看病人。

(徐海霞)

第二十章　监狱精神疾病的康复

康复(rehabilitation)在现代医学的概念中,是指躯体功能、心理功能、社会功能和职业能力的恢复。世界卫生组织(WHO)于1969年提出了康复的定义:"康复是指综合性与协调性地应用医学的、教育的、社会的、职业的和其他一切可能的措施,对残疾者进行反复的训练,减轻致残因素造成的后果,使伤者、病者和残疾人尽快和最大限度地恢复与改善其已经丧失或削弱的各方面功能,以尽量提高其活动能力,改善生活自理能力,促使其重新参加社会活动并提高生活质量"。

康复精神医学(psychiatric rehabilitation)是康复医学的一个分支学科,与躯体疾病康复相一致,即运用可能采取的手段,尽量纠正精神障碍的病态表现,最大限度地恢复适应社会生活的精神功能。康复精神医学服务的主要对象包括各类精神病和精神障碍的残疾者,其中大部分是重性精神病患者,且主要是慢性精神病患者。

第一节　精神障碍的康复

一、概述

精神障碍康复有三项基本原则,即:功能训练、全面康复、回归社会。功能训练是指利用各种康复的方法和手段,对精神障碍患者进行各种功能活动包括心理活动、躯体活动、语言交流、日常生活、职业活动和社会活动等方面能力的训练;全面康复是康复的准则和方针,使患者心理、生理和社会功能实现全面的、整体的康复;而回归社会则为康复的目标和方向。

精神障碍康复的主要任务有:

1. 生活技能训练和社会心理功能康复　认真训练生活、学习、工作方面的行为技能,包括独立生活的能力、基本工作能力、人际交往技能、解决问题技能、应付应激技能等,使患者能够重新融入社会。

2. 药物自我管理能力训练　包括使患者了解药物对预防与治疗的重要意义,自觉接受药物治疗;学习有关精神药物的知识,对药物的作用、不良反应等有所了解,学会识别常见的药物不良反应,并能进行简单处理。

3. 学习求助医生的技能　在需要的时候,能自觉寻求医生的帮助,向医生正确地提出问题和要求,并能有效地描述自己所存在的问题和症状。在病情出现复发迹象的时候,能及时向医生反映,以得到合理的处理。

二、精神障碍的医院康复

多年以来,由于客观条件的限制和社会习惯的形成,我国大多数精神障碍患者基本在精神病医院或精神病疗养院内进行治疗和康复;同时,由于治疗手段和目前科学发展的限制,还难以对所有的精神疾病进行有效而彻底的治疗;所以许多精神病患者就长期滞留在精神病院内。随着时间的推移,这些患者长期脱离家庭与社会,导致人格衰退,出现继发残疾。因此,精神病和精神障碍患者的医院康复成为整个精神障碍康复的重要环节之一。

（一）医院康复的工作内容

1. 训练患者的心理社会功能方面的行为技能,包括生活、学习、工作能力与社交能力等方面。

2. 实行宽松的管理模式,尽可能为患者提供宽松的生活和人际交往环境,训练和保持患者的社会功能。

3. 设立工娱治疗场所,合理安排患者的工娱治疗项目,促进和保持患者的工作能力和健康心理状态。

4. 努力改善医院工作人员的服务质量和服务态度,建立良好的医患关系,努力培养患者的自主与独立能力。

5. 设立康复科和健身场所,努力减少长期住院患者因为缺少活动或者长期服药等因素导致的躯体机能下降和抵抗疾病能力的下降。

（二）医院康复的训练措施

1. 生活行为的康复训练　其目的是训练住院患者逐步适应生活环境的行为技能,使患者保持维持日常生活活动的行为技能以及娱乐和社交活动的能力。包括以下几方面:

（1）生活自理能力的训练:这类训练主要是针对长期住院,并且病情处于慢性衰退性的精神障碍患者。训练重点是培训个人卫生与自理生活能力,如洗漱、穿衣、饮食、排便等活动。一般通过2~3周的训练,可使大多数患者学会自己料理自己的生活。但需要持之以恒,不断强化。

（2）社会交往能力的训练:精神障碍患者的社交能力因为长期住院与社会隔绝而产生严重的下降。对这些患者的训练主要应包括训练患者如何正确表达自己的感受,学习在不同场合的社交礼节。不断鼓励患者通过语言、书信等方式表达自己的愿望,并与家庭成员保持情感的联系。如通过亲情电话,一方面具有保持亲情的作用,另一方面也有鼓励患者与外部世界保持接触的作用,更为患者提供了外部世界的信息。

（3）文体娱乐活动训练:这类训练的重点是培养精神障碍患者参与群体活动,扩大交往接触面,达到提高情趣、促进身心健康的目的。训练内容安排应根据患者的病情、兴趣爱好、受教育程度、躯体健康状态等进行针对性训练,包括一般性娱乐与观赏活动,如听音乐、看电视、看演出等,以及带有学习和竞技的参与性活动,如歌咏、舞蹈、体操、球类、书画等。

2. 学习行为的技能训练　即为"教育疗法",训练的目的在于帮助长期住院的患者学会妥善处理和应付各种实际问题。

对慢性患者的学习行为训练可以采取两种方法:一是在住院期间较普遍地进行各类教育性活动,如时事教育、常识教育、科普知识教育、历史知识教育等。通过系统的教育,提高患者的常识水平、培养学习新鲜事物的兴趣和习惯。一般每次学习时间不超过1个小时,可采取医务人员讲课和患者小组自己讨论等多种方式进行;另外一种方法是定期开展针对性比较强的学习班,或模拟社区康复,选择集中不同病情状态的患者进行训练。如对衰退的患者,可传授一些基本文化知识、简单书画练习等。

经过这种训练后,患者在回归社会、监区前应进一步学习有关技能,如家庭布置、清洗衣物、采购物品、家务料理、社交技能、交通工具使用等。只有熟悉这些基本生存、生活必须掌握的技能,才能在患者重返社会后,更好地行使家庭职能,改善家庭关系,并提高社会适应能力。

3. 就业行为的技能训练　就业行为的技能训练又称为"工疗",也就是对精神障碍患者进行劳动就业方面的培训,对精神障碍患者的全面康复具有重要的意义。

三、精神障碍的监区康复

监区康复是以病犯监区为基础的康复,是指以监区为单位,对精神疾病患者提供服刑期间康复服务。除了对整个监区的精神障碍患者,有整体的管理规划外,监区精神障碍的康复工作更应该结合每个患者的特点,制定合适的康复计划和措施。监区精神卫生服务工作要做到"个性化、整体化、长期化"。康复是长期的,而不应该是短期行为。

监区精神障碍康复的目的包含以下几个:

1. 预防精神残疾的发生　早期发现患者,给予及时、合理、充分治疗和全面康复措施,争取最好的治疗效果,努力使大多数患者达到治愈和缓解。在精神障碍的缓解期,加强巩固治疗措施,防止复发,防止精神残疾的发生。

2. 尽可能减轻精神障碍残疾程度　对难以治愈的患者,要尽可能防止其精神衰退;对已经出现精神残疾者,应设法逐步提高其生活自理能力,以减轻其残疾程度,从而减轻家庭负担。

3. 提高精神残疾者的社会适应能力　在康复过程中,提高精神残疾者的社会适应能力始终是工作重点之一,也是康复工作的终极目标。只有提高患者社会适应能力,才能减少对社会的不良影响,提高患者的生活质量。

4. 恢复劳动能力　通过各种康复措施和训练手段,使患者具有代偿性生活和工作技能,充分发挥患者保留的各项能力。

监区精神障碍的康复和防治工作,应有监管、教改、医疗、生卫等部门的人员共同参与、密切配合。此外,专科医生在监区康复中也扮演重要角色,可以提供门诊、急诊、咨询和会诊服务,并且承担相应的精神卫生服务的指导和人员培训工作。

第二节　精神疾病康复程序与步骤

精神康复的目的在于通过各种康复措施及康复训练,使那些已有社会功能缺陷与精神残疾的患者恢复其社会功能;或为患者重建某种社会技能,使之能完成社会生活的需要。这项工作的开展及完成,需要有一定的工作程序和步骤,应按照以下程序和步骤进行。康复的标准和流程是:

一、院内康复入组标准

除以下情况外,康复者均可进入康复组参加康复活动。不适合参加康复活动的标准。

1. 新入院不满2周或症状未控制者,或有严重的思维障碍等。
2. 有严重的自杀风险者,包括自杀观念、近4周内曾有过自杀行为、情绪低落,悲观绝望等。
3. 有冲动风险者,较高程度的兴奋、有冲动毁物的行为、症状很多且行为受症状支配、情绪易激惹等。
4. 有逃跑风险者,对住院治疗有明显的抵触情绪、有逃跑企图或行为者。
5. 有严重躯体疾病者,如年老体弱、行动不便,有严重的心脑血管病或存在明显的药物不良反应。

二、院内康复流程

患者入院24小时内,由主管医生对其病情进行评估,根据评估结果,决定是否可以参加康复训练。再由康复科心理治疗师进行评估筛选,根据评估结果进行分组训练。

(一)康复前的检查和评定

有效的康复措施是要针对患者具体的、实际的社会功能缺损情况进行。因此,康复前需使用前述的有关社会功能评定表,对患者的社会功能情况进行检查评定。通过检查结果,确定患者的社会功能缺陷具体表现在哪些方面,是职业技能的缺损,还是自我照料方面的问题等等,同时通过检查评定的分数,为患者划分出属于哪个等级的精神残疾。这些数据均可为制订康复措施提供有用的参考。

常见的精神康复评定包括对患者生活状况、人际关系、言语行为的观察等,结合量表检查,作出康复诊断。常用的量表包括临床症状评定、躯体健康评定、认知功能评定、社会功能评定、风险评定等。

1. 临床症状评定 简明精神病评定量表,英文简称BPRS(表20-1),该量表是在精神科广泛应用的专业评定量表之一,一共有18项。

表20-1 简明精神病评定量表(BPRS)

姓名:_____ 年龄:_____ 诊断:_____

		\multicolumn{7}{c}{圈出最适合病人情况的分数}
依据口头叙述	依据检测观察	无	很轻	轻度	中度	偏重	重度	极重
1. 关心身体健康		1	2	3	4	5	6	7
2. 焦虑		1	2	3	4	5	6	7
	3. 情感交流障碍	1	2	3	4	5	6	7
4. 概念紊乱		1	2	3	4	5	6	7
5. 罪恶观念		1	2	3	4	5	6	7
	6. 紧张	1	2	3	4	5	6	7

续表 20-1

圈出最适合病人情况的分数								
依据口头叙述	依据检测观察	无	很轻	轻度	中度	偏重	重度	极重
	7. 装相作态	1	2	3	4	5	6	7
8. 夸大		1	2	3	4	5	6	7
9. 心境抑郁		1	2	3	4	5	6	7
10. 敌对性		1	2	3	4	5	6	7
11. 猜疑		1	2	3	4	5	6	7
12. 幻觉		1	2	3	4	5	6	7
	13. 运动迟缓	1	2	3	4	5	6	7
	14. 不合作	1	2	3	4	5	6	7
15. 不寻常思维内容		1	2	3	4	5	6	7
	16. 情感平淡	1	2	3	4	5	6	7
	17. 兴奋	1	2	3	4	5	6	7
18. 定向障碍		1	2	3	4	5	6	7
X1. 自知力障碍		1	2	3	4	5	6	7
X2. 工作不能		1	2	3	4	5	6	7

评定人员：_____　　评定时间：_____

2. 躯体健康评定

表 20-2　躯体健康状况评估表

姓名：_____　　年龄：_____　　诊断：_____

一、基本资料
目前用药：
躯体疾病及治疗：
烟酒嗜好：
体育爱好：
身高：_____cm

续表 20-2

二、躯体情况评估

记录时间：_____年_____月_____日	入院第_____周
体重_____kg　　BMI：_____　　BP：_____mmHg	P：_____/分
体脂含量：_____%	
生化指标：_____	

评定人员：_____　　评定时间：_____

备注：其中若血压（BP）大于或等于 140/90 mmHg；高血脂、体重量指数（BMI）大于等于 25；男性腰围大于或等于 100 cm，存在上述情况之一者，安排参加运动康复小组。

3. 认知功能评定　主要以瑞文标准推理测验为工具。参见有关书籍。

4. 社会功能评定

（1）日常生活能力量表（ADL）（表 20-3），共有 14 项，包括两部分：①躯体生活自理量表，共 6 项，即上厕所、进食、穿衣、梳洗、行走和洗澡；②功能日常生活能力量表，共 8 项，即打电话、购物、备餐、做家务、洗衣、使用交通工具、服药和自理经济。

原量表评估周期为 2 周，最后各项累积之和大于或等于 16 分则需要进入生活自理训练小组。

表 20-3　日常生活能力评估表

姓名：_____　　年龄：_____　　诊断：_____

序号	评估内容	完全自己完成	有些困难	需要帮助	根本无法完成
1	使用公共车辆	1	2	3	4
2	行走	1	2	3	4
3	做饭菜	1	2	3	4
4	做家务	1	2	3	4
5	吃药	1	2	3	4
6	吃饭	1	2	3	4
7	穿衣	1	2	3	4
8	梳头	1	2	3	4
9	洗衣	1	2	3	4
10	洗澡	1	2	3	4
11	购物	1	2	3	4
12	定时上厕所	1	2	3	4

续表 20-3

序号	评估内容	完全自己完成	有些困难	需要帮助	根本无法完成
13	打电话	1	2	3	4
14	处理自己的钱财	1	2	3	4
在最适合的情况上打"√"					
总分：					

评定人员：_____　　评定时间：_____

(2) 社会功能缺陷量表(表 20-4)，适合评估慢性病人，主要对知情人的询问。统计总分等于大于 2 分者，为有社会功能缺陷，需要进行社会功能康复训练。如果单项分大于 1 分，需要重点进行此项功能训练。

表 20-4　社会功能缺陷筛选量表(SDSS)

姓名：_____　年龄：_____　诊断：_____

指导语：以下是一些简单的问题，目的是了解在病房及活动、生活的一些情况，他(她)能不能做到他应该做的，在这些方面是否存在问题或困难。

	无缺陷	有些缺陷	严重缺陷	不适合
1. 职业和工作	0	1	2	9
2. 婚姻职能	0	1	2	9
3. 父母职能	0	1	2	9
4. 社会性退缩	0	1	2	9
5. 家庭外的社会活动	0	1	2	9
6. 家庭内活动过少	0	1	2	9
7. 家庭职能	0	1	2	9
8. 个人生活自理	0	1	2	9
9. 对外界的兴趣和关心	0	1	2	9
10. 责任心和计划性	0	1	2	9

总分：

评定人员：_____　　评定时间：_____

5. 风险评定　根据《严重精神疾病管理规范》中的风险评估等级分为六级。

风险评估在 1 级以下者可以选择参加康复治疗项目，并定期进行康复评估。

重性精神疾病风险评估

暴力行为从轻到重定为以下六级：

0 级：无攻击性言语和行为。

1 级：口头威胁，喊叫，但没有打砸行为。

2 级：打砸行为，局限在家里，针对财物。能被劝说制止。

3 级：明显打砸行为，不分场合，针对财物。不能接受劝说而停止。

4 级：持续的打砸行为，不分场合，针对财物或人。不能接受劝说而停止。

5级:持管制性危险武器的针对人的任何暴力行为,或者纵火、爆炸等行为。无论在家里还是公共场合。

(二)作出康复诊断

疾病诊断是指诊断某个人患了何种疾病,而康复诊断则是诊断患者存在哪些社会功能缺损及有哪些异常行为。诊断的依据是社会功能检查评定的数据与行为评估的结果。如果通过社会功能检查评定,社会性退缩、对周围人的关心与照料、对外界环境的关心与兴趣都有较高分数,则显示其人际交往能力下降,制定康复措施时,就要重点对他(她)进行人际交往技能的训练。

(三)制订康复计划

1. 找出康复目标　根据康复诊断及患者、家庭、社会对患者的要求以及患者实际能达到的能力,来确定康复目标。如一位精神分裂症女性患者,病前系家庭主妇,得病后不会做饭,康复诊断为家庭主妇行为缺损,而其丈夫和患者本人都要求出院后为家人做饭,那么学会做饭(恢复原来技能)就是康复目标。另一位长期住院的严重精神残疾患者吃饭不会用筷子,护士要求一律不能用手抓饭吃,那么这位患者的功能诊断是不会用筷子吃饭,康复目标是学会用筷子吃饭。

2. 确定康复疗程　根据康复诊断的功能缺损严重程度和康复目标的难度大小,以及人力、物力情况、病情、家庭、社会的需要,决定康复疗程长短,短至1周,长至半年以上。

3. 明确康复措施　如使用行为矫正法还是功能训练法等等。

4. 安排康复治疗师的工作程序、任务,康复过程中的各种观察、测量和记录。

5. 定出具体康复步骤。

6. 康复疗程中的阶段小结。

在疗程结束时,进行康复疗效评估。

第三节　监狱精神疾病的康复模式

一、一级康复

主要是指急性治疗初级康复期,广义的康复实际上从治疗开始,康复就已开始。在精神疾病的入院治疗阶段,由于精神疾病的特殊性,患者往往对自身疾病无认识、评判能力,有必要有针对性地进行相应的健康宣教。本内容重点对精神病情不稳定即有部分精神病性症状的病犯进行康复训练,即为一级康复。

1. 精神疾病的收治,尽快控制病情。
2. 加强病人的疾病认知教育,增加病人服药依从性。
3. 住院规范的学习。
4. 基本的生活自理训练,促进社会功能恢复,为改造功能恢复打下基础。

【一级康复的具体实施计划】

对象：为急性期治疗及适合康复训练的精神病犯。

目标：提高病人的自知力，坚持巩固治疗，预防、减少疾病的复发。

方案：

（1）病人入院后三天内由责任护士讲解住院期间的规章制度，一周内讲解病人的诊断和口服药物的作用和副作用。

（2）床位医生通过找病人谈话的形式在两周内对病人进行疾病知识的宣教。

（3）每周由护士依次安排病犯与护士之间健康知识的互问互答活动，或安排同一病种病人的集体宣教。

（4）每半月有医生负责一次健康知识问答活动，并根据病种安排病人进行示教。

评估及质量达标措施：

（1）每季组织考查、病人考试，以完成评估。

（2）方法为经治医生、护士和质控护士平时采用不同的方式对病人进行抽查提问。包括所患疾病的名称、口服药物的名称、主要作用和副作用及病人的一般精神卫生知识等。

二、二级康复

病情稳定后，规范病人康复活动和改造行为。本期康复的目的是促进自知力的恢复和病人的自我管理。对于精神病犯的自我管理，取决于患者对自己疾病的认识程度，对服药的依从性及提高处理问题的应激能力。这些能力的提高主要通过健康知识的宣传教育。

1. 住院规范、罪犯行为规范的学习，强化罪犯的身份和规范意识。
2. 强化病人的疾病认知教育，增加病人服药自我管理的能力。
3. 进行以生活技能、体能为主康复训练，并增加适应技能的训练，把康复训练活动整合到改造活动中去，规范病人的康复训练。
4. 适当安排罪犯参加监狱统一部署的活动，提高改造能力，规范病人的改造行为。

经过初期康复宣教的病人，在病情稳定后，面临适应环境和日常服刑改造的任务，如何为进入下一阶段作好准备，是二期康复的主要内容。

【二级康复教育的具体实施计划】

对象：为维持治疗期及适合康复训练的精神病犯。

目标：进一步加强病人的自我管理，提高人际交往、沟通能力及应对各种应激能力，从而适应监管改造环境，进入日常服刑轨道。

方案：

（1）病人进入康复后三天内经治医生（护士）讲解康复期的规章制度。

（2）医生在一周内完成二期初始评估及方案，包括量表测查及分级和康复训练方案。

（3）根据《精神病犯二期康复评估及措施》内容实施相应的康复训练。

（4）形式为大课宣教、小组训练和个别训练。内容为康复教育、技能训练和工娱疗训练。

评估及质量达标措施：

（1）每月进行相应的评估，每季进行分级评估。

（2）组织考查、病人考试及提问、模拟情境、量表测试进行效果评估。

（3）考核小组由经治医生、护士和相关人员根据要求实施考查。

三、三级康复

康复活动与分监区管理模式全面结合,促进精神病人全面康复改造活动。

1. 全面的服药自我管理。
2. 社交技能和情绪调控的训练。
3. 情景剧、角色演练提高病人社会适应和处置事件的能力。
4. 职业技能的培训,进行全面的康复活动。
5. 参加教育改造活动,促进病人"社会化"。

第四节 康复训练方法

一、生活技能训练

为了使患者恢复原有的生活技能,适应家庭与社会环境,我们开展了生活技能训练。生活技能训练包括下列几方面内容:①督促生活懒散的患者晨起后洗脸、刷牙、漱口、饭前便后洗手,不随地吐痰,保持个人卫生,及时梳理头发,整理衣冠,男性患者要督促其刮胡子,每周洗澡,及时更换衣裤、床单、被套、枕套,按时修剪指甲,每天晚上睡前洗脚。②按照气候、季节的变化更换衣服,按照不同的场合选择衣服。③做一些力所能及的劳动,如打扫院子及室内卫生。④帮助患者建立良好的生活习惯,如有规律地起床、睡眠、进餐等;学会利用公共设施,如打电话、乘公共汽车等。⑤掌握一些基本的社交礼仪,如见面打招呼等;帮助患者学会合理理财,简单的炊事作业等,目的是使病人得到快乐,享受生活。

(一)操作流程

1. 训练者 康复治疗师(或护士)1名。
2. 训练形式 以小组形式进行。
3. 入组标准 生活自理能力差,不能保持个人卫生及周围的环境卫生,且不具备简单的生活技能的患者。
4. 排除标准 有严重躯体疾病的患者;无法进行有效沟通的患者。
5. 训练方式 共9项训练内容,每组5~6人,每周3次小组活动,前2次内容为学习,第3次为强化练习,每次40分钟左右。
6. 材料准备 针对每次的训练内容准备所需的不同材料。
7. 训练程序 明确本次训练目的;操作步骤;课后作业。
8. 注意及其他 可提前告知组员下次课的学习内容,以便组员有所准备。

(二)课程部分

根据生活自理能力训练的内容,将具体的训练分为十课来讲述、学习与训练。其中每一节课都包括课程目的、训练程序和课后作业三部分。以第一节课为例，详细说明步骤方法。

第一课　小组活动介绍

【本节课目的】
1. 解释生活技能小组的含义。
2. 介绍小组的活动内容及具体的训练方式。
3. 鼓励患者积极参加生活技能小组，同时了解自身生活技能上的不足。

【训练程序】
1. 相关知识讲解（5分钟）
（1）什么是生活技能小组：因为疾病造成了大家不同程度的功能缺损，以至于不能很好地自理生活，生活自理小组是让大家具备最基本的生活自理能力及日常用的简单的技能的组织单元。
（2）训练内容及方式：训练内容包括洗漱、洗衣服、整理内务、理财（安全存放金钱、制订消费计划、利用银行服务）、利用公共设施（看站牌、乘用交通工具）、基本的社交礼仪（见面打招呼、交流技巧）、求助（求助电话、部门、人员）、基本的电话礼仪（接打电话的礼仪及公交卡的使用方法）、合理着装等共9项内容。训练方式为每周3次小组活动，前两次内容为学习，第三次为强化练习，每次课程40分钟左右。
（3）小组规则：准时参加；积极热情地投入，参与到互动活动中来；多实践。
2. 实地操作（30分钟）
（1）准备：白纸、笔。
（2）操作：①组员做自我评价，谈谈关于生活技能的常见问题和注意事项，记录下来并进行讨论；②谈谈对参加小组活动的理解与活动的意义，记录下来并进行讨论。

【课堂作业（5分钟）】
谈一谈自己对第一次参加小组活动的感想。

其他课程有洗漱、洗衣服、整理内务、理财、如何乘坐交通工具、基本的社交礼仪、如何求助、及合理着装等。

二、社交技能训练

包括倾听（还要让对方知道你在听他说）、以明确而有策略的方式向别人提出要求、向他人表达自己的感受（包括正性的和负性的）。这些技能在很多社交场合都是很重要的，不仅限于亲密的人际关系。因此所有参加社交技能训练的患者都能从学习这些基本技能中受益。这四项技能为组员提供了掌握其他更复杂技能所必需的练习和方法，所以它们是基本技能。例如，要成功掌握诸如妥协和协商、表达不同意见这样更复杂技能就必须先学会倾听的技能。同样，掌握了提出要求的技能就可以帮助组员学习询问信息和提出约会的技能。另外，指导者还可以使用基本技能帮助组员熟悉社交技能训练的方法。

以倾听为例,详解如下。

第一课:倾听

【原理】

在任何交谈中,都应该让对方知道你在注意地听他说话。有可能继续和你说。你可以通过一些方法向对方表示你的兴趣。

【技能步骤】

1. 看着对方。
2. 点头,或者说"嗯"、"对"、"我知道"等,来让对方知道你在认真倾听。
3. 向对方重复他所说的话。

【角色扮演各选场景】

1. 听一个人讲他的爱好。
2. 听一个人讲他喜欢的电视节目。
3. 听工作人员讲住院制度。
4. 听医生讲你关于服药的问题。
5. 听一个人讲最近有趣的事。

【注意事项】

1. 原理部分是帮助患者明确为什么要学习技能(参考理论部分社交技能训练的步骤)。
2. 由两个人进行角色扮演:一个人说,另一个人按照以上步骤演练。
3. 听别人说话时患者经常难以集中注意力,第一次练习这项技能时,很重要一点是要让角色扮演时间短(30秒以内)而且简单。
4. 这是训练者第一次接触病人,要热情地向他们传递你积极的期望:期望他们能通过小组的学习实现个人的目标并从中获得乐趣。
5. 这一课的训练目的要简单,让病人不会有太多压力,要让他们在小组中有轻松、舒服的感觉。
6. 以后每次都要在同一时间进行训练,这样做可以强化病人小组组织参与,可以减少脱落。还可以给予患者一些物质和精神上的奖励。

三、体能训练

体能训练共包含三方面的内容:①体育小组操作流程,主要内容有体育小组所有活动的基本形式、要求和原则、患者的入组和排除标准等;②各项体育活动的具体操作课程,主要内容有活动目的、操作步骤、课程小结、课后作业、"小结"(一些可能出现的情况及应对策略的建议)等;③相关体育知识介绍,供治疗师扩增体育知识。共设置10节课程。在具体操作每节课程时,由于场地(室内和室外)、人员配备等因素的不同,使用者可能会遇到不同的情况。这时候,可根据具体情况合理调整课程各部分内容的时间和侧重点。

操作流程

(1) 组织者：由 1 名康复治疗师和 1 名助手（另外 1 名康复治疗师或者 1 名医生）组织患者完成本项活动。

(2) 组织形式：以小组的形式进行，在具体参加人员的条件等方面，治疗师需要和医生一起协商评定。

(3) 入组标准

①爱好体育的患者。由于某些疾病原因（如阴性症状等）导致缺乏动力，但是需要参加体育活动的患者。

②没有严重躯体疾病；或者，虽然有躯体疾病但不影响运动的患者。若某些有躯体疾病的患者虽然可以承受一定量活动但是该疾病所处的时期不适宜活动，不可以入组。

③有一定的身体条件基础，能够坚持完成一节课的体育锻炼。

(4) 活动场所　以体育馆和室外篮球场为主，必要的理论知识讲解可以在康复办公室内进行。

(5) 注意事项

①课前要提前告知队员下一节课程内容，让每个队员预习相关知识；每节课后填写活动记录表，由康复治疗师完成。

②本部分内容主要涉及一些在操作中可能出现的普遍性的问题，并给出建议以供参考。在各节中还另有具体的相关内容。

③在组织篮球（或其他）活动时，有时候会遇到一部分患者不想打篮球，而特别想打羽毛球的现象。对于此类现象，可以先讲解完篮球的知识，让所有人有一个基本的了解。如果不想打篮球的人数比较少，可以试着劝说他们尝试一下，如果经过一些基本的步骤，他们还是不愿意，则可以让他们去做自己喜欢的运动。如果明确表示不想打篮球的人很多，可根据具体情况换课程内容，这需要提前告知患者下节课内容，根据他们的反应来定。

④夏季时，由于白天的时间比较长，有一些患者会愿意在饭后进行一些剧烈程度较低的活动，如踢毽子、打羽毛球等。这时候可以根据情况，饭后半小时之后，组织一次临时的活动，尤其是比较温和的运动。

⑤如果参加小组的女性患者以及岁数较大的患者较多，通常情况下他们会对比较温和的运动如羽毛球、乒乓球、跳绳等活动更感兴趣，而对足球、篮球等剧烈的运动相对没兴趣，而年轻的男性患者有时候会相反。这时候也应该适当地调整活动内容。

⑥对于性格比较偏执的患者，在参加如篮球等需要配合的活动时，有时候会出现指责队友或者贬低对方的行为和言语，应该及时制止；如果提前有所了解，可以在活动开始前和所有人说清楚，以做好思想准备。参加活动不可避免会增加伤病的风险，最重要的是预防。在开始活动前，如果准备活动充分的话，会大大降低伤病的概率。如参加篮球等剧烈运动时，尤其重要。各项运动发生受伤的常见部位会有所不同，可以提前告知每一位组员应该注意哪些情况。

⑦小组时常会面临着成员的"进进出出"，不仅人数常常会超出 15 人；而且先来的成员会有所懈怠。但每节课相互独立，所以不影响各个章节的实施。对于小组的开放性，需要在第一节课的时候和所有成员说清楚。有时候，还可以先来者带动后来者，，或者相互配对。

模式，由管教直接管理，经专业培训的医生进行定期查房，指导治疗。监所根据自己监狱的具体情况对病犯实施集中管理，促进病犯的康复与改造。

第三，对病情稳定，社会功能恢复良好的病犯适时参加改造，人员可从经过一、二级康复与改造模式的病人中选取，由监区组织病犯参与适合他们现状的劳动、学习和教育改造。以期最终取得回归社会和各项社会功能的康复！

（吕成荣　赵　山　那爱国）

一、早期干预，促进改造

服刑罪犯作为特殊群体，大部分存在不良个性和心理缺陷，这也是他们走上犯罪道路因素之一。投改到监狱后，他们不仅自由受到限制，同时要面临家庭、社会和改造诸方面的压力，易产生各类心理问题，如焦虑、紧张、抑郁、敌对猜疑等，甚至引发精神疾病，这些问题不同程度的影响了改造，有的甚至会引发打架、脱逃等各类监管事故。因此，采取早期干预措施很有必要，旨在防止罪犯在改造过程中发生各类精神卫生问题，或者能够尽早地处理好心理矛盾冲突，以保证他们能够健康改造。

在入监初做好各类精神卫生量表测试，以能够及时掌握罪犯的心理和精神状态，建立罪犯心理档案，并根据各类罪犯的特点，协助入监集训中心搞好罪犯分流配置工作；根据测试结果，有针对性地协助各监区制订好某些特殊罪犯的教育改造计划；对有心理困惑的罪犯加强心理咨询和矫治，以增进他们的心理健康，减少精神疾病的发生，尽量避免精神卫生问题对改造的影响。

二、早期治疗，促进康复

服刑罪犯的精神疾病患病率往往高于普通人群，精神病犯作为服刑罪犯中的特殊人群，占有相当比例。确保对精神病犯实施有效的治疗，不仅是维护服刑罪犯的健康权益，同时是监管改造工作的需要。目前大部分监狱缺少专业人才，对精神疾病的认识不够，有的把精神病人当做扰乱监管秩序对象来处理，采取高危管控或禁闭隔离措施，使病犯得不到有效的治疗；有的尽管知道某些罪犯患有精神疾病，但缺乏应有的医疗条件，只能放弃治疗，病人被长期看管，造成极大的监管隐患。因此服刑罪犯精神疾病必须尽早得到控制和治疗。

专科医院对住院精神病犯兼有医疗和改造职责。在入院初期，重点工作是治疗，促进精神症状的消除，尽快控制病情，同时根据病情特点尽可能安排相关教育改造内容，重点是入院须知、监规纪律、文明礼貌、生活卫生等方面的学习内容和要求，使他们时刻不忘罪犯身份，遵守好基本的改造规范，更有利其精神康复。对恢复期病人的重点工作是康复与改造。安排病人参加各类康复训练，并加强心理治疗，以增强其体质，改善其学习生活、工作与人际交往等社会功能，增进其对自身疾病的认识，从被动防治，做到主动防治；能学会处理改造和生活中遇到的各种问题，坦然面对挫折与不公，提高适应能力，防止疾病复发，促进改造。在改造上基本仿照监区模式，安排好病犯的教育改造活动，并根据病犯的特点，制定服刑病犯的计分考核办法，落实对病残犯的优扶政策，实施奖惩兑现，既促进了改造，又维持了监管秩序的稳定。

三、长期管控，促进回归

精神病犯的刑期普遍较长，这意味着对此类病犯的防治、改造与管理工作是长期的。那么怎样才能做好长效防治，预防复发，减少精神伤残，同时提高改造质量呢？

第一，加强病犯住院期间的康复与改造的模式，由管教、医生和护士共同承担病犯的康复与改造工作，共同促进康复成效。

第二，病犯出院后，由监所医院或监区统一集中管理，可仿照专科医院的康复与改造病人发挥各自的特长与爱好。

1. 健全制度　工娱治疗室应建立和健全工作人员职责、各项医疗护理常规、器械及用品保管、安全保障制度。

2. 医嘱处理　医生的主要职能在于根据患者的病情、需要以及实际情况,设计合适患者的工娱治疗医嘱。在"设计"医嘱的过程中,需要考虑患者的性别、原来的职业、兴趣爱好、技术特长、受教育程度、主要精神症状、躯体情况、治疗情况等,甚至需要考虑到患者的生活环境,包括地域等因素。只有这样,才能设计出适合患者未来重回社会的生活能力。

3. 护理管理　在工娱治疗过程中,应注意观察病人的精神状态变化,认真清点和管理好各种用品、器材和危险物品,防止病人伤人或自伤。集体娱疗活动时,应随时注意病人的动向,如要中途离开时应予以陪伴。住院病人参加工娱治疗时,应做好交接工作,认真清点人数,以防病人走失。

4. 治疗管理　在工娱治疗过程中,医护人员不仅需要进行认真的治疗前准备,包括与患者进行接触,了解患者的实际情况,向患者介绍工娱治疗的意义、方法、内容和注意事项等,还要在治疗过程中进行仔细的观察,如患者是不是适应特殊的工娱治疗项目、态度、主动性、精确性、创造性、合作程度等,并且密切观察患者病情的变化。此外,在每个单元的治疗结束后,应该向主管医生汇报情况,及时调整治疗计划,寻找更适合患者的特殊计划。

5. 安全管理　精神病患者毕竟不同与其他疾病患者。其病情具有突然性、爆发性以及难以预料性。因此,安全管理应该始终处于很重要的位置。对于病情还没有稳定的患者,应注意减少外出,避免和锐利工具接触,并及时和医生联系,更好地控制病情。同时,值得注意的是,要注意保护患者整个群体,避免在工娱治疗中被无谓地伤害,包括来自其他患者的伤害和操作过程中的伤害。

室外活动时,应经主治医师开医嘱,禁止有自杀、出走等倾向的病人参加,并组织好病人,将病人编成小组,严格按外出活动护理常规实施。

第五节　精神病犯的康复与改造

服刑罪犯中存在较为普遍的精神卫生问题,有的为一般心理问题,有的患有不同程度的精神疾病。对精神病犯基本情况的统计,此类人群的年龄普遍较轻,青壮年占95%以上,文化程度低以小学文盲为多,犯罪特征以长刑期犯多,重刑犯、暴力犯多,约60%,以上几方面都是监管改造的高危因素,加之此类人群患有不同程度的精神疾病,大大增加了监管的危险性,精神病犯出现的自伤、自杀、冲动伤人的案例已不在少数,已严重影响了监管秩序的稳定,服刑罪犯的精神卫生与监管安全问题直接相关,应引起足够的关注。康复与改造相结合,以康复促改造,以改造促康复,确保服刑罪犯能够健康改造。

四、工娱治疗

工娱治疗是通过工作和娱乐促使疾病康复，防止精神衰退，提高适应环境能力的一种辅助治疗方法。工娱治疗既可以在医院内实施，也可以在监区实施。在精神障碍的康复中，具有非常重要的地位。本节所指的工娱治疗是指广义的康复训练。

（一）工娱治疗的作用

1. 工娱治疗可陶冶患者的情操，提高机体对外界环境的应对能力。
2. 在工娱治疗中，患者可转移对疾病的过分关注，减轻病态体验，缓解焦虑、抑郁或恐怖等不良情绪。
3. 改善认知功能，增强集体观念及竞争意识，锻炼意志和毅力，并可结合相应的物质和精神鼓励，促进社会功能的恢复。
4. 获得一定的经济报酬，不仅可以减轻家属的经济负担，而且对患者自信心的增强也有促进作用。
5. 通过集中管理，有利于监区稳定，也有利于及时观察病情的变化，更能消除患者可能带来的监区安定方面的隐患。

（二）工娱治疗的形式

1. 音乐治疗　音乐是人类的"通用语言"，采用音乐治疗的方法可以促进精神障碍患者认知功能的恢复、减缓衰退。此外，选择合适的音乐，可以达到调节情绪波动的作用。
2. 舞蹈治疗　该方法不仅可以使患者消除紧张不安和低落情绪，还可以进行躯体锻炼。
3. 阅读和影视治疗　阅读书籍、报纸，欣赏电影电视，不仅可以丰富患者的生活内容，关键还在于可以使患者间接接触外部世界，了解时事动态，避免与外界完全隔绝。
4. 体育活动　包括各种体操、球类、牌类活动等，还包括游戏等。通过体育活动，可以锻炼患者的躯体功能，还有克服因为长期服用抗精神病药物引起呆滞的作用。此外，通过体育活动可以增加患者在集体活动中的合作精神和人际交流的能力。
5. 简单作业训练　这种训练往往是作业程序简单、技术要求低、形式比较单一、品种内容适合大多数患者的工作。这种训练常作为患者就业行为训练前的准备阶段安排，可以大面积、经常性开展。一般来说，应该根据患者的病情特点、受教育程度和原职业情况进行分别安排。
6. 工艺制作训练　又称为"工艺疗法"，主要培训患者的手工业操作。内容有：编织和拼装、工艺美术品制作、玩具及装饰品制作等。由于这类训练常需要较强的艺术性及技术性，往往只适合精神障碍程度较轻者。在训练中应配备相应的专业人员进行耐心的指导和帮助。由于这类训练可激发患者的创造力、增加才智、培养兴趣及稳定情绪，因此常会使患者自觉参加，对心理社会康复具有很重要的意义。
7. 职业劳动训练　这是为了患者完全回归社会、重新就业或者变换岗位进行的针对性训练，比如烹饪、理发、打字、文件整理等。这类训练往往是患者病情非常稳定、并且具有相当的受教育程度的情况下实施。这是最理想的精神障碍康复训练。

（三）工娱治疗的管理

在安全的前提下，在工娱治疗活动中，应根据病情，因人而异选择不同的项目，以便

第二十一章　司法精神疾病鉴定

第一节　司法精神病学概述

一、司法精神病学概念

司法精神病学(forensic psychiatry)是建立在临床精神病学和法学两大基础上的交叉学科,是应用临床精神病学知识研究和解决精神疾病患者在法律方面的有关问题的学科。

广义的司法精神病学包括更广泛的内容,除涉及到精神疾病患者相关的法律问题,如各种法律能力、精神损伤程度、劳动能力、伤残等级等,还涉及到精神疾病患者危险行为的预测和预防;精神疾病患者各种权益的法律保障;有危害行为的精神疾病患者的治疗监护;精神病学临床实践中相关的伦理和法律问题;精神卫生立法等问题。

随着人们对精神疾病患者有关的法律、社会学、犯罪学、心理学、伦理学和行为学等问题的不断深入研究,司法精神病学的内涵逐渐扩大。司法精神病学已成为精神医学中一个重要的分支学科。

第二节　精神疾病与法律关系

精神疾病患者是我们社会生活中的一个群体,在社会生活中与正常人一样与法律有着十分密切的关系,但他们因各种精神疾病使其大脑功能发生程度不同的障碍,故又是一个特殊的群体。一旦他们的行为涉及某种法律关系时,就需要对他们的各种行为与法律的关系作出评定。

在刑事方面,一个精神疾病患者,当他实施了我国刑法所禁止的危害行为后,就需要对其在实施危害行为时的责任能力作出评定,以明确其相应的刑事责任能力,以及受审能力、服刑能力、作证能力;在民事方面,当精神疾病患者实施某种民事行为时,要对其实施该行为时的民事行为能力做出评定,以明确其民事行为的有效性,或目前的民事行为能力状态;当精神疾病患者参与刑事或民事诉讼时,要对其诉讼能力做出评定;而在刑事或民事案件中,当其人身、财产等合法权益遭受侵害时,要对其自我防卫、保护能力做出评定,或对精神损伤与致伤因素间的关系作出评定。

一、精神病人的刑事法律能力

(一) 责任能力及评定

1. 责任能力的概念　刑事责任能力,即责任能力,是指行为人了解自己行为的性质、意义和后果,并自觉地控制自己行为和对自己行为负责的能力。简单地说,就是能够辨认和控制自己行为的能力。它是我国犯罪构成理论中,犯罪主体成立的必要条件之一,即达到一定的责任年龄,且生理和智力发育正常,就具有相应的辨认和控制自己行为的能力,亦就具有了刑事责任能力。

辨认能力是指行为人对自己的行为在刑法上的意义、性质、作用、后果的分辨认识能力,即行为人对其行为的是非、是否触犯刑法,危害社会的分辨识别能力,如行为人在实施危害行为时是否意识到其行为的动机、要达到的目的,为达到目的而准备或采取的手段,在法律上的意义,是否预见到其行为的后果、是否理解犯罪性质等。

而控制能力是指行为人具备选择自己实施或不实施为刑法所禁止、所制裁的行为的能力,即具备决定自己是否以行为触犯刑法的能力,其控制能力主要受到人的意志、经历和情感活动的影响。

2. 刑事责任能力的种类　刑事责任能力的种类,不同国家依据其刑法有二分法(即有责任能力与无责任能力)和三分法(即有责任能力、限制责任能力和无责任能力)。依据我国刑法规定为三分法,即有责任能力、限制责任能力和无责任能力。

(1) 无责任能力:我国刑法第18条规定:"精神病人在不能辨认或不能控制自己行为的时候,造成危害结果,经法定程序鉴定确认的,不负刑事责任。"即精神病人在实施危害行为时完全丧失了辨认控制能力,精神病人只要是完全丧失了辨认或控制能力中的一种能力,即无责任能力状态。

(2) 限制责任能力:限制责任能力也称为部分责任能力。我国《刑法》第18条规定:"尚未完全丧失辨认和控制自己行为能力的精神病人犯罪的,应当负刑事责任,但是可以从轻或减轻处罚。"即精神病人在实施危害行为尚未完全丧失辨认或控制能力。这里明确了:①限制责任能力的精神病人的危害行为是构成犯罪的,是应受到刑罚的处罚;②是可以从轻或减轻处罚,而不是必须从轻或减轻处罚。

(3) 有责任能力:有责任能力,即完全责任能力。《刑法》第18条还规定:"间歇性的精神病人在精神正常的时候犯罪,应负刑事责任。"即虽是精神病人,但其实施危害行为时有辨认和控制能力。

3. 刑事责任能力评定

(1) 刑事责任能力评定的原则:我国《刑法》第18条是刑事责任能力评定的法律依据。第18条包含了两个重要的内容,即医学要件和法学要件。

医学要件是指行为人是精神病人,即患有某精神疾病。由于精神疾病使其精神功能发生障碍,有可能导致其实施危害行为。因此,医学要件是评定行为人在实施危害行为时责任能力状态的前提和客观依据。

法学要件,亦称心理学标准,是指行为人在实施危害行为时,是否由于精神疾病使其丧失或削弱了辨认能力和控制能力。因此,在医学要件确定后,法学要件是确定其责任能力状态的分析依据。

所以精神病人实施《刑法》所禁止的危害行为时的责任能力评定原则是：以医学要件为基础和前提，以法学要件为依据评定责任能力状态。

(2) 无责任能力的评定：以精神病人实施危害行为时，因精神疾病使其完全丧失了辨认和控制能力为依据，通常情况下评定为无责任能力。主要包括：①危害行为是由于受精神病理性症状直接支配，与精神病理性症状直接相关。在此类情况，主要表现认知障碍，如幻觉、妄想等病理症状的影响，无责任能力评定较少分歧意见。而对于意志与情绪障碍的病理性症状影响作案尚存在较大的分歧，可能存在无责任能力或限制责任能力的分歧。②处于严重精神疾病，如精神分裂症等的疾病严重阶段，因某些微不足道的现实因素而导致严重的危害行为，其现实刺激因素与危害结果明显不相称，而与其病理症状特别是认知障碍如妄想无明显联系时，有评定为无责任能力和限制责任能力之分歧。

(3) 限制责任能力的评定：以精神病人实施危害行为时，因精神疾病使其辨认能力和控制能力削弱为依据，通常情况下评定为限制责任能力的主要包括：①处于重性精神疾病如精神分裂症、情感性精神障碍的早期阶段，或不完全缓解状态；②轻度或某些中度精神发育迟滞，和器质性精神障碍所致人格改变。

(4) 有责任能力的评定：以精神病人实施危害行为时，其辨认能力和控制能力未因精神疾病影响而保持完好为依据，通常情况评定为有责任能力，包括：①精神疾病的间歇期，即具有间歇性发作特点的精神疾病在精神正常的时候实施危害行为的；②精神疾病的缓解期。对于重性精神疾病，如精神分裂症、情感性精神障碍的缓解期，是指其完全缓解期，而对完全缓解期的认知，不同学者的看法亦存有分歧意见。

(二) 其他刑事法律能力

在精神病人涉及的刑事法律能力中，除主要具有刑事责任能力外，还包括有受审能力、服刑能力和性自卫能力等。

1. 受审能力　是指刑事案件的犯罪嫌疑人、被告人在刑事诉讼中，对法律赋予自己的权利、义务和刑事诉讼的意义的认识理解以及接受刑事审判的能力。如有权拒绝回答与案件无关的问题，了解对他起诉的目的和性质等。

受审能力评定时，应分析所患精神疾病是否影响了其对起诉的目的和性质的理解；能否理解自己的情况与目前诉讼的关系；有无能力与律师合作、商量，或协助辩护人为其辩护；对诉讼过程中所提问题能否做出相应的回答；能否理解可能的审判结果和惩罚等。若其能对上述该问题得出肯定的结论，则其具有接受刑事审判和判决，有受审能力，否则为无受审能力。

2. 服刑能力　是指已判决或服刑人员能够理解和承受法庭对其刑罚的能力。如对判刑的意义和服刑的理解，对自己的身份和未来前途认识，对自己当前应遵守的行为规范认识等。

从刑罚的目的来看，精神疾病患者因其精神障碍而不能正确地理解刑罚的性质、目的和意义，惩罚对其就不能产生积极效果，反而有可能使病情发展严重，产生消极的效果。因此，当因精神疾病而不能理解刑罚的性质、目的和意义时，就不具备承受刑罚的能力。对无服刑能力的精神疾病患者，应送入公安系统的安康医院或监狱精神病院接受强制性医疗措施。符合《罪犯保外就医疾病伤残范围》条件的，可根据具体的要求、程序施行保外就医治疗。病情稳定，符合收监条件的，继续收监服刑。

3. 性自卫能力　是指被害人对两性行为的社会意义、性质及其后果的理解能力。

被鉴定人是女性，经鉴定患有精神病，在她的性不可侵犯权利遭到侵害时，对自身所受的侵害或严重后果缺乏实质性理解能力时，为无性自我防卫能力。

因此，女性精神病人因其疾病的影响使其辨别是非的能力受到损害，意志行为能力削弱或缺乏，或本能欲望的亢进，而遭到他人性侵害，便可能做出相应的不反抗行为，甚至主动追逐异性。其实质是丧失了性自卫能力。

二、精神病人的民事行为能力

（一）民事行为能力的概念

民事行为能力（civil capability），简称行为能力，是指公民能够通过自己的行为，取得民事权利和承担民事义务，从而设立、变更或终止法律关系的资格，亦即一个人的行为能否发生民事法律效力的资格。

公民的民事行为能力不仅包含了公民以自己行为独立进行民事活动的能力，如结婚或离婚、赡养、抚养和收养、订立遗嘱和财产继承、签订合同、服兵役及参加选举活动等，而且也包括了对自己过失行为承担民事责任的能力，如有民事行为能力的公民签订了房屋租赁合同，便取得了房屋的使用权并承担相应的支付租金的义务，而如违反了租赁合同义务，就要承担违约责任，若实施了侵权行为时，就要承担民事责任。

（二）民事行为能力的种类

法律赋予公民民事行为能力是以意思表示能力为基础的，即公民的认识能力和判断能力。认识能力是指对人和事物的分析能力，即能够辨认自己行为的能力；判断能力是指对行为造成的后果和利害关系的预期，即能够独立处理自己事务的能力。民事行为能力分为三种，即完全民事行为能力、限制民事行为能力和无民事行为能力。

1. 完全民事行为能力　完全民事行为能力，是指公民有能力以自己的行为取得和行使法律所允许的任何权利，承担和履行任何义务。

2. 限制民事行为能力　限制民事行为能力，是指公民享有的民事行为能力是不完全的，且受到一定的限制。可能对某些民事法律行为是具有完全民事行为能力，即可以独立进行民事活动，通过自己的行为取得民事权利和履行民事义务；而在另一场合则是无民事行为能力，即他不能通过自己的行为独立进行民事活动。

一般认为，10周岁以上的未成年人，其体力、智力的发育都达到了一定的水平。因此法律允许他们可以独立地进行一些与他的年龄、智力相适应的民事活动。

3. 无民事行为能力　无民事行为能力是指公民不能以自己的行为取得民事权利和承担民事义务。

我国《民法通则》第12条第2款规定："不满10周岁的未成年人是无民事行为能力人，由他的法定代理人代理民事活动。"

4. 精神病人的民事行为能力　精神病人在疾病的进程中，由于他们精神功能存在障碍，对其意思表示具有不同程度的影响，法律为了维护他们的利益和社会的正常经济秩序，作了专门的规定。

我国《民法通则》第十三条规定："不能辨认自己行为的精神病人是无民事行为能力人，由他的法定代理人代理。"本规定所说的不能辨认自己行为的精神病人，是指缺乏判断能力和自我保护能力,不能作出正确的主客观一致的意思表示,不知其行为后果的人,即丧失了意思表示能力,不能独立处理自己的事务。

同时,《民法通则》第十三条第二款规定:"不能完全辨认自己行为的精神病人是限制民事行为能力人,可以进行与他的精神健康状况相适应的民事活动;其他民事活动由他的法定代理人代理,或者征得他的法定代理人的同意。"

本规定所说的限制行为能力精神病人所进行的民事活动,是否与其精神健康状态相适应,可以从行为与本人生活相关联的程度、本人的精神状态是否理解其行为,并预见相应的行为后果,以及行为标的数额等方面认定。

(三)民事行为能力评定

随着我国社会经济的发展,近十多年来在司法精神病鉴定工作中,涉及精神病人民事行为能力鉴定的案例呈明显的增加趋势。常见的案例涉及到患者的婚姻能力,如离婚案件中,患者是否有能力参与离婚诉讼;财产处理及继承能力,如患者是否有能力处理自己的房产或继承他人的财产等;遗嘱能力,如患者生前所立遗嘱或现在所立遗嘱是否有效;劳动合同能力,如患者自己提出辞职申请,且被单位采纳辞退,写辞职申请时的行为能力如何等等。

1. 行为能力评定原则　精神病人的民事行为能力评定,亦需遵循医学和法学两个条件。首先应满足医学条件,即被鉴定人患有精神疾病,并要确定其精神疾病性质、疾病的不同阶段及严重程度、可能的预后等。而法学要件则是被鉴定人的意思表示,即是否具有独立地判断是非和理智处理自己的事务的能力。

所以评定精神病人的行为能力总体原则是:结合被鉴定人精神疾病的不同疾病阶段及严重程度,看其是否具有独立判断和理智处理自己事务的能力,分别评为有行为能力、限制行为能力和无行为能力。而在实际的精神疾病司法鉴定中,行为能力的评定包含两种情形,即宣告民事行为能力和某一具体民事行为时的行为能力。在这两种行为能力评定中,运用上述原则时,着重点应有所区别。

2. 宣告行为能力评定　宣告民事行为能力是指精神疾病患者尚未涉及到某一具体民事行为时,经其利害关系人申请,经人民法院受理、委托,对其行为能力进行评定,并经人民法院判决认定宣告。

我国《民法通则》第十九条规定:"精神病人的利害关系人,可以向人民法院申请精神病人为无民事行为能力人或限制行为能力人。"因此,在鉴定实践中,常因患者的家人或亲属对患者的遗产可能的处理行为或者因监护、抚养等问题向法院提出申请要求对患者的行为能力作出评定。这实质上是对该精神疾病患者广泛的行为能力评定。因而一旦宣告某精神病人为无行为能力人,则将意味着其今后的所有"民事行为"均无效,直至其行为能力恢复。根据《民法通则》第十九条第二款规定:"被人民法院宣告为无民事行为能力人或限制民事行为能力人的,根据他健康、恢复的状况,经本人或者利害关系人申请,人民法院可以宣告他为限制行为能力人或者完全民事行为能力人。因而其民事行为能力的恢复需要另行鉴定、宣告"。所以对此类行为能力的鉴定一定要慎重。

(1)评定原则:对精神疾病患者宣告行为能力评定原则是:根据患者现时精神疾病的性质、疾病所处阶段、疾病的严重程度、疾病对其一般意志行为可能产生的影响,及该精神疾病在今后相当一段时期疾病可能发展的状态进行综合的评定。

(2)常见精神疾病的行为能力:依据上述评定原则,精神疾病患者的行为能力一般可分为：

①某些严重的精神疾病或疾病的严重阶段：精神分裂症、老年性痴呆、中重度精神发育迟滞患者，由于严重的精神障碍，大多数患者的意思表示能力常受严重影响，致使其不能辨认或不能完全辨认自己的行为，可以评定为无民事行为能力或限制行为能力。

②某些轻性的精神疾病或疾病的不全缓解阶段：轻度精神发育迟滞、某些神经症、精神分裂症缓解不全患者等由于精神障碍使其意思表示受到一定程度的影响，致使其不能完全辨认自己的行为，可以评定为限制行为能力。

③精神疾病的缓解期或某些轻性精神障碍：精神分裂症缓解期、神经症、人格障碍等，虽患有精神疾病，但其精神障碍具有明显的局限性，能够辨认自己的行为，可以评定为有完全民事行为能力。

(3) 注意事项：在对精神病人宣告行为能力评定时，并非考察患者对某一具体民事行为是否具有独立地判断是否和理智地处理自己该事务的能力，而是依据疾病性质、阶段、严重程度等进行的一种推定式的评定，因此该类鉴定中需要注意：① 严格区别不同精神疾病的性质，如神经症、人格障碍等轻性精神障碍和精神分裂症、重度精神发育迟滞患者等重性精神障碍，从而正确地分析不同精神疾病对其意思表示的影响程度。②谨慎推断当前疾病对整体精神功能的影响，慎重评定无行为能力，因为即使有些严重的精神疾病患者，对周围环境中发生的事物亦并非完全丧失辨认和处理能力。因此，为了有利于保护精神病人的合法权益，有时评定为限制行为能力更为有利。因为被宣告为限制民事行为能力的精神病人，依《民法通则》第十三条规定，当其在今后具体涉及某一民事行为时，可再行鉴定，确定该患者是否具有与此相适应的民事行为能力。③对一些的、短暂的精神疾病患者，若无特殊需要一般不宜作该类鉴定。

（四）民事行为时的行为能力

精神病人民事行为时的行为能力是指精神病人针对某一民事行为时的行为能力。在精神疾病司法鉴定的民事行为能力评定中，大部分属于此类鉴定。这又包括两种情况：①精神疾病患者已经实施完成的某一民事行为时的行为能力，如生前或现在已立的遗嘱、已完成的财产公证、已签约的合同或已提交的辞职报告等。②即将要进行的某一民事行为时的行为能力，如离婚诉讼、出庭作证、财产分割或处置等。③对一些的、短暂的精神疾病患者，若无特殊需要一般不宜作该类鉴定。

1. 评定原则　对精神疾病患者针对某一明确的具体的民事行为时的行为能力评定的原则是：结合精神症情况重点考察患者对这一具体的民事行为是否具有真实的意思表示，即对该民事行为的判断和理智地处理该行为的能力。

2. 注意事项　对该类行为能力评定过程中应注意：①精神疾病的性质和所处疾病阶段仅作为分析病情可能对其意思表示影响的参考标准，不能作为评定某一具体民事行为能力的标准。如不能以神经症属轻性精神障碍评定为有行为能力，而精神分裂症属重性精神障碍评定为无行为能力。②评定要针对具体的已完成的或即将进行的民事行为作具体分析，查明患者是否因疾病因素而影响了对该民事行为的真实的意思表示能力，即影响了他对该民事行为的判断、理解和处理能力。

三、精神损伤

近十年来，在司法精神疾病鉴定实践中，有关精神疾病患者的人身损害赔偿案逐年增加,已成为司法精神病鉴定中一项重要的内容和研究课题。

（一）精神损伤的概念

精神损伤(mental damage)是指个体遭受外来物理、化学、生物或心理等因素作用后,大脑功能活动发生障碍,出现认知、情感、意志和行为等方面的精神功能紊乱或缺乏。即精神损伤是遭受外界致害因素作用后出现的精神功能的障碍,其致害因素不仅指外界因素造成了脑质性伤害,还包括心理刺激因素的作用,导致大脑功能紊乱。

（二）精神损伤的评定

在涉及到人身损害赔偿案中,受害人的精神损伤与某一生活事件的关系是精神损伤评定的核心问题,它包括了其精神损伤的性质、严重程度及其预后,以及该精神损伤与生活事件的关系。

1. 精神损伤的性质　精神损伤包含了与致害因素有关的脑器质性精神损伤和非器质性精神损伤(功能性精神损伤)。

(1) 脑器质性精神损伤:包括急性脑损伤阶段的以急性脑病综合症为特征的精神损伤和急性期后以智能、人格改变等为特征的慢性脑病综合症为特征的精神损伤．所以脑器质性精神损伤的表现有:①意识障碍:可表现程度不同的意识障碍,从轻度的感知迟钝、理解能力降低、注意集中困难,到嗜睡、昏睡、昏迷,可表现为谵妄状态、去皮质状态等;②精神病性症状:可表现为类精神分裂症样的幻觉、妄想;③情感障碍:可表现为情感幼稚、欣快或情感高涨、低落;④智能障碍:可表现为记忆障碍,思维、理解、计算等能力减退等全面的智能减退,是痴呆综合症;⑤人格改变:表现为控制能力减弱,易激惹,好与人争辩,吝啬、自私自利或固执己见等。

(2) 非器质性精神损伤:致害因素包括物理性的躯体损伤,并未造成脑实质的损害。而作为一种心理刺激因素,在心理刺激因素的作用下产生了程度不同的精神障碍．包括①急性应激障碍:即在急剧、严重的精神打击后出现精神障碍,表现为强烈恐惧体验的精神运动性兴奋或精神运动性抑制;②急性应激性精神病(急性反应性精神病):在强烈的心理刺激因素下引起的,以妄想和情感障碍为主,症状与心理刺激因素密切相关;③创伤后应激障碍:在心理刺激因素作用下表现反复重现创伤性体验,持续警觉性增高,回避创伤有关的情境等;④癔症:在心理刺激因素作用下,出现癔症性抽搐、癔症性感觉障碍、癔症性运动障碍、癔症性遗忘、癔症性多重人格等;⑤神经症样症状:包括假性痴呆、焦虑、抑郁、情绪不稳、躯体化障碍;⑥内源性精神障碍,精神分裂症、情感性精神障碍、偏执性精神障碍等。

2. 精神损伤与生活事件关系评定　现阶段,对于精神损伤与生活事件的关系以及精神损伤程度的评定尚缺乏统一的标准和相应的规范,因此,精神损伤与生活事件的关系评定是必须以精神病学目前学科发展的现状为着眼点,即以不同精神疾病发病的病因学为基础,分析不同精神疾病的发病与其生活事件的关系,作出较为客观的评定,不能仅以直接因果、间接因果和无因果来简单、粗糙的划分。

目前,较易达成共识的有:①脑器质性精神障碍与其致害因素评定为直接因果关系;②反应性精神病与其生活事件评定为直接因果关系;③内源性精神病通常不用因果关系描述而将生活事件描述为诱发因素;④癔症与其生活事件一般亦描述为诱发因素。

3. 精神损伤评定注意事件

① 明确查清生活事件即躯体损伤或心理刺激前被鉴定人是否完全正常；

② 结合被鉴定人的心理特点、生活经历等客观地分析生活事件作为心理刺激因素的强弱；

③ 客观评价被鉴定人的心理素质对目前精神障碍发生所起的作用；

④ 注意心理刺激因素与其目前精神障碍起病的时间关系；

⑤ 注意客观分析目前精神障碍发展的过程是某一生活事件结果还是多重因素共同作用的结果。

第三节　司法精神病鉴定

司法精神病鉴定是指鉴定人受司法机关的委托，运用精神病学专业知识，对被鉴定人的精神状态及相关的法律能力等作出评定的过程。

一、司法精神病鉴定的组织和实施

我国司法精神病鉴定工作的组织和实施是依据相关的法律、法规而进行的。目前主要以《精神疾病司法鉴定管理办法》为依据。

二、司法精神病鉴定的任务、方式和程序

（一）司法精神病鉴定的任务

司法精神病鉴定时，首先是确定被鉴定人的精神状态是否正常，是否患精神疾病，以及何种精神疾病；其次是根据被鉴定人精神疾病对其相关法律能力的影响程度，确定其法律能力。具体包括：

1. 刑事案件相关的司法精神病鉴定任务

（1）确定被鉴定人是否有精神病，患何种精神疾病，实施危害行为时的精神状态，精神疾病与所实施的危害行为之间的关系，以确定其实施危害行为时的责任能力。

（2）确定被鉴定人在诉讼过程中的精神状态，以及有无受审能力。

（3）确定被鉴定人在服刑、劳动教养和被裁决受治安处罚期间的精神状态，以及有无服刑能力、劳动教养能力和受处罚能力。

2. 民事案件相关的司法精神疾病鉴定任务

（1）确定被鉴定人是否患有精神疾病，患何种精神疾病，其精神疾病对其在进行或可能进行的民事活动时意思表达能力的影响判定其民事行为能力。

（2）确定被鉴定人在民事诉讼过程的精神状态，能否行使诉讼权利以判定其有无诉讼能力。

（3）确定被鉴定人是否患有精神疾病，患何种精神疾病、精神疾病的性质及严重程度，以及其精神疾病与生活事件的关系，为民事赔偿提供依据。

3. 其他鉴定任务

(1) 确定各类案件的有关证人的精神状态,以及对客观事实的理解和判断力判定有无作证能力。

(2) 确定各类案件的受害人,在其人身、财产等合法权益受到侵害时的精神状态,并据此评定其对侵害行为的自我防卫或自我保护能力。

(二) 司法精神病鉴定的方式

鉴定的方式主要有门诊鉴定、住院鉴定、院外鉴定和缺席鉴定。也可分为直接鉴定和间接鉴定。

1. 直接鉴定　是指鉴定人与被鉴定人直接接触,进行详细必要的精神检查,并结合送鉴材料和必要的调查材料确定被鉴定人的精神状态及相关的法律能力。

2. 间接鉴定　又称缺席鉴定,即无法与被鉴定人直接接触,即无法进行必要的精神检查,只能根据送鉴的资料及翔实的调查资料对被鉴定人的某一时段的精神状态及相关的法律能力作出推断。一般尽可能与被鉴定人直接接触进行精神检查。只有在下列情况下实行缺席鉴定:①被鉴定人死亡;②被鉴定人已被宣告死亡;③被鉴定人被宣告下落不明;④其他特殊情况。

(三) 司法精神病鉴定程序

司法精神病鉴定的活动,作为诉讼程序的一个组成部分,应按一定的程序有序地进行。它包括:

1. 鉴定委托　由公安机关、检察机关、人民法院、司法机关和其他办案机关以及其他单位向鉴定机构出具鉴定委托书,并明确鉴定目的和要求。

2. 提交资料　委托鉴定机关向鉴定机构提供被鉴定人的有关资料,包括案情资料和机关医学资料,如全部案情的卷宗资料、有关被鉴定人既往疾病救治、病历、检查报告等。

3. 阅读资料　在接触被鉴定人前,每一鉴定人必须认真细致地阅读全部送鉴资料,充分了解被鉴定人的有关情况,为与被鉴定人接触,进行精神检查提供充分的保障。

4. 鉴定检查讨论　由全体鉴定人员共同对被鉴定人进行精神检查,神经系统检查,以及相关的理化检查。鉴定人员就被鉴定人的精神状态及相关的法律能力进行充分地讨论,得出鉴定结论。若需进一步调查,待调查后讨论的作出鉴定结论。

三、鉴定人

(一) 鉴定人的资格

鉴定人是实施司法精神病鉴定的主体,是运用精神病学专门知识和技能及相关的法律知识对被鉴定人的精神状态及相关法律能力进行鉴别和判断的人。

按照《精神疾病司法鉴定管理办法》第十三条规定,具有下列资格之一的,可以担任鉴定人:

1. 取得国家高等医学院校精神卫生专业或者医疗专业本科以上学历,具有精神科执业医师资格,在精神病专科医院或者综合医院精神病科连续从事精神病临床工作 5 年以上,在精神病专科医院或者综合医院精神科再连续参与精神疾病司法鉴定工作 5 年以上,并取得精神科副主任医师及以上职务任职资格。

2. 取得国家高等医学院校精神卫生专业或者医疗专业专科学历,具有精神科执业医师资格,在精神病专科医院或者综合医院精神病科连续从事精神病临床工作7年以上,在精神病专科医院或者综合医院精神科再连续参与精神疾病司法鉴定工作5年以上,并取得精神科副主任医师及以上职务任职资格。

同时,对符合下列条件者准予核发《精神疾病司法鉴定人资格证书》:
(1) 符合本办法第十三条规定的条件;
(2) 符合《中华人民共和国执业医师法》的有关规定;
(3) 在二级以上精神病专科医院或者三级综合医院的精神科任职;
(4) 医德高尚,遵纪守法;
(5) 具有完全民事行为能力;
(6) 省、自治区、直辖市人民政府卫生行政部门规定的其他条件。

(二) 鉴定人应履行的义务

1. 在精神疾病司法鉴定工作中做到科学、客观、公正。
2. 遵守有关回避规定。
3. 遵守有关保密的规定,不得泄露鉴定中涉及国家、商业秘密及个人隐私。
4. 解答鉴定委托机关提出的与鉴定结论有关的问题。
5. 及时出具鉴定书,依法出庭,接受法庭的询问和质证。
6. 法律、法规规定的其他义务。

四、精神疾病司法鉴定书

精神疾病司法鉴定结论以《精神疾病司法鉴定书》的形式作出。

《精神疾病司法鉴定书》经所有参加精神疾病司法鉴定的鉴定人签字,并加盖指定医院指定公章后生效。《精神疾病司法鉴定书》的内容包括:①被鉴定人姓名、性别、年龄、婚姻、民族、文化程度、职业、住址等;②委托鉴定单位或申请鉴定人;③鉴定种类;④鉴定时间;⑤指定医院名称、场所、鉴定参加人;⑥鉴定案由;⑦调查和有关证据材料;⑧检查所见;⑨分析意见;⑩鉴定结论;⑪鉴定人签名及指定医院指定公章;⑫编号及签发日期。

精神疾病司法鉴定书应符合如下要求:
(1) 清楚工整。
(2) 鉴定案由应当包括主要案情。鉴定原因及鉴定目的。
(3) 调查材料应当包括直接与间接调查的病史。案情经过以及二者因果关系的资料。病史中包括家族史、个人史(生长发育、家庭教育、学校教育、生活经历及人格特征)、婚姻生育史、躯体疾病史、精神病史以及审讯材料、扣押期间的表现等。调查材料要具体、详细、真实、客观,并应当注明调查对象、调查人及资料来源。
(4) 检查所见应当包括躯体检查、神经系统检查、精神检查、心理学检查、必要的实验室检查及特殊检查。
(5) 分析意见应当讨论与确定被鉴定人的人格、智力、躯体疾病及精神疾病的诊断,并列出依据。

对刑事案件,要分析案情与病情的关系,论证被鉴定人在案发时的辨认能力和控制能力有无受损。如有受损,还要根据法律要求,阐明并区分被鉴定人在案发时是处于辨认障碍还是控制障碍,进而根据其病情以及辨认能力或者控制能力受损程度,评定刑事责任能力的等级。

对民事案件,要根据对被鉴定人的疾病诊断及其社会功能受损害程度,确定被鉴定人在民事活动中精神疾病对其意思表达能力的影响,进而评定其民事行为能力的等级。

对确定因果关系案件,要根据对被鉴定人的疾病诊断,结合病因与发病基础,讨论案情与发病的关系。如果有关,则应当根据对被鉴定人所患精神疾病的预后和转归,阐明对其心理社会功能的影响,并根据检查所见,提出对病情的基本估计和进一步治疗及处理意见。

第四节 精神分裂症的司法鉴定

精神分裂症作为一种最常见的精神疾病,同样是精神疾病司法鉴定工作中最为常见的精神疾病,占所有鉴定案件的1/3~1/2。精神分裂症患者的思维、情感和意志活动的严重障碍,特别是其思维障碍较为突出。因而在日常生活中常涉及各种法律问题。

一、刑事法律能力

常在精神病理的影响下与周围环境产生各种冲突,出现各种危害行为。因而涉及某些法律关系。如责任能力、受审能力和服刑能力等,其中以实施危害行为时的责任能力问题最多见。

(一) 精神分裂症的危害行为

1. 危害行为的频度　精神分裂症患者在刑事犯罪中危害行为的发生率是否高于正常人群,学者间报道并不一致。目前已为人们普遍接受的观点是精神分裂症患者暴力行为较一般人群高。在刑事危害行为案例中,大约在40%左右。

2. 危害行为的类型　精神分裂症患者可涉及各类危害行为。以凶杀行为最多见,占精神分裂症危害行为鉴定案例的1/3~1/2,凶杀和伤害行为超过1/2。其次为性侵害、纵火和盗窃行为类。

3. 危害行为的特点　精神分裂症患者由于受其精神病理的影响,一般说来,他们的危害行为的过程也常常有别于一般正常人的犯罪行为,主要表现为以下特点:

(1) 突发性:其危害行为的发生常具有突发性。患者可在幻觉、妄想的直接支配下,对其周围的人突然发起攻击行为,造成他人的伤害,或在病理性情绪、意志影响下,因环境中微不足道的小事突然冲动攻击他人。

(2) 公开性:患者往往在大庭广众之下公开实施危害行为。对时间、地点不加选择。作案后也缺乏自我保护,在现场周围徘徊,多数被现场抓获。

(3) 凶残性:患者的凶杀行为常十分残酷,手段残忍,可在病理性妄想的支配下,数十甚至上百刀地捅刺受害人。

多数精神分裂症患者的危害行为具有上述特征,但也有些患者,也会实施有预谋、有准备的危害行为。

(二) 危害行为与临床类型及病理性症状

1. **凶杀、伤害等侵犯人身生命安全的行为** 是精神分裂症危害行为中最常见的类型。常在妄想、幻觉的直接支配下所为,较多见的是关系妄想、被害妄想、嫉妒妄想和命令性幻听的影响,对周围的人发生突然的攻击行为。在监狱中可见精神分裂症病犯攻击其他罪犯的事件发生。

2. **强奸、猥亵等性侵犯行为** 在监狱中较为少见,有的患者除思维紊乱、内容荒诞、行为幼稚外常有较丰富的性色彩,易导致流氓猥亵行为甚至强奸行为。慢性精神分裂症患者的社会道德伦理的衰退,在本能的驱使下出现突然的性冲动行为而出现强奸行为。

3. **盗窃、抢劫、贪污等侵犯财产行为** 侵犯财产行为也是精神分裂症患者常见的一类危害行为,特别是盗窃行为较为常见。在监狱较为少见,多见于慢性精神分裂症患者,盗窃行为常仅为满足饥饱等基本需要。有的患者可在妄想影响下所为,如在被害妄想影响下,以盗窃行为报复妄想对象等。

4. **扰乱秩序等其他危害行为** 由于精神病理症状对其意志行为的影响与环境发生冲突,纠缠不休,影响正常的工作、生活秩序和监管秩序。

(三) 危害行为与责任能力

精神分裂症患者实施危害行为时的责任能力评定的总的法律依据其实施危害行为时疾病对其辨认和控制能力的影响,评定其作案时的责任能力状态。患者实施危害行为时责任能力评定要在明确精神分裂诊断,并判明其实施危害行为时疾病所处的疾病阶段以及疾病的严重程度,综合地分析对其辨认能力和控制能力的影响,作出责任能力评定。

1. **精神分裂症早期(初期)阶段** 因其以人格改变、类神经疾病症状为主,一般较少发生危害社会行为。但有些早期患者具有激惹性增高,情绪不稳定或行为怪异,有时会发生妨害社会秩序、破坏公共安全、甚至突然冲动伤人与早期症状没有明确联系,但又无明确的作案动机,且危害行为与其病前行为或正常人行为有悖时,一般评定为限定责任能力。

2. **精神分裂症发展(严重)阶段**

(1) 危害行为与妄想、幻觉等精神病性症状有因果关系:这是精神分裂症患者发生危害行为时最多见的一种。他们的危害行为常是受到其病理性症状的直接影响,特别是在妄想、幻觉的直接支配下实施危害行为,评定为无责任能力。

(2) 危害行为与精神病性症状无明确因果关系:在疾病的严重阶段,虽未发现其危害行为与精神病性症状有明确因果关系,但要特别注意本病幻觉、妄想等认知症状对病人情绪、意志、行为的间接影响。同样,由于本病特点,使其症状暴露局限或不充分。因此在这种情况下,可从三个方面考察其实施危害行为时的辨认:①是否有明确的可解释的正常动机;②危害行为过程是否与患者病前行为过程相统一;③危害性是否与正常人危害有悖。若无明确动机,与病前行为过程不一致且与正常人危害行为有悖,可以评定为无责任能力或限制责任能力。在疾病严重阶段,即使能找到"现实"动机,也要结合该患者本病的特点综合分析、审慎评定。如一慢性精神分裂症患者,终日流浪在外,居无定所,因饥饿、寒冷偷盗食物、财物,甚至公开抢劫食物,看似其危害行为的动机是一个满足现实需要的现实动机,但很显然此例不能因是现实动机而有完全责任能力。

3. 精神分裂症缓解阶段

（1）精神分裂症缓解状态：是指其临床症状消失、自知力恢复，能够从事病前或相当于病前水平的工作，社会适应能力及人际关系良好，且不残留人格的缺陷。在鉴定实践中常包括两种情况，即不完全缓解状态和完全缓解状态，为此需要进行认真详细的检查，并深入全面地调查，然后加以确定。

（2）精神分裂症不完全（部分）缓解状态：表现主要症状消失，自知力大部分恢复，能从事病前或稍次于病前水平的工作，社会适应能力尚好，但偶有精神病性症状出现；还有表现为临床症状基本缓解，但残留明显的人格改变，如易激惹、敏感多疑、较易与环境发生冲突。因此在本病不完全缓解状态下，因残留的人格改变而导致危害行为或危害行为与其病前行为或正常人危害行为有悖时，一般评定为限制责任能力。

（3）精神分裂症完全缓解状态：一般认为，精神分裂症患者在完全缓解状态实施危害行为时评定为有责任能力。

二、民事法律能力

根据相关的鉴定依据进行相应的评定。参阅相关书籍。

第五节　情感性精神障碍的司法鉴定

情感性精神障碍的患病率近十多年来呈增加的倾向，特别是抑郁发作的增加表现更为明显。情感性精神障碍也成为司法精神疾病司法鉴定工作中较常见的一种精神疾病，占整个鉴定案件的5%～10%，仅次于精神分裂症和精神发育迟滞，位于第三位。

一、刑事法律能力

情感性精神障碍虽以情绪的高涨或低落为其特征。但在其病态情绪的影响下，也同样产生相应的认知障碍，而与周围环境产生各种冲突，出现各种危害行为。因而涉及某些法律关系，如责任能力、受审能力和服刑能力等，其中以实施危害行为时的责任能力问题最多见。

（一）情感性精神障碍与危害行为

情感性精神障碍在疾病过程中出现的危害行为依据不同的发作，即躁狂发作或抑郁发作，而有所不同。

1. 躁狂发作与危害行为　在精神疾病司法鉴定实践中，躁狂发作较抑郁发作少见。

危害行为类型及特点：躁狂发作的危害行为类型主要有调戏、猥亵行为、扰乱社会治安行为和轻伤害行为。而因躁狂发作出现严重的杀人、强奸、抢劫等行为较少见。一般认为这可能是因为躁狂发作时，患者的自我感觉良好，对环境中的刺激以产生正性的认识为主。当其严重时症状暴露明显易被周围人所注意，而不致引起严重的危害行为。另有人认为躁狂发作时患者辨认能力受损不严重，对杀人等严重危害行为尚保持着一定的辨认。

危害行为与病理性症状：有些躁狂症患者表现为激惹性明显增高，易于激惹，而导致与周围人发生冲突或滋生事端，或发生扰乱社会治安的行为。

有些患者举止轻佻，追逐异性，性欲亢进，行为放荡，而出现流氓猥亵行为，或嫖娼行为。也可因为行为轻率出现顺手牵羊式的偷窃行为。

有些患者表现在经济上慷慨大方，随意施舍，甚至挥霍无度。有些严重的急性躁狂和谵妄性躁狂患者，可有一定程度的意识障碍，甚至可出现一过性的错觉、幻觉和妄想，而出现冲动、伤害行为。

2. 抑郁发作与危害行为　在精神疾病司法鉴定的实践中，抑郁发作时出现的危害行为明显较躁狂发作时多见，且危害行为的危害性也较大。

危害行为类型及特点：抑郁发作时的危害行为以凶杀行为最为多见。包括"扩大性自杀"、"间接自杀"和"激越性杀人"等。还可出现偷窃行为，纵火、抢劫、强奸行为。抑郁发作患者于危害行为后，大多数投案自首，或停留的作案现场，或自杀。潜逃者极为罕见。

危害行为与病理性症状：杀人是抑郁发作时最严重、也是最常见的危害行为。其杀人行为可与不同的病理性症状有关。

"扩大性自杀"是抑郁发作时杀人的经典范例，即患者在严重的情绪低落的状态下，感到困难重重，一筹莫展，陷入绝境，而产生强烈的自杀企图。并决意自杀摆脱痛苦，但想到自己的亲人也处在重重困难之中，为免除亲人的痛楚和不幸的遭遇，常将自己的配偶或儿女杀死后自杀。也称为"怜悯性杀亲"，或"家族性自杀"等。如一患者抑郁发作时，在情绪极度低落的情况下，仍感债务重重，痛苦不堪，难以度日，欲自杀。但想到两个孩子没娘后在世上也是痛苦等，便将自己3岁和5岁的孩子一前一后绑在身上，走入村边的河中，致两个孩子死亡。

间接自杀常是在抑郁发作、情绪极度低落时，产生自杀观念。而以往数次自杀不成功，欲通过杀人的行为使其被判死刑达到自杀的目的，也称为"曲线自杀"。如一患者数次抑郁发作时曾以绳上吊自杀、喝农药自杀和触电自杀，甚至被电去掉三根手指都未自杀成功，故在一次抑郁发作时用刀砍死一邻居，以求被枪毙达到自杀目的。

有些抑郁发作患者在严重的情绪低落下，对外界的刺激产生严重的负性认知出现关系、被害或嫉妒妄想或偏执观念。并在这些精神病性症状的影响下可出现杀人行为。在鉴定实践中抑郁发作者杀人以该类杀人最为多见。另一类较常见的抑郁发作时杀人，是患者一方面情绪极度低落，一方面又极度的情绪恶劣，焦虑不安，情绪易激惹，呈激越状态，周围环境一点小的刺激，出现突然的冲动杀人行为。抑郁发作时还可出现抢劫、纵火，甚至强奸行为，这些危害行为的共同点：属一种"自贱"行为。都是在情绪严重低落的情形下，或是在自责、自罪等负性认知的影响下，以通过这种危害行为达到惩罚自己的目的。

（二）危害行为与责任能力

情感性精神障碍患者实施危害行为的责任能力评定的法律依据仍是刑法第18条，即根据其实施危害行为时的疾病对其辨认和控制能力的影响评定其作案时的责任能力状态。

在司法精神疾病鉴定实践中，对情感性精神障碍患者实施行为时责任能力的评定，比精神分裂症患者实施危害行为时责任能力的评定更易出现分歧,其原因主要是情感性精神障碍以情绪的障碍为突出表现。而情绪障碍对患者的意志行为影响的关系不如精神分裂症患者突出的认知障碍对其意志行为的影响关系那么明晰。其次是情感性精神障碍主要是一发作性精神疾病,有正常的间歇期,对正常间歇期判定上存在不同的分歧。这些都有可能导致对责任能力评定的不同。因此,对情感性精神障碍患者实施危害行为时的责任能力评定,要在明确情感性精神障碍不同发作的特点,判明其实施危害行为时所处的疾病阶段及严重程度、综合地分析疾病对其辨认能力和控制能力的影响,作出责任能力评定。

1. **轻性情感性精神障碍**　作为独立的疾病单元,轻性情感性精神障碍可以包括轻性躁狂症、轻性抑郁症、环性情感性精神障碍和恶劣心境。这些疾病的共同特点是社会功能受损较轻或功能完整,对环性情感性精神障碍或恶劣心境患者在疾病期间实施的危害行为责任能力,结合危害行为的辨认和控制能力影响一般评定为限制责任能力,如恶劣心境患者在持续心境低落时,时常伴有烦躁不安、焦虑和易激惹,当与环境发生一点小矛盾时,控制能力明显削弱,也会出现一些冲动伤人行为。

对轻性躁狂症和轻性抑郁症患者在疾病期间实施危害行为的责任能力,是易产生分歧意见的。有人认为轻性躁狂或轻性抑郁患者的辨认能力受损不明显,仅是控制能力明显削弱,而应该评定为部分责任能力。也有认为虽是轻性情感性精神障碍,但患者的许多危害行为是受其疾病症状的直接影响所致,是疾病具体表现的组成部分,而且很难判明其辨认能力未受损,故应该评定为无责任能力。如轻性躁狂患者的自我评价过高或夸大,爱管闲事,易激惹而发生扰乱治安、妨碍公务等危害行为与其疾病症状直接有关,并是疾病表现的组成部分。

2. **重性情感性精神障碍**　指完全符合情感性精神障碍的症状标准及严重程度标准和病程及排除标准的患者,包括躁狂发作、抑郁发作和谵妄想躁狂。对这些社会功能受到明显损害的严重的情感性精神障碍的患者,其辨认和控制能力也常受到较严重的影响,结合其具体实施危害行为时的辨认和控制能力一般评定为无责任能力或限制责任能力。

对少数特殊类型的危害行为较易产生分歧,如对抑郁发作患者"间接性自杀(曲线自杀)",有学者认为患者在杀人行为时能够认识到这种行为的性质、后果与违法性,虽辨认能力和控制能力明显削弱,但未达到丧失程度导致其杀人动机时一种"心理变态",而非精神病性症状所致,应评定为部分责任能力。也有学者认为,抑郁发作患者的"间接自杀",虽了解其杀人的性质后果,并想利用其后果达到死亡的目的。这类患者是数次用其他手段自杀未成而寻求的另一种自杀手段,其时社会功能严重损失,检验现实的能力已完全丧失。已不能辨别自己行为的是非,在疾病的影响(严重的情绪障碍、自责等)下丧失了辨认和控制能力,应评定为无责任能力。

3. **伴精神病性症状的情感性精神障碍**　在抑郁发作或躁狂发作的同时伴有精神病性症状时,患者严重的情绪障碍与认知障碍相互影响,较易与周围环境产生冲突。对其实施危害行为时的辨认和控制能力影响常较明显,所以对该类患者在精神病性症状直接影响下的危害行为时的辨认和控制能力的判定一般不会产生太大分歧,应评定为无责任能力。

4. **情感性精神障碍缓解期**　情感性精神障碍系一组发作性精神疾病,间歇期精神状态基本正常,多数可从事原来的工作、生活,社会适应一般较好。因此在间歇期即缓解期内实施危害行为时一般辨认和控制能力不受影响,应该评定为有责任能力。因此在实际鉴定工作中,要严格地查明其作案时是处于情感性精神障碍的发作期还是间歇期,同时要注意实施危害行为时是轻性情感性精神障碍还是重性情感性精神障碍。

二、民事法律能力

根据相关的鉴定依据进行相应的评定。参阅相关书籍。

第六节　心因性精神障碍的司法鉴定

心因性精神障碍是指一类其起病及临床表现与心理社会因素密切相关的精神障碍,包括数种精神疾病,如急性应激障碍,包括反应性精神病、创伤后应激障碍、适应障碍以及与文化相关的精神障碍等。

在司法精神病鉴定实践中,涉及刑事责任能力评定的案件时有所见。近十年来涉及心因性精神障碍的精神损伤案例逐年增加,已成为司法精神病鉴定中十分重要的内容。

一、刑事责任能力

因心因性精神障碍而出现危害行为的主要见于反应性精神病、旅途性精神障碍、气功所致精神障碍、迷信与巫术所致精神障碍。

1. 危害行为的类型　以凶杀和伤害最为多见,其次见于性侵害行为,较罕见有关财产侵害行为。

2. 危害行为特点　①突然性:该类精神障碍常起病较急,可有程度不同的意识障碍。一般都具有明显、片断的幻觉、妄想,且多为被害妄想。情绪高度紧张、恐惧,常在幻觉、妄想直接影响下出现冲动伤人行为。②行为紊乱:是该类精神障碍危害行为的重要特征。因其起病较急,伴明显幻觉、妄想,甚至意识障碍,其行为紊乱十分明显,常表现为表情紧张恐惧、自言自语、动作紊乱、躁动不安、冲动毁物等。常见于急性反应性精神病。③目的缺乏:在意识障碍、幻觉、妄想影响、行为紊乱明显。其伤人、毁物行为常无明确动机,常与受害者之间并无利害关系。

3. 危害行为和责任能力　该类精神障碍患者有明显的幻觉、妄想. 常是在幻觉、妄想的直接影响下发生伤人等危害行为,或有些患者伴有一定的意识障碍,其危害行为常具有自动症的性质。因此他们对自己的危害行为丧失了辨认或控制能力,一般评定为无责任能力。

而适应性障碍,因以情绪和适应不良的行为障碍为主要表现,无精神病性的认知障碍,一般不致影响其对自己行为的辨认和控制能力,通常评定为有责任能力。

二、民事行为能力

由于该类精神障碍的特点是起病较急,一般病程较短(除创伤后应激障碍),且预后较好,故一般不易进行宣告民事行为能力的评定。对已经发生或近期内即将发生的民事行为能力评定,应根据疾病严重程度对其真实意思表示能力的影响程度来评定。在司法精神病鉴定实践中,涉及该类精神障碍患者民事行为能力评定的案例较少见,主要涉及的是少数迁延不愈的创伤后应激障碍患者。

三、精神损伤

心因性精神障碍的司法精神病鉴定中最常见的是精神损伤的评定。其中以创伤后应激障碍的精神损伤评定最为常见,其次是反应性精神病的精神损伤评定。

一般说反应性精神病,因是在遭受强烈精神刺激后发生的精神病的状态,通常精神刺激的强大强烈、难以忍受,如被强奸、突然被殴打、亲人被害等。患者病前心理素质常较健全,故伤害因素与该病之间关系十分明显。通常评定为伤害因素与此病的发生有直接因果关系。

而创伤后应激障碍的发生与生活事件之间的关系评定则较为复杂,也是精神损伤评定中的难点之一。因为作为心理刺激因素的生活事件的刺激强度大小不一;创伤后应激障碍的发生与个性心理素质有较密切的关系。所以在评定生活事件与创伤后应激障碍发生的关系时,要根据刺激的强度、个体的心理素质以及当时的躯体状况综合分析其生活事件与该病发生的关系。具体关系的描述可有生活事件与该病的发生有关、诱发因素,或间接因果关系。

第七节 精神发育迟滞的司法鉴定

精神发育迟滞在精神疾病司法鉴定中仅次于精神分裂症,占 20%~30%,并以轻、中度精神发育迟滞者较多。

一、刑事责任能力

精神发育迟滞患者,因其智力发育障碍,其自我控制能力较差,社会道德、法制观念薄弱,以及工作能力、社会适应能力低下,而本能相对亢进等出现各种危害行为,因而涉及刑事责任能力的评定。

(一)精神发育迟滞与危害行为

1. 危害行为类型 精神发育迟滞患者的危害行为以盗窃行为、性侵犯行为和纵火行为多见,罕见凶杀和伤害。①盗窃最为常见。其动机常极其简单,多为满足食欲而为,或为小事报复他人,所偷物品数额较小,常为食品、少量的钱物等。②性犯罪亦较常见。有报道男性精神发育迟滞患者性犯罪比率较一般罪犯高6倍,精神发育迟滞患者性犯罪对象多为年老体弱、残疾妇女或幼女。因受智力水平限制,较难以成功,常为强奸未遂。③纵火。纵火行为多见于精神发育迟滞患者,其动机常是出于简单的报复或出于模仿、好奇,常因不能预料纵火的可能的后果,带来较大的经济损失。

2. 危害行为特点　①动机简单:作案动机常十分幼稚单纯,如盗窃行为常是为满足基本的饥饿或为一件小事,而对他人不满采取报复行为,对后果缺乏预见,动机与后果明显不相称。②手段、方法笨拙:其作案常无预谋,受本能支配,如性本能相对亢进,常出现性侵犯行为,而不选择时间、地点,多为强奸未遂。③多单独作案:由于其智力低下,难以与他人交往,多单独活动,但易被别人利用或唆使,在团伙作案中常是从属地位。

(二) 危害行为与责任能力

精神发育迟滞患者危害行为时责任能力评定应结合智商、学习能力、生活、工作、社会适应能力和危害行为的动机,分析其危害行为时的辨认和控制能力,评定其责任能力。在鉴定实践中,一般主张以其智力障碍程度划分:①轻度精神发育迟滞评定为限制责任能力或有责任能力;②中度精神发育迟滞评定为限制责任能力或无责任能力;③重度精神发育迟滞评定为无责任能力。

二、性防卫能力

女性精神发育迟滞患者常易遭受不法分子的性侵犯,因而,对其遭受性侵犯行为时的性防卫能力的评定是司法鉴定中十分常见的工作之一。由于患者智力水平的限制,理解判断能力较差,因而易上当受骗,常一块糖果、一把瓜子或几块钱就可能使其上当被诱奸,甚至反复多次被诱奸,也不知告诉家人,直至怀孕数月才被家人发现,因为被性侵害时的性防卫能力常常明显削弱或丧失。

患者对性行为理解、认识和控制能力是评定其性防卫能力的主要依据,即患者是否理解遭侵害的行为的性质及后果,以及可能给自己造成的生理、心理的伤害,特别要结合被性侵害时的实际情况考察其自我保护能力。

第八节　人格障碍的司法鉴定

人格障碍是人格特征显著偏离正常,表现特有的行为模式,造成对环境适应不良。在司法精神病鉴定中时有所见。在司法精神病鉴定中较多见为反社会人格障碍。他们可做出各种危害行为。有报道,罪犯中20%～70%为人格障碍患者。

一、刑事责任能力

(一) 危害行为类型及特点

反社会人格障碍患者通常在少年时期即有各种品行障碍,如逃学、斗殴、抽烟喝酒、虐待小动物等,他们常性情冷酷,冲动性较明显,自我控制力差,成年后常可出现各种危害行为的犯罪行为,如盗窃、凶杀、伤害、妨碍治安、诈骗等;冲动型人格障碍者,耐受力极差,情绪易激惹,往往在遭刺激后,失去控制能力,出现强烈的冲动行为,毁物伤人等。人格障碍者危害行为特点有:①通常无预谋;②多受偶然动机、情感冲动或本能欲望的驱使;③常缺乏明确的自我保护意识。

(二)危害行为与责任能力

人格障碍者实施危害行为时,无辨认能力障碍,一般评定为具有完全责任能力;而冲动型人格障碍者,结合具体的案情及平时人际关系、品行,及脑电图等,可以考虑评定为限制责任能力。

二、民事行为能力

在司法精神病鉴定实践中,涉及人格障碍者行为能力鉴定主要见于偏执性人格障碍,因其偏执性人格的特点常与环境纠纷出现反复的诉讼行为,结合其诉讼行为内容与人格障碍之间的关系,可评定为限制行为能力。

(韩臣柏　吕成荣)

第二十二章 攻击暴力行为与危机干预

世界卫生组织将暴力定义为：蓄意地运用躯体的力量或权力，对自身、他人、群体或社会进行威胁或伤害，造成或极有可能造成损伤、死亡、精神伤害、发育障碍或权益的剥夺。世界卫生大会的宣言，目的是希望人们认识到暴力给个人、家庭、社会和国家在健康、心理和社会发展方面带来的直接和长期的严重影响，并督促世界各国评估国内的暴力问题，向 WHO 汇报有关该问题的情况及采取的处理方法，推动全世界范围对攻击、暴力行为的关注和应对，并采取确实有效的行动控制和制止攻击、暴力行为。暴力行为涉及社会学、心理学、精神医学等多个学科，暴力行为是狱内安全管理及危险性评估和重要内容之一。

第一节 概 述

广义的攻击行为包括对人（他人和自身）、动物和物体的伤害行为，狭义的攻击行为则仅指对客体的伤害行为，严重的攻击行为称为暴力。全球每年因暴力而丧命的人数达 100 万，而且每年因暴力造成的直接和间接经济损失高达数十亿美元。1996 年世界卫生大会，宣布暴力是全世界一个主要的而且越来越重要的公共健康问题。攻击、暴力行为已经成为社会学、心理学、法律和精神病学关注的焦点之一。在狱中发生暴力攻击不仅会明显影响到监管秩序，更会给民警或囚犯带来身体甚至生命的伤害。

一、攻击、暴力行为的发生率

人类的攻击行为从日常生活的争吵到大规模的战争，形式多种多样，由于攻击行为的概念和定义不同，攻击行为的发生率差别很大。有人对 17 803 人进行调查发现：有 18% 的人以往曾有过使用武器、殴打别人或饮酒时发生斗殴等攻击行为，而在 1 年内有过攻击行为的为 3.5%；攻击者比一般人群有更高的精神疾病的患病率，其中有近 50% 的攻击者可以建立精神异常的诊断，近期发生攻击的与精神疾病的关系更为密切；精神疾病患者以往有过攻击行为的占 36.57%，1 年内发生过攻击行为的有 49.46%，其中精神分裂症和情感性障碍患者以往发生过攻击行为的占 33.12%，物质依赖者以往发生过攻击行为的占 55.20%。

二、狱内暴力事件

狱内暴力事件一般为囚—囚或囚—警两种，前者为多见。狱内攻击和暴力的代价包括直接代价、间接代价和无形的代价等多个方面。直接代价是指由事件造成的伤害、残疾和死亡等。然而，暴力行为不仅导致损伤和死亡，还可能给个人、家庭、社会和卫生保健造成其他沉重的负担，这些则属于间接代价的范畴。在暴力和攻击的直接代价和间接代价之外，还存在着无形的代价，如往往会影响到同监房、同监区的犯人的心理状况，给监管安全秩序带来较为严重的影响、甚至破坏司法权威形象。

第二节　攻击暴力行为的影响因素

一、生物学因素

1. 遗传和基因　遗传基因影响着个体的兴奋性。有研究表明攻击、暴力行为存在一定的家族聚集现象，且符合多基因遗传特点。
2. 神经递质　研究表明乙酰胆碱（Ach）、γ-氨基丁酸（GABA）、多巴胺（DA）、去甲肾上腺素（NE）、5-羟色胺（5-HT）等神经递质与攻击、暴力行为的发生和抑制有关。
3. 神经内分泌　目前认为雄性激素（睾酮）的水平可能与攻击、暴力行为有关。
4. 神经功能　杏仁核常被称为攻击中枢。此外，左右大脑半球的均衡性发展与协调功能、额叶和颞叶功能及脑电图慢波活动等均与攻击、暴力行为有关。
5. 疾病　精神疾病明显较一般人群更易发生攻击、暴力行为，其中住院的精神分裂症患者的攻击、暴力行为发生率最高，非住院者中以人格障碍，尤其是反社会人格障碍患者的攻击、暴力行为发生率最高。另外，颅脑创伤等导致的脑功能损害及癫痫所致精神障碍等也常伴发攻击、暴力行为。

值得注意的是，抑郁症同样具有较正常人高的攻击与暴力行为。抑郁症的暴力攻击行为有两种：自杀和他杀。自杀是针对自己的暴力，杀人是针对他人的暴力。暴力攻击形式取决于：①环境因素：如与他人平时的矛盾；②抑郁症的类型：焦虑抑郁水平；③生物学素质等。

二、心理学因素

1. 年龄　攻击、暴力行为的高发阶段在青春期，几乎是成年人的2倍，30岁以后即开始下降，40岁后则明显下降。在狱中，青壮年占大多数，所以攻击行为较为多见。
2. 性别　男性的攻击、暴力性高于女性，而且攻击、暴力方式亦有所不同。
3. 人格　人格变量特别是冲动性，表现控制不良，易激惹，伴发人格障碍，发生暴力的风险增高。监狱中人格障碍的发生率较高，且冲动性人格障碍、反社会性人格障碍、边缘性人格障碍比例也高，相应因暴力攻击行为导致的狱内事件也相应增多。
4. 应激　严重和持续的应激性事件可能成为攻击、暴力行为的促发因素。应激性事件对人的影响除事件的强度外，还与需要、认知评价、人格特点、经历与适应性、心理防御机制的运用和应对方式等因素有关。狱内暴力事件的应激源除与事件本身外，更多的与当事人对事件的评估有关。抑郁症杀人通常在激怒因素作用下产生，激怒因素在攻击、暴力行为的发生上发挥扳机作用。

5. 智力水平　智力水平低下者易发生攻击、暴力行为,可能与控制力缺乏有关。

三、社会学因素

1. 案由与刑期　狱内暴力事件多发于暴力型罪犯,这可能与他们的人格特点有关。暴力犯罪者多具有多疑、固执、缺乏同情心与社会责任感、情绪不稳定、喜欢追求刺激、缺乏自信与自尊、应付现实及与社会交往的能力差等特点。

刑期长及服刑时间相对较长的暴力性行为的发生率相对较高。捕前社会底层、失业和职业不稳定群体攻击、暴力行为的发生率明显较高。

2. 早年家庭环境　早年不良的家庭环境,如父母离异或分居,遭遇父母虐待等与成年后的攻击、暴力行为关系密切。环境影响可来自:①关键发育阶段损害,如出生并发症和早年母亲遗弃;②慢性应激;③既往社会扰乱;④习得性行为;⑤母亲妊娠期应激;⑥社会经济地位;⑦持久童年虐待;⑧既往冲动攻击、暴力行为史。

3. 受教育年限　一般情况下,攻击、暴力行为的发生与受教育年限呈反比。大量数据表明,罪犯中受教育程度普遍较低。

4. 监狱环境　狱内管理秩序好坏是衍生暴力行为的土壤源;对罪犯行为规范的要求及其强化、教育等是影响暴力事件的重要因素。另外,处理好囚犯间矛盾与冲突,营造和谐改造的氛围更是减少攻击事件的前提。另外,民警自身的个性、修养及管理方法也会影响或助长攻击和暴力行为。

5. 社会支持体系　婚姻状况、社会支持系统的完整和有效性等与攻击、暴力行为的发生和抑制有关。

四、其他因素

既往攻击、暴力史:每次的攻击、暴力行为都可能增加未来发生攻击、暴力行为的可能性。既往的攻击、暴力行为一方面反映了一贯的行为方式,另一方面也反映了个体的自我控制能力。其中预测成人暴力行为的强有力的因素之一是儿童期的攻击行为。

尽管生物学因素和其他一些个人因素可以解释暴力的倾向,但更为常见的是这些因素与家庭、社会、文化和其他外部因素相互作用,导致暴力的发生。

狱内攻击、暴力行为的本质是躯体的、精神的、剥夺和漠视的等。表现形式可以为多种多样,如讽刺挖苦、散布流言、漠视监规、抗拒管教、打架斗殴、破坏财物等。攻击行为有不同的分类方式,如言语、动作和暴力行为;敌对与非敌对攻击,个人与团体攻击等。一般攻击、暴力行为的特点是与竞争、迁怒等因素有关。

第三节　精神科冲动暴力行为

由于特殊的病情,精神病人有较多发生暴力伤害的倾向。精神病人中约 1/3 具有主动攻击意识,精神分裂症、偏执性精神病、情感障碍、人格障碍、药物依赖及酒精中毒、脑器质性精神障碍等患者容易出现暴力行为。

与冲动和暴力行为有关的精神症状包括：幻觉、妄想、病理性激情、意识障碍等，其中以妄想最多见。具体的行为类型包括：骂人或叫喊、言语威胁、对财物攻击、对他人身体的攻击。攻击对象最多为亲属，其次为亲密朋友、熟人、同事、邻居、精神科医护人员。患者一般事先已对受害者抱敌对态度。

冲动和暴力行为可见以下精神疾病：

1. 精神分裂症　一般认为精神分裂症的冲动和暴力行为是在幻觉、妄想的影响下发生的，其中以被害妄想最多见，有被害妄想的患者有被监视、被陷害的恐惧，无安全感，继以出现恐惧或"自卫"的心理，会先发制人保护自己；其次是嫉妒妄想和命令性幻听；非妄想型者冲动和暴力行为是精神病性紊乱和精神运动性兴奋所致。

2. 心境障碍　躁狂症患者可发生冲动和暴力行为，常见于急性躁狂状态，患者因激惹性增高，要求未得到满足、活动受到限制、约束所致。抑郁症患者可以出现怜悯杀亲，即在情绪极度低落时，会出现强烈的自杀念头，而在自杀前，常从同情和怜悯的角度出发，害怕自己的罪恶连累亲人或者自己死亡后子女无人照顾遭受更大的不幸和痛苦；为了"解除"亲人的痛苦，在自杀前常常先杀死亲人（通常是年幼的子女），然后再自杀，故又称为扩大性自杀。抑郁症还可以出现间接自杀，即通过杀人来达到对自己判处死刑的目的。

3. 器质性精神障碍　无论是急性的（如谵妄、头颅外伤）还是慢性的（如痴呆），均可致冲动和暴力行为。通常具有突发性、紊乱性、波动性和突然消失的特点，可能由于患者判断能力下降或意识障碍或病理性激情所致。其中，癫痫性精神障碍可在意识模糊时发生冲动和暴力行为，而有人格改变的癫痫性精神障碍患者，固执、记仇、易激惹且凶狠残忍，亦可引发冲动暴力行为。

4. 精神活性物质滥用　酒和药物滥用的患者，由于药物和酒精的滥用可出现戒断症状和谵妄状态，在强烈不安、躁动及幻觉的影响下易出现攻击行为。酒精依赖者发生暴力行为较正常人高10倍以上，醉酒时患者处于"去抑制"状态，患者的情绪不稳定、判断受损、控制力削弱，容易导致冲动和暴力行为。物质依赖患者的冲动和暴力行为常常发生在渴求得到药物或毒品遭到拒绝时，可卡因过量可致躁狂样谵妄状态，出现严重暴力行为。

5. 精神发育迟滞　患者通常对事物判断和理解较幼稚，易受人利用和诈骗，自我控制能力差及生理本能要求亢进，处于应激状态时会发生冲动和暴力行为。患者的攻击通常缺乏计划性，且难以预料；但攻击对象更多指向物体。

6. 人格障碍　反社会型人格障碍发生暴力行为几率高于物质依赖者，而后者往往合并人格问题。反社会型人格障碍的诊断标准之一就是对暴力攻击的控制能力差。边缘型人格障碍者也易爆发冲动攻击，不过其攻击更倾向于指向自身，作为操纵他人的一种手段。

7. 偏执性精神障碍　患者有可能对其妄想中的人如受其嫉妒的配偶或钟情者采取攻击行为，妄想的系统性和内容固定性、人格相对保持完好是这类精神病的特征。

第四节 攻击暴力行为的预测

由于攻击、暴力行为具有一定的伤害性,预测很重要,但准确预测非常困难。一些研究者采用了"天气预报"的模式,因为对暴力风险性的评估就像"天气预报"一样,超过很短的时间(24~28小时)就会失去其正确性。因此,风险性评估应该像天气预报一样具有及时性和经常性。通过询问病史,对精神状况检测和借鉴某些病例的实验结果,应当做出仔细的有区别的诊断,因为干预一般是以评估和预测为依托的。

对暴力行为风险性的评估要求检查相关的临床变量,彻底了解精神疾病史和仔细检测病人的精神状况。即使在常规的评估中,也应该问病人以下问题:他们是否想过要伤害他人?他们曾经是否严重伤害过他人?迄今为止他们做过的最暴力的事是什么?

对攻击行为具有较高预示性的有:过去有过冲动或暴力行为、有无法控制的愤怒、处于妄想或躁狂状态、有伤害或杀人的念头、人格障碍(如反社会性人格障碍、边缘性人格障碍)、颅脑损伤所致的精神障碍等。

精神病人冲动和暴力行为的评估:根据病史(如有无冲动和暴力行为史,有无酗酒或吸毒史,有无自控能力降低的精神障碍史。有暴力行为病史的患者,其再次发生暴力行为的可能性要高于一般患者)及目前的状况(有无外表怪异、携持凶器、激越、敌意,检查中有无动作增多、易激惹、多疑、声音高昂、辱骂言语或威胁性言语等),综合评估冲动和暴力行为发生的可能性以及可能带来的不良后果。

暴力行为从轻到重定为以下6级:
0级:无符合以下1~5级中的任何行为。
1级:口头威胁,喊叫,但没有打砸行为。
2级:打砸行为,局限在家里,针对购物,能被劝说制止。
3级:明显打砸行为,不分场合,针对购物,不能接受劝说而停止。
4级:持续的打砸行为,不分场合,针对购物或人,不能接受劝说而停止。
5级:无论在家里还是公共场合,持管制性危险武器针对人的任何暴力行为,或者纵火、爆炸等行为。

狱内常用的心理测验如COPA、MMPI等相关指标也能有助于暴力行为的预测。

第五节 攻击暴力行为的预防与处理

一、攻击暴力行为的预防

包括一、二、三级预防。

一级预防：在暴力发生前采取预防措施，包括：普遍预防措施：针对各类人群，不考虑个人因素，例如开设预防暴力的讲座，监内媒体宣传；选择性预防措施：针对暴力的高危人群(有一种或几种暴力危险因素)，例如冲动性人格障碍、反社会性人格障碍；指向性干预措施：针对已显示出暴力行为的人群，例如既往有暴力史者等。

具体措施包括：妥善处理原发问题、冲突和应激，改善应对策略，改善和加强心理支持，避免各类诱导等。如注意个人危险因素，采取措施改正个人的危险行为；改善个人间的关系，努力创造良好的狱内环境；监测生活、劳动场所，采取措施解决可能诱发暴力的问题。

二级预防：处理暴力发生后产生的即刻效应的措施，如院前救护、急诊治疗或应激干预。

三级预防：帮助受害者在暴力发生后的恢复过程中采取的长期措施，如躯体及心理上的支持。

二、精神科攻击暴力行为的处理

（一）非药物性干预措施

1. 一般的安全技巧

（1）将病人安置在安静、宽敞、温度适宜的环境中，取走所有的危险物品。减少刺激，降低激动情绪，减少暴力行为发生的可能性。

（2）与对方保持一定的距离，避免直接的目光对视，不从身后接近，不要随便打断患者的谈话，要有安全的逃离通道，及时发现患者愤怒的迹象。

（3）满足病人的合理要求，减少诱发因素。避免使用指责性的话语，对极度兴奋的病人安排单间隔离，减少对其他患者的影响；避免兴奋病人处于人多的环境中，被人挑逗、围观，情绪被渲染，加重兴奋。

（4）提高患者的自控能力，促使其无法控制时向医护人员求助，给予保护性医疗措施，将暴力行为发生的可能性控制在萌芽状态。

2. 专业的安全技巧

（1）避免给患者过度的刺激(声响、强光)，尽量保持开放的身体姿势，尊重、认可患者的感受，先以和蔼的态度说服患者，接触时应站在他的侧面，尽量在其攻击范围之外，向患者表示随时愿意提供帮助，多做言语的安抚和教育指导，可用温和但坚定果断的语调询问："不要着急，所有问题都是能解决的。请放下手里的东西，咱们坐下来谈一谈好吗？看看能不能找到什么好办法"？以减少患者对治疗的恐惧。

（2）若劝阻患者停止暴力行为无效时，可采取硬性措施：不要慌张，不要尖声惊叫、奔跑，也不要突然或大幅度的动作，避免患者受惊。与此同时，设法救援，切不可独自上前抢夺患者手中的物品。应采取分工合作的办法，由一人在前面吸引其注意力，另有他人从背后将其抱住；或以棉被等物将患者头蒙住；或从对面向患者面部突然大量泼水，趁其受惊慌忙乱时快速夺取暴力物品，将其制服。

（3）对情绪暴发难以自控的患者，可根据具体情况选择约束方式。

（二）分类干预

根据患者的危险分级、精神症状是否消失、自知力是否完全恢复，工作、社会功能是否恢复,以及患者是否存在药物不良反应或躯体疾病情况对患者进行分类干预。

1. 病情不稳定患者　若危险性为3～5级或精神症状明显,自知力缺乏、有急性药物不良反应或严重躯体疾病,对症处理后立即转诊或会诊处理。

2. 病情基本稳定患者　若危险性为1～2级,或精神症状、自知力、社会功能状况至少有一方面较差,首先应判断是病情波动或药物疗效不佳,还是伴有药物不良反应或躯体症状恶化。分别采取在规定剂量范围内调整现用药物剂量和查找原因对症治疗的措施,经初步处理后观察2周,若情况趋于稳定,可维持目前治疗方案,若初步处理无效,则建议会诊处理。

3. 病情稳定患者　若危险性为0级,且精神症状基本消失,自知力基本恢复,社会功能处于一般良好,无严重药物不良反应,躯体疾病稳定,无其他异常,继续执行制定的治疗方案。

(三) 临床干预

1. 应急处置　快速镇静,如使用氟哌啶醇肌肉注射(5～10毫克/次),或氯硝西泮(2毫克/次)肌肉注射,必要时可考虑重复注射或交替注射氯硝西泮和氟哌啶醇。为避免急性锥体外系副作用,建议注射氟哌啶醇的同时注射东莨菪碱0.3毫克/次。电痉挛治疗也可用来快速控制冲动和暴力行为。

2. 长期治疗　首先,积极治疗原发疾病;其次,根据不同情况选择药物,如丙戊酸盐和卡马西平可能对有冲动和暴力行为的癫痫、精神分裂症、人格障碍有一定疗效;锂盐可能对精神发育迟滞的成年人的攻击行为有效。行为治疗对慢性精神分裂症和精神发育迟滞患者有效。长期的心理治疗适应于非精神病性患者。

综上所述,监狱或专科医院,对病人的攻击暴力行为应有一套应急处置预案。须事先对工作人员在隔离、监禁等技术方面进行训练。为了确保安全稳定及其他人的安全,拥有足够数量,在隔离、监禁技术方面受过很好训练的防暴队员是很重要的。

在攻击、暴力行为发生时,应采取紧急措施处理,避免单独接触,须尽快解除攻击、暴力者的武装,控制场面及保护其他人,隔离攻击、暴力者,必要时采取保护性约束或药物控制等。攻击与暴力危机的情景处理包括:了解相关信息,评价攻击、暴力的可能性;建立适宜环境,减少诱发因素;注意接触方式,应和缓、得体,表现出共情和关心,避免威胁和挑衅,避免直接的目光接触,并保持一定的距离;万一施暴者变得具有攻击性,要事先选择一条容易逃离的路线;鼓励适当方式的表达与宣泄,分散注意力,转移攻击意图,鼓励自我控制等以提高自控能力;观点或问题要显得非评判性,如"你看上去很不安;也许你可以告诉我为什么会这样";通过医疗及行为方式控制攻击的原因等。

对于存在潜在攻击性的人一般可采取教育、疏导、感化刑事处罚及其他社会性制裁和心理、行为重建等方式。

对存在医学问题者,须根据不同情况采取抗焦虑、抗抑郁、抗精神病、抗癫痫及心境稳定剂等药物治疗,对精神疾病存在顽固和严重暴力倾向者必要时可采取电休克或监禁等方式处理。

(吕成荣)

第二十三章　自杀与预防

自杀是个体有意识地采取各种手段自愿结束自己生命的异常行为，是一种复杂的现象，是多种因素相互作用下形成的行为。目前，自杀已成为全球最为主要的公共健康问题之一。自杀问题给世界造成了巨大的健康和社会负担，死于自杀的人数，超过了战争、冲突和凶杀导致死亡的总和。但这一问题通常没有受到公众应有的关注。这一数字是非常高的，每年全世界有近100万人自杀，而相当于这一数字20倍的人尝试过自杀，这些人承受着严重的生理和心理后果。这一问题非常大，带来了严重的健康和社会负担。世卫组织的数据显示，全球每40秒就有一人自杀，有自杀企图或想法的人高达2 000万。

自杀已成为中国人群第5位死因，是15~34岁的年轻人群的第一大死因。据北京心理危机研究与干预中心统计，中国每年有28.7万人自杀，200万人自杀未遂。每两分钟就有一人自杀，8人自杀未遂。从全球范围来看，自杀在众多死因排序中高居第13位。

第一节　概　述

自杀是在意识清醒的情况下，个体故意损害甚至毁灭自己生命的主动的或被动的行为。自伤则是故意采取自我伤害的行为，其结果可以导致残疾，但无意造成死亡的结局。根据自杀发生的情况，一般将自杀分为自杀意念、自杀未遂、自杀死亡三种形式。从有自杀意念真正发展到以自杀结束生命的仅仅为少数，自杀未遂的发生率为自杀致死的10~20倍。

监狱是国家刑罚执行机关，由于监狱管制对象比较特殊，心理社会压力较大，同时可能缺乏即时的家庭、社会支持，相对来说，其发生自杀、自伤的可能性较大。但相对来说，由于监狱管理制度及生活、劳动相对集中，其自杀的成功率明显较一般人群低。笔者曾对狱内296例罪犯自杀、自伤行为进行过调查研究，发现狱内自杀率为17/10万，低于全国自杀率（23/10万），但发生自伤及自杀未遂相对较高。

第二节　自杀的生物心理社会

一、生物学因素

对自杀者死后的脑研究揭示脑前额叶皮质5-HT活动降低，抑郁症患者对芬氟拉明激发的催乳素分泌反应越迟钝,患者的自杀企图越强烈。

家系调查和双生子研究表明自杀行为确有一定的遗传学基础,家系中有自杀者自杀风险较高。

研究表明,50%～90%的自杀死亡者可以建立精神疾病的诊断,其中以心境障碍最多见,其次为精神活性物质滥用、精神分裂症及人格障碍等。但在自杀未遂者中,精神疾病的诊断却要低得多,常常只是一些心理健康问题。

二、心理学因素

重大的负性生活事件可能成为自杀的直接原因或诱因。这些生活事件大多具有"丧失"的特色,常引起个体明显的情绪反应,如人际冲突、社会地位改变、"名誉受损"、婚姻与家庭关系困难、亲人去世、财产的损失等是社会人群自杀的主要原因;而在监狱中罪犯自杀的原因除上述内容外还包括得不到减刑、假释或相应的行政奖励、与民警关系的恶化、少数民警工作作风粗暴、体罚和变相体罚、牢头狱霸现象等。

对自杀未遂者的研究发现,他们常有某些共同的心理特征。①认知方式:自杀者一般存在不良的认知模式,如非此即彼、以偏概全、易走极端等,在挫折和困难面前不能对自身和周围环境做出客观评价;相信问题所带来的痛苦是不能忍受的、无法解决的和不可避免的;对人、对事、对己、对社会均倾向于从阴暗面看问题,自卑或自尊心过强,心存偏见和敌意;缺乏洞察、分析、处理问题的能力;②情感:自杀者通常有各种慢性的痛苦、焦虑、抑郁、愤怒、厌倦和内疚的情绪特征,多数自杀者表现为情绪不稳定、不成熟的神经质倾向;③意志行为:具有冲动性和盲目性,不计后果等特点,常缺乏持久而广泛的人际交往,回避社交,难于获得较多的社会支持资源,适应性差,对新环境适应困难。

三、社会学因素

狱内自杀年龄一般为 26～50 岁。独身、离婚、丧偶者中自杀率高于婚姻状况稳定者,在已婚者中,无子女者的自杀率高于有子女者。家庭经济贫困的自杀率明显较高。

1. 性别　一般情况下,在自杀死亡者中,男女性别比约为 3∶1,而在自杀未遂者中男女性别比约为 1∶3,而我国男女两性的自杀率却是 1∶1。

2. 年龄　总的来说,自杀率是随年龄而增加的,进入老年后上升更加明显,14 岁以下儿童自杀死亡者少见。一般男性的自杀死亡高峰年龄为 45 岁左右,而女性则为 55 岁左右。在老年人的死因构成比中自杀所占的比例虽因躯体疾病的增加而降低,但其自杀率仍然高于青壮年。自杀未遂的高发年龄明显低于自杀死亡者,据估计,31%～69%自杀未遂者的高发年龄在 30 岁以下。

3. 婚姻家庭　独身、离婚、丧偶者中自杀率高于婚姻状况稳定者,混乱或冲突性的家庭关系自杀率高,关系和睦、气氛融洽的家庭自杀率低。在已婚者中,无子女者的自杀率高于有子女者。

4. 职业与社会阶层　社会各阶层的自杀率两侧高,呈"U"字形,失业者、无固定职业者、非技术工人及高社会阶层的自杀率较高。

第三节 自杀的危险性评估

一、动机及自杀前的心理特点

（一）自杀的动机

通过对自杀未遂者事后的回忆和对自杀者留下的遗书进行分析后，曾有学者描述过各种各样的自杀动机：如摆脱痛苦、逃避现实、实现精神再生；通过死后进入天堂以获得人世间得不到的东西；为了某种目的或信仰而牺牲自己；惩罚自己的罪恶行为（现实的或想象的）；作为一种表达困境、向外界寻求帮助和同情的手段等。

自杀作为一种影响、改变、操纵别人的行为，或作为一种寻求帮助的手段，其对象常指向与自杀者有切身利害关系的人（如配偶、情人、家庭成员），狱内则有可能指向利害冲突的民警或同犯。自杀者的心理历程可由挫折而产生虚无感、向泛化性曲解和反感、对人和社会的报复心理、绝望、自杀意念方向发展，最终自杀。

（二）自杀前的心理特点

自杀者在自杀前具有共同的心理特征，表现为：①大多数自杀者的心理活动呈矛盾状态，处于想尽快摆脱生活的痛苦与求生欲望的矛盾之中。"生存还是死亡？"，犹豫不决。此时他们常常提及有关死亡或自杀的话题。他们其实并不真正地想去死，而是希望摆脱痛苦。②自杀行为其实是一种冲动性行为，跟其他冲动性行为一样，是被日常的负性生活事件所触发的，且常常仅仅持续几分钟或几小时。③自杀者在自杀时的思维、情感及行动明显处于僵化之中，他们常常以悲观主义的先占观念看待一切，拒绝及无法用其他方式考虑解决问题的方法。

二、自杀的危险性评估

对相关患者进行自杀危险性的评估，是预防自杀的重要一环。但是对自杀及其预防很多人存在一定的误解（表23-1）。

表23-1 对自杀及其预防的误解实际情况

误解	实际情况
自杀的人是真的想去死	大多数自杀者内心是矛盾的
谈论自杀的人不会真的去死	大多数自杀者曾用他们自己的方式表达过自杀的意愿
不能与有自杀念头的人谈自杀	事实上与可能自杀的人讨论自杀，可以及时发现他们的自杀企图，既可以对自杀危险进行评估，也可以使他们体会到关爱、支持和理解，降低自杀风险

续表 23-1

误解	实际情况
有自杀行为者不需精神医学干预	事实上自杀者即使不能被诊断为精神疾病,至少其心理状态上是不稳定的,应对其进行相应的心理干预和适当的精神药物治疗
危机过去也就意味着自杀危险性解除	自杀者在危机干预中虽然可以缓解,但绝望的意愿仍可能使他们采取自杀行为

注:根据 WHO(2000年)改编。

自杀行为的发生并非完全是突然的和不可预测的,大多数自杀行为的发生存在一定的预兆,可以通过对有关因素的分析和评估,提高对自杀行为的预测和防范。自杀危险性评估的基本线索有:

1. 通过各种途径流露出消极、悲观的情绪,表达过自杀意愿者。自杀者在自杀前曾流露出相当多的征象,用他们自己的方式表达过自杀的意愿,如反复向亲友、同事或医务人员打听或谈论过自杀方法,在个人日记等作品中频繁谈及自杀等。另外不愿与别人讨论自杀问题,有意掩盖自杀意愿亦是一个重要的危险信号。

2. 近期遭受了难以弥补的严重丧失性事件。"丧失性事件"常是自杀的诱发性事件,在事件发生的早期,容易自杀,在经过危机干预后自杀的危险性虽然有所下降,但绝望的意愿仍可能使他们采取自杀行动。等到他们"习惯"以后,危险性会逐步减少。

3. 近期内有过自伤或自杀未遂行动,其再发自杀行为的可能性非常大。既往行为是将来行为的最佳预测因子。当患者采取自杀并没有真正解决其问题后,再次自杀的危险性将会大大增加。此外,在自杀行为多次重复后,周围人常会认为患者其实并不想死而放松警惕,此时自杀的成功率将大大增加。

4. 发生行为改变者,如易怒、悲观主义、抑郁和冷漠、内向、孤僻的行为,不与家人和朋友交往者;出现自我憎恨、负疚感、无价值感和羞愧感,感到孤独、无助和无望者,突然整理个人事物或写个人意愿;有自杀家族史者等。

5. 慢性难治性躯体疾病患者突然不愿接受医疗干预,或突然出现"反常性"情绪好转,与亲友交代家庭今后的安排和打算时。

6. 精神疾病患者,特别是抑郁症、精神分裂症、酒精、药物依赖患者是公认的自杀高危人群。有自责自罪、被害、虚无妄想,或有命令性幻听、强制性思维,焦虑或惊恐者等症状者。有抑郁情绪的患者,如出现情绪的突然"好转",应警惕自杀的可能。有人对抑郁症患者进行追踪调查时发现,出院 6 个月的 36 个患者中有 42% 自杀,出院 1 年中有 58%,2 年中有 70%。因此,抑郁症的自杀并不一定只出现在疾病的高峰期,在疾病的缓解期同样有较高的自杀风险。

7. 常用的心理测验,如自杀态度问卷、MMPI、SCL-90 等相关指标也可以作为重要的参考依据。

三、狱内自杀方式及相关因素

吕成荣等人对狱内罪犯 296 例自杀、自伤行为进行统计分析显示,从自杀方式来看,割腕是监内自杀、自伤的主要方式之一,占 31.76%;其次为吞食异物,如小剪刀、牙刷、刀片、指甲剪等。自缢也是罪犯自杀的主要方式之一,占 28.72%,自缢的工具多为绳索及衣服。

从罪犯自杀（伤）的时间上来看，白天成为罪犯自杀的主要时段，其次是晚上。这可能和罪犯集中管理有关，白天是罪犯劳作的时间，相对活动范围较大，有机可乘，晚上则限在监舍内，不易成功。罪犯自杀自伤多在监房内，其次是生产区，这也与罪犯的活动范围受限有关。

罪犯自杀自伤的原因，多与监管改造方面的问题有关，占32.43%，如减刑、惩罚、劳动方面等，因为罪犯面临现实的压力与监禁，绝大多数矛盾产自于此。其次是人际关系方面，占20.61%，如犯人间的矛盾冲突、摩擦。家庭方面原因的自杀比例占19.59%，其中多为离婚、赡养老人、子女上学等家庭变故所致。因为情绪问题自杀（伤）占10.47%，其中多为情绪低落，一部分曾接受过心理咨询，或正面疏导。在自杀死亡的罪犯中，因为精神疾病导致死亡的占28.57%。

既往有自杀（伤）史者占18.58%，提示曾有自杀（伤）史者更应预防再次自杀（伤）行为的发生。曾有过精神医学门诊且被诊断为精神障碍者占15.20%。因而做好精神障碍的自杀预防仍是降低自杀率的重点内容。

第四节　精神疾病与自杀

近年来，世界心理卫生联盟与国际自杀预防协会将世界自杀预防日（9月10日）和世界精神卫生日（10月10日）的主题均投放到精神疾病与自杀的关系上，号召人们积极行动起来，提高精神疾病防范意识，降低自杀风险。尽管大多数精神疾病病人并不是死于自杀，但在欧洲和美国，90%自杀死亡者可以见到不同形式精神障碍的证据。在美国90%以上的自杀与精神疾病和（或）物质滥用有关。在英国，50%的自杀案例在自杀当时或以前存在精神疾病的诊断。心境障碍（主要是抑郁）病人终生自杀的风险是6%~15%，而精神分裂症病人终生自杀的风险为4%~10%。一份全英国的审计报告发现，四分之一自杀成功者在生前的12个月内一直接受精神卫生服务。其中16%是精神病住院病人，24%是最近三个月刚出院的精神病病人。所以，从自杀预防与干预的角度看，降低自杀发生的风险，预防自杀，必须从提高公众预防精神疾病的意识、破除一些有关自杀的错误观念、了解精神疾病与自杀的关系、减少精神疾病导致自杀的危险因素、识别早期的自杀征兆等措施着手，进行早期干预。可以增加自杀风险的精神疾病是人类健康的一大恶疾。

罹患精神疾病的人，有相当一部分在工作、学习、日常生活等社会功能受到不同程度的影响，甚至有的病人久治不愈，最后导致精神残疾。从自杀的风险因素来讲，贫困、经济状况差、与社会隔离、得不到有效的人际支持等因素与自杀有较强相关性。而精神疾病与自杀相关性更应值得关注，因为精神疾病病人较正常人具有更多自杀风险因素，所以会有较高的自杀率。但是，精神疾病不仅仅从精神疾病导致的社会经济因素变化增加了自杀的风险。事实上，很多精神疾病直接会导致自杀，比如抑郁、精神分裂症、物质滥用等。只是我们并没有意识到这一点，没有认识到自杀的严重性，没有认识到精神疾病导致自杀的危害性,所以,我们非常有必要知道精神疾病与自杀的关系,了解精神疾病在什么情况下容易出现自杀观念或企图,甚至自杀行为。

一、抑郁障碍病人自杀的风险因素

抑郁障碍是全球最常见的精神卫生问题。全球男性每年有5.8%、女性有9.5%有抑郁发作。在精神疾病中,抑郁障碍是导致自杀的最常见的精神疾病。据统计,在自杀人群中有45%~70%的人患有抑郁,抑郁症病人最终有15%死于自杀。一些纵向的研究资料显示,有过一次自杀企图者,随后一年内自杀成功率为2%,随后5~10年内自杀成功率为8%,10~15年内自杀成功率为10%~15%。研究报告显示,当抑郁障碍病人出现如下的因素,自杀发生的几率就会增加,需要我们加倍注意:

(1) 在45岁以后晚发的抑郁病例;
(2) 从前有过自伤史或家族中有自杀史的人;
(3) 抑郁症状很重或伴有精神病性症状;
(4) 同时伴有酒或药物滥用;
(5) 同时患有严重的或慢性的躯体疾病;
(6) 伴有明显的焦虑、紧张或人格障碍;
(7) 出现了严重的生活事件,如婚姻失败、亲人亡故等。

在抑郁障碍中,还有几种特殊的情况需要我们注意。如妇女的产后抑郁症、双相抑郁及妇女更年期自杀风险也会增加

二、导致精神分裂症病人自杀的风险因素

(1) 明显的阳性症状:病人能够听到有人命令他去自杀,或觉得周围的人要陷害自己而没有出路,只能自杀等。
(2) 同时出现严重的抑郁情绪。
(3) 没有得到恰当的治疗,精神症状得不到有效控制。
(4) 病人无人照顾或照护不够,容易出现意外。
(5) 伴有慢性躯体疾病,导致身心的疲惫。
(6) 具有良好的教育背景、具有较高的职业期待者,能够意识到自己精神的问题和未来的歧视与恐惧。
(7) 独居或不能与家庭一起居住、药物滥用者。

分裂症病人出现上述有关因素,自杀的风险就会增加,但是他们的自杀又有一定的规律可循。一般说来,精神分裂症病人自杀有几个关键的危险期或自杀高发期。一是精神病性症状严重,使患者完全处于与现实脱离的时期。这一时期,病人完全受精神症状的控制,易出现意外。二是病人处于严重抑郁的时期。病人受抑郁情绪的支配而出现消极观念,甚至自杀企图。三是首次药物治疗6~9个月内。病人意识到自己的疾病将会影响个人今后的处境,如就业、学习、婚姻、家庭等,使病人对未来抱有恐惧感,易导致自杀行为。四是在病人出院后初期,整天独处,不能与家人、社会进行交流与沟通,面临的困难处境以及可能遇到的歧视与偏见,使病人容易出现或加重消极观念与行为。

三、精神活性物质病人自杀的风险因素

抑郁与物质滥用可能共同存在构成自杀的危险因素。酒精和物质滥用导致自杀行为可有几种方式。除了抑郁之外，滥用物质的人们通常还会有社会和经济问题，常见于具有冲动行为、自伤等高风险行为的人。这些人往往更容易冲动或攻击性地采取自杀行为。物质滥用和自杀有关的证据有：

（1）严重酒精依赖或中毒的病人自杀风险增加，自杀企图常发生在酗酒发作的时期。

（2）抑郁与其他心境障碍与大多数自杀有关，物质滥用增加抑郁的患病率，未经治疗的物质滥用会恶化心境障碍的结局。

（3）曾经因饮酒住院的问题饮酒者的自杀风险是没有住过院的问题饮酒者的10倍，物质依赖可以引起工作、家庭和健康问题的危险，甚至越来越严重。

（4）酒依赖者同时使用可卡因自杀风险明显增高，在单位人口酒消耗量较高的地区，自杀率也较高。

（5）自杀死亡的酒依赖者比没有自杀企图的饮酒者具有更多的伴侣关系问题和其他严重的生活应激源。

四、与自杀关系比较密切的其他精神疾病

神经性厌食和贪食症是所有精神疾病中死亡率最高的一组疾病。进食障碍导致死亡的原因包括自杀和并发症。

五、不同年龄阶段精神疾病与自杀

全世界的公共卫生问题，在不同年龄阶段也是一个值得关注的社会和健康问题。青年人、中年人和老年人的自杀行为对家庭、社区和国家带来很大的负面影响；不同年龄阶段的精神疾病，特别是抑郁和精神分裂症也会对人们构成不同程度的自杀风险。

（一）儿童期精神疾病与自杀的关系

有研究显示，儿童期的自杀率一般是很低的。但近40年来，儿童的自杀率有普遍增高的趋势。虽然儿童自杀的实际数字在所有年龄阶段仍然是最低的，但在其他年龄阶段自杀率有下降趋势的情况下，儿童的自杀率不断增加需要我们警惕。自杀是14岁以下儿童死亡的第10位主要原因。对于每位自杀死亡的儿童，估计至少有50次以上的非致死性的自杀尝试。不同年龄的儿童都会体验到抑郁，但不同年龄组的儿童在表现上各不相同。除了精神疾病以外，增加儿童自杀风险的还有其他因素：以前有自杀的企图；有亲密的家庭成员自杀身亡史；既往精神病住院史；12岁前亲人的丧失或新近的丧失；如亲人的死亡、父母离异、朋友关系的破裂等；在家庭或社会环境中的暴力暴露，认为暴力可以是解决生活问题的一种途径。社会隔离导致儿童没有可选择的社会资源，缺乏寻求选择的技能而自杀。

（二）青少年精神疾病与自杀的关系

所有国家的青少年男性在20世纪八九十年代的自杀率都有所上升，而在西欧则呈下降的趋势。自1997年以来，这种下降趋势也可见于东欧、南欧、亚洲、澳大利亚和新西

兰。全球青少年女性的自杀率也呈下降趋势,但在一些国家,如印度,青少年女性的自杀率相对来说仍然很高。青少年自杀率的增加仍然与青少年精神疾病患病率的增加有关。与成年人的研究结果一致,接近90%的自杀死亡的青少年至少患有一种精神疾病。近年来女性也开始使用更加致死性的自杀手段。很大比例的青少年在没有寻求或得到任何帮助的情况下思考、计划或企图自杀。男性比女性更不愿意寻求帮助。这一发现低估了成年人对抑郁与自杀预警信号识别的重要性。加强这种意识,展开挽救生命的讨论,可以使青少年免于自杀。研究还显示,青少年喜欢首先相信他们的同伴,然后才是自己的亲戚。大约25%的青少年知道自己的同伴有自杀的想法后求助于成人。考虑到成人的应对方式和出于保护同伴秘密,常常使意识到自杀危险的大部分年轻人不寻求成人的帮助。青少年不寻求帮助的原因包括:害怕歧视或羞耻、害怕负面的结局(包括住院)、依据既往经验对照料者缺乏信任、认为没有人或办法能帮助他,依附于团体的价值观限制了寻求帮助、缺乏寻求帮助或得到帮助的意识。

青少年自杀高危险人群的特征:

(1) 从事危险的或自我毁灭性行为(吸烟、危险驾驶、不安全性行为、物质滥用)的青少年;

(2) 暴露于对自己或他人的暴力或有对别人施暴历史的人;

(3) 无家可归的或被青少年保护机构监护的青年人;

(4) 经历过严重的丧失或关系破裂的年轻人;

(5) 对自己有过高期待或面对性取向问题(面对歧视的自我接纳)的人;

(6) 除自杀企图之外有自伤史的人;

(7) 患有严重精神疾病(包括抑郁、心境障碍、精神分裂症)的青少年。

自残行为在青少年中近年来也备受关注。据估计,全球每年至少有千分之一的人发生自残行为。自残行为可有许多形式,包括捆绑、断肢、上吊、咬自己、扯头发、切割、抓伤或烧灼自己的皮肤等。精神疾病病人更容易出现自残行为。有一项门诊调查显示,在3个月内,有33%的精神病病人实施过自伤行为。自残行为可以是自杀行为的早期预测因素。在所有自杀者中,大约有一半的人在之前有过故意自伤的历史,在死前一年内有20%~25%的人发生过自残。

(三) 成年早期和大学生的精神疾病与自杀

当疾病的抵抗力被应激削弱时,躯体疾病很容易让人死亡。当一个人的心理平衡被压力破坏后,精神疾病也就很容易侵袭。在青春晚期、成年早期,是一个人最蓬勃发展的时期。在这一时期,家族遗传的素质因素、个人期望成熟、学业上希望进步、家庭和社会的压力等,都容易使他们的心理平衡受到破坏,从而罹患精神疾病,出现自杀行为或企图。不像心脏病、癌症多见于成年或老年人,精神疾病更多首先见于年轻人。世界卫生组织依据2001年的资料报告,45岁以下自杀人口占一年自杀死亡人数一半以上,成为成年早期三大死亡原因之一。大学生的自杀由于受到媒体的关注,好像自杀率较高。实际上,大学生与其同龄人相比,发生自杀情况相对较少。在美国、英国的留学生每年自杀死亡率是80/10万,是其他学生的许多倍。精神病和抑郁如同其他年龄组一样也是大学生自杀的主要危险因素,但大学生自杀与其他年轻人自杀具有不同的人格特征。其他年轻人自杀往往具有冒险、冲动性人格特征,常常是物质滥用者;而大学生自杀者,往往具有抑郁、安静、社会隔离等特点,很少滥用药物或酒精,也很少吸引别人的注意。许多自杀的学生经历过焦虑、失眠和其他精神症状,但这些症状在青年人决定自杀后很快消失。几乎近半数的自杀学生在自杀前几个月寻求过医学帮助,但他们很少提及他们的自杀意图,也得不到精神病学的服务。

第五节 监狱内自杀的预防

监狱是国家刑罚执行机关,由于监狱环境的特殊性,自由受到限制,生活环境变化,人际关系复杂,心理社会压力较大,同时可能缺乏即时的家庭、社会支持,相对来说,其发生自杀、自伤的可能性较大。但相对来说,由于监狱管理制度及相对集中,其自杀的成功率明显较一般人群低。

吕成荣等人曾对某监狱系统服刑罪犯自杀(伤)行为开展调查(2002年7月~2004年6月),结果发现,割腕是监内自杀、自伤的主要方式之一,占31.76%,因监内吞食物多为尖锐物品,如小剪刀、牙刷、刀片、指甲剪等,这种自杀方式与社会人群的自杀自伤有所不同。自缢也是罪犯自杀的主要方式之一,占28.72%,因为监内的相关制度管理较严,禁止有关剧毒物流入监内,同时医疗用药有专人保管,所以服用剧毒、药物的机会较少,推测可能选择自缢作为自杀的方式相对较易。自缢的工具多为绳索及衣服,特别是用裤子作为自杀的用具并不少见。罪犯跳楼自杀作为自伤的方式之一,占11.15%,这种情况多为冲动性的自杀。

罪犯自杀自伤多在监房内,其次是生产区,这也与罪犯的活动范围受限有关。罪犯自杀自伤的原因,多与监管改造方面的问题有关,占32.43%,如减刑、惩罚、劳动方面等。其次是人际关系方面,占20.61%,如犯人间的矛盾冲突、摩擦。家庭方面原因的自杀的比例占19.59%,其中多为离婚、赡养老人、子女上学等家庭变故所致。情绪问题自杀(伤)占10.47%,其中多为情绪低落,一部分曾接受过心理咨询或正面疏导。在自杀(伤)后,被他犯发现占43.24%,被监狱民警发现占38.85%,曾有过精神医学门诊且被诊断为精神障碍占15.20%。

监狱总的预防方向是提高特殊人群的心理素质,减少消极面,加强精神卫生服务。自杀问题既是个人的精神卫生问题,也是影响监狱安全监管秩序的重要影响因素。对自杀行为的预防应采取综合的三级预防。即:①一级预防:病因学预防,针对一般人群及高危人群。②二级预防:对有自杀危险的人进行早期发现、早期判断、早期治疗。③三级预防:降低死亡率及善后处理。

随着狱政部门从教育、奖罚及正面宣教等诸多方面进行综合管理,罪犯自杀行为较以前有了较大的遏止,但仍面临着许多的压力。目前,尚未建立起一套科学的、行之有效的对自杀高危人群的甄别、自杀行为的评估模式以及自杀行为的预测及干预策略。这是亟待解决的问题之一。

1. 成立罪犯预防自杀研究机构 尽管罪犯自杀的成功率不高,但是自杀(伤)发生频率明显高于一般人群,因而是自杀自伤的高危人群,成立相应的预防研究机构,从管理、学术、法律法规等方面来研讨罪犯自杀自伤状况。特别是深入地研究罪犯的个性特征、认知模式、防御方式、精神状况、人际关系、支持系统等。

2. 建立罪犯自杀危险性评估体系　就现状而言,完整的公认的罪犯自杀危险性评估体系尚未完全建立,就罪犯而言,一般认为,有如下情况者就表明有较大的自杀危险性:(1)情绪严重低落抑郁者。(2)过去曾有过自杀企图或行为者。(3)谈论过自杀并考虑过自杀的方法。(4)亲友中曾有人自杀过。(5)有明显精神压力者(动机冲突或受挫)。减刑、人际发生冲突、家庭变故且个性孤僻不易排解或不主动求助者。

3. 构建自杀预防网络　建立罪犯自杀干预模式,构建三级预防网络:

一级预防:病因学预防,针对一般罪犯及高危人群。包括普及心理健康知识,矫正不良的认知及行为,增强应对及环境适应能力;提高对抑郁症、精神分裂症、人格障碍等精神疾病的识别与防治;加强对高危人群的心理健康维护,建立自杀监控预警系统等。

二级预防:对有自杀危险的罪犯进行早期发现、早期处理或诊治。培训狱内医务人员及心理咨询工作者相关的知识,提高对自杀危险信号的识别和正确处理的能力;建立危机干预组织和信箱,对处于心理危机的罪犯提供支持和帮助;减少自杀工具的获得;对精神疾病患者进行重点甄别。

三级预防:降低死亡率及善后处理。建立自杀的急诊救治系统,提高对自杀者的救治水平,降低死亡率;处理好自杀未遂者导致自杀的原因,必要时采取药物和心理治疗,消除原因,预防再次自杀;建立自杀者的支持系统,并帮助自杀未遂者重新树立生活的勇气和信心;适当解决环境不良因素的影响,避免不断受到影响而再度自杀。

4. 普及心理健康知识　利用各种形式,采取讲座、讨论等形式大力宣传心理卫生知识,讲授各种人际技能、应付挫折技能、表达思维和情感的能力。健全心理矫治组织,使有心理障碍或处于心理危机的罪犯能得到及时、有效的专业化帮助。

5. 普及预防自杀知识　真正要减少自杀,仅靠医务人员来干预是远远不够的。增强有关自杀的知识,使之了解自杀,懂得识别基本的自杀危险的信号,对自杀者给予同情、理解的态度,而不是歧视,对减少自杀率有着极为重要的作用。此外,对于专业人员的自杀危机知识的专业培训以点带面,推广普及,对预防自杀的可能收到事半功倍的效果。

6. 加强监管安全体系　罪犯自杀(伤)危机预防原则应该是"教育与治疗相结合"、"整体与个体相结合"、"防治与评价相结合"的原则进行。通过罪犯自杀危机的三个层次的预防措施,即:

(1)一般预防:面向全体罪犯,进行心理卫生知识的宣传,提高罪犯整体心理健康水平,增强求助意识。重点进行适应教育、挫折教育、自我教育及应激教育,以增强罪犯应付挫折的能力,学会应付技能、接纳意识、人际交往技能和控制、宣泄情绪的方法。

(2)重点预防:对于刑期较长、长期无接见、家庭变故的罪犯,应作为重点处置、预防的对象。

(3)特殊预防:对于长期抑郁、焦虑及其他精神障碍的罪犯、遇到重大生活事件的罪犯、既往有自杀史及其他具有自杀危险的高危人群,应积极采取具体的针对性的监控、支持、预警处理机制,采取药物治疗、心理咨询、心理干预等综合措施以及多元化、多层次方式及时化解有强烈自杀倾向的各种诱因和原因,纳入并提供持续的心理支持和帮助。

7. 减少自杀工具的获得　这方面的措施包括:加强有毒物质的管理,药品的管理,特别是精神药品的严格控制,危禁品的管控等。减少了自杀(伤)物品,即相应地减少了自杀的可能性,为预防自杀自伤行为提供了时间上的可能性。从罪犯自杀方式的分析来看,预防尖锐器具流入、加强监舍的适当防护是必需的,同时定期检查违禁物品是预防自杀的内容之一。由于罪犯是集体生活,一方面有可能因人际关系不良而导致危机,另一方面也为危机者提供了帮助的可能,如每个分监区可设立自杀自伤管控员或信息员,随时随地发现并帮助自杀自伤危机者。尽管监狱生活相对集中,但是对于自杀者来说,他们总会选择相对隐蔽的场所及避开人群、不易被发现的自杀点,这就要求罪犯间的联号制度要真正落实到位,狱警的巡查要定时、及时、规范,以便及时发现这些罪犯的自杀行为。

记录罪犯的睡眠情况,对于连续睡眠质量差或入睡困难者,要及时了解情况,排除危机的可能性。定期排查自杀自伤危机的内容也应该列入监区定期狱情分析的重要内容之一。

罪犯自杀自伤行为是由多因素影响所致的行为,涉及罪犯的各个方面,包括管理教育、人格特征、人际关系、家庭变故、社会支持、专业帮助等,需要监狱的狱政、教改、医务、心理矫治等多部门综合处置和干预,才能确保监狱安全,为构建平安、和谐的社会环境,共同构建适合中国特色的监狱自杀危机干预和预防体系。

8. 监管特殊措施的采取

(1) 坚持日碰头、周分析、月排查制度:监所每月、监区(分监区)每周、值班民警每日排查1次,排出有自杀倾向的重点人员。

(2) 重点排查对象:①长期不认罪,多次申诉被驳回,悲观绝望的罪犯或刑期长、家庭困难,自责感强的罪犯;②有精神疾病,尤其是患严重抑郁症、焦虑症、精神分裂症的罪犯;③经心理测试存在严重心理问题的罪犯;④自身或家族中有自杀史的罪犯;⑤长期患病、久治不愈,特别是年老多病的罪犯;⑥法轮功罪犯,新投改罪犯,连续6个月以上无会见的罪犯;⑦发生家庭变故,特别是遭遇亲人去世、婚姻变故、财产纠纷、子女辍学、家庭受灾等情形的罪犯;⑧与民警对立情绪严重,受到处理或在改造中遇到问题,情绪波动较大的罪犯;⑨劳动技能较差,经常完不成生产任务,思想压力大的罪犯;⑩其他存在自杀危险的罪犯。

(3) 罪犯有下列征兆的,民警应当高度警惕:在言语上,有"我想死"、"活着没意思"、"我受不了了"、"我完了"之类言语表露的;在情绪上,有绝望、厌世、内疚、忧伤、沮丧、烦躁、冲动等表现的;在行为上,有持续失眠、无故哭泣、食欲缺乏、赠送爱物、书写遗书、与人诀别、准备工具等异常反应和行为的。

(4) 发现罪犯精神异常的,应及时进行鉴定,确诊患有精神病的必须立即送局精神病院治疗。病情得到控制,出院回监所的精神病犯,应统一集中管控。

(5) 对自杀倾向严重的罪犯要送高危犯监区控制。对其他有自杀倾向的罪犯,白天要加强民警直接管理,增加巡查频次,每半小时至少巡查1次,严格落实"三联号"、"四固定"制度,安排耳目、信息员互监互控;夜间相对集中在有监控探头的号房内,并安排监督岗坐班盯防。

(6) 严格执行清监搜身制度:罪犯进出监舍必须经过安检门,民警必须亲自搜身检查,对有自杀倾向的重点对象要重点查,特殊情况要随时查,严防罪犯私藏布条、胶带、绳索、铁丝、刀具、药品等违禁危险品。

(7) 罪犯病房、禁闭室、高危犯监区、监舍、厂房要畅通视线,不留管理死角,对可能被罪犯利用实施自杀的物品和设施要及时清除或采取防范措施。禁止安排有自杀倾向的罪犯从事零星分散劳作,禁止其接触有危险的劳动工具和生产物资。

(8) 加强教育疏导工作:对有自杀倾向的罪犯,值班民警每日谈话,分管民警每周至少谈话2次,监区、分监区领导每周至少谈话1次。对自杀倾向严重的,职能科室领导要及时谈话;也可邀请其家属、亲友和志愿者、专家学者来监规劝疏导。对因心理疾病导致有自杀倾向的罪犯,应当在排除后3日内开展心理咨询,制定矫治方案,进行危机干预。通过教育疏导,稳定罪犯思想情绪,消除自杀念头。

(吕成荣)

第二十四章　女性精神病犯的特点

女服刑人员与男服刑人员相比,有着特殊的心理特点,其某些特有的畸形需求欲望、性格上的脆弱性及心理承受能力差等特点往往造成一些扭曲的变态心理,这些也决定了她们的犯罪经历、精神疾病的发作以及其心理特征有着自身的特点。

第一节　女性的心理特点

一、女性情绪的外显性

女性的情绪偏于感性,易于表达自己的情感,无论是愉快的或是厌恶的,她们易兴奋,也容易激惹。女性富于情绪化,情绪常会在面部表现出来,如哭、笑、叫、脸红、害羞等。她们一般心胸不够开阔,遇到不快之事就哭泣、发怒,一旦问题解决则会破涕为笑。女性容易接受暗示,大部分可达于催眠境地,进入恍惚状态。女性遇到不良心理因素时,往往诉说较多心理、生理不适,易于找医生会诊。在平时,妇女对健康较为关注,这往往是不良心理的潜意识转移。

二、女性个性的依赖性

妇女的性格受社会经济地位的影响,往往依赖性强。在重大问题上要听从父兄或丈夫的意见。女性因家务多,即使参加工作后,与社会接触得较少,在完成任务时倾向表现自己,遇到困境希望博得周围的注意和同情。有一定虚荣心,往往试着做力不能及的事情。妇女的宗教信仰较男性强,她们忠实而虔诚,极易成为邪教的信徒。此外,她们容易轻信他人,因此易被拐卖。在服刑的过程中,有的女性罪犯希望得到关注,会依赖于关注她的管理民警,一旦依赖失去,便会出现焦虑、烦躁等情绪障碍。

三、女性心理的软弱、善良与同情心

我国封建道德规范的约束和重男轻女的思想,形成了妇女的胆怯、软弱、被动、温顺的性格。她们同情弱者和无助者、贫困或低社会阶层。部分女性的教育水平差、职业状况收入低下,使得她们控制能力减弱或丧失,难以从应激性生活事件中解脱,贫困妇女更易于受到暴力的伤害和歧视。她们体验到较多较大的威胁和难以自控的生活事件,最终导致精神疾病的发生,其发病率是高阶层的两倍。

第二节 女性罪犯的心理问题

鉴于女性罪犯的心理特征，女性较为善良，富有同情心，同时又具有娇弱、胆怯、被动的一面，因此女性的犯罪率明显低于男性。当女性被关押成为罪犯后，会出现以下一些心理问题。

一、抑郁、焦虑心理

成为罪犯后，女性原本脆弱的情感更加脆弱，有的心理承受能力达到极限，在服刑期间稍遇到点挫折，或受点委屈，或有家庭变故等不幸的外部信息的刺激，就很容易产生强烈的焦虑体验、严重的抑郁心理。在很长一段时间内，惶惶不可终日，还有的神情恍惚，焦躁不安，情绪十分低落，严重影响自身的正常生活，也影响自身的改造成绩。

二、消极心理

女犯大多文化程度低，社会阅历较浅，在特殊的生活环境和生活群体中，易于产生心理疾患。有的在家操劳成疾，或生育多胎，生理疾患或多或少地存在。入狱后，尽管监狱医院采取积极的治疗，但由于心理疾患和躯体疾病两者之间互相作用，不仅治愈不了她们的躯体疾病，而且会因躯体疾病的治疗效果，造成其心理疾患的加重，或加重其原有心理状况的畸变。如有的自述其身体不适并拿出医生诊断书，期望得到保外就医或假释，当达不到自己所期望的目的时，不能正确理解和认识自己的错误心态，产生悲观绝望的心理，甚至滋生自杀念头。

三、自卑心理

由于长期的传统文化沉积而造成的女性自卑心理，是女性最为典型的心理特征。她们在案发后就已痛悔万分，入狱后罪责感特别强，认为"一切都完了"，没脸去见过去的熟人、同事、同学，常常沉浸在是"自己亲手毁了美好前程，是自己亲手杀了丈夫，毁了家"的自责情绪中，失去自信，走不出心理误区。

四、固执与偏见心理

往往见于农村籍的罪犯，她们祖祖辈辈生活在农村，受教育程度低，其思想观念陈旧落后，易于认死理，对新思想、新观念难于接受，也听不进别人的劝解，甚至只相信迷信而抵触科学知识，对她们的一些想法和观念常常让人觉得不可理喻，因此对她们的教育、引导往往事倍功半、收效甚微。

五、报复心理

女犯大多心胸狭隘，如俗语所说的"心眼如针眼"，遇到不顺心的事和涉及个人利益时,爱斤斤计较。例如有的女犯因吃饭分菜,认为张三分的比自己多,觉得吃了亏,就会与打饭的值日员发生争吵,进而大打出手。打赢了,即使受到扣分处罚都心感痛快。打输了,则满肚子怨气无处发,积压在心中便产生报复心理,或将对方的衣服剪烂,或将对方的心爱之物扔进厕所里及下水道等。

六、逆反心理

女犯为了维护自己的所谓尊严,而对监狱规定和他人的要求采取相反的态度和言行的一种心理状态。在改造中常常表现为"不乐意接受教育","不听从指挥",常与教育自己的人"顶牛"或"对着干",以反常的心理状态来与常理背道而驰,以显示她们的"聪明"和与众不同。

七、猜疑心理

医学家们早就注意到,性格上的缺陷,如孤僻、敏感、多疑等,不仅给自己的工作、学习、恋爱、社交带来许多障碍,也是精神疾病的潜在成因。女性罪犯正因为她们这种严重的猜疑心理直接影响了她们对周围事物的判断,她们不善于与人交往,不善于适应环境,若遇民警批评,哪怕轻轻的两句话,在她们内心也能激起波澜,无端地猜疑同犯,怀疑别人打小报告,有时故意激惹挑逗怀疑对象,借题发挥。有的发展到茶饭不思,夜不能寐,怕天黑,经常夜晚被噩梦惊醒,被梦境所惑。

第三节 女性罪犯中常见的精神病特点

女犯精神疾病发病率与男犯精神疾病发病率相差不多,约占2%。由于部分女性精神病犯本来就有精神疾病的基础,认知功能差,处理应激事件的能力差,导致她们处理问题方法简单、行为极端,容易发生暴力犯罪。女性精神病犯中暴力犯罪占大多数,多因家庭矛盾而犯罪,如婆媳关系不和、夫妻感情不好、妯娌及邻里之间的矛盾等。在对住院病犯进行统计分析后发现,故意杀人犯罪约占60%,明显高于男性精神病犯。伤害的对象往往是她们亲近的人,依次为公婆、丈夫、自己的小孩、邻居等。其他犯罪依次为盗窃、介绍容留卖淫、诈骗、抢劫等,随着经济的发展和改革开放,涉毒犯明显增加。在女精神病犯中文化层次低的农村妇女多见,初中文化程度以下约占90%。男、女精神病犯在发病的类型上有着明显的差别。

女性住院精神病犯轻型精神障碍比男性精神病犯多,她们具有病情易复发的特点,特别是癔症、神经症病人。此类病人首次发病往往有明显的诱因,而在以后可因各种负性因素刺激而导致病情复发。在监内的诱因可能是因为与同犯发生矛盾而受到委屈,或是受到民警的批评,或是家庭变故,或是来自周围环境方面不利的因素等等。总之,一些很小的诱因都可能导致病情复发。在女精神病犯当中,发病率从高到低为情感性精神障碍、精神分裂症、癔症、神经症、心因精神障碍、人格障碍、精神活性物质所致精神障碍、精

一、情感性精神障碍

情感性精神障碍约占住院人数的45%,高于男性病人。情感性精神障碍的病犯大多有明显既往发作史,女性精神病犯抑郁症的发病,多以外源性诱因多见。出现抑郁心境,可从心情不佳、忧伤苦恼到悲观绝望;对日常生活丧失兴趣,不愿参加正常的劳动学习及交往;精力减退,表现为无精打采,自感疲乏无力,做事缺乏积极性与主动性;自我评价低,用否定的态度看待自己的过去、现在和未来,过分地贬低自己,对某些微不足道的小事表现深深的内疚和自责;行动迟缓,语声低微。有时有消极言语流露,或写遗书行为,并常有私藏违禁品企图自伤、自杀行为。

女犯抑郁症大多有一定的个性基础,常见的有明显的家族史,她们多表现为多愁善感或伴有焦虑、烦躁,同时伴有较多的不适主诉,经常会有反复的自杀倾向,但自杀成功率女性少于男性。

二、精神分裂症

精神分裂症约占住院人数的30%,女性病犯治疗效果较男性好,病情复发率较男性低。女性精神分裂症重新住院的较少。幻觉内容常常会有听到家人的声音或色情、性恋色彩,妄想常会有被害、无罪妄想等。

三、癔症、应激相关障碍、神经症

癔症病犯约占住院人数的10%,大部分癔症病犯入监前就有精神异常病史。发病时一般有一定的心理诱因,如生活事件、内心冲突或强烈的情绪体验,被捕入狱就是一种精神创伤。临床表现为感觉障碍、运动障碍或意识改变状态,症状可带有做作、表演、夸大或富有情感色彩等特点。癔症性精神病表现为好幻想、伴有片断性的幻觉、妄想和行为紊乱等。癔症的表现可谓千变万化、丰富多彩,可表现为精神症状的任何形式,并有反复发作的倾向。"癔症"病人大部分病情好转快,复发也快。她们在服刑中稍受到委屈、不满、受处理、被批评等的时候病情就会复发,因此这类病人会反复住院。

应激相关障碍、神经症的病犯约占住院病人的5%,被捕入狱对于一个人来说是一重大的负性精神刺激,再加上监所这一特殊的环境,相当部分的女犯难以适应,会出现以情绪为主的精神障碍。一般急性的心因精神障碍,在看守所时经过疏导或相应的治疗大多数能好转。住院的病犯,多因不能很好地适应监区环境,继发情绪、行为的异常,同时有适应不良的行为障碍或生理功能障碍,并使社会功能受损。随着事过境迁,刺激的消除或者经过调整形成了新的适应,精神障碍随之缓解。但因服刑时间长,应激源或困难处境长期存在,加上病人有一定的人格缺陷,症状往往会迁延难愈。

这也反映出女性对应激事件的处理能力差,情绪容易受外界干扰影响。

四、人格障碍

人格障碍、精神发育迟滞、器质性精神障碍、精神活性物质所致精神障碍等病犯约占住院病人的10%。男性以冲动性、反社会性多见,而女性以表演性、依赖性多见。而冲动性、反社会性人格障碍更容易发生犯罪行为,这一特点也决定了在服刑罪犯中,女犯比男犯犯罪比例低的特点。人格障碍女性明显少于男性,女性人格障碍多见于表演性、依赖性、抑郁性、分裂样人格障碍。女性人格障碍的病犯主要表现对监所环境适应力差、情绪不稳、过分依赖别人,易发生冲动、伤人及自伤行为,人际关系差,难以管理。当他们的行为影响到监管安全时,才会短期收住院处理。

第四节 精神病女犯的治疗与康复管理

当女性精神病犯病情发作时,具有典型或有明显的精神病性症状时,须到专科医院接受系统、正规治疗。通过一定疗程的治疗,病情好转后仍需要康复管理和功能锻炼。

一、监区防治网络

监区定期普查,掌握女性罪犯的患病情况,对新入监犯常规性进行心理及精神状况调查,以便及时发现、及时治疗。对康复病人定期门诊,及时了解其病情的恢复程度,给予正规的维持治疗,对于自控能力差的病人,建立监督、看护小组防止和减少病态肇事。

二、药物维持治疗

重性精神疾病如精神分裂症、情感性精神障碍等,病情好转后需要一定剂量的药物维持治疗。维持治疗一方面能预防病情的复发,另一方面能稳定病人的情绪,保证病人的睡眠。病人规律、适量、长程维持治疗对减少复发十分有价值。

三、心理干预

女性精神病犯的情绪容易受现实因素干扰,定期找病人谈心、疏导,能及时发现病人的心理状态,了解病人的病情状况,稳定病人的情绪。不歧视、少刺激、良好的人际关系对病人康复、减少复发有着积极的作用。心理疏导对应激相关障碍、癔症、神经症病人尤为重要,癔症的发作主要诱因是心理因素所致,及时的心理疏导能使病情有很大的转机,往往无须住院治疗。目前部分监所建立心理矫治科,并设立"宣泄室"。这对心理障碍者和癔症病人无疑是个好办法。

四、加强功能锻炼

精神病人由于病情及服用精神科药物的原因,她们会变得迟钝,意志减退,劳动能力下降。功能锻炼应让病人学习一定的文化知识,培养相关的劳动技能,参加力所能及的劳动,参加必要的文娱活动,安排病人规律的生活,养成良好的生活习惯。功能锻炼有利于提高病人的生活质量。

五、康复期心理健康知识宣教

精神病人病情缓解或转归后,健康心理知识宣教尤为重要,为出院回到监区或将来回归社会提供帮助。首先让她们了解自身疾病,学会自我分析和内省病情,知道维持治疗的必要性及功能锻炼的重要性。学会怎样去协调人际关系,处理突发事件,调整自己的心态。同时要让她们了解一些心理卫生知识,例如保持心情愉快,对自己充满自信,对前途抱有希望,从而达到心理健康标准;情绪稳定,自尊自爱,能正确地评价自己;积极进取,注意发挥自己潜在的优点;适应环境,与社会协调一致;意志坚强,愿意面对困难、正视现实等,最终达到正常的自我心理调节和控制。

(华　晔)

第二十五章　狱中伪装精神病的甄别

第一节　基本概念

诈病是指为了逃避外界某种不利于个人的情境，摆脱某种责任或获得某种个人利益，故意模拟或夸大躯体或精神障碍或伤残的行为。本章仅指伪装精神病，既往曾被一些作者规定为一种精神疾病，但自20世纪80年代以来，美国和中国等国家的精神疾病分类标准都明确标明诈病不属于精神障碍，而将它规定为故意地模拟或夸大躯体和(或)精神疾病或伤残的一种行为，属于精神卫生研究的范畴。

诈病较多见于男性，且多见于男性占优势的地方，如军队、监狱、工厂。一般认为诈病在国外军队中最为多见，例如美国士兵案例中，诈病的发生率在1‰~7‰之间。诈病较多见于具有人格障碍者，例如反社会型人格障碍、有犯罪前科的人、不成熟的人格等。

在临床或鉴定实践中，诈病主要区分为两大类型。第一类即真性诈病，按指纯粹的诈病，亦即精神健康的人有意识地伪装；另一类是诈病者存在其他躯体或精神疾病，在这种疾病基础上发展的诈病。如脑器质性精神病患者，夸大了本人的计算能力减退和记忆力减退症状的严重程度。此外还有一种所谓的"疾病延长"的表现，即此种患者有意识地模仿本已终结的精神病症状，例如精神分裂症、精神发育迟滞、抑郁症患者，模仿已终结的精神症状表现。

监管场所中的诈病，特别是伪装精神病，并不少见，2011年—2014年，某院住院案例中，共发现52例伪装精神病，约占住院的6.32%。发现罪犯中伪装精神病的动机常有两类情况：一是企图逃避惩罚29例，占55.77%，如因违规害怕受到惩处20例(38.46%)、逃避劳动9例(17.31%)；二是为了获得某种利益23例，占44.23%，试图保外就医12例(32.69%)、换环境8例(15.38%)、达到减刑3例(5.77%)。

在临床表现上，模仿精神症状有：少语少动13例(25.00%)；自语9例(17.31%)；冲动8例(15.38%)；喊叫7例(13.46%)；情绪低落7例(13.46%)；拒食6例(11.54%)；自笑5例(9.62%)；呆滞4例(7.69%)。因少语少动最易模仿，所以占"异常"表现的首位，其次为自语、喊叫等。

临床症状上，伪装幻觉33例(63.46%)，其中幻听23例、幻视10例，如声称听到"同监房犯人说他坏话""打麻将的声间""看到死去的妻子"等。被害妄想16例(30.77%)，称"妻子被人强奸了""女友买通了同犯搞他"等。被监控7例(13.46%)，如"民警眼中有摄像机""外面有感应器"。做作6例(11.54%)，表现为表情夸张。近似回答或简单计算错误6例(11.54%)，如1+2=4，2+3=6。夸大妄想5例(9.62%)；不知年龄4例(7.69%)，当问及年龄时，回称"不知道"或"不记得了"。

在拟诊住院中，以精神分裂症28例最多，占53.85%；癔症样状态6例(11.54%)；抑郁症 6 例(11.54%);缄默状态 5 例(9.62%);诈病待排 5 例(9.62%);其他 2 例。

在发现方式上,主动承认 23 例(44.23%);被动承认 29 例(55.77%)。

在学习伪装精神障碍的方式上,自我想象 24 例(46.15%);通过书籍(电视)学习 12 例(23.08%);模仿他人(模仿病犯 9 例、模仿家人 2 例)11 例(21.15%);他人提示或唆使 2 例(3.85%);模仿自身既往症状 5 例(9.62%)。

在住院鉴别过程中,长至一年,短至入院后第二天,即声称异常表现"没有了"。症状一周内症状消失案例 6 例。52 例中吸毒 8 例,提示吸毒者的个性缺陷,如试图逃避惩罚及撒谎的特性。既往曾有病史 8 例,为达到伪装目的,谎称复发出现了精神症状。

第二节 伪病罪犯的常见心理状态

1. 逃避心理 52 例伪病中,以逃避困境多见,占 38.46%,多因严重违规处于高危监区,害怕被惩处,因而模仿精神疾病,试图逃避困境。有的甚至声称如果出院后回到高危监区,还要继续"装病",意在坚持逃避处罚。

2. 骗保心理 企图伪装精神病人骗取保外就医,占 23.08%。这类人多为直接接触过精神病人,或间接了解、谈论精神病人保外就医,因而装病。共同特点是主动表现其"异常言行",以引起注意。

3. 投机心理 占 21.15%,这类伪病犯因曾犯罪服刑或自小就混迹于社会,熟悉监狱管理情况,多为换监区、换服刑环境,或为了减刑,妄想通过投机取巧,伪装疾病,以达到投机改造的目的。

4. 懒惰心理 为了逃避劳动,而伪装精神病表现,占 17.31%。多为盗窃犯罪,被捕前好吃懒做、怕苦。这种心态在伪病犯中较为普遍,主要是消极改造、磨混刑期。

5. 对抗心理 这类伪病犯人因不安心改造而以"病"抗拒,或是因不满警察的管理又不敢正面顶撞而采取装病的"软性"对抗行为。

第三节 诈病表现的基本特点

伪装精神疾病的症状和行为,其表现虽是多种多样的,所涉及的范围也很广,但是总的特征是所有的精神病的诈病者都是演员,他们都是按照他们各自的理解来"塑造"精神病的表现的。由于诈病者对精神病的认识和理解的水平所限,所模拟或扮演的角色与真实的精神病总会存在一定的差异性。监狱伪装的精神病的诈病者一般特点有六个方面。

一、有明显的装病动机和目的

诈病者表现"精神异常"的目的,无非是"获益"或"避害"。获益的线索有:企图通过装病获得保外就医;更换服刑环境;为了获得减刑的可能,如有一罪犯在减刑公布前表现为消极自杀意念,事后承认是给监区压力,即如果此次不在减刑之列,就采取自杀行为。有的是为了骗得轻松的工种;反之逃避困境的线索有:逃避高危管控;有的罪犯因严重违规,为了逃避处罚;试图逃避劳动等。

二、症状表现不符合任何一种疾病的临床相

任何一种疾病,如临床表现、发展规律都有其自身的特点。精神疾病也不例外,有它本身的临床症状特点,更有其疾病演变的规律。

1. 精神活动的异常必然带来社会功能的受损。如幻觉的存在必然会影响其判断自身与环境、社会之间的关系。有的伪装者则注重"幻觉"的表演,其社会功能与劳动、生活则没有明显的影响。

2. 精神活动的某一方面出现障碍,也会影响其他精神方面的活动。如认识活动出现异常,也会或多或少地导致情感活动和行为活动的障碍。但有的伪装者出现了导致令人不适的"幻听",但自己没有相应的情绪体验。

3. 绝大多数精神障碍如果没有及时治疗,其精神病情会随之加重,而且人际交往、工作或劳动能力会逐步下降、生活自理能力也将受损,甚至出现退缩、衣服不整、不能适应环境或群体生活。而有的诈病者可能数月、数年后仍未出现精神症状的加重或社会功能的受损,这不符合精神病演变规律。

4. 一般说来,除了心境障碍、精神异常会持续存在,不会随着时间的变化而发生波动,同时随着病程的延长,且有加重趋势。有的装病者,异常表现一年以上,仍以单个症状为主,一成不变,就要考虑是否装病的可能了。

5. 一个成人均会知道自己的名字或年龄,即使较为严重的精神分裂症病人也不除外。而有的装病者却声称不知道自己的年龄,不能进行 10 以内的计算,"2+3=?"也会算错,同时又无智能缺陷及癔症个性特征,极大可能是伪装的。

三、对精神状况检查采取回避、不合作或敌视态度

有的诈病者,以不变应万变,如表现为不语,不管检查者问其什么,均不作答。以为这样可以逃避检查了,其实这时伪装者常常用警觉的眼光来观察周围,但不与鉴定人员接触,而且这种现象多会被富有经验的医生所捕捉到。有的则对医生或检查者的问题,不合作,回答为"不知道或不清楚",自认为这是"糊涂"的一种表现,其实这是心虚的表现。还有的诈病者面对检查者的询问,表现为紧张、不安的感觉,持续表述一些重复或无关紧要的内容。给人一种不愿让检查者提问题的感觉。

有的则在回答问题时,反应时间常延长,思考着如何才能"滴水不漏"地回答检查者的询问。有的干脆声称自己"想不起来了""说不清楚""好像做梦一样""忘记了"等。

四、病程不定,发病突然,中止也突然

从起病形式上看,伪装精神病者,常见精神病性症状如妄想或幻觉,都是突然产生,突然中止,一般持续的时间都不是很长,呈间歇性或者发作性的性质。有的称自己是在某个时间出现了"全体犯人在说他",三天后就消失了;有的甚至刚入院就声称所谓的"幻

听"或"妄想"消失了。也有的服用了一周的药后,声称"症状"没有了,这完全不符合疾病的治疗规律。这类模拟的精神病症状(例如幻觉或妄想),在整个"病情"发展过程中并不与其本人的行为相关联,同时短期内精神病性症状消失,不符合精神疾病发病发展规律。

五、表现形式夸张、做作

有的诈病者常带有某种矫柔造作的色彩,表现过于幼稚或过于愚蠢。甚至不少诈病者错误地相信他们的诈病行为越是表现得稀奇古怪,就越是像真正精神病的模样。这种比精神病还"精神病"的表现,其实就是破绽!如有的表现为乱跑乱跳、喊叫,有的表现为大小便在身上,或裸体,甚至在人前吃大便。在临床和鉴定实践中,即使是精神分裂症慢性衰退病人,出现吃屎喝尿的情况也是罕见的。这些人在众人面前的表现,形式上带有表演性,如过分夸张、强烈或。

六、对于治疗或住院的态度与真正的疾病不符

当问及是否有病时,有的伪装者常常会说"我可能有病吧"或"有些不正常了"等。精神病患者常常是认为自己无病的,因为他们认为自己遇到的异常现象是"真实"存在的,混淆了病态与现实的不同,只有在疾病好转时才会认为自己有病!对于治疗,诈病者一般会处于矛盾状态,一方面要"证实"自己疾病的存在,一方面又担心药物对自己的不利影响,有时认为需要治疗,有时则表现出"由你们医生决定",其实较为严重的精神病是完全拒绝治疗的。

第四节　诈病者伪装精神病性症状特点

1. 幻觉　在精神分裂症病人中发生率是很高的,在本研究中高达 63.46%,其中幻视约占 19.23%。由此可见,伪装精神病者希望通过最容易表现出来的幻觉来表示自己的"异常"。精神分裂症和其他精神病患者的幻觉,通常都不是单独产生,常常会伴随着相应的情感体验。但是诈病者的幻听或妄想,大多是单独存在,而且往往是作为唯一的一种精神病症状存在。他们诉说的幻听中,较多的是具有较特殊或较古怪内容的言语结构,如一位诈病者声称他听到小鸟说话的声音,还有与自己无关的打麻将的声音。

精神病人的幻视一般少见,以精神分裂症及器质性精神障碍多见。值得注意的是诈病者中幻视占有较高的比例,为 19.23%。所以对戏剧性的非典型的幻视,应考虑到诈病的可能性。如有的声称看到床边有一白衣女子飘过。诈病者往往不能确切地说明"幻觉的部位、性质,回答医生询问时,多表现模棱两可。

2. 妄想　妄想占诈病表现的 48.08%。伪装精神异常时,其"妄想"内容一般较多以被害或夸大为主。如声称同犯说其坏话;但是妄想的出现是突然的,并且多描述为有时有,有时又少了,不像真正的精神病那样,是持续的。另外,精神分裂症的妄想一般是在幻听的基础上产生的,妄想同时可能与其他的精神症状相关联。不会象诈病者那样单一

出现。此外,装病者的情感反应会是灵活的,眼神也是警觉的,不会像精神病患者那样对外界是漠然的,完全沉溺于自己的病态世界中。

3. 情感障碍　伪装精神异常者,多表现为情绪低落,或悲伤的表情。他们的情绪抑郁常是学习其他的抑郁症患者的表现,简单描述"情绪不好""想不开"或"睡不好觉"之类,没有与症状一致的内心体验,表现不出躯体运动性缓慢现象,也不能表现出失眠和食欲减退等通常抑郁症多见的体验,或者睡眠状况并不差。抑郁症一般在晨间抑郁明显严重,但是模仿者并无这些变化。诈病者虽能表现出愁眉苦脸的面容,但他们头部和躯体并不出现弯头曲腰姿态,而前额也似乎没有保留皱纹。值得指出的是,伪装躁狂的表现是很少见的,因为情感高涨的表现状态是很难的,言语运动性兴奋是不可能长时间模仿的。

4. 行为障碍　在诈病时,缄默表现是最多见的一种形式,占25%。因为少语少动容易表现,而且易于维持较长时间。在情感障碍、精神分裂症以及其他类器质性大脑综合征,都可见到缄默症。在头部外伤、抑郁症、癔症性分离状态、脑炎、颞叶病变以及癫痫发作后,也都可见到缄默症。真正的精神疾病在缄默症状之前,多有个性上的不合群、懒散等慢性缺陷表现,但伪装的缄默症,可能突然地产生,或者之前可能有一些矛盾或冲突。诈病者多见的是拒食,虽然他们问之不答,面部一般缺乏表现活动,但如果细致的观察,可以发现诈病者的情绪并非与周围环境完全失去联系,如发现诈病者可随周围人的活动而视线移动。外界的突然声响、喊叫,有时即可引起诈病者的警觉或注意。

第五节　狱中伪装精神病鉴别指南

监管条件下诈病的甄别,不仅是医学工作的需要,更是涉及刑罚执行的问题。伪装者一方面不仅严重干扰了正常的医疗管理工作,另一方面试图逃避惩罚或获取利益,严重影响了司法公正。所以及时准确地识别出伪病,既是一项医学水平的指标,更是严肃、严格执法的工作需要。

(一) 概述

诈病是指为了逃避外界某种不利于个人的情境,摆脱某种责任或获得某种个人利益,故意模拟或夸大躯体或精神障碍或伤残的行为。美国和中国等国家的精神疾病分类标准,都明确标明诈病不属于精神障碍,而将它规定为故意地模拟或夸大躯体和(或)精神疾病或伤残的一种行为,属于精神卫生研究的范畴。由于监狱的特殊性及动机的复杂性,服刑人员中伪装精神病的比例相对较高,监管条件下诈病的甄别,不仅是医学工作的需要,更是涉及刑罚执行的问题。

(二) 临床表现

1. 伪装幻觉　幻觉的伪装在伪病中高达63.46%,伪装精神病者希望通过最容易表现出来的幻觉来表示自己的"异常"。诈病者的幻听或妄想,大多是单独存在,而且往往是作为唯一的一种精神病症状存在。他们诉说的幻听中,较多的是具有较特殊或较古怪内容的言语结构。诈病者中幻视占有较高的比例,为19.23%。诈病者往往不能确切地说明"幻觉"的部位,性质,回答医生询问时,多表现模棱两可。

2. 伪装妄想　妄想的伪装占诈病表现的48.08%。伪装精神异常时,其"妄想"内容一般较多以被害或夸大为主,如声称同犯说其坏话。但是妄想的出现是突然的,并且多描述为有时有,有时又少了,不象真正的精神病那样,是持续的。此外,装病者的情感反应会是灵活的,眼神也是警觉的,不会像精神病患者那样对外界是漠然的、完全沉溺于自己的病态世界中。

3. 伪装情感障碍　伪装精神异常者,多表现为情绪低落或悲伤的表情。他们的情绪抑郁常是学习其他的抑郁症患者的表现,简单描述"情绪不好"、"想不开"或"睡不好觉"之类,没有与症状相一致的内心体验,表现不出躯体运动性缓慢现象,也不能表现出失眠和食欲减退等通常抑郁症多见的体验,或者睡眠状况并不差。模仿者并无昼重夜轻的变化。诈病者虽能表现出愁眉苦脸的面容,但他们头部和躯体并不出现弯头曲腰姿态,而前额也似乎没有保留皱纹。值得指出的是,伪装躁狂的表现是很少见的。

4. 伪装行为障碍　在诈病时,缄默表现是最多见的一种形式,占25%。因为少语少动容易表现,而且易于维持较长时间。伪装的缄默症,可能突然地产生,或者之前可能有一些矛盾或冲突。诈病者多见的是拒食,虽然他们问之不答,面部一般缺乏表现活动,但如果细致的观察,可以发现诈病者的情绪并非与周围环境完全失去联系,如发现诈病者可随周围人的活动而视线移动。外界的突然声响、喊叫,有时即可引起诈病者的警觉或注意。

(三) 诊断要点

由于诈病者对精神病的认识和理解的水平所限,所模拟或扮演的角色与真实的精神病总会存在一定的差异性。《中国精神障碍分类与诊断标准第3版(CCMD-3)》,诈病诊断标准:

为了逃避外界某种不利于个人的情境,摆脱某种责任或获得某种个人利益,故意模拟或夸大躯体或精神障碍或伤残的行为。具有下述特点:

(1) 有明显的装病动机和目的;

(2) 症状表现不符合任何一种疾病的临床相,躯体症状或精神症状中的幻觉、妄想及思维障碍,情感与行为障碍等均不符合疾病的症状表现规律;

(3) 对躯体或精神状况检查通常采取回避不合作、造假行为或敌视态度,回答问题时,反应时间常延长,对治疗不合作,暗示治疗无效;

(4) 病程不定;

(5) 社会功能与躯体功能障碍的严重程度比真实疾病重,主诉比实际检查所见重;

(6) 有伪造病史或疾病证明或明显夸大自身症状的证据;

(7) 病人一旦承认伪装,随即伪装症状消失,是建立可靠诊断的必要条件。

(四) 鉴别方法

1. 临床症状辨析　任何一种精神病都具有它本身的临床表现特点,有其疾病客观发生发展的规律。如认为自己能听到别人骂他的声音,伪装出幻听或妄想,但其他精神活动方面,则表现得正常,这显然不符合精神病的社会功能受到影响的综合受损的状态;伪装精神分裂症表现的诈病者,虽然面部表情可呈现极为冷漠,但是通过细致观察和检查,还是可能看出诈病者面部表情的某种微细变化，或某种情感反应。诈病者回答问题往往特别缓慢，有时沉吟很久才回答。有的诈病者为了掩饰他们怕被揭穿的可能，则不断地快速地重复言语或表达；有的伪装情绪低落时，他们常常是表达一种情绪不佳，但表情、情绪及内心体验则与之不同，不能模仿知、情、意三者相关联的障碍。

医生在怀疑是否真正的幻听症状时，必须向被检查者详细询问他在做什么活动可能使声音减少或消失？对被检查者幻听产生的背景和条件以及本人的态度，也应予判明。

在监狱精神病学临床中，幻觉、妄想及遗忘、拒食、少言少语，或缄默不语等单个精神病症状是易于模仿的。鉴别诈病的最根本的方法，是深入细致和较长时间持续系统的临床观察和检查方法。常用的辨别方法有：

（1）压迫式提问：应用一个接一个提问的方法，导致诈病者处于困惑不安，或疲劳状态，在难以应付的状态下，从而显现出某种矛盾表现，或出现一定破绽，以利于证实和鉴别。使用某种狡诈的问题，迫使诈病者处于非常困难境地，从而发现某种漏洞，以便确定其为诈病。

（2）心理施压法：有的诈病者事后承认，在医生指出其伪装时，心理压力最大，思想斗争也最为激烈，此时常常会动摇其想法。所以发现其伪装可能时，应直接指明其伪装性及难以达到目的。明确告之其所述"病情"并不存在，指出伪病之路在改造中是行不通的，结果只能是加重处罚，从而在思想上打掉其投机取巧、蒙混改造的念头，使伪病犯明白伪病是改造的歧途，只有真心悔罪改造，才能取得真实改造的成绩。

（3）注意转移法：设计方案，使诈病者转移注意力，使他在不知不觉中执行了原来拒绝做的事情，如使缄默症伪装者在无意中偶然的发言等等。不语者突然遭到本能反应发出声音等。

（4）正面教育法：伪病犯人具有对抗、消极、逃避、投机、侥幸等主要心理特征，为掩盖其真实目的，往往经过自以为是的精心谋划，以假象示人，甚至不惜自伤自残，让人可怜、同情，进而获得服刑上的"实惠"。对伪病犯人的转化，必须采取针对性措施，找准思想病根，做好有效的、切合实际的谈话教育工作，如查实病因、识破伪装、严格管理、善于疏导、找准病因、对症下"药"，循循善诱，从而挽救、教育伪病罪犯。

（5）引导暗示法：有的诈病者无癔症个性特征，且无既往发作史，表现为夸张表现或明显的模仿行为，可以将计就计，如有一伪病犯人，吃饭直接用手抓，从不使用监狱配发的调羹，将大小便解在身上。检查者用言语暗示：还要裸体才像精神病人。第二天，该犯果然撕扯身上的囚服并裸体。

（6）亲情帮教法：亲情帮教是目前对罪犯进行改造、教育的一项重要内容，家庭社会支持是帮助他们摆脱心理困扰的一种途径之一。无论是疑似伪病犯还是处在恢复正常状态的伪病犯，可以通过安排其与其亲属电话、信件及会见等方式，对其给予更多的开导和关爱，帮助其消除伪病心理和走出伪病的思想阴影、稳定改造心理。

也有的人提出用恐吓办法或者用强电流刺激的方法，但是实践结果往往收效很小。

2. 心理测验

（1）MMPI：在司法鉴定中，诈病组 MMPI 测试的 L，F，Hs，D，Hy，Pd，Pa，Pt，Sc，Si 量表分明显高于对照组，Ma 分值明显低。

（2）《简单常识检查表》：是非常简单的基本常识题目，被鉴定人是可以正确回答的，无论是随意或故意答错，都有故意的成分，得分愈低，诈病或伪装的可能性就愈大。简单常识检查对鉴别伪装的作用是肯定的。简单常识检查的题目简单,操作简便,可以在鉴定检查中即时实施,及时识别伪装的被鉴定人,以便及时进行适当的对质和教育,对正确做出鉴定结论有一定临床意义。

(3)《简易精神症状自陈量表》：包括伪装精神病性症状、情感障碍症状、神经症样症状、其他精神症状。该测验共有25个条目,主要包括幻觉、妄想、夸大和神经症四组症状,均在"是"或"否"选择回答,答"是"记1分,答"否"记0分,总分25分,以13分划界。伪装的量表分往往比较高,该量表对于伪装精神症状的鉴别具有比较好的参考意义。

3. 实验室检查　有研究者对伪装者进行血清皮质醇、醛固酮水平检测,发现诈病组血清COR、ALD水平下降率高于其他组,差异均有显著性。血清COR、ALD水平在应激层面对伪装精神疾病的诊断与鉴别以及对不同责任能力的判定具有一定的客观参考价值。

4. 神经心理学检查　事件相关电位P300能对罕见的、有意义的刺激作出反应,是了解人类大脑认知功能或心理活动的客观指标之一,也广泛用于伪装遗忘的测查研究,具有低的假阳性率,有学者研究,利用视觉事件相关电位(ERP)进行测谎初步研究,结果阳性率为90%,假阴性率为5%。

传统的多道心理生理测试仪是目前广泛用于测查伪装诈病的测谎技术,人类说谎的心理状态可以引发生理变化。有研究者用多道生理测量仪对诈病组在关于是否意图诈病的两个测题上说谎反应率较高,具有差异性,有统计学意义。

5. 影像学检查　大脑功能磁共振成像是以脱氧血红蛋白的磁敏感效应为基础的MRI技术。研究表明,无论哪种类型的说谎,其两侧的前额叶皮质和海马旁回、右前楔叶和左小脑皮层的活动均比说实话增多,故也可用于伪装诈病的识别。

一般说来,心理测验包括MMPI、简易精神病自陈量表等可以作为鉴别诈病的方法之一,但需要被试者高度合作。神经心理学检测可以作为甄别诈病的辅助工具,但其空间分辨率差,其测谎的命中率也极易受到一些简单对抗措施的干扰。实验室检查目前尚无明确的指征性的阳性率。大脑fMRI虽然具有较高的空间分辨率,但其时间分辨率较差。如上技术的局限性,是导致测谎结果还不能作为鉴定结论或直接证据采用的根本原因。综上所述,综合性的各种检查方法仍是目前主要的鉴别手段。

常见伪装精神病的线索有：

(1)曾有装病动机："精神异常"出现在中心事件之后或将要来临时,如：意图保外就医者会打听精神病院怎么样；严重违规或遭遇困境者会有逃避处罚的嫌疑,借以摆脱不利环境的可能；对劳动抵触或懒惰者有试图调换工种的想法；有的在减刑时,想引起民警的注意,获得同情。

(2)症状"四不像"：诉说"幻听"很严重,但自己没有相应的情绪体验或反应；不语少动,表现为严重,但生活自理较好；声称"幻听"或"妄想"一会儿有,一会儿没有；诉说自己有病,但社会功能很好。

(3)过度"幼稚"：有的连姓名及年龄都回称"不知道",连10以内的加减计算都错误,就是一个装病的线索。大小便不能自理,甚至吃食大便、裸体等,也是可疑诈病的线索。

(4)表现警觉：诈病总是提防着别人,观察他人的感觉,眼神很灵敏,四处观察；"表现"人前人后不一样。

(5)其他：曾露出破绽,如一段时间表现十分严重,但短期内曾出现正常的现象,或曾说过装病的表示。

（五）处置方案及原则

确定一个人是否是伪装精神病者，必须收集包括医疗记录、监区民警、同舍犯人、知情人或接见时家属所提供的既往和当前的各种事实情况之线索或某种背景资料，并予综合判断，全面地评价，才能最终做出准确结论。有时甚至还有必要使诈病者住院一个阶段，进行一系列直接的观察、检查和反复验证，才能确诊。

在方法上，有时检查者也不宜当众揭穿伪病，以防该类罪犯产生逆反心理，破罐破摔。可通过一些简单的安慰性治疗，给该伪病患者"下台阶"。如遇该伪病患者态度强硬，也可以不急于采取强硬措施，防止被动。对已有悔改迹象的伪病犯，要多加鼓励，并帮助解决改造中的实际困难，避免悔病思想反弹，使其确实重拾改造信心，稳步改造。

对于尚未了解伪病目的的罪犯，更需密切观察，特别是在罪犯就诊途中以及在就诊过程中予以夹控，防止该罪犯有越轨举动。

对于确诊为诈病者，应依据相应的规定给予处理。同时做好与原送监狱的交接工作，讨论相应的处置，既不能放任，也不能一味采取惩罚性措施。应该根据实际情况，区别对待，对于为了骗取保外就医的犯人，应该严肃处理。对于较长时间处于高危严控状况的，应该科学合理地加以解决。

在处置伪病犯人时，应从心理学角度来帮助这些犯人，分析其性格及心理特点，提高他们应对困难能力及认知能力，及时解除他们的情绪冲突，以积极的态度和方法来应付服刑过程中各种冲突矛盾挫折，避免走弯路，指出在服刑路上没有捷径可走，只有脚踏实地才是正路。

附：诈病案例及分析

鉴定案例1：陆某，男，58岁，被捕前系农民，初中文化程度，已婚，强制猥亵妇女罪，刑期1.5年。2014年02月28日逮捕，2014年8月20日入监，因"沉默不语，行为怪异一月余"于2014年10月14日初步诊断"精神分裂症？"入院。无颅脑外伤、昏迷、抽搐史。个性一般，嗜酒，曾于2011年1月25日因强奸罪被判处2.5年。该犯自2014年8月底入监后，即表现较差，孤僻被动，不与他犯交流，不能正常参加监区的劳动学习。9月初陆某无故用头撞墙，问及原因不语，后被高危管控，管控期间该犯从不回答民警的任何问题，不与他犯交流，多次无故撕扯身上的囚服，吃饭直接用手抓，从不使用监狱配发的调羹，将大小便解在身上。因入监后难以参加监狱的学习及劳动等活动，严重影响监狱秩序，监区民警考虑其"精神异常"而于今日送来住院观察。

住院过程中表现为接触欠合作，缄默不语、问之不答，包括姓名、年龄及一般情况均不作答。被动，刷牙洗脸、叠被穿衣等需人督促，表情木然，经常将大小便解在床上，甚至撕衣、玩弄大便，劝说无效。住院过程中曾请内科会诊，排除器质性病变。

通过观察，发现如下特点：眼神灵活，但不与检查者直接交流；第二，大小便一直解在床上，既未发现阳性症状，也不能用器质性病变解释；第三，住院后未查及明显的幻觉、妄想等障碍；第四，所谓异常行为难以用任何一种疾病来解释，"异常表现"不符合任何一种精神病的诊断与表现，高度怀疑其装病可能，经过不断施压，指出其伪病表现。住院观察一月后，该犯终于承认装病，主要动机是意图取得保外就医。以下是检查摘要。

问："那这次到监狱之后为什么不说话？"

答："那我是装的，刚到监狱不久后就被送到高危监区，也没人喜欢我……"

问:"为何大小便解在床上?"

答:"那也是装的,我为了逃避改造,家里收入也少,那时我感到对不起家人,还撞了一次墙。"

问:"感觉对不起家人持续多久?"

答:"也就三四天吧"

问:"为什么要装病?"

答:"想保外就医,少干活,我做错了,我以后不会这么做了,我要好好改造争取早点回去,希望政府给我法律奖励让我早点减刑回家……"

问:"你承认自己装病以后,有什么感觉?"

答:"说出来以后,身心轻松了。"

……

该犯曾有犯罪史、嗜酒史,家境贫困,平时好吃懒做,不愿吃苦和踏实改造,意图投机取巧,或保外就医,或少干活。该犯承认装病后,言语、行为表现正常,对自己的所作所为后悔,并要求给他一次机会,老老实实地服刑。

鉴定案例2:郭某,男,22岁,被捕前系农民,初中文化程度,未婚,聚众斗殴罪,刑期四五年。2010年12月7日逮捕,2011年9月16日入监,因"发作性烦躁、易激惹、冲动与自杀三月余"2014年10月17日初步诊断"双相障碍?"入院。无颅脑外伤、昏迷、抽搐史。个性外向,贪玩,喜欢玩游戏,学习成绩明显下降。自称初中毕业后接触社会不良青年,多次出现打架等行为,成年后有吸毒恶习。

该犯自称初入监时表现好,曾在严管监区担任组长,于2013年08月01日假释回家。因与朋友吸毒被拘留,后被法院裁定撤销假释,予以收监。收监后当天即表现心情烦躁,与组长发生矛盾,行为冲动,动手打人,被及时制止并夹控后,自称难受、头昏、头痛,并有时漫骂他人,有时会打墙或击打自己的头部。曾经于2014年07月、2014年09月先后至某县第三人民医院、某市第四人民医院住院治疗,自称诊断"躁狂发作、精神分裂症",但是住院时间很短,自称每次住院仅一、两天。

该犯入院后表现安静,精神检查未查及明显的错觉、幻觉、妄想,情感反应协调,未见明显的吵闹、喊叫等行为。医生根据发现的一些疑点,予以相应的疏导教育,第二天即承认伪装精神病。

问:"为什么到这边来?"

答:"是我在入监队天天坐板凳吃不消了才想过来的"。

问:"什么意思?"

答:"入监当天就和一个组长发生矛盾了,我打了他,就把我夹控起来了"。

问:"为什么想过来?"

答:"我以前假释之前就在句容监狱严管队,从精神病院回去的精神病人就在我们那边,天天接触他们,所以我也知道一些他们的表现"。

问:"你是怎么做的?"

答:"就讲我自己有精神疾病,常常心情不好,烦躁,发脾气,还想打人,也在外面住院治疗过,就是模仿病人的表现,不想在那边被夹控了"。

问:"在外面住院治疗是怎么回事?"

答:"我之前是被假释的,假释期间,有一次,也是唯一一次和朋友吸毒被拘留了,法院要撤销我的假释,当时为了不被收监,就想到精神病院弄个病,所以后来今年7月就到三院住了一、两天医院"。

问:"怎么治疗?"

答:"是开放病房,给我药我也不吃,后来就出院了"。

问:"第二次住院是什么原因?"。

答:"第一次没有收监,到了八月份又要收监,我害怕收监,就又去住院,也是一、两天,我没有吃药"

问:"你讲做电休克怎么回事?"。

答:"在医院里看到他们做的,我怎么可能做那个呢"。

问:"你觉得自己有问题吗?"

答:"我真的没有病,我做这些事情是为了避免收监,逃避原监狱的改造,是自己耍小聪明"。

该犯称入监以后与他人发生矛盾被夹控五天,称:"被夹控以后天天坐着,我吃不消才装病逃避改造","以前在严管队做组长,接触过精神病人,有这方面的经验,就讲自己心里烦躁,乱打人,其实这些情况都不存在,自己根本没有精神疾病"。

郭犯第二天即书写"悔过书",承认伪装精神病,意在逃避改造。请求警官原谅,要求回原监服刑。

根据我国分类诊断标准(CCMD-3)规定:诈病的确诊必要条件需要诈病者承认伪装精神病,伪装的精神病消失,这样给鉴别带来较大难度。因为诈病者一般不会主动承认伪装精神病的。尽管如此,如果鉴定者责任心强,工作极端认真细心,通过对与诈病者监号的监区民警和同监号犯人调查研究,往往能了解和掌握到诈病者所吐露的有关诈病的真实目的材料。

揭露伪病是一项科学、严肃的工作,检查者特别是医务人员不但需要高度的事业心、责任感,而且需要具备较高的医务水平和专业能力。如果医术不高,甄别能力不强,一方面该识别的伪病识别不出来,就有可能使在押人员人伪病阴谋得逞,逃避法律惩罚;另一方面也有可能将真病且病情严重的误认为伪病,这样就有可能贻误治疗。鉴别确认罪犯伪病不同于疾病的常规诊断,负责诊断的监狱医生和监管民警应相互配合,既要对病犯进行全面周密的医学检查,还要详细调查了解病犯的改造处境,掌握其改造活动规律和心理方面的变化,以求找准伪病的疑证和确证,从而证明虚构的病情不存在,最终确认其伪病,维持法律的尊严。

(吕成荣　孔德志　余亚文)

第二十六章 监狱综合性医院中的精神卫生服务

第一节 概 述

随着人类社会经济、文化的发展,传统的生物医学模式正逐渐向生物-心理-社会医学模式转化,精神卫生问题也已经越来越多地引起了人们的关注。无论是综合医院的专科医生还是基层卫生服务中心的全科医师,在临床工作中都经常会遇到与精神卫生相关的问题。因此,掌握一定的精神卫生诊疗知识和技能对于基层医生来说是非常重要而迫切的,对监狱医疗机构的医生尤其重要。

在综合性医院中,精神卫生常常是指除重性精神病以外的各种与心理障碍或心理应激相关的精神异常状况的总称。精神卫生的涉及面较广,包含:①躯体疾病中的心理问题,即严重躯体疾病所致的心理反应,如肿瘤、危重病、长期慢性疾病、严重创伤及器官移植等患者的心理问题等;②诊断、治疗中的心理问题,如疾病行为、治疗环境以及诊断过程中形成的心理反应,治疗作用引起的心理反应,手术中的心理问题;③在病因中有显著心理致病因素作用的心身疾病,如难治性高血压、胃溃疡等;④功能性躯体不适,即躯体形式障碍,如心神经官能症等;⑤不同类型神经症;⑥不良生活方式和行为所致心理障碍。

综合医院精神卫生医疗需求巨大,但针对性的医务人员资源相对匮乏。20 世纪 90 年代初,国际上一项著名的综合医院精神卫生调查由世界卫生组织(WHO)在 15 个国家和地区进行(我国上海参加)。该调查发现,综合性医疗机构就诊者中精神障碍平均患病率为 24.2%,即每 4 个就诊者中就有 1 例患有符合国际疾病分类法(ICD-10)诊断标准的精神障碍患者,比一般群体高 2~3 倍。住院患者伴发精神障碍的比例更高,尚未包括亚临床心理障碍,后者的比例会更大。然而综合性医疗机构临床医师对心理障碍的识别能力普遍较低。有学者对综合医院住院患者精神卫生需求调查,发现精神科会诊后精神障碍的诊断主要为神经症性精神障碍、应激相关精神障碍以及躯体形式障碍、器质性精神障碍、心境障碍、生理紊乱和躯体因素有关的精神障碍等,这些患者中 72.8% 对精神药物治疗有兴趣,57.3% 对心理社会治疗有兴趣。有研究者对 1016 名非精神科医师进行了问卷调查,结果发现非精神科医师在临床工作中对患者的精神状况或情绪是否关注存在着较大的差别。36% 的医师注意观察患者的精神状况,52% 的医师有时注意患者情绪变化,而 12% 的医师则忽视了患者的精神状况。该研究中多数医师(71%)表示希望参加有关培训,但仍有 26% 的临床医师态度并不积极,而 3% 的医师明确表示不参加的意向。因此,要真正落实整体医学模式的转变,让医务人员自觉运用整体医疗模式,还需要做很多的工作。

临床医师对精神障碍识别和处理率低的主要原因包括:(1) 精神卫生知识缺乏,不少医师对常用催眠镇静药缺乏了解;(2) 很多医生精神卫生服务意识淡薄;(3) 临床工作繁忙,和患者交谈、沟通较少;(4) 急于寻找器质性病因,忽视社会心理因素的作用;(5) 大部分患者只关注躯体症状,忽略情绪体验;(6) 对精神疾病的偏见,有的患者隐瞒病情或拒绝治疗。

重视综合性医院的精神卫生问题,加强综合性医院的精神卫生问题管理,要从落实医学模式的转变入手,这就必须有精神科医师、临床心理学工作者和社会工作者参与综合医院各临床学科的医疗、教学、科研、防治工作。要让综合性医院的医务人员通过不断培训,真正树立现代医学模式和整体医疗护理观念。同时,要加大精神医学教育力度和科普知识的宣传力度,扩大精神医学教育力度和科普知识宣传对象涵盖面,其中必须包括各类医护人员。

第二节　心身疾病简介

心身疾病(psychosomatic diseases)或称心理生理疾患(psychophysiological diseases),是介于躯体疾病与神经症之间的一类疾病。心身疾病有狭义和广义两种理解。狭义的心身疾病是指心理社会因素在发病、发展过程中起重要作用的躯体器质性疾病,例如原发性高血压、胃溃疡等。至于心理社会因素在发病、发展过程中起重要作用的躯体功能性障碍,则被称为心身障碍(psychosomatic disorders),例如神经性呕吐、偏头痛等。广义的心身疾病就是指心理社会因素在发病、发展过程中起重要作用的躯体器质性疾病和躯体功能性障碍。显然,广义的心身疾病包括了狭义的心身疾病和狭义的心身障碍。综合医院常见的七种经典心身疾病包括:原发性高血压、胃及十二指肠溃疡、溃疡性结肠炎、支气管哮喘、甲状腺功能亢进、类风湿性关节炎、神经性皮炎。

心身疾病和心身障碍在目前文献中有时被混合使用。心身疾病和心身障碍之间本身也存在交叉和重叠。一些著作中提到的心身障碍有时还会笼统包括一部分心身疾病和一部分神经症,故广义的心身障碍和广义的心身疾病有时几乎是同义语。心身疾病对人类健康构成严重威胁,是造成死亡率升高的主要原因,日益受到医学界的重视。

一、心身疾病的范围

Alexander 最早提出七种经典的心身疾病是:溃疡病、溃疡性结肠炎、甲状腺机能亢进、局限性肠炎、类风湿性关节炎、原发性高血压及支气管哮喘,并认为与特定的心理冲突有关。Qurbas 则认为冲突是非特异性的,而人格类型则有重要发病意义。现在则认为心理社会因素在各种疾病发生中均有作用。

心身疾病分布于各个系统,种类甚多,主要是受自主神经支配的系统与器官。各家的归纳不一,用现代心身医学观点来看,更难概括完全。本章以下各节所述是各科各系统中常见的心身疾病。关于心身疾病的发病率,由于界定的范围不同,所以报道数据差异甚大,国外调查人群中为 10%~60%;国内的门诊与住院调查,为 1/3 左右。

二、心身疾病的心理后果

在心身疾病的研究中,往往比较注重"心-身"的联系。而实际上,躯体疾病也可以成为心理应激原而导致心理反应,即存在着身心反应的问题。这些心理反应不但影响病人的社会生活功能,还可以成为继发的躯体障碍的原因。

(1) 躯体疾病对病人感知的影响:其影响程度除了疾病的性质、轻重及病程等因素外;病人的个性特征、年龄、社会角色等也均影响其感知。

(2) 躯体疾病引起病人的心理反应包括:①自我意识转变;②对疾病的理智反应;③情绪反应。

(3) 躯体疾病对病人的心理社会影响分为两种:①原发性心理障碍,是指机能障碍引起的心理后果,如视力或听力或运动机能的丧失,任何机能障碍都可对个体心理带来限制,有人以"投石入水"譬喻,石头入水溅起的水花是机体障碍后的功能丧失,水面的层层涟漪则是一系列心理问题;②继发性社会后果,是指患病后社会关系改变引起的后果,如患病后与家人的关系,对学习工作的影响等。

(4) 不同的躯体疾病可以通过对神经系统的直接、间接作用而影响心理活动。如脑血管意外或心脏并引起的脑缺氧可致反应迟钝、智力下降;电解质代谢紊乱导致的心理障碍,如高血钾可致意识障碍和知觉异常;高血钙可致淡漠、幻觉等。

三、心身疾病的诊断

(一) 诊断原则

1. 心身疾病诊断要点

(1) 明确的躯体症状;

(2) 寻找心理社会因素并明确其与躯体症状的时间关系;

(3) 排除躯体疾病和神经症的诊断。

2. 心身疾病诊断程序

(1) 病史采集:除与临床各科病史采集相同外,还应注意收集病人心理社会方面的有关材料,例如心理发展情况、个性或行为特点、社会生活事件以及人际关系、家庭支持等,从中初步寻找与心身疾病发生发展有关的一些因素。

(2) 体格检查:与临床各科体检相同,但要注意体检时病人的心理行为反应方式,有时可以从病人对待体检的特殊反应方式中找出其心理素质上的某些特点,例如是否过分敏感、拘谨等。

(3) 心理学检查:对于初步疑为心身疾病者,应结合病史材料,采用交谈、座谈、行为观察、心理测量直至使用必要的心理生物学检查方法,对其进行较系统的医学心理学检查,以确定心理社会因素的性质、内容和在疾病发生、发展、恶化或好转中的作用。本书许多章节已就这些心理学方法作过专论,在此不一一赘述。

(4) 综合分析:根据以上程序中收集的材料,结合心身疾病的基本理论,对是否心身疾病、何种心身疾病、由哪些心理社会因素在其中起主要作用和可能的作用机制等问题作出恰当的评估。

3. 综合医院常见心身疾病
(1) 心血管系统：原发性高血压、冠心病等。
(2) 呼吸系统：支气管哮喘、过度换气综合征等。
(3) 内分泌代谢系统：甲状腺功能亢进、糖尿病等。
(4) 消化系统：胃、十二指肠溃疡等。
(5) 皮肤系统：神经性皮炎、荨麻疹等。
(6) 神经系统：紧张性头痛、偏头痛等。
(7) 泌尿生殖系统：遗尿、经前期紧张综合征等。
(8) 骨骼肌肉系统：类风湿性关节炎、腰痛等。

四、心身疾病的治疗原则

1. 心、身同治原则

心身疾病应采取心、身相结合的治疗原则，但对于具体病例，则应各有侧重。对于急性发病而又躯体症状严重的病人，应以躯体对症治疗为主，辅之以心理治疗。例如对于急性心肌梗塞病人，综合的生物性救助措施是解决问题的关键，同时也应对那些有严重焦虑和恐惧反应的病人实施床前心理指导；又如对于过度换气综合征病人，在症状发作期必须及时给予对症处理，以阻断恶性循环，否则将会使症状进一步恶化，呼吸性碱中毒加重，出现头痛、恐惧甚至抽搐等。对于以心理症状为主、躯体症状为次，或虽然以躯体症状为主但已呈慢性经过的心身疾病，则可在实施常规躯体治疗的同时，重点安排好心理治疗。例如更年期综合征和慢性消化性溃疡病人，除了给予适当的药物治疗，应重点作好心理和行为指导等各项工作。

心身疾病的心理干预手段，应视不同层次、不同方法、不同目的而决定，支持疗法、环境控制、松弛训练、生物反馈、认知疗法、行为矫正疗法和家庭疗法等心理治疗方法均可选择使用。这将在以后各章分别讨论。

2. 心理干预目标

对心身疾病实施心理治疗主要围绕以下三种目标：
(1) 消除心理社会刺激因素。
(2) 消除心理学病因：例如对冠心病病人，在其病情基本稳定后指导其对A型行为和其他冠心病危险因素进行综合行为矫正，帮助其改变认知模式，改变生活环境以减少心理刺激，从而从根本上消除心理病因学因素，逆转心身疾病的心理病理过程，使之向健康方面发展。这属于治本，但不容易。
(3) 消除生物学症状：这主要是通过心理学技术直接改变病人的生物学过程，提高身体素质，促进疾病的康复。例如采用长期松弛训练或生物反馈疗法治疗高血压病人，能改善循环系统功能，降低血压。

五、心身疾病的预防

心身疾病是心理因素和生物因素综合作用的结果，因而心身疾病的预防也应同时兼顾心、身两方面；心理社会因素大多需要相当长的时间作用才会引起心身疾病（也有例外），故心身疾病的心理学预防越早越好。

具体的预防工作包括：对那些具有明显心理素质上弱点的人，例如有易暴怒、抑郁、孤僻及多疑倾向者应及早通过心理指导加强其健全个性的培养；对于那些有明显行为问题者，如吸烟、酗酒、多食、缺少运动及 A 型行为等，应利用心理学技术进行指导矫正；对于那些工作和生活环境里存在明显应激源的人，应及时帮助其进行适当的调整，以减少不必要的心理刺激；对于那些出现情绪危机的正常人，应及时帮助加以疏导。至于某些具有心身疾病遗传倾向如高血压家族史或已经有心身疾病的先兆征象（如血压偏高）等情况者，则更应注意加强心理预防工作。总之，心身疾病的心理社会方面的预防工作是多层次、多侧面的，这其实也是心理卫生工作的重要内容。

第三节　综合医院精神障碍的识别

综合医院的许多临床医生常常碰到这样一些病人：有一种或多种主观躯体不适体验，但体检时缺乏相应的体征，现代技术手段检查无相应的阳性发现。这类缺乏明确器质性基础的躯体症状，称为功能性躯体症状。表现特征为：症状描述模糊；"病情"常有波动；主观和情绪色彩浓厚；反复求医的倾向；具有暗示与自我暗示性。患者一般能适应社会，其行为一般保持在社会规范容许的范围内，可以为他人理解或接受，但其症状妨碍患者的心理功能或社会功能。此类患者自知力完整或基本完整。

一、常见表现

上述这一类病人除了功能性躯体症状外，常伴随心理症状：焦虑症状；恐怖症状；抑郁症状；疑病症状；其他症状等。

（一）焦虑症状

1. 一种恐怖或与恐怖密切联系的体验。
2. 主观上有不祥、紧迫、虚脱、甚至濒死感。
3. 客观上并无相应的威胁或危险。
4. 指向未来的，预感某种威胁或危险即将发生。
5. 伴有多种自主神经功能紊乱症状。
6. 伴有明显运动不安。
7. 发作形式：持续性（GAD）、发作性（PD）。

（二）恐惧症状

1. 害怕与处境不相称　即对大多数人不感到害怕的处境感到害怕，或者害怕的程度超过一般人的平均水平。
2. 病人感到很痛苦，往往伴有明显的自主神经功能障碍。
3. 对害怕的回避，并直接造成社会功能损害；正常人面对现实，而恐怖症病人回避现实。
4. 主要类型　单一恐怖、其他恐怖。

(三) 抑郁症状

1. 心理症状　主观抑郁体验；客观抑郁表现。
2. 生理症状　睡眠障碍、食欲异常、性生理异常、躯体功能异常等。

(四) 疑病症状

1. 对自身健康或疾病过分担心。
2. 对某些异常感觉和(或)生理现象作出疑病性解释。
3. 有牢固的疑病观念，缺乏充分依据，但不是妄想。
4. 对理性的分析和阴性检查结果表示怀疑。
5. 反复到多家医院求医，反复要求进行辅助检查。
6. 对辅助检查具有病态兴趣，但往往不愿接受治疗。

(五) 睡眠障碍

难以入睡；早醒；易于惊醒、多梦；睡不解乏；睡眠感缺乏；睡眠时相延迟等。

(六) 慢性疲劳综合征

以衰弱性疲劳、精力不足为主诉，常伴有头痛、咽喉痛、肌肉及关节痛、记忆力下降、注意力集中困难等症状，可伴有低热及淋巴结肿痛。

(七) 慢性疼痛综合征

躯体某部位或某几个部位长期疼痛不适，常见的部位有头、颈、肩、腰、背、四肢以及胸、腹等。

(八) 自主神经功能紊乱综合征

可有交感神经和副交感神经活动占优势两类表现，常见的表现有心悸、气急、便秘、出汗障碍、尿频尿急等。

(九) 功能性消化不良综合征

常见的诉述为腹胀、腹痛、恶心、反酸、嗳气、呕吐、腹泻等；但查无消化系统器质性疾病。

二、处置与策略

(一) 处理原则

心理治疗或联合药物治疗。治疗目标：症状完全缓解，达到临床治愈；恢复病前职业和社会心理功能；减少或预防复燃与复发。心理治疗方法主要有支持性心理治疗、认知疗法、行为治疗、生物反馈疗法、精神动力学治疗等。药物治疗主要以对症处理为主，多以抗焦虑、抗抑郁及镇静催眠类药物为主，遵从专科用药原则。详见有关章节。

(二) 加强综合医院精神卫生工作的策略

1. 真正实现医学模式的转变　要落实医学模式的转变就必须有精神科医师、临床心理学工作者和社会工作者参加综合医院各临床学科的医疗、教学、科研、防治工作。将综合医院精神卫生服务融入医学教育以及毕业后教育体系中。要通过不断培训，促使医务人员真正树立现代医学模式和整体医疗护理观念。

2. 开展综合医院的医护人员培训　对各科医务人员进行精神卫生专科知识的培训，接受并树立新的医学模式；掌握各科病人的常见心理问题、精神病症状学、精神检查、常见精神障碍的诊断与治疗常识；提高常见精神障碍的识别能力，特别是对神经症、器质性精神障碍、功能性精神病等的初步诊断及鉴别。作为躯体疾病的治疗者,应密切关注患者的精神健康状况,除了通过培训等措施提高临床医师的精神卫生知识和服务意识外,尚需一些具体的操作方法来提高他们对精神障碍的检出能力。如结构式访谈的运用、可筛选躯体化、焦虑、抑郁和酒精滥用障碍的自评调查表使用与评估,常用的有《常见心身疾病早期筛查与诊断评估量表》《症状自评量表》《抑郁自评量表》《焦虑自评量表》等。

3. 多渠道联络精神卫生工作　不但要使已有的会诊工作规范化、系统化,还要积极开展联络工作,如常规轮转、建立针对会诊患者的支持性小组、与各科医师合作进行心理社会因素与躯体疾病关系的研究等。这样不仅能增加临床医师对精神卫生服务的了解,增强和精神科医师的协作关系,还能使临床医师在工作实践中,更有效地掌握精神障碍的识别、评估和处理的技能。

4. 加强精神卫生知识宣传　对社会人群或就诊患者举办精神卫生知识讲座,加大精神卫生知识的科普宣传力度,使精神病学服务内容和方式被人们广泛接受。

总之,只有通过综合医院及专科医院的共同努力,才能真正做到以现代医学模式引导综合医院管理思路;只有精神科医师和各科医师通力合作,才能最终实现双轴诊断和双轴治疗,真正为患者提供躯体和精神的全方位服务。

第四节　临床诊治中病人心理问题的处理方法

临床诊治中对于病人心理问题的处理方法很多,常用的方法有心理支持疏导、药物治疗和精神科或临床心理科会诊。

一、心理支持和疏导

综合医院的医护人员应掌握病人的一般心理问题、心理障碍的诊断和处理相关知识。心理疏导和心理支持是最基本的心理调节方法。医护人员可以通过对病人的理解和保证、鼓励和安慰病人了解病情,解除顾虑,树立信心,加强配合,消除病人紧张、焦虑和抑郁等不良情绪,唤起病人的希望和接受治疗的勇气。只要方法合理,应用恰当,处理及时,是能够有效地帮助病人消除心理压力,提高应对能力,积极克服各种困难和挫折。

二、药物治疗

为了消除和缓解病人的一般心理症状,综合医院的临床医生可以应用一些抗焦虑和抗抑郁药。用药应根据病人的症状、病情和年龄、个性等综合情况适当地使用,由于精神科药物有其特殊的药理特性,如抗抑郁药的见效时间较慢,用药周期长,因此,医生必须掌握药物的性质和用药规律,结合临床实际谨慎使用。

三、精神科、临床心理科会诊

当诊治中病人的心理问题复杂严重时,应及时请精神科会诊,使病人的心理问题得到及时的诊治。在邀请进应向病人或病人的家属进行解释,说明会诊的重要性和必要性。精神科医生会诊后应着重考虑如何与精神科医生协助及配合治疗等问题。如果病人有接受心理治疗的要求和愿望,还可以与临床心理科联系,邀请心理医生会诊,明确病人是否适合心理治疗。若有心理治疗指征,可作进一步协调,为病人安排心理治疗的时间、形式及具体方法。

第五节 监狱医院常见与精神心理因素有关的表现及处置

监狱是国家刑罚执行机关,通过对罪犯执行刑罚,剥夺其人身自由,让罪犯失去再犯罪的条件,同时防止服刑期间重新违法犯罪。监狱的惩罚功能之一就是使受刑人的身心置于刑罚的条件下,限制其精神和物质生活而产生的心理痛苦效应。从这个角度来说,罪犯往往需要通过入监后的认知矫正、情绪调整、习惯改变、人际改善等来适应监狱的生活、学习、劳动和改造教育。在服刑过程中,除了自由受到限制、刑罚压力、人际关系等改变外,伴随着监狱生活,还存在着婚姻维持、家庭变化、子女成长等心理社会因素,因而受到心理社会因素影响的疾病和相关症状频频出现。此外,因躯体疾病所致的精神异常也较为多见。

1. 情感爆发 如突然大吵大闹,捶胸顿足,大口喘粗气,或过度深呼吸,甚至毁物、撞墙等。原因多为矛盾冲突、家庭婚姻变故、人际不良等。

【常见病症】①癔症发作;②情绪反应(最常见为与他人争执、不服从管教、家庭变故等);③伪病。

【措施】仔细追问病史,大多在此之前有与他人交流上的矛盾冲突(罪犯之间或与民警之间);或是因家庭婚姻问题而触发。对患者检查均无阳性体征,实验室检查较少有异常指征。

【处理】加强夹控观察;心理疏导;暗示治疗;请精神心理科会诊。

2. 缄默不语 短期内突然不说话,问之不答,和他人交流用手势或不和人交流。洗漱刷牙、进食、大小便等能自理。原因多因违规被处理或自认为处理不公、对抗管教、对计分考核不满、减刑不满意、家庭变故、人际冲突或逃避改造、漏罪余罪等。

【常见病症】①癔症;②情绪反应;③伪病;④脑器质性病变(脑缺血梗死、脑炎等)。

【措施】仔细调查近期生活情况,并对其进行相关体检和辅助检查。部分患者可有阳性指征发现。

【处理】排除器质性病症;加大夹控观察力度;心理疏导或暗示;谈话教育;请精神科会诊。

3. 行走不能 多见双下肢突然瘫痪、局部肌肉抽动或阵挛,主动下床活动不能。原因多由精神刺激引起,如与他人发生肢体冲突,或试图逃避惩罚。

【常见病症】①癔症;②伪病(逃避劳动或训练、与他人矛盾时、对抗管教等)。

【措施】仔细调查发病前生活情况,结合临床体检及辅助检查(大多无异常)。

【处理】加强夹控观察;心理疏导或暗示;直接戳穿;必要时针灸治疗。

4. 情绪低落　近期突然出现少言寡语，和他人交流减少，对身边事物关注减弱，时有唉声叹气，活动减少。多为心理社会因素影响所致，也有可能为躯体疾病引发。

【常见病症】①情绪反应；②抑郁症；③甲减；④其他疾病。

【措施】仔细调查近期生活情况，了解既往病史，并对其进行相关体检和辅助检查，部分患者可有阳性指征发现。

【处理】排除躯体因素；针对心理因素，谈话教育或心理疏导；请精神科会诊。

5. 反复缠医　就诊者因躯体上的不适主诉，经医院各类检查，包括狱外医院的检查，未发现器质性因素，反复解释，不能接受，仍不断要求医生检查，甚至提出不切实际的要求，不断要求进行进一步检查。

【常见病症】①躯体形式障碍；②诈病；③其他疾病。

【措施】仔细调查近期生活情况，了解既往病史，并对其进行相关体检和辅助检查。

【处理】排除躯体器质性病症；谈话教育；心理疏导；请精神科会诊；必要时施行监管惩戒。

6. 兴奋躁动　短期内出现多言多语，睡眠少，整日和他人唠叨，别人不搭理也不在乎，易激惹，生活能自理。

【常见病症】①甲亢；②脑器质性疾病，如老年痴呆等。

【措施】对其作相关的体检和实验室辅助检查，并调查病史，大多可发现阳性指征。

【处理】排除器质性病症；加强夹控观察；申请多科会诊。

监狱作为特殊的场所，罪犯面对的矛盾冲突及心理压力较为突出，由于受到刑罚的惩处，试图获得利益或逃避惩罚的可能性客观存在，故功能性躯体症状、心理症状与诈病的鉴别就显得尤为重要。

（吕成荣　李广武）

第二十七章　监狱精神病人住院安全管理

由于治疗对象的特殊性,住院精神病人发生的意外事件引发的医疗纠纷相对较多,而焦点是病人的安全管理问题。住院精神病患者病情一般较重,有的缺乏自知力和思维紊乱,情感反应不协调,行为不能控制;有的因情绪低落、意念消极容易发生自杀、自残;有的则情绪不稳,易激惹,重则攻击他人。因此,精神科较一般科室更重视安全问题,加强住院精神病患者的安全管理,是有效治疗精神患者的重要前提,这一点对住院精神病罪犯尤为重要。

第一节　精神病犯住院一般安全管理

精神病人由于症状的支配会出现冲动、伤人、自伤、毁物等异常行为,安全管理就摆在精神病院(房)首要位置。对意外事件的防范,加强对医务人员的专科培训,增强安全意识,建立安全的管理制度、制定安全紧急风险预案,对重点时段、重点患者及躯体并发症的处理,抓好五防(人防、物防、技防、药防与心防)是安全管理的重点。监狱精神疾病的安全管理除了监管安全管理外,还需要在以下几方面做好专业安全管理:

一、建立和完善医疗安全管理体系

提高医疗安全意识,建立医疗安全与风险管理体系,完善医疗安全管理相关工作制度、应急预案和工作流程,加强医疗质量重点部门和关键环节的安全与风险管理,定期开展医疗安全教育,落实患者安全目标。

制定《医疗质量与医疗安全管理和持续改进方案》并严格加以实施,保障医疗质量和医疗安全。建立医疗质量(安全)不良事件信息采集、记录和报告相关制度,制订防范、处理医疗纠纷的预案,预防、减少医疗纠纷的发生。完善投诉管理,及时化解和妥善处理医患矛盾。

二、住院安全管理对策

(一)做好入院评估

对每例住院患者,医护人员都要进行严格的安全评估,同时认真检查患者随身是否有危险物品,如病人身上的刀、剪、绳子,并检查病人的皮肤是否完整、有无骨折、是否伴有器质性疾病,观察患者的意识情况、精神状态、体质等。

(二)做好重点环节的管理

自杀、暴力行为多发生在入院初期或急性期、疗效差的患者中,与精神症状的严重程度呈正相关,工作人员应及时评估有自杀或冲动伤人倾向患者的危险因素,加强入院环节、交接环节等重点环节的管理。

（三）重点区域的管理

重点区域包括门两侧、窗口、楼梯口、厕所、水房、洗手间。这些区域是精神科病房容易发生安全隐患的地方,应有专人每10~15分钟巡视一次,避免患者在这些地方聚集。

（四）重点时段的管理

重点时段包括凌晨、开饭、起床、发药、外出检查、参加工疗活动、节假日等时间,这些时间的护理、治疗集中,工作比较繁忙,患者容易趁机出走,或发生冲动等过激行为。

精神科的夜间管理尤为重要,每个班次的夜班有2人值班,10~15分钟巡视病房一次,重点检查患者是否真正入睡,交接班清点人数必须到床头,对隐蔽场所仔细查看,保证患者的一举一动都在医护人员的监护之下。

（五）重点患者的监护

1. 精神症状严重的患者　以精神分裂症为主,暴力行为的发生率高且危害严重,约30%的患者具有暴力行为。在精神科的管理中,针对有暴力倾向和攻击他人的患者,要求24小时有护理人员监护并加强巡视,每10~15分钟巡视病房1次,同时要求护理人员及时正确评估患者的病情,密切观察病人的言行,判断患者有无发生自杀、攻击和暴力行为等危险信号,采取有效的干预。如兴奋躁动的患者要控制其活动范围,避免使用刺激性的言语与患者交谈,必要时采用保护性约束。将其安置在单独的房间,避免遭受其他患者的攻击。禁止有逃跑企图的患者外出。

2. 伴有严重的躯体疾患的患者　对于有严重躯体疾患的精神病患者,在进行一般精神科常规护理的同时,还要注意各种并发症的情况,必要时会诊或转诊,让患者得到及时的治疗。

（六）药物治疗中的管理

对于精神病患者,抗精神病药物是减轻或者缓解症状的关键,药物的治疗过程中,为了严防患者藏药,保证药物的有效治疗剂量和效果,防止一次服用过量导致中毒,护士操作中要严格执行"三查七对"制度外,还要求护士做到"发药到手,看服到口,咽下再走"的原则,严密观察患者服药后的反应,及时与医生沟通联系。

（七）建立健全的护理安全管理制度

护理工作是专科安全管理重要组成部分,成立护理安全管理委员会,制定《护理安全防范措施》《住院患者紧急状态的护理应急措施》《护理差错上报制度》《护理安全预警制度》。每日利用晨间护理时间,对病房的环境和患者的床单元进行安全检查,如查看患者床上、身上有无隐藏的违禁品,如锐器、火机、绳子等;每周进行一次安全大检查,主要检查病房的设施,并由专人负责做好登记,做到门窗松动及时维修。科室每周召开1次护理工作会议,分析安全隐患,对护理安全实现前瞻性和全程动态管理。护理管理部门进行分析总结,提出整改措施。

（八）心理康复指导

抑郁患者、心理社会因素影响较大的患者,自我管理的能力较差,要适时地对患者进行心理疏导,提高其生活自理能力。通过语言给患者足够的心理支持,从心理上帮助患者正确地认识疾病的本质和特点,缓解其心理冲突,建立良好的行为模式,也是防治心理冲突,应对不良,情绪失控的重要举措。

精神病专科医院要提高医疗安全意识,建立医疗安全与风险管理体系,完善医疗安全管理相关工作制度、应急预案和工作流程,加强医疗质量重点部门和关键环节的安全与风险管理,落实患者安全目标。特别是质量安全体系的建立,包括:风险防范意识的树立、质量控制体系的建立、安全管理主体的确定、风险控制环节的明确、规避风险工具的使用等。

第二节　住院精神病犯危险等级评估

精神疾病住院罪犯的危险性评估是指对罪犯可能发生脱逃、行凶、自杀等危及监狱安全稳定的现实与潜在危险进行评估预测。主要包含入院评估、中期评估和即时评估。

为规范医院管理区域化、监区管理网格化、病房管理单元化的分级管理工作,需要综合运用医疗、护理、改造、心理矫治等手段,促进病犯治疗、康复与矫正,监管职能部门应结合工作实际,制定病犯危险分级与防范管理规定。

1. 罪犯危险性评估主要通过档案分析、结构性面谈、量表测试、行为观察、社会调查、统计分析、综合诊断等多种方法,以疾病诊断、病情现状、认知状况、行为方式和既往病史、服刑表现为主要依据,将病犯危险程度分为不同的级别,施以相应的管理措施。

2. 坚持科学规范、分级负责,分类评估、超前预测,保障安全、服务矫正的原则。个体分析与集体会诊相结合的方法,提高评估的客观性、科学性和公正性。

3. 危险级别认定以既往病史与现行症状相结合、既往改造与现实表现相结合、定性与定量相合、静态评估与动态评估、常规评估与即时评估的原则;分类管理实行医疗、护理、管教共同负责、责任到人、超前防范、动态管理的原则。

4. 危险级别设置及标准

病犯危险级别设置为四个等级:极高度危险设为A级、高度危险设为B级、中度危险设为C级、低度危险设为D级。

(1) 极高度危险(A级):是指精神病症状活跃、自知力缺乏、有严重药物不良反应或伴随严重躯体疾病的病犯;无改造目标,丧失生活信心,不配合治疗、康复、矫正的病犯;危险性行为不能接受劝说、教育而停止,有极大的现实危险性的病犯。

有下列情形之一的定为极高危险(A级):

①冲动危险评估16分以上;

②自杀危险评估15分以上;

③脱逃危险评估17分以上;

④跌倒、坠床危险评估9分以上。

(2) 高度危险(B级):是指精神病症状明显、自知力部分缺乏、有较严重药物不良反应或伴随严重躯体疾病的病犯;无明确改造目标,生活信心缺乏,不太配合治疗、康复、矫正的病犯;危险性行为较难接受劝说、教育而停止,有很大的现实危险性的病犯。

有下列情形之一的定为高危险(B级):

①冲动危险评估11~15分；

②自杀危险评估10~14分；

③脱逃危险评估13~16分；

④跌倒坠床危险评估7~8分。

(3) 中度危险(C级)：是指精神症状、自知力、社会功能状况至少有一方面较差的病犯；个性偏执、危险性行为能接受劝说、教育而停止的病犯；治疗依从性、康复服从性、矫正顺从性较差，有较大的现实危险性的病犯。

有下列情形之一的定为中度危险(C级)：

①冲动危险评估5~10分；

②自杀性危险评估6~9分；

③脱逃危险评估7~12分；

④跌倒坠床危险评估4~6分。

(4) 低度危险(D级)：是指精神症状基本消失，自知力基本恢复，社会功能处于一般或良好，无严重药物反应，无严重躯体疾病或躯体疾病稳定，无其他异常的病犯；治疗依从性、康复服从性、矫正顺从性较好的病犯；能服从管理，接受教育的病犯。

有下列情形之一的定为一般危险(D级)：

①冲动危险评估4分以下；

②自杀危险评估5分以下；

③脱逃危险评估6分以下；

④跌倒坠床危险评估3分以下。

5. 级别管理

(1) 危险级别由床位医生、床位护理、承包民警共同评估，监区集体研究确定。

(2) 确定为极高度危险(A级)的应列为省局级重点病犯个别化矫治对象，由院(监狱)领导牵头组织，由床位医生、床位护理、管教民警、心理治疗师、心理咨询师组成的团队重点管理、矫治；确定为高度危险(B级)的病犯，应由病(监)区领导牵头，由床位医生、护士、民警、心理治疗师团队重点矫治；确实为中度危险(C级)的30%病犯应列为病(监)区级重点病犯个别化矫治对象，由病(监)区值班长以上领导牵头承包，确实为低度危险(D级)的50%病犯由床位医生、护士、民警、心理咨询师作相应的管理、矫治。

(3) 评估时间：新入院病犯必须评估；转科及病情不稳病犯，及时评估。

评估周期：极高度危险(A级)每周评估一次；高度危险(B级)每2周评估一次；中度危险(C级)每月评估一次；低度危险(D级)每季评估一次。

极高度危险(A级)用红色标示；高度危险(B级)用黄色标示；中度危险(C级)用蓝色标示。

(4) 病犯调出时，危险等级评估材料、重点人头个别化矫正材料随档案移交调入监区。

病犯危险级别认定参见冲动、自杀、脱逃、跌倒、坠床危险等级评估表(表27-1、表27-2、表27-3、表27-4)。

表27-1 住院精神病患者暴力行为风险评估表

病区：_____ 床号：_____ 姓名：_____ 诊断：_____

序号	内容	分值		评估日期		
1	受教育程度低（小学及以下）	0	1			
2	服刑次数（初次及多次）	0	1			
3	犯罪前不良行为经历（洗浴、保健等场所）	0	1			
4	涉毒或涉黑	0	2			
5	暴力型犯罪	0	1			
6	既往反复出现暴力行为	0	3			
7	有药物、酒精滥用史、吸毒史	0	1			
8	现实环境适应能力	0	2			
9	近一月有明显的社会心理刺激	0	2			
10	有明显的妄想、猜疑、激越、兴奋、与被害有关的幻觉等精神病性症状	0	2			
11	治疗依从性差/疾病认知差	0	1			
12	情绪稳定性差	0	2			
13	言语现实攻击性	0	3			
14	行为现实攻击性	0	5			
	得分：					
	评估人(医、护、管)					
	评估结论(A、B、C、D)					

评估说明：

1. 危险度评价分级：≤4分为低度风险，5~10分为中度风险，11~15分为高风险，≥16分为极高风险。
2. 评定时间：新入院、转科病人、有病情变化时。
3. 评估人：床位医生、床位护士、管教民警。

表27-2 住院精神病患者自杀危险评估表

病区：_____ 床号：_____ 姓名：_____ 诊断：_____

序号	内容	分值		评估日期		
1	长期自卑/有绝望感/失去改造信心	0	3			
2	余刑10年以上	0	1			
3	不服判决	0	1			
4	不认同改造政策，刑事减刑政策	0	1			
5	三月内月平均奖励分3分以下	0	1			
6	被害妄想或有被害妄想内容的幻听					

续表 27-2

序号	内容	分值		评 估 日 期		
7	情绪低落/兴趣丧失或愉快感缺乏	0	3			
8	人际关系及社会功能退缩	0	1			
9	言语流露自杀意图	0	2			
10	计划采取自杀行动	0	3			
11	自杀家族史	0	1			
12	近亲人死亡或重要的亲密关系丧失	0	3			
13	精神病史	0	1			
14	"三无"犯	0	1			
15	自杀未遂史	0	3			
16	近期改造及生活挫折	0	1			
17	治疗依从性/康复服从性/矫正顺从性	0	1			
18	饮酒依赖史	0	1			
19	躯体疾病久治不愈/长期慢性病	0	1			
	得分					
	评估人(医、护、管)					
	评估结论(A、B、C、D)					

评估说明：
1. 危险度评价分级：≤5分为低度风险，6～9分为中度风险，10～14分为高风险，≥15分为极高风险。
2. 评定时间：新入院、转科病人、有病情变化时。
3. 评估人：床位医生、床位护士、管教民警。

表 27-3 住院精神病患者脱逃风险评估表

病区：_____ 床号：_____ 姓名：_____ 诊断：_____

序号	内容	分值	评 估 日 期		
1	减刑无望,长期监禁	2			
2	对判决不服,对服刑认知差	2			
3	家庭中有重大事件发生	2			
4	身份信息不明确	3			
5	有记忆力减退、定向障碍者,无疾病认知能力	2			
6	有明显的幻觉、妄想	1			
7	治疗依从性差	1			
8	曾有明确的脱逃史	3			

续表 27-3

序号	内容	分值	评估日期		
9	有寻找脱逃机会的表现	5			
	得分：				
	评估人（医、护、管）				
	评估结论（A、B、C、D）				

评估说明：
1. 危险度评价分级：≤6 分为低度风险，7~12 分为中度风险，13~16 分为高风险，≥17 分为极高风险。
2. 评定时间：新入院、转科病人、有病情变化时。
3. 评估人：床位医生、床位护士、管教民警。

表 27-4　住院精神病患者跌倒、坠床危险评估表

病区：_____　床号：_____　姓名：_____　诊断：_____

序号	内容	分值		评估日期	评估日期	评估日期
		0	1			
1	年龄	9~65 岁	>65 岁或<9 岁			
2	跌倒坠床史	无	有			
3	意识状态	清醒或深昏迷	有其他意识状态①			
4	感官视觉听觉退化	否	是			
5	行动能力	稳定自主或完全无法移动	无法稳定行走②			
6	睡眠形态	正常	紊乱			
7	使用易导致嗜睡的药物	无	有			
8	有体位性低血压或使用降压药	无	有			
9	贫血、低血糖或使用降血糖药物	无	有			
10	身体虚弱或头晕症状	否	是			
11	使用利尿或缓泻剂	无	有			
12	排泄状况	正常	异常③			
13	依从性	好	差④			
	得分					
	评估人（医、护、管）					
	评估结论（A、B、C、D）					

评估说明：
1. 危险度评价分级：≤3 分为低度风险，4~6 分为中度风险，7~8 分为高风险，≥9 分为极高风险。
2. 评定时间：新入院、转科病人、有病情变化时。
3. 评估人：床位医生、床位护士、管教民警。
备注：①其他意识状态：记忆丧失、无方向感、意识混乱；②无法稳定行走：需要使用助行器，步态不稳，平衡感差等；③排泄状态异常：大小便失禁、腹泻、尿频、夜尿多等；④不寻求他人帮助。

第三节 精神病犯住院安全防范管理

住院精神病犯的安全防范是专科管理的重点内容,也是医院工作的基础,需要通过医疗、护理、管教及相关人员共同参与、共同努力才能完成。

在对精神病犯的安全评估的基础上,需要从以下方面做好管理。

一、冲动危险防范管理

(一)低度危险(D级)

1. 做好监区的基础安全管理工作。
2. 病犯饮用水、饭菜温度不得超过40℃。
3. 严格落实联号夹控制度,病犯活动在工作人员的视线范围内。
4. 严格清监搜身制度,杜绝违禁、危险品流入监内。少量管制类危险品(牙刷、勺子、工疗用品、笔、指甲剪、洗衣粉、缝衣针等)在工作人员的视线范围内使用,专人发放、及时回收。
5. 严禁单人带病犯谈话。
6. 严禁女性工作人员在男犯收封前单独在门禁内走动。
7. 落实"十必谈"制度,病情变化及时处置并做好记录和交接工作。
8. 情绪波动,及时给予心理支持和教育疏导,解除心理危机。
9. 以坦诚、尊重、温和、接纳、冷静的态度对待病人,主动与病人建立良好的医患关系。
10. 结合犯人的病情和改造情况,落实好疾病知识宣教和住院规范宣教。

(二)中度危险(C级)

1. 执行低度风险措施。
2. 病情不稳者,及时给药治疗,控制病情。
3. 将躁动、易激惹病人分开管理或安置于相对安静的场所(病房)。
4. 对人格障碍病人应详细分析病人的合理与不合理的要求,做好解释工作,尽量满足其合理需求。
5. 鼓励病人遇到问题及时向工作人员倾诉。
6. 认真观察病情,了解病人冲动的相关因素,发现异常,医生、护理、管教民警及时共同处置。
7. 开展针对性教育,让病犯了解冲动言行可能造成的损害后果;让病犯学会情绪控制法,如愤怒时从1数到10等;让病犯学会情绪发泄法,如跑步、做操、唱歌等。

(三)高度危险(B级)

1. 执行低度和中度风险措施。

2. 病人处于激惹冲动状态时,及时给予制止、药物控制、保护性约束;接触病人时至少需两名工作人员,严禁让病人站在身后。

3. 将病人安置于重点床位,确保 24 小时监控。

4. 给予保护性约束时,应向病人说明约束可帮助其控制激动情绪和冲动行为,是对其非惩罚性的保护措施。

5. 约束期间按约束保护作业指导书相关要求执行。

6. 鼓励病人自我评价约束前后的感觉,并作出行为约定(承诺以其他方式表达愤怒攻击行为)。

7. 每班次严密观察,严格执行交班制度,必要时床头交接,重要时段重点监控。

(四)极高度危险(A 级)

1. 执行高度风险措施。

2. 病人处于激惹冲动状态时,及时给予制止、药物控制、保护性约束;接触病人时至少需两人名工作人员,严禁让病人站在身后。

3. 将病人安置于重点床位或隔离病房,确保 24 小时监控。

4. 必要时给予保护性约束,并向病人说明约束可帮助其控制激动情绪和冲动行为,是对其非惩罚性的保护措施。

5. 约束期间按约束保护作业指导书相关要求执行。

6. 临床医生、心理治疗师、护士及民警应组成团队,及时评估并制定相应的稳控、矫治措施。

7. 医生、护士和民警应每班次严密观察,严格执行交班制度,床头交接,重点监控。

二、自杀危险防范管理

(一)低度危险(D 级)

1. 做好监区的基础安全管理工作。

2. 严格清监搜身制度,病犯使用裤带、鞋带长度不得超过 20 厘米,杜绝其他绳索、长带、锐器等流入监区。少量管制类危险品(牙刷、勺子、工疗用品、笔、指甲剪、洗衣粉、缝衣针等)在工作人员的视线范围内使用,专人发放、及时回收。

3. 情绪不稳定伴有自杀倾向,应及时了解自杀原因,给予心理支持,解除心理危机。

4. 严格落实联号夹控制度,确保病犯在工作人员的视线范围内活动,严禁病犯单独行动。

5. 落实"十必谈"制度,肯定病人的长处、优点,帮助病犯树立生活信心;帮助病人了解人生的意义和目的,鼓励树立正向性人生观。

6. 了解病人的兴趣、爱好,为病人提供喜爱的活动形式,以松弛紧张、愤怒、焦虑的情绪,转移注意力。

7. 建立良好的医患关系,主动关心病犯,让其体会到工作人员的温暖。

8. 鼓励病犯搞好人际关系,遇到问题主动向工作人员或其他病犯求助。

9. 鼓励病犯利用亲情电话、亲情会见、书信来往等形式与亲属沟通,寻求家庭支持,增强生活信心。

10. 结合犯人的病情和改造情况,落实好疾病知识宣教和住院规范宣教。

(二) 中度危险(C级)

1. 执行低度风险措施。
2. 病情不稳有自杀倾向的病犯，应及时药物治疗，控制病情。
3. 观察病情，及早发现自杀先兆，了解引起自杀、自伤的有关因素，病情允许时与病人共同分析，帮助其正确分析认识精神症状。

(三) 高度危险(B级)

1. 执行低度风险及中度风险措施。
2. 将病人安置于重点床位，确保24小时监控。
3. 必要时给予保护性约束。
4. 每班严密观察并交接患者情况。

(四) 极高度危险(A级)

1. 执行高度风险措施。
2. 将病人安置于重点床位，确保24小时监控。
3. 必要时给予保护性约束。
4. 每班严密观察并交接患者情况。
5. 临床医生、心理治疗师、护士及民警应组成团队，及时评估并制定相应的稳控、矫治措施。

三、脱逃危险防范管理

(一) 低度危险(D级)

1. 做好监区的基础安全管理工作。
2. 严格落实联号夹控制度，病犯在工作人员的视线范围内活动，禁止单独行动。
3. 工作人员进出病房时随手锁门。
4. 严格落实"十必谈"制度，及时了解思想变化及家庭变故情况，做好针对性思想教育。
5. 严格落实往来信件、亲情电话和亲情会见制度，及时掌握病犯企图脱逃的思想动态。
6. 病情不稳定，存在幻听等精神症状时，及时给予药物控制病情。
7. 加强监区内部项目管理，定时检查监管设施，责任到人，并做好记录，如有损坏及时报修。
8. 外出活动、身体检查、亲情会见时要加强观察，必要时增加警戒力量。
9. 向病人进行入院指导，介绍住院环境，主动关心病犯，建立信任关系。
10. 结合犯人的病情和改造情况，落实好疾病知识宣教和住院规范宣教。

(二) 中度危险(C级)

1. 执行低度风险措施。
2. 急性期暂缓、减少身体检查、外出病房活动。

(三) 高度危险(B级)

1. 执行一般及中度风险措施。

2. 将病人安置于重点床位,确保 24 小时监控。
3. 必要时给予保护性约束。
4. 每班严密观察并交接患者情况。

（四）极高度危险（A 级）

1. 执行高度风险措施。
2. 将病人安置于重点床位,确保 24 小时监控。
3. 必要时给予保护性约束。
4. 每班严密观察并交接患者情况。
5. 临床医生、心理治疗师、护士及民警应组成团队,及时评估并制定相应的稳控、干预措施。

四、跌倒、坠床危险防范管理

（一）低度危险（D 级）

1. 房病、活动场所保持地面干燥、平坦、无积水。
2. 让病人穿轻便舒适的合脚的软底鞋,禁止病人穿塑料底、泡沫底等易滑鞋及拖鞋或赤脚;让病人选择合适的衣裤,以免绊倒。
3. 高血压病人注意监测血压,发现异常及时汇报医生。
4. 结合犯人的病情和改造情况,落实好疾病知识宣教和住院规范宣教。

（二）中度危险（C 级）

1. 执行低度风险措施。
2. 嘱病人下床、入厕时应缓慢,服用抗精神病药、降压药、安眠药、降糖药时应特别强调。
3. 当病人感头晕,血压不稳时,下床时应安排先坐床沿,再由照顾护理或生活协理员扶下床。
4. 癫痫病人,平时应注意坐位或站位适宜,洗澡等外出活动时应专人看护,洗澡时采取坐位,避免单独站立。

（三）高度危险（B 级）

1. 执行低度风险及中度风险措施。
2. 对有跌倒、坠床的高危因素的病人应进行评估,确定防跌倒病人名单,健全标识,落实防护措施,并列入交班内容。
3. 使用具有防护设施的病床。
4. 病人入厕、洗澡时应由生活协理员专人搀扶。
5. 发现病人跌倒、坠床时,应立即对病人的受伤情况进行初步诊断,检查意识、BP、P、R、瞳孔,判断有无皮肤擦伤、骨折等,并妥善安置病人,同时立即通知医生处置。

（四）极高度危险（A 级）

1. 执行高度风险措施。
2. 对有严重药物副作用或跌倒、坠床的高危因素的病人应进行及时评估,加以标识,落实防护措施,列入交班内容。

3. 使用具有防护设施的病床。
4. 安排专人看护，协助活动。
5. 发现病人跌倒、坠床时，应立即对病人的受伤情况进行初步检查，测查意识、BP、P、R、瞳孔等生命体征，判断有无皮肤擦伤、骨折等，同时立即通知医生处置。

第四节　精神病犯异常行为监控管理

精神病罪犯在住院期间，由于病情或意外事件压力等现实因素影响持续出现言行异常及违反监规行为，可能引发或发生打架、自杀、行凶等行为或潜在的安全隐患，当班人员应在最短时间内（原则上不超过 30 秒）及时发现，并依据不同情形作出处置。

一、处置种类及内容

病犯中出现以下情形，当班人员须区分情形分别作出相应处置：

（一）关注情形

1. 规定时间不上床睡觉。
2. 手拿物品在病房不停走动。
3. 聚在一起嬉笑、打闹。
4. 在病房违反规定活动、锻炼，可能造成伤害的。
5. 出现异常言论或行为的。
6. 病犯间产生矛盾或打架等行为情绪尚未化解的。
7. 新入院病犯。
8. 病犯在病房有摇头、哭泣、低头不语等异常行为的。
9. 重点人头、约束保护病犯。
10. 其他需关注情形。

（二）干预情形

1. 在病房或病床上不停寻找东西。
2. 蒙头睡觉。
3. 到约束保护病人或入睡病人床前乱走、乱摸。
4. 夜间不眠或早醒后在病房内反复起床，来回走动。
5. 夜间反复起床上卫生间。
6. 夜间起床喝生水。
7. 夜间在洗漱台边逗留。
8. 收封后持续站在窗口逗留。
9. 病犯存在攀高行为的。
10. 其他需干预情形。

（三）控制情形

1. 病犯相互推拉，有身体接触的。
2. 病犯撕扯布条、摔打物品。
3. 发生摔倒、滑倒的。
4. 违反规定洗冷水澡。
5. 病犯发生争吵打架。
6. 病犯出现上吊等自杀迹象。
7. 病犯出现撞墙、撞物进行自残。
8. 病犯出现掐人、砸人等行凶可能。
9. 病犯情绪激动，难以沟通和控制。
10. 其他需控制情形。

二、异常情况发现处置的保障及组织

对病犯异常行为的监控主要凭借监控设备。病（监）区负责本部门病犯行为的监控，应急指挥中心负责全院病犯的滚动监控，实行交叉互补。各病（监）区当日在班人员、当日值班医生、监控中心人员、院领导依据病犯异常行为等级参与处置。

三、处置程序

（一）病（监）区流程

1. 病犯中出现以上情形，监控值班人员应通过监控加强观察。
2. 利用对讲系统向病房喊话予以提醒、制止。
3. 出现干预和控制情形的，值班人员应进入病房或走廊予以制止和处置。
4. 如系病情反复或情绪冲动应通知值班医生到场处置。
5. 病（监）区根据异常行为等级应通过对讲系统向应急指挥中心汇报，激活应急处置程序。
6. 如实记录病犯异常行为。
7. 早会时列入交接。

（二）监控中心流程

1. 应急指挥中心发现病犯中出现异常情况，迅速通过对讲系统通知病（监）区进行处置，并加强跟踪监控。
2. 病（监）区报告需值班领导协调处置事项，应迅即汇报值班领导。
3. 通知值班医生到场开展处置。
4. 做好异常情况记录，并下载相关监控录像。

四、考核管理

1. 病（监）区值班人员存有以下情形须依据《医院管理手册》兑现考核：
(1) 对病犯连续三十秒出现的异常行为未能发现。
(2) 对病犯中出现的异常行为未及时进行关注或未及时作出处置。

(3) 对病犯中出现的重大异常行为,无法解决但未激活应急处置程序。

2. 应急指挥中心人员存有以下情形依据《员工管理手册》兑现考核:

(1) 对病犯连续四十秒出现的异常行为未能发现。

(2) 对发现的病犯异常行为未及时通知病(监)区处置或隐瞒不报。

(3) 对病(监)区汇报需启动应急处置程序的事项未及时汇报值班领导。

(吕成荣)

第二十八章　监狱精神疾病的防治与管控

第一节　监所精神卫生概述

精神卫生又称心理卫生、精神健康。精神卫生的概念和内容有狭义和广义之分。狭义的精神卫生，是指精神疾病的预防。精神疾病的预防一般分为三级。一级预防，就是针对疾病的病因，采取措施，以防止精神疾病的发生。二级预防，是指早期发现，早期治疗，争取良好的疗效，预防复发。三级预防，是指已患病者的康复工作，尽量减少因病所致的精神衰退和能力丧失。由于目前对许多精神疾病的病因尚未真正明确，缺乏切实有效的病因预防手段，因而，目前的精神卫生工作，主要是指二级和三级预防。

广义的精神卫生，则为保障和提高人们的精神健康水平。主要包括三个方面：第一，防止和减少精神疾病；第二，提高精神健康水平，使人们感到精神愉快，能有效地对付各种精神压力；第三，提高精神效能，使人们能最大限度地发挥其心理的潜在力量。由此可见，广义的精神卫生的内容是很广的，它基本上属于精神医学的范畴，但又涉及心理学、社会学、行为科学等许多学科。对于监狱来说，精神卫生水平的标志是：患精神疾病的比例低，工作效率高，文明管理罪犯，工作人员心情舒畅，人与人之间关系良好！

精神卫生的对象、范围和任务：一方面是精神疾病患者的预防、医疗和康复，一方面是健康者的精神卫生水平的提高、维护健康者的精神健康和健康者的精神医学咨询。

狭义的监所精神卫生是指研究监管场所中服刑人员精神疾病的预防、医疗和康复。广义的监所精神卫生则是指提高服刑人员的精神健康水平，促进其人格成长，保证其顺利服刑，以及培养服刑人员出监后更好地适应社会的能力。

人的精神正常与不正常是一个连续变化的过程。也就是说，精神正常与异常之间是一个量化移行的过程。一般说来，常分为①心理正常状态：生活丰富、工作效率高、人际交往好、心理愉悦、自我接纳。②心理卫生问题：系指近期发生的，内容尚未泛化的和反应强度不甚剧烈的心理紊乱状态，主要为心境和情绪方面产生一定波动，思维却保持着严密的逻辑性，人格也十分完整。往往只是暂时的，在一定情景下偶然发生的，是正常心理活动中的局部异常状态。每一个正常人在特定情景下都可能产生不同程度的心理障碍，但其社会功能完好无损，往往不需经过治疗，只要不良生活事件消除，适当应用心理防御措施就会自然消失。③心理紊乱：这是初始反应剧烈、持续时间持久、内容充分泛化和自身难以克服的一种沉重精神负担。这类心理紊乱患者不单在情绪方面波动较大，而且出现各种违反逻辑性的思维或思维逻辑错误，由于长期的精神折磨，人格也可出现某些缺陷。心理障碍是指不良刺激引起的心理异常现象，是心理活动中的轻度创伤。例如：遇到挫折后或愤怒攻击，或消沉自卑；遇到两难其全难以抉择时的心理冲突；考试前的过份紧张焦虑等等。心理障碍时多伴有情绪的改变，如焦虑或抑郁、紧张或恐惧，以及生理功能的改变。心理障碍但是严重而持久的心理障碍不仅会对人格发展产生影响，也会诱发一些精神疾病。④心理疾病边缘：患者往往带有不甚典型的异常精神现象，如注意涣散,好幻想,意志力减弱,自我评价过分偏离常态,社会交往和人格方面的改变等等。

⑤精神疾病状态:包括精神病、人格障碍和神经症等。精神疾病是由生物、遗传、心理、社会、文化、环境等因素引起的心理或行为障碍。它主要包括神经症、人格障碍、精神发育障碍、精神病以及器质性精神病和中毒性精神病等。

罪犯精神卫生工作不仅是监狱卫生工作的重要组成部分,更是与监管安全、教育改造密切相关的。是一项需要医疗、狱政、教改等相关部门相互合作的综合性工作。

对于一般的心理问题,通过罪犯自身调节、家庭支持,或通过心理健康教育获得改善。较为严重的心理问题,则需要通过心理辅导,或由心理咨询师运用心理学的理论和方法,对有心理问题的罪犯提供咨询帮助,使其适应监狱环境,改变错误认知,疏导消极情绪,矫正不良习惯,发展自控能力,改善人际关系,塑造健全人格。对于严重的精神障碍,则需要通过医学系统处置,通过临床医师、心理治疗师运用药物治疗、物理治疗和心理治疗等方法综合处理,有的则需要经过住院治疗方能改善。

由于在押犯构成复杂,所致的不稳定因素也随之增多,同时监管安全工作要求越来越高,监所安全形势日益严峻,罪犯中精神疾病的问题也更加突出,特别是罪犯在出现精神问题的情况下,所造成的冲动攻击他犯或自杀、自伤、自残、脱逃等行为,已成为影响监管安全工作的重要因素之一。如何进一步加强对精神病犯的分类管理、控制和预防,科学地防控、治疗、教育这些特殊罪犯,确保监所安全稳定,切实维护这些罪犯的合法权益,已经成为摆在我们面前的重要课题。

第二节 国内监狱精神疾病防控工作现状

目前全国监狱系统的精神疾病防治工作尚无统一管理模式,全国监狱系统仅有一所专业精神卫生防治机构,大部分省市监狱仅有专科病房,有的甚至没有专科治疗场所,完全依托于社会资源。由于床位、专业人员等不能满足监狱实际需求,因精神问题引发的监管安全事件和执法敏感事件时有发生。

司法部〔2011〕司狱字53号《关于加强监狱罪犯精神卫生工作的通知》中指出,监狱精神卫生工作面临严峻挑战:一是监狱精神卫生力量不足,专业人员少、技术水平低。二是监狱医疗机构不健全,许多医疗机构尚未取得执业资格,医疗设施、设备普遍落后于一般社会医疗机构。三是监狱罪犯精神卫生工作医疗经费严重不足。四是监狱精神卫生工作尚未纳入地方精神疾病防范规划。五是监狱精神疾病罪犯的管理和保外就医难。

面对困难,近年来,各省监狱系统根据各地的现状和条件,因地制宜、不同程度地开展了精神病犯的收治与管理工作,进行了相关的研究与探讨,积累了一定的经验,为监狱精神医学的系统化发展和研究奠定了基础。

一、全国精神疾病罪犯收治管理模式

1. 分散型管理 有的监狱由于缺乏专业的精神科医护人员,将精神疾病罪犯散在管

控。分散型管理的主要问题是带来治疗与管理的风险。

2. 相对集中型管理　有的监狱系统根据监狱专业配置,将罹患精神疾病的罪犯相对集中关押于有基本条件的监狱医院,定期请属地专科医院来监会诊,制订治疗方案。相对集中型管理的主要问题是有一些需要系统治疗的精神疾病罪犯得不到及时有效的处理。

3. 契约型管理　有的监狱将严重的精神疾病罪犯移送至当地专科医院,如设立监管病房,诊疗工作由所在医院负责,安保工作则仍由监狱担任。契约型管理的主要问题是,由于社会医院缺乏相应的围墙、防护网及安保硬件条件,给看守民警带来极大的压力,不安全因素也相对较大。同时由于床位受限,许多需求得不到满足。

4. 集中型管理　省监狱管理局设立精神专科医院,集中收治重性精神障碍,包括治疗、康复、矫正和刑罚执行。以某省监狱管理局精神病院为典型,目前开放床位500张。一方面保证了罪犯精神疾病的及时治疗,保障了他们的医疗权益,另一方面解决了各监所缺乏专业人员所带来的困难,缓解了监管安全的压力,此种管理模式正越来越受到重视。

二、现行管理方式存在的缺陷与隐患

目前对于在押犯中精神疾病的管理方法主要是分散在各监区或予以保外就医,尚有大部分未能得到及时甄别、治疗和处理,仅个别省予以集中治疗管理,目前分散式关押和管理方式存在明显的隐患和不足。

1. 鉴于精神疾病患者常有幻觉、妄想等症状的存在,因而所致的行凶、伤害、自杀、强行脱逃等狱内突发事件时有发生,这类事件发生常为突发性,无明显先兆,给预防和控制工作带来很大的困难。

2. 由于对精神疾病的认识不足,致使监狱对部分精神疾病犯的病态行为,简单认定为对抗管教,给教育改造工作带来困难,有时甚至可能造成管理失控形成不良后果。

3. 精神疾病是一种特殊的疾病,因病保外就医到社会,如监护不到位、治疗不及时可能会造成治安问题,从而引致不良社会影响。同时,并非所有精神疾病都属保外就医范围,有的因为社会治安及缺乏家庭监护等条件的制约,而难以监外执行。因各种原因未能保外就医的精神病犯分散在各监区,管理难度大,影响改造秩序,分散改造警力,对劳动、生活、学习等监管改造秩序造成严重影响。

4. 目前对精神疾病的认识仍存在一定程度的误区,对精神疾病犯人的不理解、关心程度不够,加之人员、经费、设备、管理的困难致使少数精神疾病犯人得不到应有的关心及合理的处置。

第三节　监狱精神疾病防控工作管理对策

精神疾病罪犯得到有效的辨认、鉴定及专业的治疗、管理和教育,既是监管安全的需要,也是刑罚执行工作的有效组成部分,同时也是尊重罪犯人权、实施人道主义的重要体现。针对罪犯中精神疾病的现状,结合我国监管工作的实际,探讨如何做好防治工作,研究适合中国特色的监狱精神疾病防治、管理工作模式,具有重要的现实意义。

1. **重视罪犯精神疾病的防控,加强对精神卫生工作的领导**　各监狱管理局应成立相应的罪犯精神疾病防控领导小组,制定出适合监狱可持续发展战略的相关规划,统一对精神卫生工作领导和组织、协调和实施。

在监狱系统罪犯精神疾病防控领导小组的领导、组织、协调下,科学合理地建立和完善监狱系统精神疾病的防治模式,建立完善精神服务体系和网络,按"统一组织、集中治疗、分级管理"为原则的三级防治管理来实施(即专科医院—监所医院康复病房—监区防治站),逐步构建具有中国监狱特色的精神疾病防治网络。

加强精神卫生有关政策、法规的学习,充分认识到监狱罪犯精神卫生工作的重要性、必要性。要进一步加强精神卫生工作形势的研判,把精神卫生工作提上当前监狱工作的重要议事日程。要加强精神卫生工作的领导,明确相关机构和人员负责,加强监督考核,确保各项措施落到实处。

2. **做好精神疾病罪犯的管理和治疗工作**　一是做好对新入监罪犯的健康检查,对疑似患有精神疾病的罪犯,及时进行医学诊断或司法鉴定。二是建立精神疾病罪犯专档,建立健全工作制度,确保精神疾病罪犯管理和治疗工作有序进行。三是加强管理和治疗。对精神疾病罪犯要积极开展以药物为主的综合治疗。狱政、刑罚执行、教育改造、生活卫生等部门要根据罪犯精神疾病类型和程度,做好日常管理、刑罚执行、劳动项目的安排以及治疗等工作。

3. **从专业角度来解决精神疾病的治疗管理**　精神医学专科有其自身特殊性,其安全防范条件、治疗条件、管理措施需按专业要求来实施,同时医疗上需有专业的临床医师来实施,而目前监狱医院的专业条件及硬件条件都难以符合这一要求。所以各省监狱系统要尽快成立收治精神病犯的专科医院,使得这部分特殊罪犯得到有效、系统、及时的鉴别与治疗,并通过相应的认证,使之成为各省份鉴定、治疗、管理和调查的专业机构,更好地为监管安全提供保障。

4. **将监狱精神卫生工作纳入地方卫生部门的精神卫生防治工作规划**　应按照卫生部、公安部、司法部等七部委《关于进一步加强精神卫生工作的指导意见》(2004年8月)的精神,积极争取卫生行政部门的支持,将罪犯的精神卫生工作纳入本地区精神卫生工作计划。结合监管环境的特殊性,共同制定监狱场所的精神卫生工作计划和工作要求,在当地卫生部门的指导下做好罪犯精神疾病的预防、治疗与康复工作。

5. **加大各项措施保障的力度**　加快监狱特殊病犯监区建设进度,在监区内设立集中关押、治疗精神疾病犯的专管区,尽快实现对精神疾病罪犯的集中管理治疗。争取将监狱罪犯精神卫生防治工作专项经费纳入省级财政预算,作为监狱每年上报财政预算的一项内容,逐步完善罪犯医疗动态增长机制的建设。积极协调有关部门将罪犯精神卫生工作列入全民基本医疗保障范围,做好设施、设备的购置和更新计划,逐步改善精神卫生设施、设备条件。

6. **加强专业技术人才队伍建设工作**　监狱在招录医务人员时加大招录精神疾病专科医师的比例。建立精神疾病防治工作激励机制,落实精神卫生工作人员职业防护和国家规定的各项政策,提高他们的工作积极性。加强与监狱所在地精神病专科医院的沟通与合作,争取地方专科医院医师前往监狱坐诊并帮助培训监狱医护人员。加强对监狱人民警察、精神专科和精神卫生专业医护人员的精神卫生知识培训,提高对常见精神疾病的早期识别和有效处理能力,从事精神疾病防治的医务人员培训率要达到100%。积极开展学术交流活动,鼓励相关人员结合改造实际进行理论研究和探讨,促进专业人员业务能力不断提高。

7. 开展狱内精神卫生知识的宣传教育工作　加强监狱警察精神卫生知识的普及,这样有利于早期发现、早期干预,将这一类罪犯可能引致的监管安全隐患消除在萌芽之中,也使这部分罪犯得到及时治疗。同时也应该在罪犯中开展精神卫生知识宣教,以增加他们的精神健康水平,提高罪犯的心理健康水平和适应环境、适应社会的能力,更有效地让他们成为合法公民。

8. 开展罪犯精神疾病筛查,加强疾病监测　通过知情人调查、心理健康筛查、监狱医院门诊,使用《精神疾病调查检索询问提纲》等工具,各监所每年开展一次精神疾病筛查,监狱系统每三年组织一次普查,突出一个"早"字,即早发现、早治疗、早干预、早康复。及时掌握精神疾病发病及分布流行情况,为制定干预措施和决策提供依据。

9. 加强对外交流与学习,开展科学研究,尽快缩短专业技术差距,吸收、借鉴和推广国内国际先进科学技术及成功经验,不断提高监狱精神医学水平,更好地为监管安全保驾护航。

第四节　监狱精神疾病远程会诊系统建设

　　远程医学是一门新兴的边缘学科,是医学研究、应用与计算机技术、通信技术结合的成果,它主要通过使用远程通信技术和多媒体技术跨越空间的限制,远距离地实施医疗、保健、教学和医学信息服务。远程医学包括远程诊断、远程咨询会诊、远程教育、远程医学信息服务等主要内容。

　　20世纪50年代末,美国学者Wittson首先将双向电视系统用于医疗;同年,Jutra等人创立了远程放射医学。此后,不断有人利用通讯和电子技术进行医学活动,并出现了Telemedicine"远程医疗"。

　　我国最早的远程医疗技术运用是在1986年,二十多年的远程医疗发展大概可划分为尝试发展阶段、快速发展阶段和规范化实用化发展阶段。1999年底,卫生部发布了《关于加强远程医疗会诊管理的通知》,明确划分医疗责任、让远程会诊咨询有章可循,使我国远程医疗发展开始走向新发展阶段。在监狱系统开展精神病犯的远程会诊,运用现代通讯和电子技术为监狱医疗服务,是值得推广的一种尝试,某省走在了全国的前列,并且取得丰富的成果。

　　自2007年5月25日,某省监狱管理局精神病院与全省25所监狱建立远程会诊系统以来,经过多年的工作实践,已完成数千例视频会诊案例。快速、安全地解决了各监狱精神疾病防治工作的问题及困难,有效地破解了异地精神疾病筛查、诊治、防控难题。此外,还运用本平台开展了远程会议、远程教学和远程咨询等。

一、监狱系统精神疾病远程会诊系统的构建

　　某省监狱管理局精神病院在既往工作实践的基础上,经过一年多时间的合作研发,

在充分吸收国内外已有的远程医疗成功经验的基础上,结合该省监狱工作实际,利用现代科技手段,终于在 2007 年 5 月,建立了精神疾病远程会诊系统(LMS)。该系统借助于全省监狱系统广域网和内部局域网络的平台,通过在监狱管理局精神病院建立远程服务器端管理系统,全省 25 所监狱通过 LMS 客户端登录服务器进行远程视频会诊。

（一）远程会诊系统的搭建

1. 体系构成　本信息平台系统主要借助于视频会议系统软件,以 CS 架构为特点,以服务器/客户端体系结构为依托,构建远程视频会诊系统。其体系结构见图 28-1。主要分为远程会诊管理中心端和会诊医院端,它们之间通过监狱系统内部局域网连接。利用普通的计算机、标准的视频采集设备、耳机和麦克风等进行基于网络的虚拟会议交流。与传统的基于硬件的解决方案相比,本系统是以纯软件的解决方案,以较低的成本实现高质量、高可靠性的音视频通讯、协同工作、文档共享、远程讨论等多种功能。具有较高的视频音频质量、数据共享和易管理、易操作性、可靠性、易用性及稳定性。

2. 系统特色　本系统以用户为中心设计理念,基于先进的设计理念和开发模式,在视频会诊中集成了协同办公功能,内嵌新闻公告系统、备忘录、工作日志、文件共享等常用办公模块。可通过服务器级联技术进行灵活配置,理论上没有与会人数的限制,最多可支持 30 余路视频同步显示并进行轮巡切换,还支持 20 路高保真音频输入,满足更多人同时发言。

该系统可以多分屏显示：系统支持 25 路高清视频实时传输并支持远程调节视频。采用多级别、多权限管理体系,杜绝黑客、病毒的攻击。同时还有一整套权限管理策略。主要有用户身份验证、成员权限策略、会议访问控制和数据加密与解密,安全性高。视频网络自适应能力强,能智能搜索最优通信路由,自行适应从窄带到宽带的各种网络环境。支持扩大视频会诊讨论的数据处理能力,支持多诊室结构,大幅减少服务器的带宽和负载。本系统可以在各客户端再自行设置并开发多个分客户端。

3. 功能特点　视频会诊主要包括以下特点:

（1）高保真语音视频效果：提供无延迟的音视效果,自动消除会诊过程中的噪音和回声,保证各种信息有效传递,增强视频效果。

（2）电子白板：为用户提供包括上传文档、标注、绘制等操作,可将文件、图片在白板上共享,还可以在白板上实时播放视频文件,满足资料共享、幻灯片演示的需要。

（3）屏幕共享：可以通过平台向各客户端同步播放动态的 PPT、FLASH 动画、视频文件等。

（4）会诊录制：系统支持对视频、音频、数据协作等全过程操作完整录像,方便以后复看、查询或发布,确保所有信息来源都有根有据。

产品应用配置由网络摄像头及耳麦、台式计算机或笔记本电脑组成。扩充设备可有投影仪、投影幕、视频专用摄像头、采集卡等。

（二）远程诊疗的方式

分为实时动态会诊和非实时动态会诊。实时动态会诊指的是会诊双方"面对面"地进行现场交流。本系统主要为实时动态会诊方式,即会诊双方在同一时间内登录信息服务平台,在浏览病人病历信息的基础上,通过文字、音频和视频等形式对病人的情况进行检查、深入探讨,得出会诊意见。非实时动态会诊指的是会诊医生通过阅读和研究远程传输的患者病历资料对异地患者进行的非现场直播会诊。此方式不需要会诊双方事先联系好会诊时间。会诊申请方提交申请后，会诊医生只需要在规定的时限内登录信息服务平台完成远程会诊即可。

（三）监狱精神疾病远程会诊系统核心功能及构造

远程视频系统由远程医疗中心、远程会议中心、远程教学中心、远程咨询中心及自由拓展空间构成。其中远程会诊中心建立主治医师以上的专门诊室及专家讨论组。目前已建立会诊室 8 个，一个讨论组，会诊中心有专人专职从事远程会诊工作。

会诊室主要由"内部信息""工作日志""对话列表""网络视频""备忘录"和"文件共享"等功能完成。

二、监狱系统精神疾病远程会诊系统工作流程

信息服务平台主要包括四个基本业务流程，分别是会诊申请流程、会诊传输流程、专家会诊流程和结果反馈流程。程序主要包括发现、初筛、审核、批准、传输、预约、确定、会诊、反馈、处理等 10 个环节。以某省监狱系统为例远程视频会诊工作流程如下。

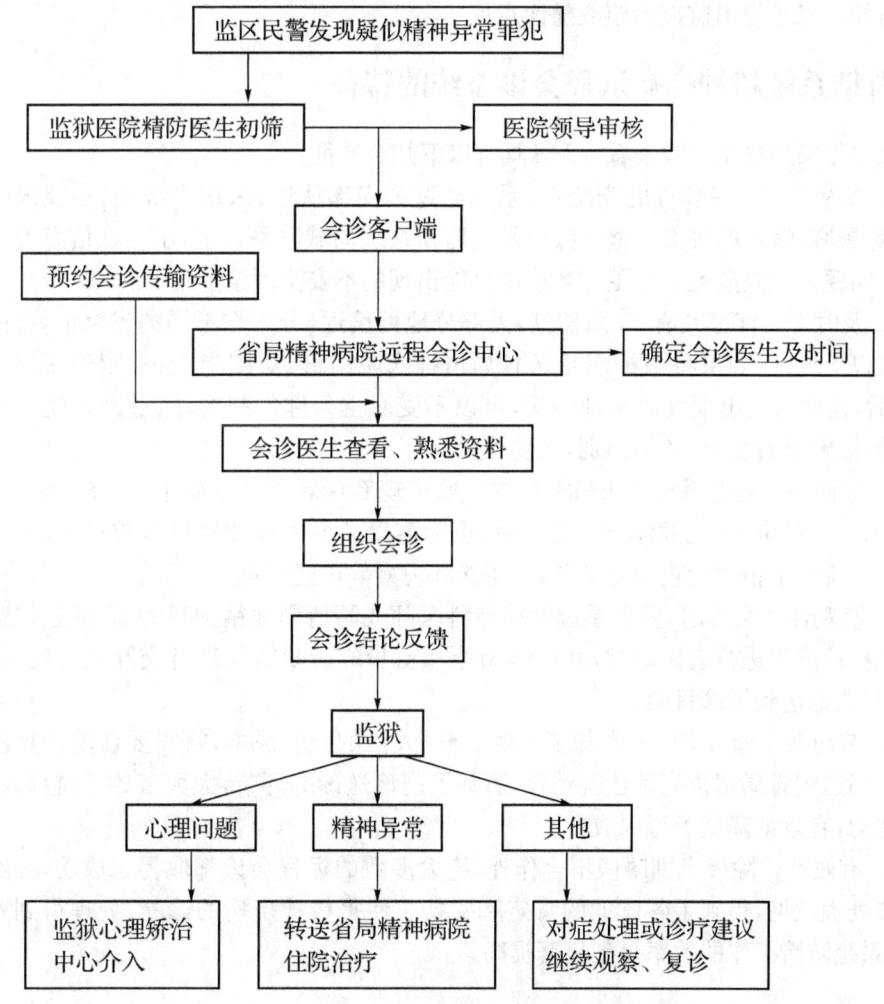

图 28-1　江苏省监狱系统远程视频会诊工作流程

1. 会诊申请流程　会诊申请者一般有两种申请途径：一是打开本系统输入工号和密码，登录会诊系统进行申请；二是通过短信、E-mail、电话等多种形式向会诊申请的医师告知。

2. 会诊传输流程　待专家对会诊的时间确认后，申请者填写申请单、传输有关的病例资料，包括文字或图像、视频资料。

3. 专家会诊流程　在非实时动态会诊时，会诊专家在规定的时限范围内，登录本信息服务平台。平台会自动弹出未处理的会诊单。专家可以查看会诊申请单中病人的病历信息及相关检查影像信息，并对病人作出相应诊断，最后填写诊断结果。

在进行实时动态会诊时，会诊专家和会诊申请者在约定的时间同时登录信息服务平台，通过音频、视频等多媒体工具双向互动交流。再与疑似病人通过声频、视频进行晤谈和观察，会诊医生在充分掌握病人病情的前提下，作出拟诊意见，并制订治疗方案。远程会诊时进行同步视频录像、数据同步及文件共享等操作。

4. 结果反馈流程　视频会诊结束后，有几种处理方案：一是结论相对明确，将结果反馈给申请方。需要住院治疗的，按程序预约住院。不需住院的，医生会根据情况，提出处置意见。二是需要进一步收集资料，预约复诊。原则上以文本形式传输，辅以电话或 E-mail 告知。三是提出监控措施或随诊意见。

三、监狱系统精神疾病远程会诊系统的特征

从多年来的临床实践来看，LMS 具有以下几个特征：

1. 安全性　一是软件的安全性，系统经过公安部认证，采用多级别、多权限管理体系，杜绝黑客、病毒的攻击。整个操作是在监狱系统局域网平台上，不存在信息外泄及其他安全问题。二是避免了罪犯押解途中可能出现的不安全因素。

2. 及时性　江苏共有 25 所监狱，大部分地处偏远，分布在不同的省辖市，有的还建在县级以下地区，如果将精神病犯送省局精神病院门诊，短则半天，长则近一天。实行 LMS 后，监狱一旦出现疑似精神病例，可以不受时空条件的制约，通过网络就可对其进行会诊，能够及时发现、及早识别，稳妥处置。

3. 简便性　在监狱建立 LMS，只要在监狱现有局域网的基础上，配备一台电脑，一个视频，一个对讲系统就可操作；会诊时，也无需繁杂的手续和经过多重环节，非常简便易行。也符合了精神检查的史料调查、晤谈和观察等这些特点。

4. 直观性　会诊时，监狱系统的精神科医师或聘请属地精神科专家，通过视频直接对疑似精神病犯进行会诊，并对其医学图像和初步的诊断结果进行交互式讨论，非常直观，能尽快地达到拟诊目的。

5. 节约性　通过 LMS，省却了车辆、押送人员的经济成本，将需要住院治疗的严重精神疾病送到省局精神病院住院治疗，省却了门诊送诊的环节，大大节约了监狱人力、财力和物力，有效地降低了行刑成本。

6. 有效性　除极个别晤谈不合作外，绝大多数的远程会诊都取得了成功，并给予了下一步处理意见，得到了各监狱的肯定和支持。使得精神疾病的诊断、处理得到及时落实，全系统防治工作的效率得到显著提高。

第五节　精神疾病防治工作的"监狱模式"

根据某省罪犯精神疾病流行病学初步调查,目前该省监狱系统精神障碍类在押罪犯约占在押犯总数的10%,其中重性精神疾病罪犯约占1.2%;全省专科医护人员95人,各监狱兼职精神疾病防治医务人员50人。目前罪犯精神疾病管理、治疗、康复矫正已构成了"监狱管理局精神病院—监狱医院—监区"三级防治体系,有效地维护了精神病犯的生命健康权,确保了全系统监管安全稳定大局,提升了监狱公正文明的执法形象。本节以该监狱为例,阐述监狱精神疾病防治工作的特点。

通过多年来的工作实践和探索,该省监狱管理局先后出台了《××省监狱系统罪犯精神疾病防治管理办法》《××省监狱罪犯疾病预防及医疗管理办法》《××省监狱罪犯疾病防治管理办法》,明确了罪犯精神疾病防治工作应遵循"预防为主,防治结合,重点干预,分级管治,广泛覆盖,依法管理"的方针。对精神疾病罪犯实行集中治疗与监管改造相结合原则、康复管理与教育转化相结合原则、社会功能恢复与心理矫正相结合原则和分类管理原则。从系统性、整体性上把控罪犯精神疾病防治手段,协同防控、联动防治,积累和形成了监狱精神疾病防治管理的"三级组织"、诊治方式的"三个层级"、筛查方式的"三种途径"、宣传指导的"三项活动"、人才培养的"三种路径"等模式。为全国监狱精神疾病罪犯管理、治疗、康复、矫正提供了宝贵经验及复制模式。

一、构建"三级管理"的组织机制

该省监狱管理局成立罪犯精神疾病防治工作领导小组,主要负责全省监狱罪犯精神疾病协调、计划、组织防治工作。监狱成立罪犯精神疾病防治工作小组,并配备2~3名专兼职医务人员,具体负责罪犯精神疾病的健康教育、筛查组织、康复治疗、服药管理等工作。各监区成立防治筛查小组,主要开展信息收集、实施筛查活动及康复管理。省监狱管理局在各监狱、监区开展医疗工作检查考核时,围绕是否成立防治小组,是否开展指导,有无专兼职精防人员,有无开展专项巡诊,防治知识宣讲等内容进行考核管理。

经过十余年的运作实施,江苏监狱系统基本形成了三级防治模式,即省监狱局组织领导,监狱具体负责,监区开展实施,各负其责、分级管理。

二、开展"三级分控"的防治模式

各监区在日常管理教育过程中发现疑似精神障碍者后,及时请监狱医院精防医生或有经验的心理工作者进行筛查、会商,收集相应的资料,如现状表现、既往情况、个人成长经历、家族史及(或)既往有无异常表现,监区观察情况等。如认为确有异常者,提请省局精神病院或地方专科医院进行会诊;省局精神病院按照《精神卫生法》及《全省监狱病犯内部转诊管理工作的通知》标准收治。患者住院后,医院将遵循医院核心制度,按照首诊负责制、三级查房、疑难病例讨论制度等医疗活动确立诊断,特别疑难个案,进行精神疾病鉴定或邀请省内专家进行联合会诊。根据患者的具体情况,实施药物、心理、躯体治疗,或采取综合治疗。

在防控模式上,形成了"监区异常报告、监狱医院筛查、省局精神病院确诊"三级诊治模式。构建了"监区为防控点、监狱医院为防控站、省局精神病院为中心"的三级管理网络。做到了"一般心理问题由心理咨询师解决;轻性精神障碍在监狱医院处理;重性精神障碍收住精神病院治疗康复"的三级防控模式。

三、形成"三种形式"的就诊方式

一是监狱如发现疑似精神异常者,直接送至省局精神病院或属地专科医院门诊就诊;二是省局精神病院通过省局内网,借助信息系统接受远程会诊系统辅诊,或筛查,建议是否进一步门诊或观察、收集资料。三是由精神科医生至各监狱现场进行诊断。其中,远程会诊符合监狱特点和精神疾病诊治特色两者的特征。是对分散在全省各地的监狱单位开展精神疾病防治工作的重要拓展和补充途径之一。由于各监狱布局分散,远程会诊具有安全性、及时性、简便性、直观性、节约性、有效性的特点,为分散在各地的监狱做好安全保障及精神疾病防控工作提供了积极的作用。

四、实行"三种途径"的筛查模式

即监狱筛查;专科巡查;省局三年一次普查。

由于精神障碍与普通疾病不同,一是由于疾病本身会影响对现实环境的判断,如一些严重精神疾病罪犯现实检验能力会受损,认为一些幻听、妄想就是真实的,所以不会主动诉说;二是由于习俗及对精神障碍的错误认识,一些轻症患者即使有一些头痛、强迫、焦虑,甚至是抑郁的体验,亦不会主动求医,所以,低识别率、低就诊率,导致的后果往往是延误就诊治疗,直至引致自杀、攻击、行为异常,才引起重视。监狱作为集中生活、集体管理的场所,一些精神疾病罪犯往往发生影响监管安全的事件、事故。所以主动发现、主动鉴别是比较适合监所实际的一项举措。第一种模式是各监所每年开展一次筛查,首先由监区根据《精神障碍检索询问提纲》及日常观察,或监狱心理矫治师,在进行咨询过程,提供线索,然后由监狱精防医生进行初筛,精神科医生根据史料调查、精神检查、辅助检查及心理测验进行综合判断,依据诊断标准,如症状标准、严重标准、病程标准及排除标准,诊断是否患有精神疾病及严重程度,决定是否需要住院观察或治疗。第二种模式是由精神科医生根据各监狱的需要,开展为期一年的巡诊工作,及时解决监狱中存在的疑难问题或康复管理中的问题,提供技术支持。第三种模式则由省监狱局根据监管安全实际情况,结合精神疾病的好发季节特点,开展三年一次的普查。

五、突出"三项活动"的宣传指导

每年,省局、各监狱根据主题活动在9月10日"世界预防自杀日"、10月10日"世界精神卫生日"发出通知或要求开展因地制宜的、符合监所实际的宣传活动,包括展板制作、讲座、知识竞赛等活动,加强宣传和精神卫生健康教育,提高民警和服刑人员的精神卫生知识水平。省局精神病院每年巡查指导一次,通过开展讲座、指导康复、提供技术支持等方式,普及精神健康知识,提高自我精神健康意识,唤起监狱人群对精神卫生工作的关注，提升患者战胜疾病的勇气和信心，为精神疾病罪犯回归社会创造适宜的环境。

六、实施"三种路径"的人才培训

一是以省局精神病院为主，组织专科专（兼）职医护人员，包括专科医生、选拔的护理人员赴三级精神病院进修学习半年至一年，提高临床诊治能力。部分监狱医院根据业务需要，安排精防医生专科进修，提高理论及实践技能；二是鼓励专业人员参加短期学习、培训班，了解掌握精神科发展动态及先进信息；三是全省监狱系统每年组织一次监狱精防医生培训，时间为3~5天。各监狱安排分管院长及精防医生参加，根据监狱系统的实际情况安排相应的课程及技能实践。

通过多年来的精神疾病预防宣传，民警的精神卫生知识掌握率逐步提高，精神疾病防治意识加强，精神障碍的早期识别率有了较大提高，重性精神疾病就诊率达到100%。近十年来，该监狱没有一例因罪犯精神异常而导致严重的监管安全事故。改变了以前遇到服刑人员可疑异常，第一反应考虑是不是装病了，采取简单看管，甚至加以严管的刻板模式，形成了科学规范处置疑似精神疾病的理念与方法。目前，民警在日常管理中如果发现有疑似精神异常者，首先会提出申请，请专科医生诊断，然后给予分类处置。显示了科学管理、文明管理水平的提升，也是尊重人权、维护罪犯的医疗权益的重要体现。

当前，该监狱精神卫生工作取得了显著效果，名列全国监狱精神疾病防治工作前列，精神专科的资源配置、疾病预防、宣传指导、网络构建等工作比肩国际监狱精神卫生工作先进水平。

（吕成荣）

附录一　保护精神病患者和改善精神保健的原则

(联合国大会一九九一年十二月十七日第 46/119 号决议通过)

适　用

本套原则的适用不得因残疾、种族、肤色、性别、语言、宗教、政治或其他见解、国籍、民族或社会出身、法律或社会地位、年龄、财产或出身而有任何歧视。

定　义

在本套原则中：

(a)"律师"系指法律或其他合格的代表；

(b)"独立的主管机构"系指国内法规定的胜任和独立的主管机构；

(c)"精神保健"包括分析和诊断某人的精神状况，以及精神病或被怀疑为精神病的治疗、护理和康复；

(d)"精神病院"系指以提供精神保健为主要职能的任何机构或一机构之任何单位；

(e)"精神保健工作者"系指具有有关精神保健的特定技能的医生、临诊心理学家、护士、社会工作者或其他受过适宜培训的合格人员；

(f)"患者"系指接受精神保健的人，并包括在精神病住院的所有人；

(g)"私人代表"系指依法负有职责在任何特定方面代表患者利益或代表患者行使一定权利的人，并且包括未成年人的父亲或母亲或法定监护人，除非国内法另有规定；

(h)"复查机构"系指根据原则 17 设立、审查患者非自愿住入或拘留在精神病院情况的机构。

一般性限制条款：本套原则所载权利的行使仅受法律所规定的限制，以及保护有关人士或他人健康或安全，或保护公共安全、秩序、健康或道德或他人的基本权利和自由所必要的限制。

原则 1

基本自由和基本权利

1. 人人皆有权得到可获得的最佳精神保健护理，这种护理应作为保健和社会护理制度的一个组成部分。

2. 所有精神病患者或作为精神病患者治疗的人均应受到人道的待遇，其人身固有的尊严应受到尊重。

3. 所有精神病患者或作为精神病患者治疗的人均应有权受到保护，不受经济、性行为或其他形式的剥削、肉体虐待或其他方式的虐待和有辱人格的待遇。

4. 不得有任何基于精神病的歧视,"歧视"系指会取消或损害权利的平等享受的任何区分、排除或选择。只是为保护精神病患者的权利或使其在身心上得到发展而采取的特别措施,不应被视为有歧视性。歧视不包括依照本套原则中的规定,为保护精神病患者或其他个人的人权而作的必要的区分、排除或选择。

5. 每个精神病患者均有权行使《世界人权宣言》《经济、社会、文化权利国际盟约》《公民权利和政治权利国际盟约》以及《残疾人权利宣言》和《保护所有遭受任何形式拘留或监禁的人的原则》等其他有关文书承认的所有公民、政治、经济、社会和文化权利。

6. 仅经国内法设立的独立公正的法庭公平听证之后,方可因某人患有精神病而作出他或她没有法律行为能力,并因没有此种能力应任命一名私人代表的任何决定。如果能力有问题者本人无法取得此种代表,则应在他或她没有足够能力支付的范围内为其免费提供此种代表。律师不得在同一诉讼中代表精神病院或其工作人员,并不得代表能力有问题者之家庭成员,除非法庭认为其中并无利害冲突。应依照国内法规定,合理定期复审关于能力和私人代表必要性的决定。能力有问题者、他或她的任何私人代表及任何其他有关的人有权就任何此类决定向上一级法庭提起上诉。

7. 如法院或其他主管法庭查明精神病患者无法管理自己的事务,则应视患者的情况酌情采取必要的措施,以确保其利益受到保护。

原则2
保护未成年人

应在本套原则的宗旨和有关保护未成年人的国内法范围之内给予特殊照顾以保护未成年人的权利,包括在必要时任命一名家庭成员之外的私人代表。

原则3
在社区中的生活

每一精神病患者有权在可能的条件下于社区内生活和工作。

原则4
精神病的确定

1. 确定一人是否患有精神病,应以国际接受的医疗标准为依据

2. 确定是否患有精神病,绝不应以政治、经济或社会地位,或是否属某个文化、种族或宗教团体,或与精神健康状况无直接关系的其他任何理由为依据。

3. 家庭不和或同事间不和,或不遵奉一个人所在社区的道德、社会、文化或政治价值观或宗教信仰之行为,不得作为诊断精神病的一项决定因素。

4. 过去作为患者的治疗或住院背景本身不得作为目前或今后对精神病的任何确定的理由。

5. 除与精神病直接有关的目的或精神病后果外,任何人或权力机构都不得将一个人归入精神病患者一类,也不得用其他方法表明其为精神病患者。

原则5
体格检查

除依照国内法批准的程序进行的以外,不得强迫任何人进行用以确定其是否患有精神病的体格检查。

原则 6
保 密
与本套原则适用的所有人有关的情况应予保密的权利应当得到尊重。

原则 7
社区和文化的作用
1. 每个患者均应有权尽可能在其生活的社区内接受治疗和护理。
2. 如治疗在精神病院进行,患者应有权尽可能在靠近其住所及其亲属或朋友之住所的精神病院中接受治疗,并有权尽快返回社区。
3. 每个患者均有权以适合其文化背景的方式接受治疗。

原则 8
护理标准
1. 每个患者均应有权得到与其健康需要相适应的健康和社会护理,并有权根据与其他患者相同的标准获得护理和治疗。
2. 每个患者均应受到保护,免受不当施药、其他患者、工作人员或其他人的凌辱、或造成精神苦恼、身体不适的其他行为的伤害。

原则 9
治 疗
1. 每个患者应有权在最少限制的环境中接受治疗,并且得到最少限制性或侵扰性而符合其健康需要和保护他人人身安全需要的治疗。
2. 对每个患者的治疗和护理均应按合格医疗人员所定个人处方计划为进行,处方计划应与患者商议、定期审查,必要时加以修改。
3. 应始终按照精神保健工作者适用的道德标准提供精神保健,包括诸如联合国大会通过的有关医务人员、特别是医生在保护被监禁和拘留的人不受酷刑和其他残忍、不人道或有辱人格的待遇或处罚方面的任务的《医疗道德原则》等国际公认的标准。精神病学的知识和技能决不可滥用。
4. 对每个患者的治疗应以保护和提高个人和自主能力为宗旨。

原则 10
药 物
1. 药物应符合患者的最佳健康需要,为治疗和诊断目的给予患者,不得作为惩罚施用,或为他人便利而使用。在不违反下文原则 11 第 15 款规定的前提下,精神病医生仅应施用药效已知或已证实的药物。
2. 所有施药均应由经法律授权的精神保健工作者开写处方,并应记入患者病历。

原则 11
同意治疗
1. 除本条原则第 6、第 7、第 8、第 13 和第 15 款规定者外,未经患者知情同意,不得对其施行任何治疗。
2. 知情同意系指以患者理解的形式和语言适当地向患者提供充足的、可以理解的以下方面情况后,在无威胁或不当引诱情况下自由取得的同意:
(a) 诊断评价;

(b) 所建议治疗的目的、方法、可能的期限和预期好处；

(c) 可采用的其他治疗方式，包括侵扰性较小的治疗方式；

(d) 所建议治疗可能产生的疼痛或不适、可能产生的风险和副作用。

3. 患者在给予同意的过程中可要求有其本人选择的一个或多人在场。

4. 除本条原则第6、第7、第8、第13和第15款规定者外，患者有权拒绝或停止接受治疗。须向患者说明拒绝或停止接受治疗的后果。

5. 决不应请患者或引诱患者放弃作出知情同意的权利。如果患者请求这样做，则应向其说明：未取得知情同意，不能给予治疗。

6. 除本条原则第7、第8、第12、第13、第14和第15款规定者外，如符合下列条件可不经患者知情同意即可对患者实行所建议的治疗方案：

(a) 患者其时是作为非自愿患者被强制留医；

(b) 掌握所有有关情况，包括本条原则第2款所列情况的独立主管机构确信，其时患者缺乏对所建议治疗方案给予或不给予知情同意的能力，或国内法律规定，根据患者本人的安全或他人的安全，患者不予同意是不合理的；

(c) 独立主管当局确信，所建议的治疗方案最适合病人的病情需要。

7. 患者如有私人代表，依法授权可对其治疗予以同意者，上文第6款则不予适用；但除本条原则第12、第13、第14和第15款规定者外，如该私人代表在被告知本条原则第2款所述情况后代表患者表示同意，可不经患者知情同意即对其施行治疗。

8. 除本条原则第12、第13、第14和第15款规定者外，如果经法律批准合格的精神保健工作者确定，为防止即时或即将对患者或他人造成伤害，迫切需要治疗，则也可不经患者知情同意即对其施行治疗。但此种治疗期限不得超过为此目的所绝对必要的时间。

9. 在未经患者知情同意而批准治疗的情况下，应尽力将治疗的性质和任何可采用的其他方法告知患者，并在切实可行的范围内尽可能使患者参与拟订治疗方案。

10. 所有治疗均应立即记入患者病历，并表明是非自愿还是自愿治疗。

11. 不得对患者进行人体束缚或非自愿隔离，除非根据精神病院正式批准的程序而且是防止即时或即将对患者或他人造成伤害的唯一可用手段。使用这种手段的时间不得超过为此目的所绝对必要的限度。所有人体束缚或非自愿隔离的次数、原因、性质和程度均应记入患者的病历。受束缚或隔离的患者应享有人道的条件，并受到合格的工作人员的护理和密切、经常的监督。在有私人代表或涉及私人代表时，应立即向其通知对患者的人体束缚或非自愿隔离。

12. 绝育决不得作为治疗精神病的手段。

13. 仅在国内法许可，据认为最有利于精神病患者健康需要并在患者知情同意的情况下方可对患者实施重大的内科或外科手术，除非患者没有能力表示知情同意，在这种情况下只有在独立的审查之后方可批准手术。

14. 决不得对精神病院的非自愿患者进行精神外科及其他侵扰性和不可逆转的治疗，对于其他患者，在国内法准许进行此类治疗的情况下，只有患者给予知情同意且独立的外部机构确信知情同意属实，而这种治疗最符合患者病情需要时，才可施行此类手术。

15. 临床试验或试验性治疗不得施用于未经知情同意的患者，只有在经为此目的而专门组成的独立主管审查机构批准的情况下，才可允许无能力给予知情同意的患者接受临床试验或试验性治疗。

16. 在本条原则第 6、第 7、第 8、第 13、第 14 和第 15 款所说明的情况下，患者、其私人代表、或任何有关人士均有权就其所接受的任何治疗向司法或其他独立主管机构提出上诉。

原则 12
权利的通知

1. 对于精神病院的患者，应在住院后尽快以患者能理解的形式和语言使其知道根据本套原则和国内法他或她应享有的一切权利，同时应对这些权利和如何行使这些权利作出解释。

2. 如患者无法理解此种通知，在这种情况下，如有私人代表，则应酌情将患者的权利告知，或转告一个或几个最能代表患者利益且愿这样做的人。

3. 具备必要行为能力的患者有权指定一人代表他或她接受有关通知，并指定一人代表其利益与精神病院的主管部门交涉。

原则 13
精神病院内的权利和条件

1. 精神病院的每个患者的下列权利尤应得到充分尊重：
   (a) 在任何场合均被承认为法律面前的人；
   (b) 隐私；
   (c) 交往自由，包括与院内其他人交往的自由；收发不受查阅的私人信函的自由；单独会见律师或其他机构代表和在一切合理时间单独会见其他来访者的自由；私下接待律师或私人代表及在一切合理的时间接待其他来访者的自由；享受邮政和电话服务及看报、收听电台和收看电视的自由；
   (d) 宗教或信仰自由。

2. 精神病院的环境和生活条件应尽可能接近同龄人正常生活的环境和条件，而且尤其应包括：
   (a) 娱乐和闲暇活动设施；
   (b) 教育设施；
   (c) 购买或接受日常生活、娱乐和通信的各种用品的设施；
   (d) 提供有关设施，并鼓励使用此类设施，使患者从事与其社会和文化背景相适应的有收益职业，并接受旨在促进重新加入社区生活的适宜的职业康复措施。

此类措施应包括职业指导、职业培训和安置服务，使患者在社区中找到或保持就业。

3. 患者应绝对免于强迫劳动。在合乎患者需要和病院管理方要求的范围内，患者应能选择希望从事的工作。

4. 不应剥削精神病院患者的劳动。每个患者均有权为所做的任何工作得到报酬，其数额应与正常人所做的同类工作依照国内法或惯例而得到的报酬相同。无论如何，每个患者都有权从为其工作支付给精神病院的任何报酬中得到其应得的一份报酬。

原则 14
精神病院的资源

1. 精神病院应能得到与其他保健机构同样的资源，特别是：
   (a) 有足够数量的合格医务人员和其他有关专业人员以及有足够的房舍，以向每一

个患者提供个人安宁和适当而积极的治疗方案;

(b) 对患者进行诊断和治疗的设备;

(c) 适当的专业护理;

(d) 充足、定期和综合治疗,包括药物供应。

2. 主管当局应经常视察每个精神病院,以确保其条件、对患者的治疗和护理情况符合本套原则。

原则 15

住院原则

1. 如患者需要在精神病院接受治疗,应尽一切努力避免非自愿住院。

2. 精神病院入院条件应与为其他任何疾病住入其他任何医院的条件相同。

3. 不是非自愿住院的每一个患者应有权随时离开精神病院,除非下文第 16 条所规定的将其作为非自愿患者留医的标准适用;患者应被告知这一权利。

原则 16

非自愿住院

1. 唯有在下述情况下,一个人才可作为患者非自愿地住入精神病院;或作为患者自愿住入精神病院后,作为非自愿患者在医院中留医,即:法律为此目的授权的合格精神保健工作者根据上文原则 4,确定该人患有精神病,并认为:

(a) 因患有精神病,很有可能即时或即将对他本人或他人造成伤害;

(b) 一个人精神病严重,判断力受到损害,不接受入院或留医可能导致其病情的严重恶化,或无法给予根据限制性最少的治疗方法原则,只有住入精神病院才可给予的治疗。在(b)项所述情况下,如有可能应找独立于第一位的另一位此类精神保健工作者诊治;如果接受这种诊治,除非第二位诊治医生同意,否则不得安排非自愿住院或留医。

2. 非自愿住院或留医应先在国内法规定的短期限内进行观察和初步治疗,然后由复查机构对住院或留医进行复查。住院或留医理由应不迟缓地通知患者,同时,住院或留医之情事及理由应立即详细通知复查机构、患者私人代表(如有代表),如患者不反对,还应通知患者亲属。

3. 精神病院仅在经国内法规定的主管部门加以指定之后方可接纳非自愿住院的患者。

原则 17

复查机构

1. 复查机构是国内法设立的司法或其他独立和公正的机构,依照国内法规定的程序行使职能。复查机构在作出决定时应得到一名或多名合格和独立的精神保健工作者的协助,并应考虑其建议。

2. 复查机构按上文原则 16 第 2 款的要求对患者作为非自愿患者住院或留医的决定进行的初步审查应在该决定作出之后尽快进行,并应按照国内法规定的简要和迅速的程序进行。

3. 复查机构应按照国内法规定的合理间隔定期审查非自愿住院患者的病情。

4. 非自愿住院的患者可按照国内法规定的合理间隔向复查机构申请出院或自愿住院的地位。

5. 复查机构在每次审查时应考虑上文原则16第1款所规定的非自愿住院标准是否仍然对患者适用,如不适用,患者应不再作为非自愿住院患者继续住院。

6. 如负责病情的精神保健工作者在任一时候确信某一患者不再符合非自愿住院患者的留院条件,应给予指示,令患者不再作为非自愿住院患者继续住院。

7. 患者或其私人代表或任何有关人员均有权向上一级法庭提出上诉,反对令患者住入或拘留在精神病院中的决定。

原则 18
诉讼保障

1. 患者有权选择和指定一名律师代表患者的利益,包括代表其申诉或上诉。若患者本人无法取得此种服务,应向其提供一名律师,并在其无力支付的范围内予以免费。

2. 必要时患者有权得到一名译者的服务协助。在此种服务属于必要而患者无法取得的情况下,应向其提供,并应在其无力支付的范围内予以免费提供。

3. 患者及其律师可在任何听证会上要求得到和出示一份独立编拟的精神保健报告和任何其他报告以及有关的和可接受的口头证据、书面证书和其他证据。

4. 提交的病历及任何报告和文件的副本应送交患者及其律师,除非在特殊情况下认定,向患者透露详情会严重损害患者的健康,或危及他人的安全。任何不送交患者的文件应按国内法可能规定的办法在可靠的条件下送交患者的私人代表和律师。如果一份文件的任何部分不送交患者,患者或患者的律师(如有律师)应得到关于不送交的通知及其理由,此事应受到司法审查。

5. 患者、患者的私人代表及律师有权出席、参加任何听证会,并亲自陈述意见。

6. 若患者或其代表请某人出席听证会,应准许该人出席,除非认定此人之出席会严重损害患者健康或危及他人的安全。

7. 就听证会或其一部分应公开或非公开举行和是否可予以公开报道作出任何决定时,应充分考虑到患者本人的愿望,有必要尊重患者及他人的隐私,有必要防止严重损害患者的健康或避免危及他人的安全。

8. 听证会上作出的决定和提出的理由应以书面形式表达。副本应送交患者及他或她的私人代表和律师。在决定是否应全部或部分公开该决定时,应充分考虑到患者本人的愿望,有必要尊重他或她的隐私和他人的隐私,考虑到公开司法裁判中的公共利益,以及有必要防止严重损害患者的健康或避免危及他人的安全。

原则 19
知情权利

1. 患者(在本条原则中包括原患者)有权查阅精神病院保存的关于他或她的病历和个人记录。对此项权利可加以限制,以便防止严重损害患者的健康和避免危及他人的安全,任何不让患者了解的此类记录应按国内法可能规定的办法在可靠的条件下送交患者的私人代表和律师。如有任何资料不送交患者,患者或患者的律师应得到关于不送交的通知及理由,此事应受到司法审查。

2. 患者或患者的私人代表或律师的任何书面意见应按其要求列入患者档案。

原则 20
刑事罪犯

1. 本条原则适用因刑事犯罪服刑或在对其进行刑事诉讼或调查期间被拘留的、并被确认患有精神病或被认为可能患有此种疾病的人。

2. 所有此类人士应得到上文原则1中规定的最佳可得护理。本套原则应尽可能完全适用此类人士,仅在必要的情况下可有有限的修改和例外,此种修改和例外不得妨害此类人士根据上文原则1第5款指明的各项文书享有的权利。

3. 国内法可批准法庭或其他主管机构根据合格和独立的医疗意见下令将此类人士送入精神病院。

4. 对确定患有精神病者的治疗应在任何情况下符合上文原则11的规定。

原则 21
控 告

每一患者和原患者有权通过国内法规定的程序提出控告。

原则 22
监督和补救

各国应确保实行适当的机制,促进对本套原则的遵守,视察精神病设施,提出、调查和解决控告事宜并为渎职或侵犯患者权利提起适宜的纪律或司法诉讼。

原则 23
执 行

1. 各国应通过适当的立法、司法、行政、教育和其他措施执行本套原则,并应定期审查此类措施。

2. 各国应以适当和积极的手段广为宣传本套原则。

原则 24
与精神病院有关的原则范围

本套原则适用所有住入精神病院的人。

原则 25
现有权利的保留

不得以本套原则未承认患者的某些现有权利或承认范围小于现行范围为借口限制或减损患者的任何现有权利。

附录二　关于医务人员、特别是医生，在保护被监禁和拘留的人不受酷刑和其他残忍、不人道或有辱人格的待遇或处罚方面的任务的医疗道德原则

(联合国大会一九八二年十二月十八日第37/194号决议通过)

原则一

医务人员、特别是医生，在负责向被监禁和拘留的人提供医疗时，有责任保护他们的身心健康以及向他们提供同给予未被监禁或拘留的人同样质量和标准的疾病治疗。

原则二

医务人员、特别是医生，如积极或消极地从事构成参与、共谋、怂恿或企图施行酷刑或其他残忍、不人道或有辱人格的待遇或处罚的行为，则为严重违反医疗道德和各项适用国际文件的行为。

原则三

医务人员、特别是医生，与被监禁或拘留的人的职业关系，其目的如超出确定、保护或增进被监禁或拘留的人的身心健康以外，为违反医疗道德。

原则四

医务人员、特别是医生，如有下列情形者，亦为违反医疗道德：

(a) 应用他们的知识和技能以协助对被监禁或拘留的人进行可能对其身心健康或情况有不利影响并且是不符合各项有关国际文件的审讯；

(b) 证明或参与证明被监禁或拘留的人可以接受可能对其身心健康不利并且是不符合各项有关国际文件的任何形式的待遇或处罚，或是以任何方式参加施行任何这种不符合各项有关国际文件的待遇或处罚。

原则五

医务人员、特别是医生，如参与任何约束被监禁或拘留的人的程序，均属违反医疗道德，除非该项程序根据纯医学标准确定对保护被监禁或拘留者本人的身心健康或安全对其他同被监禁或拘留的人或其管理人的安全为必要并且对被监禁或拘留的人的身心健康无害。

原则六

上述原则不得以包括社会紧急状态在内的任何理由予以克减。

附录三 马德里宣言

(1996年8月25日世界精神病学大会批准,2002年8月日本横滨大会修订)

一、总则

精神病学作为医学的一个分支,宗旨是向精神障碍患者提供最佳治疗,包括促进精神疾病患者康复和增进精神健康。精神科医师服务患者,应提供与公认的科学知识和伦理学原则相一致的最佳治疗。精神科医师制定的治疗性干预,对患者自由的限制程度应是最低的;在进行自身缺乏基本经验的工作时,应向同行寻求建议。在完成这些工作时,精神科医师应知晓并关注卫生资源的公平分配。

紧跟本专业的科学进展,传播最新知识,是精神科医师的职责。接受过研究培训的精神科医师,应努力走在精神病学的科学前沿。

在治疗过程中,患者应被看作是具有同等权力的伙伴。精神科医师一患者间的关系必须建立在相互信任和尊重的基础上,患者应能够自由地、知情地作决定。精神科医师有责任向患者提供相关的信息,使患者能够做出符合自身价值和情况的合理决定。

在患者由于精神障碍、严重残疾或失能,导致无能力和(或)无法作出适当的判断时,精神科医师应与患者家属协商,并适时咨询法律顾问,以保证患者的人权尊严和法律权力。除非中止治疗会给患者和(或)周围人带来生命危险,其他任何情况下都不能违背患者的意愿进行治疗。治疗必须始终符合患者的最大利益。

精神科医师被要求对一个人进行评估时,有责任首先向被评估者进行解释和提出建议,内容包括干预的目的、评估结果的用途和可能的反馈。这在精神科医师处于第三方的情况下尤其重要。

在治疗关系中获得的有关信息,应该得到可靠的保密,唯一目的是用于改善患者精神健康。精神科医师出于私人原因,或经济、学术利益使用这些信息,是被禁止的。只有在患者或第三者可能面临严重的躯体或精神伤害时,才可以在有保证的前提下解密信息;这些情况中如果出现儿童虐待,精神科医师只要可能,应首先向患者提出行为建议。

如果实施的研究与科学原则不一致,就不符合伦理规范。研究活动首先应获得由适当人士组成的伦理委员会批准。精神科医师应遵照国内和国际规则进行研究。只有接受过正规科研培训的人员,才能实施或领导研究。精神病患者是研究中容易受到伤害的个体,因此更应慎重,保证他们的自主性及精神和躯体的完整性不受损害。各种类型的研究,包括流行病学和社会学研究、与其他学科或多个中心的合作研究,选择样本时都要遵循伦理学规范。

二、一些特殊情况的伦理指南

1. **安乐死** 医师的首要任务是增进健康、减轻痛苦和保护生命。精神科医师面对的患者中,一部分由于严重的功能损害已不能作出非正式的决定,对这些由于失能而不能保护自己的患者,在施行有可能导致其死亡的行为时,精神科医师应特别慎重。精神科医师要清楚,患者的态度可能因精神疾病,如抑郁,而受到歪曲。在这样的情况下,精神科医师的职责是治疗疾病。

2. 审讯　即使是在当局强迫下,精神科医师也不应该参与任何精神或躯体审讯过程。

3. 执行死刑　在任何情况下,精神科医师都不能参与依法执行死刑的过程,或者参与死刑执行的评估。

4. 性别选择　任何情况下,精神科医师都不能参与为选择婴儿的性别而终止妊娠的决定。

5. 器官移植　精神科医师的任务是阐明与器官捐献相关的问题,并在综合考虑宗教、文化、社会和家庭因素的基础上提出建议,保证所有相关人员都知情同意,做出正确的决定。精神科医师不能代替患者作决定,也不能使用心理治疗技术来影响患者作决定。精神科医师应努力保护自己的患者,帮助他们在器官移植的整个过程中,尽可能独立做出决定。

6. 精神科医师与媒体　媒体对社会态度的影响至关重要。在与媒体进行任何形式的接触时,精神科医师都要注意维护精神疾病患者的形象,保护他们的尊严和自尊,减少针对他们的耻感和歧视。精神科医师担负的一个重要任务,是向精神障碍患者提供支持。公众对精神科医师和精神病学的认知,会体现在对患者的态度上。在和媒体接触中,精神科医师应铭记:自己代表着精神病学这个专业的尊严。精神科医师不能向媒体谈论对任何人的精神病理学推测。在向媒体介绍研究发现时,精神科医师应保证所发布信息的科学完整性,并注意自身言论对公众认识精神疾病、对精神障碍患者的福利的潜在影响。

7. 精神科医师与种族或文化歧视　精神科医师的种族或文化歧视行为,不论是直接还是间接的,都是不道德的。精神科医师决不应该直接或间接卷入或参与任何与种族清洗有关的活动。

8. 精神科医师与遗传研究和咨询　关于精神障碍遗传基础的研究正在快速发展,有越来越多的精神疾病患者参加这类研究。参与遗传研究的精神科医师应切记:遗传方面的有关信息不仅涉及提供者本人,一旦泄密还将对他们的家庭和亲属带来负面的、破坏性的后果。因此精神科医师应确保:

(1) 参加遗传研究的个人和家属应完全地知情同意;

(2) 所掌握的任何遗传信息都应严格保密,避免越权存取、错误解释或使用。

(3) 和患者及其家属交流时,要严谨地说明:目前关于遗传的知识是不完善的,未来可能因新的发现而改变。

对要求进行诊断性遗传试验的人士,精神科医师只能向具有如下资质的机构转诊:

(1) 完成这类试验的质量保证、程序令人满意;

(2) 拥有进行遗传咨询所需要的充分的、易于获取的资源。在进行有关计划生育或堕胎的遗传咨询时,要尊重患者的价值系统,同时应提供充分的医学和精神病学信息,来帮助患者作出他们认为最佳的决定。

三、其他四个专门领域的伦理学指南

1. 医学心理治疗的道德规范　任何性质的医学治疗都应该有良好的、能够指导操作的指南,包括其适应证、疗效、安全性和质量控制。最广义的心理治疗,在许多医学处理中都是可接受的组成部分。在比较专业和严格的定义上,心理治疗是运用语言和非语言的交流和相互影响的技术,针对特定障碍以实现特定的治疗目标。进行专业心理治疗的精神科医师,必须得到这类技术的培训。所有医学治疗的总的指导原则,同样适用于专业形式的心理治疗,即必须有适应证和阳性的或阴性的效果。心理治疗的疗效及其在治疗计划中的地位,对研究者和临床医师都是重要的课题。精神科医师进行的心理治疗,是治疗精神及其他疾病和情绪问题的一种治疗形式。对要采用的治疗方法,医师应在仔细的病史采集和全部临床和实验室检查的基础上,与患者和(或)家属和(或)监护人协商决定。治疗方法应适合疾病本身和患者的需要,并与人际、家庭、宗教和文化因素相协调。这种方法有充分的研究和临床经验为基础,能够消除、纠正或延迟症状或紊乱的行为,能够促进个体在成长和发展等方面的良性适应。

精神科医师及其他负责的临床医师,必须保证这些指南得到完全的贯彻。因此,精神科医师或其他有资格的临床医师,应确定心理治疗的适应证,跟踪其发展。此原则的基本理念是,治疗是以诊断为基础的,诊断和治疗都是为照料患病个体而实施的医学行为。这两个层面的判断、干预和责任,与临床医学其他学科的要求是一致的,不过这并不排除其他的干预措施,如可以由非医学人员实施的康复。

(1) 和其他的医学治疗一样,心理治疗的处方应遵循现行的指南,在开始治疗以及治疗过程中治疗目标和目的需作调整从而需变更治疗,都应事先获得患者的知情同意。

(2) 在临床经验、长期执行的良好实践模式(这需要结合文化和宗教问题考虑)以及科学证据,提示合并心理治疗有临床获益的可能时,应提请患者考虑并充分讨论。

(3) 心理治疗探究的是隐秘的想法、情绪和幻想,这些可能带来强烈的移情和反移情。在心理治疗关系中,治疗师和患者所拥有的权力是不对等的,在任何情况下,心理治疗师都不能利用这种关系来获得个人的好处,或逾越已建立的专业关系的界限。

(4) 心理治疗开始之前,应告知患者有关信息和健康论录将可靠地保管,例外的情况包括:向患者专门指定的第三方透露信息,或法庭要求提供必要的纪录文件;另一种例外是在儿童受到虐待的情况下,法律要求报告特定的信息。

2. 与制药企业的利益冲突　尽管包括世界精神病学协会(WPA)在内的大多数组织和机构,都制定了规则和条例来管理他们与企业和捐助者之间的关系,医师个人仍常常卷入与制药企业或其他授权代理商的相互关系中,这可能导致伦理冲突。在这些情况下,精神科医师应铭记并遵照以下原则:

(1) 从业者必须时刻保持警惕,拒绝接受可能对专业工作产生不利影响的礼品。

(2) 精神科医师进行临床试验时,有义务向伦理委员会和研究对象公开他们的经费和合同内容,以及研究资助者可能获得的利益。应尽可能成立有研究者、伦理学家和患者授权代表组成的审查委员会,以保障研究对象的权利得到保护。

(3) 精神科医师进行临床试验时,必须保证他们的患者已经理解了知情同意书的所有内容。患者的受教育水平或分辨能力,不能成为省略知情同意的借口。如果患者被确定没有知情同意的能力,对其代理人也应遵循同样的原则使之知情同意。精神科医师必须认识到:隐藏商业性利益对试验设计的影响,推动缺乏科学价值的药物试验,违背保密原则,制定条款来限制有关结果的发表,这些做法都可能从不同的角度侵害科学和科学信息的自由原则。

3. 与第三方付款人的冲突　中间机构有为股东或管理人获取最大利润和支付最小花费的义务,这可能与良好实践原则的要求发生冲突。精神科医师在这类有潜在冲突的环境里工作,应坚持维护患者获得最佳治疗的权力

(1) 精神科医师的行为应和联合国 46/119 号决议——"保护精神疾病患者的原则"的要求相一致,反对各种歧视性医疗行为,如:限制精神疾病患者的利益和权力,忽视治疗机会平等,或限制患者获得恰当治疗。

(2) 应用最佳治疗指南和临床经验以维护患者的福利,保持职业的独立性,应是精神科医师的基本考虑。保护患者的隐私和秘密,是保持医师-患者关系纯洁和潜在治疗作用的一部分,也是精神科医师的责任。

4. 逾越临床界限与精神科医师和患者的互信　精神科医师-患者关系,可能是唯一能获得患者允可来探究深层私人和情绪空间的关系。这种关系中,精神科医师对患者人权和尊严的尊重是建立信任的基础,而信任是综合治疗计划的根本。这种关系能够鼓励患者深入探讨其深埋的抵抗、弱点、恐惧和欲望,这其中许多方面可能与性欲有关。了解患者的这些特点,能够使精神科医师正确定位自己的角色,即患者期待在信任和尊重的基础上同意配合治疗。如果利用处理患者性恐惧和性欲望的机会获得性接触,不论患者是否同意,都是对信任的破坏。在治疗关系中,精神科医师占据主动权,双方力量不平衡。如果精神科医师利用对患者的特殊权威,以患者名义获得知情同意,应视为非法。这种情况下所谓的患者同意等同于对患者的剥削。

潜在的性动力在各种关系中是固有的,在治疗关系的过程中可能会突显出来,如果治疗师没有进行正确的处理,会导致患者的极度痛苦。如果治疗师采用诱惑的语言和不恰当的非言语行为,可能会加重这种痛苦。因此,在任何情况下,精神科医师都不应该和患者发生任何形式的性行为,不论这种行为的主动方是患者还是治疗师。

附录四　夏威夷宣言

(1977年在夏威夷召开的第六届世界精神病学大会上一致通过)

人类社会自有文化以来,道德一直是医疗技术的重要组成部分。在现实生活中,医生持有不同的观念,医生与病人间的关系复杂。由于可能用精神病学知识,技术作出违反人道原则的事情,今天比以往更有必要为精神科医生订出一套高尚的道德标准。

精神科医生作为一个医务工作者和社会成员,应探讨精神病学的特殊道德含义,提出对自己的道德要求,明确自己的社会责任。

为了制订本专业的道德内容,以指导和帮助各精神科医生树立应有的道德标准,特作如下规定:

1. 精神病学的宗旨是促进精神健康,恢复病人处理生活的能力。精神科医生应遵循公认的科学,道德和社会公益原则,尽最大努力为病人的切身利益服务。为此目的,需要对保健人员,病人及广大公众进行不断的宣传教育工作。

2. 每个病人应得到可能好的治疗,治疗中要尊重病人的人格,维护其对生命和健康的自主权利。精神科医生应对病人的医疗负责,并有责任对病人进行合乎标准的管理和教育。必要时,或病人提出的合理要求难以满足,精神科医生即应向更富有经验的医生征求意见或请会诊,以免贻误病情。

3. 病人与精神科医生的治疗关系应建立在彼此同意的基础上。这就要求做到相互信任,开诚布公,合作及彼此负责。病重者若不能建立这种关系,也应象给儿童进行治疗那样,同病人的亲属或为病人所能接受的人进行联系。如果病人和医生关系的建立并非出于治疗目的,例如在司法精神病业务中所遇到的,则应向所涉及到的人员如实说明此种关系性质。

4. 精神科医生应把病情的性质,拟作出的诊断,治疗措施,包括可能的变化以及预后告知病人。告知时应全面考虑,使病人有机会作出适当的选择。

5. 不能对病人进行违反其本人意愿的治疗,除非病人因病重不能表达自己的意愿,或对旁人构成严重威胁。在此情况下,可以也应该施以强迫治疗,但必须考虑病人的切身利益,且在一段适当的时间后,再取得其同意;只要可能,就应取得病人或亲属的同意。

6. 当上述促使强迫治疗势在必行的情况不再存在时,就应释放病人,除非病人自愿继续治疗。在执行强迫治疗和隔离期间,应由独立或中立的法律团体,允许病人通过代理人向该团体提出申诉,不受医院工作人员或其他任何病人的阻挠。

7. 精神科医生绝不能利用职权对任何个人或集体滥施治疗。也绝不允许不适当的私人欲望、感情或偏见来影响治疗。精神科医生不应对没有精神病的人采用强迫的精神病治疗。如病人或第三者的要求违反科学或道德原则,精神科医生应如实告知病人。

8. 精神科医生从病人那里获悉的谈话内容,在检查或治疗过程中得到的资料均予以保密,不得公布,要公布得征求病人同意,或因别人的普遍理解的重要原因,公布后随即通知病人有关泄密内容。

9. 为了增长精神病知识和传授技术,有时需要病人参与其事,在病人服务于教学,将其病例公布时,应先征得同意,并应采取措施,不公布姓名,保护病人的名誉。

在临床研究和治疗中,每个病人都应得到尽可能好的照料,把治疗的目的、过程、危险性及不利之处全部都告诉病人后,接受与否,应根据自愿。对治疗中的危险及不利之处与研究的可能收获,应作适度的估计。

对儿童或其他不能表态的病人,应征得其亲属同意。

10. 每个病人或研究对象在自愿参加的任何治疗、教学和项目中,可因任何理由在任何时候自由退出。此种退出或拒绝,不应影响精神科医生继续对此病人进行帮助。

凡违反本宣言原则的治疗、教学或科研计划,精神科医生应拒绝执行。

附录五　中华人民共和国精神卫生法

第一章　总　　则

第一条　为了发展精神卫生事业,规范精神卫生服务,维护精神障碍患者的合法权益,制定本法。

第二条　在中华人民共和国境内开展维护和增进公民心理健康、预防和治疗精神障碍、促进精神障碍患者康复的活动,适用本法。

第三条　精神卫生工作实行预防为主的方针,坚持预防、治疗和康复相结合的原则。

第四条　精神障碍患者的人格尊严、人身和财产安全不受侵犯。

精神障碍患者的教育、劳动、医疗以及从国家和社会获得物质帮助等方面的合法权益受法律保护。

有关单位和个人应当对精神障碍患者的姓名、肖像、住址、工作单位、病历资料以及其他可能推断出其身份的信息予以保密;但是,依法履行职责需要公开的除外。

第五条　全社会应当尊重、理解、关爱精神障碍患者。

任何组织或者个人不得歧视、侮辱、虐待精神障碍患者,不得非法限制精神障碍患者的人身自由。

新闻报道和文学艺术作品等不得含有歧视、侮辱精神障碍患者的内容。

第六条　精神卫生工作实行政府组织领导、部门各负其责、家庭和单位尽力尽责、全社会共同参与的综合管理机制。

第七条　县级以上人民政府领导精神卫生工作,将其纳入国民经济和社会发展规划,建设和完善精神障碍的预防、治疗和康复服务体系,建立健全精神卫生工作协调机制和工作责任制,对有关部门承担的精神卫生工作进行考核、监督。

乡镇人民政府和街道办事处根据本地区的实际情况,组织开展预防精神障碍发生、促进精神障碍患者康复等工作。

第八条　国务院卫生行政部门主管全国的精神卫生工作。县级以上地方人民政府卫生行政部门主管本行政区域的精神卫生工作。

县级以上人民政府司法行政、民政、公安、教育、人力资源社会保障等部门在各自职责范围内负责有关的精神卫生工作。

第九条　精神障碍患者的监护人应当履行监护职责,维护精神障碍患者的合法权益。

禁止对精神障碍患者实施家庭暴力,禁止遗弃精神障碍患者。

第十条　中国残疾人联合会及其地方组织依照法律、法规或者接受政府委托,动员社会力量,开展精神卫生工作。

村民委员会、居民委员会依照本法的规定开展精神卫生工作,并对所在地人民政府开展的精神卫生工作予以协助。

国家鼓励和支持工会、共产主义青年团、妇女联合会、红十字会、科学技术协会等团体依法开展精神卫生工作。

第十一条 国家鼓励和支持开展精神卫生专门人才的培养,维护精神卫生工作人员的合法权益,加强精神卫生专业队伍建设。

国家鼓励和支持开展精神卫生科学技术研究,发展现代医学、我国传统医学、心理学,提高精神障碍预防、诊断、治疗、康复的科学技术水平。

国家鼓励和支持开展精神卫生领域的国际交流与合作。

第十二条 各级人民政府和县级以上人民政府有关部门应当采取措施,鼓励和支持组织、个人提供精神卫生志愿服务,捐助精神卫生事业,兴建精神卫生公益设施。

对在精神卫生工作中作出突出贡献的组织、个人,按照国家有关规定给予表彰、奖励。

第二章 心理健康促进和精神障碍预防

第十三条 各级人民政府和县级以上人民政府有关部门应当采取措施,加强心理健康促进和精神障碍预防工作,提高公众心理健康水平。

第十四条 各级人民政府和县级以上人民政府有关部门制定的突发事件应急预案,应当包括心理援助的内容。发生突发事件,履行统一领导职责或者组织处置突发事件的人民政府应当根据突发事件的具体情况,按照应急预案的规定,组织开展心理援助工作。

第十五条 用人单位应当创造有益于职工身心健康的工作环境,关注职工的心理健康;对处于职业发展特定时期或者在特殊岗位工作的职工,应当有针对性地开展心理健康教育。

第十六条 各级各类学校应当对学生进行精神卫生知识教育;配备或者聘请心理健康教育教师、辅导人员,并可以设立心理健康辅导室,对学生进行心理健康教育。学前教育机构应当对幼儿开展符合其特点的心理健康教育。

发生自然灾害、意外伤害、公共安全事件等可能影响学生心理健康的事件,学校应当及时组织专业人员对学生进行心理援助。

教师应当学习和了解相关的精神卫生知识,关注学生心理健康状况,正确引导、激励学生。地方各级人民政府教育行政部门和学校应当重视教师心理健康。

学校和教师应当与学生父母或者其他监护人、近亲属沟通学生心理健康情况。

第十七条 医务人员开展疾病诊疗服务,应当按照诊断标准和治疗规范的要求,对就诊者进行心理健康指导;发现就诊者可能患有精神障碍的,应当建议其到符合本法规定的医疗机构就诊。

第十八条 监狱、看守所、拘留所、强制隔离戒毒所等场所,应当对服刑人员,被依法拘留、逮捕、强制隔离戒毒的人员等,开展精神卫生知识宣传,关注其心理健康状况,必要时提供心理咨询和心理辅导。

第十九条 县级以上地方人民政府人力资源社会保障、教育、卫生、司法行政、公安等部门应当在各自职责范围内分别对本法第十五条至第十八条规定的单位履行精神障碍预防义务的情况进行督促和指导。

第二十条 村民委员会、居民委员会应当协助所在地人民政府及其有关部门开展社区心理健康指导、精神卫生知识宣传教育活动,创建有益于居民身心健康的社区环境。

乡镇卫生院或者社区卫生服务机构应当为村民委员会、居民委员会开展社区心理健康指导、精神卫生知识宣传教育活动提供技术指导。

第二十一条 家庭成员之间应当相互关爱,创造良好、和睦的家庭环境,提高精神障碍预防意识;发现家庭成员可能患有精神障碍的,应当帮助其及时就诊,照顾其生活,做好看护管理。

第二十二条 国家鼓励和支持新闻媒体、社会组织开展精神卫生的公益性宣传,普及精神卫生知识,引导公众关注心理健康,预防精神障碍的发生。

第二十三条 心理咨询人员应当提高业务素质,遵守执业规范,为社会公众提供专业化的心理咨询服务。

心理咨询人员不得从事心理治疗或者精神障碍的诊断、治疗。

心理咨询人员发现接受咨询的人员可能患有精神障碍的,应当建议其到符合本法规定的医疗机构就诊。

心理咨询人员应当尊重接受咨询人员的隐私,并为其保守秘密。

第二十四条 国务院卫生行政部门建立精神卫生监测网络,实行严重精神障碍发病报告制度,组织开展精神障碍发生状况、发展趋势等的监测和专题调查工作。精神卫生监测和严重精神障碍发病报告管理办法,由国务院卫生行政部门制定。

国务院卫生行政部门应当会同有关部门、组织,建立精神卫生工作信息共享机制,实现信息互联互通、交流共享。

第三章 精神障碍的诊断和治疗

第二十五条 开展精神障碍诊断、治疗活动,应当具备下列条件,并依照医疗机构的管理规定办理有关手续:

(一)有与从事的精神障碍诊断、治疗相适应的精神科执业医师、护士;

(二)有满足开展精神障碍诊断、治疗需要的设施和设备;

(三)有完善的精神障碍诊断、治疗管理制度和质量监控制度。

从事精神障碍诊断、治疗的专科医疗机构还应当配备从事心理治疗的人员。

第二十六条 精神障碍的诊断、治疗,应当遵循维护患者合法权益、尊重患者人格尊严的原则,保障患者在现有条件下获得良好的精神卫生服务。

精神障碍分类、诊断标准和治疗规范,由国务院卫生行政部门组织制定。

第二十七条 精神障碍的诊断应当以精神健康状况为依据。

除法律另有规定外,不得违背本人意志进行确定其是否患有精神障碍的医学检查。

第二十八条 除个人自行到医疗机构进行精神障碍诊断外,疑似精神障碍患者的近亲属可以将其送往医疗机构进行精神障碍诊断。对查找不到近亲属的流浪乞讨疑似精神障碍患者,由当地民政等有关部门按照职责分工,帮助送往医疗机构进行精神障碍诊断。

疑似精神障碍患者发生伤害自身、危害他人安全的行为,或者有伤害自身、危害他人安全的危险的,其近亲属、所在单位、当地公安机关应当立即采取措施予以制止,并将其送往医疗机构进行精神障碍诊断。

医疗机构接到送诊的疑似精神障碍患者,不得拒绝为其作出诊断。

第二十九条 精神障碍的诊断应当由精神科执业医师作出。

医疗机构接到依照本法第二十八条第二款规定送诊的疑似精神障碍患者,应当将其留院,立即指派精神科执业医师进行诊断,并及时出具诊断结论。

第三十条 精神障碍的住院治疗实行自愿原则。

诊断结论、病情评估表明,就诊者为严重精神障碍患者并有下列情形之一的,应当对其实施住院治疗:

(一)已经发生伤害自身的行为,或者有伤害自身的危险的;

(二)已经发生危害他人安全的行为,或者有危害他人安全的危险的。

第三十一条 精神障碍患者有本法第三十条第二款第一项情形的,经其监护人同意,医疗机构应当对患者实施住院治疗;监护人不同意的,医疗机构不得对患者实施住院治疗。监护人应当对在家居住的患者做好看护管理。

第三十二条 精神障碍患者有本法第三十条第二款第二项情形,患者或者其监护人对需要住院治疗的诊断结论有异议,不同意对患者实施住院治疗的,可以要求再次诊断和鉴定。

依照前款规定要求再次诊断的,应当自收到诊断结论之日起三日内向原医疗机构或者其他具有合法资质的医疗机构提出。承担再次诊断的医疗机构应当在接到再次诊断要求后指派二名初次诊断医师以外的精神科执业医师进行再次诊断,并及时出具再次诊断结论。承担再次诊断的执业医师应当到收治患者的医疗机构面见、询问患者,该医疗机构应当予以配合。

对再次诊断结论有异议的,可以自主委托依法取得执业资质的鉴定机构进行精神障碍医学鉴定;医疗机构应当公示经公告的鉴定机构名单和联系方式。接受委托的鉴定机构应当指定本机构具有该鉴定事项执业资格的二名以上鉴定人共同进行鉴定,并及时出具鉴定报告。

第三十三条 鉴定人应当到收治精神障碍患者的医疗机构面见、询问患者,该医疗机构应当予以配合。

鉴定人本人或者其近亲属与鉴定事项有利害关系,可能影响其独立、客观、公正进行鉴定的,应当回避。

第三十四条 鉴定机构、鉴定人应当遵守有关法律、法规、规章的规定,尊重科学,恪守职业道德,按照精神障碍鉴定的实施程序、技术方法和操作规范,依法独立进行鉴定,出具客观、公正的鉴定报告。

鉴定人应当对鉴定过程进行实时记录并签名。记录的内容应当真实、客观、准确、完整,记录的文本或者声像载体应当妥善保存。

第三十五条 再次诊断结论或者鉴定报告表明,不能确定就诊者为严重精神障碍患者,或者患者不需要住院治疗的,医疗机构不得对其实施住院治疗。

再次诊断结论或者鉴定报告表明,精神障碍患者有本法第三十条第二款第二项情形的,其监护人应当同意对患者实施住院治疗。监护人阻碍实施住院治疗或者患者擅自脱离住院治疗的,可以由公安机关协助医疗机构采取措施对患者实施住院治疗。

在相关机构出具再次诊断结论、鉴定报告前,收治精神障碍患者的医疗机构应当按照诊疗规范的要求对患者实施住院治疗。

第三十六条　诊断结论表明需要住院治疗的精神障碍患者,本人没有能力办理住院手续的,由其监护人办理住院手续;患者属于查找不到监护人的流浪乞讨人员的,由送诊的有关部门办理住院手续。

精神障碍患者有本法第三十条第二款第二项情形,其监护人不办理住院手续的,由患者所在单位、村民委员会或者居民委员会办理住院手续,并由医疗机构在患者病历中予以记录。

第三十七条　医疗机构及其医务人员应当将精神障碍患者在诊断、治疗过程中享有的权利,告知患者或者其监护人。

第三十八条　医疗机构应当配备适宜的设施、设备,保护就诊和住院治疗的精神障碍患者的人身安全,防止其受到伤害,并为住院患者创造尽可能接近正常生活的环境和条件。

第三十九条　医疗机构及其医务人员应当遵循精神障碍诊断标准和治疗规范,制定治疗方案,并向精神障碍患者或者其监护人告知治疗方案和治疗方法、目的以及可能产生的后果。

第四十条　精神障碍患者在医疗机构内发生或者将要发生伤害自身、危害他人安全、扰乱医疗秩序的行为,医疗机构及其医务人员在没有其他可替代措施的情况下,可以实施约束、隔离等保护性医疗措施。实施保护性医疗措施应当遵循诊断标准和治疗规范,并在实施后告知患者的监护人。

禁止利用约束、隔离等保护性医疗措施惩罚精神障碍患者。

第四十一条　对精神障碍患者使用药物,应当以诊断和治疗为目的,使用安全、有效的药物,不得为诊断或者治疗以外的目的使用药物。

医疗机构不得强迫精神障碍患者从事生产劳动。

第四十二条　禁止对依照本法第三十条第二款规定实施住院治疗的精神障碍患者实施以治疗精神障碍为目的的外科手术。

第四十三条　医疗机构对精神障碍患者实施下列治疗措施,应当向患者或者其监护人告知医疗风险、替代医疗方案等情况,并取得患者的书面同意;无法取得患者意见的,应当取得其监护人的书面同意,并经本医疗机构伦理委员会批准:

(一) 导致人体器官丧失功能的外科手术;

(二) 与精神障碍治疗有关的实验性临床医疗。

实施前款第一项治疗措施,因情况紧急查找不到监护人的,应当取得本医疗机构负责人和伦理委员会批准。

禁止对精神障碍患者实施与治疗其精神障碍无关的实验性临床医疗。

第四十四条　自愿住院治疗的精神障碍患者可以随时要求出院,医疗机构应当同意。

对有本法第三十条第二款第一项情形的精神障碍患者实施住院治疗的,监护人可以随时要求患者出院,医疗机构应当同意。

医疗机构认为前两款规定的精神障碍患者不宜出院的,应当告知不宜出院的理由;患者或者其监护人仍要求出院的,执业医师应当在病历资料中详细记录告知的过程,同时提出出院后的医学建议,患者或者其监护人应当签字确认。

对有本法第三十条第二款第二项情形的精神障碍患者实施住院治疗，医疗机构认为患者可以出院的，应当立即告知患者及其监护人。

医疗机构应当根据精神障碍患者病情，及时组织精神科执业医师对依照本法第三十条第二款规定实施住院治疗的患者进行检查评估。评估结果表明患者不需要继续住院治疗的，医疗机构应当立即通知患者及其监护人。

第四十五条 精神障碍患者出院，本人没有能力办理出院手续的，监护人应当为其办理出院手续。

第四十六条 医疗机构及其医务人员应当尊重住院精神障碍患者的通讯和会见探访者等权利。除在急性发病期或者为了避免妨碍治疗可以暂时性限制外，不得限制患者的通讯和会见探访者等权利。

第四十七条 医疗机构及其医务人员应当在病历资料中如实记录精神障碍患者的病情、治疗措施、用药情况、实施约束、隔离措施等内容，并如实告知患者或者其监护人。患者及其监护人可以查阅、复制病历资料；但是，患者查阅、复制病历资料可能对其治疗产生不利影响的除外。病历资料保存期限不得少于三十年。

第四十八条 医疗机构不得因就诊者是精神障碍患者，推诿或者拒绝为其治疗属于本医疗机构诊疗范围的其他疾病。

第四十九条 精神障碍患者的监护人应当妥善看护未住院治疗的患者，按照医嘱督促其按时服药、接受随访或者治疗。村民委员会、居民委员会、患者所在单位等应当依患者或者其监护人的请求，对监护人看护患者提供必要的帮助。

第五十条 县级以上地方人民政府卫生行政部门应当定期就下列事项对本行政区域内从事精神障碍诊断、治疗的医疗机构进行检查：

（一）相关人员、设施、设备是否符合本法要求；
（二）诊疗行为是否符合本法以及诊断标准、治疗规范的规定；
（三）对精神障碍患者实施住院治疗的程序是否符合本法规定；
（四）是否依法维护精神障碍患者的合法权益。

县级以上地方人民政府卫生行政部门进行前款规定的检查，应当听取精神障碍患者及其监护人的意见；发现存在违反本法行为的，应当立即制止或者责令改正，并依法作出处理。

第五十一条 心理治疗活动应当在医疗机构内开展。专门从事心理治疗的人员不得从事精神障碍的诊断，不得为精神障碍患者开具处方或者提供外科治疗。心理治疗的技术规范由国务院卫生行政部门制定。

第五十二条 监狱、强制隔离戒毒所等场所应当采取措施，保证患有精神障碍的服刑人员、强制隔离戒毒人员等获得治疗。

第五十三条 精神障碍患者违反治安管理处罚法或者触犯刑法的，依照有关法律的规定处理。

第四章　精神障碍的康复

第五十四条 社区康复机构应当为需要康复的精神障碍患者提供场所和条件，对患者进行生活自理能力和社会适应能力等方面的康复训练。

第五十五条 医疗机构应当为在家居住的严重精神障碍患者提供精神科基本药物维持治疗,并为社区康复机构提供有关精神障碍康复的技术指导和支持。

社区卫生服务机构、乡镇卫生院、村卫生室应当建立严重精神障碍患者的健康档案,对在家居住的严重精神障碍患者进行定期随访,指导患者服药和开展康复训练,并对患者的监护人进行精神卫生知识和看护知识的培训。县级人民政府卫生行政部门应当为社区卫生服务机构、乡镇卫生院、村卫生室开展上述工作给予指导和培训。

第五十六条 村民委员会、居民委员会应当为生活困难的精神障碍患者家庭提供帮助,并向所在地乡镇人民政府或者街道办事处以及县级人民政府有关部门反映患者及其家庭的情况和要求,帮助其解决实际困难,为患者融入社会创造条件。

第五十七条 残疾人组织或者残疾人康复机构应当根据精神障碍患者康复的需要,组织患者参加康复活动。

第五十八条 用人单位应当根据精神障碍患者的实际情况,安排患者从事力所能及的工作,保障患者享有同等待遇,安排患者参加必要的职业技能培训,提高患者的就业能力,为患者创造适宜的工作环境,对患者在工作中取得的成绩予以鼓励。

第五十九条 精神障碍患者的监护人应当协助患者进行生活自理能力和社会适应能力等方面的康复训练。

精神障碍患者的监护人在看护患者过程中需要技术指导的,社区卫生服务机构或者乡镇卫生院、村卫生室、社区康复机构应当提供。

第五章 保障措施

第六十条 县级以上人民政府卫生行政部门会同有关部门依据国民经济和社会发展规划的要求,制定精神卫生工作规划并组织实施。

精神卫生监测和专题调查结果应当作为制定精神卫生工作规划的依据。

第六十一条 省、自治区、直辖市人民政府根据本行政区域的实际情况,统筹规划,整合资源,建设和完善精神卫生服务体系,加强精神障碍预防、治疗和康复服务能力建设。

县级人民政府根据本行政区域的实际情况,统筹规划,建立精神障碍患者社区康复机构。

县级以上地方人民政府应当采取措施,鼓励和支持社会力量举办从事精神障碍诊断、治疗的医疗机构和精神障碍患者康复机构。

第六十二条 各级人民政府应当根据精神卫生工作需要,加大财政投入力度,保障精神卫生工作所需经费,将精神卫生工作经费列入本级财政预算。

第六十三条 国家加强基层精神卫生服务体系建设,扶持贫困地区、边远地区的精神卫生工作,保障城市社区、农村基层精神卫生工作所需经费。

第六十四条 医学院校应当加强精神医学的教学和研究,按照精神卫生工作的实际需要培养精神医学专门人才,为精神卫生工作提供人才保障。

第六十五条 综合性医疗机构应当按照国务院卫生行政部门的规定开设精神科门诊或者心理治疗门诊,提高精神障碍预防、诊断、治疗能力。

第六十六条 医疗机构应当组织医务人员学习精神卫生知识和相关法律、法规、政策。

从事精神障碍诊断、治疗、康复的机构应当定期组织医务人员、工作人员进行在岗培训,更新精神卫生知识。

县级以上人民政府卫生行政部门应当组织医务人员进行精神卫生知识培训,提高其识别精神障碍的能力。

第六十七条 师范院校应当为学生开设精神卫生课程;医学院校应当为非精神医学专业的学生开设精神卫生课程。

县级以上人民政府教育行政部门对教师进行上岗前和在岗培训,应当有精神卫生的内容,并定期组织心理健康教育教师、辅导人员进行专业培训。

第六十八条 县级以上人民政府卫生行政部门应当组织医疗机构为严重精神障碍患者免费提供基本公共卫生服务。

精神障碍患者的医疗费用按照国家有关社会保险的规定由基本医疗保险基金支付。医疗保险经办机构应当按照国家有关规定将精神障碍患者纳入城镇职工基本医疗保险、城镇居民基本医疗保险或者新型农村合作医疗的保障范围。县级人民政府应当按照国家有关规定对家庭经济困难的严重精神障碍患者参加基本医疗保险给予资助。人力资源社会保障、卫生、民政、财政等部门应当加强协调,简化程序,实现属于基本医疗保险基金支付的医疗费用由医疗机构与医疗保险经办机构直接结算。

精神障碍患者通过基本医疗保险支付医疗费用后仍有困难,或者不能通过基本医疗保险支付医疗费用的,民政部门应当优先给予医疗救助。

第六十九条 对符合城乡最低生活保障条件的严重精神障碍患者,民政部门应当会同有关部门及时将其纳入最低生活保障。

对属于农村五保供养对象的严重精神障碍患者,以及城市中无劳动能力、无生活来源且无法定赡养、抚养、扶养义务人,或者其法定赡养、抚养、扶养义务人无赡养、抚养、扶养能力的严重精神障碍患者,民政部门应当按照国家有关规定予以供养、救助。

前两款规定以外的严重精神障碍患者确有困难的,民政部门可以采取临时救助等措施,帮助其解决生活困难。

第七十条 县级以上地方人民政府及其有关部门应当采取有效措施,保证患有精神障碍的适龄儿童、少年接受义务教育,扶持有劳动能力的精神障碍患者从事力所能及的劳动,并为已经康复的人员提供就业服务。

国家对安排精神障碍患者就业的用人单位依法给予税收优惠,并在生产、经营、技术、资金、物资、场地等方面给予扶持。

第七十一条 精神卫生工作人员的人格尊严、人身安全不受侵犯,精神卫生工作人员依法履行职责受法律保护。全社会应当尊重精神卫生工作人员。

县级以上人民政府及其有关部门、医疗机构、康复机构应当采取措施,加强对精神卫生工作人员的职业保护,提高精神卫生工作人员的待遇水平,并按照规定给予适当的津贴。精神卫生工作人员因工致伤、致残、死亡的,其工伤待遇以及抚恤按照国家有关规定执行。

第六章 法律责任

第七十二条 县级以上人民政府卫生行政部门和其他有关部门未依照本法规定履行精神卫生工作职责，或者滥用职权、玩忽职守、徇私舞弊的，由本级人民政府或者上一级人民政府有关部门责令改正，通报批评，对直接负责的主管人员和其他直接责任人员依法给予警告、记过或者记大过的处分；造成严重后果的，给予降级、撤职或者开除的处分。

第七十三条 不符合本法规定条件的医疗机构擅自从事精神障碍诊断、治疗的，由县级以上人民政府卫生行政部门责令停止相关诊疗活动，给予警告，并处五千元以上一万元以下罚款，有违法所得的，没收违法所得；对直接负责的主管人员和其他直接责任人员依法给予或者责令给予降低岗位等级或者撤职、开除的处分；对有关医务人员，吊销其执业证书。

第七十四条 医疗机构及其工作人员有下列行为之一的，由县级以上人民政府卫生行政部门责令改正，给予警告；情节严重的，对直接负责的主管人员和其他直接责任人员依法给予或者责令给予降低岗位等级或者撤职、开除的处分，并可以责令有关医务人员暂停一个月以上六个月以下执业活动：

（一）拒绝对送诊的疑似精神障碍患者作出诊断的；

（二）对依照本法第三十条第二款规定实施住院治疗的患者未及时进行检查评估或者未根据评估结果作出处理的。

第七十五条 医疗机构及其工作人员有下列行为之一的，由县级以上人民政府卫生行政部门责令改正，对直接负责的主管人员和其他直接责任人员依法给予或者责令给予降低岗位等级或者撤职的处分；对有关医务人员，暂停六个月以上一年以下执业活动；情节严重的，给予或者责令给予开除的处分，并吊销有关医务人员的执业证书：

（一）违反本法规定实施约束、隔离等保护性医疗措施的；

（二）违反本法规定，强迫精神障碍患者劳动的；

（三）违反本法规定对精神障碍患者实施外科手术或者实验性临床医疗的；

（四）违反本法规定，侵害精神障碍患者的通讯和会见探访者等权利的；

（五）违反精神障碍诊断标准，将非精神障碍患者诊断为精神障碍患者的。

第七十六条 有下列情形之一的，由县级以上人民政府卫生行政部门、工商行政管理部门依据各自职责责令改正，给予警告，并处五千元以上一万元以下罚款，有违法所得的，没收违法所得；造成严重后果的，责令暂停六个月以上一年以下执业活动，直至吊销执业证书或者营业执照：

（一）心理咨询人员从事心理治疗或者精神障碍的诊断、治疗的；

（二）从事心理治疗的人员在医疗机构以外开展心理治疗活动的；

（三）专门从事心理治疗的人员从事精神障碍的诊断的；

（四）专门从事心理治疗的人员为精神障碍患者开具处方或者提供外科治疗的。

心理咨询人员、专门从事心理治疗的人员在心理咨询、心理治疗活动中造成他人人身、财产或者其他损害的，依法承担民事责任。

第七十七条 有关单位和个人违反本法第四条第三款规定，给精神障碍患者造成损害的,依法承担赔偿责任;对单位直接负责的主管人员和其他直接责任人员,还应当依法给予处分。

第七十八条 违反本法规定,有下列情形之一,给精神障碍患者或者其他公民造成人身、财产或者其他损害的,依法承担赔偿责任:

(一)将非精神障碍患者故意作为精神障碍患者送入医疗机构治疗的;

(二)精神障碍患者的监护人遗弃患者,或者有不履行监护职责的其他情形的;

(三)歧视、侮辱、虐待精神障碍患者,侵害患者的人格尊严、人身安全的;

(四)非法限制精神障碍患者人身自由的;

(五)其他侵害精神障碍患者合法权益的情形。

第七十九条 医疗机构出具的诊断结论表明精神障碍患者应当住院治疗而其监护人拒绝,致使患者造成他人人身、财产损害的,或者患者有其他造成他人人身、财产损害情形的,其监护人依法承担民事责任。

第八十条 在精神障碍的诊断、治疗、鉴定过程中,寻衅滋事,阻挠有关工作人员依照本法的规定履行职责,扰乱医疗机构、鉴定机构工作秩序的,依法给予治安管理处罚。

违反本法规定,有其他构成违反治安管理行为的,依法给予治安管理处罚。

第八十一条 违反本法规定,构成犯罪的,依法追究刑事责任。

第八十二条 精神障碍患者或者其监护人、近亲属认为行政机关、医疗机构或者其他有关单位和个人违反本法规定侵害患者合法权益的,可以依法提起诉讼。

第七章 附 则

第八十三条 本法所称精神障碍,是指由各种原因引起的感知、情感和思维等精神活动的紊乱或者异常,导致患者明显的心理痛苦或者社会适应等功能损害。

本法所称严重精神障碍,是指疾病症状严重,导致患者社会适应等功能严重损害、对自身健康状况或者客观现实不能完整认识,或者不能处理自身事务的精神障碍。

本法所称精神障碍患者的监护人,是指依照民法通则的有关规定可以担任监护人的人。

第八十四条 军队的精神卫生工作,由国务院和中央军事委员会依据本法制定管理办法。

第八十五条 本法自2013年5月1日起施行。

主要参考文献

[1] 郝伟. 精神病学(第四版). 北京:人民卫生出版社,2001.

[2] 江开达. 精神医学新概念. 上海:上海医科大学出版社,2000.

[3] 李从培. 司法精神病学. 第1版. 北京:人民卫生出版社,1989:1-40.

[4] 沈渔邨. 精神病学(第五版). 北京:人民卫生出版社,2009.

[5] FAZEL S, DANESH J. Serious mental disorder in 23000 prisoners. A systematic review of 62 surveys. The Lancet, 2002, 359(9306):545-550.

[6] SHENSON D, DUBLER N, MICHAELS D. Jails and prisons: the new asylums? Am J Public Health, 1990,80(6):655-656.

[7] TORREY EF. Editorial: Jails and Prisons-America's New Mental Hospitals. Am J Public Health, 1995,85(12):1611-1613.

[8] OKASHA A. Mental patients in prisons: punishment versus treatment. World Psychiatry, 2004, 3(1):1-2.

[9] JAMES DJ, GLAZE LE. Mental Health Problems of Prison and Jail Inmates. Bureau of Justice Statistics Special Report, Washington, DC, US Department of Justice, Sept 2006.

[10] Report to the California State Legislature. Sacramento, Calif, Arthur Bolton Associates, Oct 1976.

[11] NEIGHBORS HW. The prevalence of mental disorder in Michigan prisons. DIS Newsletter, 1987, 7:8-11.

[12] TEPLIN LA: The prevalence of severe mental disorder among male urban jail detainees: comparison with the Epidemiologic Catchment Area program. American Journal of Public Health, 1990, 80:663-669.

[13] DITTON, PM. Mental health and treatment of inmates and probationers. Washington, DC: U.S. Department of Justice, Bureau of Justice Statistics,1999.

[14] OGLOFF, J. R. P. Identifying and accommodating the needs of mentally ill people in gaols and prisons. Psychiatry, Psychology and Law, 2002, 9:1-33.

[15] HUMAN RIGHTS WATCH. Ill-Equipped: U. S. prisons and offenders with mental illness. New York: Human Rights Watch, 2003.

[16] BULTER T, ALLNUTT S. Mental disorder in the New South Wales prisoner population. Aust NZJ Psychiatry. 2006,40:272-276.

[17] WHITE P AND WHITEFORD H. Prisons: mental health institutions of the 21st century? MJA, 2006,185:302-303.

[18] GUNN J, MADEN A, SWINTON, M. Treatment needs of prisoners with psychiatric disorders. British Medical Journal, 1991,303:338-341.

[19] SMITH C, O'Neill H, Tobin J. Mental disorders detected in an Irish prison sample. Criminal Behaviour and Mental Health, 1996,6:177-183.

[20] 中华医学会. 临床技术操作规范(精神病学分册). 北京:人民军医出版社,2006.

[21] 中华医学会. 临床诊疗指南(精神病学分册). 北京:人民卫生出版社,2006.

[22] 中华医学精神科分会. 中国精神疾病分类方案与诊断标准(第三版)(CCMD-3). 济南:山东科学技术出版社,2001.

[23] 舒良. 精神分裂症防治指南. 北京:北京大学医学出版社,2007.

[24] 沈其杰. 双相障碍防治指南. 北京:北京大学医学出版社,2007.

[25] 江开达.抑郁障碍防治指南.北京:北京大学医学出版社,2007.
[26] 中华医学会.心理治疗规范.北京,2013.
[27] 中华医学会.精神障碍治疗原则.北京,2013.
[28] 吕成荣,王成荣,陶旭东,等.30例拘禁性精神障碍临床分析[J].中国神经精神疾病杂志,1996,22(6):173-174.
[29] 吕成荣,余亚文,华晔.1002例服刑人员精神障碍鉴定资料分析[J].上海精神医学,2009,21(2):89-91.
[30] 吕成荣,余亚文,华晔.拘禁性精神障碍158例临床资料分析[J].临床心身疾病杂志,2012,18(6):555-557.
[31] 吕成荣,储井山,那爱国.罪犯人格障碍初步研究[J].临床精神医学,2007(6):416-417.
[32] 吕成荣,赵山,储井山,等.服刑罪犯精神障碍患病率调查[J].临床精神医学,2003,13(4):226-227.
[33] 吕成荣.监狱民警心理健康状况调查[J].临床心身疾病杂志,2011,17(1):44-46.
[34] 吕成荣.服刑罪犯自杀行为调查分析[J].中国健康心理学杂志,2011,19(3):304-306.
[35] 吕成荣.关于开展监狱精神医学研究的思考[J].中国监狱学刊,2012,3:103-105.
[36] 吕成荣.服刑人员应对方式状况调查[J].临床心身疾病杂志,2013,19(2):133-135.
[37] 吕成荣.监狱系统精神疾病远程会诊系统建设的实践与思考[J].江苏卫生事业管理,2013,24(136):167-170.
[38] 吕成荣.江苏省监狱系统精神疾病筛查机制建设的实践与思考[J].中国监狱学刊,2015,2:87-90.
[39] 陈立成.司法精神病学实务研究.北京:中国人民大学出版社,2012.
[40] 李春波,吴文源.加强综合性医院中的精神卫生服务[J].内科理论与实践,2011,6(3):161-162.
[41] 蒋令朋,朱少毅,赵虎.MMPI-2的相关研究及其在伪装诈病鉴定中的应用[J].国际精神病学杂志,2010,37(3):181-183.
[42] 陈泽元,黄祖荣,林家幸.精神疾病司法鉴定中简单常识检查对伪装的鉴别作用[J].临床精神医学杂志,2000,10(1):33-34.
[43] 高北陵,吴冬凌,李映萍,等.简易精神症状自陈量表对伪装精神障碍的评估及划界分[J].中国行为医学科学,2007,16(9):840-842.
[44] 李少成,贾彬,张征,等.血清皮质醇、醛固酮水平在男性伪装精神病司法鉴定中的变化特点[J].中国药物依赖性杂志,2009,18(1):65-70.
[45] 郭扬波,王俊杰,林振强.精神病司法鉴定中应用心理生理检测协助鉴别诈病的对照研究[J].中国心理卫生杂志,2010,24(10):767-769.
[46] 杨文俊,陈文明,潘速跃.测谎可能性的初步研究.测谎可能的初步研究[J].中国心理卫生杂志,1992,6(5):204-206.
[47] 周勇,张灵.新时期罪犯心理矫治工作发展思路的思考[J].中国司法,2011,12:39-41.
[48] 刘树学,古璇.论罪犯心理矫治工作的创新和发展[J].河南司法职业警官学院学报,2010,8(1):13-16.
[49] 刘居祥,孙孟起.服刑人员不良心理及矫治[J].中国行政管理,2005,9(243):40-42.
[50] 吕成荣,孔德志,陶旭东,等.狱中伪装精神障碍诈病罪犯的临床特征[J].临床精神医学杂志,2018,28(1):48-50.